Михаил Прокопенко и Алексей Христофоров

48-й инжбат: Последний рубеж

Сидней
Издательство «Delta Orbis»
2018

УДК 94(477)«1941/1945»
ББК 63.3(2)622,11-8
П78

Прокопенко М. И., Христофоров А. Е.
П78   **48-й инжбат: Последний рубеж.** — Сидней: Delta Orbis, 2018. — 612 с.: ил.

ISBN 978-0-6482907-0-4

Книга описывает первые месяцы Великой Отечественной войны на Юго-Западном Фронте, охватывая период от начальных боёв в июне 1941 года на Львовском выступе до катастрофического окружения советских войск в Киевском котле в сентябре 1941 года. На примере 48-го отдельного инженерного батальона, погибшего в составе 37-й Армии под Киевом, повествование воссоздаёт драматические перипетии тех дней и событий и подробности боевых действий. Исследование опирается как на рассекреченные документы Красной Армии, НКВД, контрразведки «СМЕРШ» (включая уникальные фрагменты фильтрационно-проверочных дел), так и на боевые хроники немецких дивизий и другие немецкие источники. Наряду с ранее не опубликованными фотографиями, сводками и картами того времени, книга включает документальные сведения из архивов, мемуаров и фронтовых писем, позволяя приоткрыть завесу времени над неизвестными страницами истории войны на территории Украины. Особое внимание уделено судьбам погибших, пропавших без вести, военнопленных и прорвавшихся из окружения воинов 48-го инжбата.

Книга адресована широкому кругу читателей, интересующихся военной историей, операциями инженерных частей, а также технологией поиска пропавших без вести.

УДК 94(477)«1941/1945»
ББК 63.3(4Укр)622,11-8

ISBN 978-0-6482907-0-4

Наверное, частые войны и революции отучили нас держать связь с прошлым, бережно ткать паутину рода. Оглядываться далеко назад. Гордиться. Торопились забыть, стереть следы, потому что сбереженные свидетельства могли стать уликой, часто стоили жизни.

«У войны не женское лицо», Светлана Алексиевич

Предисловие

Боевой путь 48-го инжбата и некоторых его бойцов и командиров был восстановлен в результате поиска двух воинов, пропавших без вести в составе батальона в 1941 году: младшего сержанта, сапёра Менделя Высоцкого и воентехника второго ранга, командира технического взвода Олега Левченко.

Когда один из авторов (Михаил Прокопенко) начинал активные поиски сведений о своём пропавшем без вести деде Менделе Высоцком, у него было лишь несколько отправных точек:

- несколько страниц письма, *полученного то ли в августе, то ли в сентябре 1941 года*, в котором дед писал, что они едут куда-то за Киев "формироваться и отправляться опять на фронт" (текст обрывается строчками: "Пишу пока из станции Гребенка и думаю опустить письмо может тут...");

- справка 48-го инженерного батальона от 4 сентября 1941 года (город Киев), выданная (на предмет представления в райвоенкомат по месту жительства) "Высоцкому Менделю Шмулевичу в том, что он находится на действительной службе выше указанной части";

- похоронка, гласившая, что мл. сержант Высоцкий Михаил (Мендель) Ш., уроженец Винницкой обл., с. Шаргород, рождения 1912 г, в бою за социалистическую Родину, верный воинской присяге, *пропал без вести в октябре 1941 года*.

Второй автор (Алексей Христофоров) долгое время располагал такой же скудной информацией о пропавшем без вести дяде Олеге Левченко, включавшей:

- справку войсковой части № 4255 (48-й отдельный мотоинженерный батальон), выданную 7 июня 1941 года (город Львов) жене Олега Левченко, Завгородней Ларисе Васильевне;

- выписку из приказа об исключении из списков воентехника 2-го ранга Левченко Олега Никандровича, *командира техроты 35-го отдельного мото-понтонного мостового батальона 35-й танковой дивизии, пропавшего без вести в июне 1941 года*;

- воспоминания Ларисы Завгородней, о том, что 22 июня 1941 года Олег Левченко ушёл по боевой тревоге из квартиры, которую они снимали во Львове.

Сапёр, младший сержант
Мендель (Михаил) Шмулевич Высоцкий (1912 – *1941*)

Командир техвзвода, воентехник 2-го ранга
Олег Никандрович Левченко (1910 – *1941*)

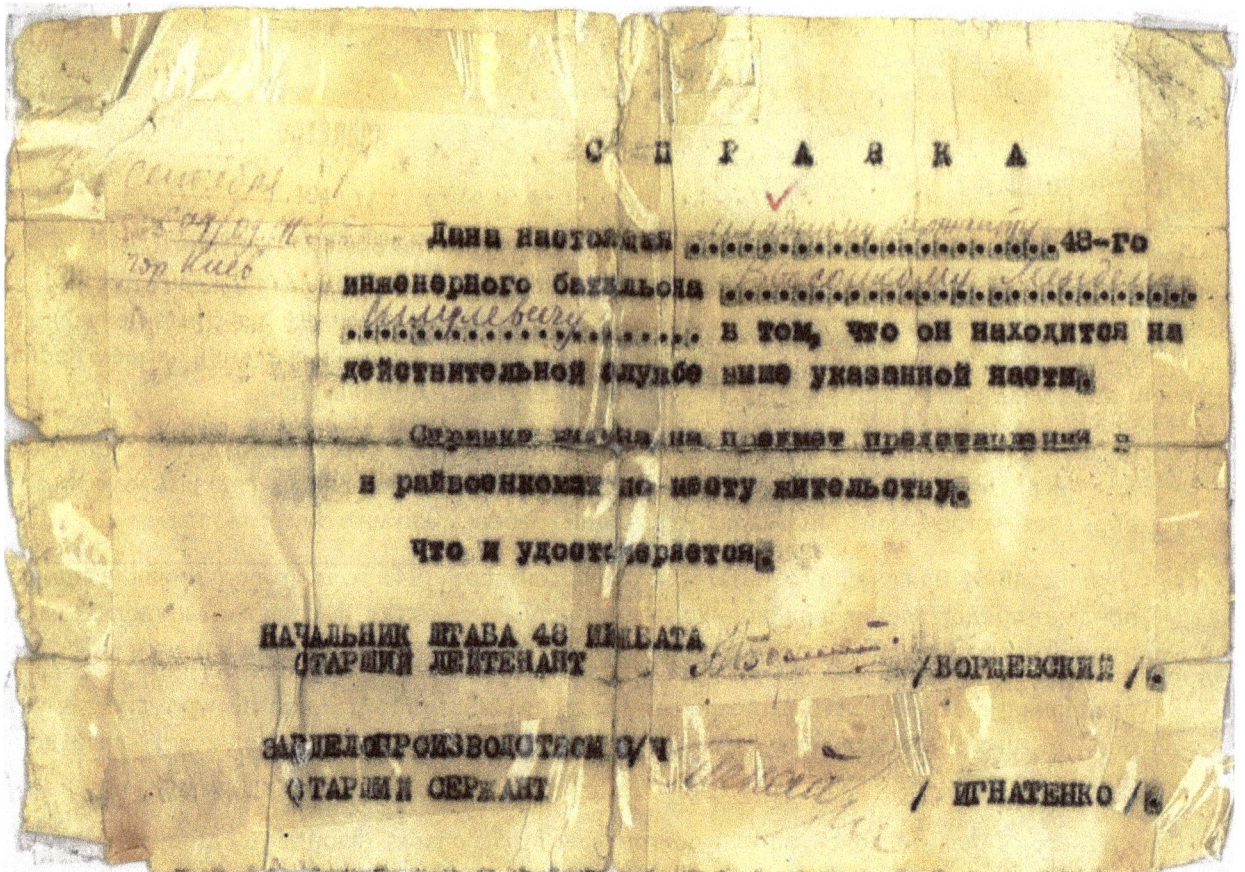

Справка 48-го инженерного батальона, выданная младшему сержанту Менделю Высоцкому 4 сентября 1941 года (город Киев), подписанная начальником штаба 48-го инжбата старшим лейтенантом Борщевским и зав. делопроизводством части старшим сержантом Игнатенко.

Справка войсковой части № 4255, выданная 7 июня 1941 года (город Львов) жене воентехника 2-го ранга Олега Левченко, Завгородней Ларисе Васильевне, подписанная старшим лейтенантом нач. штаба в/ч 4255 Ховановым.

Подобные фрагменты — это обычно всё, чем располагают родственники большинства погибших и пропавших без вести в 1941 году. Боевые действия в первые месяцы войны на Юго-Западном Фронте (ЮЗФ) и, особенно, оборона Киева, завершившаяся для Красной Армии самым масштабным окружением Второй Мировой войны, происходили в тяжелейших условиях, не располагавших к документированию событий и потерь, несмотря на достаточно обширный бюрократический аппарат Рабоче-крестьянской Красной Армии (РККА) и Народного Комиссариата Внутренних Дел (НКВД) СССР. По оценкам, основанным на данных Генерального штаба Вооружённых Сил Российской Федерации, опубликованных в 1993 году, советские потери во время Киевской стратегической оборонительной операции и последовавшего за ней окружения в Киевском "котле" составили свыше 700 тысяч человек[1]. К моменту окружения в котле оказались 5-я, 21-я, 26-я и 37-я армии ЮЗФ[2], а также многие части тыла, ополченцы и другие гражданские подразделения. Частично были разгромлены 38-я и 40-я армии ЮЗФ. *Общее число советских сил, окружённых в Киевском котле, можно оценить в 790 тысяч человек, включая примерно 630 тысяч боевого состава. Из окружения же вышло всего лишь около 21 тысячи человек[3], то есть чуть более 3%.*

По прошествии 70–75 лет очень сложно обнаружить следы конкретного человека, пропавшего без вести в первые месяцы войны, когда ежедневно прерывались следы не только отдельных рот и батальонов, но и целых дивизий и армий. Однако, объединив усилия, нам удалось воссоздать боевой путь 48-го инжбата, прояснить судьбы отдельных бойцов, командиров и политработников, и приоткрыть завесу над событиями в течение как первых, так и последних дней батальона, когда уже разрозненные группы вышли на свой последний рубеж.

Начало войны 48-й мото-инжбат встретил в составе 4-го механизированного корпуса 6-й Армии Юго-Западного Фронта, обороняя Львовский выступ. Вскоре, в конце июня 1941 года, последовал отход на восток к Тарнополю (ныне Тернополь), Волочиску, Проскурову (ныне Хмельницкий), в течение которого, к 6 июля, большая часть 48-го батальона была разбита, а некоторые бойцы оказались в плену.

Боеспособные части 4-го мехкорпуса были направлены к Красилову, где 7 июля корпус возобновил боевые действия в районе Старо-Константинова. К середине второй недели июля 1941 года 48-й инжбат в частности, и 4-й мехкорпус в целом, понесли значительные потери и были направлены на переформирование (город Прилуки Черниговской области).

С начала августа 1941 года доукомплектованный 48-й отдельный инженерный батальон, уже в составе 37-й Армии, участвовал в обороне Киева, на разных участках Киевского Укреплённого Района (КиУР), осуществляя охрану минных полей и фортификационные работы.

19 сентября 1941 года части окружённой 37-й Армии, получившей приказ оставить Киев, начали отход на восток, и на следующее утро 48-й инжбат проследовал на юго-восток от Борисполя. В течение 20–25 сентября 1941 года, вступая в бои с немецкими заслонами, взводы и отдельные группы бойцов и командиров батальона пробивались по маршруту Борисполь — Иваньково (Иванков) — Любарцы — Скопцы (ныне Веселиновка) — Борщёв — Березань. Понеся тяжелейшие потери в Борщёвском котле и во время переправы через болотистую пойму реки Трубеж, остатки батальона разбились на мелкие разрозненные группы, принявшие участие в боевых действиях в Березани и выходившие из окружения из в различных направлениях.

Попавшие в плен содержались в Житомирском концентрационном лагере и многих других немецких лагерях для военнопленных по всей Европе. Большинство вышедших из окружения, а также бежавших или освобождённых из плена, были вновь направлены на фронт после проверок на армейских сборно-пересыльных пунктах и в проверочно-фильтрационных лагерях (спецлагерях) НКВД. Несколько человек победоносно закончили войну в 1945 году.

---

[1] Кривошеев Г. Ф. (под редакцией). Россия и СССР в войнах XX века: Потери вооружённых сил. — М.: Олма-Пресс, 2001, стр. 270.

[2] Доклад "О потерях ЮЗФ в период окружения в сентябре 1941 г." начальника штаба ЮЗФ генерал-майора Покровского Главнокомандующему ЮЗФ маршалу Советского Союза Тимошенко, 2 октября 1941 года (ЦАМО фонд 229 опись 161 дело 103 лист 91).

[3] Исаев А. В. Котлы 41-го. История ВОВ, которую мы не знали. — М.: Яуза, Эксмо, 2005.

По штату мирного времени (*на 22 июня 1941 года*) личный состав 48-го (мото-)инженерного батальона 4-го мехкорпуса включал 410 человек, в том числе 299 рядового состава. Штат военного времени предполагал 664 человека. В докладе начальнику 3-го отдела 4-го мехкорпуса от 18 июля 1941 года отмечено, что "Батальон отмобилизовался и участвовал в боевых действиях в количестве 344 человека". Отсюда следует, что батальон был укомплектован на примерно 84% от штата мирного времени (или около 52% от штата военного времени).

В справке о состоянии корпусных частей на 20 июля 1941 года упомянуто, что в месте сосредоточения в городе Прилуки в 48-м дорожно-инженерном батальоне 4-го мехкорпуса "вместе с прикомандированными на укомплектование имеется командного состава 13 чел., рядового и младшего начсостава 76 чел.", в то время как ещё "145 чел. следуют по железной дороге в район г. Прилуки". *То есть, за вычетом примерно 50 прикомандированных, в батальоне оставалось 184 человека из первоначального состава.*

По нашим оценкам, к 4 августа 1941 года, после расформирования 4-го мехкорпуса и доукомплектования батальона в гор. Прилуки по штату военного времени, 48-й отдельный инженерный батальон 37-й Армии *мог насчитывать около 530 человек. В таком случае, доукомплектование добавило около 350 человек.* Общее количество бойцов и командиров, служивших и воевавших в составе 48-го инжбата в 1941 году, не определено, *но предположительно, было порядка 700 человек.*

За время поиска найдены сведения о 114 бойцах, командирах и политработниках, включая 39 человек начсостава: командного (от капитанов до младших лейтенантов), военно-политического (политруки), военно-технического (воентехники), военно-хозяйственного и административного (техники-интенданты) и военно-медицинского (военфельдшеры).

Из 114 человек, краткие биографии которых приведены в Книге Памяти (вторая часть книги), 33 оказались в плену: десять под Тарнополем и Проскуровым в начале июля 1941 года и двадцать три в Киевском окружении в сентябре – октябре 1941 года. Из Киевского окружения вышло только шестеро, включая двоих (*или троих*), совершивших побег из плена.

Всего лишь 26 пережили войну, 34 погибли, 43 пропали без вести и 11 остаются под вопросом.

...Большой толчок нашему поиску был дан открытой информационно-поисковой системой Обобщённый Электронный Банк Данных (ОБД) "Мемориал", созданной в 2006–2008 годах путём сканирования и обработки архивных документов, хранящихся в Центральном Архиве Министерства Обороны (ЦАМО) России и в Военно-мемориальном центре Вооружённых Сил России. Без системы, подобной ОБД "Мемориал", соединить разрозненные фрагменты информации было бы невозможно.

С другой стороны, открытый доступ к ЦАМО появился слишком поздно — последние из ветеранов 48-го инжбата (Александр Жук и Владимир Дьяков) умерли в 2005 году.

Более того, с течением времени даже скромные уцелевшие сведения, разбросанные по архивам разных ведомств по всему миру, отдают дань директивам, предписаниям и служебному рвению чиновников, уничтожающих бесценные документы по истечению срока давности.

Тем не менее мы надеемся, что наши исследования, прояснившие некоторые детали трагического боевого пути 48-го инжбата, продолжатся и "пропавшие без вести" обретут свою подлинную историю.

Информация, собранная и обработанная в этой книге, основана на многочисленных архивных данных, полученных из ЦАМО, ОБД "Мемориал", Электронного банка документов "Подвиг народа в Великой Отечественной войне 1941–1945 гг.", Российского Государственного Военного Архива (РГВА), Государственного Архива Российской Федерации (ГАРФ), Центрального Государственного Архива Общественных Объединений Украины (ЦГАООУ), архивов Федеральной Службы Безопасности (ФСБ) России и Службы Безопасности Украины (СБУ), где находятся фильтрационно-проверочные дела НКВД.

Мы также использовали сохранившиеся сводки о боевых донесениях, сборники боевых документов Красной Армии, боевые хроники немецких дивизий, военно-научные работы, различные очерки и мемуары, и редкие фронтовые письма и сведения родственников. Все предположения, сделанные авторами, отмечены как таковые и *выделены курсивом.*

Сидней (Австралия), Приозерск (Россия)
2012 – 2018

— Да, нам тяжело далась Победа, но вы должны искать героические примеры. Их сотни. А вы показываете грязь войны. Нижнее белье. У вас наша Победа страшная... Чего вы добиваетесь?
— Правды.

«У войны не женское лицо», Светлана Алексиевич

Никакие памятники и мемориалы не способны передать грандиозность военных потерь, по-настоящему увековечить мириады бессмысленных жертв. Лучшая память им — правда о войне, правдивый рассказ о происходившем, раскрытие архивов, опубликование имен тех, кто ответствен за безобразия. Говорят, что военная тема исчерпана в нашей истории и литературе. На самом же деле, к написанию правдивой истории войны еще не приступили, а когда приступят, очевидцев уже не будет в живых, и черные пятна на светлом лике Победы так и останутся нестертыми. Но так всегда бывало в истории человечества. Отличие лишь в масштабах, но не в сути происходившего, да и нужна ли по-настоящему кому-нибудь память о погибших?

«Воспоминания о войне», Николай Никулин

Те, кто не помнят своего прошлого, обречены пережить его вновь.

Джордж Сантаяна

Часть первая

Боевой путь
48-го отдельного моторизованного
инженерного / "дорожного" батальона
1-го формирования (1941 год)

Довоенная эмблема сапёрных частей РККА: скрещённые кирка с лопатой.

Глава 1. Как же назывался батальон: Мото-инженерный или Инженерный? Или Дорожный?

Боевой путь 48-го отдельного инженерного батальона первого формирования на Юго-Западном Фронте (ЮЗФ) был недолог: с 22 июня по 25 сентября 1941 года[4].

48 отдельный инженерный батальон		
I формирование	10.8.41—25.9.41	
Переформирован из 48 омиб 4 мк (I) 10.8.41 г.		
II формирование	30.12.41—1.6.44	Переформирован в 258 оисапб 1.6.44 г.
Переформирован из 10 омпмб ЮЗФ 30.12.41 г.		
48 отдельный мотоинженерный батальон	22.6.41—10.8.41	Переформирован в 48 оиб (I) 10.8.41 г.

Фрагмент 58-й страницы Перечня № 27 инженерных частей 1941–1945 гг.

Заключительная пометка, сопровождающая эти даты (22 июня – 25 сентября 1941 года) в списке "Инженерные батальоны всех типов РККА периода 1941–1945 гг."[5], немногословна: 48 мото-инженерный батальон 4 МК (то есть 4-го механизированного корпуса); ЮЗФ, "Погиб под Киевом".

По окончании войны, Министерство Обороны СССР систематизировало сведения о периоде нахождения тех или иных соединений, частей и учреждений Советской Армии в Действующей армии. Как следует из Перечня № 27 инженерных частей, а также из Перечня частей ЮЗФ, принимавших участие в обороне города Киев в июле–сентябре 1941 года[6], 48-й мотоинженерный (точнее "моторизованный инженерный") был предшественником 48-го инженерного батальона:

- "48 отдельный мотоинженерный батальон" первого формирования в составе 4-го мехкорпуса 6-й Армии — в сокращении, "48 омиб 4 мк (I)" — существовал с 22 июня по 10 августа 1941 года, и был переименован в "48 отдельный инженерный батальон", то есть "48 оиб (I)";

- "48 отдельный инженерный батальон" — "48 оиб (I)" — существовал с 10 августа по 25 сентября 1941 года в составе ЮЗФ и 37-й Армии, оборонявшей Киевский Укрепрайон (КиУР);

- второе формирование 48-го оиб произошло 30 декабря 1941 года, уже после гибели батальона под Киевом.

---

[4] Перечень № 27 инженерных частей (отдельных батальонов, рот, отрядов) со сроками вхождения их в состав Действующей армии в годы Великой Отечественной войны 1941–1945 гг. (издание 1961 года).

[5] Виталий Феськов; http://www.soldat.ru/force/sssr/rkka/inj_bat/03_inj.html

[6] Перечень. Объединения, соединения, отдельные части и учреждения Юго-Западного фронта, принимавшие участие в обороне г. Киева в июле–сентябре 1941 года (издание 1961 года).

Также известно, что 48-й омиб был воинской частью № 4255 (в/ч 4255), в то время как 4-й мехкорпус был воинской частью № 4104 (в/ч 4104).

48-й омиб использовал полевую почтовую станцию 36 (ППС 36). В некоторых документах с этой ППС связана полевая почта № 8 Литер "С". Дислокация 48-го дорожного батальона на 22 июня 1941 года[7]: город Львов, улица Святой Терезы, 8-10 (ныне улица Митрополита Андрея).

Начало войны 48-й мото-инжбат 4-го мехкорпуса 6-й Армии ЮЗФ встретил на Львовском выступе, где провёл первую неделю в боях на подступах и при обороне города Львов. За этим последовал отход на восток к Тарнополю (ныне Тернополь), Волочиску, Проскурову (ныне Хмельницкий), в течение которого, к 6 июля, большая часть 48-го батальона была разбита.

К середине второй недели июля 1941 года 48-й омиб в частности и 4-й мехкорпус в целом понесли значительные потери и 11 июля батальон был направлен для доукомплектования в резерв фронта в город Прилуки Черниговской области. Согласно Перечню № 4 управлений корпусов[8] 48-й омиб и 4-й мехкорпус были расформированы 5 августа 1941 года.

1	2	3
4 МЕХАНИЗИРОВАННЫЙ КОРПУС		
I формирование	22.6.41—5.8.41	Расформирован
184 отдельный батальон связи	22.6.41—5.8.41	
48 отдельный мотоинженерный батальон	22.6.41—5.8.41	

Фрагмент 69-й страницы Перечня № 4 управлений корпусов, входивших в состав Действующей армии в годы Великой Отечественной войны 1941–1945 гг.

С 4 августа 1941 года 48-й инжбат уже принимал участие в обороне КиУР'а, совместно со многими другими соединениями и частями Юго-Западном фронта, вошедшими 10 августа 1941 года в новую 37-ю Армию. Формирование 37-й Армии, созданной в составе ЮЗФ в начале августа для обороны КиУР'а, происходило быстро и подчинение частей нередко менялось. Следует отметить, что отдельный инженерный батальон должна была иметь каждая общевойсковая армия[9].

Ещё один источник — Перечень частей ЮЗФ, принимавших участие в обороне города Киев в июле–сентябре 1941 года — уточняет, *что в период с 26 июля по 25 августа 1941 года (то есть до и в начале создания 37-й Армии) 48-й инжбат был частью фронтового подчинения (ЮЗФ), став частью армейского подчинения (37-й Армии) только 26 августа 1941 года*, за три с половиной недели до отхода армии из Киева 19 сентября 1941 года. Однако батальонные донесения и инженерные сводки ЮЗФ августа 1941 года уже ссылаются на подчинение 37-й Армии (см. ниже).

---

[7] Поле боя-Львовский выступ. Июнь 1941-го. 4 механизированный корпус:
  http://niemirow41.narod.ru/4_mk/4_mk.html

[8] Перечень № 4 управлений корпусов, входивших в состав Действующей армии в годы Великой Отечественной войны 1941–1945 гг. (издание 1956 года).

[9] Прагер А. Инженерные войска Красной Армии. — 2011; стр 2.

Наименование объединений, соединений и частей	Время боевых действий	В составе какой армии	Примечание
38 отдельный саперный батальон 15 ск	Весь период	5 армия	
45 отдельный моторизованный инженерный батальон 8 мк	11.7—4.8 5.8—19.9	фронтового подчинения 38 армия	
48 отдельный моторизованный инженерный батальон 4 мк	11.7—25.7 26.7—25.8 26.8—19.9	6 армия фронтового подчинения 37 армия	

Фрагмент 26-й страницы Перечня частей ЮЗФ, принимавших участие в обороне города Киев в июле–сентябре 1941 года.

Более подробную картину мы постараемся описать в следующих главах, а пока сделаем ещё одну заметку о названии батальона. Во многих документах 48-й (мото-)инженерный батальон также называется "48-м дорожным батальоном".

Например, личное дело старшего лейтенанта Пономарёва В. М., хранящееся в ЦАМО, включает его аттестацию за период с 9 мая по октябрь 1940 года (от 18 ноября 1940 года), как начальника школы 48-го инжбата 4-го мехкорпуса лейтенанта (см. биографию Василия Пономарёва), с печатью 48-го дорожного батальона и подписью командира 48-го инженерного батальона 4 мехкорпуса капитана Рыбальченко.

Фрагмент личного дела старшего лейтенанта Пономарёва В. М., с его аттестацией за период с 9 мая по октябрь 1940 года, подписанная командиром 48-го инженерного батальона 4 мехкорпуса капитаном Рыбальченко (18 ноября 1940 года).

Кроме того, ЦАМО содержит несколько довоенных донесений по 48-му дорожному батальону 4-го мехкорпуса (ЦАМО фонд 38, опись 11353, дело 920, листы 70, 90).

Секретно
экз №... 90

СВЕДЕНИЯ

О НАЛИЧИИ И СОСТОЯНИИ ПАРКОВ 48-го ДОРОЖНОГО БАТАЛЬОНА ПО СОСТОЯНИЮ НА 25.4.1941года.

НАИМЕНОВАНИЕ.	количество.	Что можно вместить: Машин на шасси ГАЗ-АА	ЗИС-5	Тракторов на шасси ЧТЗ-65	Фактически размещено в парке: Машин на шасси ГАЗ-АА	ЗИС-5	Тракторов ЧТЗ-65	ПРИМЕЧАНИЕ.
Парков оборудов.	1	9	19	12	9	19	12	
Парков навесов.								
Площадок открыт.								

КОМАНДИР 48-го ДОРОЖНОГО БАТАЛЬОНА
КАПИТАН   /РЫБАЛЬЧЕНКО /

ВР. НАЧ. ТеХ. СНАБЖЕНИЯ 48 ДОРОЖ. Б-на
ВОЕНТЕХНИК 2 РАНГА   / РУБЦОВ /

ВЕРНО : ПОМ. НАЧ. 5 ОТДЕЛА 4 КОРПУСА
КАПИТАН / ГУДЗЬ /

Отпч. в 2-х экз.
экз №1-адресату.
 " №2 в дело.
п.с.

Фрагмент донесения о наличии и состоянии парков 48-го дорожного батальона по состоянию на 25 апреля 1941 года (подписи командира батальона капитана Рыбальченко, вр. начальника тех. снабжения батальона воентехника 2-го ранга Рубцова и помощника начальника 5-го отдела 4-го мехкорпуса капитаном Гудзя); ЦАМО фонд 38, опись 11353, дело 920, лист 90.

СЕКРЕТНО
Экз. № 1

70

С В Е Д Е Н И Я

Наличия ремонтных средств в 48-м Дорожном батальоне по состоянию на 25.4-41 года.

№ п/п	Наименование оборудования и инструмента	Стационарных Мастерских — Количество мастерских	Стационарных Мастерских — Укомплект. инструментом и материалом	Производств. возможность в ремонтах: Средн. / Текущ.	Мастерских типа "А" и "Б" — Количество мастерских	Мастерских типа "А" и "Б" — Укомплект. инструментом и материалом	Производств. возможность в ремонтах: Средн. / Текущ.	Квалифицированной рабочей силы (Де стационарных мастерских / Де мастерских типа "А" и "Б"): Слесарей, Токарей и других	Приме-чание
1.	Тисков	2	100%		1	100%		1	
2.	Сварочных аппаратов				1	50%			
3.	Станков					90%			
4.	Напильников разных	4	20%		31				
5.	Ключей разных	Гаро 88	20%		9	10%			
6.	Отверток	16	100%		4	30%			

Можно производить только текущий ремонт. (стационарные мастерские)

Можно производить только текущий ремонт. (мастерские типа "А" и "Б")

КОМАНДИР 48-ГО ДОРОЖНОГО БАТАЛЬОНА
КАПИТАН - /РЫБАЛЬЧЕНКО./

С ПОДЛИННЫМ ВЕРНО:

НАЧАЛЬНИК АТС 4-ГО МЕХКОРПУСА
МАЙОР - /КОРМИЛИЦЫН./ *[подпись]*

Фрагмент донесения о наличии ремонтных средств в 48-м Дорожном батальоне по состоянию на 25 апреля 1941 года (подписи командира батальона капитана Рыбальченко и начальника АТС 4-го мехкорпуса майора Кормилицына); ЦАМО фонд 38, опись 11353, дело 920, лист 70.

Очевидно, что "дорожным батальоном" называли 48-й омиб и сами военнослужащие. Это название держалось до середины августа 1941 года, о чём свидетельствует донесение о безвозвратных потерях 48-го инженерного батальона 37-й Армии ЮЗФ по состоянию на 15 августа 1941 года (№ 075, город Киев), подписанное командиром 48-го инж. батальона капитаном Рыбальченко, и всё ещё использующее на второй странице бланк 48-го дорожного батальона.

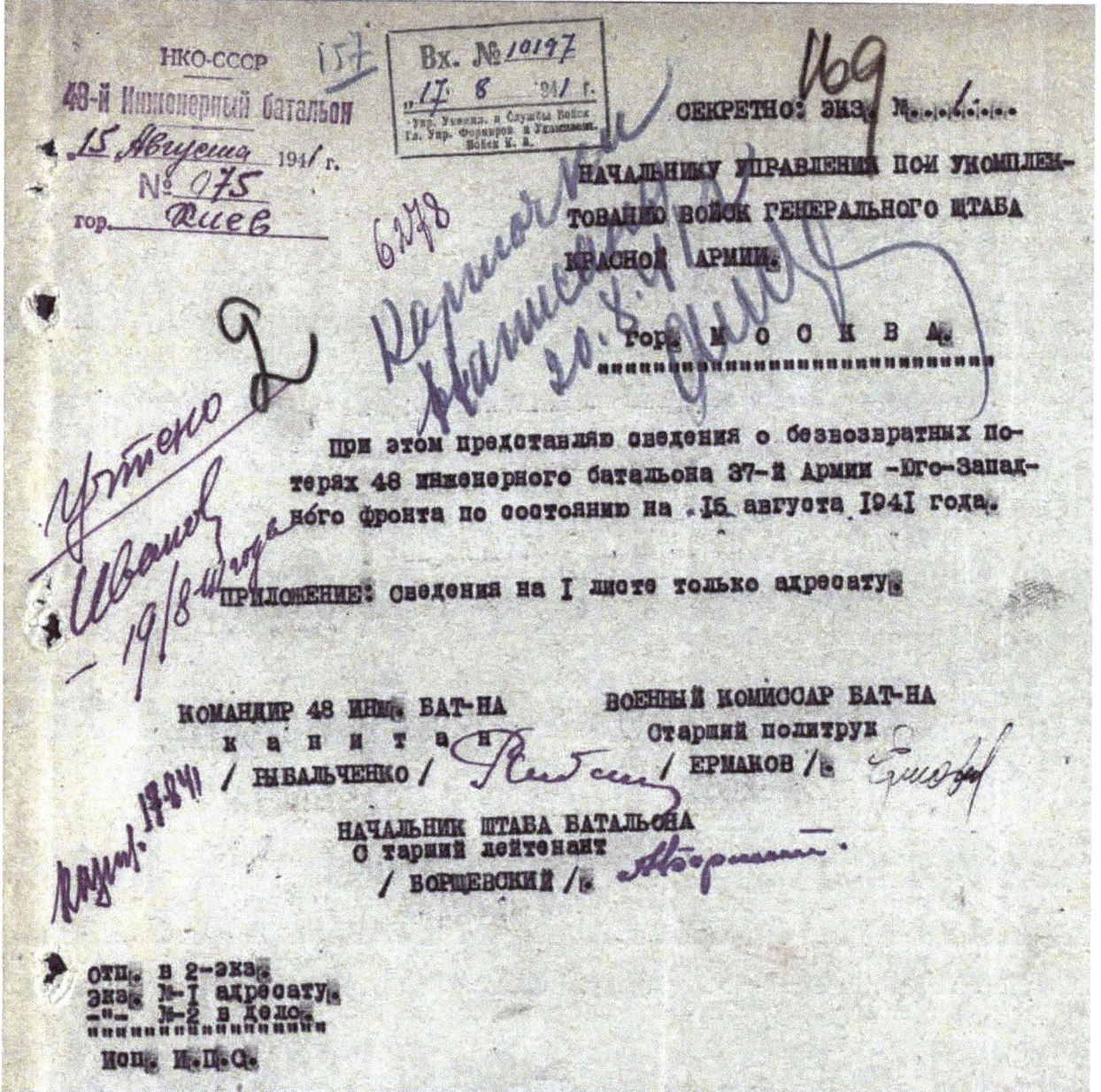

Фрагмент первой страницы донесения о безвозвратных потерях 48-го инженерного ("дорожного") батальона 37-й Армии ЮЗФ по состоянию на 15 августа 1941 года (№ 075, город Киев), подписанного командиром батальона капитаном Рыбальченко, военным комиссаром батальона Ермаковым и начальником штаба батальона старшим лейтенантом Борщевским; ЦАМО фонд 58, опись 818884, дело 11, лист 169.

Фрагмент второй страницы донесения о безвозвратных потерях 48-го инженерного ("дорожного") батальона 37-й Армии ЮЗФ по состоянию на 15 августа 1941 года (№ 075, город Киев), подписанного комбатом Рыбальченко, военкомом Ермаковым и начштаба Борщевским. ЦАМО фонд 58, опись 818884, дело 11, лист 170.

Возвращаясь к теме армейской, а не фронтовой, подчинённости батальона с самого начала создания 37-й Армии, можно привести и ещё более раннее донесение о безвозвратных потерях 48-го дорожного батальона 37-й Армии ЮЗФ по состоянию на 10 августа 1941 года (№ 050, город Киев), подписанное командиром 48-го дор. бат-на, капитаном Рыбальченко, военным комиссаром батальона старшим политруком Ермаковым и нач. штаба батальона лейтенантом Гольдманом (в левом нижнем углу, видна пометка "Исп. Старшина-Писарь Игнате..."). Примечание к донесению на первой странице гласит:

"ранее сведения подавались в штаб 4 мех. корпуса
приказом 37-й армии - сведения подавать в ГЕН-
штаб Красной Армии непосредственно."

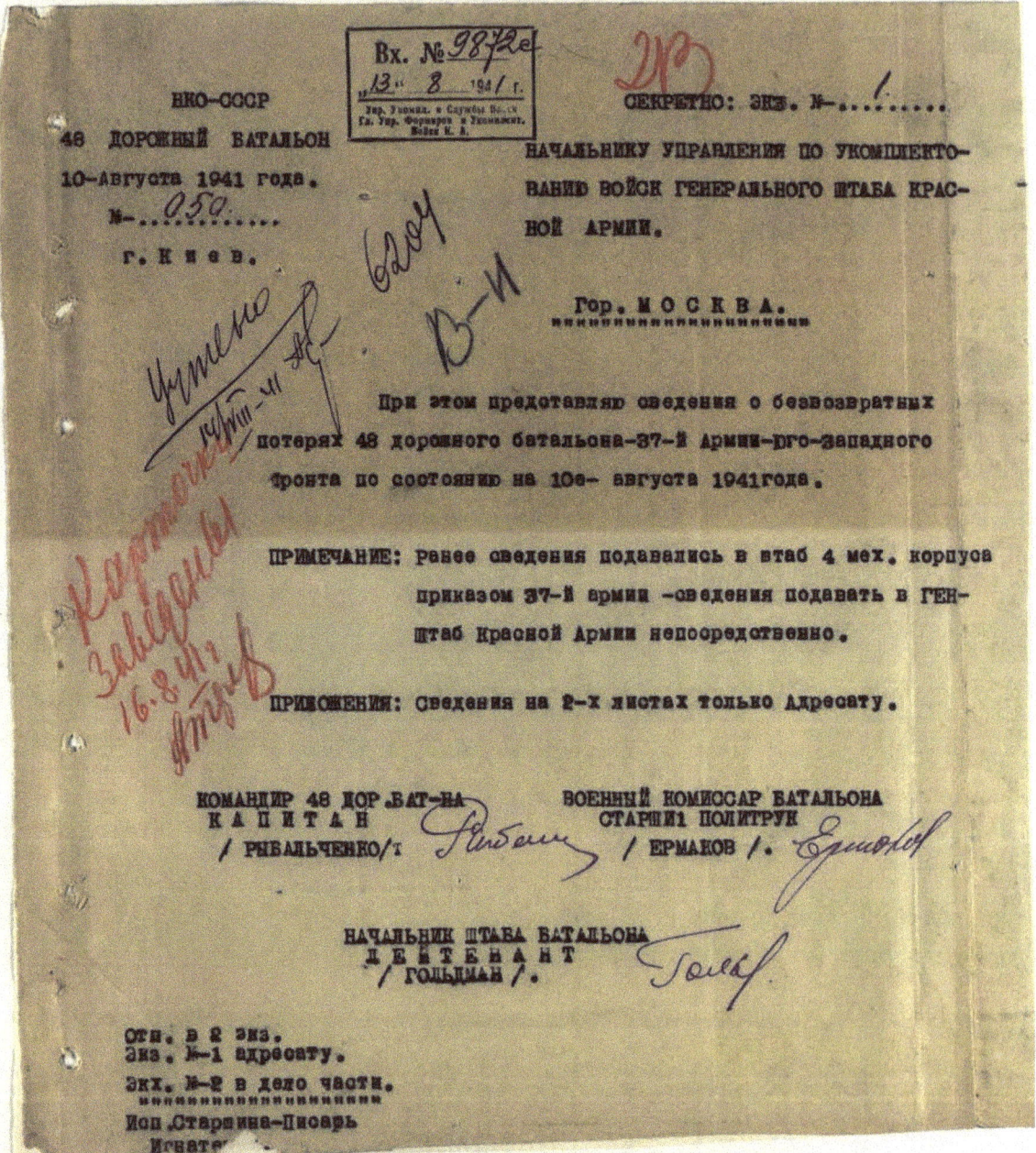

Фрагмент первой страницы донесения о безвозвратных потерях 48-го дорожного батальона 37-й Армии ЮЗФ по состоянию на 10 августа 1941 года (№ 050, город Киев), подписанного командиром батальона капитаном Рыбальченко, военным комиссаром батальона старшим политруком Ермаковым и начальником штаба батальона лейтенантом Гольдманом; ЦАМО фонд 58, опись 818884, дело 9, лист 213.

Инженерная сводка Инженерного Управления (ИУ) ЮЗФ № 5 от 7 августа 1941 года (за период с 3 по 5 августа 1941 года), подписанная Начальником ИУ генерал-майором инж. войск Александром Ильин-Миткевичем, описывает действия 48-й дорожного батальона как части КиУР'а. А одна из последующих сводок, инженерная сводка ИУ ЮЗФ № 7 от 18 августа 1941 года (за период с 8 по 16 августа 1941 года) уже рассматривает 48-й инжбат как часть 37-й Армии.

- 9 -

1.	2.	3.	4.	5.	6.
Фронтовой, придан 26 Армии	187 ОСБ	ПРОХОРОВКА	Собирает переправу из парка ИЛП.	Данных нет.	1 парк ИЛП.
Армейский	65 инжбат		Д а н н ы х н е т		
	335 ОСБ 199 СД		Д а н н ы х н е т		
	195 ОСБ 139 СД	КАНЕВ	Производит оборонительные работы.	Данных нет.	
	594 ОСБ 264 СД	ТАГАНЧА	То же	Укомплектован на 100%.	
	353 ОСБ 196 СД	КИЧИНЦЫ	То же	Укомплектован на 100%.	
	32 ОСБ 97 СД	СРЕДНЕ	Обеспечивает боевые действия дивизии.	Укомплектован на 10%.	
	185 ОСБ 159 СД	В районе дивизии.	То же	Укомплектован на 25%.	
	395 ОСБ 227 СД	В районе дивизии.	То же	Укомплектован на 60%.	
	590 ОСБ 289 СД	В районе дивизии.	То же	Укомплектован на 100%.	
	116 ОСБ 41 СД	Выведен	с дивизией на переформирование		
37 Армия	8 ОСБ	ГОРЯНКА	Устройство заграждений.	Нет данных	
	48 инжбат	БЕЛГОРОДКА	То же	Укомплектован на 85%	
	190 ОСБ 195 СД	ТАРАСОВКА	То же	укомплектован на 20%	

Фрагмент инженерной сводки Инженерного Управления ЮЗФ № 7 от 18 августа 1941 года,
за период с 8 по 16 августа 1941 года, относящей 48-й инжбат к 37-й Армии ЮЗФ;
ЦАМО фонд 229, опись 161, дело 116, лист 14.

Поэтому можно сделать вывод, что 48-й инженерный ("дорожный") батальон был подчинён 37-й Армии ЮЗФ с момента её формирования 10 августа 1941 года, в то время как фронтовое подчинение действовало только с 26 июля по 10 августа 1941 года.

Откуда же Перечень частей ЮЗФ, принимавших участие в обороне Киева в июле—сентябре 1941 года, мог взять 25 августа 1941 года, как дату изменения подчинения инжбата из фронтового в армейское?

Одно из объяснений можно найти в боевом распоряжении зам. начальника штаба ЮЗФ генерал-майора Баграмяна (№ 00303, штаб ЮЗФ, Бровары) от 23 августа 1941 года, приказывающее начальникам штабов армий (Наштармам) 5-й, 37-й, 26-й и 38-й Армий:

"1. Представить к 26 августа по состоянию на 25 августа специальную сводку по частям усиления (связи, инж, артиллерийских и прочих отдельных частей) с указанием где располагаются, что делают, их состояние и в чьём подчинении находятся.

2. Представить к 25 августа краткую характеристику соединений, указав в ней положительные и отрицательные стороны (случаи беспорядочных отходов, оставления матчасти и прочее) и фамилии Командиров и Комиссаров соединений."

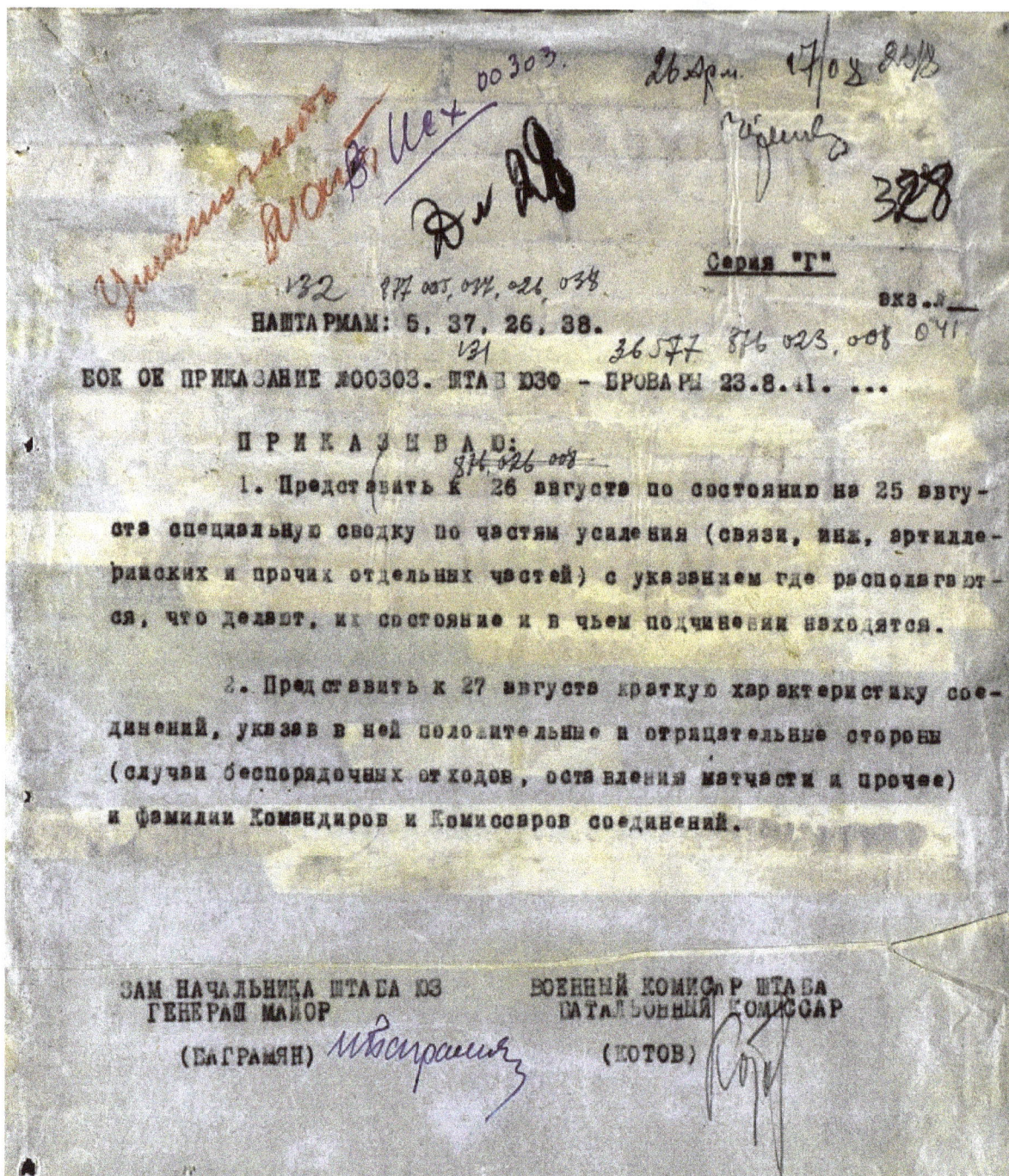

Боевое распоряжение зам. начальника штаба ЮЗФ генерал-майора Баграмяна
(№ 00303, штаб ЮЗФ, Бровары) от 23 августа 1941 года; ЦАМО фонд 229, опись 161, дело 10_2, лист 328.

Можно заключить, что к последней неделе августа 1941 года подчинение отдельных частей усиления ЮЗФ (в том числе инженерных) было не полностью ясным даже штабу фронта. Поэтому вполне объяснимо расхождение между Перечнем киевских частей ЮЗФ в июле – сентябре 1941 года, согласно которому 48-й отдельный инженерный батальон был частью фронтового подчинения до 26 августа 1941 года, и августовскими донесениями из самого батальона, а также инженерными сводками Инженерного Управления ЮЗФ, относящими часть непосредственно к 37-й Армии уже с 10 августа. *Очевидно, что 26 августа 1941 года это расхождение было формально устранено в результате распоряжения Баграмяна № 00303, и 48-й инжбат стал частью армейского подчинения (37-й Армии) и по штабным документам фронта, что и было впоследствии отражено в Перечне киевских частей ЮЗФ.*

Соответственно, боевой путь батальона можно разделить на четыре части:

- в составе 4-го мехкорпуса 6-й Армии ЮЗФ (22 июня – 12 июля 1941 года; корпусное подчинение);

- в резерве фронта на доукомплектовании (12 июля – 3 августа 1941 года; *фронтовое подчинение с 26 июля 1941 года*);

- в составе КиУР'а (4 – 9 августа 1941 года; фронтовое подчинение);

- в составе 37-й Армии ЮЗФ (10 августа – 25 сентября 1941 года; армейское подчинение).

Однако прежде чем перейти к детальному описанию боевого пути мы вернёмся в довоенный период, для того чтобы отследить процесс первоначального формирования батальона и назначения его командного состава в 1940 году. Это позволит не только точнее представить, что из себя представлял 48-й дорожный батальон, но и лучше понять его последующие боевые действия в составе 4-го мехкорпуса.

Глава 2. Формирование батальона (1940 год)

23 августа 1939 года был подписан договор о ненападении между Германией и СССР (так называемый пакт Молотова–Риббентропа)[10]. К договору прилагался "секретный дополнительный протокол" о разграничении "сфер влияния" в Восточной и Юго-Восточной Европе. Согласно договору в случае войны Германии с Польшей немецкие войска могли продвинуться до так называемой "линии Керзона", а остальная часть Польши, а также Финляндия, Эстония, Латвия и Бессарабия признавались "сферой влияния" СССР. Спустя неделю пакт Молотова–Риббентропа был ратифицирован Верховным Советом СССР.

1 сентября 1939 года, то есть на следующий день после ратификации договора, Германия начала вторжение в Польшу, положившее начало Второй мировой войне. Уже 17 сентября 1939 года на территорию Польши вошли и советские войска. "Польский поход" Красной Армии) продолжался чуть менее двух недель (17–29 сентября 1939 года). 28 сентября 1939 года СССР и Германия подписали договор о дружбе и границе, завершив территориальный раздел Польши. Под контроль СССР перешла территория в 196 тыс. км² с населением около 13 миллионов человек [11].

Новая государственная граница СССР, установленная в результате договора, в целом прошла по "линии Керзона", существенно отклоняясь на запад лишь в районе Белостока. На юго-западном участке новая граница проходила практически прямой линией западнее Равы-Русской и Немирова, через Перемышль (Пшемысль) до Карпат[12], образуя Львовский выступ. Именно в этих местах 48-й инжбат приступит к свои первым боевым действиям в июне 1941 года.

Вдоль новой западной границы СССР в 1940–1941 годах была оборудована так называемая "линия Молотова" — система инженерных оборонительных укреплений[13].

Линия Керзона (1945) и изменения территории Польши. Источник: https://ru.wikipedia.org/wiki/Линия_Керзона

---

[10] Источник: https://ru.wikipedia.org/wiki/Договор_о_ненападении_между_Германией_и_Советским_Союзом (29 мая 2017 года).

[11] Источник: https://ru.wikipedia.org/wiki/Польский_поход_Красной_армии_(1939) (29 мая 2017 года).

[12] Источник: https://ru.wikipedia.org/wiki/Линия_Керзона (29 мая 2017 года).

[13] Источник: https://ru.wikipedia.org/wiki/Линия_Молотова (29 мая 2017 года).

К моменту начала Великой Отечественной войны инженерные войска делились на войсковые, армейские, окружные и инженерные подразделения и части Резерва Верховного Главнокомандования (РВГК). К войсковым инженерным подразделениям относились сапёрные взводы, роты, батальоны, входящие в состав стрелковых, кавалерийских и танковых полков, дивизий, корпусов[14].

9 июня 1940 года Нарком Обороны СССР утвердил план формирования механизированных корпусов, согласно которому в Киевском Особом Военном Округе (КОВО) формировались 4-й и 8-й мехкорпуса, на основе управления 4-го кавалерийского и 49-го стрелкового корпусов, 5-й, 10-й, 14-й, 23-й и 24-й танковых бригад, 141-й стрелковой дивизии, некоторых частей 146-й стрелковой дивизии, 81-й моторизованной дивизии, 34-й кавалерийской дивизии и некоторых частей 32-й кавдивизии и танковые батальоны стрелковых дивизий. В частности, управление и корпусные части 4-го мехкорпуса формировались на базе соответствующих частей 49-го стрелкового корпуса[15].

Постановлением Совета Народных Комиссаров (СНК) СССР от 6 июля 1940 года № 1193-464сс утверждалась организация механизированного корпуса в составе двух танковых и одной моторизованной дивизий, мотоциклетного полка, дорожного батальона (моторизованной инженерной части), батальона связи, и авиаэскадрильи[16].

На первом этапе формирования 4-го мехкорпуса, проводимого летом 1940 года в городе Львов, в его состав вошли 8-я и 10-я танковые дивизии, 81-я моторизованная дивизия, 3-й мотоциклетный полк, 441-й и 445-й корпусные артиллерийские полки, 184-й отдельный батальон связи, 104-я корпусная авиационная эскадрилья и 48-й отдельный мотоинженерный батальон. На втором этапе формирования корпуса, к весне 1941 года, из его состава вывели 10-ю танковую дивизию и включили новую 32-ю танковую дивизию[17].

По штату № 10/22 отдельного моторизованного инженерного батальона механизированного корпуса (мирного времени), утверждённому 9 июня 1940 года, 48-й отдельный мото-инжбат должен был включать (в скобках указана численность личного состава):

I. Управление (18).
II. Взвод управления (13).
III. Основные подразделения (333):
    А. Школа младшего комсостава (49).
    Б. Инженерная рота (96; в батальоне — 2) (192).
    В. Дорожная рота (77).
    Д. Технический взвод (15).
IV. Подразделения обеспечения (46).

Личный состав был рассчитан на 410 человек, распределённых следующим образом:

Командный состав	22
Начальствующий состав	16
Младший начсостав	73
Рядовой состав	299

---

[14] Прагер А. Инженерные войска Красной Армии. — 2011; стр 2.

[15] Дриг Е. Механизированные корпуса РККА в бою. История автобронетанковых войск Красной Армии в 1940-1941 годах. Серия Неизвестные войны. — М.: АСТ; Транзиткнига, 2005; стр 19, 157.

[16] Дриг Е. Механизированные корпуса РККА в бою. История автобронетанковых войск Красной Армии в 1940-1941 годах. Серия Неизвестные войны. — М.: АСТ; Транзиткнига, 2005; стр 20.

[17] Источник: https://ru.wikipedia.org/wiki/4-й_механизированный_корпус_(1-го_формирования)

В частности, в командный состав входили 22 должности:

> Командир батальона
> Зам. командира батальона
> Адъютант старший
> Начальник школы
> Командир роты (3)
> Адъютант
> Начальник хим. службы
> Командир взвода (категория К-II: 2)
> Командир взвода (категория К-I: 11)

Начальствующий состав включал 16 должностей, в том числе:

> Политический состав (8):
> Зам. командира батальона по политической части
> Зам. начальника школы по политической части
> Зам. командира роты по политической части (3)
> Начальник клуба — он же зав. библиотекой
> Ответственный секретарь парторганизации
> Ответственный секретарь ВЛКСМ

> Технический состав (3):
> Начальник боевого питания
> Начальник технического снабжения
> Командир взвода — техник автомобильный младший

> Административный состав (3):
> Начальник военно-хозяйственного снабжения
> Начальник финансовой части
> Зав. делопроизводством

> Медицинский состав (2):
> Старший врач
> Лекарский помощник

Младший начсостав был разделён на младший командный состав (52 должности), младший технический состав (12 должностей), младший хозяйственно-административный состав (7 должностей) и младший медицинский состав (2 должности).

Каждая инженерная рота включала три инженерных взвода по 29 человек, возглавляемых командиром взвода и разбитых на четыре отделения (командир отделения и 6 сапёров), а также одно транспортное отделение (командир отделения и 3 шофёра). Таким образом, полный штат инженерной роты предполагал 96 человек: 87 в трёх инженерных взводах, 4 в транспортном отделении, а также 5 человек управления (командира роты, зам. командира роты по политической части, старшину, каптенармуса и писаря).

В дорожную роту входили три дорожных взвода по 23 человека, возглавляемых командиром взвода и разбитых на одно сапёрное отделение (командир отделения и 8 сапёров) и одно отделение дорожных машин (командир отделения, 6 грейдеристов, 2 машиниста дорожных машин и 4 тракториста), а также одно хозяйственное отделение (каптенармус и 2 шофёра). Дорожная рота тоже включала 5 человек управления (на тех же должностях, что и инженерная рота), и её штат соответственно предполагал 77 человек, включая 69 в трёх дорожных взводах и 3 в хозяйственном отделении.

Технический взвод батальона состоял из 15 человек: командир взвода, отделение АЭС-3 (начальник электростанции АЭС-3, электромеханик, 2 электромонтёра и 2 шофёра) и отделение ЛСР (командир отделения, моторист передвижного лесопильного станка ЛСР, 4 сапёра-пильщика и 2 шофёра).

Ещё одно подразделение батальона, школа младшего комсостава, включала 49 человек: 5 в управлении, 29 в инженерном взводе (командир взвода и четыре отделения по 7 человек: командир отделения и 6 курсантов — подобно инженерному взводу инженерной роты), и 15 в техническом взводе (командир взвода и два отделения по 7 человек: командир отделения и 6 курсантов — подобно техническому взводу батальона).

Итого, по штату мирного времени (410 человек в батальоне), основные подразделения батальона должны были насчитывать 333 человека.

Подразделения обеспечения (46 человек) включали клуб, пункт медицинской помощи, парковый взвод с ремонтным и транспортным отделениями (возглавляемый командиром взвода, младшим автомобильным техником), мастерскую и склад боевого питания, хозяйственный взвод (возглавляемый старшиной) и склады НЗ.

Управление и взвод управления (отделение разведки и отделение связи) насчитывали 31 человек.

Рядовой состав включал 168 сапёров: 144 в инженерных ротах (6 сапёров х 4 отделения х 3 взвода х 2 роты) и 24 в дорожной роте (8 сапёров х 1 отделение х 3 взвода). К тому же, отделение разведки взвода управления включало 4 сапёра-разведчика, а отделение ЛСР технического взвода батальона включало 4 сапёра-пильщика.

Главным отличием штата военного времени № 010/22 (всего 664 человека) от штата мирного времени № 10/22 (всего 410 человек) было исключение школы и включение ещё одной инженерной роты. Более того, каждое из отделений инженерных взводов увеличивались на 2 сапёра, и численность сапёров в инженерных ротах удваивалась до 288 человек (8 сапёров х 4 отделения х 3 взвода х 3 роты). В дорожную роту тоже добавлялось второе сапёрное отделение, увеличивая ротную численность сапёров до 48 человек (8 сапёров х 2 отделения х 3 взвода). Таким образом, общая численность сапёров по штату военного времени по сравнению с мирным временем удваивалась со 168 до 336.

Штат военного времени включал и другие изменения, в результате чего инженерные роты насчитывали по 131 человеку (393 в трёх ротах), дорожная рота — 149 человек, технический взвод батальона — 32 человека, и в итоге основные подразделения батальона были рассчитаны на 574 человека, к которым добавлялось 43 человека в подразделениях обеспечения, 25 во взводе управления и 22 в управлении.

На следующих страницах мы попытаемся отследить первые назначения командного и начальствующего состава во время формирования 48-го омиб летом и осенью 1940 года. Нашими главными источниками послужат личные дела комбата капитана Григория Рыбальченко и начальника школы лейтенанта Василия Пономарёва, учётно-послужные карточки (УПК) других командиров и политруков, а также Приказы войскам КОВО по личному составу № 02759 от 12 сентября 1940 года, № 02800 и № 02804 от 16 сентября 1940 года и № 03029 от 21 октября 1940 года, хранящиеся в РГВА.

Первым, естественно, был назначен командир батальона. 19 июля 1940 года капитан Григорий Трофимович Рыбальченко, *служивший командиром отдельного сапёрного батальона (ОСБ) в 49-м стрелковом корпусе КОВО (*а до этого комбатом ОСБ 49-й стрелковой дивизии, участвовавшей в Советско-финской Зимней войне в период с 30 ноября 1939 года по 13 марта 1940 года*)*, был назначен командиром 48-го отдельного мото-инженерного батальона 4-го мехкорпуса (Приказ НКО № 0083; см. биографию Григория Рыбальченко). Интересно отметить, что всего лишь за два дня до этого он был назначен начальником инженерной службы 146-й стрелковой дивизии, которая тоже была использована при формировании частей 4-го мехкорпуса.

Командир батальона
Григорий Рыбальченко

Заместитель командира батальона
Феодосий Филиппенко

Начальник школы, затем командир
роты Василий Пономарёв

С какого времени (год и м-ц)	По какое время (год и м-ц)	Должность	Часть, армия, фронт в военное время и округ (армия) в мирное время	№№ и дата приказов НКО или округа, флота (для мирного времени)
Август 1939 г.	июль 1940 г.	Командир	240 ап Отдельный саперный 49 стрелковой дивизии	пр. НКО-00573 от 16.8.39 г.
Июль 1940 г.	... 1940 г.	Начальник инженерной службы	146 стрелковая дивизия	пр. НКО-03243 от 17.7.40 г.
Июль 1940		Командир	48 монто-инженерный батальон 4го мех-корпуса	пр. НКО-0083 от 19.7.40 г.

Фрагмент из личного дела капитана Рыбальченко Г. Т.

Следующие назначения, насколько нам известно, были произведены лишь спустя два месяца, в середине сентября 1940 года.

Приказом КОВО № 02759 от 12 сентября 1940 года, отданным Командующим войсками Округа генералом армии Георгием Жуковым, 21 человек "командно-начальствующего состава *97 ОБС 49 СК*" были освобождены от занимаемых должностей и назначены в 48-й инженерный батальон. Следует отметить, что в 49-м стрелковом корпусе не было 97-го отдельного батальона связи (ОБС). Однако в КОВО существовал 97-й отдельный сапёрный батальон (ОСБ). *Возможно, что 97-й ОСБ КОВО был придан 49-му СК незадолго до формирования 4-го мехкорпуса*[18]. На эту возможность указывает запись в УПК Дмитрия Сплетухова о его назначении зав. делопроизводством в 97-й ОСБ 49-го СК, Приказом КОВО № 02196 от 11 июля 1940 года (см. биографию Дмитрия Сплетухова).

---

[18] В 49-м стрелковом корпусе 2-го формирования, созданном в КОВО в марте 1941 года, существовали 275-й ОБС и 308-й ОСБ.

Так или иначе, многие из переведённых 20 человек служили до 12 сентября 1940 года в разных частях, и поэтому обобщающая запись "97 ОБС 49 СК" — это явная штабная ошибка.

В тексте приказа присутствуют и другие досадные неточности: имя и отчество капитана Феодосия Степановича Филиппенко, назначенного заместителем командира 48-го инжбата, в документе записаны как "Григорий Трофимович" (имя и отчество комбата Рыбальченко), а фамилия Василия Андреевича Сосицина записана как "Косицын" — очевидные ошибки писаря.

Кроме того, в списке нарушена нумерация: номер 19 использован дважды (для воентехника 2-го ранга Олега Левченко и воентехника 2-го ранга Иллариона Рубцова).

Мы приводим далее, как и текст всего Приказа КОВО № 02759, так и детали предыдущих должностей назначенных командиров и начальников (в их биографиях можно найти более подробную "расшифровку").

Адъютант батальона Павел Иванов

Начштаба, начальник химической службы Юлий Гольдман

Начальник боепитания Никита Иващенко

Начальник военно-хозяйственного снабжения Василий Штин

Командир взвода управления Григорий Бойко

Командир *дорожного* взвода Алексей Котляр

ПРИКАЗ

Войскам Киевского Особого Военного Округа

ПО ЛИЧНОМУ СОСТАВУ

№ 02759

12. Сентября 194 0 г.

Ниже поименованный командно начальствующий состав освобождается от занимаемых должностей и назначается:

1. Командир переправочного парка КАПИТАН ФИЛИПЕНКО Григорий Трофимович- заместителем командира 48 инженерного батальона.
Рождения 1906 года , украинец, крестьянин, чл.ВКП/б/ общее образование 7 классов, военное КУКС , в РККА с 1926 года.

2. Помощник командира роты мл. лейтенант ИВАНОВ Павел Прокофьевич - адьютантом 48 инженерного батальона.

Рождения 1911 года, русский, рабочий, кандидат ВКП/б/ образование среднее, военное- курсы мл.лейтенантов, в РККА с 1933 года.

3. Начальник химической службы лейтенант ГОЛЬДМАН Юлий Абрамович- начальником химслужбы 48 инженерного батальона.

Рождения 1917 года, еврей, рабочий, чл.ВЛКСМ, Общееобразование среднее, военное училище хим-защиты РККА, в РККА с 1937 года.

4. Командир взвода мл. лейтенант ИВАШЕНКО Никита Корнеевич - начальником боевого питания 48 инженерного батальона.

Рождения 1912 года, украинец, крестьянин, кан. ВКП/б/, общее образование 7 классов, военное- курсы , в РККА с 1924 года.

5. Завделопроизводством техник интендант 2 ранга СПЛЕТУХОВ Дмитрий Петрович - ЗАВДЕЛОПРОИЗВОДСТВОМ 48 инж. батальона.

Рождения 1918 года, русския, служащий, чл ВЛКСМ, общее образование 7 классов, военное курсы техников интендантов, в РККА с 1938 года.

– 2 –

6. Командир взвода мл. лейтенант БОЙКО Григорий Семенович – КОМАНДИРОМ ВЗВОДА УПРАВЛЕНИЯ 48 инженерного батальона.

Рождения 1914 года ,украинец, рабочий , б/п, образованиеобщее 4 класса, военное курсы мл.лейтенантов, в РККА с 1933 года.

7. Помощник командира роты лейтенант ПОНОМАРЕВ Василий Миронович – НАЧАЛЬНИКОМ ШКОЛЫ 48 инженерногот батальона.

Рождения 1909 года, украинец, колхозник, чл. ВКП/б/, общее образование- 4класса, военное -курсы мл. лейтенантов, в РККА с 1931 года.

8. Командир взвода мл лейтенант КУЦЕНКО ИВАН ДМИТРИЕВИЧ,– КОМАНДИРОМ ВЗВОДА ШКОЛЫ 48 инженерного батальона.

Рождения 1911 года, украинец, служащий, чл. ВКП/б/ общее образование 4 класса, военное – курсы мл. лейтенантов в РККА с 1933 года.

9. Командир взвода мл лейтенант КРАВЧЕНКО Григорий Евдокимович – КОМАНДИРОМ ТЕХНИЧЕСКОГО ВЗВОДА 48 инженерного батальона.

Рождения 1914 года, украинец, крестьянин, кан.ВКП/б/ образование общее 7 классов, военное курсы мл.лейтенантов в РККА с 1936 года.

10. Командир взвода мл. лейтенант БЕЛУГИН Василий Павлович— КОМАНДИРОМ ВЗВОДА 48 инженерного батальона.

Рождения 1916 года, русский /служащий, чл. ВЛКСМ, образование общее 6 классов, военное - курсы мл. лейтенантов, в РККА с 1937 года.

11. Командир взвода мл.лейтенант КОСИЦЫН Василий Андреевич– КОМАНДИРОМ ВЗВОДА 48 инженерного батальона.

Рождения 1915 года, русский ,рабочий, кан. ВКП/б/, оброзование общее 5 классов, военное курсы мл. лейтенантов, в РККА с 1937 года.

12. Командир взвода мл. лейтенант СЛОБОДЯННИК Александр Петрович –КОМАНДИРОМ ВЗВОДА 48 инженерного батальона.

Рождения 1913 года ,украинец, служащий, чл. ВЛКСМ, общее образование 7 классов, военное курсы, в РККА с 1939 года.

13. Командир взвода мл. лейтенант НАЙДЕНКО ПЕТР Игнатьевич – КОМАНДИРОМ ВЗВОДА 48 инженерного батальона.

Рождения 1914 года, украинц, рабочий, кан. ВКП/б/, образование общее 7 классов, военное курсы мл. лейтенантов, в РККА с 1936 года.

= 28
- 3 -

20

4. Командир взвода мл. лейтенант КОШЕЛЕВ Тихон Трофимович
— КОМАНДИРОМ ВЗВОДА 48 инженерного батальона.

Рождения 1915 года, русский , рабочий, чл ВЛКСМ,
общее образование 7 классов, военное курсы мл. лейтенантов,
в РККА с 1936 года.

15.Командир взвода мл. лейтенант ШЕВЧЕНКО Павел Гурьевич
— КОМАНДИРОМ ВЗВОДА 48 инженерного батальона.

Рождения 1913 года, украинец, рабочий, кан. ВКП/б/,
общее образование 7 классов, военное курсы мл. лейтенантов,
в РККА с 1936 года.

16. Командир взвода мл. лейтенант ПЕТУХОВ Виктор Николаевич
— КОМАНДИРОМ ВЗВОДА 48 инженерного батальона.

Рождения 1915 года, русский ,крестьянин, чл ВЛКСМ,
общее образование 4 класса, военное курсы мл. лейтенантов,
в РККА с 1936 года.

17.Командир взвода мл. лейтенант КОТЛЯР Алексей Павлович
— КОМАНДИРОМ ВЗВОДА 48 инженерного батальона.

Рождения 1912 года, украинец, колхозник, чл. ВЛКСМ,
общее образование 7 классов, военное курсы мл. лейтенантов,
в РККА с 1939 года.

18. Командир взвода мл. лейтенант ЛАПА ЛАПА
Макар Иванович
— КОМАНДИРОМ ВЗВОДА 48 инженерного батальона.

Рождения 1910 года, украинец,служащий,кан. ВКП/б/
общее образование 7 классов, военное курсы мл. лейтенантов, в РККА с 1939 года.

19. Командир взвода воентехник 2 ранга ЛЕВЧЕНКО Олег Никандрович — КОМАНДИРОМ ТЕХНИЧЕСКОГО ВЗВОДА 48 инж. батальона.

Рождения 1910 года, украинец, служащий, чл.ВЛКСМ,
общее образование высшее, военное команда одногодичников,
в РККА с 1938 года.

Фрагмент приказа КОВО № 02759 (12 сентября 1940 года): стр. 3; РГВА фонд КОВО №25880, опись 4, дело 418.

- 4 -

Командир паркового взвода воентехник 2 ранга РУБЦОВ Илларион Титович - КОМАНДИРОМ ПАРКОВОГО ВЗВОДА 48 инжбатальона.

Рождения 1913 года, чуваш, служащий, чл. ВЛКСМ, образование общее высшее, военное команда одногодичников, в РККА с 1938 года.

20. Помощник начальника вещевого снабжения 27 стрелкового полка 7 стр. дивизии Капитан ШТИН Василий Игнатьевич освобождается от занимаемой должности и НАЗНАЧАЕТСЯ на должность НАЧАЛЬНИКА ВОЕННО ХОЗЯЙСТВЕННОГО СНАБЖЕНИЯ 48 инженерного батальона.

П.П. КОМАНДУЮЩИЙ ВОЙСКАМИ ОКРУГА   П.П. ЧЛЕН ВОЕННОГО СОВЕТА ОКРУГА
ГЕНЕРАЛ АРМИИ   АРМЕЙСКИЙ КОМИССАР 2 РАНГА
/ЖУКОВ/   /БОРИСОВ/

П.П.   НАЧАЛЬНИК ШТАБА ОКРУГА
ГЕНЕРАЛ ЛЕЙТЕНАНТ
/ПУРКАЕВ/

Верно : Помнач I отделения
КАПИТАН /Лебедев/

Нач. ОК КОВО
Ст. Бат. Комиссар
/Сергеев/

Отпечатано в 6 экз.
экз. I подлинный,
№ 2 - в УКНС
№ 4 - ОК КОВО
№ 5 - для справок
№ 6- Штаб 4 м. к.
А.Г.

Фрагмент приказа КОВО № 02759 (12 сентября 1940 года): стр. 4; РГВА фонд КОВО №25880, опись 4, дело 418.

Всего было сделано 21 назначение (в скобках указана предыдущая должность):

1. Заместитель командира: капитан Феодосий Степанович Филиппенко (командир переправочного парка ОСБ 49-го СК, принимавшего участие в "Польском походе").

2. Адъютант: лейтенант Павел Прокофьевич Иванов (помощник командира *парковой* роты ОСБ 49-го СК с марта 1940 года).

3. Начальник химической службы: лейтенант Юлий Абрамович Гольдман (начальник химической службы 275-го отдельного батальона связи КОВО).

4. Начальник боепитания: лейтенант Никита Корнеевич Иващенко (командир взвода ОСБ 49-го СК с марта 1940 года).

5. Зав. делопроизводством: техник-интендант 2-го ранга Дмитрий Петрович Сплетухов (зав. делопроизводством 97-го ОСБ 49-го СК).

6. Командир взвода управления: младший лейтенант Григорий Семёнович Бойко (командир взвода *ОСБ 135-й стрелковой дивизии*).

7. Начальник школы: лейтенант Василий Миронович Пономарёв (помощник командира роты в ОСБ 49-го СК, принимавшего участие в "Польском походе").

8. Командир взвода школы: младший лейтенант Иван Дмитриевич Куценко (командир взвода ОСБ 49-го СК с марта 1940 года).

9. Командир технического взвода: младший лейтенант Григорий Евдокимович Кравченко (командир взвода ОСБ 49-го СК).

10. Командир взвода: младший лейтенант Василий Павлович Белугин (командир взвода неизвестной части).

11. Командир взвода: младший лейтенант Василий Андреевич Сосицин (командир взвода ОСБ 49-го СК).

12. Командир взвода: младший лейтенант Александр Петрович Слободянник (командир взвода ОСБ 49-го СК).

13. Командир взвода: младший лейтенант Пётр Игнатьевич Найденко (командир взвода ОСБ 49-го СК).

14. Командир взвода (инженерного взвода школы, судя по УПК): младший лейтенант Тихон Трофимович Кошелев (командир взвода ОСБ 49-го СК).

15. Командир взвода: младший лейтенант Павел Гурьевич Шевченко (командир взвода ОСБ 49-го СК).

16. Командир взвода: младший лейтенант Виктор Николаевич Петухов (командир взвода ОСБ 49-го СК).

17. Командир *дорожного* взвода: младший лейтенант Алексей Павлович Котляр (командир взвода ОСБ 49-го СК).

18. Командир взвода: младший лейтенант Макар Иванович Лапа (командир взвода ОСБ 49-го СК).

19. Командир технического взвода: воентехник 2-го ранга Олег Никандрович Левченко (командир взвода ОСБ 49-го СК с марта 1940 года).

20. Командир паркового взвода: воентехник 2-го ранга Илларион Титович Рубцов (командир паркового взвода ОСБ 49-го СК с марта 1940 года).

21. Начальник военно-хозяйственного снабжения: капитан Василий Игнатьевич Штин (помощник начальника обозно-вещевого довольствия 27-го стрелкового полка 7-й стрелковой дивизии КОВО, принимавшей участие в "Польском походе").

Большинство назначений комсостава (18 из 22, если считать и комбата Рыбальченко) было сделано переводом из ОСБ 49-го СК. Многие из офицеров до этого участвовали либо в "Польском походе" ("освобождении" Западной Украины осенью 1939 года), например, Сплетухов, Кошелев, Котляр и Штин, либо в "Зимней кампании" (Советско-финской войне 1939–1940 гг.), например, Рыбальченко и Бойко.

Командир взвода Виктор Петухов

Командир взвода Пётр Найденко

Командир взвода Макар Лапа

Командир *инженерного* взвода школы Иван Куценко

Командир технического взвода *школы* Григорий Кравченко

Командир *инженерного* взвода школы Тихон Кошелев

Командир взвода Павел Шевченко

Начальник технического снабжения Григорий Саливон

Зам. командира батальона по полит. части Александр Воронин

По штату батальону полагалось 13 командиров взводов комсостава. Приказ КОВО № 02759 перечисляет именно 13 назначенных взводных командиров, включая комвзвода управления Григория Бойко, командира техвзвода Олега Левченко, командира техвзвода Григория Кравченко, командира взвода школы Ивана Куценко и ещё 9 командиров для 6 инженерных и 3 дорожных взводов. Было назначено два командира техвзвода — *возможно, одно из этих назначений (Кравченко) было в техвзвод школы батальона, которая включала один инженерный и один технический взвод. В таком случае, Иван Куценко был назначен командиром инженерного взвода школы. Вскоре, однако, должность командира инженерного взвода школы занял Тихон Кошелев.*

Следует отметить, что младшие лейтенанты Бойко, Куценко, Белугин и Сосицин окончили *в 1940 году курсы младших лейтенантов инженерных войск при КОВО*, по окончании были направлены в ОСБ 49-го СК, и вскоре назначены в 48-й инжбат. Младшие лейтенанты Котляр, Лапа, Кравченко, Найденко, Кошелев, Павел Шевченко и Петухов окончили курсы младших лейтенантов в городе Нежин (первые двое в марте 1940 года, остальные — в июле 1940 года), по окончании тоже были направлены в ОСБ 49-го СК, и вскоре назначены в 48-й инжбат.

Также были заполнены две из трёх должности техсостава: начальник боевого питания (Никита Иващенко) и командир паркового взвода техсостава (Илларион Рубцов). Начальник технического снабжения (третья должность техсостава) был назначен через месяц (см. ниже).

Следующий приказ, имеющий отношение к 48-му инжбату, это Приказ КОВО № 02800 от 16 сентября 1940 года, тоже отданный Командующим войсками Округа генералом армии Георгием Жуковым. В числе назначенных в 48-й инжбат этим приказом были:

Заместитель командира по политической части роты: младший лейтенант Василий Павлович Богданов (политрук, заместитель командира по политической части эскадрона 53-го кавалерийского полка 16-й Кавалерийской Сибирской дивизии, принимавшей участие в "Польском походе").

Начальник клуба и начальник библиотеки: политрук Елисей (Алексей) Александрович Холмов (начальник библиотеки 53-го кавалерийского полка 16-й Кавалерийской Сибирской дивизии, принимавшей участие в "Польском походе").

В июле 1940 года 16-я Кавалерийская Сибирская дивизии была обращена на формирование Автобронетанковых Войск Киевского Военного Округа (АБТВ КОВО). В частности, 53-й и 146-й кавалерийские полки были обращены в 3-й мотоциклетный полк 4-го механизированного корпуса. Как видно из Приказа КОВО № 02800, два политрука 53-го кавполка, Богданов и Холмов, были переведены в 48-й инжбат.

В этот же день, 16 сентября 1940 года, генералом армии Георгием Жуковым был подписан и Приказ КОВО № 02804 со следующим назначением в 48-й инжбат:

Военком и заместитель командира батальона по политической части, батальонный комиссар Александр Николаевич Воронин (заместитель командира батальона по политической части 307-го отдельного танкового батальона 80-й стрелковой дивизии; участник "Польского похода" и "Зимней войны").

Последний из пока найденных нами приказов — это Приказ КОВО № 02804 от 21 октября 1940 года, со следующими двумя назначениями в 48-й инжбат:

Начальник технического снабжения: младший воентехник Григорий Максимович Саливон (помощник командира 155-й отдельной сапёрной роты Новоград-Волынского Укреплённого Района).

Командир роты: старший лейтенант Андрей Иванович Хованов (командир взвода школы *отдельного сапёрного эскадрона 5-й кавалерийской дивизии КОВО*).

П Р И К А З
-:-:-:-:-:-:-:-:-:-:-:-

ВОЙСКАМ КИЕВСКОГО ОСОБОГО ВОЕННОГО ОКРУГА

ПО ЛИЧНОМУ СОСТАВУ

№ 02800

"6" сентября, 1940г.   гор. К и е в.-

БОГДАНОВ Василий Павлович - политрук, заместитель командира по политической части эскадрона 53-го кавалерийского полка, освобождается от занимаемой должности и назначается ЗАМЕСТИТЕЛЕМ КОМАНДИРА ПО ПОЛИТИЧЕСКОЙ ЧАСТИ РОТЫ 48 ОТДЕЛЬНОГО ИНЖЕНЕРНОГО БАТАЛЬОНА, 4 КОРПУСА.

ХОЛМОВ Алексей Александрович - начальник библиотеки 53 кавалерийского полка, освобождается от занимаемой должности и назначается НАЧАЛЬНИКОМ КЛУБА, ОН ЖЕ НАЧАЛЬНИК БИБЛИОТЕКИ 48 ОТДЕЛЬНОГО ИНЖЕНЕРНОГО БАТАЛЬОНА, 4 КОРПУСА.

КОМАНДУЮЩИЙ ВОЙСКАМИ КОВО   ЧЛЕН ВОЕННОГО СОВЕТА КОВО
ГЕНЕРАЛ-АРМИИ   АРМЕЙСКИЙ КОМИССАР 2-го РАНГА

/ Ж У К О В /   / БОРИСОВ /

НАЧАЛЬНИК ШТАБА КОВО
ГЕНЕРАЛ-ЛЕЙТЕНАНТ
/ ПУРКАЕВ /

Фрагменты приказа КОВО № 02800 (16 сентября 1940 года); РГВА фонд КОВО №25880, опись 4, дело 385.

ПРИКАЗ

ВОЙСКАМ КИЕВСКОГО ОСОБОГО ВОЕННОГО ОКРУГА

ПО ЛИЧНОМУ СОСТАВУ

№ 02804

Рассекречено

"16" сентября 40

СТАТЕЙ
получено
1-м отделением 6 отдела УПП РККА
25 СЕН 1940 г.Киев
ОТРАБОТАНО:

по алфавитн. картотеке .... " 19   г.
по должност. картотеке .... " 19   г.
по 2-му отделению . . . . " 19   г.

РУДНИК, Семен Лазаревич – батальонный комиссар, заместитель командира по политической части батальона 15-го танкового полка 8-й танковой дивизии,освобождается от занимаемой должности и назначается ИСПОЛНЯЮЩИМ ДОЛЖНОСТЬ ЗАМЕСТИТЕЛЯ КОМАНДИРА ПО ПОЛИТИЧЕСКОЙ ЧАСТИ 3-го АВТО-ТРАНСПОРТНОГО ПОЛКА.

ВОРОНИН, Александр Николаевич– батальонный комиссар, заместитель командира по политической части 307-го отдельного танкового батальона 80-й стрелковой дивизии,освобождается от занимаемой должности и назначается ЗАМЕСТИТЕЛЕМ КОМАНДИРА ПО ПОЛИТИЧЕСКОЙ ЧАСТИ 48-го ОТДЕЛЬНОГО МОТОРИЗОВАННОГО ИНЖЕНЕРНОГО БАТАЛЬОНА, 4-го КОРПУСА.

КОМАНДУЮЩИЙ ВОЙСКАМИ КОВО
ГЕНЕРАЛ АРМИИ
/ ЖУКОВ /

ЧЛЕН ВОЕННОГО СОВЕТА КОВО
АРМЕЙСКИЙ КОМИССАР 2 РАНГА
/БОРИСОВ/

НАЧАЛЬНИК ШТАБА КОВО
ГЕНЕРАЛ-ЛЕЙТЕНАНТ

/ПУРКАЕВ/

ВЕРНО:Ст.Инструктор ОК УПП КОВО
Старший политрук

/ ОЗЕРЯНСКИЙ/

Фрагмент приказа КОВО № 02804 (16 сентября 1940 года); РГВА фонд КОВО №25880, опись 4, дело 418.

СЕКРЕТНО.

Рассекречено

ПРИКАЗ

...скам Киевского Особого Военного Округа

ПО ЛИЧНОМУ СОСТАВУ

№ 03029

...ября 1940г. гор. Киев

Нижепоименованный начальствующий состав частей Киевского Особого Военного Округа освобождается от занимаемых должностей и назначается:

26. Помощник командира 155 отдельной саперной роты Новоград-Волынского Укрепленного района младший воентехник САЛИВОН Григорий Максимович – НАЧАЛЬНИКОМ ТЕХНИЧЕСКОГО СНАБЖЕНИЯ 48 ИНЖЕНЕРНОГО БАТАЛЬОНА 4 МЕХАНИЗИРОВАННОГО КОРПУСА.

1912 г. рождения, украинец, служащий, К/ВКП/б.
Образование общее – низшее, военное – курсы мл. воентехников в 1938 г., в Красной Армии с 1934 года.

31. Командир взвода школы отдельного саперного эскадрона 5 кавалерийской дивизии старший лейтенант ХОВАНОВ Андрей Иванович – КОМАНДИРОМ РОТЫ 48 ИНЖЕНЕРНОГО БАТАЛЬОНА 4 МЕХАНИЗИРОВАННОГО КОРПУСА.

1910 г. рождения, русский, крестьянин, член ВКП/б.
Образование общее – 6 классов, военное – военучилищ в 1934 г., в Красной Армии с 1932 года.

...ющий войсками округа
...рал армии /ЖУКОВ/

Член Военного Совета Округа
Армейский комиссар 2 ранга
/БОРИСОВ/

Начальник штаба округа
генерал лейтенант
/ПУРКАЕВ/

...КОВО
...ссар
...
...экз.

...линный.
...УК КА.
...ОК КОВО
...Для справок.

Фрагменты приказа КОВО № 03029 (21 октября 1940 года); РГВА фонд КОВО №25880, опись 4, дело 388.

В итоге, пятью приведёнными приказами было назначено 27 человек комначсостава (из 38). Не ясно, кто и когда был назначен старшим адъютантом, командирами и заместителями командира роты по политической части двух других рот, политруком школы, ответственный секретарём парторганизации, ответственный секретарём ВЛКСМ, начальником финансовой части, старшим врачом и лекарским помощником (11 должностей). Дополнительный поиск определил лишь некоторых из них:

- Зам. командира роты по политической части, политрук роты, Шая Беркович Шер (дата назначения в 48-й инжбат неизвестна).
- Зам. командира роты по политической части, политрук роты, Николай Васильевич Станжур (дата назначения в 48-й инжбат неизвестна; *возможно, из другой части*).
- Зам. командира роты по политической части, политрук роты: старший политрук Андрей Николаевич Кондрахин (с 21 августа 1941 года).
- Ответственный секретарь бюро парторганизации: младший политрук Дмитрий Петрович Андрейченко (с 4 июня 1941 года, Приказ КОВО № 00260).

Зам. командира роты по политической части Шая Шер

Зам. командира роты по полит. части Андрей Кондрахин

Ответственный секр. бюро ВКП(б): политрук Александр Ласточкин

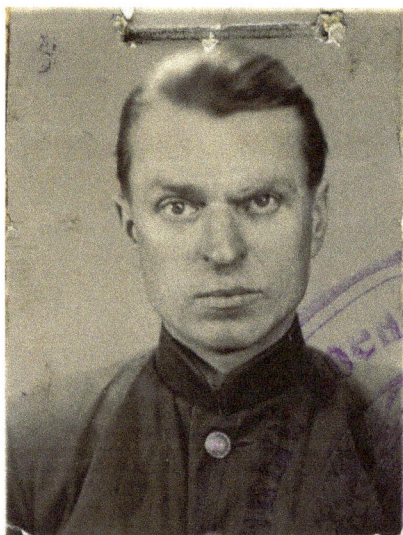

Начальник клуба, начальник библиотеки Елисей Холмов

Начальник военно-хозяйственного снабжения Сергей Шевченко

Командир взвода, затем командир сапёрной роты Василий Шуба

Забегая вперёд, можно отметить, что:

- зав. делопроизводством техник-интендант 2-го ранга **Дмитрий Петрович Сплетухов** 28 января 1941 года был уволен в долгосрочный отпуск и его боевой путь более не пересекался с 48-м инженерным батальоном — *вместо него, вероятно, был назначен Борис Александрович Гомберг*;
- батальонный комиссар Александр Николаевич Воронин в марте 1941 года был переведён в 202-й мото-стрелковый полк 81-й моторизованной дивизии 4-го мехкорпуса;
- техник-интендант 2-го ранга Сергей Андреевич Шевченко *в июле 1941 года* был назначен начальником военно-хозяйственного снабжения (*очевидно, вместо попавшего в плен Василия Штина*);
- лейтенант Василий Евдокимович Шуба в мае 1941 года был назначен командиром взвода 48-го инжбата 4-го мехкорпуса; а впоследствии — командиром *сапёрной* роты 48-го инжбата 37-й армии;
- начальник школы лейтенант Василий Пономарёв также стал командиром роты (*очевидно, с началом боевых действий*);
- политрук Александр Васильевич Ласточкин был назначен ответственным секретарём бюро парторганизации 21 августа 1941 года.

В октябре–декабре 1940 года 48-й мотоинжбат пополнился и командирами младшего начсостава, а также рядовыми и курсантами.

В частности, можно отметить несколько харьковчан, призванных в октябре 1940 года: старший сержант Михаил Дмитриевич Новиков (14 октября 1940 года, Краснозаводский РВК); младший сержант Мендель (Михаил) Шмуль-Гершкович Высоцкий (12 октября 1940 года, Кагановичский РВК); курсант-сапёр, Меер (Марк) Семёнович Добрусин (15 октября 1940 года, Кагановичский РВК) и курсант-радист мобильной связи, Николай Иосифович Демченко (31 октября 1940 года, Краснозаводский РВК).

Красноармейцы Дмитрий Корнеевич Асташин (Осташин) и Василий Митрофанович Малышев были призваны из Алтайского края: 12 и 13 октября 1940 года соответственно (Тальменский РВК), а Алексей Иосифович (Осипович) Носачев (Носычев) — 14 октября 1940 года (Берёзовский РВК Молотовской области, ныне Пермский край). В 1940 году был призван и красноармеец Михаил Данилович Ястребов (Дрибинский РВК Могилёвской области Белорусской ССР).

По воспоминаниям курсанта 48-го инжбата Александра Владимировича Жука, в ноябре 1940 года он и его друг, Дмитрий Семёнович Дорошенко, были призваны на службу в РККА, курсантами-сапёрами 48-го мото-инженерного (дорожного) батальона, после окончания архитектурного факультета Всероссийской Академии Художеств в городе Ленинград.

23 октября 1940 года был призван сержант Андрей Павлович Федечкин (Карачевский РВК Брянской области), а 13 декабря 1940 года повар-инструктор младший сержант Владимир Александрович Дьяков (Шебекинский РВК Курской области).

Служили в батальоне и более ранние призывники (1939 года): например, командир отделения сержант при штабе Кадыр (Кадир) Муратов (Бухарский РВК Узбекской ССР) и красноармейцы из Тамбовской области: Иван Семёнович Калмыков (Сосновский РВК), Павел Филиппович Мещеряков (Ракшинский РВК) и Иван Иванович Шохин (Алгасовский РВК).

Большинство военнослужащих 48-го инжбата составляли призванные из Украины (в том числе из Харькова, а также Винницкой, Киевской, Николаевской, Полтавской, Черниговской *и, вероятно, других областей*) и России (особенно Тамбовской области), а также Азербайджана, Армении, Белоруссии, Грузии и Узбекистана.

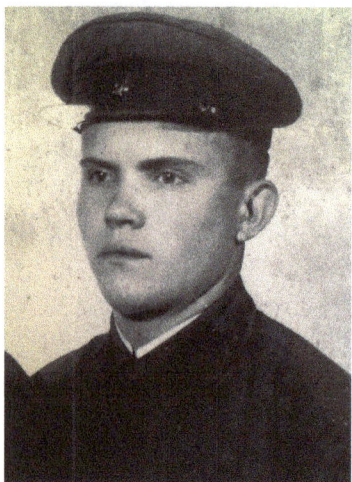

Сапёр, сержант Андрей Федечкин

Сержант при штабе Кадыр Муратов

Сапёр Михаил Ястребов

Курсант-сапёр Александр Жук

Курсант-сапёр
Меер (Марк) Добрусин

Курсант-сапёр Дмитрий Дорошенко

Красноармеец Алексей Носычев) (справа).

Радиотелеграфист Дмитрий Асташин (слева) и
красноармеец Василий Малышев (справа).

Повар-инструктор младший сержант Владимир Дьяков (слева), красноармеец Иван Шохин (в центре) и красноармеец Фёдор Павленко (справа); город Львов, 15 июня 1941 года.

Нам удалось найти ещё несколько документов, в которых упоминается 48-й инжбат. В фонде КОВО №25880 (опись 4), хранящемся в РГВА, имеется дело 89 "Отчет по опытному учению 4 мк" от 14—17 октября 1940 года. Согласно отчёту, в этих учениях 4-го мехкорпуса участвовал и 48-й инжбат.

В личном деле комбата капитана Рыбальченко имеется его аттестация, за период с июля по октябрь 1940 года, на должность командира 48-го отдельного моторизованного инженерного батальона 4-го мехкорпуса, подписанная начальником инженерной службы 4-го корпуса подполковником Саховским (30 октября 1940 года) и включающая заключение старших начальников, подписанное командиром 4-го мехкорпуса генерал-майором Потаповым (25 ноября 1940 года; рукописный текст процитирован без изменений; см. биографию Григория Рыбальченко):

"Дисциплина в б-не плохая, в силу недостаточной требовательности т. Рыбальченко. В вопросах организации хозяйства б-на, очень часто проявляет безпомощность. Занимаемой должности, при устранении указанных недочетов, будет соответствовать."

...Как много лет спустя вспоминал курсант батальона Александр Жук,

"Мне и сегодня снятся свежие морозные утра последней мирной зимы. Наш взвод проходит маршем по просыпающемуся Львову. Я вижу, как отворяются окна, будто разбуженные нашими залихватскими песнями. Я вижу как хозяйки вываливают на подоконники подушки и перины для ежедневного проветривания. Я и теперь слышу, как озорно орёт наш взвод блатные одесские песенки, прилаженные к ритму строевого шага. Нас ведет наш взводный Кошелев на загородный пустырь, изрытый учебными окопами. Здесь он проводит с нами «полевые занятия»." [19].

В следующей главе мы завершим описание формирования батальона в довоенный период, сосредоточившись на его материальной базе.

---

[19] А. В. Жук, Начало. — Стройиздат, Санкт-Петербург, 2005, стр. 17—18.

Глава 3. Довоенный период 1941 года

В первой главе мы уже приводили два донесения, дающие представление о материальной части 48-го дорожного батальона по состоянию на 25 апреля 1941 года: (i) о наличии и состоянии парков и (ii) о наличии ремонтных средств. В ЦАМО хранится и ещё одно донесение о наличии и техническом состоянии материальной части машин в 48-м дорожном батальоне по состоянию на 28 апреля 1941 года.

СВЕДЕНИЕ

О наличии и техническом состоянии мат. части машин в 48-м Дорожном батальоне по состоянию на 28 апреля 1941 года.

№ п/п	Тип и марка машин	Полож. по штату	Состоит по списку	В ремонте	В команд. по...	налицо	Тек.	Сред.	Тек.	Срд.	Нал.	Боеспособных	В консерв.	В боевых	Уч. боев.	Стр-тран.	он.
1	2	3	4	5	6	7	8	9	10	11	12	13	14	15	16	17	18
1.	Легков. ГАЗ-А	1	1	1	—	—	—	—	—	—	—	—	—	—	—	—	—
2.	Грузов. ГАЗ-АА	1	4	1	—	3	—	—	—	—	—	3	—	—	—	2	1
3.	Грузов. ЗИС-5	14	18	4	—	14	1	—	—	—	1	12	—	—	—	10	2
4.	Пикап ГАЗ М-1		4	—	—	—	—	—	—	—	—	—	—	—	—	—	—
5.	Санит.ГАЗ-АА	1	2	—	—	2	—	—	—	—	—	2	—	—	—	1	1
6.	рация 5-АК ГАЗ-АА	1	1	—	—	1	—	—	—	—	—	1	—	—	—	1	—
7.	АОС-1 ГАЗ-АА	—	1	1	—	—	—	—	—	—	—	—	—	—	—	1	—
8.	АОС-3 ГАЗ-3А	2	2	—	—	2	—	—	—	—	—	2	2	—	—	—	—
9.	Маст. т.-А ГАЗ-3А			—	—	1	—	—	—	—	—	1	1	—	—	—	—
10.	ЗИС-5 с вывод. мощности	1	—	—	—	—	—	—	—	—	—	—	—	—	—	—	—
11.	Автоцистерна ЗИС-5	1	—	—	—	—	—	—	—	—	—	—	—	—	—	—	—
12.	Бензозаправщ. ЗИС-5	1	—	—	—	—	—	—	—	—	—	—	—	—	—	—	—
13.	ЗИС-5 ВМЗ	1	—	—	—	—	—	—	—	—	—	—	—	—	—	—	—
14.	Маст. т-Б ЗИС-6	1	—	—	—	—	—	—	—	—	—	—	—	—	—	—	—
15.	Бензозаправщ. ЗИС-6	—	1	—	—	1	—	—	—	—	—	1	—	—	—	—	1
16.	Мото б/к ИЖ-8	2	2	—	—	2	—	—	—	—	—	2	—	—	—	1	—
17.	Трактора ЧТЗ-С-65	12	12	—	—	12	—	—	1	4	3	5	—	—	—	4	1
18.	Прицепы тракторные		3	—	—	—	—	—	—	—	—	—	—	—	—	—	—
19.	Велосипеды Моск.з-да		1	—	—	1	—	—	—	—	—	1	—	—	—	—	1

КОМАНДИР 48-ГО ДОРОЖНОГО БАТАЛЬОНА
КАПИТАН - /РЫБАЛЬЧЕНКО/.

С ПОДЛИННЫМ ВЕРНО:

НАЧАЛЬНИК АТС 4-ГО МЕХ.КОРПУСА
МАЙОР - /КОРМИЛИЦЫН/.

Фрагмент донесения о наличии и техническом состоянии мат. части машин в 48-м Дорожном батальоне по состоянию на 28 апреля 1941 года (подписи командира батальона капитана Рыбальченко и начальника АТС 4-го мехкорпуса майором Кормилицына); ЦАМО фонд 38, опись 11353, дело 920, лист 63.

Известно[20], что из крупной инженерной техники моторизованный инжбат мехкорпуса должен был иметь на вооружении 18 грейдеров, 6 бульдозеров, 2 лесопильных станка, 13 мотопил, и 2 электростанции АЭС-3. Однако в апрельском донесении не упомянуты грейдеры и бульдозеры.

Доклад начальнику 3-го отдела 4-го мехкорпуса от 18 июля 1941 года (см. Главу 4) отчитывается о 4 грейдерах и 10 тракторах, бывших в дорожной роте 48-го инжбата, *поэтому можно предположить, что в течение мая–июня 1941 года 4 грейдера всё же поступили на вооружение.*

По штату в 48-м мото-инженерном батальоне должны также были быть автоцистерна ЗИС-5, бензозаправщик ЗИС-5, водо-маслозаправщик ЗИС-5 ВМЗ, ЗИС-5 "с вывод. мощности", мастерская типа "Б" на основе ЗИС-6, но по состоянию на 28 апреля 1941 года в списке не было ни одного из этих автомобилей. Однако по списку проходил "бензозаправщик ЗИС-6", *скорее всего, топливозаправщик БЗ-35 на основе ЗИС-6.* В июльском докладе 1941 года упомянут к тому же "ЗИС-21 (газогенератор)".

В общем и целом можно сделать вывод, что материальная часть 48-го инжбата была укомплектована относительно неплохо, но включала замены одних видов техники на другие.

Ниже мы приводим краткие характеристики техники, упомянутой в апрельском донесении 1941 года.

ГАЗ АА — грузовой автомобиль Нижегородского (в 1932 году), позже Горьковского автозавода, грузоподъёмностью 1,5 т (1500 кг), известный как "полуторка". Изначально представлял собой лицензионную копию американского грузовика Форд модели АА образца 1930 года, но впоследствии неоднократно был модернизирован[21].

Рация 5-АК — коротковолновая, телефонно-телеграфная радиостанция 5АК имела размер большого сундука, перевозилась в кузове автомобиля (в 48-м батальоне — на ГАЗ АА). Эта радиостанция имела радиус действия 25 км при телефонной связи и 50 км — при телеграфной связи, т. е. полностью (и даже с заметным перекрытием) обеспечивала радиосвязь в полосе фронта наступления дивизии[22].

Грузовой автомобиль ГАЗ АА.

---

[20] История Инженерных Войск России. Глава 7. Инженерные Войска РККА в межвоенный период: http://история-ив.рф/iii-xx-iv.html

[21] Источник: https://ru.wikipedia.org/wiki/ГАЗ-АА

[22] Средства связи Второй Мировой войны. Часть первая", Максим Букин: http://www.3dnews.ru/580649/page-2.html

ГАЗ-ААА — советский грузовой шестиколёсный автомобиль повышенной проходимости, грузоподъёмностью 2 т (2000 кг). Грузовик мог преодолевать подъём в 27° [23].

Грузовой автомобиль ГАЗ ААА.

Санитарный автомобиль ГАЗ-55, предназначенный для перевозки 10 сидячих раненых или 6 носилок, выпускался на базе ГАЗ-АА с 1938 по 1945 год[24].

Санитарный автомобиль ГАЗ ММ.

---

[23] Источник: https://ru.wikipedia.org/wiki/ГАЗ-ААА

[24] http://www.limuzeen.ru (http://limuzeen.ru/limuzin/specializirovannye-avtomobili/sanitarnyi-avtomobil-gaz-55/)

ЗИС-5 — советский грузовой автомобиль грузоподъёмностью 3 т ("трёхтонка"; "Захар Иванович"); второй по массовости, после ГАЗ-АА, грузовик 1930–40-х, один из основных транспортных автомобилей Красной Армии во время Великой Отечественной войны[25].

Грузовой автомобиль ЗИС-5.

Автоцистерна ЗИС-5.

25 Источник: https://ru.wikipedia.org/wiki/ЗИС-5_(автомобиль)

БЗ-35 бензозаправщик (топливозаправщик) — создан на основе ЗИС-6, шестиколёсного 4-тонного грузовика повышенной проходимости[26].

Бензозаправщик БЗ-35 (ЗИС-6).

ЗИС-21 — советский серийный газогенераторный автомобиль выпуска 1938–1941 гг., который представлял собой стандартный грузовик ЗИС-5 с газогенератором типа НАТИ Г-14[27].

Грузовой автомобиль ЗИС-21.

---

[26] Источник: https://ru.wikipedia.org/wiki/ЗИС-6
[27] Источник: https://ru.wikipedia.org/wiki/ЗИС-5_(автомобиль)

ПМ-3 — подвижная (или походная) мастерская: ремонтная летучка (ремлет) типа "А". Принята на вооружение в 1935 году. Предназначена для текущего и среднего ремонта автобронетанковой техники и вспомогательных машин в полевых условиях. В оборудование ПМ-3 обычно входили складной подъёмный кран с ручной талью (грузоподъемность 0,5 тонн), который устанавливался в задней части машины, бензосвар-бензорез, ручной однотонный пресс и другие инструменты и оборудование. Базовое шасси: ГАЗ-АА, ГАЗ-ММ, ГАЗ-3А или ГАЗ-ААА. Экипаж: 4 человека[28].

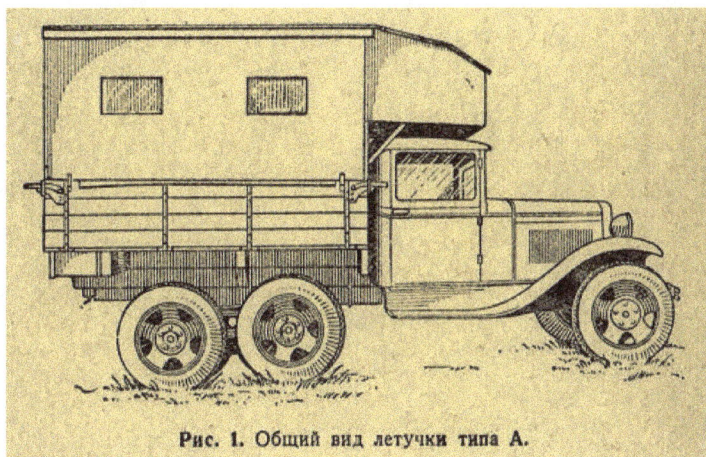

Рис. 1. Общий вид летучки типа А.

Походная мастерская (ремлет) типа "А" на шасси ГАЗ-3А.

АЭС-1 (ГАЗ-АА) и **АЭС-3** (ГАЗ-3А) — автомобильные электростанции, предназначенные для электрификации военно-инженерных работ: мостовых, лесозаготовительных, строительных, гидротехнических и т.д., и используемые в частности для приведения в действие электрифицированного дерево-обрабатывающего инструмента, например электропил, электрорубанков и дрелей.

АЭС-1 (автомобильная электрическая станция постоянного тока) была снабжена двигателем мощностью 3 кВт. Станция АЭС-3 переменного тока мощностью 15 кВт размещалась на двух грузовиках. На агрегатном автомобиле находился генератор, приводимый в действие основным двигателем машины. На вспомогательном автомобиле перевозился электроинструмент (цепные, ленточные и дисковые пилы, электрорубанки, и т.п.) и осветительная аппаратура[29].

АЭС-3 агрегатный автомобиль с генератором.

---

[28] Положение о ремонтной летучке типа А на шасси ГАЗ-3А (ПМ-3), Авто-бронетанковое Управление РККА, Воениздат 1940.

[29] Кравченко Г. В., Лагутин Г. И. История развития средств войсковой энергетики, Системы озброєння і військова техніка, № 4, С. 2-14, 2010; Одиноков Р. Боевые полуторки, Фортуна, 1998; Ляхов К. К., Усеинов В. И., Лукашевич А. Н., Удинцев Д. Н., Рубленко Д. Г. История кафедры боевого применения специального вооружения инженерных войск, Техника и вооружение, 11, 2009.

ГАЗ-А — легковой автомобиль среднего класса с открытым 5-местным 4-дверным кузовом типа фаэтон. Лицензионная копия автомобиля Ford-A, оборудование и документация на производство которого были куплены советским правительством в США в 1929 году у Ford Motor Company[30].

Легковой автомобиль ГАЗ А.

ГАЗ М-1 («Эмка») — советский легковой автомобиль, серийно производившийся на Горьковском автомобильном заводе с 1936 по 1943 год. Обозначение М-1 расшифровывалось «Молотовский-первый», в честь тогдашнего главы правительства СССР (председателя Совнаркома) — Вячеслава Михайловича Молотова, имя которого в те годы носил завод. Модификация ГАЗ-415 (1939–1941) — пикап грузоподъёмностью 500 кг [31].

По штату в батальоне должно было быть 4 таких пикапа, но по состоянию на 28 апреля 1941 года в списке не было ни одного.

Пикап ГАЗ-451 (на базе ГАЗ М-1).

---

30 Источник: https://ru.wikipedia.org/wiki/ГАЗ-А
31 Источник: https://ru.wikipedia.org/wiki/М-1_(автомобиль)

ИЖ-8 б/к — мотоцикл (без коляски), выпускавшийся на Ижевском машиностроительном заводе: 300-кубовый двигатель; мощность 8 лошадиных сил; оборудован генератором и аккумулятором[32].

Мотоцикл Иж-8.

"Дукс" — велосипед Московского Завода. Завод «Дукс» (Dux) — императорский (1893–1917) самолётостроительный завод в Москве, также производивший велосипеды, мотоциклы, дрезины, автомобили, аэросани, дирижабли. Организация велосипедного производства на базе «Дукса» дала рождение Московскому велозаводу в 1929–1933 годах[33].

Велосипед "Дукс".

[32] Источник: https://ru.wikipedia.org/wiki/Иж_(мотоцикл)
[33] Источник: https://ru.wikipedia.org/wiki/Дукс_(завод)

"Сталинец-65" (ЧТЗ С-65) — модель трактора (65 лошадиных сил), выпускаемого на Челябинском Тракторном Заводе с 1937 по 1941 года. С-65 стал первым советским серийным дизельным трактором и был предназначен для работы с прицепными машинами, а также для привода стационарных машин[34].

В 48-м инжбате было 12 тракторов ЧТЗ С-65, и по штату три тракторных прицепа, однако, по состоянию на 28 апреля 1941 года прицепы отсутствовали.

Трактор ЧТЗ С-65 (1941 год).

Описывая первые дни войны, курсант Жук вспоминает грузовики ЗИС, на которых были установлены станковые пулемёты:

"*Пока разобрались и уселись по своим грузовикам, начало подниматься солнце. Наша колонна машин двигалась по улицам проснувшегося Львова.*

...

Мы продолжали трястись на своих ЗИСах. На крышах шофёрских кабин зачем-то установили станковые пулемёты." [35]

---

[34] Источник: https://ru.wikipedia.org/wiki/Сталинец-65

[35] Жук А. В. Начало. — Стройиздат, Санкт-Петербург, 2005, стр. 7 и 9.

Завершая описание довоенного периода, необходимо отметить Приказ от 9 июня 1941 года (КОВО № 00276), согласно которому несколько командиров 48-го инжбата должны были быть переведены в другие части. Однако *приближающаяся и разразившаяся война помешала всем этим переводам.*

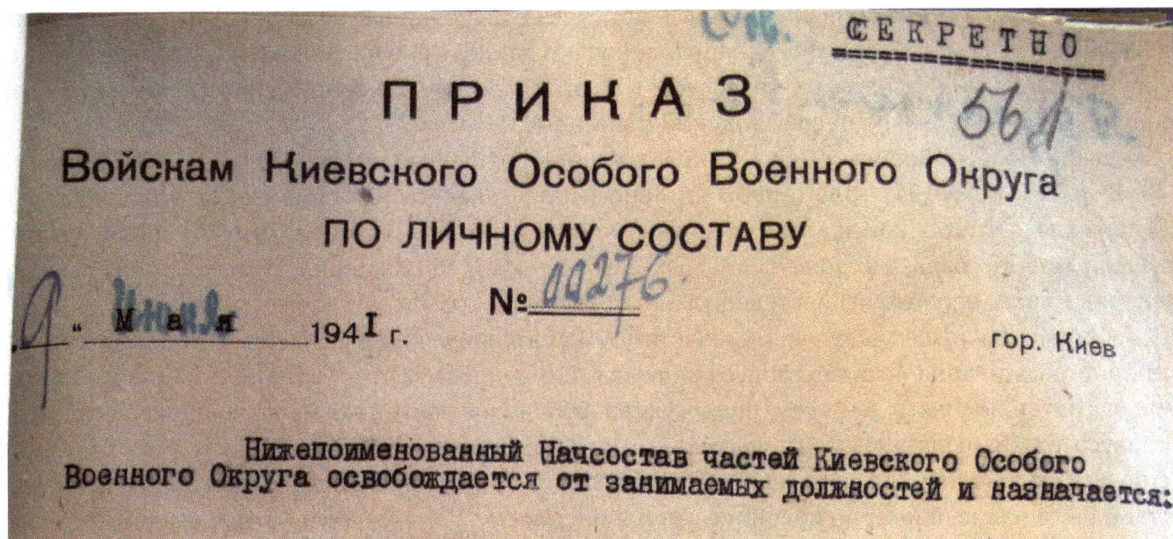

Фрагмент приказа КОВО № 00276 (9 июня 1941 года); ЦАМО фонд 131, опись 12523, дело 15, лист 561.

В частности, Приказ КОВО № 00276 переводил (см. биографии):

- воентехника 2-го ранга Олега Левченко — командиром роты 35-го отдельного моторизованного понтонно-мостового батальона 35-й танковой дивизии, дислоцированной в городе Новоград-Волынский;

- младшего лейтенанта Тихона Кошелева — командиром технического взвода школы 65-го моторизованного инженерного батальона 15-го мехкорпуса;

- младшего лейтенанта Алексея Котляра — командиром технического взвода школы 89-го отдельного моторизованного инженерного батальона 22-го мехкорпуса;

- младшего лейтенанта Григория Кравченко — командиром технического взвода школы 78-го отдельного моторизованного инженерного батальона 16-го мехкорпуса.

Точно известно, что младший лейтенант Кошелев встретил войну в составе 48-го мото-инженерного (дорожного) батальона 4-го мехкорпуса 6-й Армии, в боях на Львовском выступе. Это подтверждается и данными из УПК Кошелева, и воспоминаниями курсанта 48-го инжбата Александра Жука. В августе 1941 года Кошелев был назначен командиром сапёрного взвода 48-го отдельного инженерного батальона (ОИБ) 37-й Армии. В период между 1 и 15 сентября 1941 года он был делегатом связи при штабе фронта от 48-го ОИБ, а 15 сентября 1941 года вернулся к командованию сапёрным взводом 48-го ОИБ (см. биографию Тихона Кошелева).

Младший лейтенант Кравченко упоминается в докладе начальнику 3-го отдела 4-го мехкорпуса от 18.7.41 года, о состоянии людского состава, техники и материальной части 48-го дорожного батальона, то есть его перевод в 16-й мехкорпус не был осуществлён (см. биографию Григория Кравченко).

Послевоенная УПК младшего лейтенанта Алексея Котляра упоминает 48-й инженерный батальон 37-й Армии, поэтому, *скорее всего, он тоже оставался с 48-м инжбатом при отходе из Львова и во время доукомплектования в Прилуках* (см. биографию Алексея Котляра).

Как уже упоминалось в нашем вступлении, 22 июня 1941 года воентехник 2-го ранга Олег Левченко ушёл по боевой тревоге из квартиры, которую он с женой снимал во Львове, то есть и его перевод в Новоград-Волынский не состоялся (см. биографию Олега Левченко).

Глава 4. Начало боевых действий (22 — 30 июня 1941 года)

К началу июня 1941 года практически все войсковые инженерные части и подразделения (полковые, дивизионные и корпусные) западного направления находились вне расположения своих полков, дивизий и корпусов. Они были заняты на возведении фортификационных сооружений во вновь создаваемых укреплённых районах (УР) на новой западной границе в Польше[36].

Киевский Особый Военный Округ (КОВО) в начале войны был преобразован в Юго-Западный Фронт (ЮЗФ). В летних боях 1941 года сапёры активно использовались как подвижные отряды заграждений. Они, прикрывая отход войск, выставляли на путях движения немцев минные поля, группы мин, разрушали мосты, создавали зоны сплошных разрушений и заграждений. Однако в тяжёлых ситуациях инженерные части нередко использовались и в качестве пехоты[37].

Как отмечено в нашем вступлении, по штату мирного времени личный состав 48-го моторизованного инженерного батальона 4-го мехкорпуса включал 410 человек, в том числе 299 рядового состава, в то время как штат военного времени предполагал 664 человека. Доклад начальнику 3-го отдела 4-го мехкорпуса от 18 июля 1941 года указывает, что "Батальон отмобилизовался и участвовал в боевых действиях в количестве 344 человека". Отсюда следует, что численность батальона в начале военных действий была равна примерно половине от предписываемой штатом военного времени.

Учитывая, что комначсостав включал около 30 командиров и политработников (при штатной численности 43), *можно предположить, что рядовой состав насчитывал к началу войны около 250 человек, то есть чуть меньше половины штатной численности военного времени (522).*

Исследуя боевые действия 48-го инжбата, мы использовали несколько источников. Во-первых, в фондах ЦАМО хранятся именные списки безвозвратных потерь, а также боевые приказы, донесения и оперативные сводки 4-го мехкорпуса. Сведения, которые можно почерпнуть из этих официальных документов, не всегда согласуются друг с другом (ситуация менялась слишком быстро и командование часто не успевало за событиями, нередко имея дело с противоречивыми указаниями вышестоящих начальников), но тем не менее, являются основным подспорьем в реконструкции общего положения. Во-вторых, некоторые детали можно извлечь из воспоминаний курсанта-сапёра Александра Жука — хотя и не полностью надёжные, эти детали дополняют картину событий, позволяя взглянуть на внутренний мир батальона. В-третьих, сохранились опросные листы фильтрационно-проверочных дел (ФПД) бойцов, оказавшихся в плену. Нам удалось получить или выписки из подобных ФПД, разбросанных по областным архивам служб безопасности, или же, с помощью родственников бойцов, копии и самих дел.

Боевые действия всего 4-го мехкорпуса достаточно хорошо изучены, но наша конкретная задача осложняется тем обстоятельством, что 48-й инжбат, как часть обеспечения, в разные дни мог быть придан различным корпусным частям; более того, некоторые батальонные взводы и роты могли находится в разных местах.

22 июня 1941 года.

48-й инжбат упомянут уже в первом боевом приказе № 01 Штаба 4-го мехкорпуса (Штакор 4), отданном 22 июня 1941 года командиром корпуса генерал-майором Андреем Власовым и предписывающим:

> 48 дор. батальону к 9.00 22.6. сосредоточиться в район леса вост. Буды.

Боевой приказ № 02 Штаба 4-го мехкорпуса (Штакор 4), отданный в 15.00 22 июня 1941 года, подтверждал:

> 48 МДБ и 184 ОБС оставаться в занимаемых районах, организовать круговое охранение.

---

[36] Прагер А. Инженерные войска Красной Армии. — 2011.
[37] Прагер А. Инженерные войска Красной Армии. — 2011.

Серия "Г"

БОЕВОЙ ПРИКАЗ №01 ШТАБ 4 МК г.ЛЬВОВ КАРТА 1:1007000

1. Сведения о противнике сообщаются особо.

2. Части второго района прикрытия выдвигаются к гос. границе и занимают оборону предполья:

а/ 3 КД- на участке иск.КРИСТЫНОПОЛЬ, УГНУВ. Штадив БУТЫНЫ.

б/ 41 СД - иск. УГНУВ, иск. НОВЕ СЕЛО, /6654/ Штадив - лес 1 км. ю.в. СЕДЛИСКО.

в/ 97 СД - НОВЕ СЕЛО /6654/ СЕНЯВА, ГРАБОВЕЦ. Штадив - лес 1 км. с.в. ТУХЛЯ

Штаб 6 СК - ЯВОРУВ.

3. 4 МК ОТМОБИЛИЗОВАВШИСЬ и подготовившись к бою, выдвинуться в резерв района прикрытия- КРЕХУВ, иск ЯНУВ, БЖУХОВИЦЕ.

а/ 32 ТД к 10.00 22.6. сосредоточиться в р-не ЯНУВКА,иск. ЖУЛЬКЕВ,ЛЕС ЗАГУМИНЫ,иск.МЕЛЬНИЦА,иск.БЛЫШИВОДЫ, и быть готовой к боевым действиям в направлении: КАМIОНКА СТРУМИЛОВА,РАДЕХУВ,и ЖУЛЬКЕВ, м.КРИСТИНОПОЛЬ.

Мотополк и один батальон средних танков направить в р-он 2 км.южнее м.НЕМИРУВ в резерв командира 6 СК. Организовать непрерывную связь с 3 КД.

б/ 8 ТД к 10.00 22.6. закончить сосредоточение в районе лес вост. ЯНУВ и быть готовой к боевым действиям в направлении: КРЕХУВ,РАВА РУСКА,ЛЮБЫЧА КРУЛЕВСКА. Организовать непрерывную связь с 41 СД.

в/ 81 МД к 10.00 22.6 закончить сосредоточение в районе лес западнее ЯНУВ и быть готовой к боевым действиям в направлении: НЕМИРУВ,РАДЫМНО, ЯНУВ и ПШЕМЫСЛЬ. 202 МСП оставить в гор.ЛЬВОВ для гарнизонной службы до особого распоряжения Военного Совета Армии. Организовать непрерывную связь с 97 СД.

г/ 4 МЦП к 8.00 22.6 сосредоточиться в район лес ЛОЗИНА ГУРА.

д/ 48 дор.батальону к 9.00 22.6.сосредоточиться в район вост. леса вост.БУДЫ.

е/ 184 ОБС к 10.00 сосредоточиться в район лес ю.з.ЛОЗИНА.

ж/ 104 КАЭ остаться в районе расположения.

4. Сосредоточение частей корпуса прикрывается полками 15 САД, 28 ИАП и 164 ИАП.

5. Одновременно с привидением частей в боевую готовность организовать оборонительные работы силами инженерных подразделений и с привлечением местного населения:

а/ 32 ТД МИЛАТЫЧЕ,ГЛИБОВИЦЕ ВЕЛ иск.БЖУХОВИЦЕ.

б/ 8 ТД БЖУХОВИЦЕ,ЖЕНСКА РУСКА,РУДНО.

в/ 81 МД - ЗИМНА ВОДА,СОКОЛЬНИКИ,ЗУБЖА.

- / / / / -

22.6.41
16-45

Фрагмент боевого приказа № 01 Штаба 4-го мехкорпуса (Штакор 4; 22 июня 1941 года), с задачей для 48-го инжбата (пункт 3.д); ЦАМО фонд 334, опись 5307, дело 8, лист 2.

1

БОЕВОЙ ПРИКАЗ № 02 ШТАКОР 4 лес вк. окр. ЛОЗИНА 15.00 22.6.41г.   " СЕРИЯ "Г"
КАРТА 100.000

1. Пр-к нарушил госграницу и ведет бой на линии ПАРХАЧ, ЛЮБЫЧЕ КРУЛЕВСКА, ГОРИНЕЦ, ЛЮБАЧУВ. В районе ЛЮБЫЧЕ КРУЛЕВСКА обнаружены танки.

2. Впереди ведут бои части 3 КД, 41 СД и 6 СК.

3. 4 МК сосредоточился в выжидательном районе в готовности к действию в направлениях: _____ ВУЛЬКЕВ, мости ВЕЛЬКЕ, ПАРХАЧ; КРЕХУВ, РАВА РУСКА; КРЕХУВ, м.НЕМИРУВ, ГОРИНЕЦ.

а/ 32 ТД оставаться в занимаемом р-оне в готовности к действию в направлении: ВУЛЬКЕВ, мости ВЕЛЬКЕ. 32 МСП и 1 ТВ оставить в резерве 6 СК. Разведку вести в направлениях: ВУЛЬКЕВ, ДЗИБУЛКИ, КАМИОНКА СТРУМИЛОВА. Сектор боевого обеспечения и наблюдения справа МОКРОТИН, ДОРОШУВ; слева СКВАРЖАВА НОВА, МАГЕРУВ.

б/ 8 ТД к 3.00 23.6 выйти в р-он: КРЕХУВ, ВУЛЬКА КУНИНСКА /иск/, МЫНКИ. Штадив 8-ПАСЕКА. Разведку вести в направлениях: КРЕХУВ, ДОБРОСИН, РАВА РУСКА; КРЕХУВ, МАГЕРУВ, м.НЕМИРУВ. Держать непрерывную связь с 41СД. Сектор боевого обеспечения и наблюдения: справа КРЕХУВ, ДОБРОСИН; слева МЫНКИ, ВЕРХНЯ.

в/ 81 МСД оставаться в занимаемом р-оне в готовности к действию в направлении: ЯВОРУВ, м.НЕМИРУВ. Держать непрерывную связь с 6 СК. Разведку вести в направлениях: ЯНУВ, ЯВОРУВ, м.НЕМИРУВ. Сектор боевого обеспечения и наблюдения: справа ЛЕЛЕХУВКА, ВЫШЕНКА; слева ЯНУВ, КОРНИСКА.

г/ 3 МП оставаться в занимаемом районе в готовности к действию в направлении: КРЕХУВ, РАВА РУСКА. Разведку вести в этом же направлении. Боевое обеспечение и наблюдение круговое.

д/ 48 МДБ и 184 ОБС оставаться в занимаемых районах, организовать круговое охранение.

е/37-03АД к 24.00 22.6.41г. выдвинуться в лес южнее КРЕХУВ с задачей прикрыть с воздуха дефиле ФУЙНА, ЯКОБЫНКИ.

4. К-рам дивизий и корпусных частей организовать:

а/ Тщательную маскировку с воздуха районов расположения частей, материальную часть рассредоточить, обеспечив выходами.

б/ Для личного состава поделать противовоздушные щели.

в/Установить сигналы по ПВО, ПХО и ПТО, которые проработать со всем личным составом.

5. Донесения присылать: по получении новых данных о пр-ке; 3 ТД с началом выступления из занимаемого района и по сосредоточении в новый р-он.

6. Я с опергруппой Штакора лес вк. окр. ЛОЗИНА.

КОМАНДИР 4 МК
ГЕНЕРАЛ-МАЙОР   /ВЛАСОВ/

НАЧАЛЬНИК ШТАБА 4МК
ГЕНЕРАЛ-МАЙОР   /МАРТЬЯНОВ/

Отп. 9 экз.
Послано по списку №
_____

_____   экз. №....

Рассылал ПНО-1
Ст.лейтенант   /ГОРБИЕВСКИЙ/

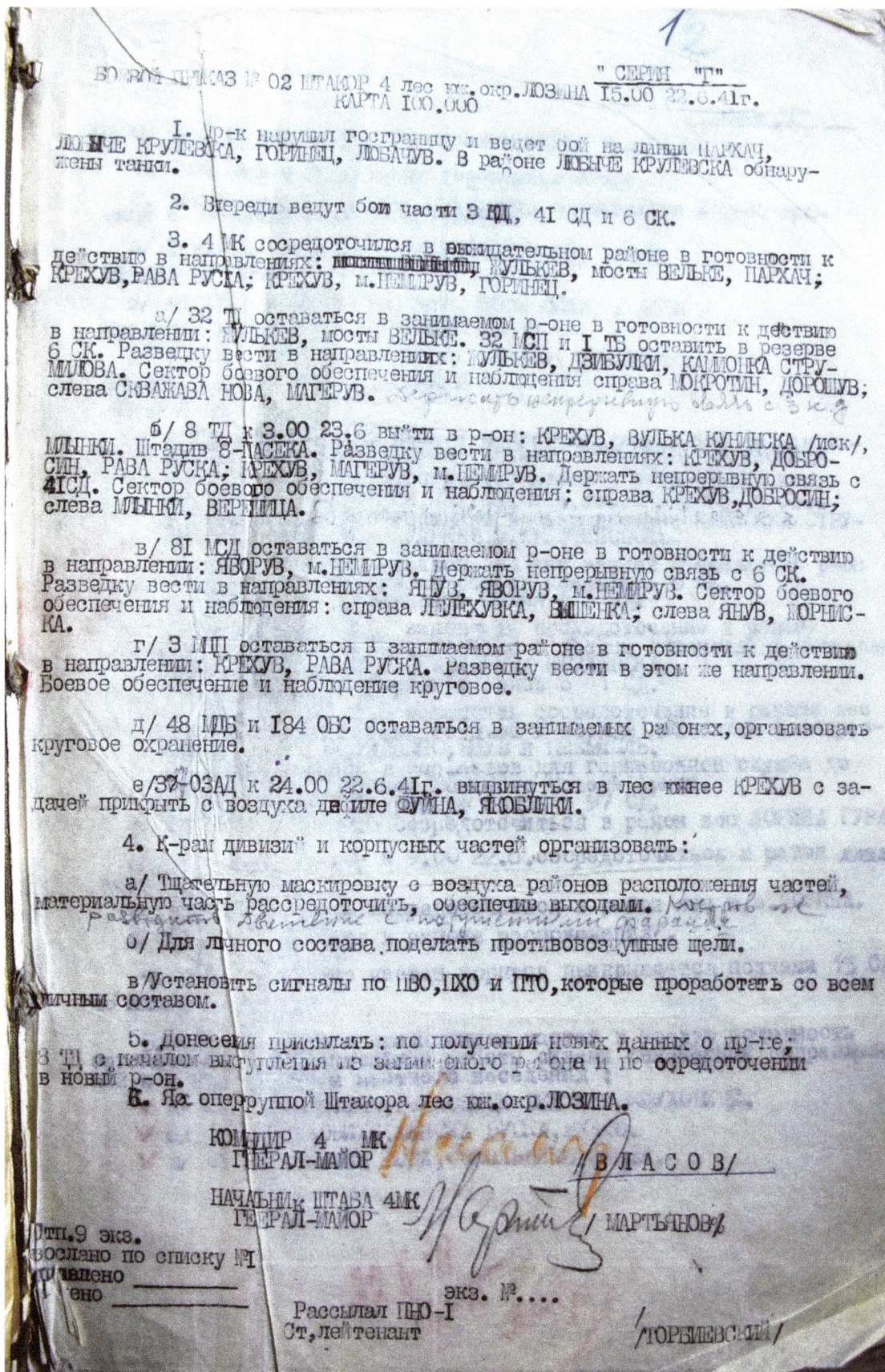

Фрагмент боевого приказа № 02 Штаба 4-го мехкорпуса (Штакор 4; 15.00, 22 июня 1941 года), с задачей для 48-го инжбата (пункт 3.д); ЦАМО фонд 334, опись 5307, дело 8, лист 1.

Боевой приказ № 03 Штаба 4-го МК (Штакор 4), отданный в 18.00 22 июня 1941 года, уточнял:

48 МДБ (*исправлено на МИБ*) оставаться на месте и быть готовым поступить в распоряжение к-ра 81 МСД.

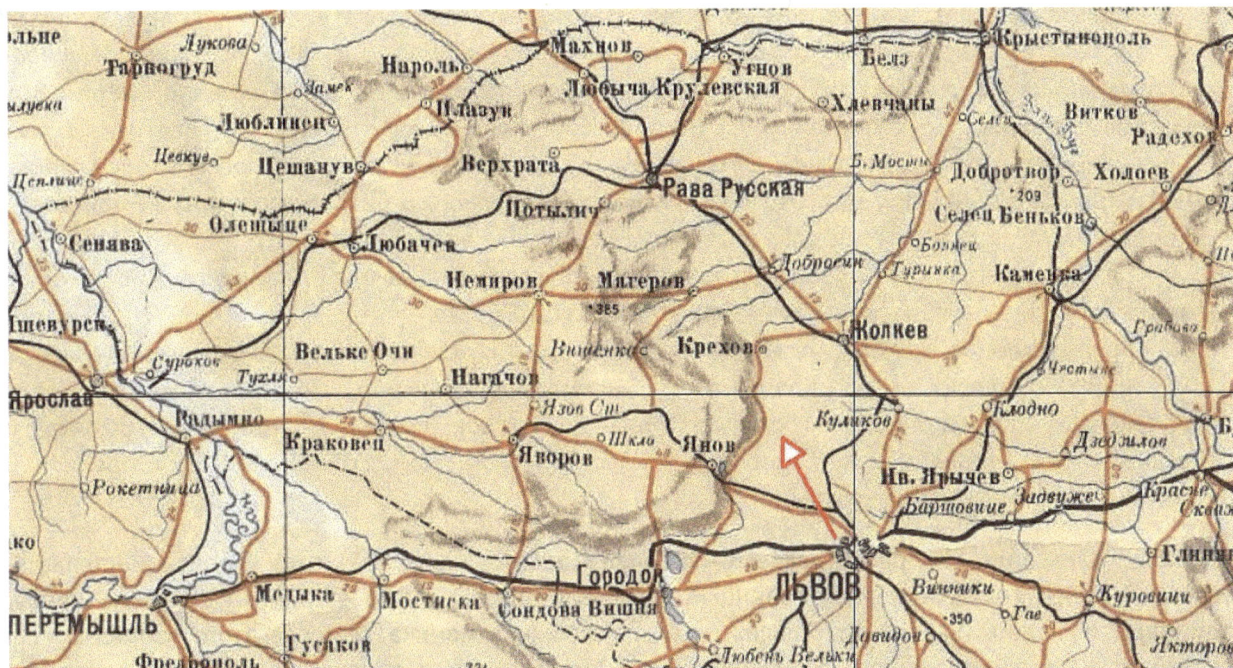

Фрагмент довоенной карты РККА (1940 год): Львовский выступ. Красная стрелка показывает направление на село Буда, в район которого ("лес вост. Буды") 22 июня 1941 года был направлен 48-й инжбат.

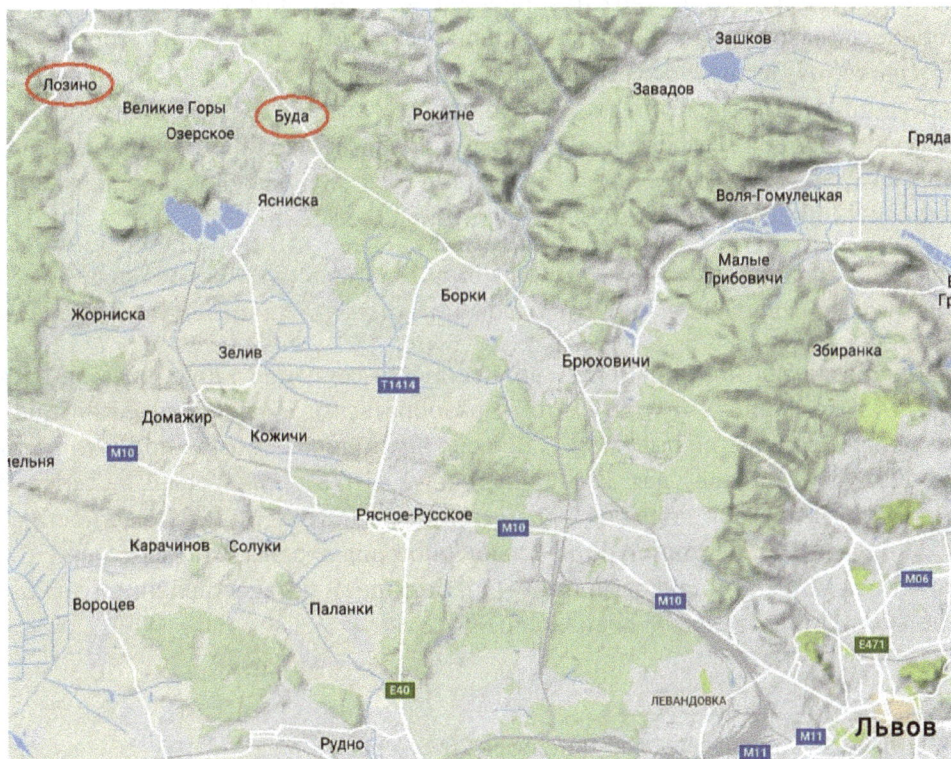

Фрагмент современной карты (картографические данные: © Google, 2017). В левом верхнем углу: село Буда в Яворовском районе Львовской области, в район которого 22 июня 1941 года был направлен 48-й инжбат. Штаб 4-го мехкорпуса располагался чуть западнее, в селе Лозино.

Курсант Жук, проходивший обучение в школе младшего комсостава 48-го инжбата, под командованием взводного Тихона Кошелева и ротного Василия Пономарёва, вспоминает другой маршрут — через *город Жовкев* (Жолкев; ныне Жолква):

"*Позавчера, в ночь 21-го на 22-е июня, нас подняли по тревоге. Накануне весь родной 47-й (так в тексте) отдельный батальон вернули с корпусного учения. Нам выдали новые боевые винтовки. До этого у каждого красноармейца была учебная, с дыркой в казённой части. Вот уже восемь месяцев мы ежедневно усердно разбирали, драили, холили и пестовали их под придирчивым взором отделённых. Ещё нам выдали по чёрной пластмассовой капсуле, похожей на футляр от губной помады. Это был смертный медальон. В нём узкая полоска — анкетка. Нам велели чётко её заполнить и держать в малом кармашке штанов....*

Пока разобрались и уселись по своим грузовикам, начало подниматься солнце. Наша колонна машин двигалась по улицам проснувшегося Львова. ...

Когда колонна выехала на главную улицу, мы увидели столб густого чёрно-рыжего дыма. Говорили, что горит ликёро-водочный завод. Никто не понимал, что это всё значит. Нас везли далеко за город на запад, к границе. Проезжая городок Жовкев мы увидели огромный плац, ограждённый двумя рядами колючей проволоки. Он был сплошь забит чёткими рядами тщательно зачехлённых танков." [38]

Далее Александр Жук рассказывает о подрыве моста 23 июня 1941 года "вблизи местечка Равва-Русская, у новой Государственной границы", описывая эпизод, когда ему было поручено пропустить "одиннадцать наших танков", отходящих под натиском противника, и после этого взорвать мост. *Не исключено, что автор ошибся с названиями и датами, как и в некоторых других местах своих воспоминаний, записанных спустя полвека после событий.* Но маршрут через Жолкев вполне объясним, как мы увидим через несколько страниц.

Ещё одна точка, где по неизвестной нам причине в первые дни войны мог находиться по крайней мере один военнослужащий 48-го инжбата (младший сержант повар-инструктор Владимир Дьяков) — *возможно, в составе хозяйственного взвода, оставшегося там после учений* — был город Перемышль. Перемышль после присоединения Западной Украины к СССР в 1939 году входил в состав Украинской ССР; ныне это польский городок Пшемысль (Przemyśl) у польско-украинской границы. Город был занят немецкими войсками днём 22 июня, но на следующее утро был освобождён частями Красной Армии и пограничных войск НКВД СССР (см. биографию Владимира Дьякова):

"Первое боевое крещение получил 22 июня 1941 года в г. Перемешль. После боя командир части направил меня в г. Львов для формирования госпиталя и отправке жён офицеров в тыл."

Боевой путь 48-го инжбата в первые дни войны иногда совпадал с действиями 81-й мотострелковой дивизии (МСД) 4-го мехкорпуса, поэтому, чтобы разобраться в дислокации батальона, стоит обратить внимание и на перемещения этой дивизии[39]. 22 июня части дивизии были подняты по тревоге в 3:15 и к 16:00 сосредоточились в районе "лес 3 км западнее м. ЯНУВ" (Янов; ныне посёлок Ивано-Франково Яворовского района Львовской области Украины). Состав 81-й МСД, в частности, включал: 323-й мотострелковый полк (МСП), без одной роты оставленной для охраны Штарма-6 (штаб 6-й Армии); 125-й артиллерийский полк (АП); 53-й танковый полк (ТП), без одной роты оставленной для охраны Штарма-6; 84-й истребительно-противотанковый дивизион (ПТД)[40].

[38] Жук А. В. Начало. — Стройиздат, Санкт-Петербург, 2005, стр. 6-7.

[39] ЦАМО. Ф. 1230 (Управление 81 стрелковой дивизии – I формирования (до 29.7.41 г. – 81 мсд). Оп. 1, д. 23 «Журнал боевых действий дивизии». 22.6.1941 – 13.8.42.

[40] Солонин М. Разгром 4-го мехкорпуса в документах советских архивов. ЖБД 81-й моторизованной дивизии. http://www.solonin.org/doc_razgrom-4-go-mehkorpusa-v (25.11.2012).

23 июня 1941 года.

Приказ Штаба 81-й МСД (Штадив 81) № 02 от 22 июня 1941 года (22.50)[41] упоминает 48-й инжбат как часть *сопровождения*:

323 СП /без двух батальонов/ с 1/125 АП, 1/84 ПТД, сапр. 48 инжбат, посадив одну роту пехоты на танки 53 ТП в готовности действовать в направлении ЯВОРУВ, КРАКОВЕЦ, РАДЫМНО во взаимодействии с 53 ТП и 8 ТД.

53 ТП двигаться за 323 мсп и во взаимодействии с 323 МСП и 8 ТД уничтожить противника в р-не ДУНЬКОВИЦЕ.

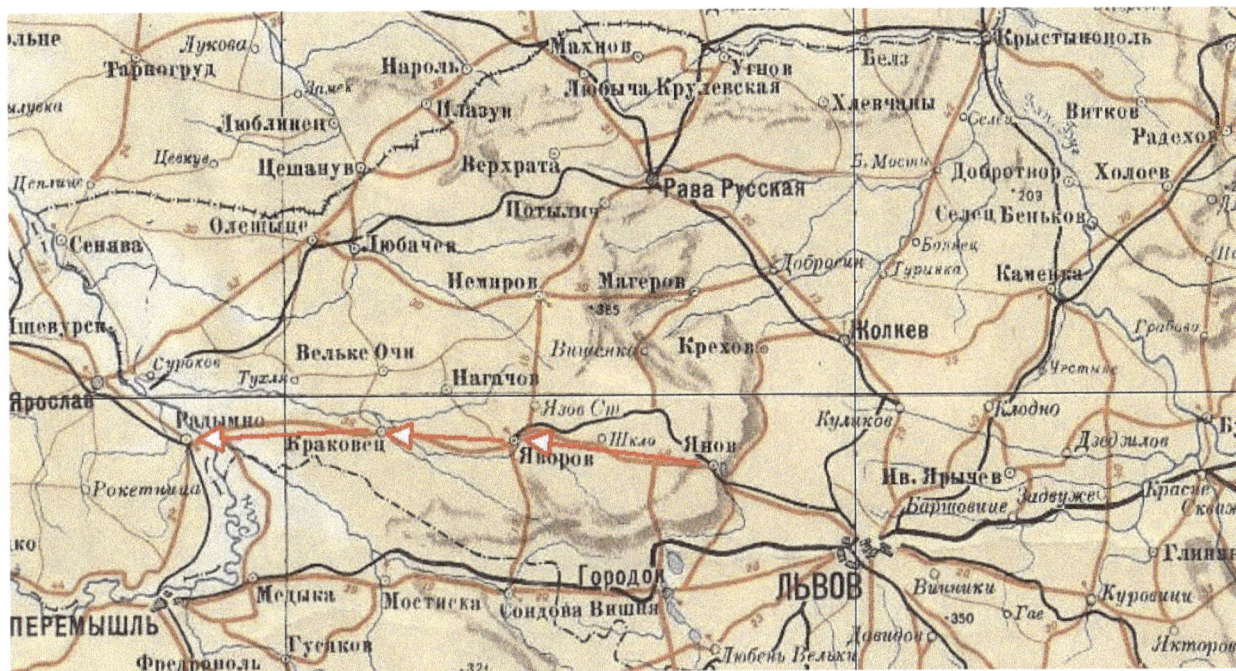

Красные стрелки показывают направление Приказа № 02 (Штадив 81) от 22 июня 1941 года (22.50) частям 81-й МСД в сопровождении 48-го инжбата: Янув (Янов), Яворув (Яворов), Краковец, Радымно).

Судя по всему, *до Радымно части не только не дошли*, но и вообще изменили направление продвижения. Дело в том, что на следующее утро, 23 июня 1941 года (06.30), боевой приказ № 04 (Штакор 4), объединял несколько корпусных частей уже для оборонительных действий на правом фланге 6-й Армии: 8-ю танковую дивизию (ТД) и её 8-й мотострелковый полк; части 81-й МСД (1-й батальон 323-го мотострелкового полка и два дивизиона 125-го артиллерийского полка); и 48-й инжбат:

8 ТД к 8.00 23.6 8 МСП с I/323 МП, двумя дивизионами 125 ГАП I/125 АП и 48 инж. батом занять и прочно удерживать, на случай прорыва фронта 3 КД, рубеж ВЕРЫНЫ, ТУРЫНКА, иск. КУЛАВА.

К 10.00 танковыми полками занять исходный рубеж лес ур. ПРАХНУВКА, ПЫЛЫ, с задачей: во взаимодействии с 32 ТД и авиацией уничтожить танки про-ка в направлении:
1. БЕСЯДЫ, ЗАБРУД, иск. БУТЫНЫ, ЗАЖЕКА.
2. БЕСЯДЫ, кол. НЕДЗЬВЕДНЯ.

Район сбора: Ур. ЛЯС ДЕРЕВНЯ, ПОД ЛОЗОЙ, ДЕРЕВНЯ.

---

[41] ЦАМО. Ф. 1230 (Управление 81 стрелковой дивизии – I формирования (до 29.7.41 г. – 81 мсд). Оп. 1, д. 23 «Журнал боевых действий дивизии». 22.6.1941 – 13.8.42.

БОЕВОЙ ПРИКАЗ № 03 ШТАКОР 4 лес юж.окр.ЛОЗИНА 18.00 22.6.41г.

Серия "Т".

КАРТА 100.000

I. Пр-к занял КОРЧИН / 10 км юг.вост.м.КРИСТИНОПОЛЬ/пехотой и танками наступает в направлении РАДЗЕХУВ.

2. Впереди ведут бои части 3 КД, 41 СД и 6 СК. П.О. 81 МСД ЯВОРУВ, КРАКОВЕЦ.

3. 4 МК изготавливается к нанесению удара в направлении КРАКОВЕЦ,РАДЫМНО с целью уничтожения пр-ка, прорвавшегося в р-он ДУНЬКОВИ-ЦЕ.

а/ 32 ТД двумя б-нами средних танков с одним б-ном мотопехоты от 81 КСП нанести удар в направлении ЖУЛЬКЕВ, КАМИОНКА СТРУМИЛОВА, ш ХОЛОЕВ, во взаимодействии с частями 15 МК уничтожить пехоту и танки пр-ка в р-оне РАДЗЕХУВ. По ликвидации пр-ка в указанном р-оне, под-разделениям сосредоточиться в лесу 2 км юж. м.ХОЛОЕВ. Остальным частям 32 ТД сосредоточиться в р-оне ЯКОВЛИКИ, МАЗУРЫ, ДОМБРОВИЦА к 4.00 23.6. В дальнейшем иметь ввиду действия во втором эшелоне за 8 ТД в общем направлении: ЯНУВ, ЯВОРУВ, НОГАЧУВ, ВЕЛЬКЕ ОЧЕ, ТУХЛЯ, ЗАЛЕСКА ВОЛЯ. З а д а ч а: во взаимодействии с 81 МСД и 8 ТД окружить и уничтожить пр-ка в р-оне ДУНЬКОВИЦЕ, обеспечивая операцию корпуса с сев.запада, ведя разведку в направлении: ЗАПАЛУВ, ЦЕТУЛЯ, РАДАВА. Р-он сбора: сл. ХАРИТАНЫ, сл. ЗОШОВКА, ЗАЛЕСКА ВОЛЯ. На юж.окр.ФУ НА выслать одну роту средних танков для прикрытия направ-ления/КУНИН,КРЕХУВ,ДОМБРОВИЦЕ.

б/ 8 ТД оставаться в занимаемом р-оне в готовности к движению до ЯВОРУВ за 81 МСД в дальнейшем иметь ввиду действие в направлении: ЯВОРУВ, НОГАЧУВ, ВЕЛЬКЕ ОЧЕ, ТУХЛЯ, ЗАЛЕСКА ВОЛЯ, РАДЫМНО. З а д а ч а: во взаимодействии с 81 МСД окружить и уничтожить пр-ка в р-оне ДУНЬКОВИЦЕ. Район сбора Рудники, ХОЛУЙКИ, СЕНЬОВЕ.

в/ 81 МСД оставаться в занимаемом р-оне в готовности к действию в направлении ЯНУВ, ЯВОРУВ, КРАКОВЕЦ, РАДЫМНО. З а д а ч а: во взаимодействии с 8 ТД и 32 ТД уничтожить пр-ка в р-оне ДУНЬКОВИЦЕ. Р-он сбора леса в р-оне НОВОСТАВСКЕ ЗАЛАЗЬЕ, КОРЧАВЕ.

г/ 3 МЦП оставаться в занимаемом р-оне и быть готовым к дви-жению за 8 ТД. З а д а ч е й: вести разведку в направлении СТАЖИСКА, КУРНИКИ, ХОРА. ЯВОРУВ, ЯЗУВ СТАРЫ, м.НЕМИРУВ; ЯВОРУВ, НОГАЧУВ, ДРОГОМЫСЛЬ, ХОЛОДОВСКА. З а д а ч е й: Установить выдвижение противника с направления м.НЕМИ-РУВ, ЛЮБАЧУВ.

д/ 48 МИБ оставаться на месте и быть готовым поступить в распо-ряжение к-ра 81 МСД.

е/ 184 ОБС двигаться за Оперргуппой штакора.

ж/ 30 ОЗАД быть готовы для прикрытия р-она ЯНУВ при прохождении его частями корпуса.

Фрагмент боевого приказа № 03 Штаба 4-го мехкорпуса (Штакор 4; 18.00, 22 июня 1941 года), с задачей для 48-го инжбата (пункт 3.д); ЦАМО фонд 334, опись 5307, дело 8, лист 4.

БОЕВОЙ ПРИКАЗ № 004 ШТАКОР 4 ЛЕС Юж.окр. ЛОЗИНА 6.30 23.6.41г.
КАРТА 100.000.

I. Пр-к к исходу 22.6 овладел районами: ПАРХАЧ, МАХНУВ, СОЛТЫСЫ /1 км сев.зап.ЛЮВЫЧА КРУЛЕВСКА/, ВЕРХРАТА, ЛОВАЧУВ, ДУНЬКОВИЦ, прояв-ляя наибольшие усилия пехоты, артиллерии танков и авиации в нап-равлениях: м.КРИСТЫНОПОЛЬ, ПАРХАЧ й мосты ВЕЛЬКЕ; ВЕРХРАТА, ПОТЫЛИЧ.

2. Справа в направлении РАДЗЕХУВ, КОРЧИН, наступает 15 МК.
Впереди по р.БЛОТНЯ обороняется 3 КД.
Слева на рубеже ЛЮВЫЧА КРУЛЕВСКА, ГУТА СТАРА, ЗАЛЕСКА ВОЛЯ, ХОТЫНЕЦ ведут бой части 6 СК.

3. 4 МК для задержания противника, в случае его прорыва в р-оне мосты ВЕЛЬКЕ, к утру 23.6 выбросить мотопехоту на рубеж иск. ЖЕЛДЕЦ, ТУРЫНКА, КУЛЯВА, ЗАМЕЧЕК, остальными силами быть готовым к унич-тожению Пархачской мехгруппировки пр-ка, во взаимодействии с 15 МК, ко-торый будет наносит удар на РАДЗЕХУВ КОРЧИН.
Вспомогательный удар нанести в направлении м.ХОЛОУВ, КАМИОНКА СТРУМИЛОВА, КУПИЧ ВОЛЯ, м.мосты ВЕЛЬКЕ / силами отряда высланного для уничтожения пр-ка в р-оне РАДЗЕХУВ/, для чего вести тщательную развецку на фронте 3 КД в направлении РАВА РУСКА.

Направление ударов:
1. КУЛЬКЕВ, МОСТЫ ВЕЛЬКЕ.
2. КРЕХУВ, ДОБРОСИН, ПРИСТАНЬ, СТАРЫ МОСТЫ.

а/ 32 ТД.К 8.00 23.6 мото и артполками занять и прочно удержи-вать, на случай прорыва пр-ка фронта 3 КД, рубеж – КУЛЯВА, ЗАМЕЧЕК.
К 9.00 танковыми полками занять исходный рубеж – сев.оп.рощи ур.ЛЯС ТУРИНСКИ, ВЛОНЗОВА, с задачей: во взаимодействии с 8 ТД и авиа-цией быть готовым уничтожить танки пр-ка в направлении МОСТЫ ВЕЛЬКИ.

Двум танковым б-нам и б-ну мотопехоты 323 МП занять исходный рубеж ВАТИНЬЧЕ, ГЕНРЫКОВКА и быть в готовности нанести удар в направле-нии:
1/ КАМИОНКА СТРУМИЛОВА, КУПИЧ ВОЛЯ.
2/ ЖЕЛДЕЦ, ТУРЫНКА,
с задачей: совместно с частями 8 ТД уничтожить танки пр-ка.

Район сбора – КУПИЧ ВОЛЯ, Ур.ЛЯС БОЯНЕЦ, СУХА ВОЛЯ.

б/ 8 ТД к 8.00 23.6 8 МСП с I/323 МП, Двумя дивизиона-ми 125 ГАП I/125 АП и 48 инж.батом занять и прочно удерживать, на случай прорыва фронта 3 КД, рубеж ВЕРЫНЫ, ТУРЫНКА, иск. КУЛЯВА.

К 10.00 танковыми полками занять исходный рубеж лес ур.ПРАХНУВКА, ПИЛЫ, с задачей: во взаимодействии с 32 ТД и авиацией уничтожить танки про-ка в направлении:
1. ВЕСЯНЫ, ЗАВРУД, иск. БУТЫНЫ, ЗАЛЕСКА.
2. ВЕСЯНЫ, Кол.НЕДЗЬВЕДЗИ. Район сбора

Район сбора: Ур.ЛЯС ДЕРЕВНЯ, ПОД ЛОЗОЙ, ДЕРЕВНЯ.

в/ П.О. – действующей в р-оне ЯВОРУВ оставить в распоряжении к-ра 6 СК.

53 ТД с остальными частями дивизии занять исходный рубеж сев.оп.леса, что вост.ЗАРЫЩЕ – за 8 ТД, в готовности поддержать действие 8 ТД.

Охранительной разведкой слева обеспечить действия корпуса с направ-ления РАВА РУСКА.

Район сбора: КУЛЯВА, ДОБРОВА, РУДА, ТУРЫНЕЦКА.

Фрагмент боевого приказа № 04 Штаба 4-го мехкорпуса (Штакор 4; 6.30, 23 июня 1941 года), с задачей для 48-го инжбата (пункт 2.б); ЦАМО фонд 334, опись 5307, дело 8, лист 9.

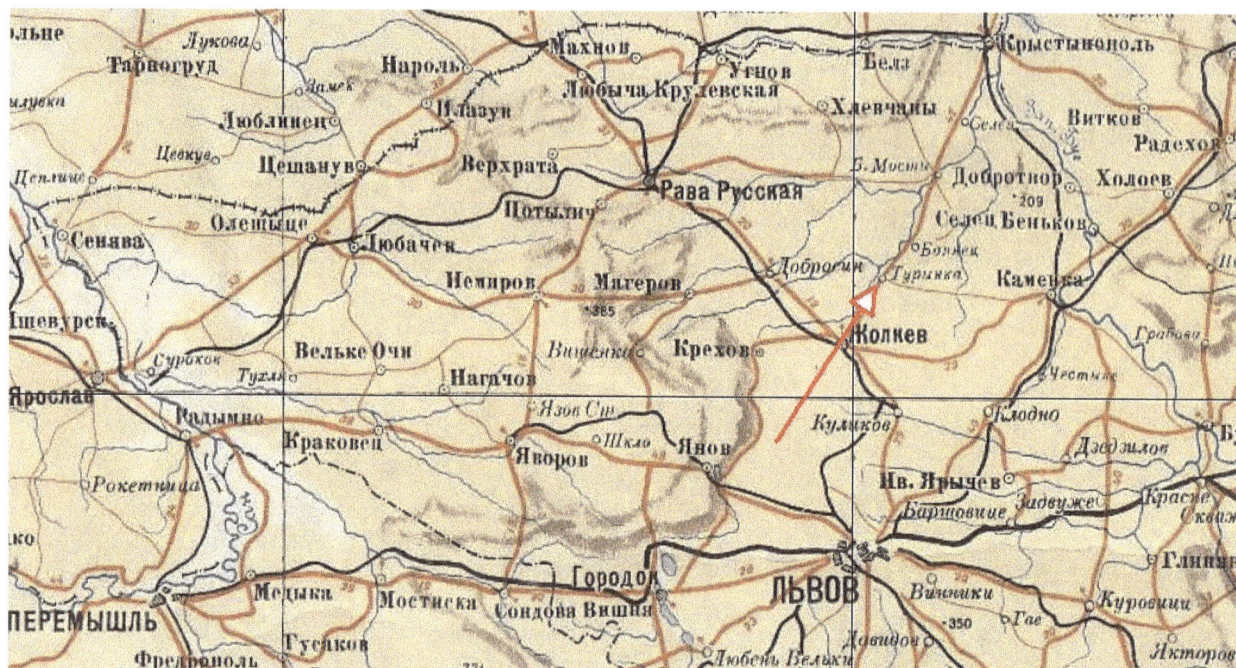

Красные стрелки показывают новое направление приказа № 04 (Штакор 4; 6.30, 23 июня 1941 года)
частям 8-й ТД и 81-й МСД в сопровождении 48-го инжбата:
рубеж Верыны (Верины), Турынка (Туринка), иск. Кулава (Кулява).

Фрагмент современной карты (картографические данные: © Google, 2017). К северо-востоку от посёлка
Жолква: сёла Верины, Туринка, Кулява, через которые проходил рубеж, куда был направлен 48-й инжбат
23 июня 1941 года. Район сбора: село Деревня.

Курсант-сапёр Жук описывает *первый день войны* так (по его воспоминаниям о начале войны они узнали только в полдень *24 июня — с большой долей вероятности можно утверждать, что это произошло всё же 23 июня*):

"Мы копали до позднего вечера. Ладони растерты в кровь. Мимо нас целый долгий день проходили танки и самоходки, артиллерия лёгкая и тяжёлая, и опять танки и артиллерия и ещё какие-то машины. Все они, как на параде, надраены до блеска. Мне ещё никогда не приходилось видеть такое скопище боевого металла, такую уймищу двигающейся грозной техники. Казалось, никакая сила не сможет побороть столько стали.

Только зачем эту армаду гоняют туда и обратно? Зачем их мотают взад и вперёд? Куда девалась их прежняя парадная нарядность? В который раз они тарахтят и грохочут уже по уши в грязи." [42]

В ночь *на 23 июня* его и курсанта Митьку Дорошенко вызвали в штабную палатку:

"В палатке нас забросали ворохом новеньких, хрустящих, пахнущих типографией карт-трехверсток. Нам приказали их срочно разобрать и склеить по четыре листа в надлежащем порядке. На каждом листе тщательно и аккуратно, поблескивающими разными красками изображены леса и болота, возвышенности и низины, чётко, во всех деталях, пропечатаны деревни и хутора, дороги, тропинки, кладбища, колодцы и ветряки.

Только почему это всё западнее наших новых границ? Что же это? Неужели война? Зачем для маневров карты чужого государства? Не воевать же на чужой земле." [43]

Оперативная сводка № 05 штаба 4 мехкорпуса от 13.00 23 июня 1941 года, подписанная Начальником Штаба Мартьяновым и Начальником Оперотдела Черниенко, отмечает, что

48 Инж.б-н выполняет задачи совместно с 8 МСП

8-й МСП входил в 8-ю танковую дивизию, которая 23 июня, во взаимодействии с 81-й МСД, должна была действовать в направлении (от района северо-западнее села Туринка) на "ЛЮБЕЛЯ, ДОБРОСИН, РАВА-РУССКАЯ" [44]. *Поэтому нельзя исключить, что сапёры 48-го инжбата всё-таки могли оказаться вблизи Равы-Русской в первые дни войны*, как вспоминает курсант Жук (*мост был через тихую полевую речушку шириной двадцать-тридцать шагов, вдали — лес*).

В дальнейшем, как следует из Краткого отчёта о боевых действиях 8-й Танковой Дивизии за период с 22.06.41 по 1.08.41 [45], а также из боевого донесения № 01 штаба 4 мехкорпуса от 24 июня 1941 года, вечером 23 июня 8-й МСП убыл в распоряжение Командарма 6-й Армии в район БЖУХОВИЦЕ (Брюховичи; пригород Львова). В последующие два дня (24 и 25 июня) 8-й МСП выполнял задачу по наведению порядка в городе Львов и охранял подступы ко Львову с западного направления, а 26 июня выступил в район города Грудек Ягеллонский (Городок) для обороны района, совместно с 202-м МСП на левом фланге рубежа обороны[46].

Мы вскоре вернёмся к описанию этих двух дней во Львове (24 и 25 июня), но сейчас остановимся на ещё одной задаче, поставленной перед батальоном 24 июня, и означающей, что *в Брюховичи вечером 23 июня отправился не весь 48-й инжбат, а скорее всего, лишь рота курсантов.*

---

[42] Жук А. В. Начало. — Стройиздат, Санкт-Петербург, 2005, стр. 10.

[43] Жук А. В. Начало. — Стройиздат, Санкт-Петербург, 2005, стр. 11.

[44] ЦАМО. Ф. 1230 (Управление 81 стрелковой дивизии – I формирования (до 29.7.41 г. – 81 мсд). Оп. 1, д. 23 «Журнал боевых действий дивизии». 22.6.1941 – 13.8.42.

[45] Солонин М. Разгром 4-го мехкорпуса в документах советских архивов. Отчеты о боевых действиях 8-й и 32-й танковых дивизий. http://www.solonin.org/http://www.solonin.org/doc_razgrom-4-go-mehkorpusa2 (29.11.2012).

[46] Солонин М. Разгром 4-го мехкорпуса в документах советских архивов. Отчеты о боевых действиях 8-й и 32-й танковых дивизий. http://www.solonin.org/http://www.solonin.org/doc_razgrom-4-go-mehkorpusa2 (29.11.2012).

Фрагмент оперативной сводки № 05 штаба 4 мехкорпуса от 13.00 23 июня 1941 года,
с задачей для 48-го инжбата (пункт 6); ЦАМО фонд 334, опись 5307, дело 11, лист 110.

24 июня 1941 года.

Утром 24 июня, в 11.50, штабом 4 мехкорпуса был отдан Приказ № 006, предписывающий 81-й МД с 3-м мотоциклетным полком (МЦП) сосредоточиться в ОЛЬШАНИЦЕ, БРУХНАЛЬ (ныне Терновица), СТАДНИКИ, то есть в районе к югу от Шкло, двигаясь по маршруту МАГЕРУВ (Магеров), МАЛ. ВИШЕНКА (Малая Вишенка), СТАЖЫСКА (Старжиска; ныне Старичи), со следующим указанием:

48 инж.бат-у восстановить дорогу по маршруту — ЖУЛЬКЕВ, МАЛ ВИШЕНКА, СТАЖЫСКА, обеспечивая продвижение 81 МД и тылов.
По окончанию работ на маршруте, сосредоточиться в лесу южн. ПЕРЧЕ.

Сама 81-я дивизия должна была нанести удар в направлении КРАКОВЕЦ, ЗАЛЕССКА ВОЛЯ, но так как нас интересуют в первую очередь действия 48-го инжбата, стоит обратить внимание на несоответствие между предписанным маршрутом движения дивизии: "МАГЕРУВ (Магеров), МАЛ. ВИШЕНКА (Малая Вишенка), СТАЖЫСКА (Старжиска)", и дорогой, которую должен был восстановить инжбат: "ЖУЛЬКЕВ (Жолкев, ныне Жолква) , МАЛ. ВИШЕНКА (Малая Вишенка), СТАЖЫСКА (Старжиска)". *Вполне очевидно, что имевшаяся в виду дорога шла до села Старжиска (расположенного чуть севернее местечка Шкло), но не от Жолкева, а от Магерова.*

Серия "Г"

БОЕВОЙ ПРИКАЗ № 006, Штакор-4, 11.50, 24.6.41 г., лес вост. 2 км СОПО-ШИН, карта 100.000

1. Наступление пр-ка в течении 23.6. на фронте 3 КД, 41 и 159 СД останов-лено и частично отброшено.

2. Справа наступает 159 СД с задачей, к исходу 24.6 выйти на фронт - выс. 390, БРОСНО СТАРЕ.
Впереди наступает 97 СД с задачей к исходу дня овладеть БЕХЛЕ, ТУХЛЯ, ХОТЫНЕЦ.

3. 4 МК к 15.00 24.6 сосредоточиться в р-оне КУРНИКИ, ЯЗУВ СТАРЫ, КОРЧМАРЫ и во взаимодействии с 97 СД, ударом в направлении НЕГАЧУВ, ЗАЛЕСКА ВОЛЯ, окружить и уничтожить пр-ка, восстановив фронт по р. САН.

а/ 8 ТД, без 8 МСП к 15.00 24.6 сосредоточиться в р-оне ОЛШИН, иск. ЯЗУВ СТАРЫ, иск. КУРНИКИ с задачей: ударом в направлении НЕГАЧУВ, ВЕЛЬКЕ ОЧИ ЗАЛЕСКА ВОЛЯ во взаимодействии с 97 СД и 81 МД уничтожить пр-ка в районе ЗАЛЕСКА ВОЛЯ.
Штадив - ХУДЗЛКИ.
Район сбора: ТОРНОВСКЕ, ВЕЛЬКЕ ОЧИ, ВУЛЬКА ЗМ-ЕВСКА.
Маршрут движения: 1. ДОБРОСИН, МАГЕРУВ, НЕМИРУВ, ЯЗУВ СТАРЫ.
2. КРЕХУВ, МАЛ ВИШЕНКА, КУРНИКИ.

б/ 32 ТД, присоединив все части дивизии, к 15.00 24.6 сосредоточиться в р-оне ЯЗУВ СТАРЫ, отм. 236, СТАЛЬСКА ВОЛЯ с задачей:- ударом в направлении ЧЕРНИЛАВА, КОХАНУВКА УЕЗНЬ, МЫЦН, во взаимодействии с 8 ТД и 81 МД уничтожить противника ОЛЬШАЦ, ХОТЫНЕЦ, МЫЦН.
Штадив - БОРОВУСЫ.
Район сбора: иск ВЕЛЬКЕ ОЧИ, м. КРАКОВЕЦ, СВИДНИЦА.
Маршрут: ДЗ-БУЛКИ, КУЛИКУВ, ЛЬВОВА, ЯНОВ и КАМЕНКА СТРУМИЛОВА, ЧИЩАЧЕ, ЛЬВОВ, ЯНОВ.
32 ТДТО-Полк направить в г.ЛЬВОВ в резерв армии, для замены 202 МСП.

в/ 81 МД с 3 МП к 15.00 24.6 сосредоточиться ОЛЬШАНИЦЕ, ВРУХНАЛЬ, СТАДНИКИ с задачей: ударом в направлении КРАКОВЕЦ, ЗАЛЕСКА ВОЛЯ, во взаимо-действии с 97 СД и 8 ТД уничтожить пр-ка в р-оне ЗАЛЕСКА ВОЛЯ, ХОТЫНЕЦ, КРАКОВЕЦ.
Штадив - сев.опушка леса юго-зап. ШКЛО.
Район сбора: ВИЛЬЧЕ ГУРА, ПШЕДЗ-МЬ, иск ЧЕРНИЛАВА.
Маршрут: МАГЕРУВ, МАЛ ВИШЕНКА, СТАЛЬСКА /впереди 16 ТП/.

г/ 48 Инж.бат-у восстановить дорогу по маршруту - КУЛИКУВ, МАЛ ВИШЕНКА, СТАЛЬСКА, обеспечивая продвижение 81 МД и тылов.
По окончании работ на маршруте, сосредоточиться в лесу южн. ПЕРЧЕ.

д/ 184 ОБС. 1-я эшелон связи с опергруппой Штакора-4;
2-я эшелон бат-на связи к 17.00 24.6 сосредоточиться в р-он леса вост. отм. 262.
Маршрут: лицв. отм. 236, ЯЗУВ СТАРЫ.

4. Опергруппа Штакора-4, .. с ТД по маршруту: МАГЕРУВ, НЕМИРУВ, ЯЗУВ СТАРЫ, КП Штакора-4 - опушка леса вост. выс. 262.

5. ГЭП-ы дивизий - по маршрутам дивизий.

КОМАНДИР 4 КОРПУСА /ВЛАСОВ/.

НАЧАЛЬНИК ШТАБА /МАРТЬЯНОВ/.

Отпечатано 10 экз.
Р.Р. при экз. 5
Отправлено.......
Получено.......
экз. №...1

Фрагмент приказа № 006 штаба 4 мехкорпуса от 11.50 24 июня 1941 года, с задачей для 48-го инжбата (пункт 3.г). Маршрут 81-й дивизии указан в пункте 3.в; ЦАМО фонд 334, опись 5307, дело 8, лист 16.

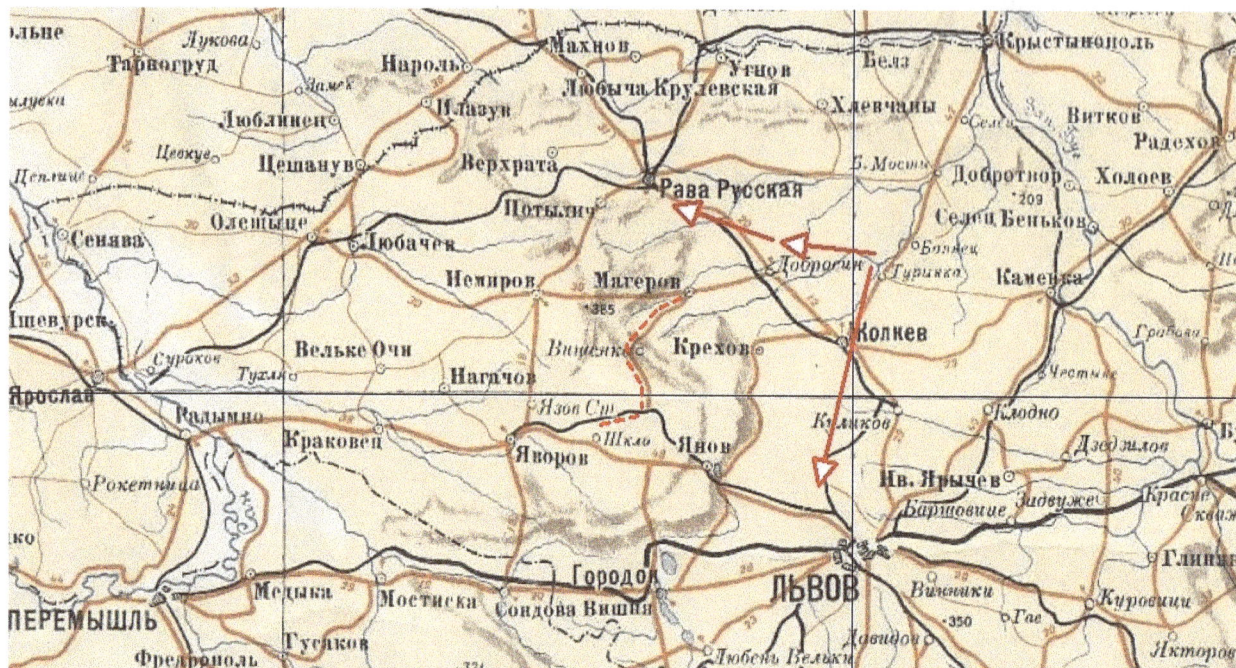

Красные стрелки показывают два направления 23 июня 1941 года:
на запад (81-я МСД и 8-я ТД) — Любеля, Добросин, Рава-Русская;
и на юг (8-й МСП и 48-й инжбат) — в район Бжуховице (Брюховичи).
Красная пунктирная линия отмечает дорогу Магеров — (Малая) Вишенка — Старжиска,
которую должен был восстановить 48-й инжбат 24 июня 1941 года.

Дорога, подлежащая восстановлению, шла через Яворовский военный полигон, созданный в 1940 году на базе бывшего полигона войска Польского, существовавшего до 1939 года. Во время расширения полигона отсюда были отселены жители сёл, которые находились на этой территории, в результате чего прекратило существование свыше 170 сел и хуторов[47]. *Село Малая Вишенка было одним из них.*

Мы предполагаем, что по крайней мере одна из рот 48-го инжбата, скорее всего, дорожная (возможно, и отдельные другие взводы), была отправлена 24 июня на восстановление дороги Магеров — (Малая) Вишенка — Старжиска, несмотря на неправильно указанный начальный пункт (Жолкев вместо Магерова).

Нам не удалось точно выяснить, где находится "ПЕРЧЕ", южнее которого должен был сосредоточиться 48-й инжбат после дорожных работ 24 июня 1941 года. *Возможно, это Наконечне Перше (Наконечное Первое), одно из западных предместий города Яворов.*

25 июня 1941 года.

Так или иначе, следующий приказ штаба корпуса, Приказ № 007 от 15.00 25 июня 1941 года, предписывал:

> 48 инжбату подготовить дороги, распоряжением Начальника инжслужбы, в р-оне сбора МК, для подвоза боеприпасов и ГСМ.

Район сбора мехкорпуса можно определить по Приказу штаба 6-й Армии № 002 от 8.00 24 июня 1941 года, отданному накануне командармом генерал-лейтенантом Музыченко: "район сбора мк по выполнению задачи — лес в районе СВИДНИЦА, МОРАНЬЦЕ, ЧЕРНИЛЯВА".

---

[47] Источники: https://ru.wikipedia.org/wiki/Яворовский_военный_полигон (9 марта 2017 года) и https://uk.wikipedia.org/wiki/Міжнародний_центр_миротворчості_та_безпеки (5 января 2018 года).

Вверху: фрагмент австро-венгерской карты 1918 года, на которой можно найти селения со старыми названиями: Старжиска (ныне Старичи), Брухналь (ныне Терновица), Язов Старый и Новый (ныне Старый и Новый Яр), а также другие места, упомянутые в июньских приказах: Курники, Яворов, Шкло, Нагачев, Краковец, Ольшаница, Свидница, Морьянцы, Чернилява и пр.

Внизу: фрагмент современной карты (картографические данные: © Google, 2017). Треугольником отмечен лес в районе Свидница, Морьянцы, Чернилява — место сбора 4 мехкорпуса после удара на Краковец, где 48-й инжбат должен был подготовить дороги 25 июня 1945 года.

БОЕВОЙ ПРИКАЗ № 007, Штакор-4, лес.южн. СОЛТЫСН, 15.00 25.6.41 г.

Серия "Г"

Карта I00.000

1. Пр-к в течении 24.6 продолжал активные действия на фронте 4I, I59 и 97 СД 6 СК.

2. Справа I59 СД, имеет задачу удержать занимаемое положение недопустив обхода пр-ком левого фланга СОЛОТВИНА, РАВА РУСКА.

3. 4 МК без 8 ТД во взаимодействии с 97 СД имеет задачей разгромить пр-ка на фронте: ВЕЛЬКЕ ОЧИ, ГНОЙНЕЦ, нанеся удар в направлении НАГАЧУВ, СВЕДИ-ПА, БУДЗЫНЬ, в дальнейшем действовать в общем направлении ВЕЛЬКЕ ОЧИ, ДРОГО-МЫСЛЬ, ЗАВАДУВ и к исходу дня сосредоточится в р-оне МАЙДАНЫ, РАВЫ, УЛЬХУВСК. С утра 26.6 иметь в виду нанести удар в направлении СМОЛИН, ПОДЕМЦИЗНА.

а/ 32 ТД из р-она ИЛЫН, иск ЯЗУВ СТАРЫ, иск ЛУЦИКИ, во взаимодействии с 81 МД и 97 СД, ударом в направлении ЛИПИНА, ДРОГОМЫСЛЬ, ВЕЛЬКЕ ОЧИ, иск.БУДЗЫ окружить и уничтожить пр-ка перед фронтом 97 СД. *Начало атаки из радио-сигналу*
Район сбора: ЗМИЕВКА, иск СВИДНИЦА, ЛИНГЕНАУ.
В дальнейшем действовать в общем направлении: ДРОГОМЫСЛЬ, ПШИЗЦ, ПАРИР-СЫ, обходя м.НЕМИРУВ с севера, блокировав его в случае необходимости арт-сред-ствами.
К исходу 25.6 сосредоточиться в р-оне КОВАЛЕ, ПАРИРЫ, МАЗУРИ.
Иметь в виду 26.6 нанести удар в направлении СМОЛИН, ПОДЕМЦИЗНА.

б/ 81 МД, во взаимодействии с 32 ТД и 97 СД, ударом в направлении НАКОНЕ-НЕЧНЭ, м.КРАКОВЕЦ, БУДЗЫНЬ, окружить и уничтожить пр-ка перед фронтом 97 СД.
Район сбора: СВИДНИЦА, РУДА КРАКОВЕЦКА, КОХАНУВКА.
В дальнейшем действовать в направлении СВИДНИЦА, НАГАЧУВ, МАРКИ, обходя НЕМИРУВ с юга и блокировав его в случае необходимости арт-средствами.
К исходу 25.6 сосредоточиться в районе: иск.ПАРИРЫ, иск РАИН, УЛЬХУВКА, выбросив ПО в направлении НАГАЧУВ на рубеж СОСНОВЫ, НОВОСЕЛЫ. *Немирув -*

✓ С утра 26.6 иметь в виду действовать в направлении СТЕСИ, КИЛЕВ.

в/ 3 МП вести разведку в направлениях: I. ЦЕРЗЕЦ - ПОТЫЛИЧ, РАВА РУСКА; 2. м.НЕМИРУВ; 3. ЗАВАДУВ, МЕЛЬНИКИ.
К исходу дня 25.6 сосредоточиться в р-он: иск МАЗУРИ, УЛЬХУВЕК, КМПАРУВ. С утра 26.6 быть готовым вести разведку в направлениях: I. РАВА РУСКА, 2. ПОДЕМЦИЗНА, 3. м.НЕМИРУВ.

г/ 184 ОБС: I-й эшелон с опергруппой штакора-4; 2-й эшелон к 26.6 сосредоточиться в р-он: лес зап. БЕРЕЗИНА.

д/ 48 инжбату подготовить дороги, распоряжением Начальника инжвойск, в р-оне сбора МК, для подвоза боеприпасов и ГСМ.

4. Я с опергруппой Штакора за 32 ТД. Ось связи ЯЗУВ СТАРЫ, НАГАЧУВ, СВИД-НИЦА, в дальнейшем: ДРОГОМЫСЛЬ, ЗАВАДУВ, МАРКИ, ВИДУН.
Штакор - лес сев. ЯСЕНУВ.

5. Нач-ку тыла обеспечить подвоз в р-он сбора МК ГСМ - I заправка, и б/к - 05.

Отпечатано I0 экз.
Р.Р. при экз.№ I.
.....
ЭКЗ.№......

КОМАНДИР 4 КОРПУСА /ВЛАСОВ/
НАЧАЛЬНИК ШТАБА /МАРТЬЯНОВ/.

Фрагмент приказа № 007 штаба 4 мехкорпуса от 15.00 25 июня 1941 года,
с задачей для 48-го инжбата (пункт 3.д); ЦАМО фонд 334, опись 5307, дело 8, лист 17.

Как хорошо известно, удар на Краковец 81-й мотострелковой дивизии (которая вошла в подчинение командира 6-го СК), во взаимодействии с 97-й стрелковой и 32-й танковой дивизиями, не удался[48]. 32-я ТД, двигавшаяся к Черниляве, не смогла достичь цели, потеряв значительное количество танков, застрявших в заболоченной местности у Язова Старого. В итоге, 81-я дивизия понесла очень существенные потери (в частности, 323-й МСП к вечеру 25 июня потерял до 80% личного состава и матчасти), и части отошли в район НАКОНЕЧНЭ (Наконечное), где были окружены. Как следует из журнала боевых действий 81-й МД, "Общее руководство было прервано. Связи с частями не было. Прорвавшиеся к району Яворув подразделения были встречены огнем противника", и к следующему дню, 26 июня 1941 года, дивизия потеряла почти всю боевую часть личного состава и штабы частей, принимавших участие в бою (323 МСП, 125 АП)[49].

Описывая события 25 июня 1941 года в боевом донесении № 06 штаба 4 мехкорпуса от 6.00 26 июня 1941 года, начальник штаба корпуса генерал-майор Алексей Мартьянов отмечает:

2. 81-я мд вела наступление совместно с частями 6 ск вдоль шоссе на КРАКОВЕЦ. Вначале дивизия имела успех,но к 16.00 пр-ик подведя свежие силы потеснил 323 сп до зап.окр.НАКОНЕЧНЫ.

323 полк,по устному заявлению делегата связи 81 мд Капитана СОМКИНА, на 16.30 имел более 60% потерь.

Результаты боя и потери 53 тп не установлены.

С 19.00 25.6 связь с 81 мд утеряна.

3. 32 тд в 18.00 25.6. атаковала пр-ка в направлении ЯЗУВ СТАРЫ,ЧЕРНИЛЯВА,выс.280 уничтожено до 6 ПТО,потери до 10 танков,из них часть засело в болоте.

...

5. В 22.00 в ЯВОРОВЕ поднялась паника,после чего распространилась по всему шоссе ЯВОРУВ ЯНУВ.

Распространению паники по шоссе сильно способствовал работник штарма ПИСМЕННЫЙ,который мчался на мотоцикле и панически[м] голосом кричал: "Спасайте машины".В результате паники все шоссе было забито, поднялась паническая стрельба.

На ликвидацию паники был мобилизован весь состав штакора и к 3.00 26.6 паника была прекращена.

В результате забитых дорог корпус не смог своевременно приступить к выполнению задачи.

Где находилась инженерная служба 4-го мехкорпуса, в распоряжении которой 25 июня 1941 года пребывал 48-й инжбат (*вероятно, только его дорожная рота и отдельные взводы*), не ясно. Инжбат должен был готовить дороги для подвоза боеприпасов и горюче-смазочных материалов (ГСМ), но так как удар на Краковец не достиг цели, *батальон, возможно, не попал в окружение в Наконечном, отойдя 26 июня через Яворов в район леса восточнее Старжиски и Стадников, где сосредоточились остатки вышедших из окружения 97-й и 81-й дивизий.*

Таким образом, в течение 24 и 25 июня роты и взводы батальона находились в разных местах: одни — в районе дороги Магеров — (Малая) Вишенка — Старжиска), а затем, *вероятно, в районе шоссе Наконечное — Яворов*; а другие (в том числе, бывшая "учебная") — во Львове.

---

[48] Солонин М. Разгром 4-го мехкорпуса в документах советских архивов. ЖБД 81-й моторизованной дивизии. http://www.solonin.org/doc_razgrom-4-go-mehkorpusa-v (25.11.2012).

Солонин М. Июнь 41-го. Окончательный диагноз. — Яуза, ЭКСМО, 2013.

Жаркой Ф. М. Танковый марш. — ЛЕМА, Санкт-Петербург, 2011.

Поле боя — Львовский выступ. Июнь 1941-го: http://niemirow41.narod.ru/1941/25.06.41/25.06.41.html

[49] ЦАМО. Ф. 1230 (Управление 81 стрелковой дивизии – I формирования (до 29.7.41 г. – 81 мсд). Оп. 1, д. 23 «Журнал боевых действий дивизии». 22.6.1941 – 13.8.42.

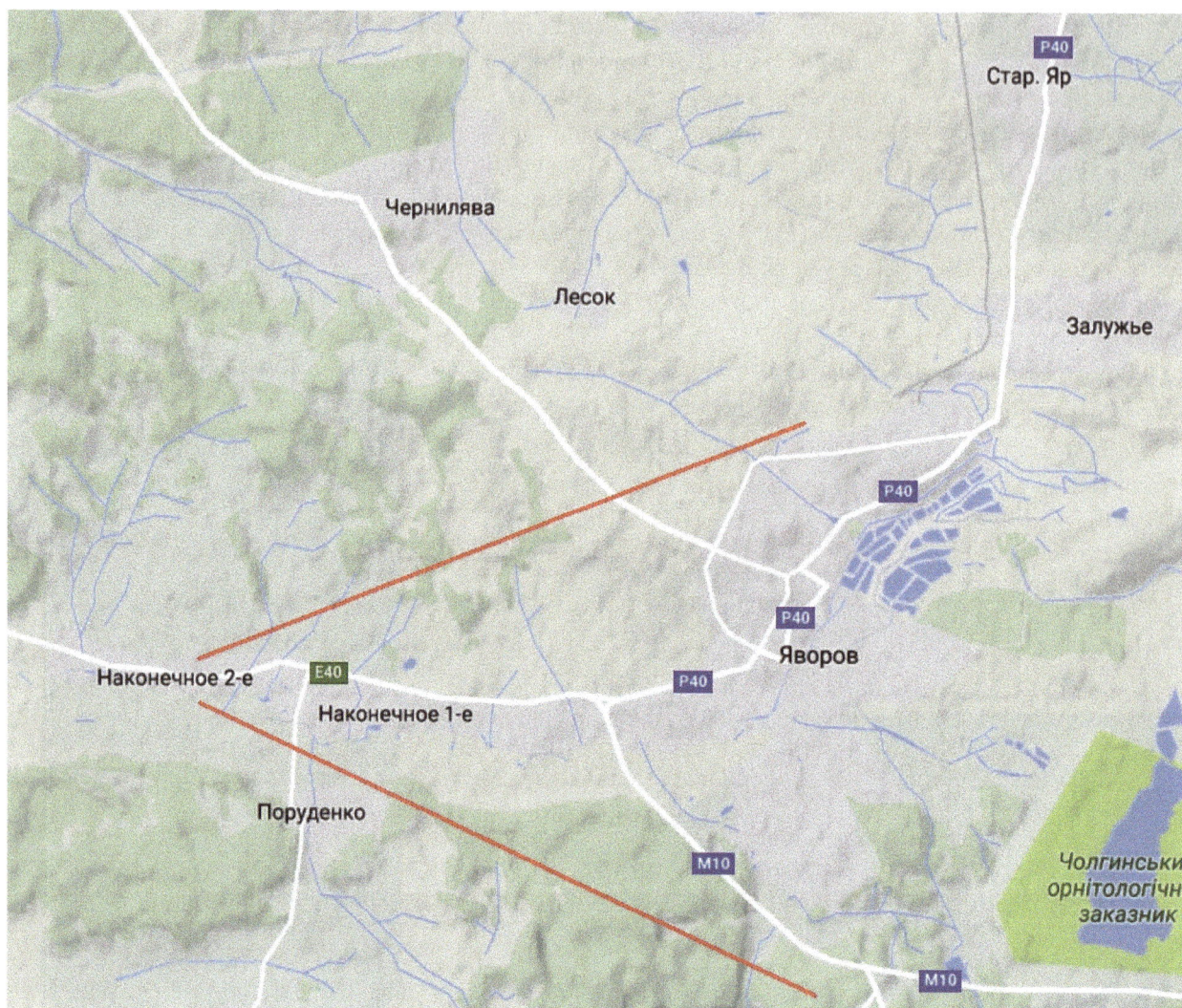

Фрагмент современной карты (картографические данные: © Google, 2017).
Район вдоль шоссе НАКОНЕЧНОЕ – ЯВОРОВ, по которому 25 июня 1941 года, после неудавшегося удара
на Краковец, отходили частично окружённые 81-я МД и 97-я СД, очерчен двумя красными линиями.
Язов Старый (Старый Яр), откуда на Черниляву не смогла продвинуться 32-я ТД — в правом верхнем углу.

Но есть и ещё одно обстоятельство, которое усложняет и эту непростую картину. Согласно августовскому донесению о безвозвратных потерях 48-го дорожного батальона, рядовой сапёр **Василий Емельянович Арсенюк** был убит 26 июня 1941 года "при сражении с германским фашизмом" в местечке Магерув, и похоронен в братской могиле в Магеруве (см. биографию Василия Арсенюка).

Сложно дать удовлетворительный ответ на вопрос, каким образом сапёры 48-го дорожного батальона могли принять участие в боях в районе местечка Магеров 26 июня 1941 года, но на следующих страницах мы сделаем несколько предположений.

БОЕВОЕ ДОНЕСЕНИЕ № 06 ШТАКОР 4 МК ЯВ 26.6. 6.00 Карта 100000.

В течении 25.6.41 корпус выполнял задачу и во взаимодействии с 6 ск уничтожал пр-ка перед фронтом 6 ск.

1. 8 тд в 13.30 наступил из района сосредоточения ФУЛЕВИЦА и лес сев. западнее в район БУСК по маршруту МАГЕРУВ, КУЛЬКУВ, ЗАБУЛКИ, ЖОЛТАН-ЦЕ, БУСК, в распоряжение командира 15 мк.

2. 81 мд вела наступление совместно и частями 6 ск вдоль шоссе на КРА-КОВЕЦ. Вначале дивизия имела успех, но к 16.00 пр-ик подведя свежие силы потеснил 323 сп до зап. окр. НАКОНЕЧНЫ.
323 полк, по устному заявлению делегата связи 81 мд Капитана СОМКИНА, на 16.30 имел более 60 % потерь.
Результаты боя и потери 53 тп не установлены.
С 19.00 25.6 связь с 81 мд утеряна.

3. 32 тд в 18.00 25.6. атаковала пр-ка в направлении ЯЗУВ СТАРЫ, ЧЕРНИ-ЛАВА, выс. 280 уничтожено до 6 ПТО, потери до 10 танков, из них часть засело в болото.

4. В 22.00 корпус получил задачу действовать в направлении МОСЦИСКА, по уничтожению танков пр-ка движущихся на МОСЦИСКА.

5. В 22.00 в ЯВОРОВЕ поднялась паника, после чего распространилась по всему шоссе ЯВОРУВ ЯНУВ.
Распространению паники по шоссе сильно способствовал работник штарма ПИСМЕННЫЙ, который мчался на мотоцикле и панически голосом кричал: "Спасайте машины". В результате паники все шоссе было забито, поднялась паническая стрельба.
На ликвидацию паники был мобилизован весь состав штакора и к 3.00 26.6 паника была прекращена.
В результате забитых дорог корпус не смог своевременно приступить к выполнению задачи . и

НАЧАЛЬНИК ШТАБА 4 МК   /МАРТЬЯНОВ/.

НАЧАЛЬНИК ОПЕРОТДЕЛА 4 МК   /ЧЕРНИЕНКО/.

Фрагмент боевого донесения № 06 штаба 4 мехкорпуса от 6.00 26 июня 1941 года,
с описанием событий 25 июня 1941 года (пункт 5); ЦАМО фонд 334, опись 5307, дело 11, лист 198.

Танки Т-34 32-й танковой дивизии, подбитые 25 июня 1941 года на дороге в районе Язова Старого.
Источник: http://waralbum.ru/90779/
Дополнительная информация: http://nemirov41.forum24.ru/?1-14-0-00000008-000-0-0-1286728705

"Взятие Яворова", июнь 1941 года. Фотография 168-го немецкого противотанкового батальона;
Pz. Jäger Abtl. 168 (из личной коллекции Михаила Прокопенко).

"Взятие Яворова", июнь 1941 года. Фотография 168-го немецкого противотанкового батальона;
Pz. Jäger Abtl. 168 (из личной коллекции Михаила Прокопенко).

"Взятие Яворова", 26 июня 1941 года. Фотография 168-го немецкого противотанкового батальона; Pz. Jäger Abtl. 168 (из личной коллекции Михаила Прокопенко).

214

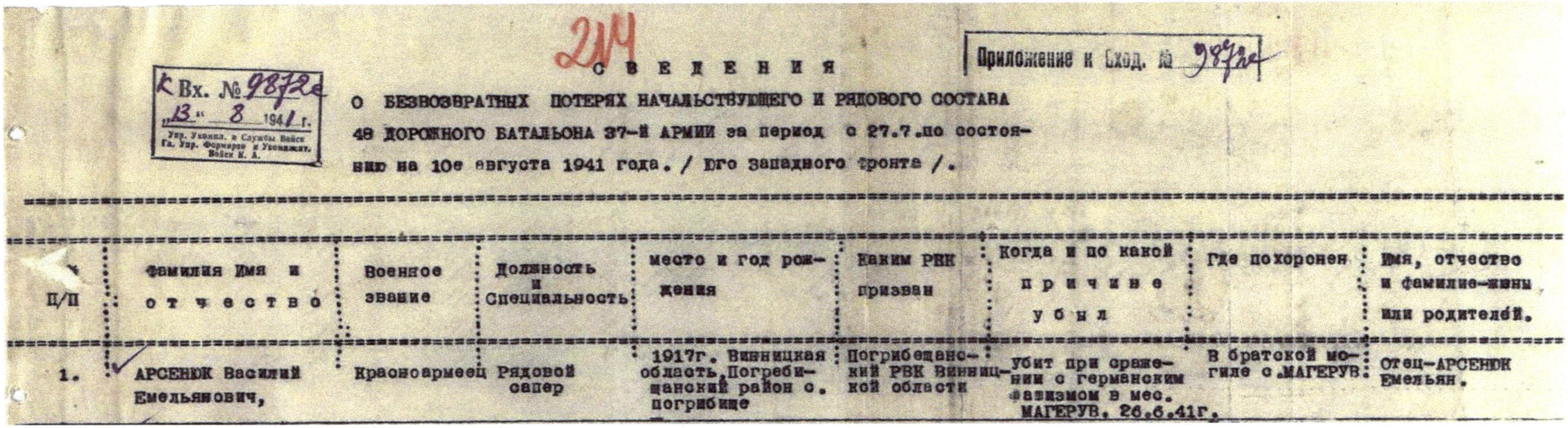

С В Е Д Е Н И Я

О БЕЗВОЗВРАТНЫХ ПОТЕРЯХ НАЧАЛЬСТВУЮЩЕГО И РЯДОВОГО СОСТАВА 48 ДОРОЖНОГО БАТАЛЬОНА 37-й АРМИИ за период с 27.7. по состоянию на 10е августа 1941 года. / Юго западного фронта /.

К Вх. № 9872с „13" 8 1941 г. Упр. Укомпл. и Службы Войск Гл. Упр. Формиров. и Укомплект. Войск К. А.

Приложение к Сход. № 9872с

№ П/П	Фамилия Имя и отчество	Военное звание	Должность и Специальность	место и год рождения	Каким РВК призван	Когда и по какой причине убыл	Где похоронен	Имя, отчество и фамилия жены или родителей.
1.	АРСЕНЮК Василий Емельянович,	Красноармеец	Рядовой сапер	1917г. Винницкая область, Погребищанский район с. погрибище	Погрибещанский РВК Винницкой области	убит при сражении с германским фашизмом в мес. МАГЕРУВ. 26.6.41г.	В братской могиле с.МАГЕРУВ.	Отец-АРСЕНЮК Емельян.

Фрагмент донесения о безвозвратных потерях 48-го дорожного батальона 37-й Армии ЮЗФ по состоянию на 10 августа 1941 года (№ 050, г. Киев); ЦАМО фонд 58, опись 818884, дело 9, лист 214.

26 июня 1941 года.

Известно, что после ожесточённых боёв в Немирове 24 июня, в первой половине дня 25 июня в Магеров вошла 97-я легкопехотная дивизия вермахта[50]. Однако уже вечером Магеров был атакован и после тяжёлого ночного боя с 25-го на 26-е июня, с серьёзными потерями у обеих сторон, взят 15-м танковым полком 8-й ТД 4-го мехкорпуса. Бои продолжались и 26 июня, когда оставшиеся танки 15-го ТП отошли и частично были эвакуированы в Жолкев (через Крехов и Кунин), под мощным артиллерийским и миномётным огнём противника[51]. В течение 26 июня Магеров был вновь захвачен немецкими частями.

Бои за Магеров 25-26 июня описаны и в немецких источниках[52]:

Едва наступила полночь, как с юга начался штурм Магерова. При лучах ярко вспыхивавших фар вражеские танки с десантом пехотинцев устремились в атаку. Яркий свет фар сначала сильно ослепил артиллеристов и истребителей танков. Прежде чем они начали стрелять, русские танки прорвались в Магеров и раздавили своими гусеницами некоторые противотанковые орудия и легкие полевые гаубицы. В городе развернулся бой. Раздавались громкие звуки пулеметных очередей, выстрелов и разрывов при ярком свете фар. Находясь в тени домов, егерские штурмовые группы со всех сторон нападали на танки и пулеметным огнем и ручными гранатами сбрасывали и уничтожали танковый десант. Огонь легких полевых гаубиц прямой наводкой неоднократно поражал танки, так что в некоторых местах образовалось хаотичное нагромождение дымящихся или неподвижных танков, ставших жертвой связок ручных гранат атаковавших их штурмовых отрядов егерей и саперов. Так потерпела неудачу ночная танковая атака на Магеров, натолкнувшись на сопротивление очень хорошо взаимодействовавших егерей, саперов и артиллеристов.

Однако на рассвете следующего дня (26 июня 1941 г.) прибыли новые танковые части противника и попытались, обойдя Магеров, прорваться, нанося массированный удар на Раву-Русскую. ...

Основные силы легкого артиллерийского полка и приданная дивизии зенитная батарея были эшелонированы в глубину к северу от Магерова и, будучи хорошо замаскированными, расставлены для стрельбы по танкам прямой наводкой. Они господствовали над открытым пространством по обеим сторонам большой дороги Магеров — Рава-Русская. Дивизия имела под рукой остальную часть легкого артиллерийского полка и две моторизованные батареи 150-мм гаубиц. Когда началась танковая атака по обеим сторонам Магерова и танки оказались в зоне действия отдельных орудий, они, прежде чем вообще развернулись, были расстреляны. Все поле боя к северу от Магерова было покрыто дымящимися, горящими или разбитыми танками, уцелевшие члены экипажа которых в паническом страхе пытались спастись. Следовавшую за ними пехоту наши егери уничтожили или взяли в плен.

Можно предположить несколько вероятных сценариев участия сапёров 48-го инжбата в этих боях. *Во-первых, один из инженерных взводов с сапёрными отделениями мог быть придан 15-му ТП 8-й ТД ещё 23 июня во время нахождения в районе Туринки. Во-вторых, какие-то сапёры из дорожной роты могли оставаться в районе южнее Магерова со времени ремонта дороги Магеров — Малая Вишенка — Старжиска 24 июня. В-третьих, сапёры могли быть приданы танкистам для эвакуации танков, остававшихся в Магерове, утром 26 июня. Кто знает, может быть, эпизод подрыва моста у Равы-Русской для спасения отходящих 11 танков, упомянутый курсантом Жуком — это отголосок сапёрных действий у Магерова? Не исключён и вариант, что запись о безвозвратных потерях, сделанная в Киеве в августе 1941 года, спустя полтора месяца после июньских событий на Львовском выступе, не совсем точна и Арсенюк погиб не под Магеровом, а в другом месте.*

---

[50] Уланов А. Июнь 1941 года. 4-й мехкорпус на Львовском выступе:
http://warspot.ru/6414-iyun-1941-goda-4-y-mehkorpus-na-lvovskom-vystupe
Поле боя — Львовский выступ. Июнь 1941-го: http://niemirow41.narod.ru/1941/24.06.41/24.06.41.html
Коломиец К. Тяжелый танк КВ-2. «Неуязвимый» колосс Сталина. — Яуза, Эксмо, 2011.
[51] Коломиец К. Тяжелый танк КВ-2. «Неуязвимый» колосс Сталина. — Яуза, Эксмо, 2011; стр. 86.
[52] Фреттер-Пико М. Немецкая пехота. Стратегические ошибки вермахта. Пехотные дивизии в войне против Советского Союза. 1941-1944. — Litres, 2017.

Фрагмент австро-венгерской карты 1918 года: район Магерова, где 25-26 июня проходили бои
15-го танкового полка 8-й ТД, *в которых, возможно, принимали участие сапёры 48-го инжбата*
(у местечка Магеров 26 июня 1941 года погиб сапёр 48-го инжбата Василий Арсенюк).
Пути отхода 15-го ТП из Магерова на юго-восток: через Крехов Крехов и через Кунин.

Танк Т-34 из состава 15-го ТП 8-й танковой дивизии, раздавивший немецкую противотанковую пушку РаК-38
во время боя 25–26 июня 1941 года под Магеровым. Источник: http://waralbum.ru/64992/
Дополнительная информация о фотографии: форум "Немиров 41 — танковые сражения лета 1941 года"
http://nemirov41.forum24.ru/?1-14-0-00000010-000-10001-0

Так или иначе, как уже было отмечено, по меньшей мере одна из рот батальона ("учебная" рота с курсантами) была направлена во Львов 24 июня совместно с 8-м МСП для наведения порядка во Львове. Эти действия заслуживают отдельного внимания.

Боевое донесение № 05 штаба 8-го МСП 8-й ТД от 14.00 25 июня 1941 года, подписанное комполка подполковником Абрамовым и начштаба майором Борейчуком, включает следующую запись:

В результате ликвидации огневых очагов в г. Львове убито несколько человек гражданских лиц обстреливавших наши войска из крыш домов и окон.

Трупы убитых переданы в милицию.

Курсант Жук тоже упоминает о некоторых сопутствующих обстоятельствах:

"На подступах к городу огонь вела тяжёлая артиллерия, пытаясь своей устрашающей силой сдержать немцев. Часть стволов била по Львову. Там, помогая немецкому наступлению, действовала «пятая колонна».

Мы приблизились к недавно оставленной казарме, которую за девять месяцев довоенной жизни считали родным домом.

За эти первые дни войны город преобразился. В самом воздухе витала тревожная настороженность. Немцы уже были рядом. На улице много военных машин и небольшие колонны куда-то спешащих красноармейцев. Куда девалась особая нарядная оживлённость этого уютного, всегда прибранного города? Из боковой улицы внезапно прямо на нас вышла колонна совсем голых мужчин, прикрывавших срамные места обрывками тряпок и газет. Их вели под вооружённым конвоем с собаками. Рассказывали, что местных мужчин срочно всех мобилизовали и успели обмундировать. Эти львовские новобранцы передали всю свою гражданскую одежду родным. А сегодня пришёл приказ — поляков и западных украинцев в армию не брать, с них немедленно сняли всю казённую одежду. Вот и ведут их по городу в чём мать родила, обратно в районные военкоматы..." [53]

Как следует из боевого донесения № 08 штаба 8-го МСП от 9.30 26 июня 1941 года, подписанного начштаба майором Борейчуком,

Во время марша из БЖУХОВИЦ в ГРУДЕК ЯГЕЛОНСКИЙ через г. ЛЬВОВ колонна полка была обстреляна ружейно-пулеметным огнем из крыш и окон зданий на площаде против театра, улице Казимира и Лычаковской. Наиболее сильный огонь по колонне был напротив вокзала.

В результате обстрела имеется 5 человек раненых. Выведено из строя 3 машины.

Вполне возможно, что 26 июня 1941 года несколько рот 48-го инжбата всё ещё находились в разных местах.

"Учебная" рота после двух дней во Львове (24–25 июня) была, возможно, направлена в резерв фронта отдельно.

Дорожная рота, вероятно, отходила из района Яворова после неудавшегося удара на Краковец вместе с частями 81-й мд — как указано в боевом донесении № 007 штаба 4-го МК от 18.00 26 июня 1941 года, "81 МД понеся потери с утра 26.6 собирает свои части в районе ЛЕСА вост. СТАДНИКИ. Приняты меры по выводу 81 МД в район сосредоточения корпуса."

Инженерные взводы инженерной роты могли отойти от Жолкева вместе с остатками 15-го танкового полка 8-й ТД, после сражения в Магерове 25-26 июня.

---

[53] Жук А. В. Начало. — Стройиздат, Санкт-Петербург, 2005, стр. 25-26.

Серия "Г"

БОЕВОЕ ДОНЕСЕНИЕ № 05

Штаб 8 МСП сев. окр. ЖУХОВИЧ 25.6.41 года 14.00 Карта 1:110.000

1. Командир развед взвода броне машин мл.лейтенант ЗНЫКИН в 13.30 25.6.41 г. донес, что в 8.00 25.6.41 года достиг с-в окр. ОСТЫ ВЕЛЬКИ противника не обнаружил. С выходом на сев. вост.опушку леса ур.Ляс Мосты Вельки в районе на шоссе через болото был обстрелян пулеметным огнем с восточной стороны, группой противника в гражданской форме, с пятью (5) станковыми пулеметами. В результате экипаж на броне машине БА-10 вышел из строя. Водитель-мл. сержант ЛОМОНОСОВ и командир машины лейтенант ЗАЛУЖНЫЙ- ранены, стрелок крас ноармеец ШЕВЧЕНКО-убит. Машина вышла из строя. Севернее Красны слышен шум моторов, предполагаю танки противника. В этом же лесу занимает оборону наши части.

2. Распоряжением штаба обороны г. Львова ночью с 24.6 на 25.6.41 г. два взвода уч. роты полка, под командой лейтенанта ДИЩЕНКО и политрука КОМПАНИЕЦ, имели задачу ликвидировать небольшой авиодесант на аэродроме в районе СКНИЛУВ. С 1.00 до 4.00 25.6.41 года. В результате выполнения задачи произошла стрельба между охраной аэродрома и выделенными взводами для ли..видации десанта, так как охрана аэродрома о действиях выделенных взводов предупреждена не была. В результате боя был убит лейтенант ФОМИН.
В результате ликвидации огневых очагов в г. Львове убито несколько человек гражданских лиц обстреливавших наши войска из крыш домов и окон.
Трупы убитых переданы в милицию.

КОМАНДИР 8 МСП
Подполковник /АБРАМОВ/

НАЧАЛЬНИК ШТАБА 8 МСП
М а й о р /БОРЕЙЧУК/

печатано-2
ослано -1
шбу 6-й арм.
№2-в дело

16.10
25.6.

Фрагмент боевого донесения № 05 штаба 8-го МСП от 14.00 25 июня 1941 года,
со сведениями о ликвидации огневых очагов в г. Львов (пункт 2);
ЦАМО фонд 334, опись 5307, дело 11, лист 192.

Уже на следующий день, 26 июня 1941 года, 8-й МСП был направлен для охраны подступов ко Львову с западного направления, выступив в район города Грудек Ягеллонский (Городок) для обороны района. На левом фланге обороны города располагался 202-й МСП [54].

---

[54] Солонин М. Разгром 4-го мехкорпуса в документах советских архивов. Отчеты о боевых действиях 8-й и 32-й танковых дивизий. http://www.solonin.org/http://www.solonin.org/doc_razgrom-4-go-mehkorpusa2 (29.11.2012).

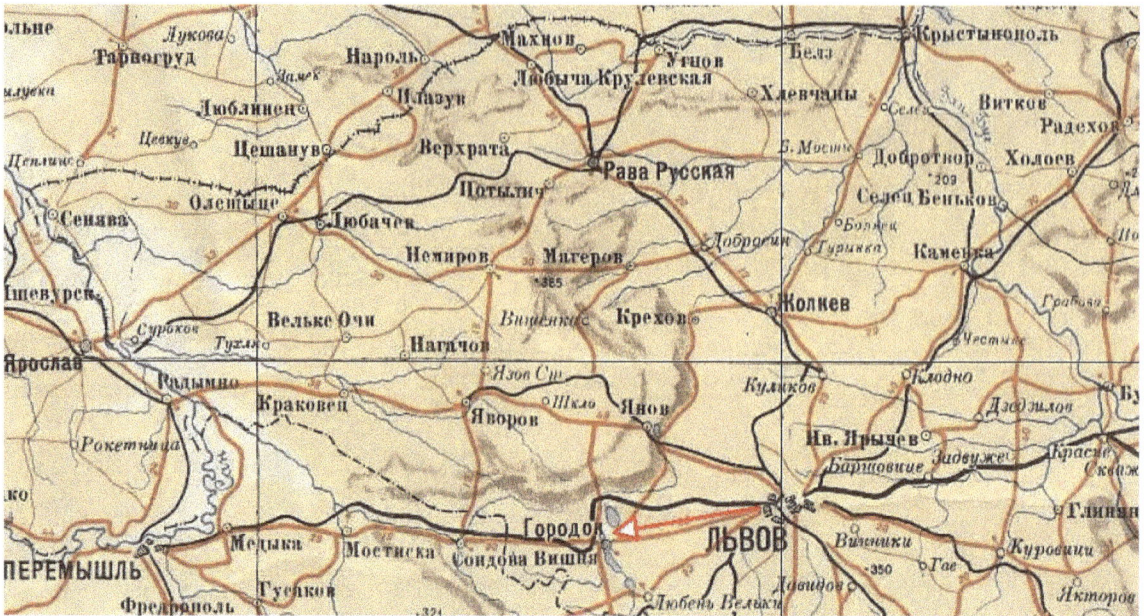

Красная стрелка показывает направление выхода 26 июня 1941 года 8-го МСП для обороны района города Грудек Ягеллонский (Городок). 27 июня 1941 года 48-й инжбат выдвинулся примерно до середины этого маршрута, и приступил к заградительным работам в Городке 28 июня 1941 года.

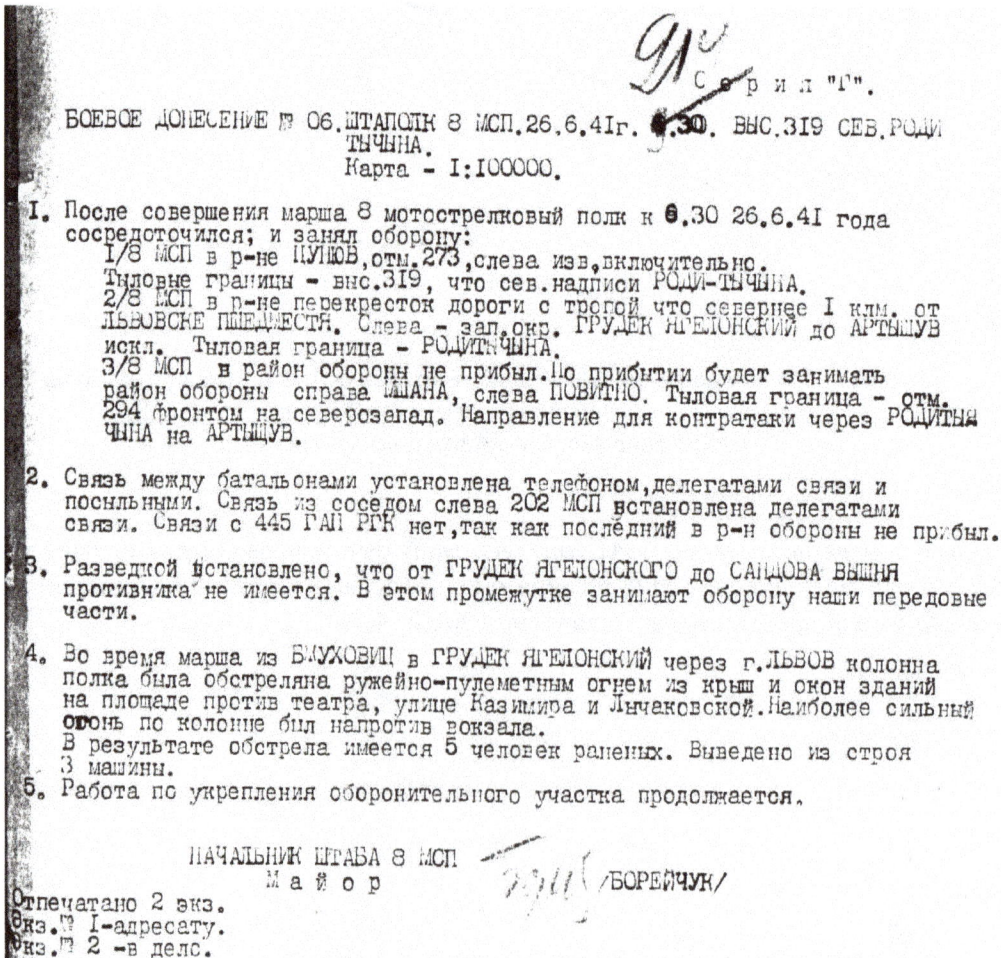

Фрагмент боевого донесения № 06 штаба 8-го МСП от 9.30 26 июня 1941 года, со сведениями об обстреле колонны полка в г. Львов (пункт 4); ЦАМО фонд 334, опись 5307, дело 11, лист 214.

27 июня 1941 года.

48-й инженерный батальон упоминается в Приказе № 009 штаба 4 мехкорпуса от 3.30 27 июня 1941 года:

```
    48 инж.бату к 14.00 сосредоточиться в зап. части рощи КОНОПНИЦА быть готовым к
устройству ПТО на рубеже ур. ПОВЫРЯНСКИЙ ЛЯС, ур. ЛЯС МЕЙСКИ,отм. 301 / 4 клм ю.з.
СТАВЧАНЫ/.
```

Место сосредоточения 48-го инжбата (западная часть рощи КОНОПНИЦА) сомнений не вызывает (см. ниже фрагмент карты М-34-084: Городок; 1:100 000). Точное же местоположение примерно 10-километрового рубежа противотанковой обороны (ПТО), устройство которой должен был подготовить батальон 27 июня, тоже в принципе определить достаточно легко. Отметка в 4 километрах юго-западнее села СТАВЧАНЫ задаёт южную точку на участке дороги Великий Любень — Ставчаны. Средняя точка, урочище ЛЯС МЕЙСКИ — это, несомненно, Ляс Мейский к западу от села Бартатов и примерно в 6 км к востоку от Городка, на участке дороги Городок — Бартатов. Северная точка рубежа, урочище ПОВЫРЯНСКИЙ ЛЯС, по логике обороны Львова должна была перекрывать ещё одну, третью, дорогу на Львов, то есть участок Каменноброд — Повитное — Мшана. Можно сделать вывод, что урочище "ПОВЫРЯНСКИЙ ЛЯС" — это Повитнянский Ляс, к югу от села Повитное.

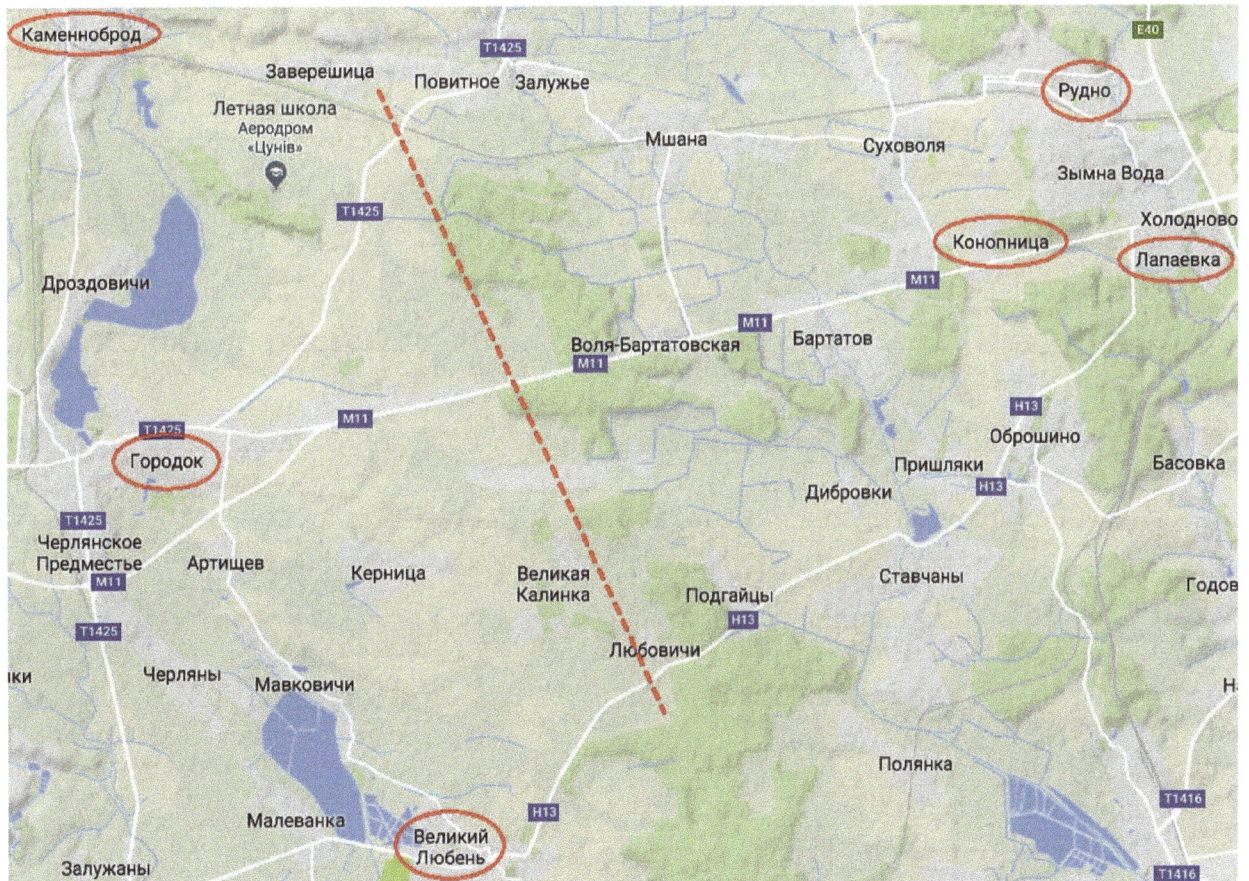

Фрагмент современной карты (картографические данные: © Google, 2017). Район к западу от Львова, где 27 июня 1941 года должен был сосредоточиться 48-й инжбат (в западной части рощи КОНОПНИЦА) для подготовки устройства противотанковой обороны (ПТО) на рубеже урочищ ПОВЫРЯНСКИЙ ЛЯС (*Повитнянский Ляс*), ЛЯС МЕЙСКИ (Ляс Мейский к западу от села Бартатов), и отметки 301 в 4 километрах юго-западнее села СТАВЧАНЫ (рубеж примерно отмечен красной пунктирной линией). Западная сторона: КАМЕНОБРОДЫ (Каменноброд), ГРУДЕК ЯГЕЛОНСКИЙ (Городок) и ЛЮБЕНЬ ВЕЛЬКЕ (Великий Любень), где 48-й инжбат производил заградительные работы и взрывал мосты 28 июня 1941 года. Северо-восточный угол: пригороды Львова РУДНО и ЛАПАЮВКА (Лапаевка), обороняемые 29 июня 1941 года.

К О П И Я.

Серия "Г"

ои ПРИКАЗ № 009 ШТАКОР 4 ЛЕС Вост. МЕЛЬНИКИ 3.30. 27.6.41г.

Карта 100000.

1. Пр-к производит упорные атаки по всему фронту, имея незначительные успехи в районе РЕКЛИНЕЦ.

2. Впереди на фронте ШКЛО,КЛЕЙНДОРФ, ГРУДЕК ЯГЕЛЬОНСКИЙ, ЛЮБИН,ВЕЛЬКИ занимает оборону части 97 СД, 8 и 34 МП с приданными частями

3. 4 МК без 8 тд к 20.00 сосредоточился в р-не БАРТАТУВ,СТАВЧАНЫ, СИГНОВКА,в готовности действовать в направлениях:

1. На ЯЦУВ,ЯВОРУВ.
2. На ГРУДЕК ЯГЕЛЕНСКИЙ,ВУЛЬЧУХИ.
3. ЛЮВЕНЬ, ВЕЛЬКЕ, ХОШАНЫ.

а/ 81 мд к 16.00 27.6.41г. сосредоточиться в р-не отм.293/2 клм. зап.БАРТУТОВ/,искл: СТАЧАНЫ,отм. 282,быть готовой к действию в направлении ГРУДЕК ЯГЕЛЬОНСКИЙ.

б/ 32 тд к 14.00 27.6.41г. сосредоточиться в районе ОБРОШИН, СТАВЧАНЫ ВАСЮВКА и быть готовым к действиям в направлении ЛЮБИН,ВЕЛЬКЕ.

в/ 3 МП ик 12.00 27.6. 41 года сосредоточиться в вост. части леса КОНОПНИЦА и организовать разведку в направлении:

1. ДОБРОСТАНЫ,КЛЕЙНДОРФ.
2. БАРТАТУВ, ГРУДЕК ЯГЕЛЬОНСКИЙ, ВОЛЧУХИ.
3. ЛЮВЕНЬ ВЕЛЬКЕ,ХОШАНЫ.

в/ 48 инж. бату к 14.00 сосредоточиться в зап. части рощи КОНОПНИЦА быть готовым к устройству ПТО на рубеже ур. ПОВЫРЯНСКИЙ ЛЯС,ур. ЛЯ МЕТСКИ,отм. 301 / 4 клм ю.з. СТАВЧАНЫ/.

д/ 184 ОБС к 12.00 сосредоточиться с.в. части леса /южн. ЛАПАЕВКА/.

4. Дивизиям и частям до 20.00 27.6.41г. осмотреть и привести в поря матчасть и,пополнить б/припасы и ГСМ и быть в полной готовности к действию.

5. Организовать тщательную наземную и воздушную маскировку,круговое охранение и оборону.

6. Я с опергруппой штакора с 6.00 в лесу 2 клм с.в. ОБРОЧИН

/ Командир 4 МК
Генерал-Майор   / ВЛАСОВ /

Начальник штаба 4 МК
Генерал-Майор   /МАРТЬЯНОВ/ /

6 экз.
лано по списку № 1
лено
ено _____ 12.15.   ВЕРНО: ПНО-1 32 тд.
                                     капитан / МАЛКОВ

Фрагмент приказа № 009 штаба 4 мехкорпуса от 3.30 27 июня 1941 года,
с задачей для 48-го инжбата (пункт 3.в); ЦАМО фонд 229, опись 157, дело 7, лист 319.

28–29 июня 1941 года.

Оперсводка № 08 штаба 4 мехкорпуса от 23.00 28 июня 1941 года отмечает дальнейшие действия 48-го инжбата:

> 48 инж.бат.производил работы по заграждению перед фронтом обороны 8 и 202 МСП.
> К 14.00 были взорваны мосты у КАМЕНОБРОДЫ, ЛЮБЕНЬ ВЕЛЬКИ .
> Всего взорвано 6 мостов, из них два ж.д.
> Не взорваны мосты у ГРУДЕК ЯГЕЛОНСКИЙ так как западнее его находилась 133 сд.

Оборона Грудека Ягелонского (Городка) была не продолжительной, и уже на следующий день, 29 июня, под натиском противника 4-й мехкорпус был вынужден отойти на восток и перейти к обороне уже непосредственных предместий Львова (в частности, Рудно и Лапаевка). Приказ № 011 штаба 4 мехкорпуса от 18.30 28 июня 1941 года ставил задачи на 29 июня таким образом:

> 32 ТД с 8 МСП, I/445 АП, 48 инж.бат. оборонять рубеж: РУДНО, ЛАПАЮВКА. Для нанесения коротких ударов иметь два батальона танков в р-оне СЫГНЮВКА. Остальные танковые подразделения сосредоточить в р-оне КУЛЬПАРКУВ.
> Иметь тесную связь с частями, действующими справа.

Согласно донесению № 026 о безвозвратных потерях 4-го мехкорпуса за период с 29 июня по 15 июля 1941 года (дата донесения: 2 августа 1941 года; место: Киев, Святошино), подписанному нач. штаба 4-го мехкорпуса генерал-майором Мартьяновым и нач. стротдела капитаном Кравченко, один из бойцов 48-го инжбата, сапёр **Расуль Баранаев**, погиб недалеко от Львова ("убит под гор. Львов"). Он похоронен в братской могиле у села Бжуховицы (Брюховичи) в 10 км к северо-западу от Львова — *вероятно, он погиб 29 или 30 июня 1941 года* (см. биографию Расуля Баранаева).

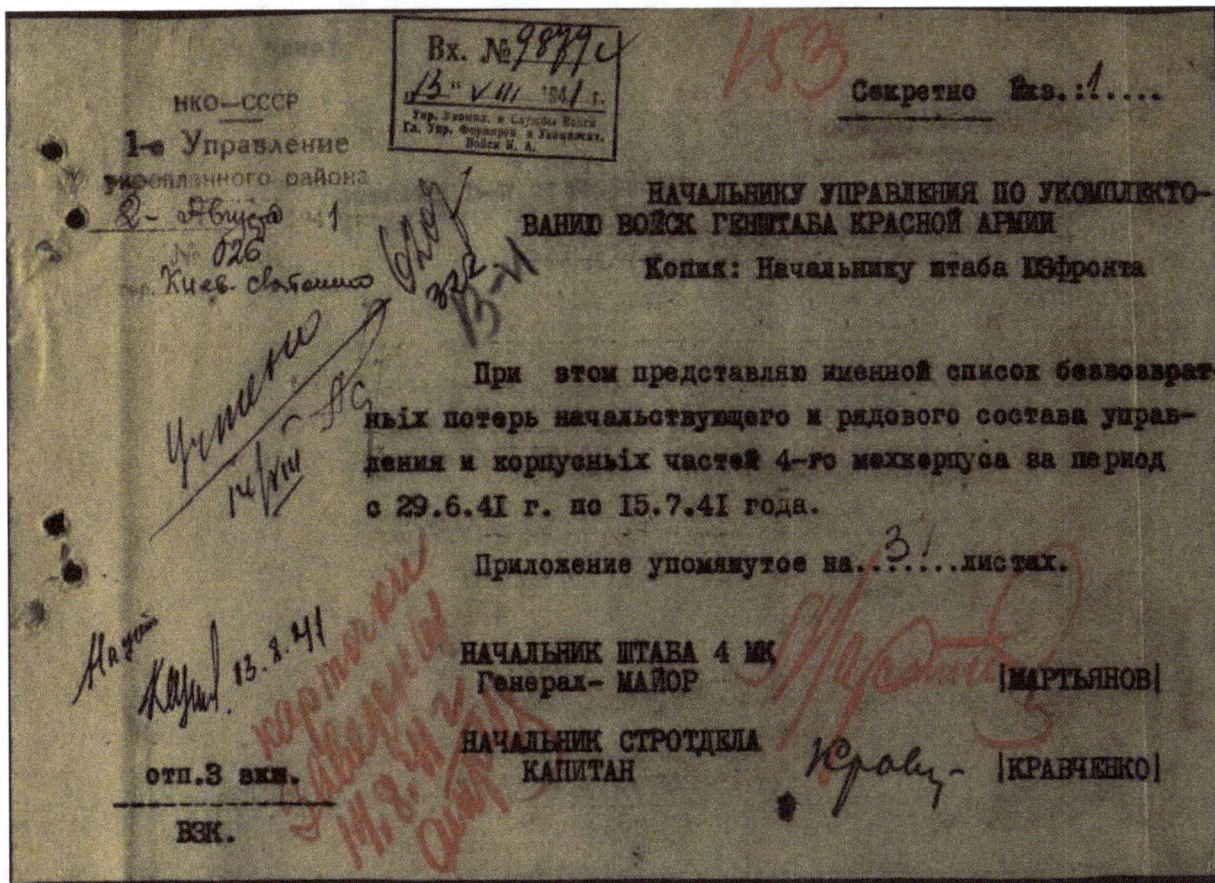

Фрагмент донесения № 026 о безвозвратных потерях 4-го мехкорпуса за период
с 29 июня по 15 июля 1941 года (2 августа 1941 года); ЦАМО фонд 58, опись 818884, дело 8, лист 153.

Фрагмент донесения № 026 о безвозвратных потерях 4-го мехкорпуса (включая 48-й инженерный батальон) за период с 29 июня по 15 июля 1941 года (2 августа 1941 года); ЦАМО фонд 58, опись 818884, дело 8, лист 155.

Интересно обратиться и к журналу боевых действий 17-й Армии вермахта[55]:

28 июня 1941 г.
Ранним утром было возобновлено преследование отступающих частей противника. ...
4-15. Передовые подразделения 4 гпд заняли ж/д мост у Каменноброд. Мост не поврежден. ...
11-15. 49 ГПК (4 гпд и 1 гпд) удалось прорваться через озерное дефиле между большим водохранилищем у Грудек Ягеллонский и Янув.
...
29 июня 1941 г.
С раннего утра и до полудня отмечается продвижение наших войск по всему фронту, местами очень больших масштабов.
06.30. Части 257 пд прорываются через цепь озер близ Черляны, Грудек Ягеллонский. Противник защищался малыми силами, но достаточно упорно. Была выслана разведывательная партия в сторону Любень Вельки. Мосты в районе Черляны и Грудек Ягеллонский были взорваны противником.

Как видим, часть мостов действительно была взорвана, но это уже не сильно повлияло на общую ситуацию. Известно, что командующий войсками ЮЗФ генерал-полковник Михаил Кирпонос, опасаясь, что в немецком котле может оказаться львиная доля оставшихся у него сил и средств, уже 27 июня начал отвод войск с Львовского выступа. 30 июня Кирпонос получил приказ Ставки к 9 июля отвести войска на линию укреплений на старой государственной границе СССР [56].

30 июня 1941 года Львов был оставлен и без боя взят немецкими войсками.

На подступах к Львову, июнь 1941 года. Фотография 168-го немецкого противотанкового батальона; Pz. Jäger Abtl. 168 (из личной коллекции Михаила Прокопенко).

[55] Солонин М. Июнь 41-го. Окончательный диагноз. — Яуза, ЭКСМО, 2013.
[56] Никифоров Ю. А. и др. (сост.). 1941. Документы и материалы. К 70-летию начала Великой Отечественной Войны. Вып. 1. Том 2. – Сборники Президентской библиотеки имени Б. Н. Ельцина. Серия Историография и источниковедение. Санкт-Петербург 2011; стр. 36–37.

Секретно   Серия "Г"

ОПЕРСВОДКА № 08 ШТАКОР 4 лес вост.БУКОВИНА 23.00 28.6.41
Карта 100000

1. 4 МК 28.6.41 сдерживал наступление противника на фронте: ПОДЕЛЕ, ЯНОВСКЕ, МПАНА, КАМЕНОБРОД, ГРУДЕК ЯГЕЛОНСКИ, ЛЮБЕНЬ ВЕЛЬКИ, отразив три атаки пр-ка. Особенно активно действовал противник в направлении КАМЕНОБРОД.

2. 8 мсп оборонялся на участке ЦИПОВ, ГРУДЕК ЯГЕЛОНСКИ. На фронте СП насту пол батальон пехоты усиленный двумя ротами танков.
В 6.50 противник вел атаку с направления ЗЕДЛИЩА атака была отбита.
В 7.15 противник вторично атаковал правый фланг 8 мсп в направлении КАМЕН БРОД - пехотой и танками. Атака так-же была отбита. противник понес от артогня большие потери, две танковые роты противника были уничтожены.
В 10.30 противник повел атаку в направлении ГРУДЕК ЯГЕЛОНСКИ, атака успеха не имела, противник вынужден был отойти на северо-запад.
В 16.15 противник сосредоточил крупные силы пехоты и особенно артиллерии в лесу ур.ЗАЛЯПИН и ЯНУВ. Из ур.ЗАЛЯПИН атака противника отбита с большими для него потерями.
ЯНУВСКОЕ направление, никем не прикрытое, открыло свободный проход на МЕНСКО-РУСКА угрожая правому флангу 8 мсп. Для прикрытия Януовского направления командир 4 МК выбросил на рубеж р.СТАРА РЕКА - 323 мсп, один батальон средних танков, взвод мотоциклистов и роту танков.
Контр атаки танков и мото-пехоты вынудили пр-ка преостановить продвижение на ЛЬВОВ.

3. 202 мсп обороняет участок ГРУДЕК ЯГЕЛОНСКИ, ЛЮБЕНЬ ВЕЛЬКИ.
В 7.15 с направления ГРУДЕК ЯГЕЛОНСКИ пр-ик безуспешно атаковал правый фланг 202 мсп и был отброшен артогнем на сев.запад.

4. 32 тд занимает исходные позиции в районе ур.ЛОВЧТЯНСКИ ЛЯС, ур.ЛЯС ЛЕТНИ и урочище южнее. 1 батальон средних танков контратаковал пр-ка в направлении МЕНСКА РУСКА, ДОМАЖИР.

5. 81 мсд занимает район СУХАВОЛЯ, КОРЧМАРЫ, лес вост.ВИГОНЬ.
   a/ 323 мсп в 18.00 контратаковал пр-ка в направлении МЕНСКА-РУСКА, атака успеха не имела.
   б/ 53 тп - резерв командира корпуса СТАНСКО, частично использовался для разведки в северном и северо-западном направлениях.

6. 3 МП занимал район - лес вост.КОНОПНИЦА.

7. 184 обс - находился в распоряжении КП, обеспечив полностью связью боевые действия части.

8. 48 инж.бат.производил работы по заграждению перед фронтом обороны 8 и 202 мсп.
К 14.00 были взорваны мосты у КАМЕНОБРОДЫ, ЛЮБЕНЬ ВЕЛЬКИ.
Всего взорвано 6 мостов, из них два ж.д.
Не взорваны мосты у ГРУДЕК ЯГЕЛОНСКИ так как западнее его находилась 133 сд.

9. В 18.00 экипажем танка была разрушена водопроводная труба западнее МЕНСКА-РУСКА.

10. Все части и штаб 4 МК подвергались несколькими безнаказанным налетам авиации пр-ка.

11. С наступлением темноты корпус мотострелковыми полками, обороняет рубеж РУДНА, НАВАРИЯ.

12. С 22.00 штаб корпуса переходит на новый КП - лес южнее ВЕДНАРУВКА.

НАЧАЛЬНИК ШТАБА 4 МК   /МАРТЬЯНОВ/

НАЧАЛЬНИК ОПЕРОТДЕЛА   /ЧЕРНЕНКО/.

Отпечатано 8 экз.
Р.Р. по списку № 1.
Отправлено_____
Получено_____ Экз № 1

Фрагмент оперсводки № 08 штаба 4 мехкорпуса от 23.00 28 июня 1941 года,
с отчётом о действиях 48-го инжбата (пункт 8); ЦАМО фонд 334, опись 5307, дело 11, лист 243.

БОЕВОЙ ПРИКАЗ № 00II, Штакор-4, лес I км сев вост БУКОВИНА, I8.30 28.6ц41   "Серия "Т"

Карта I00.000

I. Пр-к в р-оне ЯНУВ овладел переправами и потеснил 97 СД на восток к р-ону ЖЕНСКА РУСКА. На остальных участках фронта пр-к отбит. Установлен подход небольших танковых групп с направления ЛЮБАЧУВ, ЯРОСЛАВ.

2. Справа 97 СД с 32 МП обороняет рубеж БЖУХОВИЦЕ, и лес зап.
БИЛГОРЩЕ.
Слева соседей нет.

3. 4 МК с утра 29.6.41 г. оборонять рубеж РУДНО, НАВАРИА, в полосе:
Справа: МПАНЦ, РУДНО, ЛЕВАНДУВКА, Слева: ПОЛЯНКА, НАВАРИА, ЗУБЖА, обеспечивать подступы к ЛЬВОВУ с запада.

а/ 32 ТД с 8 МСП, I/445 АП, 48 инж.бат. оборонять рубеж: РУДНО,
ЛАПАЮВКА. Для нанесения коротких ударов иметь два батальона танков в
р-оне СИГНУВКА. Остальные танковые подразделения сосредоточить в р-оне
КУЛЬПАРКУВ.
Иметь тесную связь с частями, действующими справа.

б/ 8I МД, без 323 МСП с утра 29.6.41 г. оборонить рубеж: иск ЛАПАЮВ-
КА, НАВАРИА. Для обеспечения корпуса слева 53 ТП держать в роще южн.
СКНИЛУВ в готовности нанесения коротких контр-ударов в юго-зап.и южн.
направлениях.

в/ 323 МСП с одним батальоном танков 32 ТД, под командованием полковника КОПЦЮВА обеспечивает подступы к ЛЬВОВУ с направления ЯНУВ.

г/ 3 МП - мой резерв, сосредоточиться в р-оне: лес южн. БЕДНАРУВКА.

д/ Отход мото-частей и артиллерии с занимаемого рубежа , на новый
рубеж обороны начать с наступлением темноты и закончить к 4.00 29.6.41г

4. Мой КП с утра 29.6.41 г. - сев. опушка леса южн. БЕДНАРУВКА.

5. ТЭП-ы частей и тылы дивизий под покровом ночи отвести за линию
ГЕРМАНУВ, ПОД"ЯРКУВ.

КОМАНДИР 4 КОРПУСА   /В Л А С О В/

НАЧАЛЬНИК ШТАБА   /МАРТЬЯНОВ/.

Отпечатано 8 экз.

Разослано по списку № I.

Отправлено. 20.⁰⁰....

Фрагмент приказа № 011 штаба 4 мехкорпуса от 18.30 28 июня 1941 года,
с задачей для 48-го инжбата (пункт 3.а); ЦАМО фонд 334, опись 5307, дело 8, лист 29.

30 июня 1941 года.

Последнее упоминание о 48-м инжбате в документах 4-го мехкорпуса, которое нам удалось найти, это Приказ № 0012 штаба 4 мехкорпуса от 11.30 30 июня 1941 года:

> 81 МД с 48 инж.бат. оторваться от пр-ка с занимаемого рубежа и к 15.00 1.7.41 г. сосредоточиться в р-оне: ЧЕРНИХОВЦЫ, иск ТАРНОПОЛЬ, СМЫКОВЦЕ.
>
> Штадив — ЧЕРНЫХОВЦЕ.
>
> Маршрут движения: ВОДНИКИ, ПОД"ЯРКУВ, СТАНИМИЖ, ПШЕМЫСЛЯНЫ, ПОМОЖАНЫ, ГЛИННА, КОЗЛУВ, ПОЧАПИНЦЕ.

В нашем исследовании мы воздерживаемся от анализа и оценки боевых действий — наша цель проследить боевой путь батальона и судьбы его бойцов, политработников и командиров.

Используя приведённые свидетельства, карты и документы, заинтересованные читатели при желании смогут самостоятельно поразмыслить об истории первых военных недель и составить своё мнение. Другими исследователями написано немало научных трудов о событиях на Львовском выступе: их анализ и оценки, как правило, зависят от концепции и идеологии авторов.

Ещё более неблагодарной является задача предположительного анализа, когда автор принимается судить об альтернативном развитии событий: удался бы контрудар на Краковец, если бы танки 32-й танковой дивизии не завязли в болотах под Язовом Старым? Стоило ли отводить мотострелковые части для наведения порядка во Львове? Дольше ли бы держался Львовский выступ при менее раздробленных и хаотичных передвижениях моторизованных частей 6-й Армии? Сейчас, обложившись картами и рассекреченными данными всевозможных служб, легко рассуждать о целесообразности приказов и решимости поступков — тогда же, под непрекращающимися атаками более опытного и подготовленного противника, при отсутствии должной координации, и ведя действия, в принципе, на чужой земле, "освобождённой" и присоединённой к СССР лишь полтора года до начала войны, было необходимо принимать и исполнять каждое решение немедленно, без права на ошибку...

Танк Т-34 из состава 8-й танковой дивизии, опрокинутый на обочину после расчистки немецкими войсками дороги Яворов — Львов. Источник: http://waralbum.ru/158113/
Дополнительная информация о фотографии: форум "Немиров 41 — танковые сражения лета 1941 года" http://niemirow41.narod.ru/Opoznano/Jworow_T34/Jvorow.html

БОЕВОЙ ПРИКАЗ №0012, Штакор-4, ф. ин. СОЛОВА, 11.30 30.6.41 г.

Карта 100.000

1. Противник свои главные усилия направляет в Н-Волынском направлении.

2. 4 МК выводится в резерв фронта и к исходу 1.7.41 г. сосредотачиваеться в р-оне ЗБАРАЖ, ТАРНОПОЛЬ, ГОЛУЩИНЬЦЕ.

а) 32 ТД с 8 МП начать отход с рубежа: ЛЕСЕНИЦЕ, ВИННИКИ и к 15.00 1.7.41 г. сосредоточиться в р-оне: ЗБАРАЖ, ВЕРНЯКИ, КРЕТОВИЦЕ.
Штадив - ВЕРНЯКИ.
Маршрут движения: КУРОВИЦЕ, ЗЛОЧУВ, ЗБОРУВ, ТАРНОПОЛЬ, ЗБАРАЖ.

б) 81 МД с 48 инж.бат. оторваться от пр-ка с занимаемого рубежа и к 15.00 1.7.41 г. сосредоточиться в р-оне ЧЕРНИХОВЦЕ, иск ТАРНОПОЛЬ, СМЫКОВЦЕ.
Штадив - ЧЕРНИХОВЦЕ.
Маршрут движения: ВОДНИКИ, ПОД"ЯРКУВ, СТАНИМИЖ, ПШЕМЫШЛЯНЫ, ПОМОЖАНЫ, ГЛИННА, КОЗЛУВ, ПОЧАПИНЦЕ.

в) 8 МП к 15.00 1.7.41 г. сосредоточиться в р-оне ЛОЗОВА, двигаясь по маршруту 32 ТД - впереди ее. На марше охранительной разведкой слева обеспечить движение МК с севера.

3. Отход начать с 16.00 30.6.41 г.
Регулирующие рубежи арьергардными частями пройти:
1. КУРОВИЦЕ, БУБРКА - 18.00 30.6.41 г.
2. ЯСТОРУВ, ПШЕМЫСЛЯНЫ - 20.00 30.6.41г.
3. ЗЛОЧУВ, ПОМОЖАНЫ - 2.00 1.7.41 г.
4. ЗБОРУВ, ГЛИННА - 4.00
5. ЕЗЕРНА, КОЗЛУВ - 6.00.
Дозаправку произвести на месте и на рубеж ЗЛОЧУВ, ПОМОЖАНЫ.-

4. Донесение присылать: с началом отхода частей, по прохождении регулирующих рубежей, по сосредоточению в р-оне сбора.

5. Штабу корпуса и 184 ОБС, двигатся по маршруту 32 ТД за 3 МП.
Штакор - с 6.00 1.7.41 г. сев. окр. ШЛЯХЧИНЦЕ.

6. После заправки, тылы дивизий и частей немедленно отправиться в р-он сбора по своим маршрутам.
С/С - КУРОВИЦЕ, ЗЛОЧУВ, ТАРНОПОЛЬ.

КОМАНДИР 4 МК (ВЛАСОВ)
НАЧАЛЬНИК ШТАБА (МАРТЬЯНОВ)

Отпечатано "9." экз.
разослано по список № 1.
Отправлено:......
Получено:........
экз.№..4...
Н О - 1

Фрагмент приказа № 012 штаба 4 мехкорпуса от 11.30 30 июня 1941 года, с задачей для 48-го инжбата (пункт 2.б); ЦАМО фонд 229, опись 161, дело 60, лист 29; также ЦАМО фонд 334, опись 5307, дело 8, лист 32.

Глава 5. Отход (1 — 12 июля 1941 года)

1–3 июля 1941 года.

Как отмечено в предыдущей главе, маршрут движения отходящих из Львова 81-й МД и 48-го инжбата был предписан однозначно: ВОДНИКИ (*очевидно, Винники*), ПОД"ЯРКУВ (Подъярков), СТАНИМИЖ (Станимир), ПШЕМЫСЛЯНЫ (Перемышляны), ПОМОЖАНЫ (Поморжаны, ныне Поморяны), ГЛИННА (Глинная), КОЗЛУВ (Козлов), ПОЧАПИНЦЕ (Почапинцы). Район сосредоточения был обозначен как ЧЕРНИХОВЦЫ и СМЫКОВЦЕ (Смыковцы), исключая ТАРНОПОЛЬ.

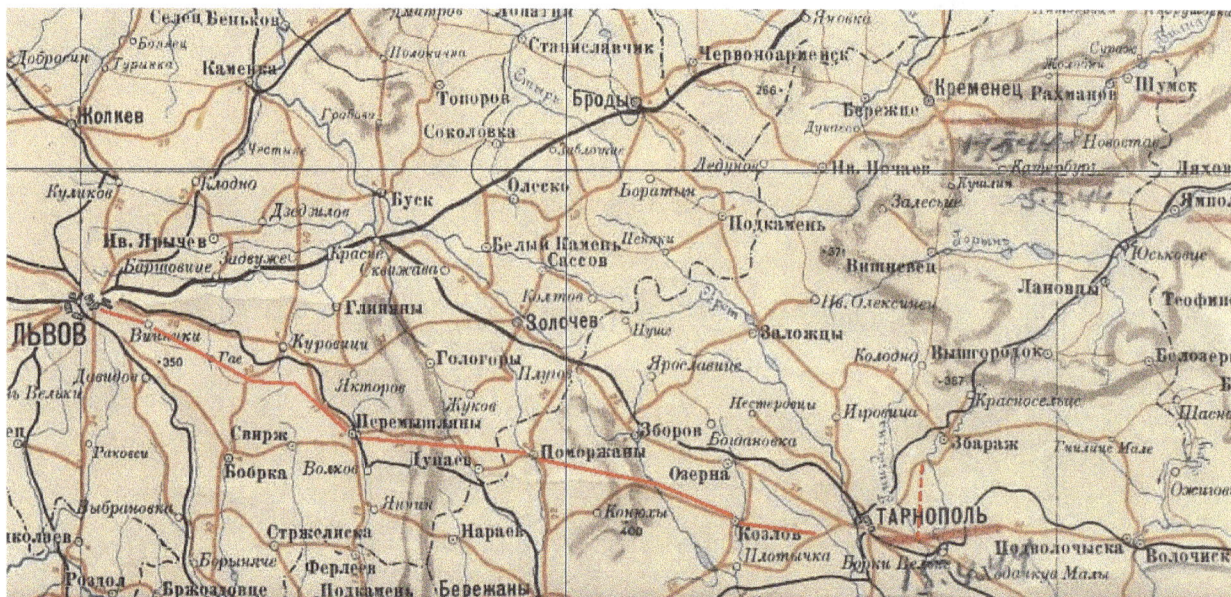

Красная линия показывает маршрут движения отходящих из Львова на восток 81-й МД и 48-го инжбата:
Винники, Подъярков, Станимир, Перемышляны, Поморжаны (Поморяны), Глинная, Козлов, Почапинцы
(30 июня — 1 июля 1941 года). Красная пунктирная линия обозначает рубеж сосредоточения:
Черниховцы и Смыковцы, к востоку от Тарнополя.

Рассекреченный в 2016 году доклад начальнику 3-го отдела 4-го мехкорпуса от 18 июля 1941 года "О состоянии людского состава, техники и материальной части 48-го дорожного батальона", подписанный уполномоченным 3-го (особого) отдела 4-го мехкорпуса (фамилия лейтенанта особого отдела НКВД 4-го мехкорпуса до сих пор остаётся секретной), позволяет восстановить детали первых дней отхода.

2 июля 1941 года, находясь к востоку от Тарнополя, на основании устного приказа Начальника Инженерной Службы (НИС) 32-й танковой дивизии, батальон был придан 32-й ТД для обеспечения её марша. Дивизия, согласно Приказу № 0012 штаба 4 мехкорпуса от 30 июня 1941 года, после отхода со Львовского выступа, должна была выйти на рубеж сосредоточения ЗБАРАЖ — ВЕРНЯКИ — КРЕТОВИЦЕ (Кретовцы). Доклад отмечает (текст приведён без изменений), что

"За неимением горючего, батальон двигаться в полном составе не мог. Собрав остатки горючего, была выслана одна рота вперед для продвижения марша 32 ТД.

Примечание. Эта рота встречала батальон в г. Проскуров.

Достав горючего, батальон выступил в 19^{00} по маршруту 32 ТД.

Но, ввиду того, что дорога в районе Збараж была занята противником, где шел бой, а пройти было нельзя и батальон повернул на проселочную дорогу чтобы выйти на ближайшую шоссейную дорогу по направлению движения 4 МК."

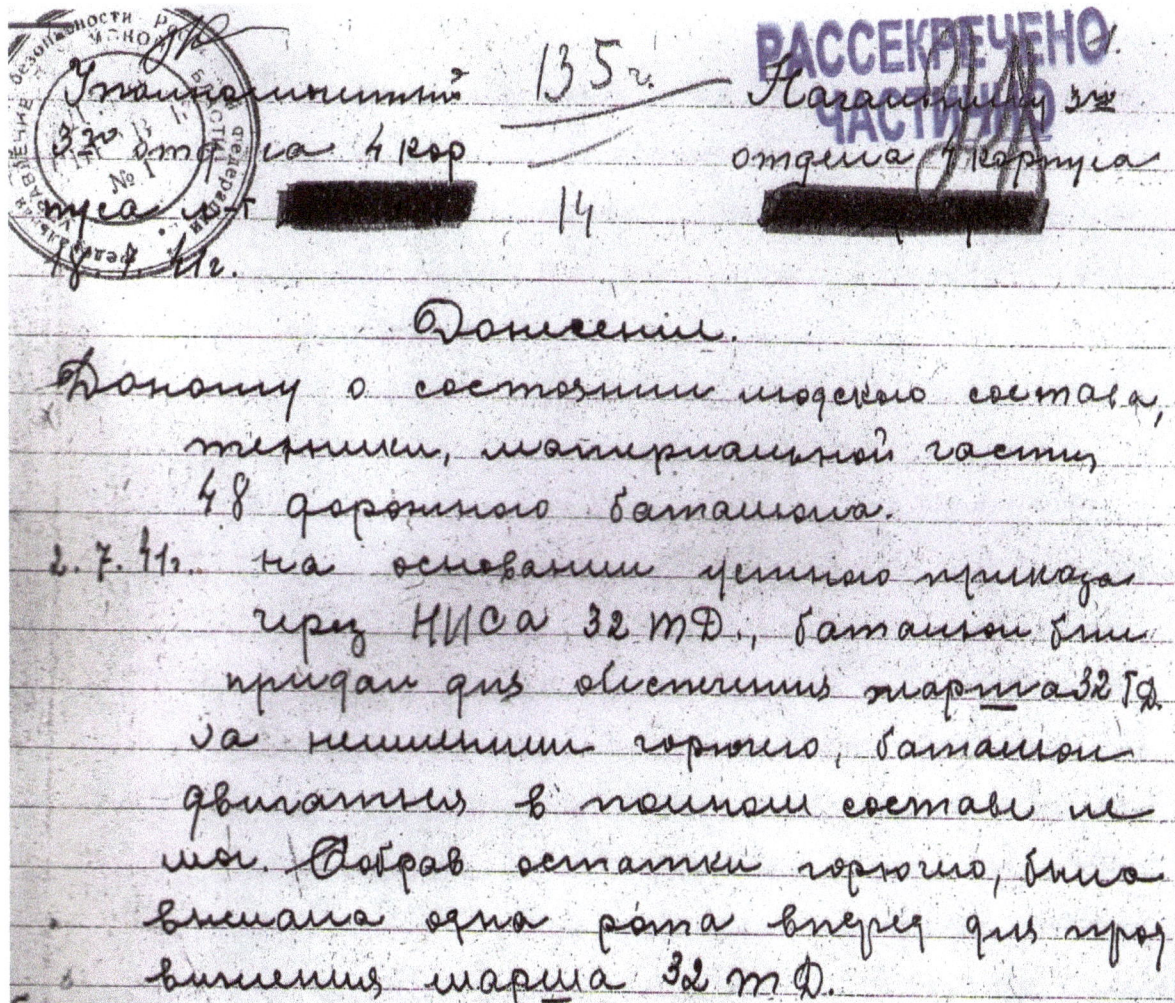

Фрагмент доклада начальнику 3-го отдела 4-го мехкорпуса от 18 июля 1941 года
"О состоянии людского состава, техники и материальной части 48-го дорожного батальона".

Следует отметить, что и Тарнополь, и Збараж были заняты немецкими войсками 2 июля 1941 года в 15^{00} (согласно частному боевому приказу № 0035 штаба ЮЗФ). Доклад особиста продолжает:

"В 19^{00} по дороге застал сильный дождь, от которого полевая дорога пришла в негодность. Доехав до села Стривка, в лощине машины совершенно встали в грязи. Капитан Рыбальченко отдал распоряжение – "Разгрузить все машины и имущество и перенести к мельнице, а машины с помощью людей повытащить." Через ручей и возле мельницы пришлось ремонтировать мосты, одному из которых делали капитальный ремонт. Таким образом с постройкой мостов машины таскали всю ночь до 6^{00} 3.7.41 г.

Здесь была потеряна одна машина ГАЗ-АА с рацией 5АК, которая упала с моста и разбилась. Из этой машины были изъяты все основные части. Вытащить машину не было возможности, так как она упала в крутой берег.

В 6^{00} 3.7.41 г. батальон продолжал двигаться по проселочной дороге.

К 13^{00} 3.7.41 г. батальон выходит на шоссе, идущее с Торнополя на Подволочиск.

В районе леса Бела Корчма, при выходе из леса на шоссейную дорогу; батальон попал в засаду и окружение противником и был обстрелян пулеметно-артиллерийским огнем и огнем из миномета. На Подволочиск шли так же танки противника, которые были впереди нас и сзади.

Один танк был замаскирован у домика, а которые впереди нас они взяли правее.

С этого окружения командир батальона к-н Рыбальченко приказал машины продвинуть вперед, а людям отстреливаясь отходить по ложбине в рожь по направлению Подволочиска."

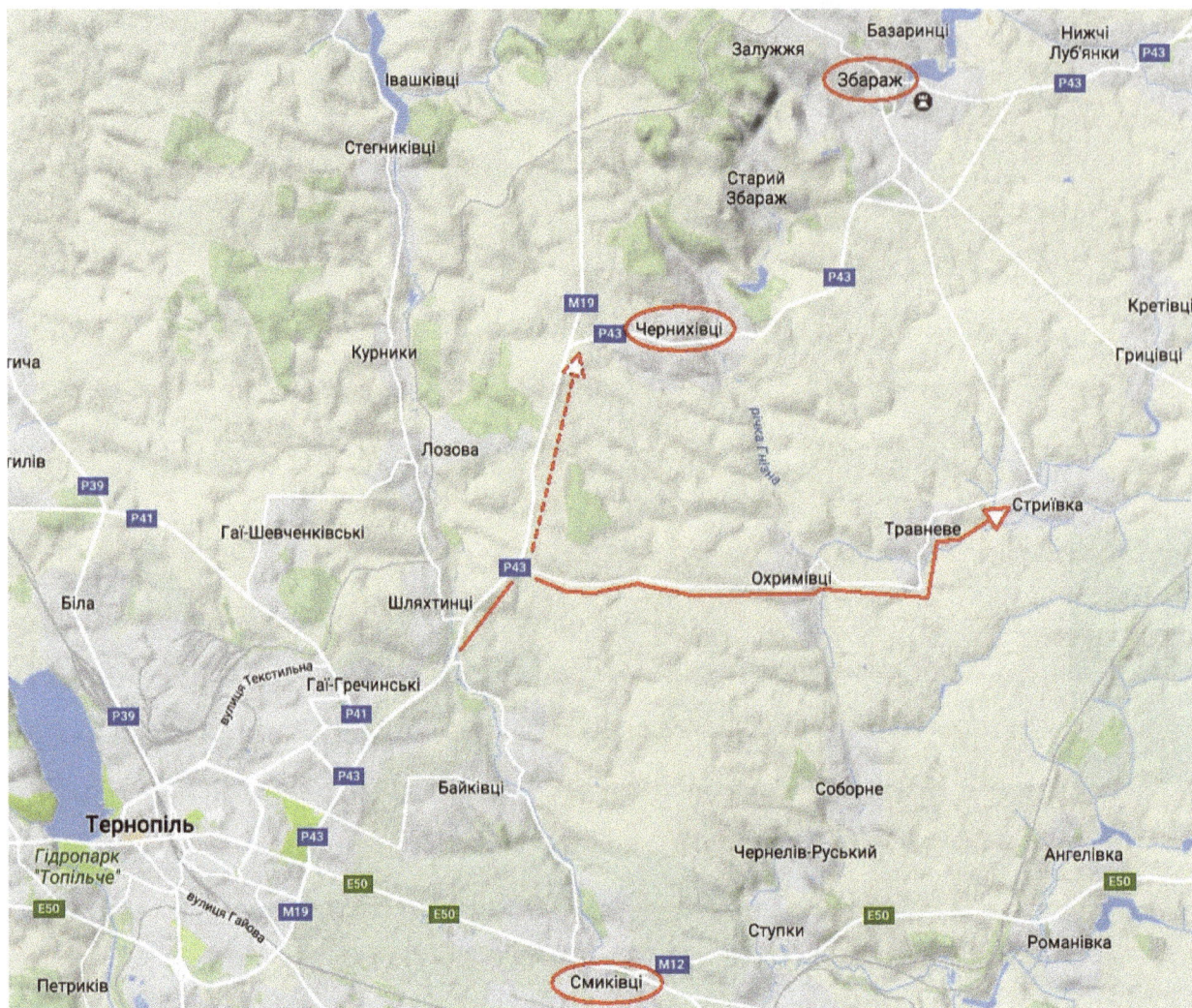

Фрагмент современной карты (картографические данные: © Google, 2017): красная линия показывает путь отхода 48-го инжбата в районе Тарнополя (рубеж Смыковцы – Черниховцы) на Збараж, прерванный 2 июля 1941 года на перекрёстке дорог (пунктирная стрелка отмечает планировавшийся маршрут на Збараж). Батальон был вынужден изменить направление и проследовал по просёлочной дороге на Стрыевку.

Стоит обратить внимание на названия мест, упомянутых в докладе. Село "Стривка" — это, несомненно, село Стрыевка (Стривка — укр.). Лес "Бела Корчма" — на самом деле, Богдановский лес. *А вот место выхода батальона из леса на шоссе Тарнополь — Подволочиск находилось, очевидно, неподалеку от хутора Каменецкий Лес, близ кабака Белая Корчма.*

Несколько сотен лет назад по этим местам, вдоль Толтровой гряды (Товтровий кряж — укр.; Медоборы), пролегал Чёрный путь, по которому конные татарские отряды угоняли пленных в крымские степи. Краеведческое описание Медоборов даёт хорошее представление о местности и её истории[57]:

"Между Збаражем и Максимовкой Толтровый кряж становится заметно более пологим, разделяется на отдельные невысокие холмы, связанные равнинными степными участками. И равниной эти места не назовешь. Многочисленные балки и ложбины прячутся за россыпью больших и малых холмов, образуя покрытые камышом и болотным зельем озера. ...Максимовка — небольшое село. Рассказывают, что свое название оно получило в честь отважного казацкого предводителя Максима Кривоноса.

---

[57] https://wiki.fizmat.tnpu.edu.ua/index.php/Стежинами_Збаразького_краю (перевод — М. Прокопенко).

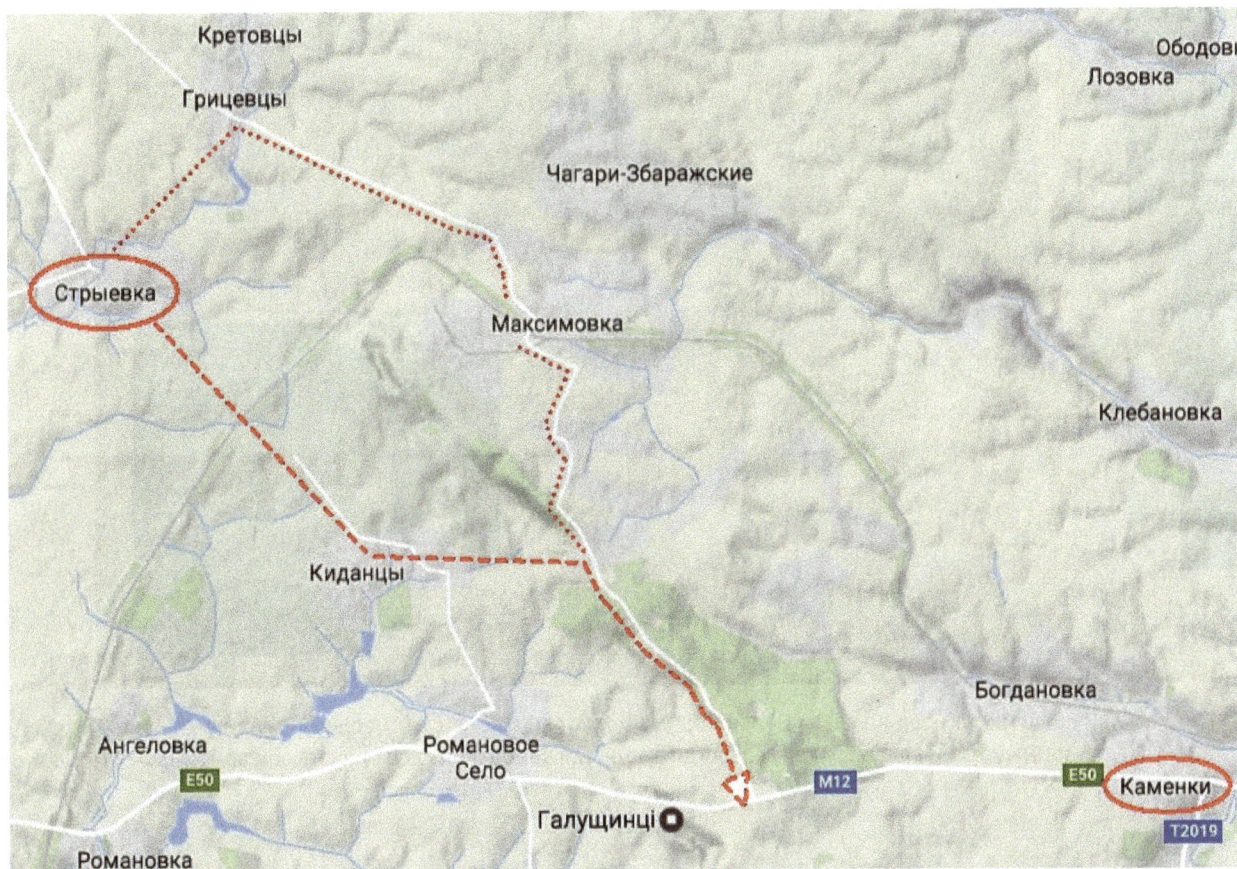

Фрагмент современной карты (картографические данные: © Google, 2017): пунктирные линии показывают два возможных пути отхода 48-го инжбата от Стрыевки 3 июля 1941 года: (i) вначале на северо-восток, по просёлочной дороге на Кретовцы, а затем на юго-восток через село Максимовка; или (ii) сразу на юго-восток через село Киданцы. Оба пути ведут через Богдановский лес до шоссе Тарнополь — Подволочиск. Стрелка указывает на примерное место выхода на шоссе, где батальон попал в окружение 3 июля 1941 года. Также обозначено село Каменки, где попала в плен часть бойцов, в которой был Андрей Федечкин.

...За Максимовкой открываются Горы Стрыевецкие — село, не похожее на другие, разбросанное небольшими хуторами по одному–два дома. Издалека оно напоминает зелёные островки среди золотого моря хлебов.

На старых картах эта местность обозначена несколькими необычными для нашего времени названиями: Гуляй-Поле, Белая Корчма, Чёрная Корчма, Зелёная Корчма, Красная Корчма... Когда-то через Горы Стрыевецкие шла дорога из Збаража на Скалат. Быстрые дельцы построили на оживлённом пути кабаки, куда заглядывали путники, уставшая от нужды сельская беднота. Чёрная Корчма стояла неподалеку от нынешнего двора Савчиных (дворища Савчинів — укр.). Далее, у хутора Каменецкий Лес (Кам'янецький Ліс — укр.) — Белая, а над дорогой на Тернополь и Збараж — Зеленая и Красная.

...Богдановский лес, вдоль которого тянется полевая дорога, по преданию, назвали в память о Богдане Хмельницком. А вот и Белая Корчма, вернее место, где она стояла в давние времена — еще до первой мировой войны. Теперь другие времена, и корчма — не корчма, а довольно-таки оригинальный ресторанчик. При шоссе рекламный щит: чумак с трубкой оседлал верхом бочку. Это и есть «Чумацкий лагерь» («Чумацький табір» — укр.), который миновать никак нельзя."

Кафе «Чумацкий лагерь» (бывшая Белая Корчма у хутора Каменецкий Лес), неподалеку от места, где 3 июля 1941 г. 48-й инжбат попал в окружение, выйдя вдоль Богдановского леса на шоссе Тарнополь — Подволочиск.

Немецкие моторизованные войска и лёгкий бронетранспортер (Sd.Kfz 253 / бронированная машина наблюдения) при продвижении по грунтовой дороге между Максимовкой и Скалатом (*июнь-июль* 1941 года). Судя по отметкам на покосившемся дорожном знаке (9 км до Максимовки, 12 км до Скалата), этот участок дороги находится у перекрёстка с шоссе Тарнополь — Подволочиск, где 3 июля 1941 года 48-й инжбат попал в окружение (то есть фотографию можно отнести и ко времени, и к месту описываемых событий). Фотограф: Otto, Albrecht Heinrich; рота пропаганды вермахта (*Propagandakompanie — нем.*) 691 (Федеральный Архив Германии, Bundesarchiv, Bild 101I-186-0164-30; Russland, Ukraine, zwischen Maksymivka und Skalat.– leichter Schützenpanzer (Sd.Kfz. 253 / Beobachtungspanzer) und motorisierte Truppen bei Fahrt auf unbefestigter Straße; PK 691).

Именно здесь, при выходе на шоссе Тарнополь — Подволочиск в районе Белой Корчмы 3 июля 1941 года, батальон понёс значительные потери. Доклад особого отдела НКВД приводит следующие данные:

"В этом бою потеряно машин всех марок — 15 штук. Из них
   ГАЗ АА грузовая — сгорела в бою.
   ГАЗ АА "газогенератор" — сгорела в бою.
   ЗИС-5 грузовые 4 штуки сгорели в бою.
   ЗИС-21 (газогенератор) сгорела в бою.
   ГАЗ АА 2 штуки; одна сгорела в бою, а в другой отказал работать пром валики (*неразборчиво*) в результате чего по слетели шестерни.
   ГАЗ-ААА, АЭС-3   2 штуки сгорели в бою.
   Ремлет т "А" (*ремонтная летучка типа "А"*) сгорела в бою.

Из людского состава было убито:

1. Среднего ком. нач. состава, кадрового убитых нет.
2. Среднего ком. нач. состава, приписного убитых нет.
3. Младшего ком. нач. состава убитых нет.
4. Рядового состава убито 5 человек(а).
   Не вернулось после боя и до сих пор группа бойцов и командиров во главе с заместителем ком. б-на по полит. части политруком Богдановым в количестве 143 человек.
   Из них: среднего (кадрового) состава в количестве 14 чел.
   Приписного — 6 человек (*цифра неразборчиво написана*).
   Младшего ком. нач. состава — 10 чел. (*последняя цифра неразборчиво*)
   Рядового состава — 113 человек.

Ранено:

Среднего ком. нач. состава 1 чел.
Младшего ком. нач. состава 2 чел.
Рядового состава 9 чел."

Танк Т-34, *предположительно, из состава 8-й танковой дивизии*, врезавшийся в дом на дороге Богдановка — Подволочиск Тернопольской области (*скорее всего, в деревне Каменки*). На заднем плане — разбитый грузовой автомобиль ЗиС-5. Источник: http://waralbum.ru/119679/
Дополнительная информация о фотографии: форум "Немиров 41 — танковые сражения лета 1941 года" http://nemirov41.forum24.ru/?1-13-0-00000055-000-20-0 и /?1-13-0-00000055-000-40-0-1346598735

Донесение № 026 о безвозвратных потерях 4-го мехкорпуса за период с 29 июня по 15 июля 1941 года (дата донесения: 2 августа 1941 года; место: Киев, Святошино), которое мы уже приводили выше, включает сапёров **Михаила Даниловича Ястребова** и **Анорбия Бекбулатова**, погибших у с. Стараж Тарнопольской области (*очевидно, имеются в виду окрестности города Збараж*), а также связиста **Алексея Ивановича Ермакова**, который был убит в лесу "Бела Корчма" Тарнопольской области (см. биографии).

В справке о состоянии корпусных частей на 20 июля 1941 года, начальник Особого Отдела (ОО) НКВД 4-го мехкорпуса старший лейтенант госбезопасности возвращается к описанию боя у Белой Корчмы:

"Не вернулось после боя в районе Бела-Корчма 143 человека — при следующих обстоятельствах.

3 июля 1941 года две роты батальона следовали к месту сосредоточения в г. Проскуров. Подъезжая к району Б. Корчма батальон был подвергнут обстрелу со стороны противника, двигавшегося в составе танкового соединения. По приказанию командира батальона капитана РЫБАЛЬЧЕНКО роты отошли по направлению Волочиска, одновременно маскируясь во ржи, вели самостоятельный обстрел. В Волочиске, ожидая в течение 10 часов всего состава людей, указанное количество 143 чел. не возвратилось."

Ни краткие сведения донесения № 026, ни скупые строки рассекреченных документов НКВД не передают масштаб случившейся катастрофы. И дело даже не в потере фактически всей материальной части батальона, включая все автомашины. Было практически бесследно потеряно 143 человека (включая 14 командиров среднего начсостава и 10 командиров младшего начсостава), полный список которых не найден до сих пор. Нам удалось прояснить лишь несколько судеб (см. биографии нижеперечисленных бойцов и командиров).

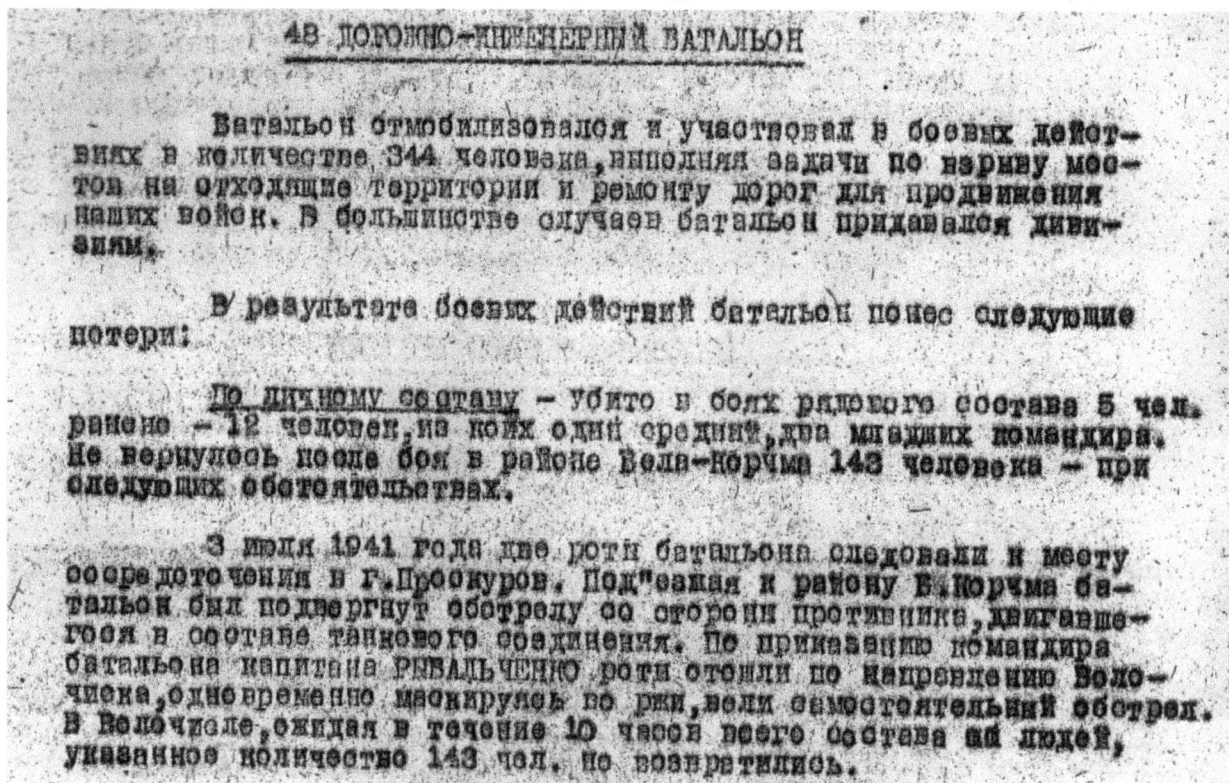

Фрагмент справки о состоянии корпусных частей на 20 июля 1941 года, подписанной начальником Особого Отдела (ОО) НКВД 4-го мехкорпуса.

Сержант **Андрей Павлович Федечкин** попал в плен в районе села Каменки Подволочиского района Тернопольской области (село Каменки находится километрах в пяти к востоку от Белой Корчмы по шоссе Тарнополь — Подволочиск). Точную дату пленения Федечкин, освобождённый из немецкого плена в 1945 году, *уже не помнил*. Об обстоятельствах пленения он рассказал на проверочно-фильтрационном допросе УМГБ СССР в 1946 году (текст приведён без изменений; см. биографию Андрея Федечкина):

> "В плен немцам я попал 1.07.1941 года под городом Тарнополь при следующих обстоятельствах: наша часть отходила от города Тарнополь где и попала в окружение в окружении мы находились около недели затем часть была разбита 1.07.1941 года немцы сжали кольцо окружения и стали нас пленить боеприпасов у нас не было. Нам было выдано по 25 патрон которые мы израсходовали в первый день окружения. Тогда немцы стали пускать на нас пехоту но нам уже отбиваться было нечем. Таким путем мы были взяты в плен."

Радист мобильной связи **Николай Иосифович Демченко** попал в плен в районе города Тарнополь 2 июля 1941 года. Он тоже был освобождён из плена в 1945 году.

Красноармеец **Владимир Петрович Кречетов** попал в плен 2 июля 1941 года, и был впоследствии освобождён. Донесение (без номера) об освобождённых из плена, в котором упомянут Кречетов, содержит списки советских граждан, подлежащих отправке на Родину из Франции.

Рядовой **Пётр Семёнович Сайко**, попавший в плен 3 июля 1941 года (*вероятно, на "Тарноп. направлении"*), был освобождён из плена 12 апреля 1945 года.

В архивах хранятся сведения и о пропавшем без вести красноармейце **Василии Алексеевиче Епишкине**, попавшем в плен 3 июля 1941 года.

Согласно записи в УПК командира взвода младшего лейтенанта **Павла Гурьевича Шевченко**, он исключён из списков ("ввиду смерти") Приказом Управления Кадров Красной Армии (УККА) № 002 от 2 июля 1941 года.

Фрагмент протокола допроса из фильтрационно-проверочного дела сержанта Федечкина А. П. (1946 год).

К этому списку можно добавить и старшего сержанта **Михаила Дмитриевича Новикова** (*возможно, из другой части 4-го мехкорпуса*), последнее письмо от которого было получено 15 июня 1941 года, а также санинструктора **Евгения Александровича Пржевальского** (*тоже, возможно, из другой части 4-го мехкорпуса*, последнее письмо получено 20 июня 1941 года) и красноармейца **Василия Митрофановича Малышева**, последние известия о котором датированы мартом 1941 года.

Скорее всего, большинство остальных из 143 пропавших без вести человек погибли в плену.

Доклад "безымянного" уполномоченного особого отдела НКВД 4-го МК даёт характеристики и некоторым отдельным лицам:

"В этом окружении необходимо отметить нерастерянность, смелость, инициативу таких товарищей: капитан Рыбальченко, политрук Богданов, мл. п-к Андрейченко, старшина Жоронкин, красноармеец-шофер Гольдинов, Рудаков, мл. л-т Петухов.

А также большую трусость и растерянность проявлял мл. лейтенант Кравченко, он даже потерял роту, или вернее ушел, бросил ее. Трусость имел также мл. л-т Бойко. ...

Батальон морально устойчив.

Но отдельные проявления были, они даны вам. Кроме того, 11.7.41 г. дезертировали 2 чел. красноармейцы Кулиев и Исраилов. О которых было доложено в комендатуру г. Винница. С дизертирами из леса, что западнее Винницы 3 км. Считаю, что старший сержант Лайко не выполнил приказание капитана Штина, который приказывал ему привезти горючее. После приказания он не вернулся в батальон по неизвестной для нас причине. Думаю, что батальон задержался в лесу по его вине и попал в засаду пр-ка.

До настоящего времени Лайко находится в штабе корпуса."

Справка начальника особого отдела НКВД 4-го МК дополняет:

"Во время нахождения дорожно-инженерного батальона в окружении в районе Збаража отдельные коммунисты и комсомольцы уничтожили свои партийные и комсомольские документы (младший лейтенант НАЙДЕНКО, старший сержант КАМИНСКИЙ и красноармеец ИСАЕВ)."

Согласно архивным сведениям ЦАМО, политрук **Василий Павлович Богданов** пропал без вести в июне 1941 года. Как следует из доклада, он возглавлял группу из 143 человек, которой 3 июля 1941 года не удалось прорваться к Подволочиску.

В фондах ЦАМО также хранятся сведения о младшем политруке **Дмитрии Петровиче Андрейченко**, окончившем окружное военно-политическое училище КОВО, и пропавшем без вести в июне 1941 года.

Нам пока не удалось достоверно установить личности и проследить дальнейшую судьбу старшины **Жоронкина**, красноармейца-шофёра **Гольдинова** (*вероятно, Абрама Петровича Гольдинова*) и красноармейца **Рудакова** (*возможно, Фёдора Михайловича Рудакова*).

*Вероятно, младший лейтенант **Виктор Николаевич Петухов** был ранен во время прорыва — о его дальнейшем боевом пути известно, что в 1942 году он был назначен командиром взвода 103-го ОСБ 53-й стрелковой дивизии, воевавшей в составе 43-й Армии, и ему было присвоено внеочередное звание старшего лейтенанта. По сведениям родственников, Виктор Петухов погиб под Смоленском в 1943 году.*

Командир взвода младший лейтенант **Григорий Евдокимович Кравченко** пропал без вести в 1941 году — *не исключено, что и после боя под Белой Корчмой.*

Командир взвода управления младший лейтенант **Григорий Семёнович Бойко** продолжил воевать в составе 48-го инжбата, и мы ещё вернёмся к его судьбе в 7-й главе.

Старший сержант **Лайко** — *это, возможно, Павел Павлович Лайко*, попавший в плен в 1941 году и впоследствии освобождённый (*судя по всему, в 1944 году, из лагеря военнопленных в Румынии*).

Начальник военно-хозяйственного снабжения капитан **Василий Игнатьевич Штин** был контужен и попал в плен 2 июля 1941 года; он находился в плену в Западной Германии до 22 марта 1945 года. Точно неизвестно, где находился Василий Штин после освобождения из плена в марте 1945 года и до августа 1950 года, когда ему был выдан военный билет в Североуральском ГВК Свердловской области. *Можно предположить, что он был помещён в проверочно-фильтрационный лагерь НКВД № 305 в Североуральске (посёлок Бокситы).*

фактуру г. Винница. С дизертировами из леса, что западнее Винниковки. Считаю, что старший Сержант Лашко не выполнил приказания капитана Митин, который приказывал ему привести части. После приказания он не вернулся в батальон по известной для нас причине. Думаю, что батальон задержался в лесу по его вине и попал в засаду врага.

До настоящего времени Лашко находится в штабе корпуса.

О состоянии боевой техники 1 б-на.

Во время сосредоточения маршов оружие находилось в рабочем состоянии.

Сейчас приведено в порядок.

Политико-массовая работа имеет недостатки в работе, но сейчас проводятся регулярно беседы.

18.7.41.   л-т. [подпись]

Фрагмент доклада начальнику 3-го отдела 4-го мехкорпуса от 18 июля 1941 года
"О состоянии людского состава, техники и материальной части 48-го дорожного батальона".

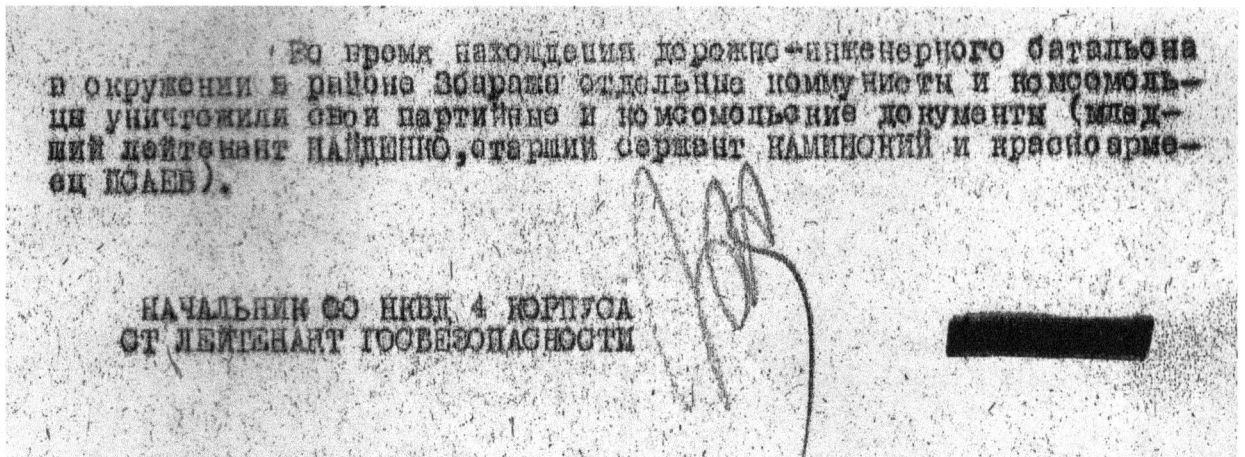

Фрагмент справки о состоянии корпусных частей на 20 июля 1941 года, подписанной начальником Особого Отдела (ОО) НКВД 4-го мехкорпуса.

Командир взвода младший лейтенант **Пётр Игнатьевич Найденко** пропал без вести в 1941 году.

Возможно, что старший сержант **Каминский** *— это старший сержант Яков Абрамович Каминский*, пропавший без вести в июле 1941 года. В приказе на исключение из списков он указан как член ВЛКСМ, "танкист". *Другой вариант — это сержант Григорий Михайлович Каминский*, который пропал без вести в августе 1941 года. По сведениям из послевоенной анкеты в РККА он был шофёром.

Личности красноармейца **Исаева**, а также дезертировавших 11 июля 1941 года красноармейцев **Кулиева** и **Исраилова** установить не удалось.

Мы полагаем, что именно в этот период пропал без вести воентехник 2-го ранга **Олег Никандрович Левченко**, дядя одного из авторов нашего исследования (Алексея Христофорова). Данных о его пленении не обнаружено ни в советских, ни в немецких архивах.

...К сожалению, вышеприведённые списки перечисляют всего лишь чуть более двадцати из 143 человек, которые не смогли прорваться из окружения у Богдановского леса (близ Белой Корчмы; в заключительной части доклада особист упоминает это окружение как "окружение в районе Збаража"). Возможно, что где-либо, в ещё не рассекреченных архивных фондах, существуют документы, проливающие дополнительный свет на события первых дней июля 1941 года, которые помогут пропавшим без вести обрести свою полную историю.

Колонна советских военнопленных марширует вдоль придорожной канавы (под Львовом; июль 1941 года);
Фотограф: Gehrmann, Friedrich; рота пропаганды вермахта (*Propagandakompanie — нем.*) 691
(Федеральный Архив Германии, Bundesarchiv, Bild 101I-187-0203-06A; Ukraine bei Lemberg.– Kolonne
kriegsgefangener sowjetischer Soldaten neben Straßengraben marschierend; PK 691).

4–7 июля 1941 года.

Сейчас же мы обратимся к ещё одному первоисточнику — воспоминаниям курсанта-сапёра Александра Жука. Весь период отхода со Львова на Тернополь и злоключения под Збаражем в этих воспоминаниях отсутствуют. Это наталкивает на мысль, что *либо бывшая "учебная" рота была отправлена на восток ранее, либо Жук был в роте, приданной для обеспечения марша 32-й ТД, и проследовавшей в город Проскуров (ныне Хмельницкий)*, куда чуть позже добрались и остатки 48-го инжбата, прорвавшегося из окружения у Белой Корчмы.

Мемуары Жука грешат многими неточностями, но ни хроника событий, ни документальный анализ не смогут передать атмосферу тех дней лучше, чем записки очевидца, даже сделанные и полвека спустя:

"День или два мы провели в казарме. Чистили себя, чистили свои винтовки и шанцевый инструмент. В те первые злополучные дни войны мы растеряли все свои машины и теперь мы пешие сапёры.

Нас собрали, построили и вывели на шоссе. Мы шли на восток, к Волочийску, к старой границе СССР. Нам казалось, что больше мы уже никогда не увидим ужасов войны и нас навсегда уводят от неё.

...

Прошли всего километров восемь, шоссе оказалось заваленным трупами людей, лошадей, разбитыми грузовиками, повозками, кучами снаряжения. — следами многих бомбежек.

Всё смешалось.

Двигаться дальше по дороге невозможно. Малыми группами мы пробирались за обочиной, по протоптанной полевой тропинке. От частых взрывов, от сыпавшихся на наши головы бомб взлетала земля вперемежку с разными обломками. Над шоссе висел дым, который застилал небо густой удушливой вонью. Жаркое солнце едва пробивалось сквозь эту завесу. Мы тащили на себе винтовку, лопату, кирку, противогаз и скатку шинели. Гимнастёрка была совсем мокрая, из-под каски на грудь и живот стекали потоки солёного липкого пота. Немецкие самолёты работали без передышки. Они налетали, как чёрная стая воронья, и утюжили все и всех, стараясь уничтожить мятущихся, перепутанных и беззащитных людей.

...В короткие минуты затишья мы взбирались на заваленное шоссе и шныряли в поиске чего-нибудь съедобного между брошенными и разбитыми машинами. Набрели на уцелевший медсанбатовский фургон, доверху набитый лекарствами. Мы досыта наелись аскорбинки, запивая её глюкозой. Потом утоляли мучавшую нас жажду в каждой луже.

Я, как и другие красноармейцы, сбросил с себя всю мучительную ношу, кроме винтовки. Скатка, лопата с киркой и противогаз выброшены как ненужный хлам. Идти стало легче. Удушливый, смрадный зной злым туманом стоял над шоссе. Бомбёжки не прекращались.

Все были убеждены, что весь этот грохочущий ад кончится, как только мы доберемся до старой границы. Там нас защитят и спасут от этого безнаказанного истребления. Ведь именно там сосредоточены настоящие непобедимые войска Красной Армии. Только бы добраться, только бы уцелеть!" [58]

---

[58] *Жук А. В. Начало.* — Стройиздат, Санкт-Петербург, 2005, стр. 33–37.

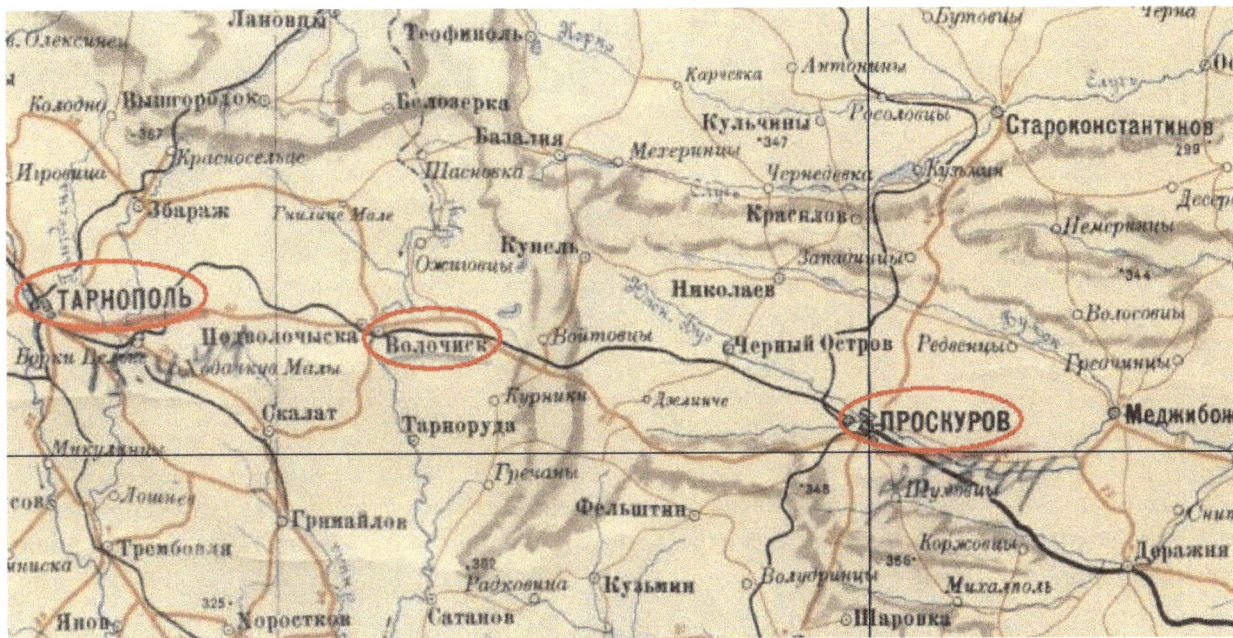

Отмечены главные пункты маршрута отходящего на восток 48-го инжбата (1–4 июля 1941 года): Тарнополь, Волочиск, Проскуров (ныне Хмельницкий).

Однако и на новых позициях у старой государственной границы СССР, на так называемой "линии Сталина" [59], состоявшей из укрепрайонов (УР) от Карельского перешейка до берегов Чёрного моря, остановить противника не удалось. Начальник Разведывательного управления 6-й Армии ЮЗФ В. А. Новобранец впоследствии вспоминал:

"В связи с резким ухудшением обстановки на фронте наша 6-я армия начала по приказу отходить с промежуточного рубежа Красное — Рогатин на старую государственную границу на рубеж Новоград-Волынский — Шепетовка — Староконстантинов — Хмельницкий (Проскуров). Вся наша надежда была на укрепленные районы. Мы считали, что укрепрайоны уже заняты гарнизонами, которые, пропустив нас, достойно встретят немцев. А мы, отдохнув и получив подкрепление, перейдем в контрнаступление. Войска уже не выносили слова «отойти». Даже рядовые солдаты требовали прекратить отход и перейти в наступление. А мы, штабные, уповали на укрепрайоны...

Перед отходом на старую границу командарм приказал мне осмотреть Староконстантиновский укрепленный район, дать оценку старой укрепленной полосе и ее готовности к обороне. Предлагалось также выбрать место, где лучше расположить отходящие войска.

На машине я проехал Волочийск, Подволочийск, Староконстантинов. Еду, еду, внимательно осматриваю местность. И недоумеваю, досадую на себя, на свое неумение обнаружить ДОТы. Хорош, думаю, разведчик-генштабист!

Потеряв надежду найти укрепрайоны, спрашиваю одного старика:

— Дед, скажи, где живут здесь военные, прямо в поле, в земле?

— А-а! Це ж вы пытаете о ДОТах? А их уже давно нема. Усе зруйновано та передано в колгоспы. Зараз мы там соленую капусту та огирки (огурцы) держимо.

---

[59] Этот термин использовался за пределами Советского Союза. «Линия Сталина» была законсервирована после присоединения к СССР в 1939–1940 годах Западной Белоруссии, Западной Украины, Прибалтийских республик и Бессарабии, и примерно на 300 км западнее стала возводиться новая «Линия Молотова».

Источник: https://ru.wikipedia.org/wiki/Линия_Сталина (9 марта 2017 года).

Я решил, что дед мне голову морочит. Посадил его в машину и повез в Староконстантинов к председателю колхоза. Однако председатель уже успел эвакуироваться. Нашли заместителя. Спрашиваю его:

— Это верно, что все оборонительные сооружения вы взяли под овощехранилища?

— Так точно, товарищ командир, — отвечает он, — часть их подорвали, а часть передали нам. В них мы храним овощи.

— Поедем со мной, покажете, где эти ДОТы.

Часа два мы ездили по оборонительной полосе. Осмотрел многие ДОТы, то есть бывшие ДОТы. Некоторые действительно были сровнены с землей, в других хранились колхозные овощи.

Я остолбенел. Оборонительной полосы не было. Рухнули наши надежды на возможность передышки, на подкрепление вооружением и живой силой" [60].

Как отмечено в исследованиях Исаева[61], укрепления «линии Сталина» не произвели на немцев большого впечатления — например, офицер 61-го мотоциклетного батальона 11-й танковой дивизии Х. фон Хоффгартен вспоминает:

"В противоположность ожиданиям нашего подразделения, «линия Сталина» не оказалась самым серьезным препятствием на пути нашего продвижения. Конечно, там было некоторое количество ДОТов и проволочных заграждений, но они были гораздо менее эффективны, чем те, с которыми я столкнулся в процессе прорыва через «линию Мажино» у Седана 13 мая 1940 г." [62].

Интересно взглянуть на Приказ № 0027 от 5 июля 1941 года Командующего 6-й Армией ЮЗФ генерал-лейтенанта Музыченко, в котором приведены несколько причин "неустойчивости обороны некоторых частей":

"а) Плохие оборонительные сооружения, не прикрывающие от артогня и авиации;
б) Плохое управление частями и низкая дисциплина.
в) Отсутствие втянутости, упорства. "

Музыченко приказывал:

"1/ Немедленно по занятии рубежей строить укрытия и щели с нишами, доводя их до полной профилии.
2/ Повысить требовательность к подчиненным и потребовать от них не отдавать ни одного вершка Советской земли без нанесения тяжелых потерь врагу.
3/ В каждой дивизии иметь в 2-3 км. от переднего края заградительные отряды на перекрестках дорог, где собирать покинувшах поле боя и возвращать их на фронт."

Конечно, общий настрой приказа не внушал оптимизма: речь шла даже не о том, чтобы остановить противника, а лишь о том, чтобы наносить ему тяжёлые потери при отходе. Более того, приказ об образовании заград. отрядов признавал и подчёркивал масштаб деморализации отходящих частей.

---

[60] Новобранец В. А. Записки военного разведчика. Военно-исторический архив. № 7. 2004. – стр. 59–60.
[61] Исаев А. В. От Дубно до Ростова. М.: АСТ; Транзиткнига, 2004.
[62] Cass F. The initial period of war on the Eastern front. 22 June-August 1941. London — Portland, OR: 2001.

СЕРИЯ "Г".

П Р И К А З

Войскам 6 Армии и Ю.З.Фронта.

Д.А. № 0027 5 июля 1941 г.

1. Боевые действия 22 июня—4 июля показали неустойчивость обороны некоторых частей.

ПРИЧИНЫ: а/ Плохие оборонительные сооружения,не прикрывающие от артогня и авиации;

б/ Плохое управление частями и низкая дисциплина.

в/ Отсутствие втянутости,упорства.

П Р И К А З Ы В А Ю:

1/ Немедленно по занятии рубежей строить укрытия и щели с нишами,доводя их до полной профилии.

2/ Повысить требовательность к подчиненным и потребовать от них не отдавать ни одного вершка Советской земли без нанесения тяжелых потерь врагу.

3/ В каждой дивизии иметь в 2-3 км.от переднего края заградительные отряды на перекрестках дорог,где собирать покинувших поле боя и возвращать их на фронт .—

КОМАНДУЮЩИЙ 6 АРМИЕЙ ЧЛЕН ВОЕННОГО СОВЕТА
ГЕНЕРАЛ-ЛЕЙТЕНАНТ ДИВИЗИОННЫЙ КОМИССАР
/МУЗЫЧЕНКО/ /ПОПОВ/

НАЧАЛЬНИК ШТАБА
КОМБРИГ /ИВАНОВ/

Отп. в " 16 " экз. Экз. № 2 отправлен_____получен_____

НАЧ.ОПЕРАТИВНОГО ОТДЕЛА
ПОЛКОВНИК / АНДРЕЕНКО/

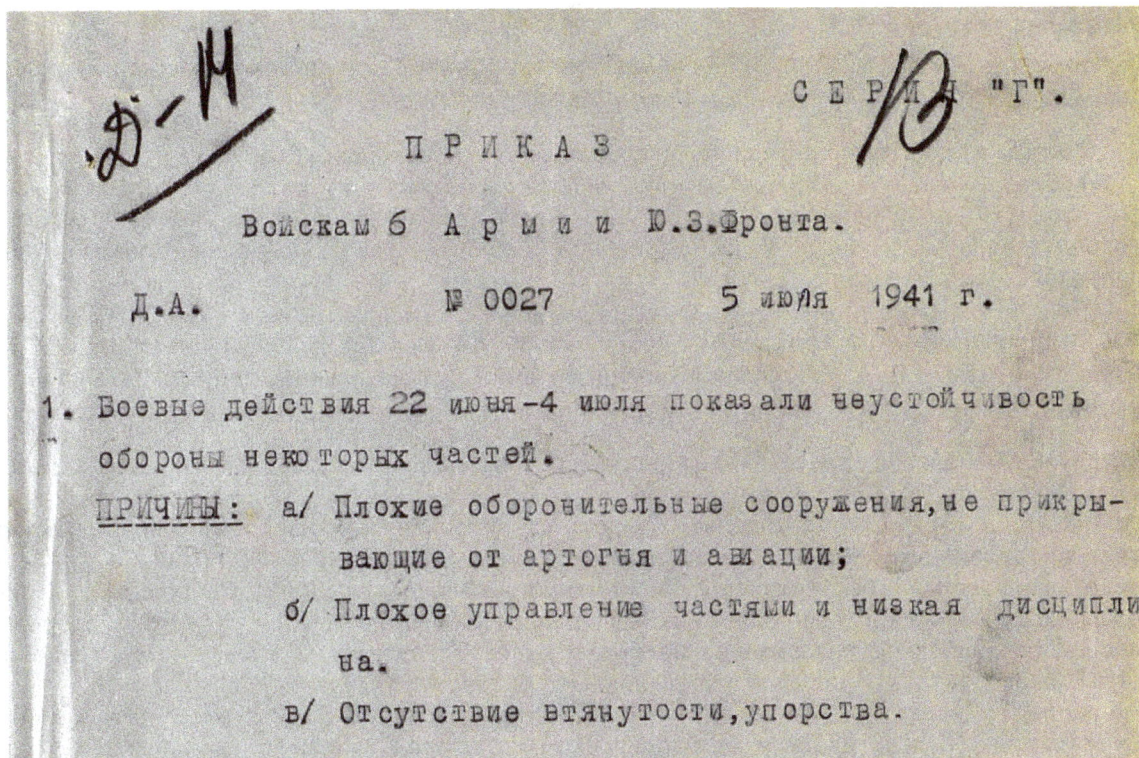

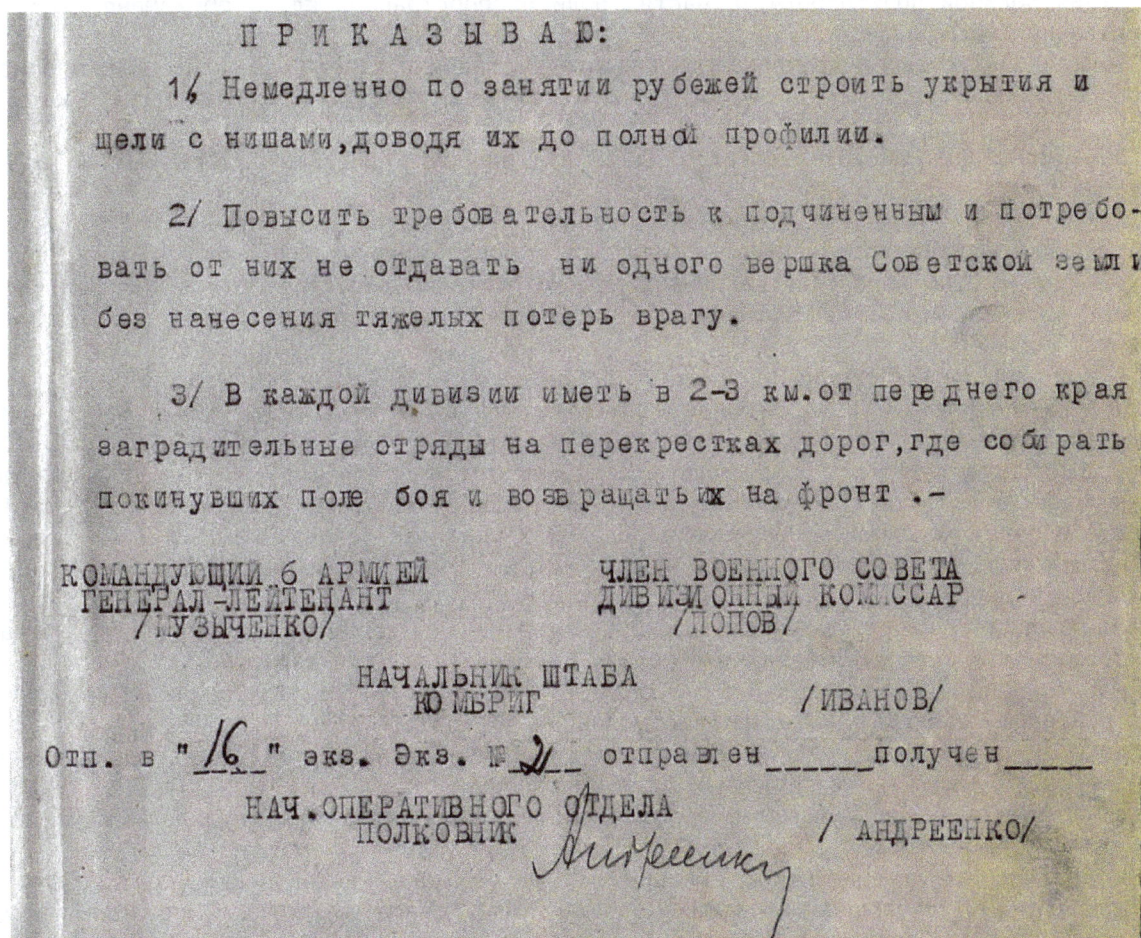

Фрагменты приказа № 0027 от 5 июля 1941 года Командующего 6-й Армией ЮЗФ генерал-лейтенанта Музыченко; ЦАМО фонд 229, опись 161, дело 26, лист 13.

7–12 июля 1941 года.

Пеший марш (7 июля 1941 года, по направлению к Виннице), о котором, в частности, писал курсант Жук, упоминается и в докладе уполномоченного НКВД:

"Остатки людского состава были собраны в г. Проскурове.

Остатки машин в количестве: ЗИС 5 штук, ГАЗ АА 2 штуки 7.7.41 г. были направлены по маршруту г. Винница, а люди, 130 челов. были направлены пешим строем, где и сосредоточились в лесу 3 км. западнее Винницы для пополнения запаса горючего и продовольствия и подтянуть людей."

Воспоминания курсанта 48-го инжбата Александра Жука, а также начальника Разведывательного управления 6-й Армии В. А. Новобранца, можно сравнить и с детальным отчётом начальника особого отдела НКВД 4-го мехкорпуса о "политико-моральном состоянии личного состава корпусных частей":

"Политико-моральное состояние личного состава корпусных частей за весь период хода боевых действий вполне здоровое и боевое.

По нашим материалам настроение бойцов характеризуется массовым порывом вперед для уничтожения противника. Однако происходившие отходы частей Красной Армии, а также наличие большого количества болтавшихся по дорогам военнослужащих отрицательно влияло на красноармейскую среду, тем более когда полит. аппарат частей, будучи оторванным от ежедневной политической информации, не был в курсе положения на фронте и в стране и не был в состоянии осветить эти вопросы перед личным составом.

Имели место высказывания отдельными лицами недовольств отсутствием нашей авиации при движении колонн, подвергавшимся бомбардировкам со стороны авиации противника. В результате отсутствия должной политработы, в частях были распространены слухи об измене якобы высшего командования Красной Армии.

"7 июля 1941 года во время налета авиации противника старший сержант ШВЕЦ в присутствии бойцов высказался: "Вот черт бомбит, никто ему не мешает. Можно ожидать смерти каждую минуту, хотя и не на фронте".

"Зам. политрука ШНЕЙДЕР заявил: "Разве это война, это избиение беззащитных и невинных младенцев".

"Отход войск Красной Армии, оставление имущества и порча его, беспрерывная бомбардировка авиации противника – вызывают у бойцов паническое настроение и недоумение. Среди бойцов слышны недовольства командованием, которое допускает отход и нарекание на то, что мол Красная Армия не подготовлена к борьбе. Настроение у многих отходящих бойцов упадническое".

"7 июля младший командир ШВЕЦ сказал: "Летает и бомбит совсем спокойно, безнаказанно. Где же наши самолеты. Когда я был в гражданке, то в городах видел такую массу самолетов, думал что война будет ни по чем, а теперь хотя бы один на смех появился. Товарищ ВОРОШИЛОВ про нашу авиацию говорил: "Кто силен в воздухе, тот вообще силен", а на деле выходит, что никакой силы в воздухе совсем нет. А что в гражданке делается, какая паника, какие хлеба бросают! И газет не слышно. Наверное в редакциях такая же паника, как здесь у населения".

Аналогичные высказывания имели место и со стороны красноармейцев 3 МЦП СЕРГЕЕВА, ЧЕБОТАРЕВА и других.

Со стороны начальника штаба ОБС капитана АЙЗИНА отмечено высказывание о целесообразности прекращения войны в пользу Германии, который заявил:

"Нажимают на нас здорово и мы не в состоянии ничего сделать. Лучше бы отдать Гитлеру всю территорию, занятую нами и на этих условиях прекратить войну".

Кроме того АЙЗИН высказал мнение о том, что "немецкая армия более подвижна и сильнее нашей" и что мы якобы не в состоянии дать им отпор.

Также отмечены факты проявления трусости со стороны АЙЗИНА, особенно он это проявляет во время налета вражеских самолетов.

"Во время налета германской авиации на нашу колонну весь личный состав ушел в лес, загоревшиеся от бомбардировки машины некому было спасать, потому что капитан АЙЗИН и капитан ТЕПЛОВ не пришли к машинам до тех пор, пока колонна уже не была выстроена и продолжала свой путь, оставили колонну без руководства, не организовали спасения машин, и это делалось другими лицами".

Фрагменты воспоминаний Александра Жука, относящиеся к первым неделям войны, приведены и во второй части нашей книги — в биографиях некоторых бойцов, командиров и политработников (в частности, комбата Григория Рыбальченко, комиссара Александра Воронина, младшего лейтенанта Тихона Кошелева, курсантов Дмитрия Дорошенко и Марка Добрусина и других). Здесь же мы заинтересованы в общей картине событий, происходивших на исходе первой недели июля 1941 года:

"Прошли уже половину пути. Все были подавлены полновластным господством немцев в воздухе и на земле. Красноармейские части, силу которых мы с детства прославляли, стали беззащитной разбитой и рассеянной толпой, потерявшей все своё армейское достоинство и былое величие.

...Все знали: сборный пункт — Винница. Ребят нашего взвода осталось совсем мало. Уцелевшее оружие раздали оставшимся. Мне досталось тащить ручной пулемёт. Я изнемогал от его тяжести и своей винтовки. Митька едва передвигался с двумя коробками заряженных дисков. ... Все были на пределе сил.

...Как и все ещё уцелевшие, я был убеждён, что стоит только добраться до Винницы — и там нас спасут. Там, в Виннице, наверняка надёжная, несокрушимая оборона и свежие многочисленные войска! Дальше мы не отступим!!!" [63]

Как видим, теперь главные надежды были связаны с Винницей. Однако и там, несмотря на некоторую координацию сил, закрепиться не удалось:

"Впервые за долгое время наступило утро без налётов, без бомбёжек и смертей. Уцелевшие остатки нашего батальона постепенно собирались, направляемые регулировщиками с флажками.

...На спасение в Виннице надежды не осталось. Немцев остановить некому. Кроме растерзанных остатков спасшихся, здесь никого не видно. Не видно никакой организованной обороны, и не видно свежих хорошо вооружённых частей Красной Армии!" [64]

Необходимо отметить, что боеспособные части 4-го мехкорпуса в эти дни всё ещё продолжали отчаянные попытки замедлить продвижение противника. В частности, 32-я танковая дивизия после отхода из Збаража 3 июля 1941 года вступила в бой с танками противника на восточной окраине города, и отошла к 4 июля за Волочиск, к местечку Красилов. Мы приводим ниже несколько фрагментов доклада командира 32-й танковой дивизии полковника Пушкина начальнику Автобронетанкового управления Юго-Западного фронта о боевых действиях дивизии за период с 22 июня по 14 июля 1941 года, относящихся к периоду между 6 и 12 июля 1941 года:

"6.7.41 г. В 9 часов был получен приказ командира 4-го механизированного корпуса к 12 часам занять рубеж обороны и оседлать дороги: Старо-Константинов — Вербовцы; Старо-Константинов — Емгризов (прим.: местечко Грицев); Старо-Константинов — Антонины. Выполняя приказ, части дивизии заняли рубеж обороны северо-западная опушка леса 4 км северо-западнее Старо-Константинов, сл. Новомайская с задачей прикрыть старо-константиновское направление с севера, так как противник угрожал тылам 6-й армии.

7.7.41 г. С 12 часов противник начал вести планомерный артиллерийский огонь. В 15 часов было обнаружено движение танков в направлении на Поповцы и Пашковцы. Танковые полки, взаимодействуя с танками 8-й танковой дивизии, встретили противника артиллерийским огнем с места, в результате чего противник отступил в обратном направлении.

...В 21 час был получен приказ командира 4-го механизированного корпуса с наступлением темноты выступить с занимаемого района и к исходу 8.7.41 г. сосредоточиться в районе Городище, Тютюники, где совместно с частями 81-й мотострелковой дивизии организовать противотанковую оборону, не допустив прорыва противника на Бердичев.

---

[63] Жук А. В. Начало. — Стройиздат, Санкт-Петербург, 2005, стр. 40–42.
[64] Жук А. В. Начало. — Стройиздат, Санкт-Петербург, 2005, стр. 50–51.

8.7.41 г. К 12 часам части дивизии, совершив 90-километровый марш, сосредоточились на большом привале в районе Смела, где производили заправку горючим, пополнялись боеприпасами, ремонтировали материальную часть, части подтягивали отставшие на марше машины.

9.7.41 г. В 16 часов был получен приказ командира 4-го механизированного корпуса выйти с исправной материальной частью на Янушполь (*ныне Иванополь*) для совместных действий с 81-й мотострелковой дивизией по захвату м. Чуднов. ...По достижении указанного района группа танков капитана Егорова вела бой в районе 3 км юго-западнее Бердичев." [65].

Как отмечено в оперсводке № 023 к 22.00 8.7.41 штаба ЮЗФ, "4-й механизированный корпус ведет бой с танками противника в районе Чуднов" [66], и даже занял южную окраину города. Однако этот успех оказался недолговечным. Доклад Военного совета 6-й армии Военному совету ЮЗФ о состоянии войск армии с ходатайством об установлении для армии новой разграничительной линии от 9 июля 1941 года подводил итоги неудачной атаки на Чуднов:

"[противник] С утра 9.7.41 г. перешел в наступление в направлении Янушполь и оттеснил части 4-го механизированного корпуса на фронт Мясково, Высокая Гребля.
4-й механизированный корпус на пределе своих сил."

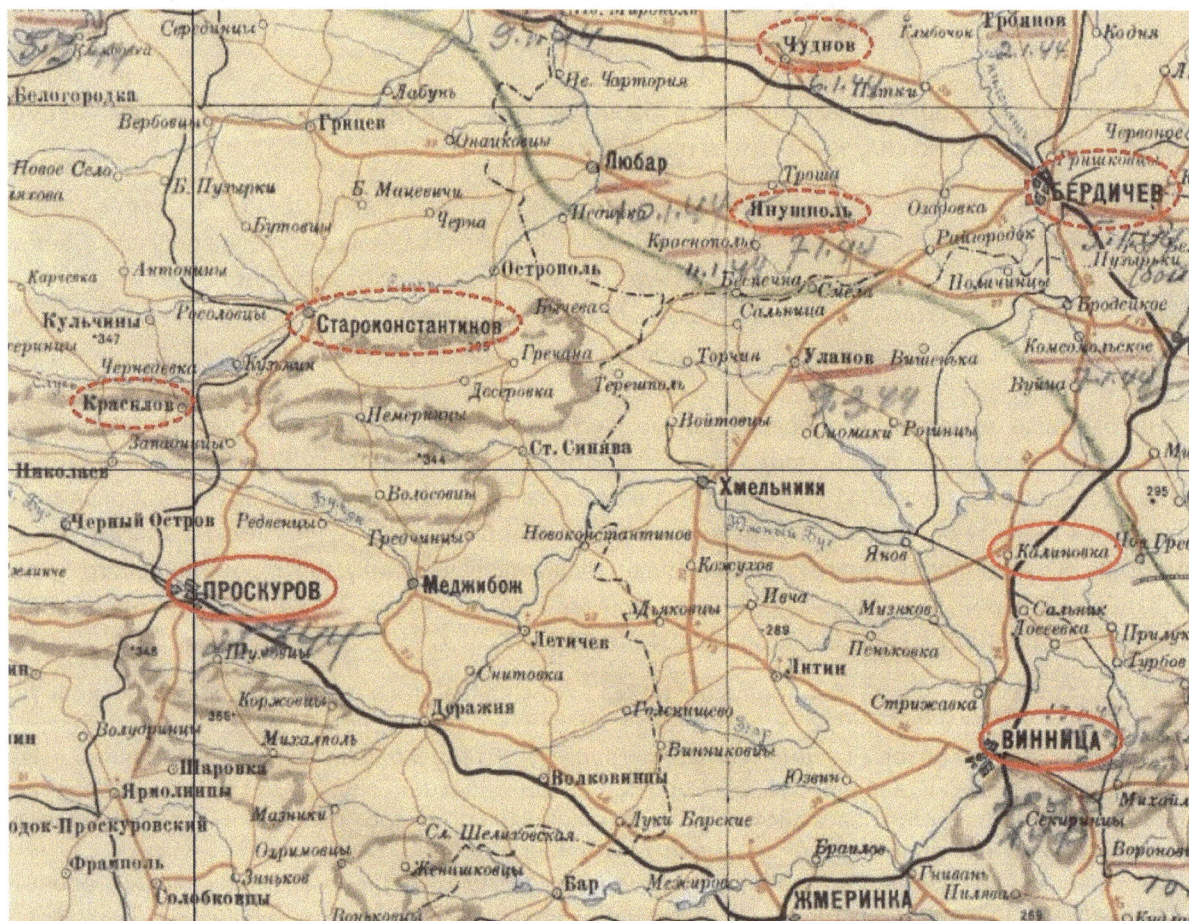

Отмечены пункты маршрута отходящего на восток 48-го инжбата (7 июля 1941 года):
Проскуров (Хмельницкий) и Винница, а также Малая Калиновка (11–12 июля 1941 года).
Пунктиром отмечены места, упомянутые в докладе командира 32-й танковой дивизии,
которая совместно с 8-й ТД и 81-й МСД сдерживала противника, пытавшегося прорваться к Бердичеву.

---

[65] Доклад командира 32-й танковой дивизии начальнику Автобронетанкового управления Юго-Западного фронта о боевых действиях дивизии за период с 22 июня по 14 июля 1941 года (2 августа 1941 года). ЦАМО Фонд 229, опись 3780сс, дело 6, листы 150-157.

[66] Сборник боевых документов Великой Отечественной войны. Вып. 36. – М.: Воениздат, 1958; стр. 20–23.

Стоит отметить, что 9 июля 1941 года в районе города Бердичев был контужен бывший батальонный комиссар **Александр Николаевич Воронин**, переведённый в марте 1941 года из 48-го инжбата в 202-й мото-стрелковый полк 81-й мото-дивизии 4-го мехкорпуса (см. биографию Александра Воронина).

Доклад командира 32-й ТД полковника Пушкина продолжает:

"10.7.41 г. Группа танков капитана Карпова сосредоточилась в районе Бейзымовка и в 20 часов атаковала противника в направлении Ольшанка, но, не поддержанная пехотой, в 23 часа отошла и заняла оборону в 300-400 м южнее Ольшанка. В течение последующего дня группа вела непосильный бой в этом же районе и в результате бегства с фронта 32-го мотострелкового полка была уничтожена и оставлена на поле боя, за исключением одного танка.

11.7.41 г. Группа восстановленных танков под командой капитана Егорова в 6 часов атаковала колонны танков противника в районе отдельных домов 3 км юго-восточнее Янушполь. Накануне вечером танки противника, преследуя отходящие тылы 49-го стрелкового корпуса, догоняли их и в упор расстреливали...

12.7.41 г. Дивизия продолжала оборону рубежа Подорожна, Бураки. [В] 17 часов 30 минут экипажи танковых полков и тылы дивизии убыли из района Соколец на укомплектование в район Прилуки." [67]

Как видно из доклада полковника Пушкина, да и из многих других источников, в течение первой декады июля 1941 года 4-му мехкорпусу удавалось в арьергардных боях на некоторое время сдерживать продвижение противника. Как хорошо известно, 11 июля 1941 года, по предложению командира 4-го мехкорпуса генерал-майора Андрея Власова, из боеспособных частей и подразделений 4-го мехкорпуса (в том числе 8-й и 32-й танковых дивизий, 81-й моторизованной дивизии, 3-го мотоциклетного полка, 184-го отдельного батальона связи) был создан сводный отряд корпуса под командованием командира 8-й ТД полковника Фотченкова.

Тем не менее, изменить ход боевых действий ни отходящим корпусным частям, ослабленными тяжёлыми затяжными боями[68], ни сводному отряду было не под силу. Ещё 7 июля 1941 года командующий войсками Юго-Западного фронта генерал-полковник Кирпонос предлагал отвести в резерв фронта, за Днепр, управления механизированных корпусов и корпусные части:

"4-й механизированный корпус сосредоточен районе Ивница (25 км юго-восточнее Житомир), имея в своем составе 126 боевых машин. ...

В личном составе за период боев с 22.6.41 г. все корпуса имеют потери около 25–30%.

Военный совет Юго-Западного фронта полагает целесообразным переформировать за счет механизированных корпусов (мотострелковых полков и мотострелковых дивизий) моторизованные дивизии согласно существующим штатам.

Управления механизированных корпусов и танковых дивизий, корпусные и дивизионные части, а также танковые полки танковых дивизий и все тыловые учреждения отвести в следующие районы:

8-й механизированный корпус — Нежин; 4-й механизированный корпус — Прилуки; 22-й механизированный корпус — Яготин; 15-й механизированный корпус — Пирятин; 9-й механизированный корпус — Нежин; 19-й механизированный корпус — Прилуки; 24-й механизированный корпус — Яготин." [69]

---

[67] Доклад командира 32-й танковой дивизии начальнику Автобронетанкового управления Юго-Западного фронта о боевых действиях дивизии за период с 22 июня по 14 июля 1941 года (2 августа 1941 года). ЦАМО Фонд 229, опись 3780сс, дело 6, листы 150-157.

[68] Иринархов Р. С. Киевский особый... — Мн.: Харвест, 2006; стр. 437.

[69] Доклад командующего войсками Юго-Западного фронта Начальнику Генерального штаба Красной Армии от 7 июля 1941 г. о положении механизированных корпусов фронта (7 июля 1941 года). ЦАМО Фонд 229, опись 3780сс, дело 1, лист 34.

За этим докладом последовала директива заместителя начальника Генерального штаба Красной Армии № орг/955 от 10 июля 41 года, на основании которой 4-й мехкорпус (за исключением нового сводного отряда), приступил к отводу своих частей в район города Прилуки Черниговской области, на переформирование. Однако в то же самое время обстановка на Киевском направлении резко ухудшилась: 11 июля немецкие передовые механизированные части (в частности, 13-я немецкая танковая дивизия) по Житомирскому шоссе вышли на подступы к Киевскому Укрепрайону (КиУР). В связи с этим управление 4-го мехкорпуса и некоторые части были направлены в КиУР. Так, например, 12 июля основные силы 32-й ТД, направленной в Прилуки, прошли Киев, а часть боевой техники была оставлена в КиУР'е, для пополнения оборонявшихся там войск[70]. Остальные же части, включая и 48-й инжбат, проследовали в Прилуки для доукомплектования.

Как отмечено в докладе уполномоченного особого отдела НКВД:

"11.7.41 г. батальон выступил в направлении М. Калиновка, предварительно выслав разведку для розыска штаба 4 МК. Получив указание, 12.7.41 г. батальон выступил по маршруту из М. Калиновки к новому месту сосредоточения. Людской состав в количестве 135 ч. были направлены эшелоном по железной дороге."

Очевидно, что 11 июля 1941 года 48-й инжбат ещё не имел приказа об отправлении в Прилуки, и пытался установить связь со штабом 4-го мехкорпуса, который находился на тот момент в селе Листопадовка, километрах в 50-ти к северу от Винницы. Этим и объясняется передвижение батальона в Малую Калиновку, в 20-ти километрах к северу от Винницы, накануне перевода в резерв ЮЗФ и направления в Прилуки.

Раздача хлеба советским военнопленным в лагере Винницы (28 июля 1941 года);
Фотограф: Hübner (Федеральный Архив Германии, Bundesarchiv, Bild 146-1979-113-04; Ausgabe von Brot an gefangene Russen im Lager Winnica. 28.7.1941; Ukraine, Winnica.– Verpflegung sowjetischer Kriegsgefangener).

---

[70] Жаркой Ф. М. Танковый марш. — ЛЕМА, Санкт-Петербург, 2011.

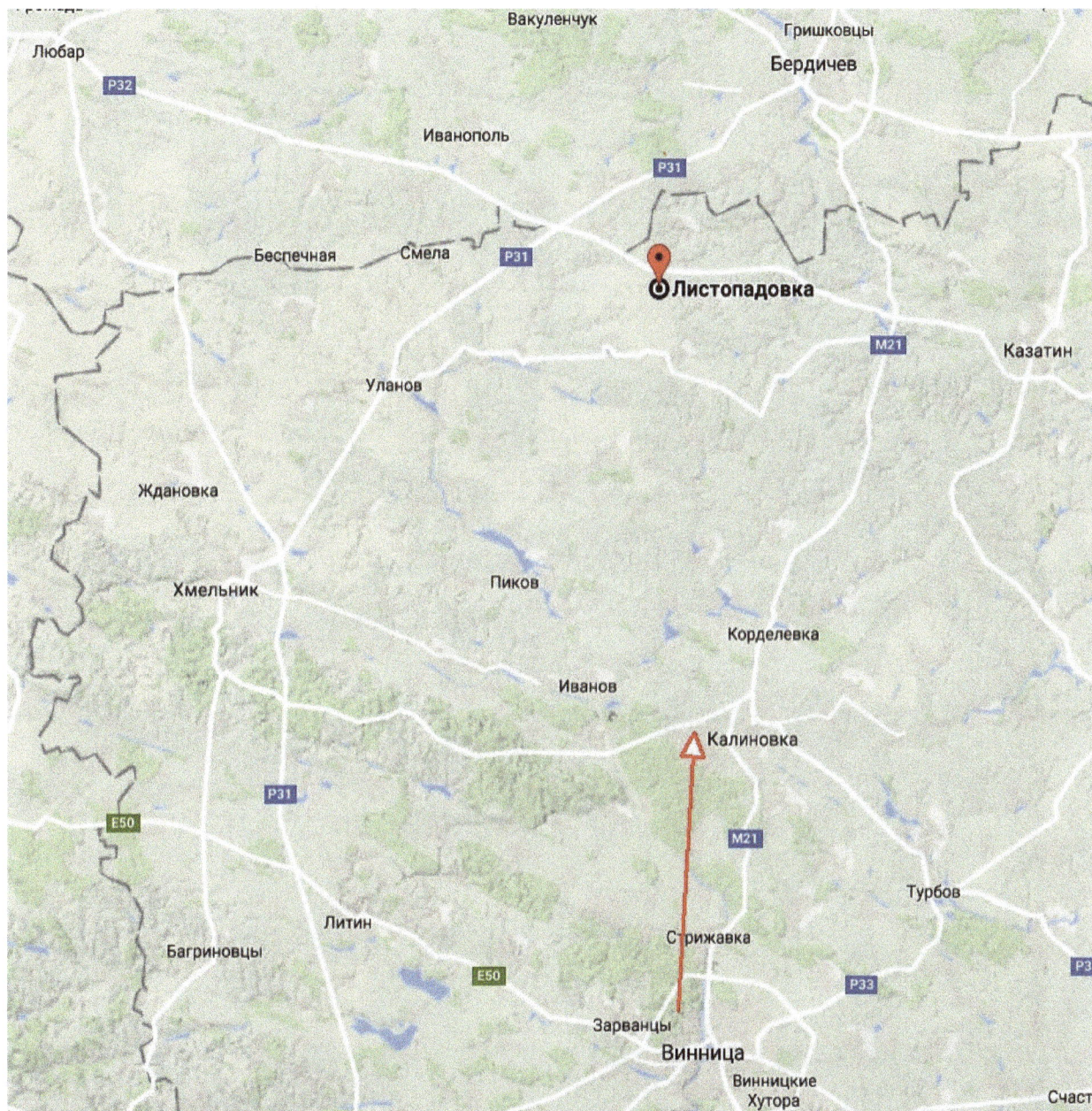

Фрагмент современной карты (картографические данные: © Google, 2017):
отмечено примерное направление движения 48-го инжбата 11 июля 1941 года из леса западнее Винницы
до Малой (Второй) Калиновки, расположенной чуть западнее села Калиновка.
Также отмечено местоположение штаба 4-го мехкорпуса 11 июля 1941 года в селе Листопадовка.

Серия "Г"

БОЕВОЕ ДОНЕСЕНИЕ № 012 ШТАКОР 4 ЛИСТОПАДОВКА 19.00 11.7.41 г.
Карта 100000 .

1. Противник продолжает подтягивать крупные танковые и мото-части в район ЖЕРЕБКИ, ПЕТРИКОВЦЫ, ПОЛЕВАЯ.
В 17.30 по данным разведки 32 тд в район ПЕТРИКОВЦЫ подходили из СМИЛА и ПОЛЕВАЯ до 70 танков пр-ка .
18.30 11.7.41 по данным командира 8 тд пр-ик наступает на м.ЯНУШПОЛЬ с севера, запада, юга-запада и юга востока .
8 тд ведет уличные бои в м.ЯНУШПОЛЬ.
В это-же время /8.30/ колонна танков до 30 и мото-пехота выд- вигалась из СМИЛА в район ПОЛЕВАЯ.
Авиация пр-ка в течении дня 11.7.41 усиленно бомбит дорогу ЯНУШПОЛЬ – КОМСОМОЛЬСКОЕ, и части 8 и 32 тд.

2. 8 тд обороняется в м.ЯНУШПОЛЬ зап.окр.БУРАКИ.

3. 32 тд обороняет рубеж зап.окр. БУРАКИ – ПОДОРОЖНОЕ .

4. 81 мд обороняет рубеж АНДРЕЯШЕВКА,БОЛ.КЛИТЕНКА.

5. Штакор – ЛИСТОПАДОВКА .

353

КОМАНДИР 4 МК   /ВЛАСОВ/

НАЧАЛЬНИК ШТАБА 4 МК   /МАРТЬЯНОВ/

Отп.2 экз.
Экз.№ 1 штарм 6
-"- 2 дело .
Отправлено 20   Получено

Фрагмент одного из последних боевых донесений штаба 4-го МК
(№ 012, 11 июля 1941 года, село Листопадовка); фонд 334, опись 5307, дело 11, лист 353.

ВОЕННОМУ СОВЕТУ 6-й АРМИИ.

Листопадовка, II.7.4I года.

4 мех.корпус, с 22.6 по II.7 вел беспрерывные бои с пр-ком в районах: РАДЗЕХУВ, ДОБРОСИН, ЯНОВ, ЯВОРУВ, ЛЮБЕНЬ ВЕЛЬКИ, ЛЬВОВ, ТАРНОПОЛЬ, ЗБАРАЖ, СТАРОКОНСТАНТИНОВ, ЧУДНОВ, ЯНУШПИЛЬ и др. Обстановка не позволяла личному составу подремонтировать оставшуюся мат.часть, истрепанную в боях и главным образом большими переходами. К II.7 4 МК имеет единицы танков /до 20/, часть которых буксируются. Мото-пехоты и артиллерии также осталось незначительное количество /подробно в ведомости "О боевом и численном составе"/.

Действия мотодивизии и танковых дивизий, представляют из себя слабо вооруженные отряды, которые выполнить решительную цель не в состоянии.

В силу вышеизложенного, прошу разрешения свести все дивизии в один отряд, которому передать всю боеспособную мат.часть танков, артиллерию и мото-пехоту. Во главе отряда оставить штаб одной из дивизий. Остальную негодную мат.часть, экипажи боевых и транспортных машин, штабы дивизий и штаб корпуса отправить в район формирования 4 МК для организационного оформления и за получением мат.части и личного состава, как это было указано командованием Юго-Западного Фронта.

КОМАНДИР 4 КОРПУСА   /В Л А С О В/.

НАЧАЛЬНИК ШТАБА 4 МК   /МАРТЬЯНОВ/.

Отпечатано 2 экз.
Экз.№ I - адресату;
Экз.№ 2 - в дело.

Фрагмент доклада командира 4-го мехкорпуса А. А. Власова Военному Совету 6-й Армии с предложением о создании сводного отряда из остатков 4-го МК (11 июля 1941 года); фонд 334, опись 5307, дело 11, лист 358.

Итоги: 22 июня — 12 июля 1941 года.

Для того, чтобы подвести итоги первых трёх недель войны и определить численность оставшихся в живых в 48-м инжбате, мы возвращаемся к справке начальника особого отдела НКВД 4-го МК от 20 июля 1941 года, *составленной, как и доклад уполномоченного особого отдела НКВД, уже в Прилуках*. Справка подтверждает и уточняет сведения доклада о потерях:

"Батальон отмобилизовался и участвовал в боевых действиях в количестве 344 человека, выполняя задачи по взрыву мостов на отходящей территории и ремонту дорог для продвижения наших войск. В большинстве случаев батальон придавался дивизиям.

В результате боевых действий батальон понёс следующие потери.

По личному составу – убито в боях рядового состава 5 чел. Ранено — 12 человек, из коих один средний, два младших командира. Не вернулось после боя в районе Бела-Корчма 143 человека. ...

145 чел. следуют по железной дороге в район г. Прилуки. Остальной состав прибыл к месту сосредоточения в г. Прилуки.

По состоянию на 20.VII-41 г. вместе с прикомандированными на укомплектование имеется командного состава 13 чел., рядового и младшего начсостава 76 чел."

Учитывая, что все потери к середине июля 1941 года составили 160 человек (143 не вышедших из окружения у Белой Корчмы, 12 раненых и 5 погибших), можно определить число оставшихся от первоначального состава из 344 человек, а именно 184 человека. Это число включает и роту, которая проследовала 2 июля 1941 года, на остатках горючего, для продвижения марша 32-й ТД ("эта рота встречала батальон в г. Проскуров"), и всех прорвавшихся в Подволочиск из окружения у Белой Корчмы 3 июля 1941 года.

Судя по воспоминаниям курсанта Александра Жука, в список пропавших без вести в первую декаду июля 1941 года можно добавить курсанта-сапёра Дмитрия Семёновича Дорошенко, *и с меньшей долей вероятности, кладовщика батальона Ефима Давыдовича Файнберга*.

Неизвестно, попал ли **Дмитрий Дорошенко** *в плен и был впоследствии освобождён, присоединился ли он к другой отходившей части, или же был ранен и оказался в тылу*. Так или иначе, в сентябре 1954 года, спустя 9 с половиной лет после окончания войны, его след появился в Ленинграде (см. биографию Дмитрия Дорошенко)...

Ефим Файнберг пропал без вести в июне/июле 1941 года.

Интересно, что ещё два бойца 48-го инжбата попали в плен в районе города Проскуров (ныне Хмельницкий): младший сержант **Владимир Александрович Дьяков** — 10 июля 1941 года, а рядовой **Филипп Павлович Бринкин** (Бринчин) — 16 июля 1941 года.

Владимир Дьяков — это тот самый повар-инструктор, который 22 июня 1941 года ещё находился в городе Перемышль на границе, а затем присоединился к вновь сформированному стрелковому полку (номер этой части неизвестен — см. биографию Владимира Дьякова). По его воспоминаниям:

"После боя командир части направил меня в г. Львов для формирования госпиталя и отправке жён офицеров в тыл. При отступлении из г. Львов через Тернополь, Волочейск, до г. Проскурова, где был контужен. Санитары меня не подобрали так, как я был без признаков жизни. Похоронная команда хоронила мёртвых в том, числе и меня бросили в яму. Я застонал и меня отправили в госпиталь полевой. Совместно с полевым госпиталем я попал в окружение, а затем в плен."

В биографии Владимира Дьякова описаны и многие другие обстоятельства его пребывания в плену и побега в 1945 году. В частности, на допросе в контрразведке "СМЕРШ" 23 августа 1945 года Дьяков показал, что

"...во время боя 6 июля 1941 батальон был разбит и я попал в новый полк недавно сформированный номера я не знаю".

Возможно, что Дьяков примкнул к другой части после боя у Белой Корчмы 3 июля и несколько дней спустя был контужен в районе Проскурова во время отхода этой части. Интересно, что сохранилась довоенная фотография Владимира Дьякова с двумя другими бойцами батальона: Иваном Ивановичем Шохиным и Фёдором Дариановичем Павленко — оба тоже пропали без вести в первые месяцы войны (см. их биографии).

*Также можно предположить, что именно в июле 1941 года, либо во время боя у Белой Корчмы, либо во время отхода от Тарнополя к Проскурову и далее к Виннице, пропали без вести заместитель политрука роты **Николай Васильевич Станжур**, воентехник 2-го ранга комвзвода **Илларион Титович Рубцов**, сержант **Иван Григорьевич Кирилюк**, младший сержант **Иван Иванович Косников**, и зав. делопроизводством штаба **Борис Александрович Гомберг**. Возможно, что в этот же период попал в плен старший сержант **Григорий Минович Беда**. Он был освобождён 1 февраля 1944 года и 27 апреля 1944 года направлен в 214-й Армейский Запасный Стрелковый Полк (АЗСП) (см. его биографию).*

Оставшиеся в живых 184 человека составляли около четверти от штата батальона военного времени (664 человека). Об этом свидетельствует и курсант Жук:

"— Знаешь, сколько ребят осталось в батальоне? Тут и четверти не наберётся! Я сам слышал, Рыбальченко говорил, что совсем нас мало и мы все, как это, а! — мы де-мо-ра-ли-зован-ные! Вот кто! И для боевых действий не годимся. Нас теперь отправят в тыл, на всякие работы, может, даже в Сибирь, а может и на Кавказ.

...Еще день, и остатки батальона погрузили в товарные вагоны и на открытые платформы. Нас везли на восток...

...Поезд двигался пунктиром с долгими остановками.

...Мы добрались до крупного железнодорожного узла Черкассы." [71]

Как отмечено в справке особого отдела, "145 чел. следуют по железной дороге в район г. Прилуки. Остальной состав прибыл к месту сосредоточения в г. Прилуки.". Следовательно, 39 человек , то есть 184 минус 145, отправились в Прилуки более быстрым способом, на машинах: *эта группа, скорее всего, включала сохранившийся костяк командного и начсостава* (из мемуаров Жука известно, что командир роты Пономарёв и политрук Шер ехали поездом с основной группой, *возможно через Черкассы*). В Прилуках, к 20 июля 1941 года, к этим 39-ти добавилось 50 прикомандированных, доведя командный состав батальона в Прилуках до 13 человек, а рядовой и младший начсостав до 76 человек. *Судя по нашим данным, среди 13 человек комсостава могли быть Григорий Рыбальченко, Феодосий Филиппенко, Шая Шер, Елисей Холмов, Юлий Гольдман, Василий Пономарев, Василий Шуба, Никита Иващенко, Павел Иванов, Иван Куценко, Василий Сосицын, Тихон Кошелев, Алексей Котляр.*

Справка особого отдела резюмировала:

"Корпусные части вследствие понесенных ими потерь как в личном составе, так и в материальной части, на сегодняшний день являются небоеспособными и требуют доукомплектования."

В заключение мы приводим несколько строк из доклада уполномоченного особого отдела НКВД о состоянии техники дорожной роты:

"Дорожная рота потеряла грейдеров: 2 при авиабомбардировке,
1 разбит проходящими танками
1 вышел из строя по технической неисправности.
Все трактора в количестве 10 штук по приказанию переданы для транспортировки артиллерии:
6 СК (*переправлено; очевидно 6-му стрелковому корпусу, принимавшему участие в боях на Львовском выступе*) в количестве 6 штук.
12 Армии 2 штуки и 2 штуки 8 ТД."

---

[71] Жук А. В. Начало. — Стройиздат, Санкт-Петербург, 2005, стр. 52–54.

Справка особого отдела НКВД подтверждала эти данные:

"Автомашин — 15   Все потеряны в бою.
Грейдеров — 4   2 уничтожены авиацией противника во время бомбардировки, один раздавлен своим танком, один вышел из строя из за технической неисправности и оставлен в дороге во время отхода.

Кроме того 10 тракторов, согласно распоряжения, переданы другим частям.

По состоянию на 20.VII-41 г. некомплект материальной части составляет:

Грузовых автомашин   —   30 штук
Спец. машин   —   18 штук
Автокухонь   —   4 штуки
Тракторов   —   24 "

Следует отметить, что дорожная рота по своей специальности работала очень мало ввиду недостаточной ее подвижности, будучи на тракторной тяге отставала в движении от колонны корпуса. Целесообразно было бы создать более подвижное подразделение для выполнения дорожных работ, хотя бы только с лопатами."

Во второй половине июля и в течение августа 1941 года, когда масштабы неудач первого месяца войны стали очевидными, были сделаны первые систематические попытки подвести итоги и выявить причины поражений. Анализ проводился на самых различных уровнях, и мы приводим ниже лишь несколько выдержек из многочисленных документов, фокусируя внимание на бронетанковых и инженерных частях ЮЗФ, и в частности, 6-й Армии.

Филипп Михайлович Жаркой, танкист 32-й ТД, в своих воспоминаниях приводит без комментариев спецсообщение Особого Отдела НКВД (3-й отдел — контрразведка) № 39405 от 1 августа 1941 года о действиях 6-й армии и 4-го мехкорпуса в первые недели войны:

"4-й мехкорпус с первых дней войны использовался командованием 6-й армии как часть прикрытия. В боях с противником корпусом потеряно 27 танков «КВ» и 174 танка Т-34, кроме того, убыло по техническим неисправностям 133 танка указанных марок.

Большая часть этих потерь произошла по вине командования 6-й армии, которое перебрасывало части корпуса с места на место на дальние расстояния.

Были случаи, когда корпус со своими частями не успевал расположиться на новом рубеже или только подходил к нему, как следовал приказ 6-й армии с новым боевым заданием, вызывавшим новые дальние передвижения (Каменка – Струмилов, Мосциск и др.).

Вследствие частых переходов корпус в целом прошел 800 километров (а 32-я танковая дивизия – 1000 километров) и остался совершенно без материальной части.

Танки «КВ» и Т-34 бросались на дорогах из-за незначительных неисправностей. Командование 6-й армии никакой работы по сбору оставленной на дорогах материальной части не проводило. Силами корпуса было подобрано и эвакуировано 73 танка, подорвано и сожено 98 танков.

Неправильно использовался корпус и в боевых операциях. Все бои, проведенные дивизиями корпуса, не сопровождались ни артиллерийским огнем, ни авиацией. Приданные танковым частям мотострелковые полки командованием 6-й армии с первого дня боевых действий были разбросаны мелкими частями, а 202-й и 32-й полки были задержаны для охраны штаба 6-й армии.

Отход частей командование 6-й армии не организовало. Формально приказом и на картах разграничивалось движение частей, однако основные маршруты всегда были чрезмерно перегружены. Армейских регулировщиков и начальников маршрутов не было, как, например, при отходе из Львова на Злочев, когда 4-й мехкорпус соединился с частями 6-го стрелкового корпуса и 3-й кавдивизии и образовал многокилометровую колонну, создав на дорогах пробки." [72]

---

[72] Жаркой Ф. М. Танковый марш. — ЛЕМА, Санкт-Петербург, 2011.

Мельтюхов А. И. Начальный период войны в документах военной контрразведки, сборник "Трагедия 1941 г. Пришны катастрофы", М., Яуза, Эксмо, 2008.

Доклад начальника Автобронетанкового управления Юго-Западного Фронта генерал-майора танковых войск Моргунова начальнику Главного Автобронетанкового управления Красной Армии от 15 июля 1941 года подчёркивал недостаток планирования и организации:

"Совершение большого количества длительных маршей в трудных условиях местности, под воздействием авиации, противотанковых орудий и артиллерии противника, без производства технических осмотров и возможностей восстановления по причинам постоянного отхода, привело к большому проценту потерь танков.

Отсутствие в корпусах и армиях соответствующих эвакуационных средств привело к тому, что исключительно большое количество подбитых и выведенных из строя по техническим причинам танков и бронемашин оставлено на поле боя и по дорогам. ...

Плана пополнения механизированных корпусов материальной частью до сих пор Автобронетанковое управление фронта не имеет и, таким образом, невозможно сказать, когда отведенные и отводимые 4, 8-й и 15-й механизированные корпуса могут быть введены в действие." [73]

Доклад помощника командующего войсками Юго-Западного фронта по танковым войскам генерал-майора танковых войск Вольского заместителю Народного Комиссара Обороны Союза ССР о недостатках в управлении боевыми действиями механизированных корпусов от 5 августа 1941 года, определял несколько причин быстрого выхода танковых частей из боя, в частности:

"1. ...Если обстановка сложилась так, что командование решило отходить на линию укрепленных районов, то в этом случае пехоте необходимо сесть в укрепленные районы. Механизированные корпуса должны быть применены перед укрепленными районами, а потом их следует немедленно отвести за укрепленные районы и там вновь использовать как броневой кулак. Практически же получилось, что наши части не успевали занимать укрепленные районы, а противник на плечах отходящих входил в них.

2. Все боевые действия механизированных корпусов проходили без тщательной разведки, некоторые части совершенно не знали, что происходит в непосредственной близости. Авиационной разведки в интересах механизированных корпусов совершенно не велось. ...

3. Штабы армий совершенно забыли, что материальная часть имеет определенные моточасы, что она требует осмотра, мелкого ремонта, дополнительного пополнения горючим и боеприпасами. ...Не было совершенно взаимодействия с воздушными силами. Механизированные корпуса совершенно не имели прикрытия как на марше, так и на поле боя, особенно плохо обстоял вопрос одновременной обработки переднего края артиллерией и авиацией."

4. Информация сверху вниз, а также с соседями была поставлена из рук вон плохо.

Война с первого дня приняла маневренный характер, противник оказался подвижнее. Главное в его действиях состоит в том, что он широко применял и применяет обходы и фланговые удары. Лобовых встреч избегал и немедленно противопоставлял подвижные противотанковые средства, располагая их главным образом в противотанковых районах, а сам действовал обходом с одного, а в большинстве [случаев —] с обоих флангов.

Наши же действия носили характер обороны на широком фронте, и, к великому сожалению, механизированные корпуса также вынуждены были в отдельных случаях в начальный период боевых действий, а в последующем как система вести оборонительные бои.

Наш командный состав мало натренирован в мирное время именно к аналогичным действиям.

...

Крупнейшим недостатком было то, что приказы очень часто наслаивались, в них подчас конкретные задачи не ставились, а частая смена обстановки подчас приводила к тому, что штабы армий совершенно теряли управление механизированными корпусами." [74].

---

[73] Доклад начальника Автобронетанкового управления Юго-Западного Фронта генерал-майора танковых войск Моргунова начальнику Главного Автобронетанкового управления Красной Армии (15 июля 1941 года). ЦАМО Фонд 229, опись 3780сс, дело 1, листы 122-124.

[74] Доклад помощника командующего войсками Юго-Западного фронта по танковым войскам генерал-майора танковых войск Вольского заместителю Народного Комиссара Обороны Союза ССР о недостатках в управлении боевыми действиями механизированных корпусов от 5 августа 1941 года (5 августа 1941 года). ЦАМО Фонд 38-39, опись 80038сс, дело 1, листы 2-4, 8-15.

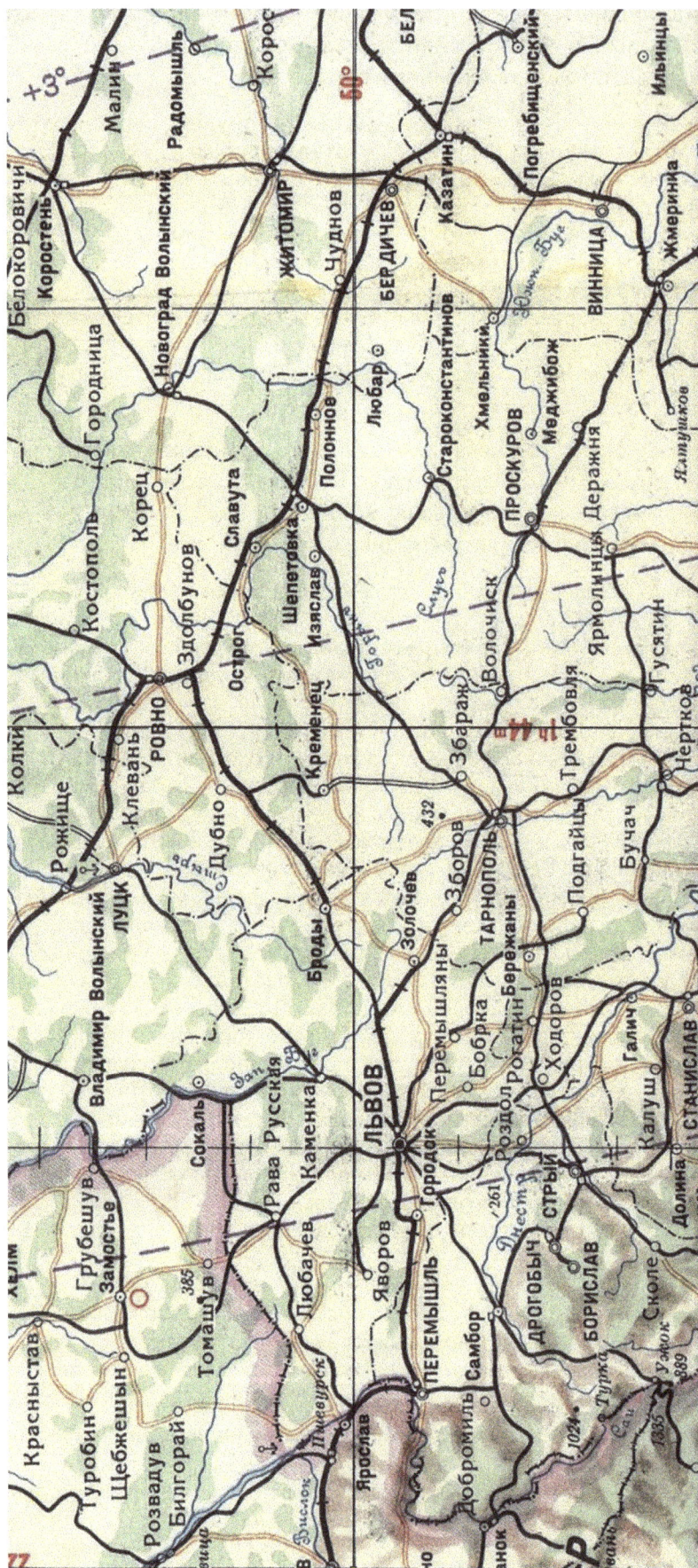

Фрагмент военной карты РККА (1940 год): от Львовского выступа до Бердичева.

Глава 6. Доукомплектование в резерве фронта (13 июля – 3 августа 1941 года)

Как уже отмечалось в предыдущей главе, 12 июля 1941 года 48-й инжбат был направлен в резерв Юго-Западного Фронта, в город Прилуки Черниговской области, для доукомплектования. По воспоминаниям сапёра Александра Жука, основная часть оставшихся в живых бойцов, под командованием командира роты Пономарёва и политрука Шера, проследовала поездом, *через Черкассы*. Жук ошибочно указывает местом назначения батальона Пирятин, путая этот соседний город с Прилуками, *поэтому не исключено, что и Черкассы — это не совсем точное воспоминание, и путь пролегал, например, через Канев.*

Письмо сапёра Менделя Высоцкого (деда одного из авторов, Михаила Прокопенко), *начатое примерно 12-14-го июля, когда батальон уже находился на пути в Прилуки*, упоминает станцию Гребёнка:

"...адреса у меня постоянного нету, потому, что сегодня я здесь, а завтра там, и в конце концов куда мы идем, а иногда едем я сам не знаю. Все говорят, что едем куда-то за Киевом формироваться и отправляться опять на фронт.

...

Пишу пока из станции Гребенка и думаю опустить письмо может тут... (*прим.: здесь текст письма обрывается*)"

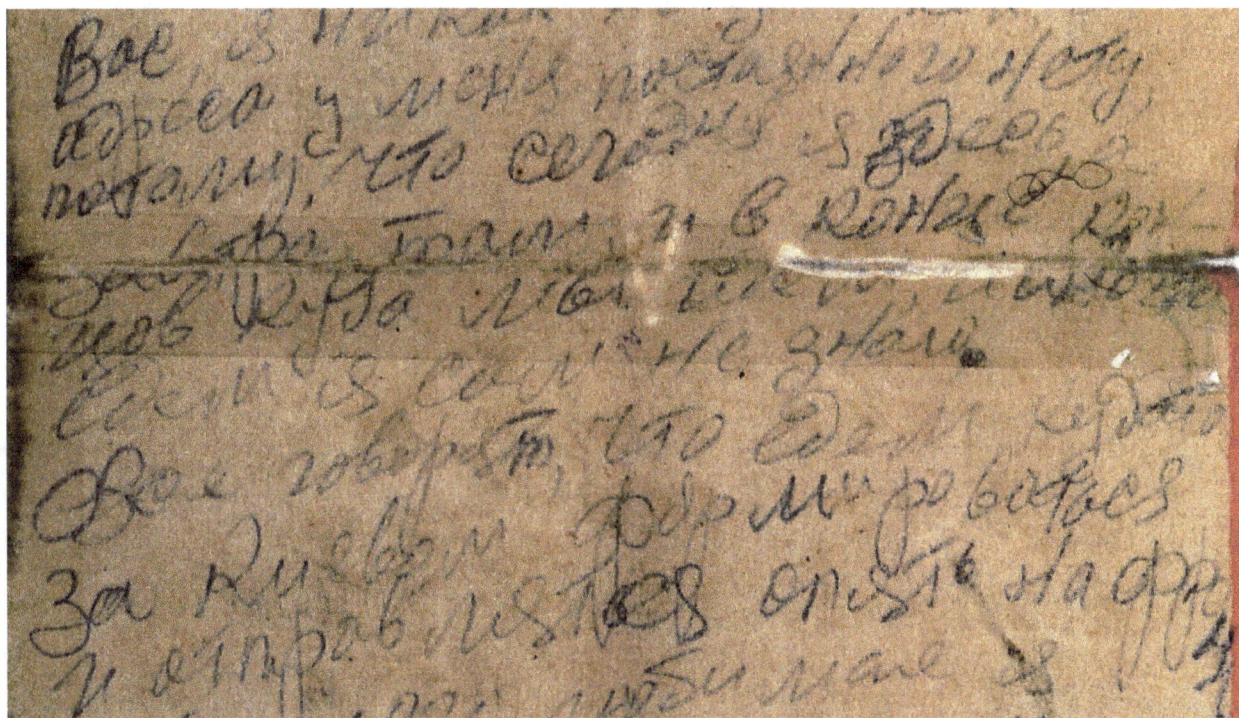

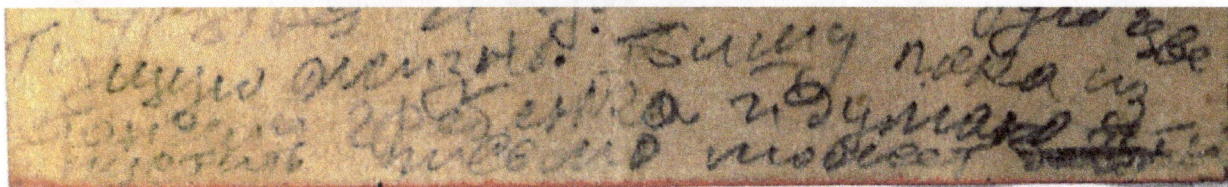

Фрагменты письма Менделя Высоцкого со станции Гребёнка (июль 1941 года).

Гребёнка была одной из узловых ж/д станций на линии Киев — Полтава, пересекающейся там с линией Черкассы — Пирятин — Прилуки.

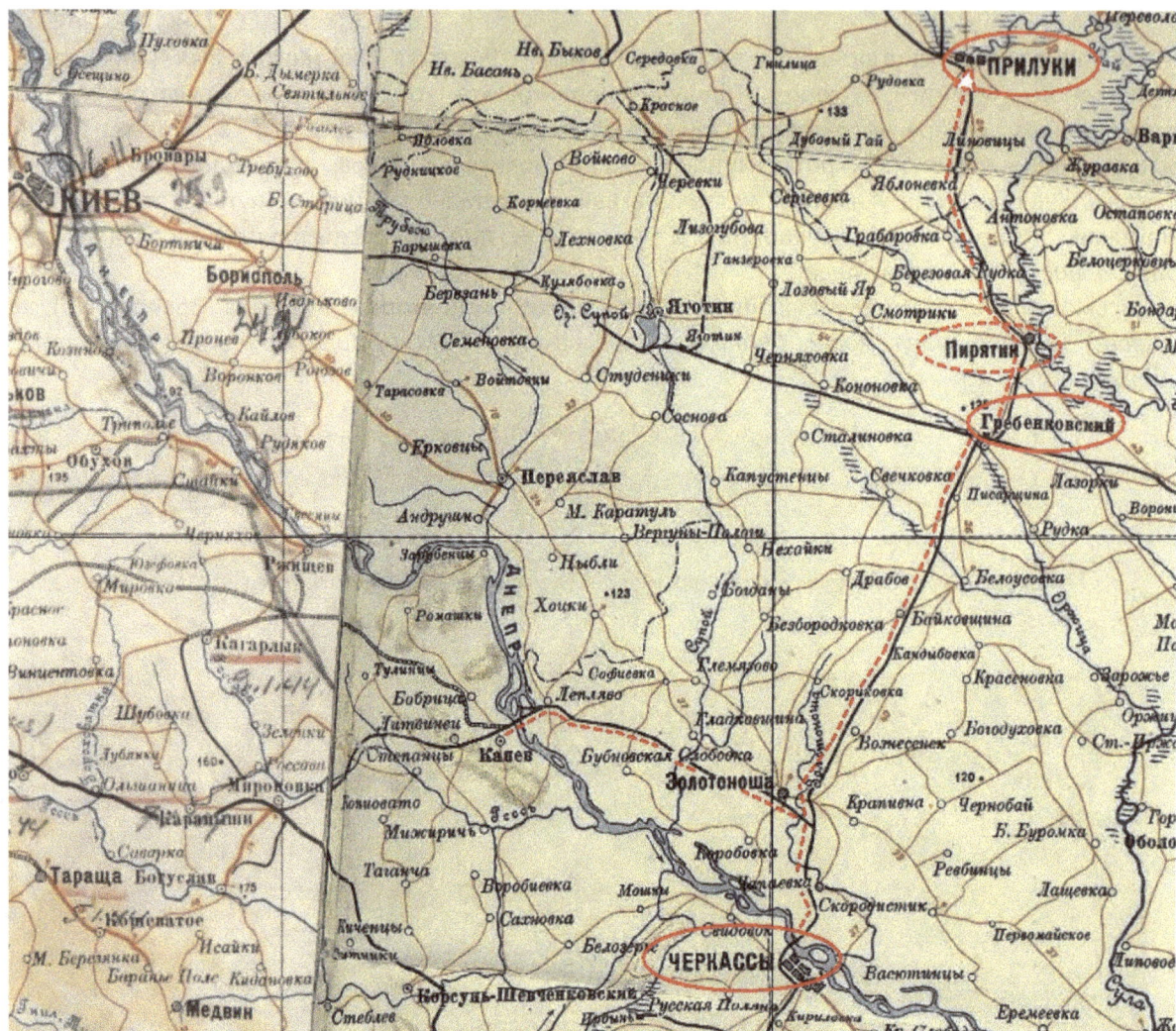

Фрагмент довоенной карты РККА (1940 год): отмечены Черкассы, Гребенковский (станция Гребёнка), Пирятин и Прилуки. Пунктиром обозначены возможные ж/д маршруты через Днепр до города Прилуки.

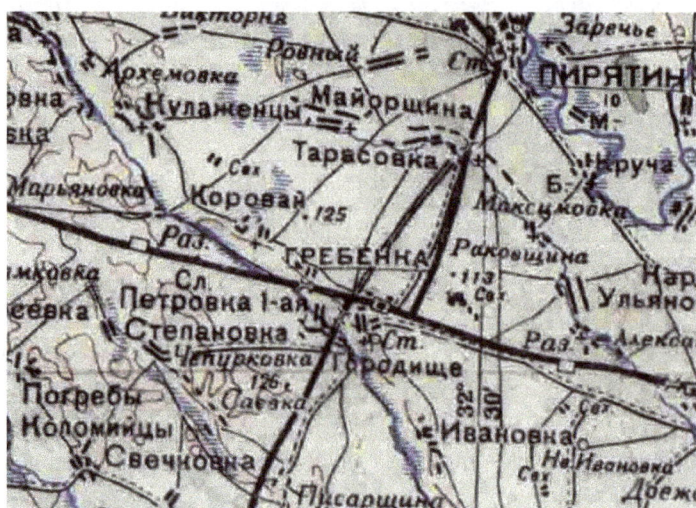

Фрагмент военной карты РККА (1941 год): станция Гребёнка.

Александр Жук описывает первые дни по прибытии в Прилуки так:

"Пирятин (прим.: на самом деле, Прилуки) нас встретил мирным большим зеленым двором и двухэтажной, пустой, брошенной школой, где мы и разместились.

Мы попали в тихий, милый, провинциальный мир. Город вымер, оставив на окошках занавески и засохшую герань. Людей не видно. Все, кто могли уже эвакуировались. Шер с несколькими красноармейцами пошли осматривать город и притащили несколько футляров, где в углублениях чёрного бархата лежало по двадцать штук новеньких ручных часов «ЗИФ». Все магазины брошены. Начало поступать пополнение. Среди нас появилось много новых парней и мужиков, вырванных только что из домашней мирной жизни." [75]

По штату военного времени № 010/22, 48-й отдельный мотоинженерный батальон механизированного корпуса должен был насчитывать 664 человека, в составе четырёх рот. *Возможно, что вначале доукомплектование и было спланировано таким образом*, так как 4-й мехкорпус ещё существовал.

Однако следует отметить, что в начале августа 1941 года, в состав 37-й Армии батальон вошёл не как отдельный мотоинжбат (ОМИБ), а как отдельный инжбат (ОИБ). Штатная численность армейского отдельного инженерного батальона на 1941 год нам, к сожалению, неизвестна, но его состав предполагал три, а не четыре роты. *Поэтому можно предположить, что штат ОИБ был меньше, чем штат корпусного ОМИБ на 130 человек (например, в одной инженерной роте по штату № 010/22 было 131 человек), и включал около 530 человек. С другой стороны, численность каждой роты могла быть и увеличена, и штат ОИБ мог достигать и большей численности.* Тем не менее, мы можем сравнить наше предположение со штатным расписанием армейского ОМИБ: известно квартирное расписание 9-го отдельного мотоинжбата 18-й Армии Южного Фронта, утверждённое Приказом Инженерного Управления Южного фронта № 099 от 13 сентября 1941 года, согласно которому личный состав 9-го ОМИБ включал 480 человек[76].

Поэтому вероятно, что за период с 12 июля по 3 августа 1941 года 48-й отдельный инжбат был доукомплектован примерно до 530 человек, то есть к оставшимся в живых 184 было добавлено 50 прикомандированных и около 300 новобранцев и переведённых из других частей.

В частности, 28-го июля 1941 года исполняющим должность военкома 48-го отдельного дорожного батальона 4-го мехкорпуса был назначен Егор Семёнович Ермаков, бывший до этого старшим политруком в 8-м батальоне 8-й танковой дивизии 4-го мехкорпуса (Приказ № 0038/ЮЗФ; см. биографию Егора Ермакова).

Среди других новобранцев этого периода можно отметить медсестру Надежду Николаевну Гассан-Корень и шофёра Дмитрия Корнеевича Бженцова (Бжендова).

В Прилуках в это же время находились и некоторые другие части 4-го мехкорпуса. Сохранилось письмо рядового Владимира Ивановича Баранова из 3-го отдельного мотоциклетного полка (ОМЦП) 4-го МК, написанное 24 июля 1941 года и отправленное из города Прилуки 28 июля 1941 года — как и 48-й инжбат, 3-й ОМЦП тоже использовал военную почтовую базу № 8 и полевую почтовую станцию (ППС) № 36 литер "С". В письме Баранов сообщает, что он "...жив здоров пока находимся на отдыхи в местечки Прилуки ни подалеку от Киева". Это было последнее письмо Баранова, полученное 8 августа 1941 года: он пропал без вести в августе—сентябре 1941 года.

---

[75] Жук А. В. Начало. — Стройиздат, Санкт-Петербург, 2005, стр. 57.

[76] Квартирное расписание инженерных частей, подчиненных Инженерному управлению Южного фронта по состоянию на 30 сентября 1941 года, с указанием их боевого и численного состава. Генеральный Штаб. Военно-научное управление. Сборник боевых документов Великой Отечественной войны. — М.: Воениздат, 1960. — Т. 42.

Фрагмент письма рядового 3-го ОМЦП 4-го мехкорпуса Владимира Баранова.

Фрагмент внешней стороны письма рядового 3-го ОМЦП 4-го мехкорпуса Владимира Баранова.
Виден штамп "Прилуки Вокзал Черниг." с датой "28.7.41".

Фрагмент письма рядового 3-го ОМЦП 4-го мехкорпуса Владимира Баранова,
с упоминанием "военной почтовой базы № 8" и "полевой почтовой станции № 36 литер С".

Ещё одно соединение 4-го мехкорпуса, 81-я мотострелковая дивизия, тоже располагалось в это время в Прилуках (на северо-западной окраине города). Приказом № 01 штаба 4-го МК от 20 июля 1941 года, подписанным временным командиром 4-го мехкорпуса полковником Пушкиным, 81-й МСД предписывалось выступить в город Киев в распоряжение начальника КиУР'а генерал-майора Власова. Маршрут продвижения указывался как ПРИЛУКИ — НЕЖИН — КОЗЕЛЕЦ — КИЕВ.

Этот приказ интересен не только подтверждением того, что 20 июля 1941 года 4-й мехкорпус ещё существовал, под командованием "Вр. Командира" полковника Пушкина, бывшего до этого командиром 32-й танковой дивизии корпуса, но и упоминанием бывшего командира 4-го мехкорпуса генерал-майора Власова как начальника КиУР'а.

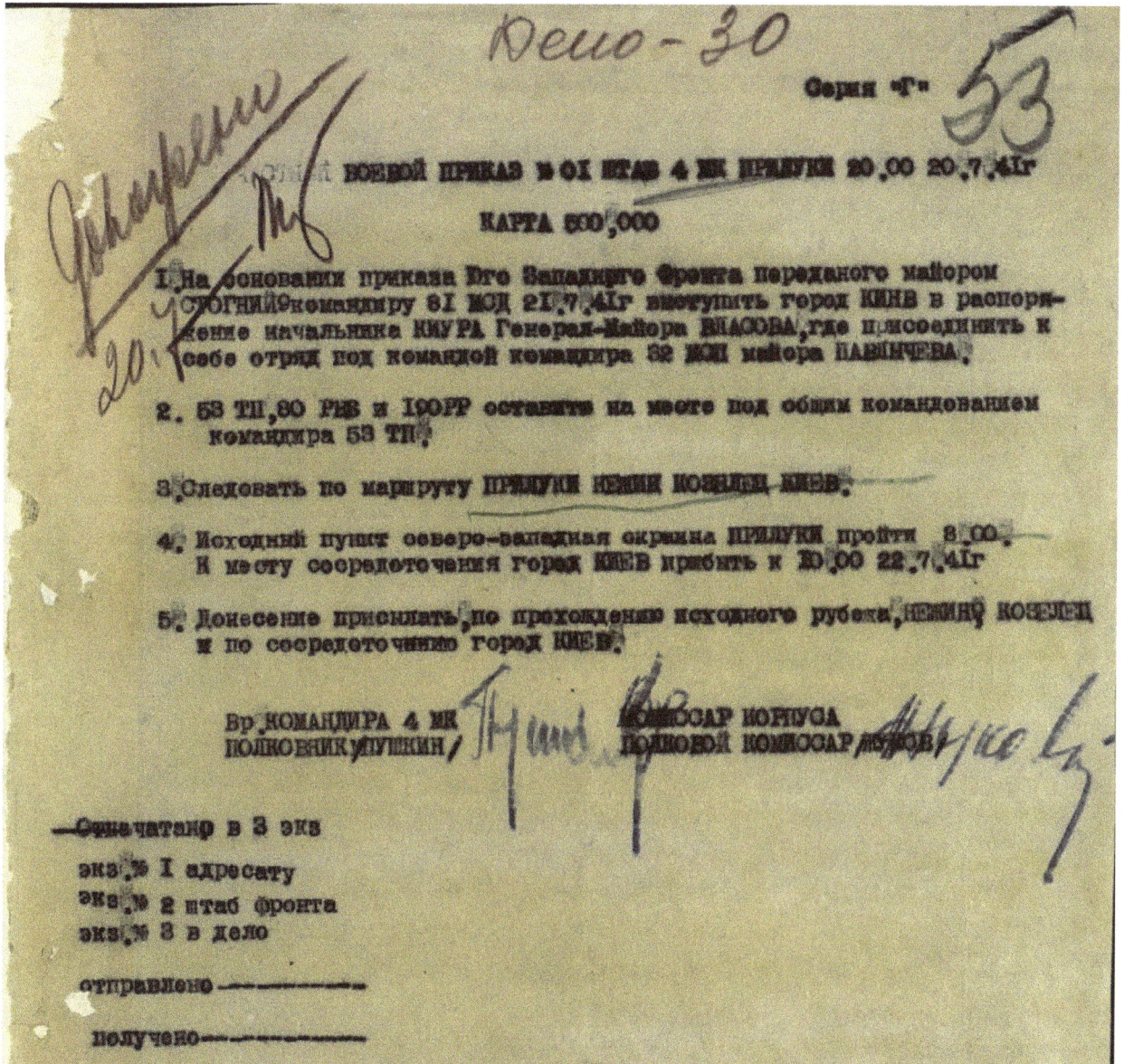

Фрагмент боевого приказа № 01 штаба 4-го МК (Прилуки, 20.00 20 июля 1941 года), подписанного временным командиром 4-го МК полковником Пушкиным и комиссаром корпуса полковым комиссаром Жуковым (ЦАМО фонд 229, опись 161, дело 61, лист 53).

Накануне, оперативная сводка № 013 штаба КиУР'а (Святошино, 19.00, 19 июля 1941 года), информировала:

> 3. В командование КиУРом вступили сегодня генерал-майор Власов, военный комиссар — бригадный комиссар Мишинев, начальник штаба генерал-майор Мартьянов.

И Андрей Андреевич Власов, и Георгий Николаевич Мишинев, и Алексей Алексеевич Мартьянов ранее командовали 4-м мехкорпусом: бригадный комиссар Мишинев был заместителем командира 4-го МК по политической части, генерал-майор Мартьянов — начальником штаба корпуса, а генерал-майор Власов — командиром корпуса.

Следует сделать небольшое отступление для того, чтобы вкратце очертить деятельность Власова, который вскоре был назначен командующим 37-й Армией, сформированной к 10 августа 1941 года на базе КиУР'а и резервов Ставки для защиты Киева. Именно в состав 37-й Армии и вошёл в начале августа 1941 года доукомплектованный 48-й отдельный инженерный батальон.

Фрагмент оперативной сводки № 013 штаба КиУР'а (Святошино, 19.00, 19 июля 1941 года) с назначениями нового командования КиУР'а: начальника КиУР'а — генерал-майора Власова, военного комиссара — бригадного комиссара Мишинева, начальника штаба — генерал-майора Мартьянова
(ЦАМО фонд 229, опись 161, дело 61, лист 50).

Генерал-майор Власов был назначен командармом 37-й Армии по рекомендации Н. С. Хрущёва:

> "Для защиты Киева мы решили создать новую армию и назвали ее 37-й. Стали искать командующего. Нам с Кирпоносом предложили ряд генералов, которые уже потеряли свои войска и находились в нашем распоряжении. Среди них очень хорошее впечатление производил Власов. И мы с командующим решили назначить именно Власова. Отдел кадров КОВО тоже его рекомендовал и дал преимущественную перед другими характеристику. Я лично не знал ни Власова, ни других "свободных" генералов, даже не помню сейчас их фамилий." [77]

О Власове написаны уже тома исследований: в 1942 году, будучи командармом 2-й Ударной Армии, генерал-лейтенант Власов попал в немецкий плен и возглавил Русскую освободительную армию (РОА), воевавшую какое-то время на стороне Германии и включавшую советских военнопленных. В 1945 году Власов сдался в плен Красной Армии, а в 1946 году был осуждён по обвинению в государственной измене и казнён.

Слева: генерал-майор А. А. Власов; газета «Известия» № 294 (7670), 13 декабря 1941 года, фотография из статьи о командирах РККА, отличившихся в битве под Москвой.
Источник: https://ru.wikipedia.org/wiki/Власов,_Андрей_Андреевич (19 марта 2017 года).
Справа: Андрей Власов в 1942 году (Федеральный Архив Германии, Bundesarchiv Bild 146-1984-101-29).

Однако в 1941 году Власов ещё был героем — он не только организовал эффективную оборону Киева в августе-сентябре 1941 года, но и стал "спасителем Москвы" в декабре 1941 года, когда его 20-я Армия остановила немецкие танки, прорывавшиеся к столице. За успешное руководство этой армией Власов получил звание генерал-лейтенанта и был награждён орденом Красного Знамени.

Тем не менее, "благодаря" своему комкору, а затем и командарму, и отброшенной им тени, десятки тысяч бойцов и командиров 4-го механизированного корпуса и 37-й Армии, сражавшихся в 1941 году на Юго-Западном Фронте, остались неизвестными.

---

[77] Хрущёв Н. С. Время. Люди. Власть. — М.: ИИК «Московские Новости», 1999. — Т. 1. — стр. 312. — (Воспоминания).

Так как наша задача ограничивается описанием боевого пути 48-го инжбата, который до конца июля 1941 года находился в резерве ЮЗФ в Прилуках, мы не будем вдаваться в детали обороны КиУР'а в течение последней декады июля. Тем не менее, для полноты картины, необходимо всё же хотя бы в общих чертах дать представление и о событиях, происходящих в КиУР'е, и о самом укрепрайоне.

Линия обороны КиУР'а брала начало у Днепра севернее Киева (в районе села Борки), шла на юго-запад, вдоль правого (восточного) берега реки Ирпень, через населённые пункты Мостище и Ирпень, далее по территории Киево-Святошинского района через Белогородку, Виту-Почтовую, Лесники, Мрыги и выходила левым флангом в Днепр. В целях усиления первой линии обороны использовалась река Ирпень: в её устье была сооружена дамба, в результате чего уровень воды поднялся почти на 2 метра. Была залита вся пойма и ширина реки достигла 700–1000 метров, а глубина по руслу — почти 4 метра[78].

Детальное описание реки Ирпень приведено и в книге "Киевский укрепленный район 1928 – 1941":

"Река Ирпень представляла собой серьезную труднопреодолимую преграду, русло имело ширину от 12 до 25, местами 30 метров, средняя глубина составляла 1,5–1,8 метра, имелись также участки с глубиной более 2 метров. Местами русло разделялось на протоки. Дно преимущественно песчаное. Имелись редкие броды. Скорость течения составляет 0,3–0,8 м/с. Берега реки обрывистые, сложены торфом, подмываемые частыми паводками и вследствие этого неудобные для форсирования. На пойме имелись старицы и обширные заболоченные участки, вплоть до непроходимых, но, в общем, пойма для пехоты особого препятствия не представляла. ... Ширина поймы р. Ирпень составляла от 500–1000 метров в районе Белогородка – Мостыще, до 1500–2000 метров в районе Мощун – Демидов. Единственными всесезонно проходимыми для техники местами были насыпи дорог, пересекающих пойму к мостам (Житомирское шоссе, а также железнодорожная насыпь и мост у пос. Ирпень)." [79]

Вторая полоса обороны, глубиной несколько километров, проходила по рубежу город Вышгород — Пуща-Водица — Беличи — Святошино — Никольская Борщаговка — Пост-Волынский — Жуляны — Голосеевский лес, а третья полоса — непосредственно по окраине Киева[80].

Основными оборонительными сооружениями КиУР'а являлись ДОТы (долговременные огневые точки) различных типов: их число доходило до двухсот пятидесяти. Самым крупным сооружением являлся его трёхэтажный командный пункт (КП), расположенный в Святошино. Нижний этаж КП находился на глубине 47 метров, недосягаемый ни для снарядов, ни для бомб[81]. Организационно КиУР был разделён на 14 батальонных районов обороны (БРО), каждый из которых занимал по фронту от 3 до 8 километров, имел глубину от 2 до 5 километров, и объединял до 20 долговременных оборонительных сооружений[82]. Связь с тылом обеспечивали мосты через Днепр:

"В те годы на Днепре имелось два железнодорожных моста — Дарницкий и имени Петровского (нынешний Подольский), а также два автогужевых моста: капитальный каменный мост имени Евгении Бош, построенный в 20-х годах взамен взорванного поляками в 1920 году Цепного моста (ныне вблизи его места проходит "мост метро"), а также постоянный деревянный Наводницкий мост. Незадолго перед войной было начато строительство нового Наводницкого автогужевого каменного моста, но к началу войны были построены только опоры. В наше время этот мост всем известен как "мост Патона"." [83]

---

[78] Кузяк А. Г. Долговременные сооружения Киевского Укрепрайона. "Сержант" № 13, 15.

[79] Кайнаран А. В., Крещанов А. Л., Кузяк А. Г., Ющенко М. В. Киевский укрепленный район 1928 – 1941 — Житомир: Волынь, 2011.

[80] Кайнаран А. В., Муравов Д. С., Ющенко М. В. Киевский укрепленный район, 1941 год. Хроника обороны — Житомир: Волынь, 2017.

Рунов В. А. Вермахт «непобедимый и легендарный». Военное искусство Рейха — Яуза, 2011.

[81] Кузяк А. Г. Долговременные сооружения Киевского Укрепрайона. "Сержант" № 13, 15.

[82] Кайнаран А. В., Крещанов А. Л., Кузяк А. Г., Ющенко М. В. Киевский укрепленный район 1928 – 1941 — Житомир: Волынь, 2011.

[83] Кайнаран А. В., Крещанов А. Л., Кузяк А. Г., Ющенко М. В. Киевский укрепленный район 1928 – 1941 — Житомир: Волынь, 2011.

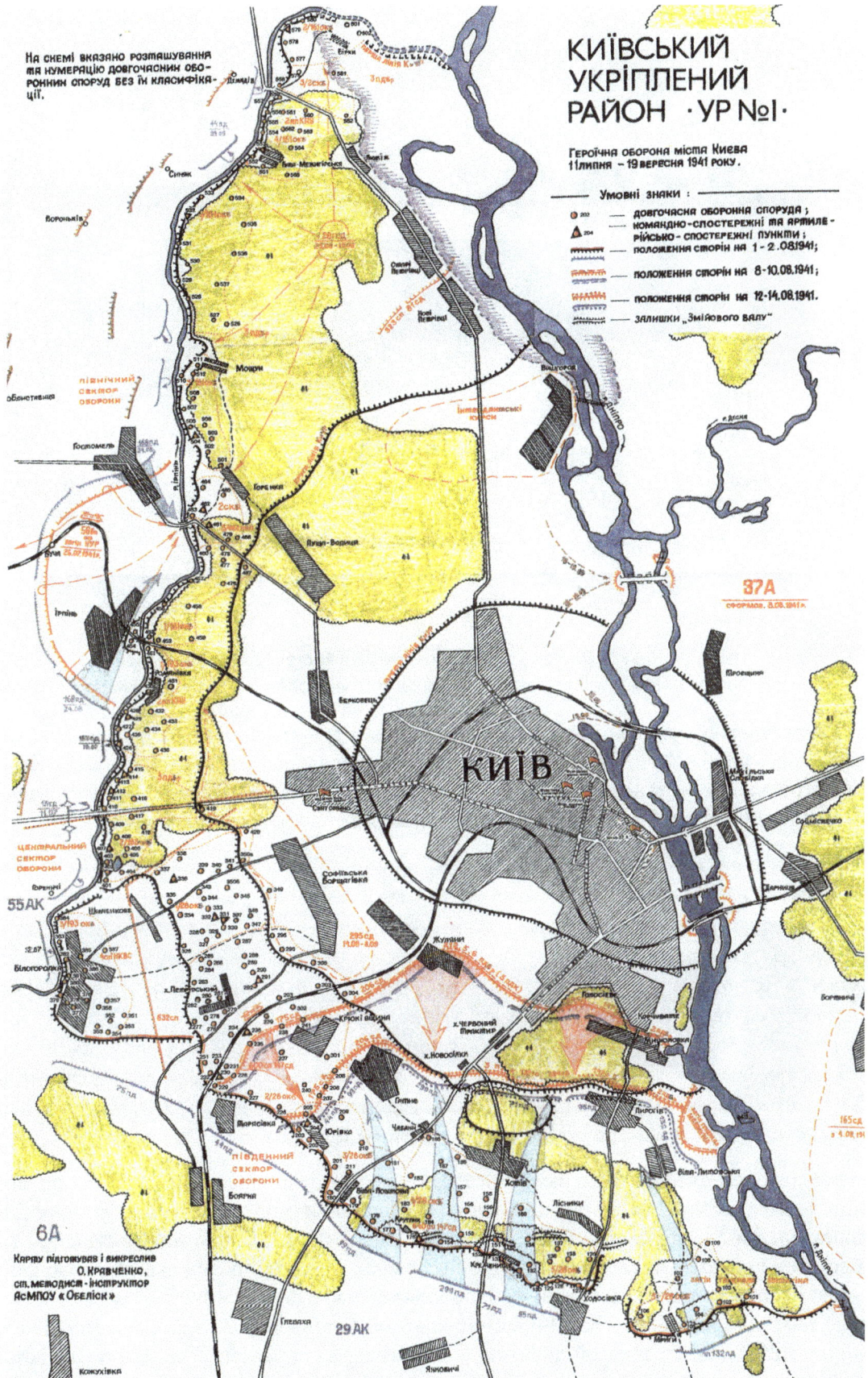

Карта КиУР (Олег Кравченко).
Источник: https://uk.wikipedia.org/wiki/Київський_укріплений_район (19 марта 2017 года).

КиУР: ДОТ № 458, расположенный к востоку от города Ирпень.
Источник: https://ru.wikipedia.org/wiki/Киевский_укреплённый_район (19 марта 2017 года).

Как свидетельствует в своих мемуарах маршал Иван Христофорович Баграмян, бывший в то время зам. начальника штаба ЮЗФ, ещё в середине июля в Броварах, где находился штаб ЮЗФ, начальник Инженерного Управления генерал-майор инж. войск Александр Фёдорович Ильин-Миткевич докладывал Военному совету фронта о форсировании инженерных работ в Киевском укрепрайоне[84]:

"На протяжении всех 55 километров первой линии обороны произведена расчистка секторов для ведения огня из дотов и дзотов; большая часть переднего края укрепленного района уже прикрыта противотанковым рвом, эскарпами, проволочными заграждениями. От дачного поселка Пуща Водица до Мышеловки сделан сплошной противотанковый ров, усиленный противотанковыми минами, ловушками и фугасами. На лесных участках повсюду устроены завалы. Все огневые позиции артиллерии прикрываются противотанковыми заграждениями.

...В глубине обороны ...отрыто около 30 километров противотанковых рвов, свыше 15 километров эскарпов, сооружено 750 дерево земляных огневых точек (дзотов). Для минирования подступов к оборонительным позициям доставлено 100 тонн взрывчатых веществ и 50 тысяч противотанковых и противопехотных мин. А всего в укрепленный район выделено около 100 тысяч мин."

В течение последней декады июля 1941 года в КиУР'е продолжались работы по оборудованию оборонительных полос фортификационными сооружениями, а также противотанковыми и противопехотными препятствиями (см., например, боевой приказ штаба КиУР'а № 07 от 20 июля 1941 года). Сводки и приказы штаба КиУР'а тех дней упоминают несколько сапёрных батальонов: 8-й, 249-й и 409-й, как части "полевого заполнения", обороняющие рубежи КиУР'а. Также упоминаются уже известные нам по 4-му мехкорпусу 3-й мотоциклетный батальон (бывший 3-й мотоциклетный полк) и сводный полк 81-й мотострелковой дивизии — например, в оперативной сводке № 015 штаба КиУР'а от 22 июля 1941 года.

---

[84] Баграмян И. Х. Так начиналась война. — М.: Воениздат, 1971.

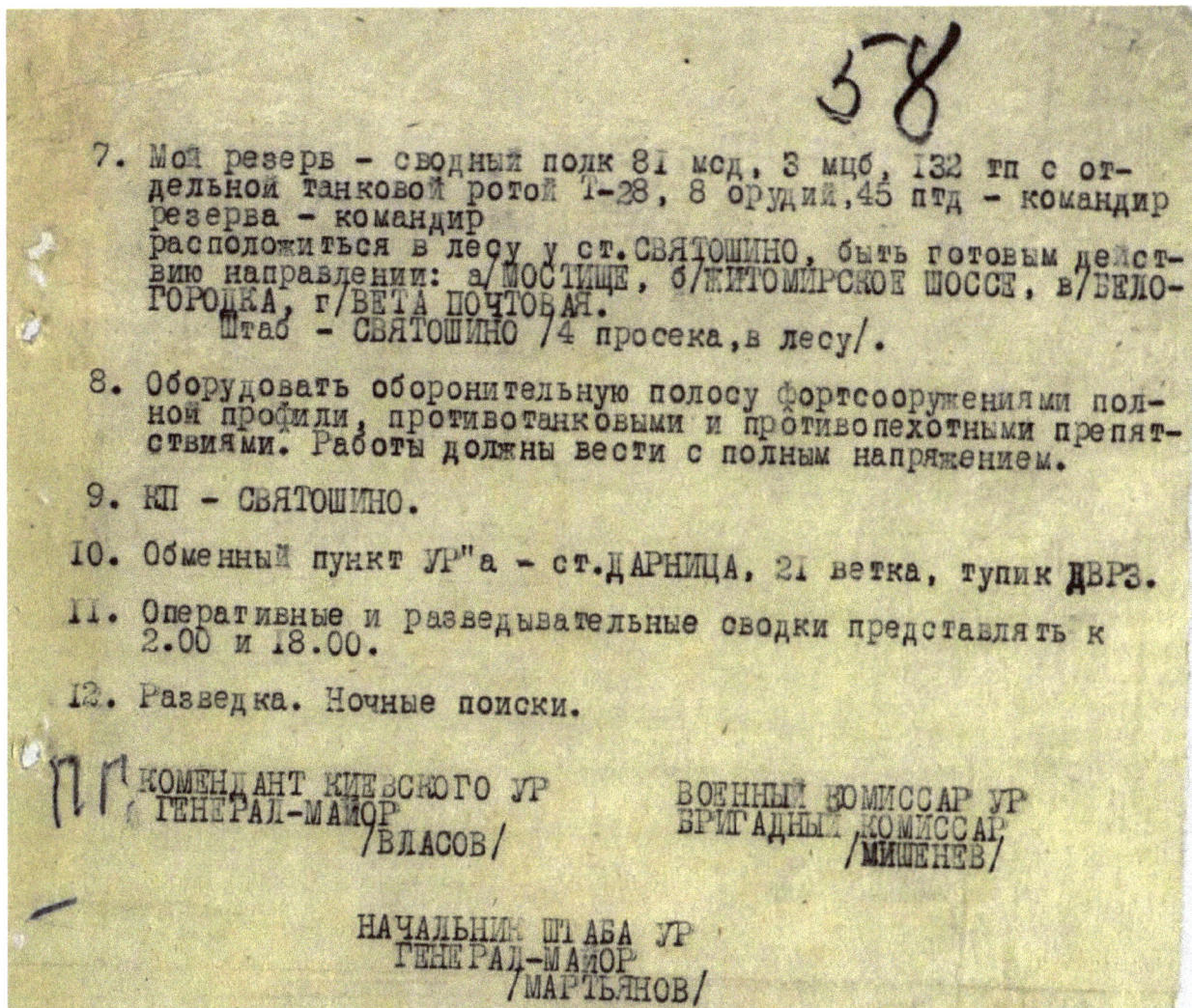

58

7. Мой резерв – сводный полк 81 мсд, 3 мцб, 132 тп с отдельной танковой ротой Т-28, 8 орудий, 45 птд – командир резерва – командир
расположиться в лесу у ст. СВЯТОШИНО, быть готовым действию направлении: а/МОСТИЩЕ, б/ЖИТОМИРСКОЕ ШОССЕ, в/БЕЛОГОРОДКА, г/ВЕТА ПОЧТОВАЯ.
Штаб – СВЯТОШИНО /4 просека, в лесу/.

8. Оборудовать оборонительную полосу фортсооружениями полной профили, противотанковыми и противопехотными препятствиями. Работы должны вести с полным напряжением.

9. КП – СВЯТОШИНО.

10. Обменный пункт УР"а – ст. ДАРНИЦА, 21 ветка, тупик ДВРЗ.

11. Оперативные и разведывательные сводки представлять к 2.00 и 18.00.

12. Разведка. Ночные поиски.

КОМЕНДАНТ КИЕВСКОГО УР
ГЕНЕРАЛ-МАЙОР
/ВЛАСОВ/

ВОЕННЫЙ КОМИССАР УР
БРИГАДНЫЙ КОМИССАР
/МИШЕНЕВ/

НАЧАЛЬНИК ШТАБА УР
ГЕНЕРАЛ-МАЙОР
/МАРТЬЯНОВ/

Фрагмент боевого приказа № 07 штаба КиУР'а (Святошино, 20 июля 1941 года)
с упоминанием сводного полка 81-й мотострелковой дивизии и 3-го мотоциклетного батальона
(ЦАМО фонд 229, опись 161, дело 61, лист 58).

В то же время свои развёрнутые сводки в оперативный отдел штаба ЮЗФ подавало и Инженерное Управление ЮЗФ. Как мы отметили чуть ранее, Инженерное Управление (ИУ) возглавлял генерал-майор инж. войск Александр Федорович Ильин-Миткевич, а его заместителем был подполковник Виктор Мефодьевич Кашников. На инженерных сводках того периода также имеются подписи военкома полкового комиссара Петра Григорьевича Хабарова и начальника 1-го отдела ИУ ЮЗФ майора Арсения Александровича Винского.

На следующих страницах, а также и в следующей главе, мы приводим фрагменты как оперативных сводок и приказов штаба КиУР'а, так и инженерных сводок ИУ ЮЗФ. Например, первая инженерная сводка ИУ ЮЗФ № 1 от 30 июля 1941 года по состоянию на 27 июля 1941 года указывает, что в 6-й Армии частично отмобилизовались и развернулись несколько частей 9-го инженерного полка, приступив к выполнению задачи по устройству заграждений и оборонительных рубежей; а 53-я электротехрота находится в распоряжении КиУР'а, имея задачу установить электризованные препятствия. Сводка также отмечает отсутствие сведений о местонахождении некоторых инженерных частей и подразделений.

30

Серия "Б"

ОПЕРАТИВНАЯ СВОДКА № 15, Штаб КиУР-а, СВЯТОШИНО, 22.7.41 г. 6.00

Карта 100.000

I. В ночь с 21 на 22.7.41 г. перед фронтом КиУРа противник активных действий не проявлял.

2. Части УР и части полевого заполнения обороняют рубеж БОРКИ, р.ИРПЕНЬ, БЕЛГОРОДКА, МРЫГИ.

3. 3 ВДБ с частями УР - /161,193 ОПБ и 2 ПБ/, и частями полевого заполнения - 20 ПО, 4 полк НКВД, отд.авиодесантная рота, 339 ЗАД, 249 САП б-н, заняла и обороняет рубеж - БОРКИ, БЕЛГОРОДКА.
Штаб 3 ВДБ - БЕРКОВЕЦ.

4. 147 СД с частями УР /28 ОПБ, I ПБ/ и части полевого заполнения /I р.795 СП, 409 САП/ обороняют рубеж: х.КОРОТИЩЕ, ЮРОВКА, МРЫГИ.
Штаб дивизии - НОВОСЕЛИЦЫ.

5. 206 СД с 2 ВДБ, интендантские курсы, 8 Сап.б-н, обороняют рубеж: БЕЛИЧИ, НИКОЛЬСКОЕ, БОРЩАГОВКА, МЫШЕЛОВКА.
Штадив - поселок СВЯТОШИНО.

6. Резерв коменданта КиУРа - сводный полк 81 МД, 132 ТП, две батареи ПТО, сосредоточен в лесу у ст.СВЯТОШИНО в готовности к действию в направлении: а/ МОСТИЩЕ, б/ ЖИТОМИРСКОЕ ШОССЕ, в/ БЕЛГОРОДКА. г/ ВЕТА ПОЧТОВАЯ.

7. Штаб - СВЯТОШИНО.

НАЧАЛЬНИК ШТАБА КИУРА
Генерал - Майор /МАРТЬЯНОВ/.

За НАЧАЛЬНИК ОПЕРАТИВНОГО ОТДЕЛА
Подполковник /ЧЕРНИЕНКО/.

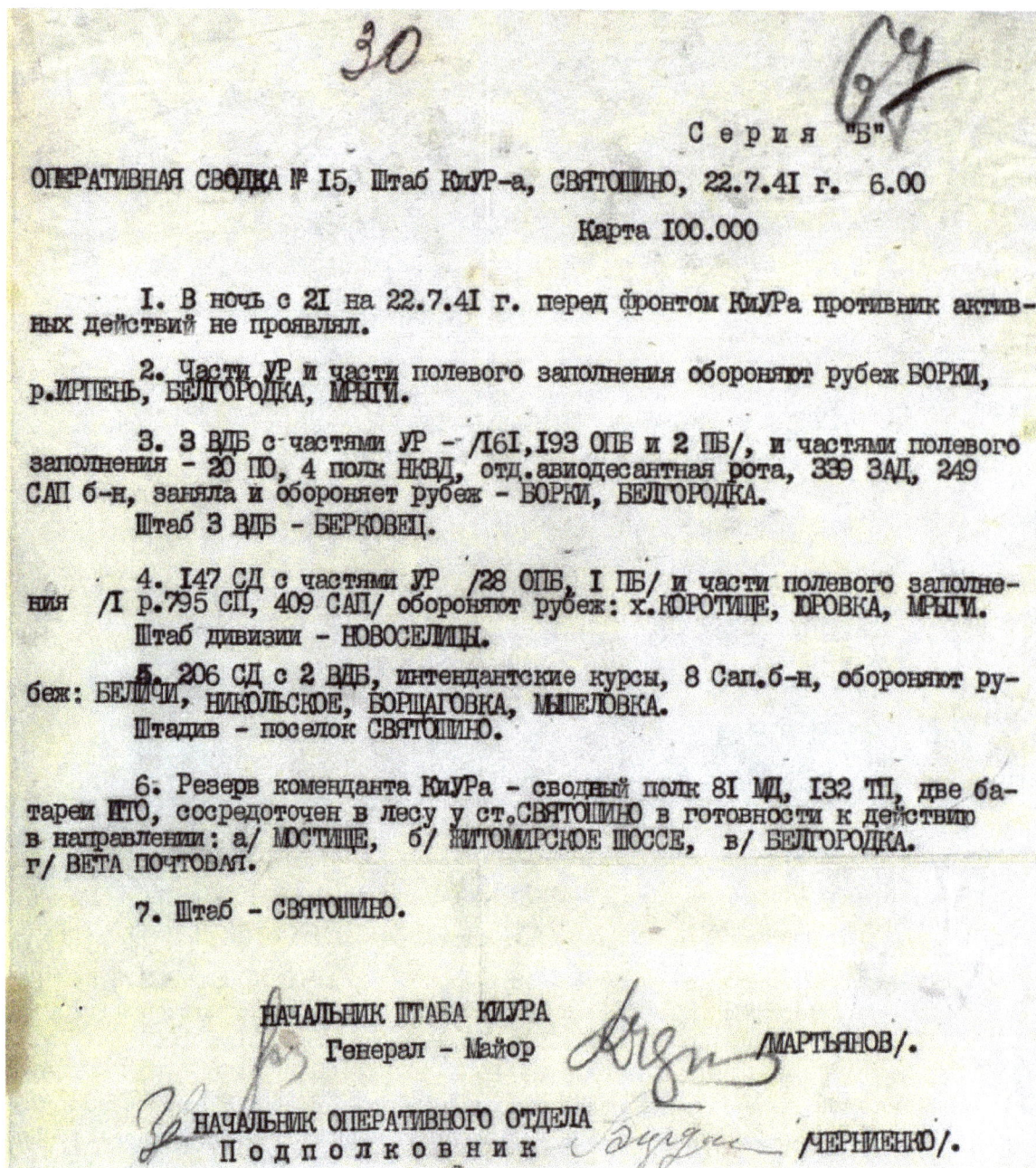

Фрагмент оперативной сводки № 015 штаба КиУР'а (Святошино, 22 июля 1941 года, 6.00) с упоминанием сводного полка 81-й мотострелковой дивизии (ЦАМО фонд 229, опись 161, дело 61, лист 67).

В июльских инж. сводках 48-й инжбат прямо не упоминается. В этот период батальон всё ещё доукомплектовывался в Прилуках, как и некоторые другие части ЮЗФ. В частности, инж. сводка № 1 по состоянию на 27 июля 1941 года отмечает, что "В настоящее время собраны к своим соединениям инженерные части 15, 4 и 8 МК, которые выведены из боя в тыл.". Сводка № 1 также отмечает большие потери инженерных частей 6-й армии "людьми и техникой" во время боёв и от бомбардировок авиацией противника, в результате чего "некоторая часть личного состава рассеялась":

"Инженерные части мотомехсоединений в начале войны находились при своих соединениях. Неудовлетворительное оснащение автотранспортом, техникой и неумение использовать эти части в бою привели к тому, что многие понтбаты и инжбаты мехкорпусов и танковых дивизий без всякого руководства бродили по дорогам, подвергаясь бомбардировке, теряя людей, имущество и технику."

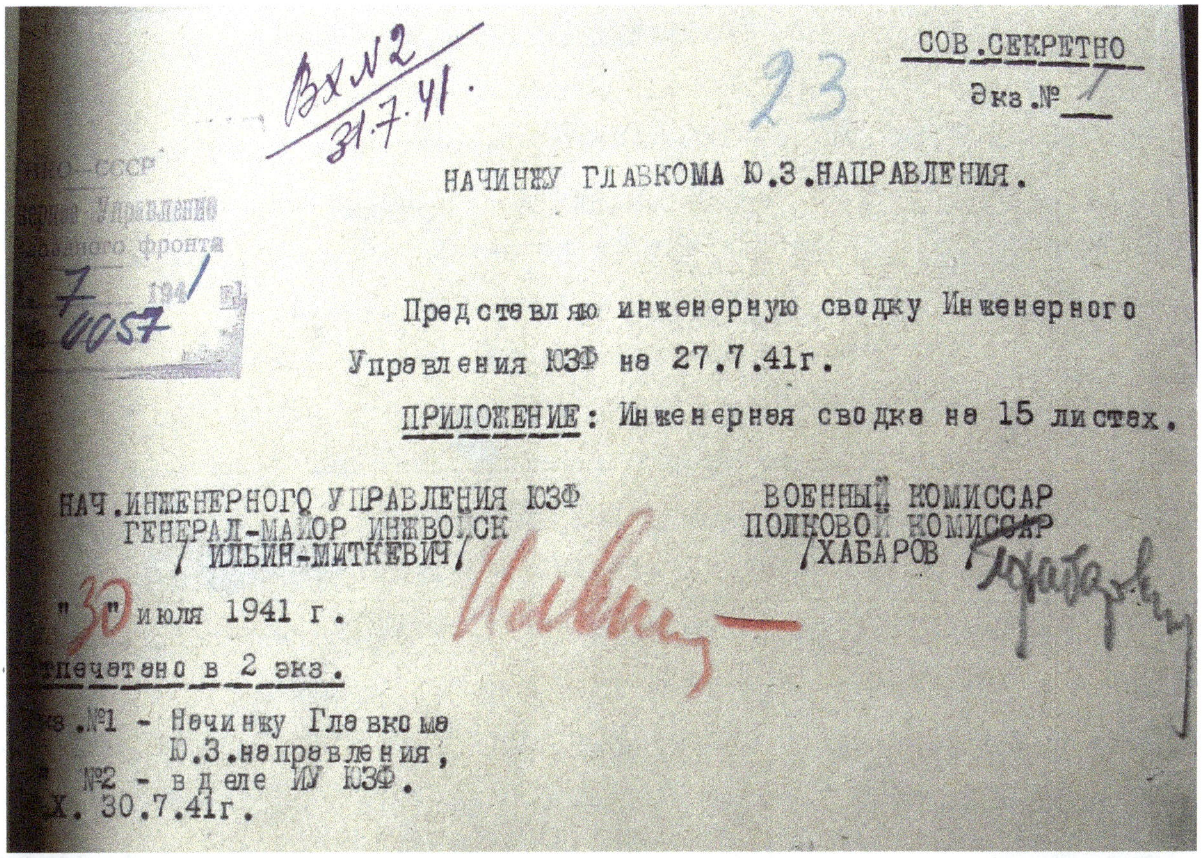

Вх.№2
31.7.41.

23

НКО—СССР
...нерное Управление
...ного фронта

7 ... 1941
0057

НАЧИНЖУ ГЛАВКОМА Ю.З.НАПРАВЛЕНИЯ.

Представляю инженерную сводку Инженерного Управления ЮЗФ на 27.7.41г.

ПРИЛОЖЕНИЕ: Инженерная сводка на 15 листах.

НАЧ.ИНЖЕНЕРНОГО УПРАВЛЕНИЯ ЮЗФ
ГЕНЕРАЛ-МАЙОР ИНЖВОЙСК
/ ИЛЬИН-МИТКЕВИЧ/

ВОЕННЫЙ КОМИССАР
ПОЛКОВОЙ КОМИССАР
/ХАБАРОВ /

"30" июля 1941 г.

Отпечатано в 2 экз.

Экз.№1 - Начинжу Главкома
Ю.З.направления,
" №2 - в деле ИУ ЮЗФ.
Х. 30.7.41г.

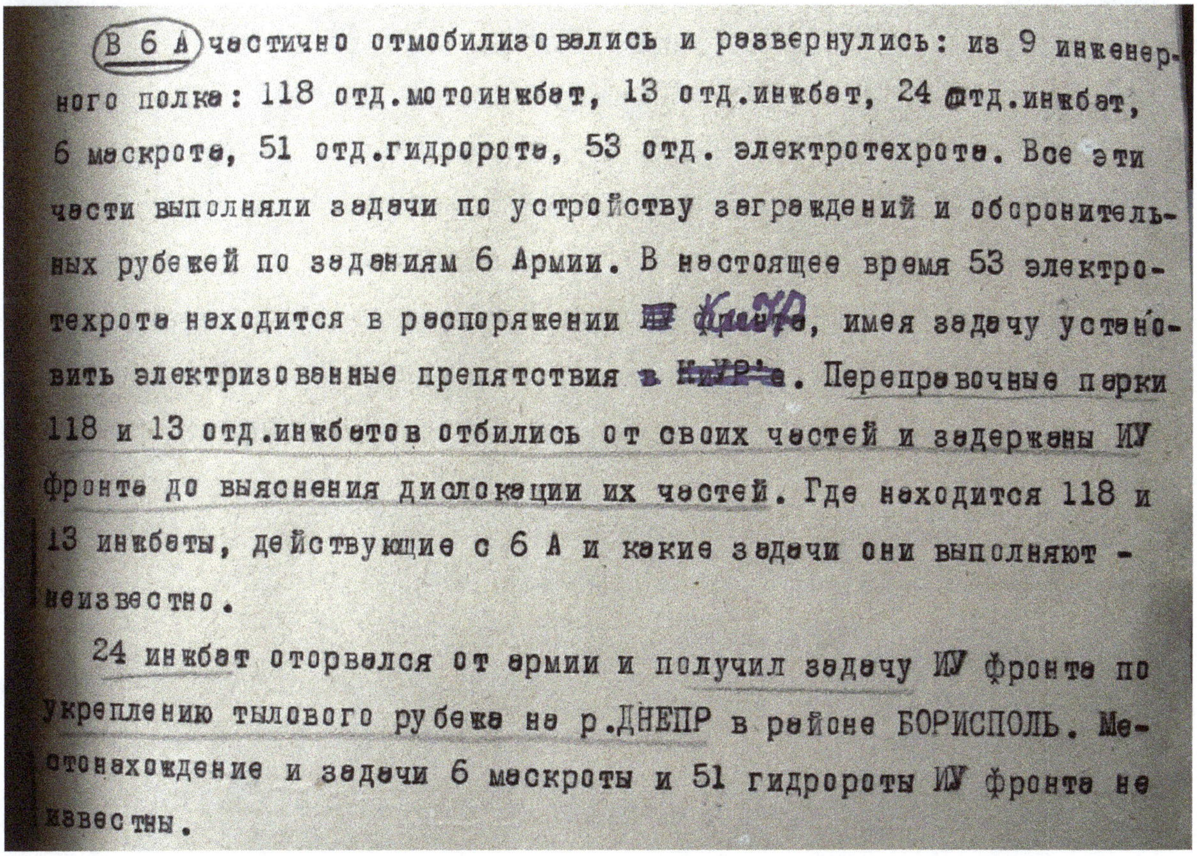

В 6 А частично отмобилизовались и развернулись: из 9 инженерного полка: 118 отд.мотоинжбат, 13 отд.инжбат, 24 отд.инжбат, 6 маскрота, 51 отд.гидророта, 53 отд. электротехрота. Все эти части выполняли задачи по устройству заграждений и оборонительных рубежей по заданиям 6 Армии. В настоящее время 53 электротехрота находится в распоряжении И Киева, имея задачу установить электризованные препятствия в КиУРе. Переправочные парки 118 и 13 отд.инжбатов отбились от своих частей и задержаны ИУ фронта до выяснения дислокации их частей. Где находится 118 и 13 инжбаты, действующие с 6 А и какие задачи они выполняют - неизвестно.

24 инжбат оторвался от армии и получил задачу ИУ фронта по укреплению тылового рубежа на р.ДНЕПР в районе БОРИСПОЛЬ. Местонахождение и задачи 6 маскроты и 51 гидророты ИУ фронта не известны.

Фрагменты инженерной сводки № 1 ИУ ЮЗФ от 30 июля 1941 года, по состоянию на 27 июля 1941 года (ЦАМО фонд 229, опись 191, дело 21, листы 23, 25).

В Ы В О Д: Армейские инженерные части отмобилизовывались в обстановке боев наспех и не полностью. Части, входящие в состав 6 А, понесли большие потери людьми и техникой *во время боев и авиации* от бомбардировок, и некоторая часть личного состава рассеялась. Оторванные от своих частей подразделения и части от армий собираются Инж.Управлением фронта, приводятся в порядок и направляются в свои соединения.

- 4 -

27

249 ОСБ обеспечивает в инженерном отношении КиУР, 237 ОСБ выполнял задачу по организации противотанкового рубежа в районе ГАЙСИН - ВАПНЯРКА. 187 ОСБ содержит переправы на р.ДНЕПР в районе ТРАХТОМИРОВ вост.РЖИЩЕВ.

Инженерные части мотомехсоединений в начале войны находились при своих соединениях. Неудовлетворительное оснащение автотранспортом, техникой и неумение использовать эти части в бою привели к тому, что многие понтбаты и инжбаты мехкорпусов и танковых дивизий без всякого руководства бродили по дорогам, подвергаясь бомбардировке, теряя людей, имущество и технику. Удалось вывести без потерь 37 понтбат 37 ТД. Вр.к-ра б-на ст.политрук ПАНФИЛОВ вел батальон проселочными дорогами, благодаря чему батальон без потерь вышел из боя и получил задачу на содержание переправы на р.ДНЕПР.

В настоящее время собраны к своим соединениям инженерные части 15, 4 и 8 МК, которые выведены из боя в тыл.

Фрагменты инженерной сводки № 1 ИУ ЮЗФ от 30 июля 1941 года, по состоянию на 27 июля 1941 года (ЦАМО фонд 229 опись 191, дело 21, листы 26, 27).

Следующая инженерная сводка, сводка № 2 от 31 июля 1941 года (за период с 27 по 30 июля 1941 года), указывает, что ИУ "продолжает собирать оторвавшиеся от своих соединений инженерные части: 12 А, 6 А, 9 МК и проводит работы по новым формированиям фронтовых и армейских инженерных частей".

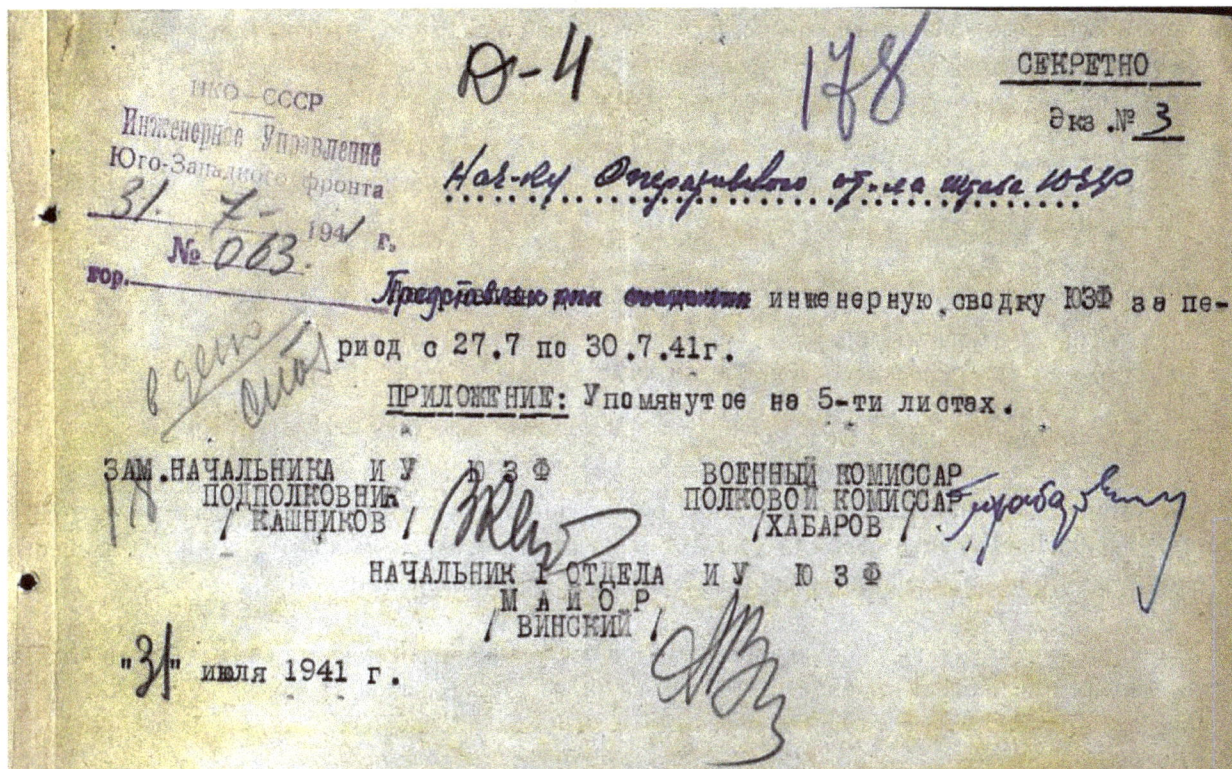

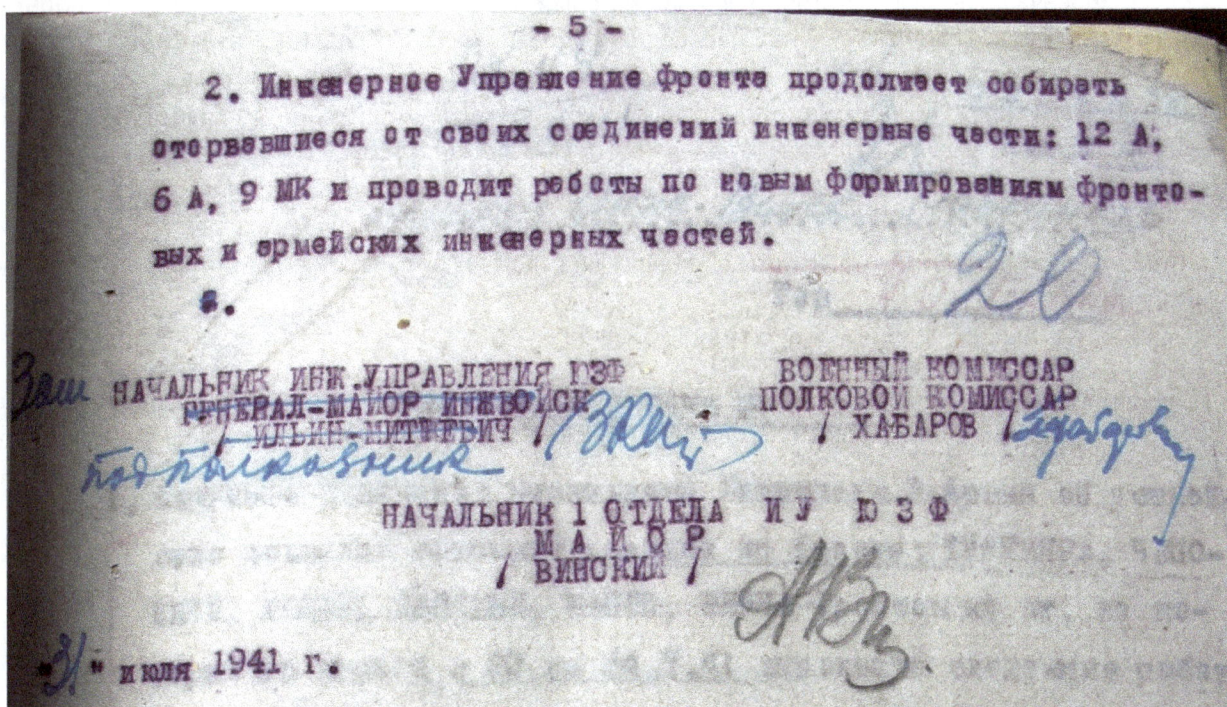

Фрагменты инженерной сводки № 2 ИУ ЮЗФ от 31 июля 1941 года, за период с 27 по 30 июля 1941 года (ЦАМО фонд 229, опись 191, дело 21, листы 15, 20; также: ЦАМО фонд 229, опись 161, дело 166, листы 178, 183).

Архивных сведений о пребывании и доукомплектовании 48-го инжбата в резерве обнаружить не удалось. Однако, в ОБД Мемориал хранятся сведения о безвозвратных потерях 48-го дорожного батальона 37-й Армии ЮЗФ по состоянию на 10 августа 1941 года. Это донесение, первую страницу которого мы уже приводили в 1-й главе (№ 050, г. Киев), было подписано командиром 48-го дор. бат-на капитаном Рыбальченко, военным комиссаром батальона старшим политруком Ермаковым, и нач. штаба батальона лейтенантом Гольдманом. Также, в левом нижнем углу, есть пометка "Исп. Старшина-Писарь Игнате...". Примечание на первой странице гласит:

```
"ранее сведения подавались в штаб 4 мех. корпуса
   приказом 37-й армии - сведения подавать в ГЕН-
   штаб Красной Армии непосредственно."
```

На последней странице этого донесения, в левом нижнем углу, есть пометка:

```
г. Киев-Ворошилова № 3.
Действующая КА, Полевая почтовая база №-8
Литер " С " полевая почтовая станция
№-36 / 48-Командование-части.
```

Донесение включает сведения об одном бойце, погибшем в этот период: разведчик-мотоциклист **Георгий Васильевич Рябцев** был 27.7.41 г. "убит на смрь дневальным красноармейцем Зайцевым", и похоронен в г. Прилуки Черниговской обл. в братской могиле гор. кладбища.

Это чрезвычайное происшествие упомянуто и в воспоминаниях сержанта 48-го инжбата Александра Жука. Имя Георгия Рябцева изменено в книге Жука на "Остап Охрименко":

> *"Вчера в этот сонный мир ворвалось ЧП.*
>
> *Проснувшись, все высыпали в наш зелёный двор на зарядку. Стояло летнее солнечное, благоухающее утро. Ничто не предвещало беды. Остап Охрименко выбежал с нами и остановился побалагурить со своим другом и односельчанином, который с ночи стоял дневальным. Вдруг грянул выстрел. Стоящий на посту не знал, что винтовка, которую он принял из рук часового, заряжена; шутя и играя с Остапом, он нажал курок...*
>
> *Под диктовку Рыбальченко я, ставший батальонным писарем, заполнял стандартный бланк похоронки. «Ваш сын, Остап Охрименко, пал в бою смертью храбрых». Рыбальченко прочитал, подумали велел дописать: «погиб, совершив героический подвиг, выполняя особое боевое задание».*
>
> *Его друга под конвоем отправили в трибунал..."* [85]

Дальнейшая судьба дневального красноармейца **Зайцева** нам неизвестна. Тем не менее, донесение № 050 подтверждает, что 27 июля 1941 года 48-й инжбат всё ещё находился в резерве в городе Прилуки.

---

[85] Жук А. В. Начало. — Стройиздат, Санкт-Петербург, 2005, стр. 58.

Приложение к свод. №

К Вх. № 9872с
"8" 8 1941 г.

СВЕДЕНИЯ
о безвозвратных потерях начальствующего и рядового состава
48 ДОРОЖНОГО БАТАЛЬОНА 37-й АРМИИ за период с 27.7.по состоянию на 10е августа 1941 года. / Юго Западного фронта /.

П/П	Фамилия имя и отчество	Военное звание	Должность и Специальность	место и год рождения	Каким РВК призван	Когда и по каким причине убыл	Где похоронен.	Имя, отчество и фамилие-жены или родителей.
1.	АРСЕНЮК Василий Емельянович,	Красноармеец	Рядовой сапер	1917г. Винницкая область.Погреб-лянски район с. Погребье Погребье	Погребищенс-кой РВК Винниц-кой области	Погреб-убит при бомбёжке—ни о Германским бомбезом в мес. МАГЕРУВ, 26.6.41г.	В братской моги-ле о МАГЕРУВ.	отец—АРСЕНЮК Емельян.
2.	РЯБЦЕВ Георгий Васильевич,	—"—	Разведчик-мотоциклист	1917г. УССР. Николаевская обл. Г.Николаев, улица Розв-Люксембург №-37 квартира 2.	Николаевский РВК	27.7.41г. в 7.45м. Был убит на окр. УССР г.ПРИЛУКИ Черниговской обл. дневальным крас-поармейцем ЗАЙЦе-ВЫМ	Похоронен в УССР г.ПРИЛУКИ Черниговской обл. в братской моги-ле Гор.Кладбища.	Отец—РЯБЦЕВ Василий Иванович,

ПРИМЕЧАНИЕ: Ранее сведения о безвозвратных потерях подавались в штаб 4 мех. корпус. 37-я Армия
Приказали, на этих и впредь сведения подавать вам.

КОМАНДИР 48 ДОР.БАТ-на
КАПИТАН
/ РЫБАЛЬЧЕНКО/

ВОЕННЫЙ КОМИССАР БАТАЛЬОНА
СТАРШИЙ ПОЛИТРУК
/ ЕРМАКОВ /.

НАЧАЛЬНИК ШТАБА БАТАЛЬОНА
ЛЕЙТЕНАНТ
/ ГУЛЬМАН /.

Коп. в 1 экз.
Г.Киев-Воронкова №-3.
Действующая Ил Полевая почтовая база №-8
Литер "С" Полевая почтовая станция
№-36 / 48-Командование-Части.

Фрагменты донесения о безвозвратных потерях 48-го дорожного батальона 37-й Армии ЮЗФ по состоянию на 10 августа 1941 года (№ 050, г. Киев), со сведениями о разведчике-мотоциклисте Георгии Рябцеве, погибшем 27 июля 1941 года в городе Прилуки; ЦАМО фонд 58, опись 818884, дело 9, листы 214 и 215.

Есть и ещё один документ тех дней, в котором упоминается 48-й инжбат — Приказ по формируемой 37-й Армии № 01 от 1 августа 1941 года. Этим приказом "помощник командира батальона" 48-го отдельного инженерного батальона 4-го мехкорпуса капитан Феодосий Филиппенко был назначен "помощником начальника отдела инженерных войск 37 Армии" (см. его биографию). Подобные назначения состоялись и у многих других офицеров расформированного 4-го мехкорпуса. Например, начальник инженерной службы 4-го мехкорпуса, полковник Александр Иванович Голдович, был назначен тем же Приказом "начальником отдела инженерных войск 37 Армии".

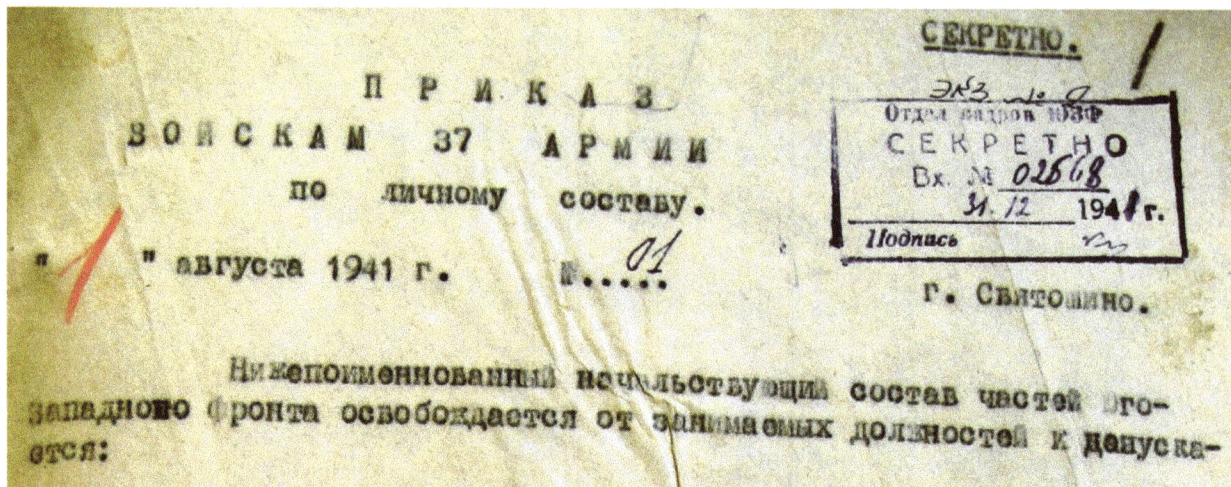

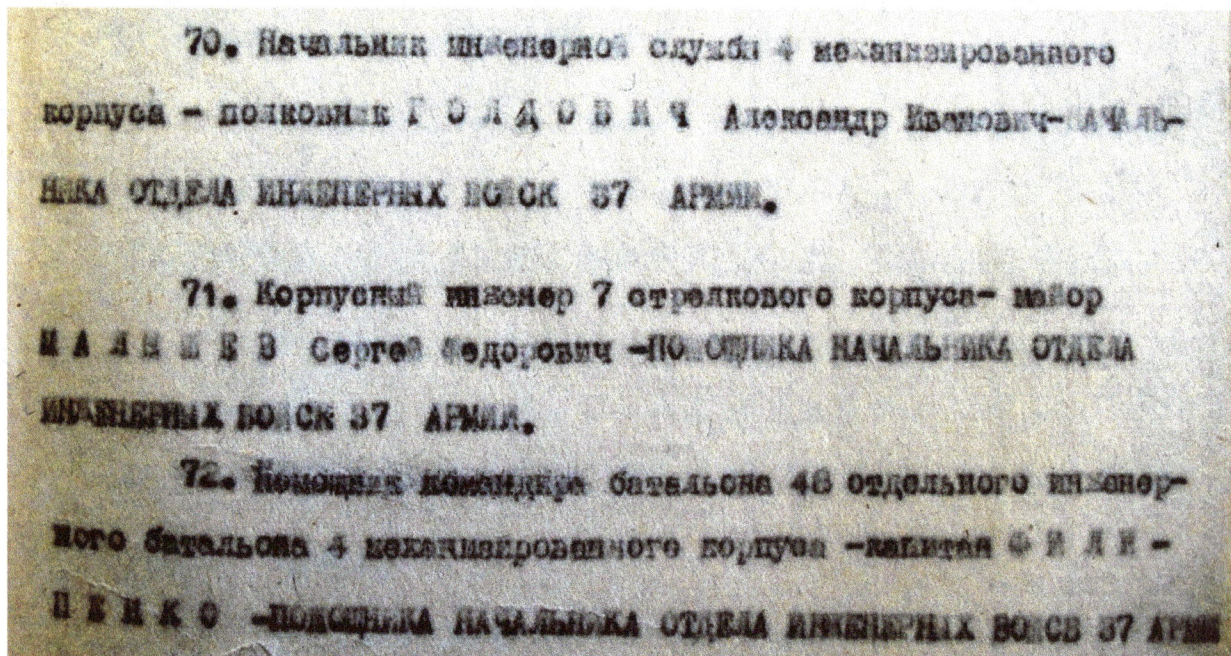

Фрагменты Приказа Войскам 37-й Армии по личному составу № 01 (1 августа 1941 года),
с назначениями капитана Филиппенко и полковника Александра Ивановича Голдовича;
ЦАМО фонд 392, опись 9205, дело 1, листы 1 и 11.

В следующей главе мы опишем действия батальона в КиУР'е с 4 августа по 18 сентября 1941 года. Эту же главу завершают выписки из документов, относящихся к самым последним июльским и трём первым августовским дням, в течение которых напряжение на линии обороны продолжало нарастать.

Инженерная сводка № 2 ИУ ЮЗФ от 31 июля 1941 года, за период с 27 по 30 июля 1941 года

...КиУР продолжает укрепляться войсковыми инженерными частями и гарнизоном. Подробное донисение об укрепении КиУРА высылается отдельно. Инженерное обеспечение выполняется 409 саперным батальоном КиУРА, 246 сапбатом / резерв Ю.З.Фронта / сапбатами 147 СД,206 СД и 66 ЛИМБ.

Начатые неорганизовано работы по минированию местности в КиУРЕ дают свои последствия до сих пор,в том ,что минные поля попадают свои подразделения и отдельные бойцы и командиры.

29.7. из 2 роты 246 ОСБ в районе ЮРОВКА подорвалось 5 человек.(Тяжело ранены). Место минного поля нигде не зафиксировано и неизвестно кем это минное поле установленно. По данным,требующим проверки,в районе ЮРОВКА минные поля устанавливал 4 участок 77 УНС. Не закончив работы,в связи с новыми формированиями Оборонительного строительства,4 участок 6.77 УНС не здав минных полей частям обороняющим эту местность. По этому факту ведеться расследование.

При заряжании деревянных мин в КиУРЕ было 3 случая взрыва с жертвами,вследствии слабой подготовки личного состава к этим работам.

УСТАНОВЛЕННЫЕ деревянные противотанковые мины по образцу ТМД-40 самовзрываются вследствии деформации деревянного корпуса от коробления,что вызывает выдергивание чеки взрывателя. Коробление произошло в следствии высыхания мин после дождя. Втечении 28 и 29.7 было 4 случая самостоятельного взрыва мин ПТМ / в КиУРе/.

...

Подписи:
Зам. Начальника Инж. Управления ЮЗФ Подполковник Кашников
Военный Комиссар Полковой Комиссар Хабаров
Начальник 1-го Отдела ИУ ЮЗФ Майор Винский

Оперативная Сводка № 037 Штаб КиУР — Святошино к 2.00 2 августа 1941 года

1. К исходу дня 1.8.41 противник продолжал проявлять активность,ведя артогонь по переднему краю обороны 28 опб и пробовал наступать своими разведчастями направлении ТАРАСОВКА, ВЕТА ПОЧТОВАЯ.

19.50 авиация пр-ка,20 самолетов,бомбила район НОВОСЕЛИЦЫ /КП 147 сд/.

20.20 вторично произвела налет /до 50 самолетов/,сбросив бомбы в районе сев.опушка леса вост.х.ТЕРЕМКИ.

Результаты — 2 убито, 2 ранено. Убито 6 лошадей,ранено 4.

Потери уточняются.

В 1.15 2.8.41,по донесению охраны Дарнецкого ж.д.моста пр-ик производил пристрелку по Дарнецкому ж.д.мосту, выпустив 11 снарядов, разорвавшиеся 1-1,5км от моста.

2. Части КиУР продолжают оборонять рубеж БОРКИ,р.ИРПЕНЬ,БЕЛГОРОДКА,МРЫГИ.

Изменений в расположении нет.

3. 147 сд на левом фланге 600 сп выслана разведка от РБ направлении ГВОЗДОВ, м. ДМИТРОВИЧИ.

Наблюдается скопление пехоты и артиллерии пр-ка южнее ВЕТА ПОЧТОВАЯ.

Дивизия вела бой с разведывательными частями пр-ка районе: ТАРАСОВКА, ВЕТА ПОЧТОВАЯ /силой до 2 рот/,выс. 115,2,102,5,169,4.

Противник отбит с большими для него потерями.

...

Подписи:
Начальник Штаба КиУР Генерал-Майор Мартьянов
Военный Комиссар Штаба КиУР Полковой Комиссар Радомский
Начальник Оперотдела Подполковник Черниенко

КиУР

КиУР продолжает укрепляться войсковыми инженерными частями и гарнизоном. Подробное донесение об укреплении КиУРА высылается отдельно. Инженерное обеспечение КиУРА выполняется ~~хххххххх~~ 409 саперным батальоном КиУРА, 246 сапбатом / резерв Ю.З.Фронта /, сапбатами 147 СД, 206 СД и 66 ЛИМБ.

Начатые неорганизовано работы по минированию местности в КиУРЕ дают свои последствия до сих пор, в том, что минные поля попадают свои подразделения и отдельные бойцы и командиры.

29.7. из 2 роты 246 ОСБ в районе ПРОНКА подорвалось 5 человек. (Тяжело ранены). Место минного поля нигде не зафиксировано и неизвестно кем это минное поле установлено. По данным, требующим поверки, в районе ПРОНКА минные поля устанавливал 4 участок 77 УНС. Не закончив работы, в связи с новыми формированиями Оборонительного строительства, 4 участок б. 77 УНС не сдав минных полей частям обороняющим эту местность. По этому факту ведется расследование.

При заряжании деревянных мин в КиУРЕ было 3 случая взрыва мин с жертвами, вследствии слабой подготовки личного состава к этим работам.

- 3 -

УСТАНОВЛЕННЫЕ деревянные противотанковые мины по образцу ТИД-40 самовзрываются вследствии деформации деревянного корпуса от коробления, что вызывает выдергивание чеки взрывателя. Коробление произошло в следствии намокания мин после дождя. В течении 28 и 29.7. было 4 случая самостоятельного взрыва деревянных ПТМ. % В КиУР. %

Фрагменты инженерной сводки № 2 ИУ ЮЗФ от 31 июля 1941 года, за период с 27 по 30 июля 1941 года
(ЦАМО фонд 229, опись 191, дело 21, листы 17–18;
также: ЦАМО фонд 229, опись 161, дело 166, листы 180–181).

№ Д-30

Серия "Г":

ОПЕРАТИВНА СВОДКА № 037 ШТАБ КиУР СВЯТОШИНО к 2.00 2.7.41
Карта 100000.

1. К исходу дня 1.8.41 противник продолжал проявлять активность, ведя артогонь по переднему краю обороны 28 опб и пробовал наступать своими разведчастями направлении ТАРАСОВКА, ВЕТА ПОЧТОВАЯ.
19.50 авиация пр-ка, 20 самолетов, бомбила район НОВОСЕЛИЦЫ /КП 147 сд/.
20.20 вторично произвела налет /до 50 самолетов/, сбросив бомбы в районе сев. опушка леса вост. х. ЧЕРЕМКИ.
Результаты - 2 убито, 2 ранено. Убито 6 лошадей, ранено 4.
Потери уточняются.
В 1.15 2.8.41, по донесению охраны Дарнецкого ж.д. моста пр-ик производил пристрелку по Дарнецкому ж.д. мосту, выпустив 11 снарядов, разорвавшиеся 1-1,5км от моста.

2. Части КиУР продолжают оборонять рубеж БОРКИ, р. ИРПЕНЬ, БЕЛГОРОДКА, МРЫЦИ.
Изменение в распоряжении нет.

3. 147 сд на левом фланге 600 сп выслана разведка от РБ направлении ГВОЗДОВ, м. ДМИТРОВИЧИ.
Наблюдается скопление пехоты и артиллерии пр-ка южнее ВЕТА ПОЧТОВАЯ.
Дивизия вела бой с разведывательными частями пр-ка районе: ТАРАСОВКА, ВЕТА ПОЧТОВАЯ /силой до 2 рот/ выс. 115,2; 102,5; 169,4.
Противник отбит с большими для него потерями.
206 сд 1.8.41 высланы две разведывательные группы /по 3 чел./ от 407 ОЗАД направлении с. СТОЯНКА и дача ИРПЕНЬ, для выяснения местонахождения разведгруппы высланной 31.7.41 и не вернувшейся.
По данным полученным 748 сп 206 сд от 4 сп НКВД на западной окр. с. БЕЛГОРОДКА и вост. опушка КОЛБАСНАЯ с высоты 159,3 появилась конная группа 30-40 чел. По лесу КАЛБАСНАЯ южной опушки отмечана колонна пр-ка.
Распоряжением нач. северного сектора КиУР, находившееся в резерве: 3 минометная батарея 120 м.м. выходит район: 4 сп. НКВД /район БЕЛГОРОДКА/, вторая минбатарея 120 м.м. из ДЕМИДОВА к 2.00 2.8.41 выходит район 3 ВДБ.

4. 27 ск сведения не поступили.

5. 64 ск обороняется на рубеже: 400 метров от опушки леса, что западнее свхоз Животный, дорога на ЗАБОРЬЕ, свхоз Животный, южнее "Б" на ж.д. что на стыке дороги идущей с. ТАРАСОВКА.
Корпус получил приказ Командующего Ю.З.Ф. в ночь на 2.8.41 года атаковать пр-ка на рубеже: БОБРИЦА, ЗАБОРЬЕ, РОСЛОВИЧИ с задачей овладеть сев. берегом р. БОБРИЦА, РОСЛОВИЧИ, ГВОЗДОВ, МАЛ. ДМИТРОВИЧИ.
Части корпуса начали действовать с 3.00 2.8.41г.

НАЧАЛЬНИК ШТАБА КиУР
ГЕНЕРАЛ-МАЙОР
/МАРТЬЯНОВ/.

ВОЕННЫЙ КОМИССАР ШТАБА КиУР
ПОЛКОВОЙ КОМИССАР
/РАДОМСКИЙ/.

НАЧАЛЬНИК ОПЕРОТДЕЛА
ПОДПОЛКОВНИК
/ЧЕРНИЕНКО/.

Отпечатано 9 экз.

Р.Р. при 1 экз.. Экз. №___.

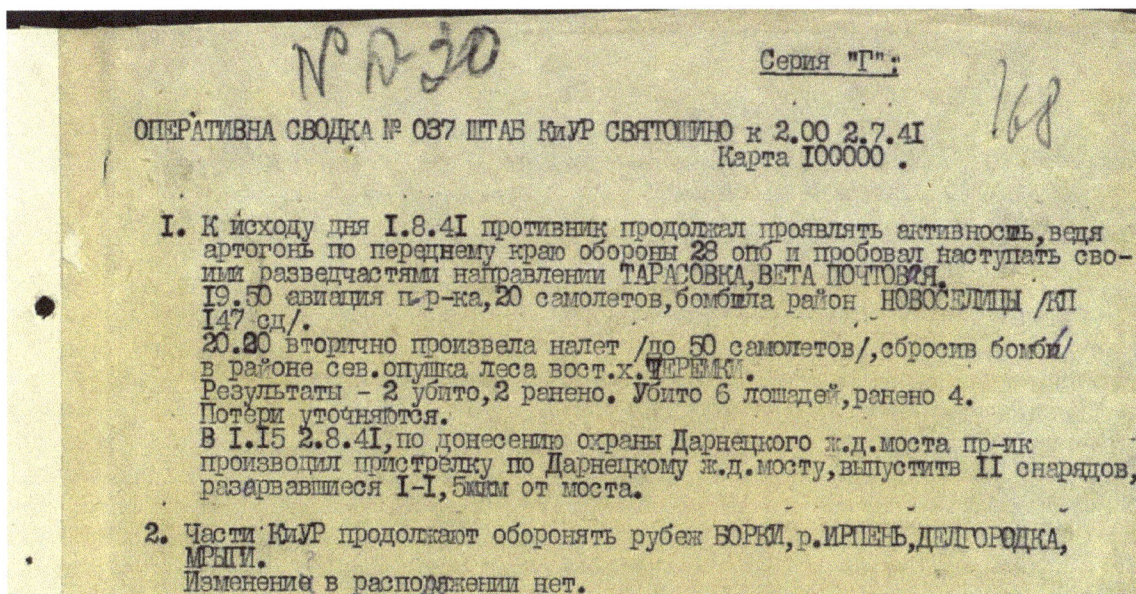

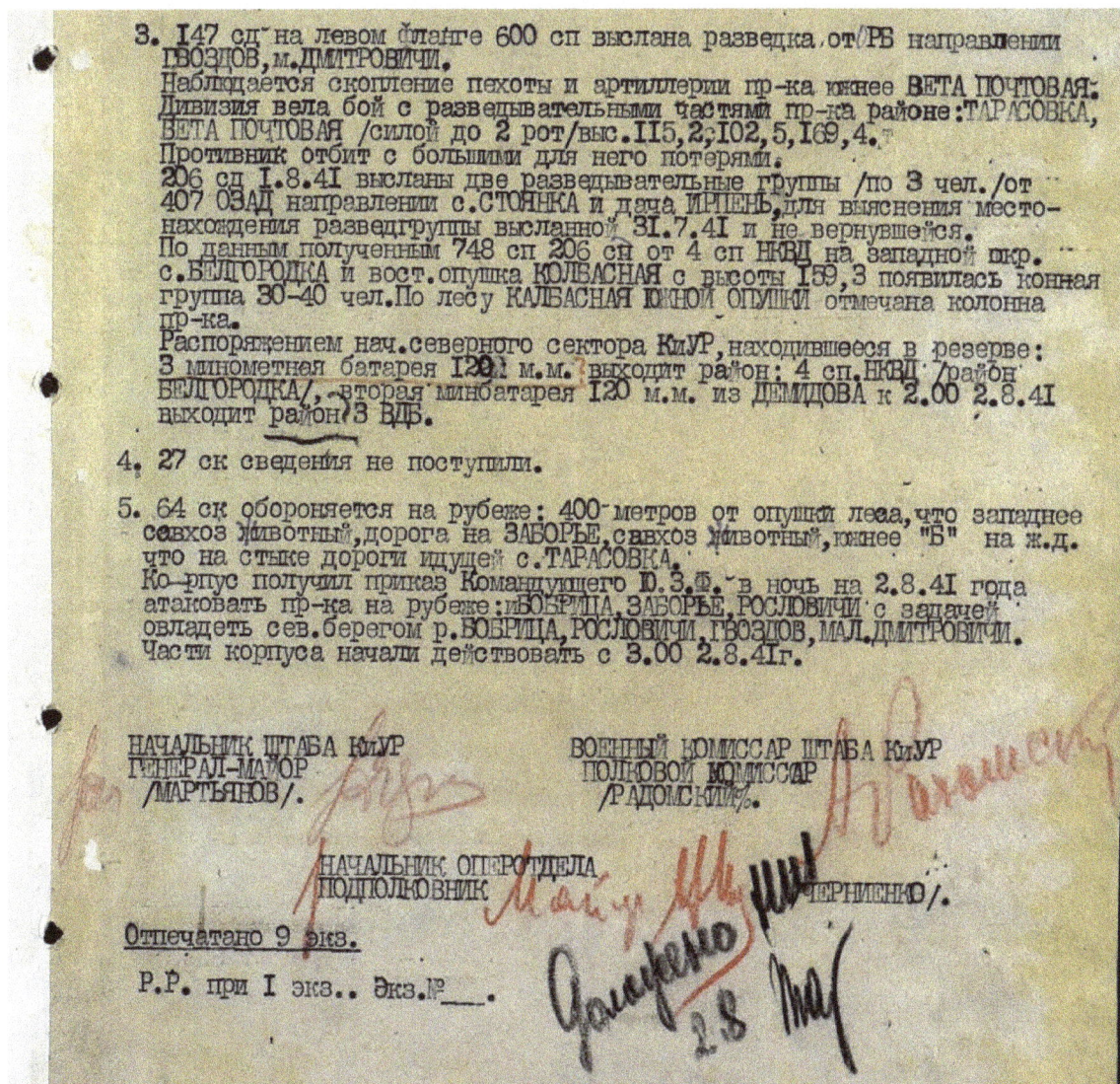

Фрагменты оперативной сводки № 037 штаба КиУР'а к 2.00 2 августа 1941 года
(в заголовке документа — опечатка "2.7.41"; ЦАМО фонд 229, опись 161, дело 61, лист 168).

Директива командующего войсками Юго-Западного фронта об усилении инженерных заграждений Киевского укрепленного района (2 августа 1941 г.)[86]

1. По переднему краю усилить противотанковые рвы противотанковыми и противопехотными минами, фугасами и ловушками. Все леса по переднему краю превратить в мощные завалы, усиленные проволокой и фугасами.

Особое внимание уделить юго-западному направлению от житомирского шоссе до р. Днепр.

2. На рубеже Дачи Пуща-Водица, Беличи, Петропавловская Борщаговка, Дуляны, Мышеловка создать сплошные противотанковые и противопехотные препятствия, используя для этого ресурсы города: проволоку, металлические решетки, рельсовые рогатки, металлические балки, рельсы и трубы в качестве надолб и другие материалы.

Приступить немедленно к созданию ДЗОТ на основных направлениях и стрелковых позиций по всему рубежу, широко используя мешки с песком.

3. В полосе между передним краем УР'а и рубежом Дачи Пуща-Водица, Мышеловка на основных направлениях юго-западной части КИУР'а создать систему противотанковых и противопехотных заграждений, включая и отсечные. К строительным работам привлечь организованные отряды местного населения, частично милицию, тыловые войсковые части и учреждения.

Все артиллерийские позиции обязательно прикрыть противотанковыми и противопехотными заграждениями. На наиболее важных направлениях, прикрываемых огнем артиллерии, создать в глубине минные поля с обязательной охраной и обеспечением проходов для своих войск.

Основные дороги подготовить к минированию и разрушению.

Все мосты минировать, по дорогам подготовить фугасы и ловушки.

4. Во вторую очередь приступить к созданию оборонительного рубежа по окраинам города на линии р. Старик, приг. Приорка, х. Грушки, пр. Протасов, приг. Сталина.

5. Работы первой очереди закончить к 5 августа, работы второй очереди – к 8 августа с. г.

6. Немедленно проверить качество обстрела всех противотанковых препятствий продольным пулеметным огнем.

7. Создать в глубине вторые и третьи полосы электризованных препятствий на деревянных кольях из расчета имеющихся в КИУР'е двух станций АЭ-1.

8. Начальнику Инженерного управления фронта подать КИУР'у:

    – противотанковых мин   2.8 – 4.000 шт.,

                               3.8 – 3.000 шт.,

                               4.8 – 2.000 шт.

    – взрывещество – полностью по заявке КИУР'а.

9. 2.8 на период до 10.8 выделить в распоряжение коменданта КИУР'а:

    начальнику отдела кадров – 50 чел. общевойсковых и инженерных командиров для разбивки препятствий и руководства работами по их возведению;

    начальнику Политуправления фронта – 50 чел. политсостава для работы с местным населением.

10. Работы развернуть немедленно: план оборонительных работ и схему заграждений представить мне к утру 3.8 с. г.

Подписи:

    Командующий войсками ЮЗФ генерал-полковник Кирпонос

    Член Военного совета ЮЗФ

    Начальник штаба ЮЗФ генерал-майор Тупиков

    Нач. Инженерного управления ЮЗФ генерал-майор инжвойск Ильин-Миткевич

---

[86] Директива командующего войсками Юго-Западного фронта об усилении инженерных заграждений Киевского укрепленного района (2 августа 1941 года). ЦАМО фонд 229, опись 9776сс, дело 60, листы 63-65.

Д-30

СЕКРЕТНО

Экз. № 1

НАЧАЛЬНИКУ ОПЕРАТИВНОГО ОТДЕЛА Ю З Ф.

183

С 1.8 по 3.8.41 на участках КиУР произведены работы:

1. Завалов................ 4,1 км.

2. Минных полей...........12,3 км.

3. Противотанковых рвов... 1 км.

4. Контрэскарпов.......... 0,5 км.

5. Проволочной сети в 3 кола 7,2 км.

6. Заграждения по дну реки.. 0,6 км.

7. Электризованных препятствий 1,7 км.

8. Ремонт дороги........... 0,4 км.

9. КП командиров батальонов 2 шт.

10. Немецкого забора......... 1,2 км.

11. Сеть на низких кольях.... 1 км.

12. Установлено МЗП........... 0,3 км.

В распоряжение Коменданта КиУР направлено 50 командиров и 50 политработников.

ЗАМ.НАЧАЛЬНИКА И У Ю З Ф
ПОДПОЛКОВНИК
/КАШНИКОВ/

ВОЕННЫЙ КОМИССАР
ПОЛКОВОЙ КОМИССАР
/ХАБАРОВ/

"3" августа 1941 г.

Отпечатано в 2 экз.

Экз.№1 - Нач.Опер.Отдела ЮЗФ,
  " №2 - в деле ИУ ЮЗФ.
К.Х. 3.8.41г.

Фрагмент донесения в ИУ ЮЗФ от 3 августа 1941 года
(ЦАМО фонд 229, опись 161, дело 61, лист 183).

Инженерная сводка № 4 ИУ ЮЗФ от 3 августа 1941 года, за период с 31 июля по 3 августа 1941 года (фрагмент)

...

Инженерные части КиУР'а продолжают укрепление оборонительных полос. 249 сапбат придан 3 ВДБ, вел работы по рубежу: БОРКИ, ДЕМИДОВО, МОСТИЩЕ, БЕЛГОРОДКА. Производит работы по устройству минных полей, плотин на р.ИРПЕНЬ и усиленных фортсооружений.

1-й взвод 52 электророты установил электризованное препятствие на участке х.ШЕВЧЕНКО, БЕЛГОРОДКА. При установке препятствия взвод был обстрелян пулеметным и минометным огнем противника. Маскируясь под колхозников,в нижнем белье саперы установили препятствия. Сеть испытана, работает хорошо.

287 сапбат 147 СД и 409 сапбат КиУР'а укрепляют полосу обороны: БЕЛГОРОДКА, ЮРОВКА, ВЕТА ПОЧТОВАЯ, ХОДОСОВКА, МРЫГИ. Работы главным образом ведутся по устройству минных полей, дорывке противотанковых рвов, устройству проволочной сети, минированию мостов, установке ежей и решеток, устройству оснований под стационарные противотанковые орудия.

53 электророта установила электризованное препятствие на участке ТАРАСОВКА, ЮРОВКА. Сеть работает хорошо.

Силами монтажников КиУР'а под руководством военинженера 1 ранга САЛАМАТИНА установлено 2,5 км.проволочной сети на кольях. Сеть электризована, источник тоже — электростанция стандартного типа. При испытании некоторые колья горели, ввиду слабого контакта звеньев. В период испытания сети электромонтер Главэнерго по неосторожности прикоснулся рукой к сети в тот момент, когда станция прекращала работу и получил сильный ожог руки. Продолжаются подготовительные работы к дальнейшему расширению электризации препятствий, используя ресурсы города Киева.

8-й сапбат 7 СК и 375 сапбаат 206 СД производили укрепление тылового рубежа: БЕРКОВЕЦ, БЕЛИЧИ, БОРЩАГОВКА, ЖУЛЯНЫ и МЫШЕЛОВКА. Работы ведутся по устройству противотанковых препятствий и установке проволочной сети.

31.7.41 в 19.оо штаб 409 ОСБ подвергся бомбардировке самолетами противника в районе школы с.ХОТОВ: убито среднего командного состава — 3 чел., рядового — 4 чел., тяжело ранено — 4 чел., легко-ранено — 11 чел. Разбито 2 автомашины и убито 3 лошади.

По данным разведки 147 СД, 30.7.41 по дороге у м.ГЕРМАНОВКА взорвалась на мине бронемашина противника. Машина разбита и сгорела. Команда убита. В машине захвачено: 4 запала /взрывателя/ для мин. Принцип устройства взрывателя такой же, как у УВ.

31.7 в районе с.БОРКИ во время подвоза заряженных мин к месту их установки взорвалось 37 мин. Взрывом убито: 2 чел., ранено 2 чел. Причиной взрыва является следующее обстоятельство: при разноске мин по месту их установки красноармеец, набирая с повозки мины, уронил одну мину, которая, упав, взорвалась, по детонации взорвались все остальные.

...

Подписи:
Зам. Начальника Инж. Управления ЮЗФ Подполковник Кашников
Военный Комиссар Полковой Комиссар Хабаров
Начальник 1-го Отдела ИУ ЮЗФ Майор Винский

К и У Р. Инженерные части КиУР'а продолжают укрепление оборонительных полос. 249 сапбат придан 3 ВДК, вел работы по рубежу: БОРКИ, ДЕМИДОВО, МОСТИЩЕ, БЕЛГОРОДКА. Производит работы по устройству минных полей, плотин на р.ИРПЕНЬ и усиленных фортосооружений.

1-й взвод 52 электророты установил электризованное препятствие на участке х.ШЕВЧЕНКО, БЕЛГОРОДКА. При установке препятствия взвод был обстрелян пулеметным и минометным огнем противника. Маскируясь под колхозников, в нижнем белье саперы установили препятствия. Сеть испытана, работает хорошо.

287 сапбат 147 СД и 409 сапбат КиУР'а укрепляют полосу обороны: БЕЛГОРОДКА, ЮРОВКА, БЕЛАЯ ПОЧТОВАЯ, ХОДО-

СОВКА, МРЫГИ. Работы главным образом ведутся по устройству минных полей, дорывке противотанковых рвов, устройству проволочной сети, минированию мостов, установке ежей и решеток, устройству оснований под стационарные противотанковые орудия.

53 электророта установила электризованное препятствие на участке ТАРАСОВКА, ЮРОВКА. Сеть работает хорошо.

Силами монтажников КиУР'а под руководством военинженера 1 ранга САЛАМАТИНА установлено 2,5 км.проволочной сети на кольях. Сеть электризована, источник тока - электростанция стандартного типа. При испытании некоторые колья горели, ввиду слабого контакта звеньев. После исправления сеть работает хорошо. В период испытания сети электромонтер Главэнерго по неосторожности прикоснулся рукой к сети в тот момент, когда станция прекращала работу и получил сильный ожог руки. Продолжаются подготовительные работы к дальнейшему расширению электризации препятствий, используя ресурсы города Киева.

Фрагменты инженерной сводки № 4 ИУ ЮЗФ от 3 августа 1941 года, за период с 31 июля по 3 августа 1941 года (ЦАМО фонд 229, опись 191, дело 21, листы 4, 5).

8-й сапбат 7 СК и 374 сапбат 206 СД произвели укрепление тылового рубежа: БЕРНОВЕЦ, БЕЛИЧИ, БОРЩАГОВКА, КУЛЯНЫ и МЫШЕЛОВКА. Работы ведутся по устройству противотанковых препятствий и установке проволочной сети.

31.7.41 в 19.00 штаб 409 ОСБ подвергся бомбардировке самолетами противника в районе школы с.ХОТОВ: убито среднего командного состава - 3 чел., рядового - 4 чел., тяжело ранено - 4 чел., легко-ранено - 11 чел. Разбито 2 автомашины и убито 3 лошади.

По данным разведки 147 СД, 30.7.41 по дороге у м.ГЕРМА-

- 4 -

НОВКА взорвалась на мине бронемашина противника. Машина разбита и сгорела. Команда убита. В машине захвачено: 4 запала /взрывателя/ для мин. Принцип устройства взрывателя такой же, как у УВ.

31.1 в районе с.БОРКИ во время подвоза заряженных мин к месту их установки взорвалось 37 мин. Взрывом убито: 2 чел., ранено 2 чел. Причиной взрыве является следующее обстоятельство: при разноске мин по месту их установки красноармеец, набирая с повозки мины, уронил одну мину, которая, упав, взорвалась, по детонации взорвались все остальные.

Организуется размещение заказов на упрощенные взрыватели, лопаты малые и др. в Полтаве и Харькове

НАЧАЛЬНИК ИНЖ.УПРАВЛЕНИЯ ЮЗФ   ВОЕННЫЙ КОМИССАР
                                      ПОЛКОВОЙ КОМИССАР
                                                ХАБАРОВ
  " "авг.1941г.   НАЧАЛЬНИК 1 ОТДЕЛА ИУ ЮЗФ
  5 экз.   М А Й О Р

Фрагменты инженерной сводки № 4 ИУ ЮЗФ от 3 августа 1941 года, за период с 31 июля по 3 августа 1941 года (ЦАМО фонд 229, опись 191, дело 21, листы 5, 6, 9).

Глава 7. Оборона Киева: КиУР (4 августа – 31 августа 1941 года)

4–16 августа 1941 года.

"Наступил август. Мы — в резерве фронта, в лесу недалеко от Прилук. Вокруг поля созревшей пшеницы. Идет уборка. Видавшие виды тракторы тянут по полю жатки и комбайны. Молча, с какой-то угрюмой сосредоточенностью трудятся солдатские жены, старики, подростки.

... Больше месяца мы не выходили из боев, и сейчас дивизия приводит себя в порядок. В полках осталось всего по нескольку боевых машин. Их приказано свести в один батальон и передать в распоряжение командующего Киевским укрепленным районом.

... Я был в штабе дивизии, когда из штаба фронта вернулся полковник Пушкин. Комиссара дивизии Д. Г. Чепигу и меня он пригласил к себе, в небольшую хату на окраине деревни. Посмотрел на нас внимательно, вздохнул, огорченно развел руками:

— Что ж, друзья, пришла пора расставаться...

Пушкин сообщил нам, что назначен командиром 8-й танковой дивизии вместо погибшего полковника П. С. Фотченкова. Мне, старшему батальонному комиссару Чепиге и начальнику штаба приказывалось погрузить в железнодорожные эшелоны оставшиеся подразделения 32-й танковой дивизии и убыть в резерв Верховного Командования.

... В ту августовскую ночь 1941 года наш эшелон тронулся в путь." [87]

...Так описывает последние дни пребывания в Прилуках, в резерве фронта, командир 63-го танкового полка 32-й танковой дивизии 4-го мехкорпуса Александр Васильевич Егоров. В эти же дни Прилуки покинул и 48-й инжбат, направленный в КиУР, о чём кратко вспоминает сержант Жук:

"Недели через две наш 47-й отдельный инженерный батальон (*в мемуарах Жука батальон всегда назван 47-м, а не 48-м*) приобрёл положенную численность. Безделье окончилось! Мы снова полноценная боевая единица. Приказано грузиться. Нас везут навстречу войне.

Покинутые дачи Святошно (*прим.: Святошино*) стали нашими домами. Отсюда, из западного предместья Киева, ежедневно увозили ребят минировать южные подступы к городу. В одной из дач был склад тола. Жёлтые бруски, похожие на куски мыла, аккуратными штабелями до потолка заполняли все комнаты и веранду. Красноармейцы целыми днями, двумя отделениями, начиняли бесконечные специальные зелёные фанерные ящики этими брусочками тола. Малый ящик — мина противопехотная, побольше — противотанковая. Перед самой их маскировкой в особое гнездо осторожно закладывали детонатор. Каждый день наш батальон расставлял сотни этих мин в пригородном Голосиевском лесу." [88]

Как мы уже отмечали, в Святошино находились штаб и командный пункт КиУР'а). *Можно предположить, что с 4 по 8 августа 1941 года 48-й инжбат был дислоцирован поблизости от штаба КиУР'а, который с 3 июля по 8 августа 1941 года располагался по адресу ул. Львовская, 47/8. Подземный КП, или один из его входов, находился поблизости, по адресу ул. Верховинная, 80.*

Уже 4 августа 1941 года 48-й дорожный батальон упоминается в инженерной сводке № 5 ИУ ЮЗФ от 7 августа 1941 года, за период с 3 по 5 августа 1941 года, подписанной начальником ИУ ЮЗФ Ильин-Миткевичем, военкомом Хабаровым и начальником 1-го Отдела ИУ ЮЗФ Винским:

48 дорожный батальон с 4.8 оборудует отсеки ст.ЖУЛЯНЫ, БОРЩАГОВКА НИКОЛЬСКАЯ по полотну ж.д. и второй отсек САР. БОРЩАГОВКА ПЕТРОПАВЛОВСКАЯ и рубеж заграждений ЦЕРКОВЩИНА — ВЕТА ЛИТОВСКАЯ.

---

[87] Егоров А. В. С верой в победу (Записки командира танкового полка). — М.: Воениздат, 1974.
[88] Жук А. В. Начало. — Стройиздат, Санкт-Петербург, 2005, стр. 58–59.

Фрагмент военной карты РККА (М-36-XIII):
отмечены некоторые места, часто упоминаемые в сводках КиУР'а и Инженерного Управления ЮЗФ —
на первой линии обороны: Белгородка (Белогородка) , Тарасовка, Юровка, Вита Почтовая, Ходосовка, Мрыги, и
во второй полосе обороны: Святошино, Петропавловская Борщаговка, Софиевская Борщаговка, Никольская
Борщаговка, Жуляны (и станция Жуляны), Вита Литовская, а также Голосеевский Лес (неподалёку от села
Мышеловка), где в августе 1941 года проводил минирование 48-й инжбат. Пунктиром обозначен рубеж
заграждений Церковщина — Вита Литовская, который 48-й инжбат оборудовал 4 августа 1941 года.

Сёла Борщаговка, Никольская Борщаговка, Софиевская Борщаговка и Петропавловская Борщаговка
расположены поблизости от Святошино во второй полосе обороны КиУР'а. *Сокращение "САР." в инж.
сводке, возможно, было опечаткой вместо "СОФ.", отмечая Софиевскую Борщаговку.*

Противник силами до 2-х ПД с 15-ю танками с вечера 2.8.41 атаковал южный сектор КиУР, нанося главные удары в направлении ВЕТА ПОЧТОВАЯ и МРЫГИ и к исходу дня овладел ВЕТА ПОЧТОВАЯ и роща севернее МРЫГИ. С утра 4.8.41 противник ввел в действие тяжелую артиллерию. К середине дня овладел ДОТ: № 179 и 181; ДОТ № 178, являющийся узлом связи, продолжает жить, несмотря на то, что перекрытие верхнего этажа подорвано, гарнизон перешел в нижний этаж, бой продолжает.

249 ОСБ продолжает укрепление сев.участка и производит устройство ПТ района КРОЛЬЧАТНИК - КОРЫТИЩЕ. С батальоном работает 350 чел.ополчения г.Киева.

147 СД ведет бои и в перерывах укрепляет южный участок. Две саперы у МРЫГИ участвуют в боях, как стрелки. В перерывах боя саперы устанавливают противотанковые мины на участке ХОДОСОВКА - МРЫГИ.

С вечера 3.8 ведутся работы по оборудованию противотанкового района х.ТЕРЕМКИ, НОВОСЕЛИЦЫ, КРАСНЫЙ ТРАКТИР. Работают 150 ополченцев. Работы прерываются огнем противника.

— 4 —

48 дорожный батальон с 4.8 оборудует отсеки ст.ЖУЛЯНЫ, БОРЩАГОВКА НИКОЛЬСКАЯ по полотну ж.д. и второй отсек САР. БОРЩАГОВКА ПЕТРОПАВЛОВСКАЯ и рубеж заграждений ЦЕРКОВЩИНА - ВЕТА ЛИТОВСКАЯ.

По непроверенным данным, 190 ОСБ 175 СД потерял в боях около половины своего состава, участвуя в качестве стрелкового батальона.

374 ОСБ 206 СД продолжает работы по устройству заграждений.

Фрагменты инженерной сводки № 5 ИУ ЮЗФ от 7 августа 1941 года, за период с 3 по 5 августа 1941 года, в которой упомянут 48-й дорожный батальон (ЦАМО фонд 229, опись 191, дело 21, листы 49, 50).

Полотно железной дороги между станцией Жуляны и Никольской Борщаговкой тоже проходило по второй полосе обороны. Там же проходил и рубеж заграждений между урочищем Церковщина[89] и селом Вита Литовская[90]. Церковщина на приведённой карте М-36-XIII не отмечена, но эту возвышенность можно найти к юго-западу от Виты Литовской (отметка 172 на карте).

Усиление рубежа Церковщина — Вита Литовская стало особенно необходимым с началом штурма КиУР'а, предпринятого немецкими войсками на южном участке укрепрайона 4 августа 1941 года (так называемого "первого штурма КиУР'а" [91]). Противник использовал авиацию и тяжёлую артиллерию, включая сверхкрупные калибры, и в течение 4–6 августа 1941 года, после ожесточённых боёв, прорвал переднюю линию обороны в нескольких местах, захватив, в частности, Вету Почтовую, Мрыги, Юровку, Тарасовку (см. опер. сводки № 042 — 046 штаба КиУР'а). Потери защитников КиУР'а 3–5 августа 1941 года составили по меньшей мере 2,200 человек убитыми, ранеными и пропавшими без вести (опер. сводка № 046).

Оперативная Сводка № 042 Штаб КиУР — Святошино к 18.00 4 августа 1941 года (фрагмент)

1. Противник 6.00 4.8.41 г. после артподготовки повел наступление на фронте ЮРОВКА — МРЫГИ. К 17.00 его передовые части просочившись через передний край обороны вышли севернее опушки леса,что восточнее ВЕТА ПОЧТОВАЯ,заняв ВЕТА ПОЧТОВАЯ. На левом фланге отдельные группы пр-ка просочившись между ХОДОСОВКА, МРЫГИ на север.

В 18.00 авиация пр-ка бомбила КРЮКОВЩИНА с высадкой десанта с 2-х самолетов /последнее требует проверки/. Приняты меры к выяснению и уничтожению пр-ка .

2. Части КиУР продолжают оборонять рубеж БОРКИ,р.ИРПЕНЬ,БЕЛГОРОДКА, МРЫГИ.

3. 147 сд с 6.00 ведет бой с пр-ком вышедшим севернее опушки леса,что восточнее ВЕТА ПОЧТОВАЯ. Противник продолжает наступать : в районе ЮРОВКА до полка пехоты. Три ДОТ"а блокировал и один разрушен. Из 4-х прорвавшихся танков один подбит три вышли на дорогу ВЕТА ПОЧТОВАЯ — ЖУЛЯНЫ.

...

Оперативная Сводка № 044 Штаб КиУР — Святошино к 20.00 5 августа 1941 года (фрагмент)

...

Отряд Генерал-Майора МОТЫКИНА оборонял рубеж: иск. ХОДОСОВКА, МРЫГИ, вел бой весь день с пр-ком, в результате — МРЫГИ заняты пр-ком и также остров что на изгибе р.КОНЧА /2874/. До батальона пр-ка наступает по ЛОщине ХОТОВ направлении ВЕТА ЛИТОВСКАЯ. Отряд МОТЫКИНА усиленный группой: 557 СП, 6 роты 600 СП и батальоном ВДБ занимает сев.вост. скаты выс.100,5 и дороги, идущие на юг от высоты 1 км.

ВЫВОД: 1. Все резервы КиУР"а введены в бой для восстановления положения на южн. участке. Необходимо на 6.8 не менее одной стр. дивизии.

2. Немедленно подбросить мин для 107 и 120 мм минометов, т.к. таковые совершенно отсутствуют.

---

[89] Церковщина (хутор Вольный) — историческая местность в Голосеевском районе. Во времена Киевской Руси там был сооружен Гнилецкий (впоследствии, Пречистенский) монастырь, но после татаро-монгольских набегов от него остались только руины, давшие название урочищу. Позднее Церковщина служила форпостом Киева, и за несение сторожевой службы на пограничной полосе жители были избавлены от уплаты повинностей: отсюда и второе название местности — хутор Вольный. Источник: https://uk.wikipedia.org/wiki/Церковщина.

[90] Вита Литовская — это тоже историческая местность в Голосеевском районе, в районе одноимённой реки. По одной версии, «Вита» — это извивающееся, гибкое сплетение берегов реки, по другой — это «витание», энергетика воды, питающее жизнь. Древнеславянское слово «вита» также переводится и как «башня», поэтому имеет право на жизнь и версия, по которой «Вита» обозначала южную оборонительную границу Киева. С начала XVII века здешними землями владело Великое княжество Литовское: отсюда и название Вита-Литовская. Источники: https://uk.wikipedia.org/wiki/Віта_(Київ) и https://uk.wikipedia.org/wiki/Чапаєвка_(Київ).

[91] Оборона Киевского укреплённого района (1941). Сайт Дмитрия Муравова:
http://kiev-1941.narod.ru/first_assault.html.

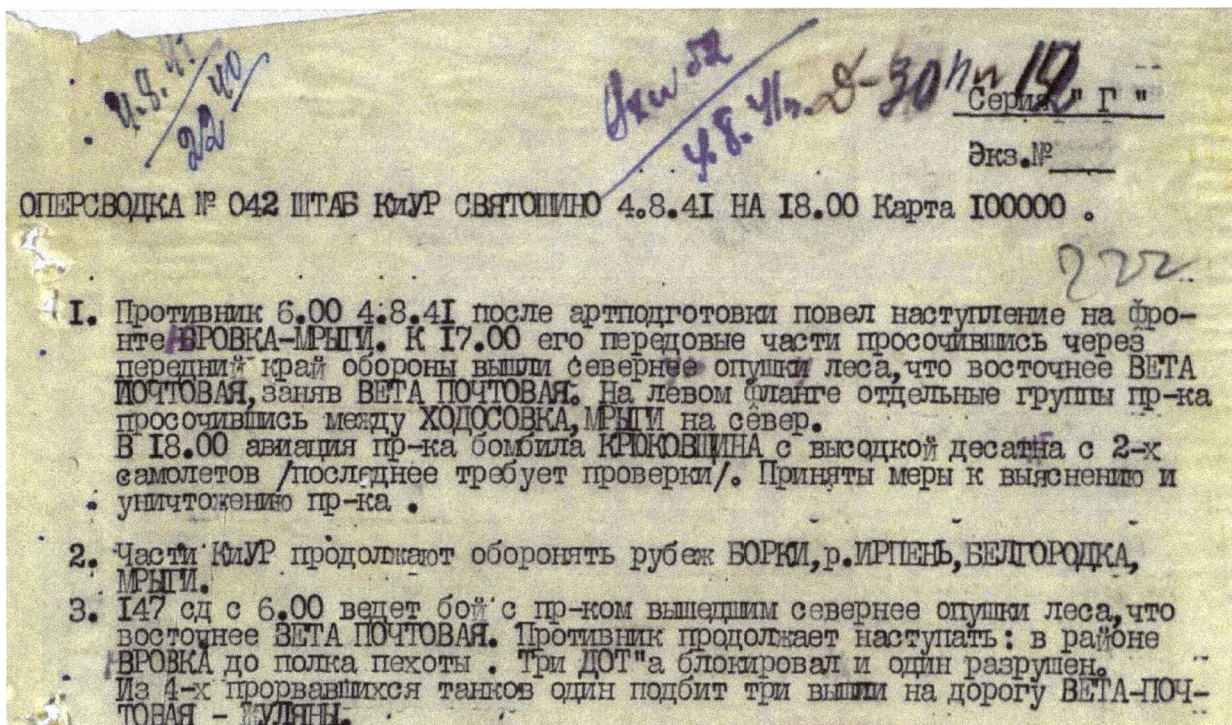

Фрагмент оперативной сводки № 042 штаба КиУР'а к 18.00 4 августа 1941 года
(ЦАМО фонд 229, опись 161, дело 61, лист 222).

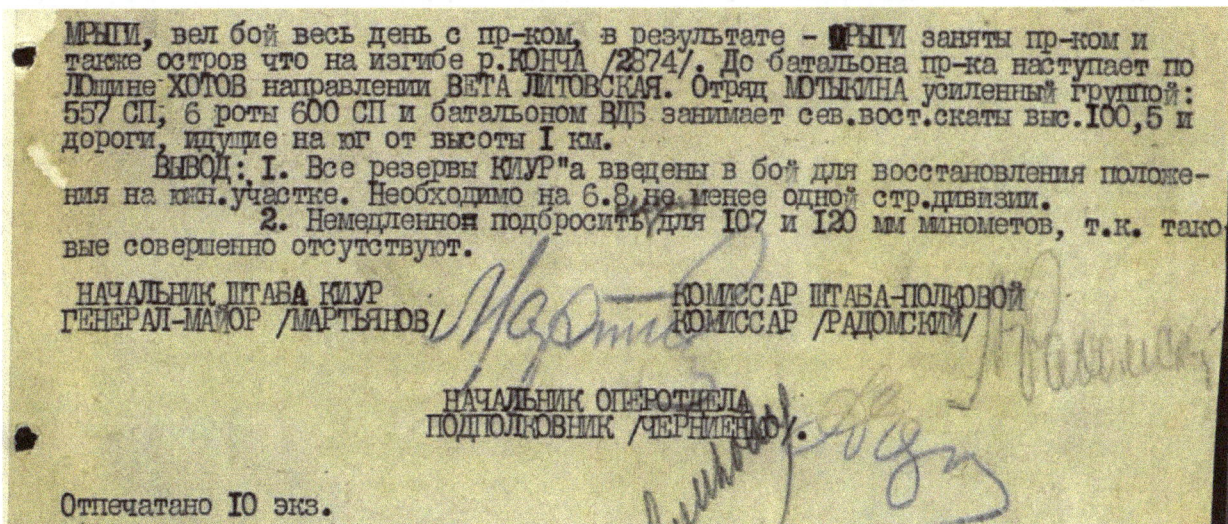

Фрагмент оперативной сводки № 044 штаба КиУР'а к 20.00 5 августа 1941 года
(ЦАМО фонд 229, опись 161, дело 61, лист 206).

В течение последующих дней (7–9 августа 1941 года), несмотря на упорное сопротивление и контратаки советских войск, противник сумел продвинуться до северной части Голосеевского леса и села Мышеловка, где был в итоге остановлен (см. оперативные сводки № 047 — 049 штаба КиУР'а и оперативные сводки № 01 — 02 Полевого Управления 37-й Армии). 37-я Армия была создана 8 августа 1941 года на базе соединений и частей КиУР'а, а также резервов Ставки Верховного Главнокомандования. Обе стороны несли тяжёлые потери. Полностью восстановить передний край обороны на южном участке КиУР'а 37-й Армии так и не удалось, несмотря на контрудар, последовавший 10–16 августа 1941 года (см. фрагменты карт обстановки на Юго-Западном направлении в августе 1941 года).

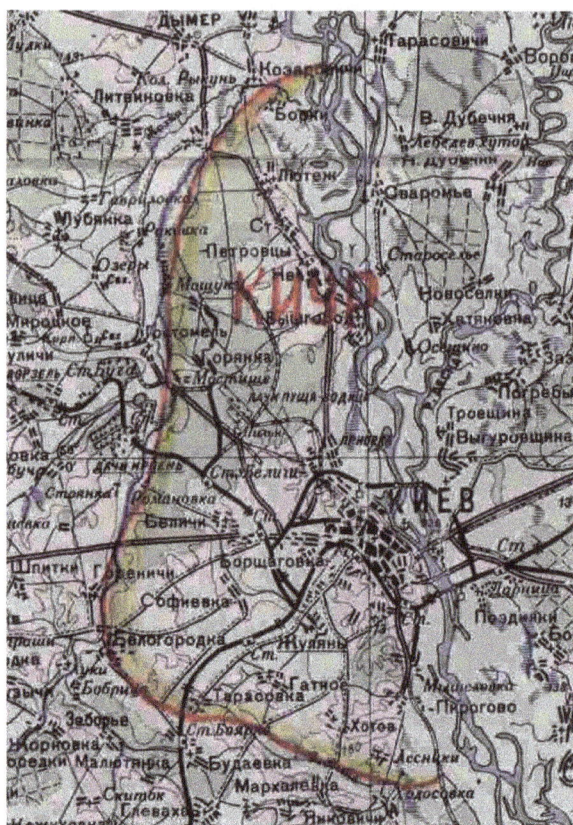

Линия обороны КиУР'а: 2 августа 1941 года

Линия обороны КиУР'а: 11 августа 1941 года

Линия обороны КиУР'а): 13 августа 1941 года.

Линия обороны КиУР'а: 14 августа 1941 года.

В донесении о безвозвратных потерях 48-го дорожного батальона 37-й Армии ЮЗФ по состоянию на 10 августа 1941 года можно найти список сапёров, погибших именно в этот период (5–7 августа 1941 года) в районе Борщаговки — там, где накануне инжбат проводил работы во второй полосе обороны.

Согласно донесению, младшие сержанты **Александр Дмитриевич Котухов** и **Григорий Николаевич Кожевников**, а также курсанты-сапёры **Лев Гаврилович Новиков**, **Владимир Степанович Протосеня**, **Иван Григорьевич Данько** и **Борис Михайлович Кливетенко** были убиты 5 августа 1941 года "от взрыва мин от налета авиации противника", и похоронены "на поле района БОРЩАГОВКИ под Киевом".

Красноармейцы **Иван Семёнович Колмыков** и **Василий Николаевич Горбунов** были убиты на следующий день, 6 августа 1941 года, "от взрыва мин от налета авиации противника", и похоронены в братской могиле в районе западнее Софиевской Борщаговки.

Красноармеец **Иван Васильевич Писаренко** погиб 7 августа 1941 года "от ураганного Артиллерийского огня пр-ка в м. Святошино", и похоронен там же, на 3-й просеке.

В оперативной сводке штаба КиУР'а № 048 к 18.00 7 августа 1941 года указывается:

В 17.00 противник из дальнобойной артиллерии обстрелял Штаб КИУР, результаты обстрела: ранено — 2 бойца и 7 чел. комсостава, в числе которых Начальник артиллерии Генерал-Майор СТЕПАНОВ, Начальник штаба артиллерии — подполковник ВАСИЛЬЕВ.

Курсант-сапёр 48-го инжбата Иван Писаренко, погибший 7 августа 1941 года, мог попасть под этот обстрел дальнобойной артиллерии, находясь неподалёку от КП КиУР'а в Святошино.

Фрагмент оперативной сводки № 048 штаба КиУР'а к 18.00 7 августа 1941 года
(ЦАМО фонд 229, опись 161, дело 61, лист 249).

Обстрелы 7 августа упоминаются также и в инженерной сводке № 6 ИУ ЮЗФ от 9 августа 1941 года, за период с 5 по 8 августа 1941 года:

В течение 7.8 противник бомбардировал артогнем пригород г.КИЕВА — СВЯТОШИНО. Разрушены здания в районе Штаба КиУР. Попаданием снаряда взорван инженерный склад Начинжа КиУР с 6-ю тоннами ВВ (*взрывчатого вещества*) и 5.000 ПТМ (*противотанковых мин*). Потери: раненых — 6 человек, без вести пропавших — 11 человек.

Фрагмент инженерной сводки № 6 ИУ ЮЗФ от 9 августа 1941 года, за период с 5 по 8 августа 1941 года, в которой упомянут взрыв инженерного склада (ЦАМО фонд 229, опись 191, дело 21, лист 41).

№	Фамилия, имя, отчество	Звание и должность	Год рождения и место	Каким РВК призван	Когда и по какой причине выбыл	Где похоронен	Родственники
3.	КОЖЕВНИКОВ Григорий Николаевич	Шад.Сержант Ком.отд. сапер	Г.Москва, от "Любер-ци, ц/п Пашкарино завод М-233 Домар-ная охрана рож.1918г.	Ремольский РВК там.обл.	5.8.41г.от взры-ва мин от налета авиации прот-ка. Убит на смерть.	На поле района БОРЩАГОВКИ под Киевом.	Брат-КОЖЕВ-НИКОВ Василий Николаевич,
4.	НОТУЮВ Александр Дмитриевич,	—"—	1918г. Тамбовской обл. Алгасовского р-на с.Червитово	Алгасовский РВК там.обл.	—"—	—"—	Отец-НОТУЮВ Дмитрий Васильевич,
5.	НОВИКОВ Лев Гаврилович	Красноармеец -Курсант сапер	1920г. г.Орел Советская-17	Корчаевский РВК Орл. обл.	—"—	—"—	Мать-НОВИКОВА Наталья Ивановна
6.	ПРОТОСЕНИ Вади-мер Степанович,	—"—	1921г. БССР г.ЖОГШН Гомельгобл. МъЭРа Серяжский с/о кол-з Кубышева,	Слуцким РВК БССР	—"—	—"—	Мать-ПРОТОСЕНИ Дарья Кириловна
7.	ДАНЬКО Иван Григорьевич	—"—	1921г.БССР г.ГОМЕЛЬ Техническая М-39	Гомельбоким РВК -БССР	—"—	—"—	Отец-ДАНЬКО Григорий Яковлев.
8.	КИЗВЕТЕНКО Борис Михайлович,	—"—	1918г.УССР Николаева-кая обл. Березного-вятский р-н,с.Березне.	...ния.РВК	—"—	—"—	Отец-КИЗВЕТЕНКО Михаил Филипповичь

Фрагмент донесения о безвозвратных потерях 48-го дорожного батальона 37-й Армии ЮЗФ
по состоянию на 10 августа 1941 года (№ 050, г. Киев); ЦАМО фонд 58, опись 818884, дело 9, лист 214.

245

№	Фамилия, имя, отчество	Звание, должность	Год рождения, место рождения	РВК	Когда и при каких обстоятельствах убит, где похоронен	Родственники
9.	КОЛМЫКОВ Иван Сименович	Красноармеец Машинист дор.машин	1919 г.Тамбовской обл. Сосновский р-н, с.Верятино	Сосновским РВК	Убит 6.8.1941г. от взрыва мин от нв-лета авиации противника убит на смерть.	отец-КОЛМЫКОВ Семен Степанович, в братской могиле в районе зап.Софи-евской-Бордаков. кн.
10.	ГОРБУНОВ Василий Николаевич	-"- Грейдерист	1919г.Московской обл. Ногинский район пос.Обрегин Вера №-13 ком.12.	Дмтровский РВК		мать-ЗОТОВА Аксения Исаевна
11.	ПИСАРЕНКО Иван Васильевич	-"- Курсант Сапер	1921г.Полтавской обл. Решетиловский р-н Шмырявский /сс село Паценки.	Решетиловский РВК	Убит 7.8.1941г. от ураган-ного Артиллерий-ного огня пр-ка в м.Святошино. В могиле м.Свя-тошино на 3-й просеке.	мать ПИСАРЕНКО Елена Евгеньевна

ПРИМЕЧАНИЕ: Ранее сведения о безвозвратных потерях подавались в штаб 4 мех. корпуса. 37-я Армия. Призваны, на этих и впредь сведения подавать ввм.

КОМАНДИР 48 ДОР.БАТ-на
КАПИТАН /РЫБАЛЬЧЕНКО/

ВОЕННЫЙ КОМИССАР БАТАЛЬОНА
СТАРШИЙ ПОЛИТРУК /ЕРМАКОВ /.

НАЧАЛЬНИК ШТАБА БАТАЛЬОНА
ЛЕЙТЕНАНТ /ГОЛЬМАН /.

Исп. в 1 экз. №-3.
г.Киев-Воронилова №-3.
Действующая На Полевая почтовая база №-8
Литер "С" полевая почтовая станция
№-36 / 48-Командования Часть.

Фрагмент донесения о безвозвратных потерях 48-го дорожного батальона 37-й Армии ЮЗФ по состоянию на 10 августа 1941 года (№ 050, г. Киев); ЦАМО фонд 58, опись 818884, дело 9, лист 215.

Скорее всего, большинство без вести пропавших 11 человек были из 48-го инжбата — это предположение опирается на воспоминания сапёра Александра Жука:

"Вернувшись, я не узнал места, которое покинул несколько часов назад. Нет аллей, нет заборов, не стало дач. Передо мной лежала большая голая плоскость, аккуратно и тщательно присыпанная слоем чёрной мелкой рыхлой земли. В центре этой пустыни, как приготовленная братская могила, чернела огромная воронка. Днём, когда батальон был на работах, склад тола вместе с ребятами взлетел на воздух. Причина этого взрыва осталась вечной тайной..." [92]

Кроме курсанта-сапёра Ивана Писаренко, нам удалось установить *имена ещё двух сапёров, умерших от ран, полученных, вероятно, во время этого взрыва*. В донесении о безвозвратных потерях 48-го инженерного (дорожного) батальона 37-й Армии ЮЗФ по состоянию на 25 августа 1941 года (№ 133, г. Киев, 26 августа 1941 года) указано, что красноармеец курсант-сапёр **Василий Петрович Басс** и младший сержант сапёр **Иван Кузьмич Добролежа** умерли 9 августа и 20 августа 1941 года в военгоспитале города Киев, и похоронены на Киевском городском кладбище (см. их биографии).

В районе Южная Борщаговка города Киев, улица Симиренко, находится братская могила и памятник погибшим воинам Великой Отечественной Войны. На мемориальной табличке есть имена Александра Дмитриевича Котухова и Бориса Михайловича Кливетенко из 48-го инжбата 37-й Армии (см. биографии Григория Кожевникова и других сапёров, погибших 5–7 августа 1941 года).

Южная Борщаговка. Памятник погибшим воинам (фото Андрея Алексеева).

---

[92] *Жук А. В. Начало.* — Стройиздат, Санкт-Петербург, 2005, стр. 60.

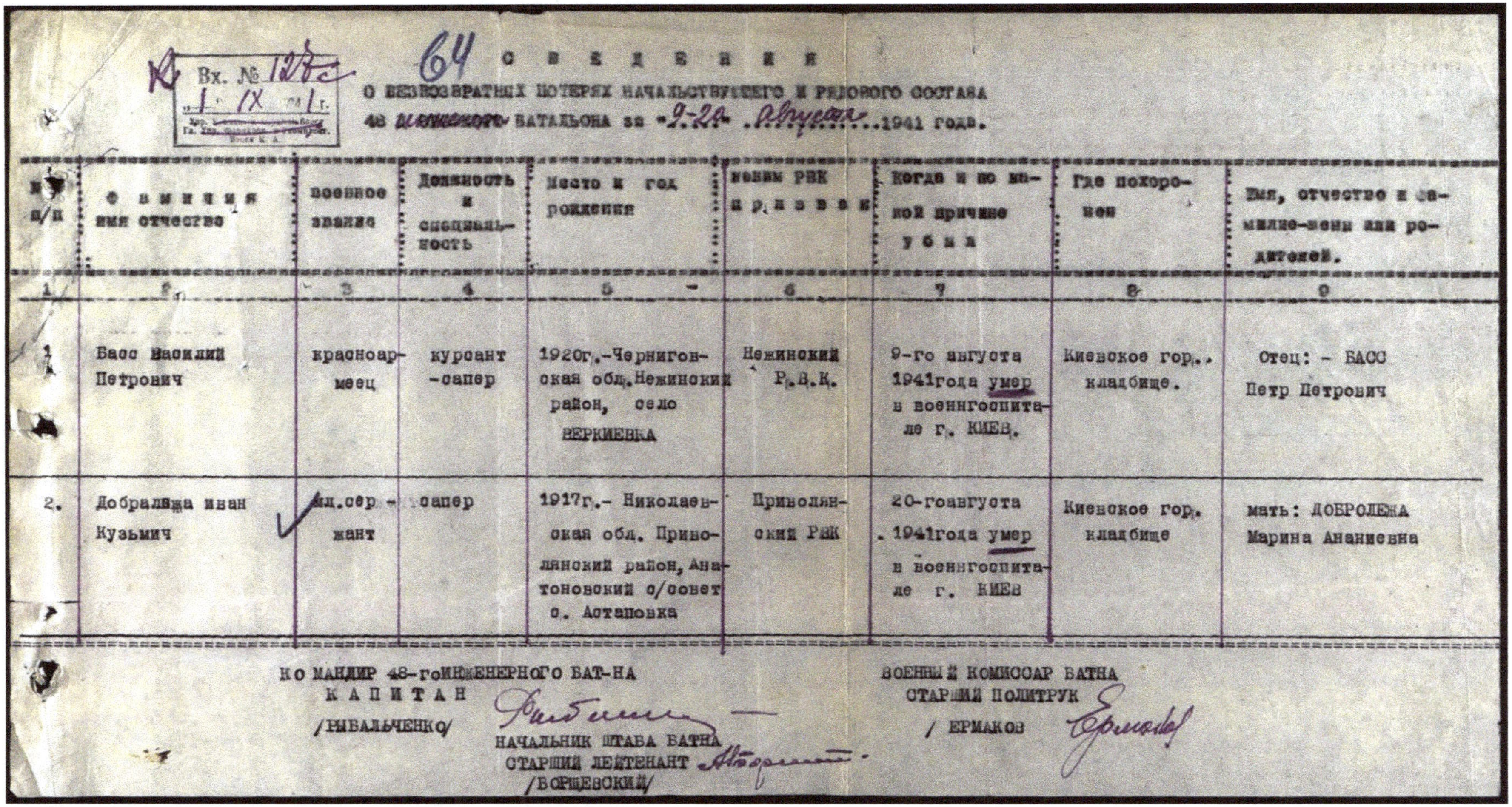

Вх. № 128с
1 IX 41 г.

64

С В Е Д Е Н И Я
О БЕЗВОЗВРАТНЫХ ПОТЕРЯХ НАЧАЛЬСТВУЮЩЕГО И РЯДОВОГО СОСТАВА
48 инженерного БАТАЛЬОНА за "9-20" августа 1941 года.

№ п/п	Фамилия имя отчество	Военное звание	Должность и специальность	Место и год рождения	Каким РВК призван	Когда и по какой причине убыл	Где похоронен	Имя, отчество и фамилия жены или родителей.
1	2	3	4	5	6	7	8	9
1	Басс Василий Петрович	красноармеец	курсант -сапер	1920г.-Черниговская обл. Нежинский район, село ВЕРКИЕВКА	Нежинский Р.В.К.	9-го августа 1941года умер в военнгоспитале г. КИЕВ.	Киевское гор. кладбище.	Отец: - БАСС Петр Петрович
2.	Добралежа Иван Кузьмич	мл.сержант	сапер	1917г.- Николаевская обл. Привольнянский район, Анатоновский с/совет с. Астаповка	Привольнянский РВК	20-го августа 1941года умер в военнгоспитале г. КИЕВ	Киевское гор. кладбище	мать: ДОБРОЛЕЖА Марина Ананиевна

КОМАНДИР 48-го ИНЖЕНЕРНОГО БАТ-НА
КАПИТАН
/РИБАЛЬЧЕНКО/

ВОЕННЫЙ КОМИССАР БАТНА
СТАРШИЙ ПОЛИТРУК
/ ЕРМАКОВ

НАЧАЛЬНИК ШТАБА БАТНА
СТАРШИЙ ЛЕЙТЕНАНТ
/БОРЩЕВСКИЙ/

Фрагмент донесения о безвозвратных потерях 48-го инженерного батальона 37-й Армии ЮЗФ по состоянию на 25 августа 1941 года (№ 133, г. Киев, 26 августа 1941 года) с именами Василия Басса и Ивана Добралежи, умерших от ран в военгоспитале города Киев 9 и 20 августа 1941 года соответственно; ЦАМО фонд 58, опись 818884, дело 18, лист 64.

Инж. сводка № 6 ИУ ЮЗФ от 9 августа 1941 года, в которой описан взрыв инженерного склада Начинжа КиУР'а, в очередной раз отмечала, что инженерные части КиУР'а "вели бой, как стрелковые подразделения и обеспечивали инженерные укрепления КиУР и города Киев". Сводка интересна ещё и тем, что в ней приведены детали использования управляемых фугасов и электризованных препятствий:

"6.8.41 инженерным частям КиУР была поставлена ИУ ЮЗФ задача по устройству управляемых фугасов на путях наступления противника и уничтожению взрывом этих фугасов боевых порядков наступающего противника. Задача эта не выполнена вследствие того, что саперные части по приказу командиров соединений, которым они подчинены, ведут бой, как стрелковые подразделения. Начинжу КиУР приказано в ночь с 6 на 7.8 отвести часть сапер из боя для выполнения работ по устройству минных управляемых полей."

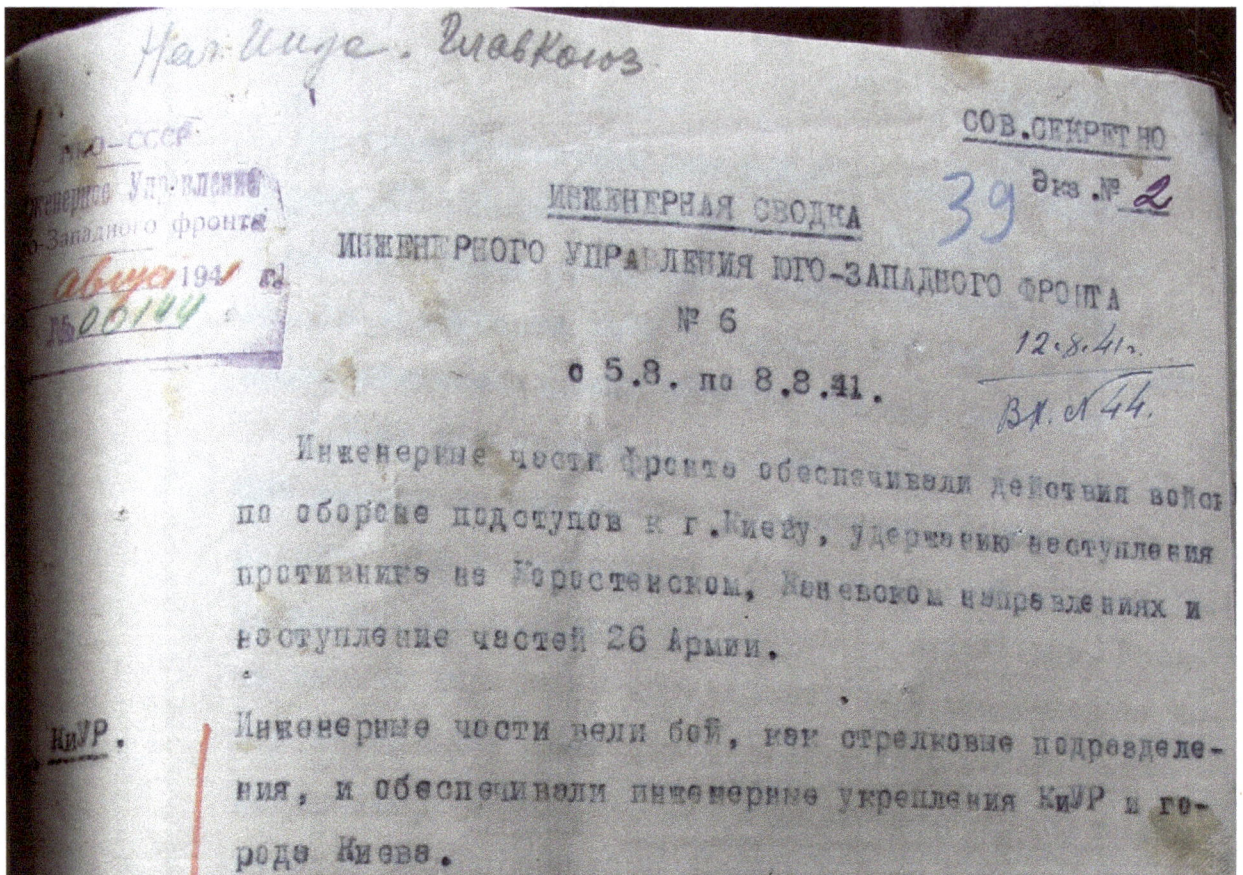

Фрагмент инженерной сводки № 6 ИУ ЮЗФ от 9 августа 1941 года, за период с 5 по 8 августа 1941 года (ЦАМО фонд 229, опись 191, дело 21, лист 39).

Инж. сводка № 6 ИУ ЮЗФ продолжает:

"Станция АЭ-1 53 электророты, по выполнению задачи, снята с позиции и получила новую задачу по устройству препятствий на участке ЖУЛЯНЫ, СОВКИ. О поражении противника электризованными препятствиями можно судить по частым (частым) колебаниям эмперметра. Порывы кабеля в течение ночи, вызванные сильным артиллерийским огнем по препятствиям, исправлялись три раза."

6.8.41 инженерным частям КиУР была поставлена ИУ ЮЗФ задача по устройству управляемых фугасов на путях наступления противника и уничтожению взрывом этих фугасов боевых порядков наступающего противника. Задача эта не выполнена вследствие того, что саперные части по приказу командиров соединений, которым они подчинены, ведут бой, как стрелковые подразделения. Начинжу КиУР приказано в ночь с 6 на 7.8 отвести часть сапер из боя для выполнения работ по устройству минных управляемых полей.

Станция АЭ-1 53 электротехроты, по выполнении задачи, снята с позиции и получила новую задачу по устройству препятствий на участке ЖУЛЯНЫ, СОВКИ. О поражении противника электризованными препятствиями можно судить по частям колебаниям амперметра. Порывы кабеля в течение ночи, вызванные сильным артиллерийским огнем по препятствиям, исправлялись три раза.

Фрагмент инженерной сводки № 6 ИУ ЮЗФ от 9 августа 1941 года, за период с 5 по 8 августа 1941 года (ЦАМО фонд 229, опись 191, дело 21, лист 40).

Об "электрических взрывных машинках" (в КиУР'е использовались подрывные машинки ПМ-1) вспоминает и Александр Жук, описывая день взрыва склада:

"Однажды меня послали разыскать завод или мастерскую, где могли бы наладить наши электрические взрывные машинки. Пока я разыскал мастерскую, пока их чинили и проверяли, настал вечер." [93]

---

[93] Жук А. В. Начало. — Стройиздат, Санкт-Петербург, 2005, стр. 60.

8 августа 1941 года штаб 37-й Армии, бывший до этого штабом КиУР'а, был переведён из Святошино в Киев, на улицу Артёма, 25 (ныне улица Сечевых Стрельцов). Уже первая оперативная сводка № 01 Полевого Управления 37-й Армии указывает Киев как дислокацию штаба к 6.00 8 августа 1941 года. Перевод штаба упоминается и в исследовании "Киевский укрепленный район 1928 – 1941":

"Стоит отметить, что КП в Святошино использовался по своему прямому назначению не до самого завершения обороны Киева и оставления его советскими войсками. 8 августа 1941 года командный пункт (штаб) Киевского укрепрайона был переведен в Киев на улицу Артема 25. Одной из причин такого решения называется обстрел немецкой артиллерией территории, на которой располагался КП и входы в него... Скорее всего, от попавшего в плен в ходе боев за укрепрайон солдата или офицера, бывавшего в КП или знавшего о его местоположении, немцы узнали о КП в Святошино и таким образом пытались затруднить управление войсками, оборонявшими Киев." [94]

Александр Жук подтверждает перевод батальона в Киев:

"Из Святошино, где уже нельзя было оставаться, нас перевели в центр. Весь батальон разместился в большом особняке, в котором до войны был союз писателей Украины.

...Дом союза писателей находился совсем близко от Софийской площади. В центре её возвышался на бронзовом коне Богдан Хмельницкий с булавой в вытянутой руке, указующей на златоглавую Софию. Теперь всадник и его конь были обложены мешками с песком." [95]

Дом союза писателей находился на улице Ворошилова, 3 (ныне: улица Ярославов Вал, 3). *Скорее всего, 48-й инжбат был переведён в Киев одновременно со штабом 37-й Армии 8 августа или вскоре после этого* (например, адрес донесения о безвозвратных потерях 48-го дорожного батальона 37-й Армии ЮЗФ по состоянию на 10 августа 1941 года указан именно как "г. Киев — Ворошилова № 3). Однако инженерная сводка № 7 ИУ ЮЗФ от 18 августа 1941 года свидетельствует, что в период с 8 по 16 августа 1941 года 48-й инжбат был укомплектован на 25% и работал над устройством заграждений в БЕЛГОРОДКЕ (Белогородка[96]); данных в графе по "состоянию инжвооружения" нет. *Очевидно, что в то время, как штаб батальона уже располагался в Киеве, отдельные роты действовали в Белогородке.*

Потеря трёх четвертей личного состава за пару недель боевых действий в те дни была не исключением. Инженерная сводка № 7 ИУ ЮЗФ от 18 августа 1941 подчёркивает, что "многие саперные части и подразделения участвуют в боях как стрелковые, неся большие потери", и продолжает:

"За время боев с 1-го по 12.8. инженерные части 37 А потеряли до 70 % своего состава. Основная часть сапер в этих боях участвовала как стрелковые подразделения.

При отходе немцев в КИУРЕ наши части столкнулись с минными полями противника и сюрпризами. Сапер стали выводить с боя для очистки местности от мин противника.

В настоящее время все саперные части 37 А выведены с боя и выполняют задачи по укреплению захваченных рубежей."

[94] Кайнаран А. В., Крещанов А. Л., Кузяк А. Г., Ющенко М. В. Киевский укрепленный район 1928 – 1941 — Житомир: Волынь, 2011.

[95] Жук А. В. Начало. — Стройиздат, Санкт-Петербург, 2005, стр. 62 и 63.

[96] Белогородка, через которую проходила линия обороны КиУР'а — село на восточном берегу реки Ирпень на расстоянии около 25 км от центра Киева. Ещё до Киевской Руси, в VII–IX веках, здесь находилось славянское поселение. В 991 году великий князь киевский Владимир Святославич основал на этом месте город (крепость) Белгород, ставший одним из главных пунктов в системе обороны Киева от нападений печенегов и половцев. По своим размерам Белгород превышал Чернигов, Переяслав, Рязань, но в 1240 году был полностью разрушен во время татаро-монгольского нашествия. Впоследствии город возродился и в 1360-х годах подпал под власть феодальной Литвы, уже с названием Белогородка. Рвы и валы древнего Белгорода были частично использованы при строительстве сооружений КиУР'а.

Источники: https://uk.wikipedia.org/wiki/Білогородка_(Києво-Святошинський_район) и Кайнаран А. В., Крещанов А. Л., Кузяк А. Г., Ющенко М. В. Киевский укрепленный район 1928 – 1941 — Житомир: Волынь, 2011.

За время боев с 1-го по 12.8. инженерные части 37 А потеряли до 70 % своего состава. Основная часть сапер в этих боях участвовала как стрелковые подразделения.

При отходе немцев в КИУРЕ наши части столкнулись с минными полями противника и сюрпризами. Сапер стали выводить с боя для их очистки местности от мин противника.

В настоящее время все саперные части 37 А выведены с боя и выполняют задачи по укреплению захваченных рубежей.

Фрагмент инженерной сводки № 7 ИУ ЮЗФ от 18 августа 1941 года, за период с 8 по 16 августа 1941 года (ЦАМО фонд 229, опись 161, дело 116, лист 27; также: ЦАМО фонд 229, опись 191, дело 21).

Фрагмент карты с обстановкой на Юго-Западном направлении 11 августа 1941 года: линия обороны КиУР'а. Белогородка — на самом западном рубеже обороны.

Фрагмент инженерной сводки № 7 ИУ ЮЗФ от 18 августа 1941 года, за период с 8 по 16 августа 1941 года (ЦАМО фонд 229, опись 161, дело 116, лист 4; также: ЦАМО фонд 229, опись 191, дело 21, лист 120).

1.	2.	3.	4.	5.	6.
Фронтовой приказ 26 Армии	187 ОСБ	ПРОХОРОВКА	Собирает переправу из перд. НШ.	Денах нет.	1 пер рж НШ.
Армейский	65 инжбат		Д в и н х н е т		
	335 ОСБ 196 СД	КАНЕВ		Денах нет.	
	195 ОСБ 139 СД		Д в и н х н е т		
	594 ООБ 264 СД	ТАГАНЧА	Тоже	У комдн девон до 100%.	
	353 ООБ 196 СД	КИЖИНЦ	Тоже	У комдн девон до 100%.	
	32 ООБ 97 СД	СЕЛИЩЕ	Обеспечивает боевые дейст- вия Дивизии.	У комдевон до 10%.	
	185 ОСБ 159 СД	В районе Дивизии.	Тоже	У комдевон до 25%.	
	395 ОСБ 227 СД	В районе Дивизии.	Тоже	У комдевон до 60%.	
	590 ООБ 289 СД	В районе Дивизии.	Тоже	У комдевон до 100%.	
	116 ОСБ 41 СД	Выведен	о Дивизией не переформировано		
37 Армия	8 ОСБ	ГОРДИЕЦ	Устройство заграждений.	Нет данных.	
	48 инжбат	БЕЛГОРОДКА	Тоже	Укомплектован на 85%	
	1900СБ 185 СД	ТАРАСОВКА	Тоже	укомплектован на 20%	

Фрагмент инженерной сводки № 7 ИУ ЮЗф от 18 августа 1941 года, за период с 8 по 16 августа 1941 года, со сведениями о 48-м инжбате 37-й Армии (предпоследняя строка) (ЦАМО фонд 229, опись 161, дело 116, лист 14; также: ЦАМО фонд 229, опись 191, дело 21).

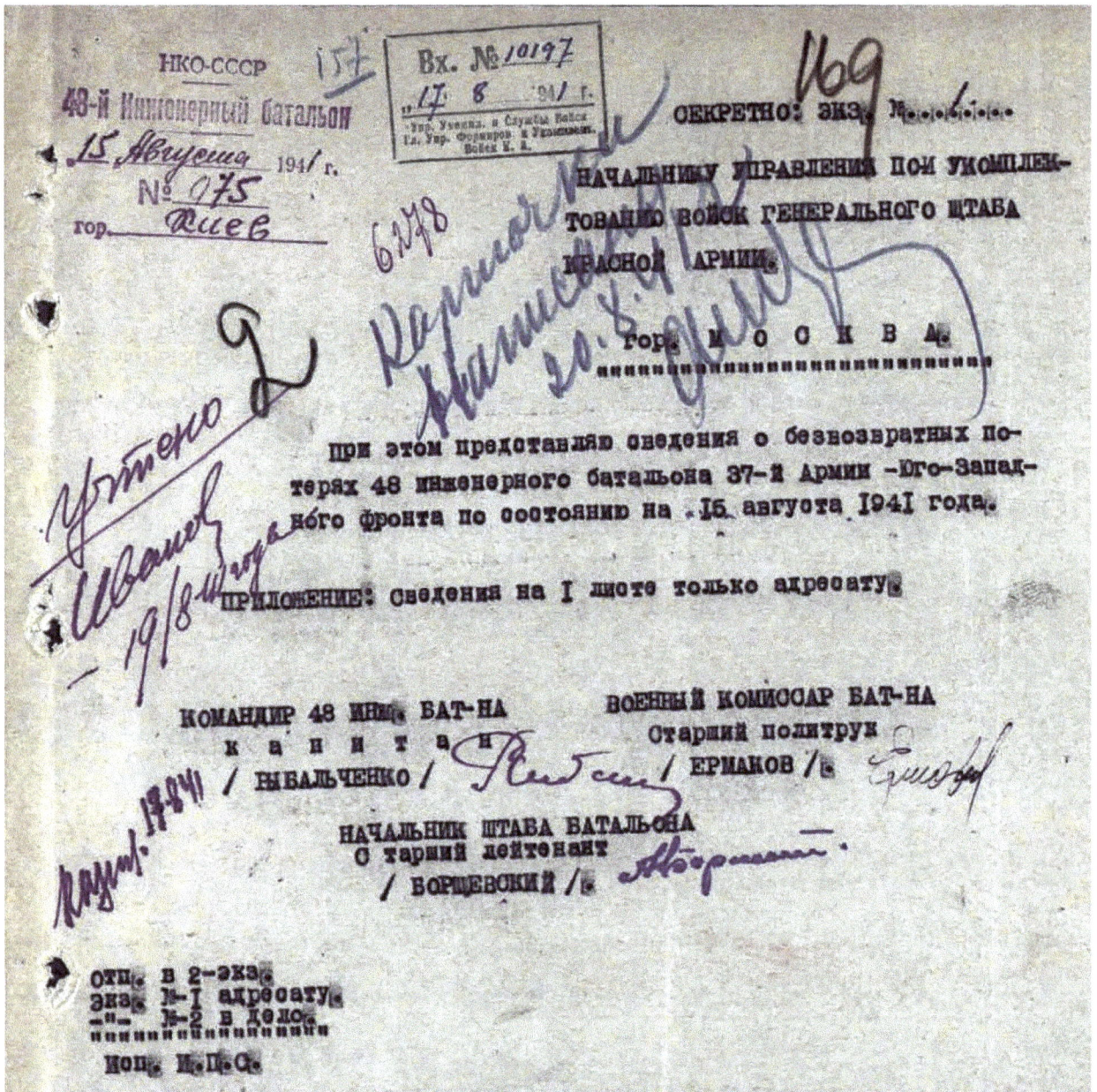

Фрагмент первой страницы донесения о безвозвратных потерях 48-го инженерного ("дорожного") батальона 37-й Армии ЮЗФ по состоянию на 15 августа 1941 года (№ 075, город Киев), подписанного командиром батальона капитаном Рыбальченко, военным комиссаром батальона Ермаковым и начальником штаба батальона старшим лейтенантом Борщевским; ЦАМО фонд 58, опись 818884, дело 11, лист 169.

Если предположить, что к 4 августа 1941 года 48-й инжбат был доукомплектован на 100%, то можно сделать вывод, что в период с 4 по 12 августа батальон потерял от 360 до 400 человек. Даже если численность батальона после нахождения во второй половине июля в резерве ЮЗФ в Прилуках достигла лишь 50% от положенной, то августовские потери составляли около 130 человек.

Однако в обнаруженных нами донесениях о безвозвратных потерях по батальону есть сведения лишь о 12-ти погибших и умерших от ран. В частности, донесение о безвозвратных потерях 48-го инженерного батальона 37-й Армии ЮЗФ по состоянию на 15 августа 1941 года (№ 075, город Киев), которое мы уже приводили в 1-й Главе, указывает, что младший сержант **Поладий Филиппович Рыбак** был убит, "от взрыва мины", 12 августа 1941 года, и похоронен в братской могиле "в районе БЕЛГОРОДКА" (см. биографию Поладия Рыбака).

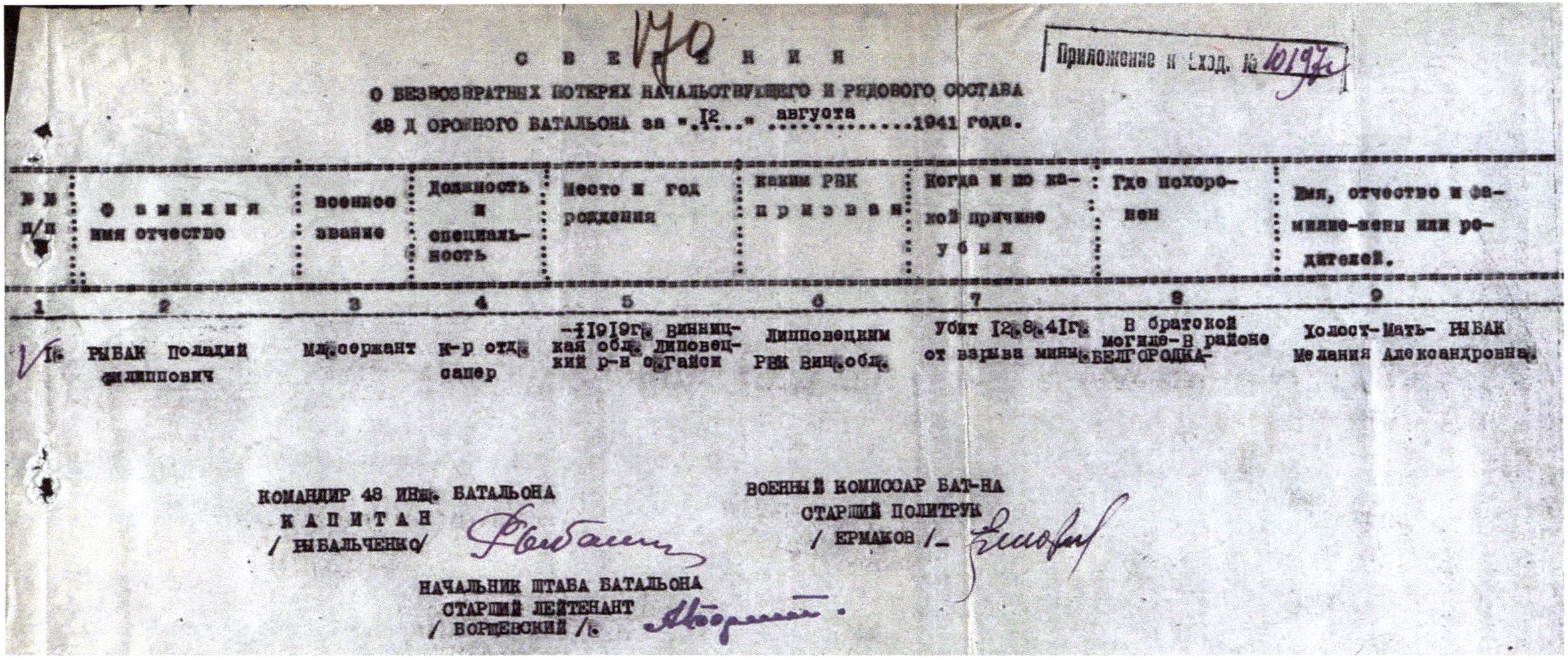

СВЕДЕНИЯ

о безвозвратных потерях начальствующего и рядового состава
48 Дорожного батальона за "12" августа 1941 года.

№	Фамилия имя отчество	Военное звание	Должность и специальность	Место и год рождения	Каким РВК призван	Когда и по какой причине убыл	Где похоронен	Холост-Жен- Имеющие ни детей
1	2	3	4	5	6	7	8	9
1.	РЫБАК Поладий Филиппович	Мл.сержант	К-р отд. сапер	1919 г. Винницкий обл. Липовец-кий р-н г.Липовец РВК Вин.обл.	Липовецким РВК Вин.обл.	Убит 12.8.41 г. от взрыв мин. ж.д.	В братской могило-в районе БЕЛГОРОДКА	Жена Алексадровна

КОМАНДИР 48 ИНЖ. БАТАЛЬОНА
КАПИТАН / РЫБАЛЬЧЕНКО /

ВОЕННЫЙ КОМИССАР БАТ-НА
СТАРШИЙ ПОЛИТРУК
/ ЕРМАКОВ /

НАЧАЛЬНИК ШТАБА БАТАЛЬОНА
СТАРШИЙ ЛЕЙТЕНАНТ
/ Борщевский /

Приложение к исход. № 075

Фрагмент второй страницы донесения о безвозвратных потерях 48-го инженерного ("дорожного") батальона 37-й Армии ЮЗФ по состоянию на 15 августа 1941 года (№ 075, город Киев), подписанного комбатом Рыбальченко, военкомом старшим политруком Ермаковым и начштаба старшим лейтенантом Борщевским: приведены сведения о младшем сержанте командире отделения сапёре Поладии Рыбаке, погибшем 12 августа 1941 года в районе БЕЛГОРОДКА; ЦАМО фонд 58, опись 818884, дело 11, лист 170.

Не исключено, что часть бойцов 48-го инжбата попала в плен либо в период первого штурма КиУР'а немецкими войсками, либо во время последовавшего контрудара 37-й Армии. Например, возможно, что рядовой 48-го дорожного батальона Иван Константинович Горозя попал в плен в течение этого времени (см. его биографию, где приведены несколько вариантов даты его пленения в Киеве). Как отмечено в некоторых исследованиях, даже несмотря на успех контрудара в середине августа 1941 года и освобождения ряда сёл под Киевом, многие бойцы переходили на сторону противника — при этом оперсводки 37-й Армии исключали сведения о перебежчиках[97].

14 августа 1941 года было отдано Приказание Войскам Юго-Западного Фронта № 013 (м. Бровары) "Об из'ятии из состава частей фронта военнообязанных из западных областей", подписанное нач. штаба ЮЗФ генерал-майором Василием Тупиковым и военным комиссаром штаба ЮЗФ полковником Зиновьевым. Командующий ЮЗФ генерал-полковник Михаил Кирпонос приказывал:

"Во всех частях, соединениях и учреждениях, входящих в состав фронта, немедленно изъять имеющийся приписной состав, мобилизованный из западных областей и отправить в распоряжение командира 13 запасной стрелковой бригады г. Прилуки. Отправку людей произвести в сопровождении ответственных начальников команд без вооружения и снаряжения, обеспечив их обмундированием 3-го срока, аттестатом и продовольствием на путь следования. Переброску людей произвести походным порядком.

На передаваемых людей в 13 зап. стрелковую бригаду составить списки по форме: фамилия, имя, отчество, год рождения, национальность, место рождения, местожительство, в каком РВК состоял на учёте. Один экземпляр списка направить в 13 запасную стрелковую бригаду. Командующим армий, соединениям, частям и учреждениям, не входящим в состав армий, проверить исполнение и донести мне по отделу укомплектования Штаба ЮЗФ к 25 августа 1941 г. "

---

[97] Оборона Киевского укреплённого района (1941). Сайт Дмитрия Муравова:
http://kiev-1941.narod.ru/counter_strike.html.

СЕКРЕТНО

Экз. №

1865

ПРИКАЗАНИЕ

ВОЙСКАМ ЮГО-ЗАПАДНОГО ФРОНТА

14 августа 1941 г.   № 013   м. Бровары

Об из'ятии из состава частей фронта военнообязанных из западных областей.

Командующий фронтом приказал:

Во всех частях, соединениях и учреждениях, входящих в состав фронта, немедленно изъять имеющийся приписной состав, мобилизованный из западных областей и отправить в распоряжение командира 13 запасной стрелковой бригады г. Прилуки.

Отправку людей произвести в сопровождении ответственных начальников команд без вооружения и снаряжения, обеспечив их обмундированием 3-го срока, аттестатом и продовольствием на путь следования.

Переброску людей произвести походным порядком.

На передаваемых людей в 13 зап. стрелковую бригаду составить списки по форме: фамилия, имя, отчество, год рождения, национальность, место рождения, местожительство, в каком РВК состоял на учете. Один экземпляр списка направить в 13 запасную стрелковую бригаду.

Командующим армий, соединениям, частям и учреждениям, не входящим в состав армий, проверить исполнение и донести мне по отделу укомплектования Штаба ЮЗФ к 25 августа 1941 г.

Начальник Штаба ЮЗФ	Военный Комиссар Штаба ЮЗФ
Генерал-майор Тупиков	Полковник Зиновьев

Фрагмент Приказания Войскам Юго-Западного Фронта № 013 от 14 августа 1941 года;
ЦАМО фонд 229, опись 161, дело 15_1.

Спустя пять дней, 19 августа 1941 года, за этим приказанием последовали ещё два: № 014 ("Об извещении райвоенкоматов о сдавшихся в плен врагу красноармейцах и мл. командирах") и № 015 ("О мерах борьбы с дезертирством и членовредительством"). В Приказании № 014 говорилось:

"В соответствии с Приказом Ставки Верховного Главного Командования Красной Армии № 270 от 16 августа 1941 года, Командующий Войсками Юго-Западного Фронта приказал:

Командирам частей и соединений о красноармейцах и младших командирах, сдавшихся в плен врагу, немедленно сообщать в райвоенкоматы по месту жительства, для лишения их семей государственного пособия и помощи."

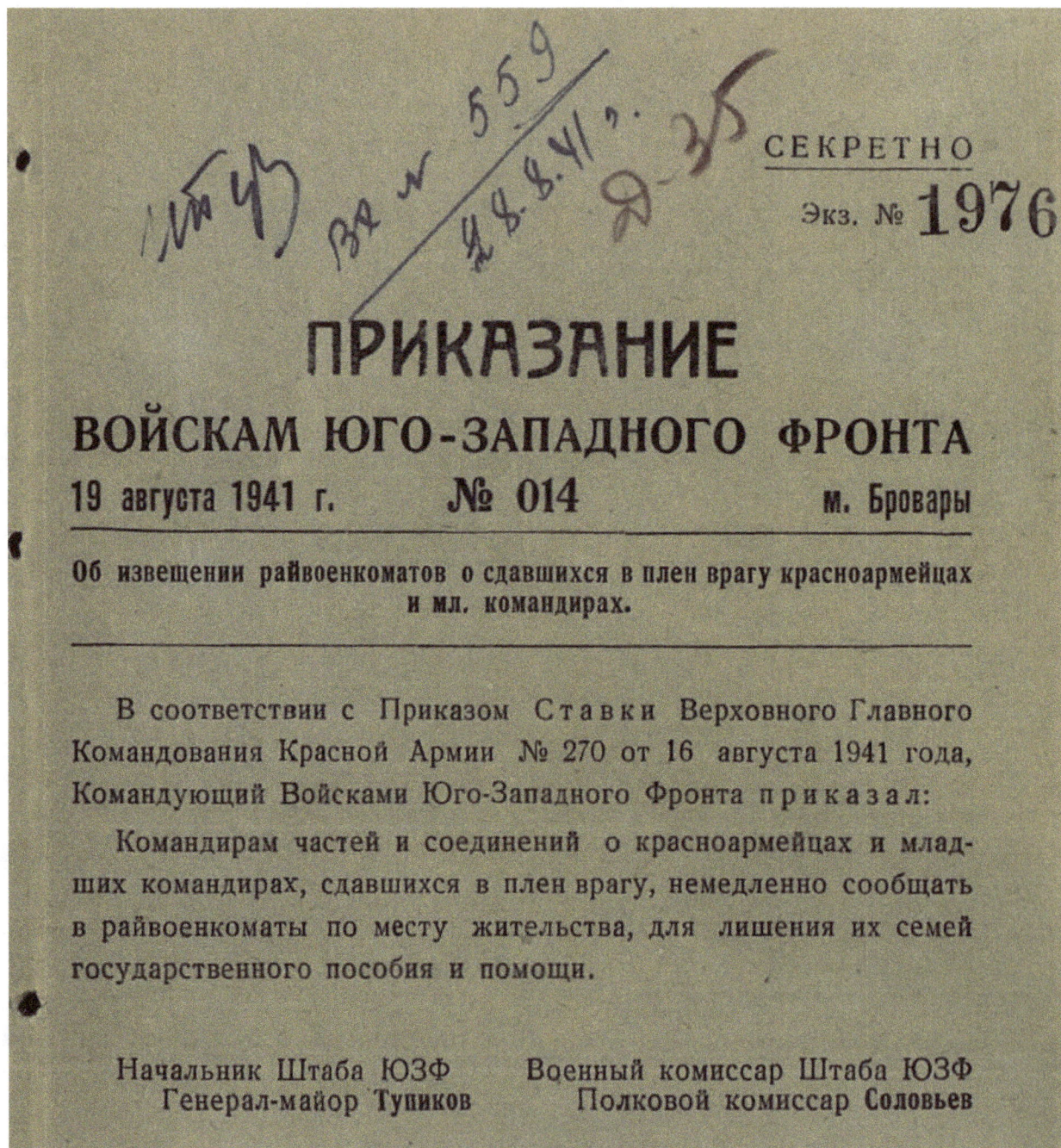

СЕКРЕТНО

Экз. № 1976

ПРИКАЗАНИЕ

ВОЙСКАМ ЮГО-ЗАПАДНОГО ФРОНТА

19 августа 1941 г.   № 014   м. Бровары

Об извещении райвоенкоматов о сдавшихся в плен врагу красноармейцах и мл. командирах.

В соответствии с Приказом Ставки Верховного Главного Командования Красной Армии № 270 от 16 августа 1941 года, Командующий Войсками Юго-Западного Фронта приказал:

Командирам частей и соединений о красноармейцах и младших командирах, сдавшихся в плен врагу, немедленно сообщать в райвоенкоматы по месту жительства, для лишения их семей государственного пособия и помощи.

Начальник Штаба ЮЗФ   Военный комиссар Штаба ЮЗФ
Генерал-майор **Тупиков**   Полковой комиссар **Соловьев**

Фрагмент Приказания Войскам Юго-Западного Фронта № 014 от 19 августа 1941 года;
ЦАМО фонд 229, опись 161, дело 15_1.

Приказание № 015 расширяло эти меры наказания на случаи дезертирства и членовредительства:

"В войсках фронта имеют место отдельные случаи дезертирства и членовредительства.
Командующий Войсками Юго-Западного фронта приказал:

1. Командирам частей о всех случаях дезертирства и членовредительства сообщать в органы местного Военного Управления по месту жительства, на предмет лишения их семей права на получение установленных Правительством пенсий и пособий.

2. Материалы о дезертирстве и членовредительстве передавать Военным Трибуналам немедленно. Приказание объявить всему личному составу фронта."

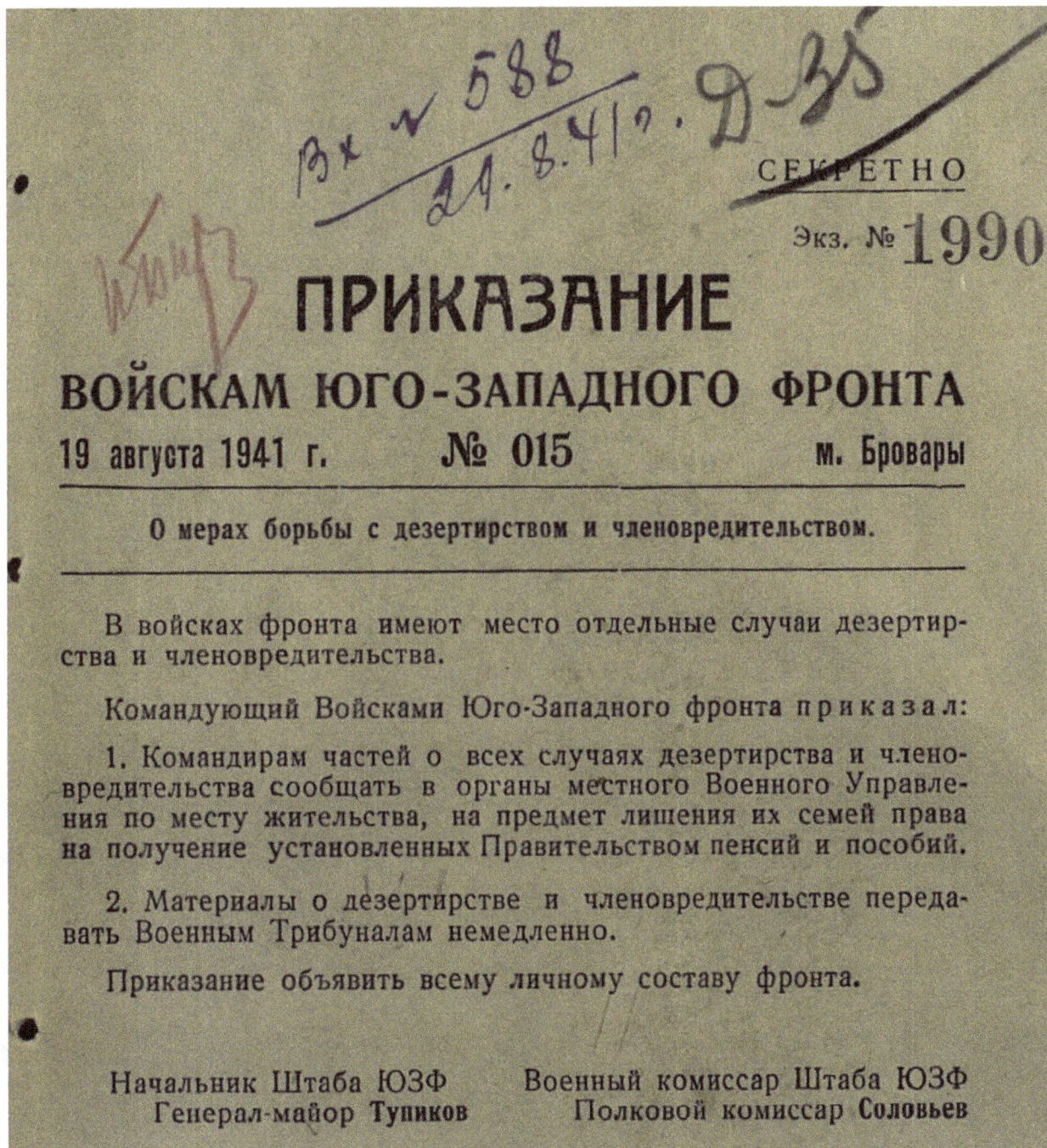

Вх № 588
21.8.41

СЕКРЕТНО

Экз. № 1990

ПРИКАЗАНИЕ

ВОЙСКАМ ЮГО-ЗАПАДНОГО ФРОНТА

19 августа 1941 г. № 015 м. Бровары

О мерах борьбы с дезертирством и членовредительством.

В войсках фронта имеют место отдельные случаи дезертирства и членовредительства.

Командующий Войсками Юго-Западного фронта приказал:

1. Командирам частей о всех случаях дезертирства и членовредительства сообщать в органы местного Военного Управления по месту жительства, на предмет лишения их семей права на получение установленных Правительством пенсий и пособий.

2. Материалы о дезертирстве и членовредительстве передавать Военным Трибуналам немедленно.

Приказание объявить всему личному составу фронта.

Начальник Штаба ЮЗФ Военный комиссар Штаба ЮЗФ
Генерал-майор Тупиков Полковой комиссар Соловьев

Фрагмент Приказания Войскам Юго-Западного Фронта № 015 от 19 августа 1941 года;
ЦАМО фонд 229, опись 161, дело 15_1.

Забегая вперёд, можно привести и Приказ Войскам Юго-Западного Фронта № 044 (м. Бровары) от 22 августа 1941 года, в котором говорилось:

"Проверкой установлено, что учет потерь личного состава и учет трофей до сего времени находится в плохом состоянии, а в отдельных частях этот учет запутан.

Ссылаясь на условия боевой обстановки командиры и комиссары частей и соединений этому весьма важному вопросу внимания не уделяют.

Штабом 175 сд представлены были донесения о потерях личного состава в количестве 7500 человек, проверкой выявлено действительных потерь только 2500 человек. Основная часть потерь личного состава учитывалась по группам "пропало без вести" и "по другим причинам". В действительности, из числа пропавших без вести 1388 чел. по дивизии, 450 чел. раненых учтенных как пропавших без вести, прошли через медсанбаты других частей. Часть раненых, могущих передвигаться самостоятельно, ушли в тыл, минуя медсанбаты и полковые пункты медпомощи. Много убитых из-за отсутствия медальонов похоронено без учета в сведениях о количестве убитых, часть убитых и раненых оставлены на поле боя занятого противником. Отдельные команды попали в расположение другой части.

Все эти люди учитываются так же как "пропавшие без вести".

При составлении донесений штабы частей количество потерь личного состава не сверяют с действительной списочной численностью. В частях отсутствуют ротные, взводные списки личного состава. Делопроизводство по учету потерь в частях дивизии запущено. Все донесения о потерях не приходуются по книгам учета. ..."

Командующий ЮЗФ приказывал:

"...привлекать к строжайшей ответственности виновных в представлении неточных и несвоевременных сведений.

2. Командирам частей и соединений к 5 сентября с. г. представить в Штаб ЮЗФ уточненные донесения о потерях личного состава по ф. № 8 и донесения о трофеях по ф. № 11 за время с начала боевых действий по 1 сентября 1941 года.

Особо обратить внимание на учет потерь по группе "пропавшие без вести". Принять все меры к точному выяснению действительного числа пропавших без вести. О всех потерях по этой группе давать краткое пояснение, что включено в эту группу потерь.

За состояние учета потерь персональную ответственность несут:

1. Во взводе–командир взвода.

2. В роте–командир роты и

3. в батальоне–командир батальона.

В случае наличия большого количества потерь личного состава, неоправданных боевыми действиями части, командиров подразделений привлекать к судебной ответственности.

3. В бою и после боя, принимать активные меры для полного сбора раненых и убитых, не оставляя их на поле боя занимаемого противником.

Организовать точный учет раненых, проходящих через ППМ и медсанбаты. Прекратить самостоятельную неорганизованную эвакуацию в тыл легко раненых.

4. Отдельные группы или команды, попавшие на территорию соседней части, немедленно возвращать в свою часть.

5. Во всех частях и соединениях составить и всегда иметь взводные и ротные списки личного состава.

6. Донесения о потерях личного состава сверять с донесениями о численном в боевом составе.

7. Интенданту Фронта Генерал-майору т. Ковалеву обеспечить войсковые части медальонами. Командирам запасных полков иметь резерв медальонов для обеспечения отправляемых на фронт маршевых батальонов.

8. За запущенность учета и представление неверных донесений о потерях, начальника 4 отделения штаба 175 стр. дивизии интенданта 3 ранга Тришкина от занимаемой должности отстранить, начальнику штаба 175 сд подполковнику Буянову объявляю выговор.

9. О выполнении настоящего приказа донести."

ПРИКАЗ

ВОЙСКАМ ЮГО-ЗАПАДНОГО ФРОНТА

22 августа 1941 г.   № 044   м. Бровары

СЕКРЕТНО

Экз. № 1980

Проверкой установлено, что учет потерь личного состава и учет трофей до сего времени находится в плохом состоянии, а в отдельных частях этот учет запутан.

Ссылаясь на условия боевой обстановки командиры и комиссары частей и соединений этому весьма важному вопросу внимания не уделяют.

Штабом 175 сд представлены были донесения о потерях личного состава в количестве 7500 человек, проверкой выявлено действительных потерь только 2500 человек.

Основная часть потерь личного состава учитывалась по группам „пропало без вести" и „по другим причинам". В действительности, из числа пропавших без вести 1388 чел. по дивизии, 450 чел. раненых учтенных как пропавших без вести, прошли через медсанбаты других частей. Часть раненых, могущих передвигаться самостоятельно, ушли в тыл, минуя медсанбаты и полковые пункты медпомощи. Много убитых из-за отсутствия медальонов похоронено без учета в сведениях о количестве убитых, часть убитых и раненых оставлены на поле боя занятого противником. Отдельные команды попали в расположение другой части.

Все эти люди учитываются так же как „пропавшие без вести".

При составлении донесений штабы частей количество потерь личного состава не сверяют с действительной списочной численностью.

В частях отсутствуют ротные, взводные списки личного состава. Делопроизводство по учету потерь в частях дивизии запущено. Все донесения о потерях не приходуются по книгам учета.

Также плохо организован учет трофей. Часть трофейного автоматического оружия остается у командного состава без учета в представляемых донесениях.

Приказываю:

1. Военным Советам Армий потребовать от штабов частей в кратчайший срок наладить учет потерь и трофей. Привлекать

Фрагмент Приказа Войскам ЮЗФ № 044 от 22 августа 1941 года; ЦАМО фонд 229, опись 161, дело 15_1.

— 2 —

к строжайшей ответственности виновных в представлении неточных и несвоевременных сведений.

2. Командирам частей и соединений к 5 сентября с. г. представить в Штаб ЮЗФ уточненные донесения о потерях личного состава по ф. № 8 и донесения о трофеях по ф. № 11 за время с начала боевых действий по 1 сентября 1941 года.

Особо обратить внимание на учет потерь по группе „пропавших без вести". Принять все меры к точному выяснению действительного числа пропавших без вести. О всех потерях по этой группе давать краткое пояснение, что включено в эту группу потерь.

За состояние учета потерь персональную ответственность несут:

1. Во взводе—командир взвода.

2. В роте—командир роты и

3. в батальоне—командир батальона.

В случае наличия большого количества потерь личного состава, неоправданных боевыми действиями части, командиров подразделений привлекать к судебной ответственности.

3. В бою и после боя, принимать активные меры для полного сбора раненых и убитых, не оставляя их на поле боя занимаемого противником.

Организовать точный учет раненых, проходящих через ППМ и медсанбаты. Прекратить самостоятельную неорганизованную эвакуацию в тыл легко раненых.

4. Отдельные группы или команды, попавшие на территорию соседней части, немедленно возвращать в свою часть.

5. Во всех частях и соединениях составить и всегда иметь взводные и ротные списки личного состава.

6. Донесения о потерях личного состава сверять с донесениями о численном и боевом составе.

7. Интенданту Фронта Генерал-майору т. Ковалеву обеспечить войсковые части медальонами. Командирам запасных полков иметь резерв медальонов для обеспечения отправляемых на фронт маршевых батальонов.

8. За запущенность учета и представление неверных донесений о потерях, начальника 4 отделения штаба 175 стр. дивизии интенданта 3 рана Тришкина от занимаемой должности отстранить, начальнику штаба 175 сд подполковнику Буянову объявляю выговор.

9. О выполнении настоящего приказа донести.

Командующий Войсками ЮЗФ
Генерал-майор Кирпонос

Член Военного Совета ЮЗФ
М. Бурмистенко
Дивизионный комиссар Рыков

Начальник Штаба ЮЗФ Генерал-майор Тупиков
Тип. шт. ЮЗФ з. 268.

Фрагмент Приказа Войскам ЮЗФ № 044 от 22 августа 1941 года; ЦАМО фонд 229, опись 161, дело 15_1.

Так или иначе, где находятся донесения об большинстве погибших и пропавших без вести в составе 48-го инжбата в период с 4 по 16 августа 1941 года, а также их точное число, остаётся загадкой...

О минных заграждениях, установленных в эти дни противником, отходящим на южном участке КиУР'а, упоминает и оперативная сводка № 012 штаба 37-й Армии к 18.00 13 августа 1941 года. Эта сводка интересна для нас и тем, что в ней описывается ситуация в районе Белогородки (на западном, центральном, участке КиУР'а), где находился в то время 48-й инжбат и где, в частности, "от взрыва мины" погиб младший сержант сапёр Поладий Рыбак:

"1. Части 37 армии продолжают выполнять поставленную им задачу выхода на рубеж ТАРАСОВКА, ХОДОСОВКА, МРЫГИ. Противник отходит к югу прикрываясь небольшими группами автоматчиков и станковых пулеметов, оставленных им в домах населенных пунктов и в лесах, устраивая минные заграждения. Наша авиация в 14.30 установила движение колонн по дороге НЕГРАШИ — БЕЛГОРОДКА силою до двух полков пехоты. К 17.00 положение наших частей было следующее:

3 ВДБ продолжает оборонять рубеж БОРКИ, р.ИРПЕНЬ, БЕЛГОРОДКА. Противник активных действий не проявлял. Отмечается группировка сил противника на левом фланге в районе ЗАБОРКА — БЕЛГОРОДКА.

175 сд — 632 сп занимает участок обороны от садов,что вост. БЕЛГОРОДКА, выс.162,3, выс. 177.5. ..."

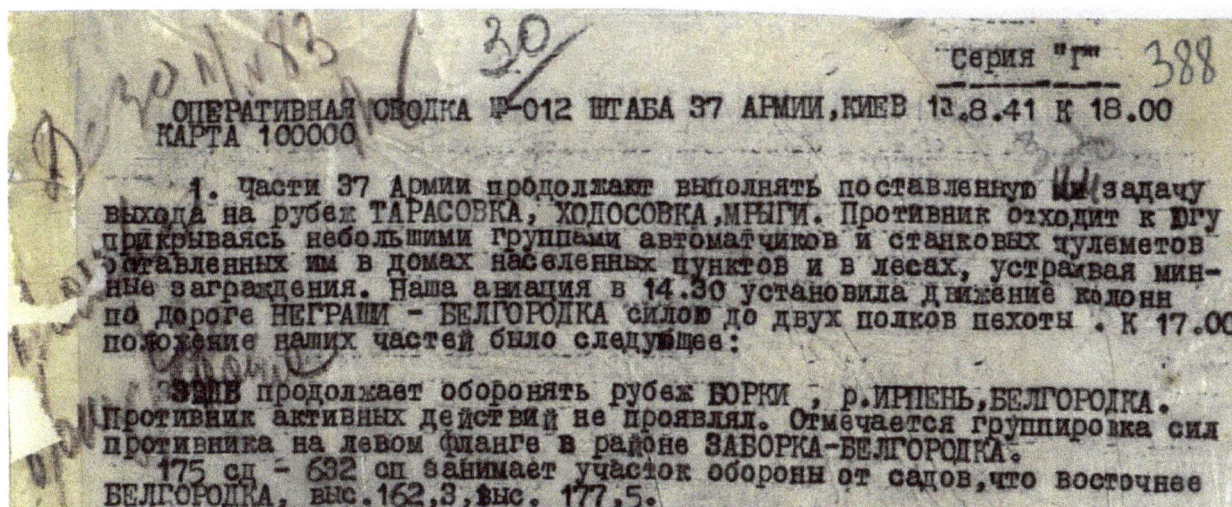

Фрагмент оперативной сводки № 012 штаба 37-й Армии к 18.00 13 августа 1941 года
(ЦАМО фонд 229, опись 161, дело 61, лист 388).

Детальная инженерная сводка № 7 ИУ ЮЗФ от 18 августа 1941 приводит много интересных деталей инженерных и сапёрных действий:

"2. Устройство минных полей и различных сюрпризов пр-ком:
Пр-к устанавливает: а/ противопехотные мины наступного и натяжного действия; б/ противотанковые мины тройного действия, но, как видно, из-за поспешного отступления не успевает устанавливать три взрывателя, а ограничивается одним. Один случай, в 5-й армии, когда обнаруженную мину расстреливали из винтовки, а взорвалось три /повидимому, две были связаны с расстреливаемой/. МЗД (*прим.: мины замедленного действия*) — устанавливаются в домах и садах /5 Армия/ . Обнаружить до взрыва не удалось.
г/ Сюрпризы /37 Армия/ — есть случаи оставления пр-ком часов, велосипедов, мотоциклов и др.предметов минированных. Отдельные случаи минирования трансформаторной будки, склада горючего, окон,домов.

ВЫВОД:

Устраиваемые минные поля и различные сюрпризы пр-ком эффекта не имеют, ввиду исключительно небрежной маскировки из-за поспешного отступления. Большую помощь войскам по обнаружению минных полей пр-ка оказали напечатанные статьи о немецких минах в газетах фронтовой "Красная Армия" и армейской — 5 Армии./вырезки прилагаются/ .

На минах пр-ка подрывались отдельные повозки обоза наших войск, о подрывании людей донесений нет. Отдельные случаи — командир санслужбы, искушенный лежавшими частями, при попытке поднять из взорвался; НШ 284 СД, несмотря на предупреждение местных жителей о работах, произведенных немцами в земле, поскакал на лошади и взорвался на мине. ...

3. Преодоление наших минных полей пр-ком:

Для обнаружения мин пр-к посылает отдельных людей из населения, скот, связанный между собой или проходит по местам, где уже подорвались его же солдаты

Взорванных мин, установленных нашими войсками, на территории, оставленной при отходе наших войск, много. В районе ЖУЛЯНЫ остались подорванные на минном поле три хозяйственные повозки и бричка пр-ка, у с. ЮРОВКА, ТАРАСОВКА оставлен легкий танк, подорванный на минах, вокруг воронок от взорванных мин валяются обрывки от обмундирования, свидетельствующие о том, что пр-к подрывался на минах, но трупы не обнаружены /повидимому, убираются/.

ВЫВОД:

Устраиваемые нашими войсками минные поля эффективны только в том случае, когда минное поле эшелонируется в глубину.

Продолжаются случаи подрывания своих войск на установленных нашими войсками минах.: 8.8.41 во время наступления на ЖУЛЯНЫ подорвались 4 танка Т-26 70-го танкового полка. Факт расследуется.

Западнее БЕЛИЧИ по вине водителя, не выполнившего приказа часовых"остановиться", подорвалась на мине машина, шофер ранен.

Причинами подрывания своих войск на своих же минных полях являются: недостаточная охрана минных полей /несвоевременное предупреждение/ и с другой стороны — отсутствие чувства элементарной предосторожности у некоторых бойцов и командиров."

Интересно также, что уже к середине августа были подготовлены к разрушению мосты через Днепр, "в пунктах: м.НАВОЗЫ, м.ОКУНИНОВО, г.КИЕВ /4 моста/, г.ЧЕРКАССЫ / 2 моста/, г.КАНЕВ".

Инж. сводка № 7 завершается серией выводов, среди которых можно выделить проблемы с укомплектованностью инженерных частей из-за использования их в качестве стрелковых подразделений, недооценка общевойсковыми командирами вопросов инженерного обеспечения боевых действий, многочисленные случаи подрыва на своих же минных полях и при установке сапёрами деревянных мин, вследствие "недисциплинированности,небрежности, халатности и плохой организации войсковыми командирами и инженерными начальниками установки минных полей и их охраны".

Некоторые подробности использования радиоуправляемых фугасов и электризованных препятствий в КиУР'е можно найти и в мемуарах Александра Борисовича Немчинского:

"Тогда наши войска минировали и Голосеевский лес, и Пост-Волынский, и Жуляны...

На мостах и узлах дорог по оборонительному обводу даже радиоуправляемые фугасы наши части ставили.

— А разве не в Харькове впервые радиофугасы применялись? — спросил Мысяков.

— Не в Харькове, а именно здесь, в столице Украины. Какие только заграждения не применялись на Киевщине! Начинжу тридцать седьмой армии полковнику Голдовичу хлопот хватало..." [98]

---

[98] Немчинский А. Б. Осторожно, мины! — М.: Воениздат, 1973.

Александр Немчинский уточняет:

"Генерал-лейтенант инженерных войск Александр Иванович Голдович, под началом которого мне довелось служить на Дальнем Востоке, рассказывал об этих заграждениях. От него я услышал, как в 1941 году наши саперы устанавливали и подрывали радиоуправляемые мины на подступах к Киеву; как по сигналу радиостанции были взорваны береговые устои цепного и железнодорожного мостов через Днепр; какой эффективной оказалась электризация речки в Святошино; как военным инженерам удалось удачно сочетать одновременное действие взрывных заграждений и горючей смеси." [99]

Масштаб инженерных работ в КиУР'е был значителен:

"Инженерные войска 37-й армии (начальник инженерного отдела армии полковник А. И. Голдович), которая вела бои за Киев, выполнили большой объём заградительных работ. Только на устройстве заграждений было занято 5 инженерных и саперных батальонов, 2 электророты. Их усилиями перед передним краем и в глубине укрепленного района было установлено около 100 тыс. противотанковых и противопехотных мин, 16 км электризуемых препятствий и устроено большое количество других видов противотанковых и противопехотных заграждений. Кроме того, 3 взвода специальных заграждений устанавливали приборы для взрыва на расстоянии, по радио особо важных объектов на Днепре и в Киеве." [100]

К действиям спец. взводов по минированию Киева мы ещё вернёмся, а пока продолжим анализ военных документов второй половины августа 1941 года.

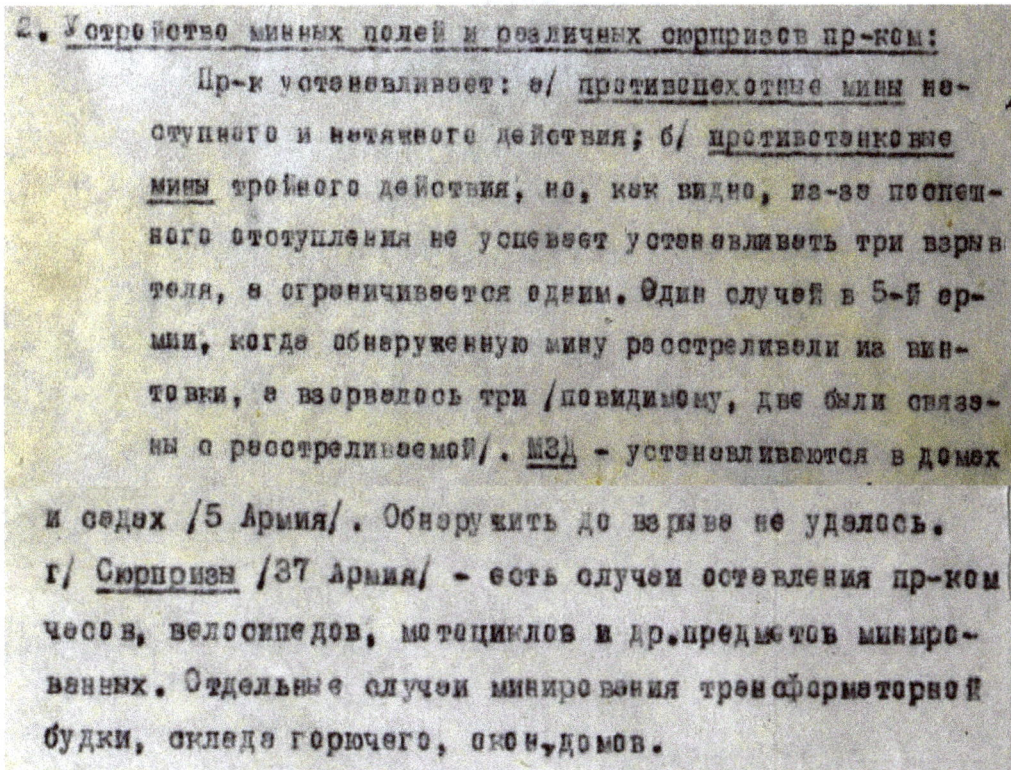

Фрагменты инженерной сводки № 7 ИУ ЮЗФ от 18 августа 1941 года, за период с 8 по 16 августа 1941 года (ЦАМО фонд 229, опись 161, дело 116, листы 5 и 6; также: ЦАМО фонд 229, опись 19,1 дело 21).

---

[99] Немчинский А. Б. Осторожно, мины! — М.: Воениздат, 1973.

[100] Цирлин А. Д., Бирюков П. И., Истомин В. П., Федосеев Е. Н. Инженерные войска в боях за Советскую Родину. — М.: Воениздат, 1970.

3. Преодоление наших минных полей пр-ком:

Для обнаружения мин пр-к посылает отдельных людей из населения, скот, связанный между собой или проходит по местам, где уже подорвались его же солдаты

Взорванных мин, установленных нашими войсками, на территории, оставленной при отходе наших войск, много. В районе КУЛЯНЫ остались подорванные на минном поле три хозяйственные повозки и бричка пр-ка, у с. КРОВКА, ТАРАСОВКА оставлен легкий танк, подорванный на минах, вокруг воронок от взорванных мин валяются обрывки от обмундирования, свидетельствующие о том, что пр-к подрывался на минах, но трупы не обнаружены /повидимому, убираются/.

В Ы В О Д

Устраиваемые нашими войсками минные поля эффективны только в том случае, когда минное поле эшелонируется в глубину.

4. Продолжаются случаи подрывания своих войск на установленных нашими войсками минами.: 8.8.41 во время наступления на КУЛЯНЫ подорвались 4 танка Т-26 70-го танкового полка. Факт расследуется.

Западнее ВЕЛИЧИ по вине водителя, не выполнившего приказа часовых "остановиться", подорвалась на мине машина, шофер ранен.

Причинами подрывания своих войск на своих же минных полях являются: недостаточная охрана минных полей /несвоевременное предупреждение/ и с другой стороны - отсутствие чувства элементарной предосторожности у некоторых бойцов и командиров.

Фрагменты инженерной сводки № 7 ИУ ЮЗФ от 18 августа 1941 года, за период с 8 по 16 августа 1941 года (ЦАМО фонд 229, опись 161, дело 116, лист 7; также: ЦАМО фонд 229, опись 191, дело 21).

ВЫВОДЫ.

1. За истекший период инженерные войска фронта обеспечивали оборону гор. Киева, удержание РЖИЩЕВСКОГО, КАНЕВСКОГО и ЧЕРКАССКОГО плацдармов, содержание переправ не р. ДНЕПР и организацию обороны на левом берегу р. ДНЕПР.

2. Вследствии использования инженерных частей в бою в качестве стрелковых подразделений укомплектованость их очень низкая. Пополнение проходить очень медленно. Армейские аппараты недостаточно занимаются вопросами укомплектования инженерных частей.

3. Общевойсковые командиры недооценивают вопросов инженерного обеспечения боя, вследствии чего бой не обеспечивается инженерной разведкой, заграждениями, не верно и медленно оборудуются оборонительные рубежи.

4. Наличие 7 парков Н-2-П при существующих 15 б-нов не только не обеспечивает боевую деятельность фронта, но и также не обеспечивает подготовку кадров понтонеров.

5. В соединениях фронта происходит много случаев подрывания командиров и бойцов на наших минных полях и подрывания сапер при установке деревянных мин, вследствии недисциплинированности, небрежности, халатности и плохой организации войсковыми командирами и инженерными начальниками установки минных полей и их охраны.

6. Пополнение фронта инженерным имуществом явно недостаточно и не обеспечивает минимальных потребностей в деле организаций об

Фрагменты инженерной сводки № 7 ИУ ЮЗФ от 18 августа 1941 года, за период с 8 по 16 августа 1941 года (ЦАМО фонд 229, опись 161, дело 116, лист 37; также: ЦАМО фонд 229, опись 191, дело 21).

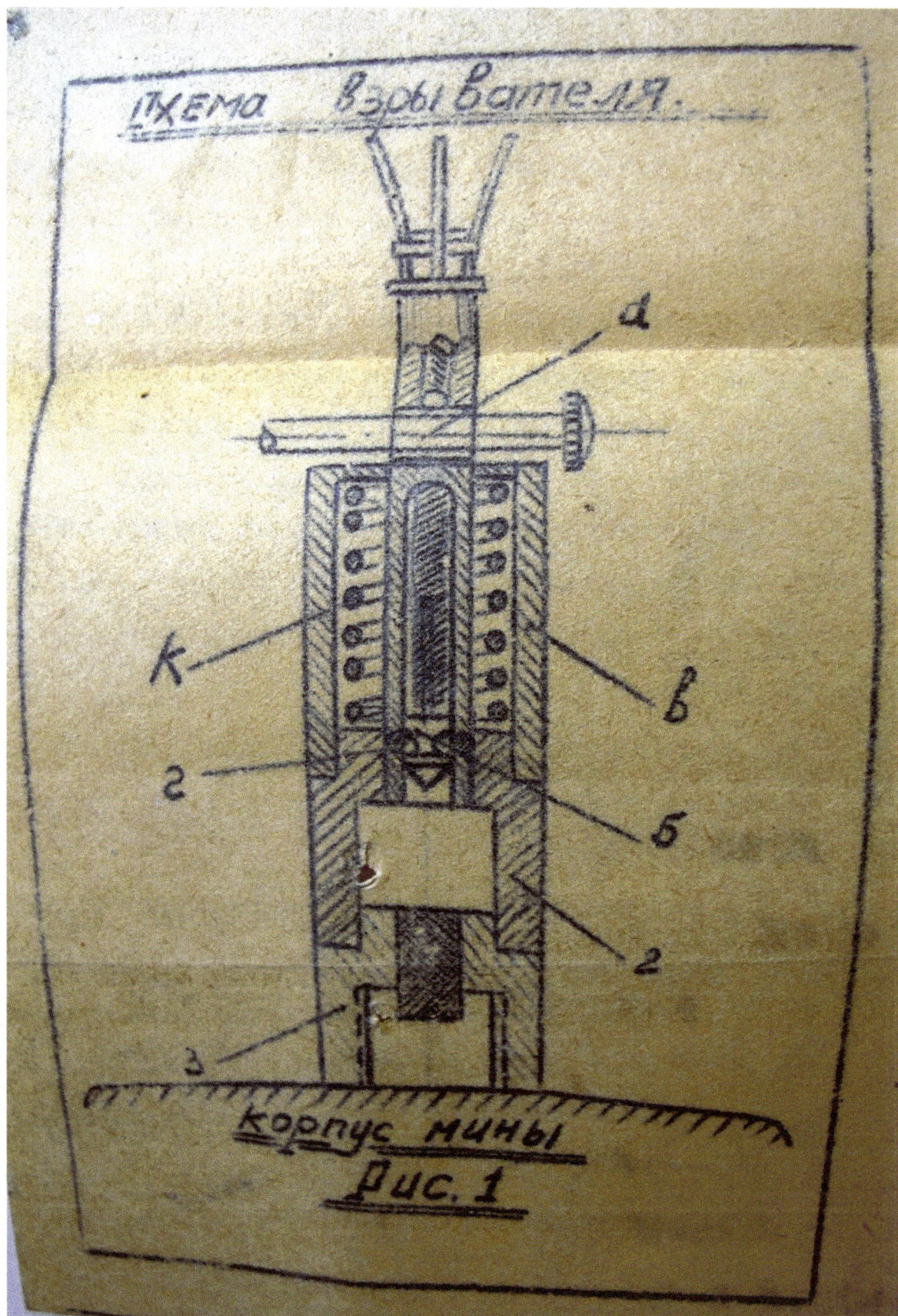

Фрагмент указания ИУ ЮЗФ по обезвреживанию мин противника от 17 августа 1941 года:
схема взрывателя противопехотной мины нажимного действия (ЦАМО фонд 229, опись 191, дело 21, лист 73).

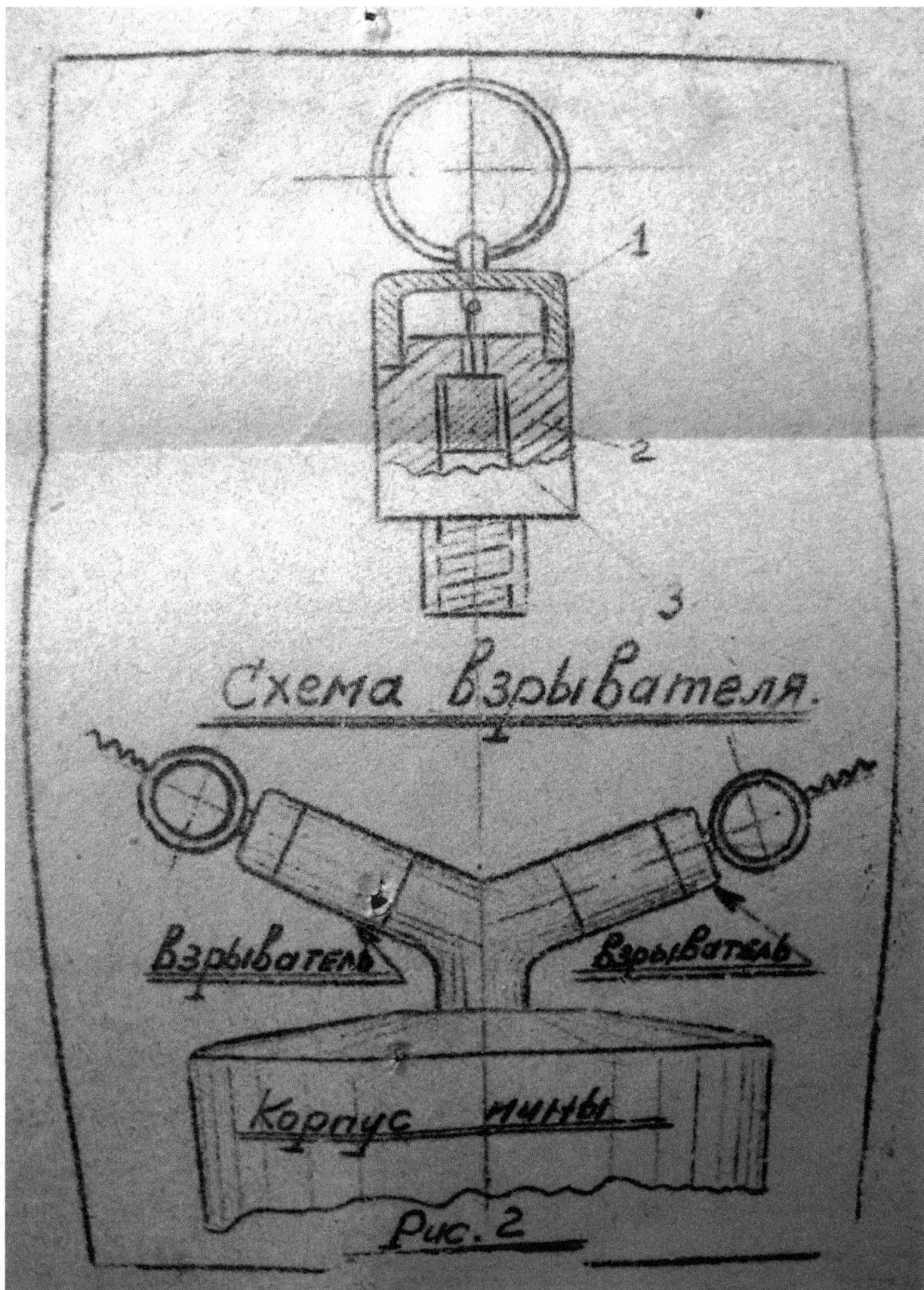

Фрагмент указания ИУ ЮЗФ по обезвреживанию мин противника от 17 августа 1941 года: схема взрывателя противопехотной мины натяжного действия (ЦАМО фонд 229, опись 191, дело 21, лист 74).

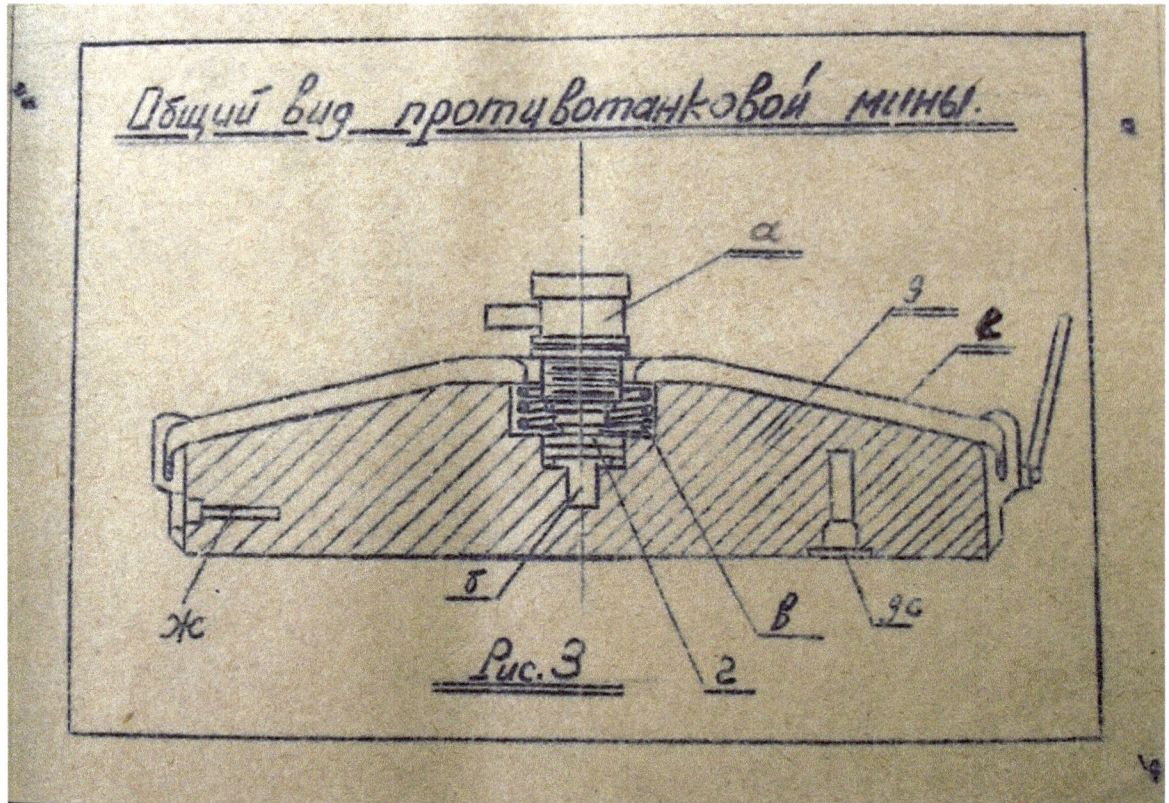

Фрагмент указания ИУ ЮЗФ по обезвреживанию мин противника от 17 августа 1941 года: общий вид противотанковой мины (ЦАМО фонд 229, опись 191, дело 21, лист 76).

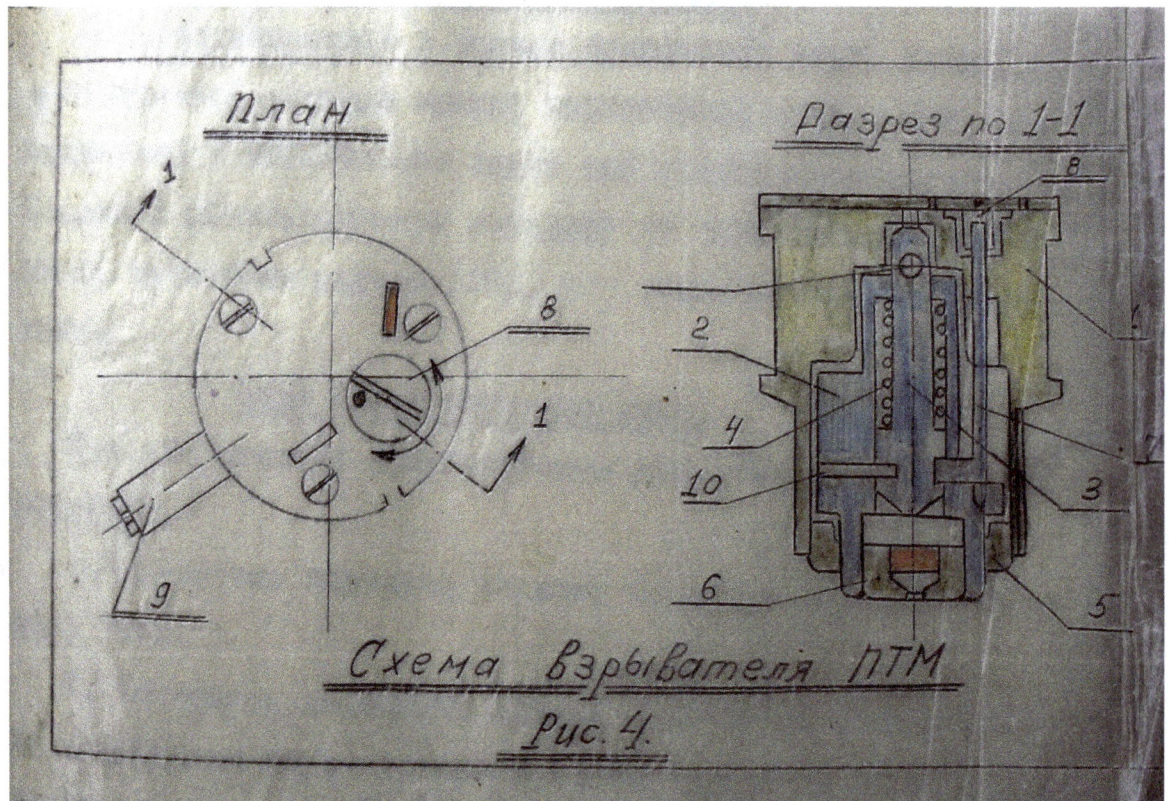

Фрагмент Указания ИУ ЮЗФ по обезвреживанию мин противника от 17 августа 1941 года: схема взрывателя противотанковой мины (ЦАМО фонд 229, опись 191, дело 21, лист 77).

16–22 августа 1941 года.

В середине августа контрудар 37-й Армии завершился и линия фронта стабилизировалась. Как указано в боевом приказе № 6 штаба 37-й Армии к 22.30 15 августа 1941 года, подписанном командармом генерал-майором Власовым, членом Военного Совета бригадным комиссаром Лутаем и нач. штаба армии генерал-майором Мартьяновым:

"1. Противник с утра 15.8.41 г. продолжая упорно оборонять рубеж ЮРОВКА лес сев.ХОТИВ, ВИТА ЛИТОВСКАЯ, начал производить оборонительные работы на всем участке, устанавливая проволочные заграждения.

...

3. 37 Армия с 22.00 15.8.41г. в целях перегруппировки и сосредоточения сил переходит к обороне на рубеже ТАРАСОВКА, ЧАБАНЫ, НОВОСЕЛИЦЫ, ПИРОГОВО. Для упорной обороны произвести инженерные работы, отрыв окопы полной профили, устроить завалы, проволочную сеть, оплетку деревьев, проволочные заграждения в разброску и МЗП. На путях вероятного подхода танков пр-ка создать минные поля, управляемые фугасы. Оборудовать НП и КП, артиллерийские позиции и укрытия для всей мат.части. Укрытия должны обеспечивать от 75-мм снарядов и мин. ..."

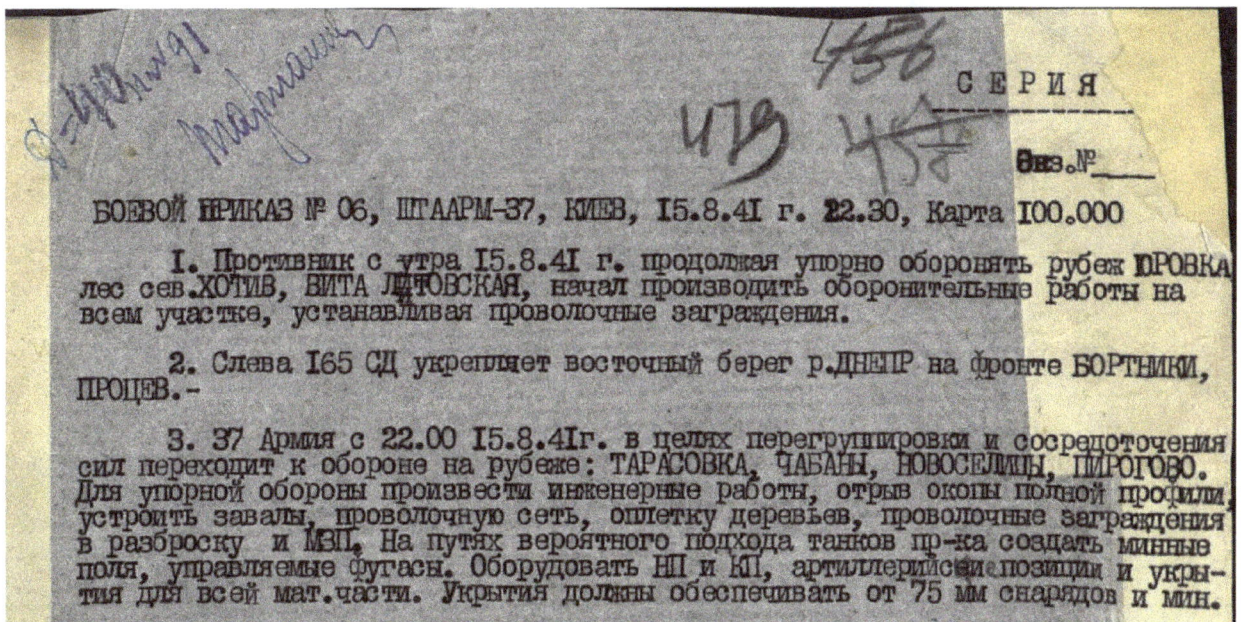

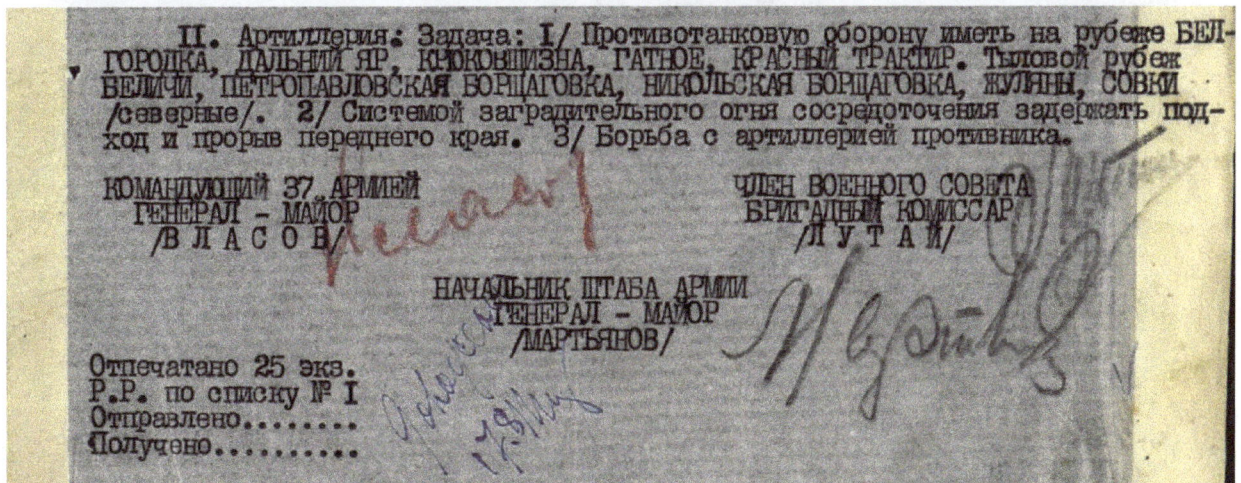

Фрагменты боевого приказа № 06 штаба 37-й Армии (Киев, 22.30, 15 августа 1941 года)
(ЦАМО фонд 229, опись 161, дело 61, лист 479).

В период с 17 по 23 августа 1941 года, как отмечено в инж. сводке № 8 ИУ ЮЗФ от 26 августа 1941 года, 48-й инжбат 37-й Армии был укомплектован на 30% и занимался "охраной минных полей". Сравнивая эти сведения с предыдущей инж. сводкой, можно сделать вывод, что личный состав батальона пополнился на 5%, *и достиг примерно 160 человек.* Данных в графе по "состоянию инжвооружения" нет, как и у большинства других инженерных частей. Место дислокации указано как "КИЕВ, Ворошилова 3" — Дом союза писателей, как вспоминал Александр Жук. *Очевидно, что на охрану минных полей батальон выдвигался отдельными взводами.* В целом, как отмечала сводка, охрана и прикрытие минных полей и заграждений приводили к успеху:

"3. Применение противопехотных мин, малозаметных препятствий, управляемых фугасов и противотанковых мин обеспечивает упорство обороны и задерживает наступление противника. Там где пр-к наталкивается на сильные заграждения прикрытые огнем он успеха не имеет (оборона КИЕВА)."

В сводке также приведена схема устройства противопехотного (ПП) минного поля, обнаруженного инженерной разведкой 206-й стрелковой дивизии у дороги 1 км юго-западнее хутора Чабаны, где проходила в те дни линия активного противостояния сторон.

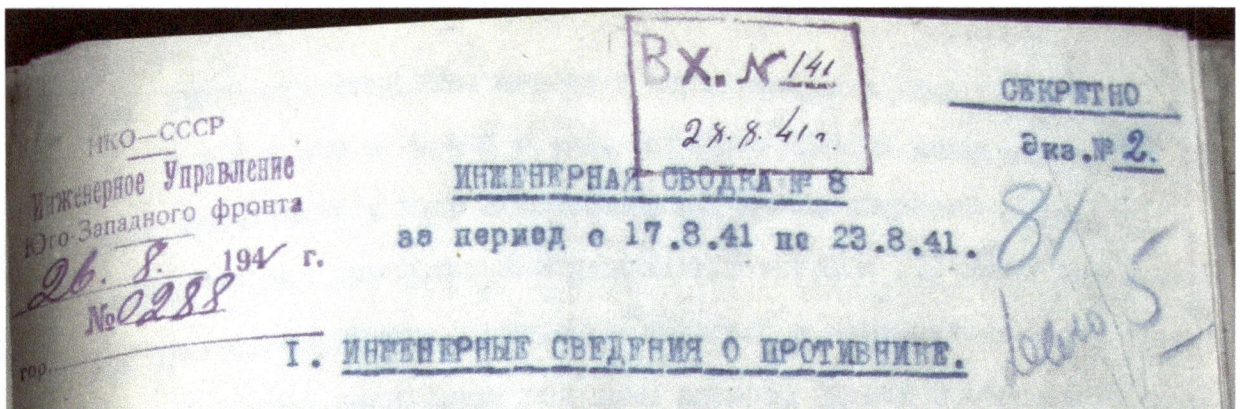

Фрагменты инженерной сводки № 8 ИУ ЮЗФ от 26 августа 1941 года, за период с 17 по 23 августа 1941 года, со сведениями о 48-м инжбате 37-й Армии (пятая строка); (ЦАМО фонд 229, опись 191, дело 21, листы 81 и 87).

оставлен пролет под форватером.

В районе КИУР производятся работы по минированию и прикрытию другими видами заграждений переднего края. Установлена 15 групп управляемых фугасов и более 1000 мин из них 100 мин противника.

В связи с отсутствием саперного проводника упрощенных взрывателей и недостаточным количеством подрывных машинок для устройства управляемых фугасов применяются и провод осветительной сети. *аккомуляторос*

Среднесуточный расход ВВ по фронту – 8 тонн.

93

3. Применение противопехотных мин, малозаметных препятствий, управляемых фугасов и противотанковых мин обеспечивает упорство обороны и задерживает наступление противника. Там где пр-к наталкивается на сильные заграждения прикрытые огнем он успеха не имеет (оборона КИУРа).

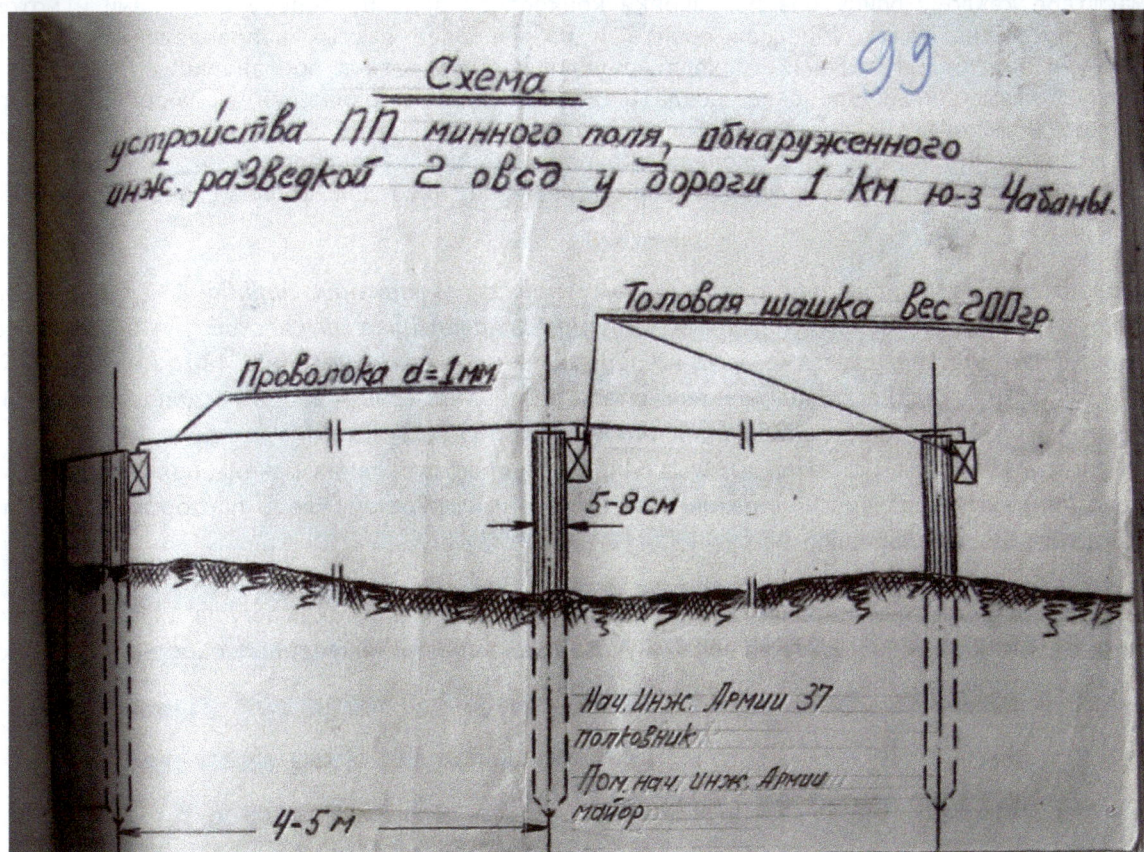

Схема *99*

устройства ПП минного поля, обнаруженного инж. разведкой 2 овсд у дороги 1 км ю-з Чабаны.

Толовая шашка Вес 200гр.

Проволока d=1мм

5-8см

Нач. Инж. Армии 37 полковник

Пом. нач. инж. Армии майор

4-5 м

Фрагменты инженерной сводки № 8 ИУ ЮЗФ от 26 августа 1941 года, за период с 17 по 23 августа 1941 года (ЦАМО фонд 229, опись 191, дело 21, листы 93, 97 и 99).

Один из командиров 48-го инжбата, который уже упоминался в предыдущих главах — командир взвода управления младший лейтенант **Григорий Семёнович Бойко** — был тяжело ранен (контузия) 18 августа 1941 года. *Возможно, это произошло во время прикрытия огнём охраняемых минных полей, хотя можно выстроить и множество других предположений.* Григорий Бойко вернулся на фронт лишь в январе 1942 года (избежав таким образом окружения в Киевском котле), став командиром транспортного взвода 35-го автотранспортного полка ЮЗФ. К окончанию войны он командовал взводом управления и разведки в 183-м ОСБ 1-й танковой дивизии 1-го Краснознамённого танкового корпуса (см. его биографию).

Во второй половине августа 1941 года командование Юго-Западного Фронта пыталось наладить управление и контроль противохимической обороны (ПХО), в ожидании применения противником отравляющих веществ. В частности, Приказ войскам ЮЗФ № 40 от 20 августа 1941 года (приведённый ниже) отмечал, что использование химических кадров происходит не по назначению, вопреки предыдущим приказам, и предписывал:

"5. Начальнику отдела кадров в 5-дневный срок проверить весь начсостав химической службы, работающий не по специальности, изъять его и направить на вакантные должности по химслужбе.

6. Штабам частей в соединений на каждый вид боя составлять план ПХО, копию которого представлять в вышестоящий штаб. Потребовать от Начхимслужбы, чтобы они лично проверяли организацию противохимической обороны в войсках и во время химического нападения лично руководили принятием мер противохимической защиты.

О всех случаях химического нападения или его подготовки после тщательной проверки, немедленно доносить начальнику химотдела фронта.

7. Командирам частей и соединений фронта прекратить выдачу бутылок в массовом масштабе каждому бойцу без постановки конкретной задачи. Борьбу с танками и мотопехотой прка вести на узких участках фронта и на наиболее важных направлениях в сочетании с другими видами заграждений, исходя из условий местности и обстановки.

В каждом полку и б-не создать истребительные отряды и команды по уничтожению танков и мотопехоты пр-ка. Наиболее отличившихся бойцов, командиров и политработников по истреблению танков пр-ка немедленно представлять к награде.

Об исполнении указанных мероприятий через химотдел фронта донести к 1 сентября с. г."

Можно предположить, что следуя этому приказу, начальник штаба 48-го инжбата Юлий Гольдман был переведён на свою прежнюю должность начальника химической службы батальона. Это предположение подтверждается тем, что на первых августовских донесениях 48-го инжбата 37-й Армии (до 13 августа 1941 года) есть подписи нач. штаба лейтенанта Гольдмана, а на донесениях с 15 августа стоят подписи уже другого нач. штаба, старшего лейтенанта Борщевского.

21 августа 1941 года, Приказом ЮЗФ № 044, в 48-й инжбат были назначены политрук роты, старший политрук Андрей Николаевич Кондрахин и ответственный секретарь бюро парторганизации, политрук Александр Васильевич Ласточкин.

Согласно оперативным сводкам за последующие дни (вплоть до 23 августа 1941 года), части 37-й Армии держали оборону, продолжая вести и усовершенствовать инженерные работы, на рубеже Борки, р. Ирпень, Белогородка, Тарасовка, Чабаны, Новоселицы, Пирогово.

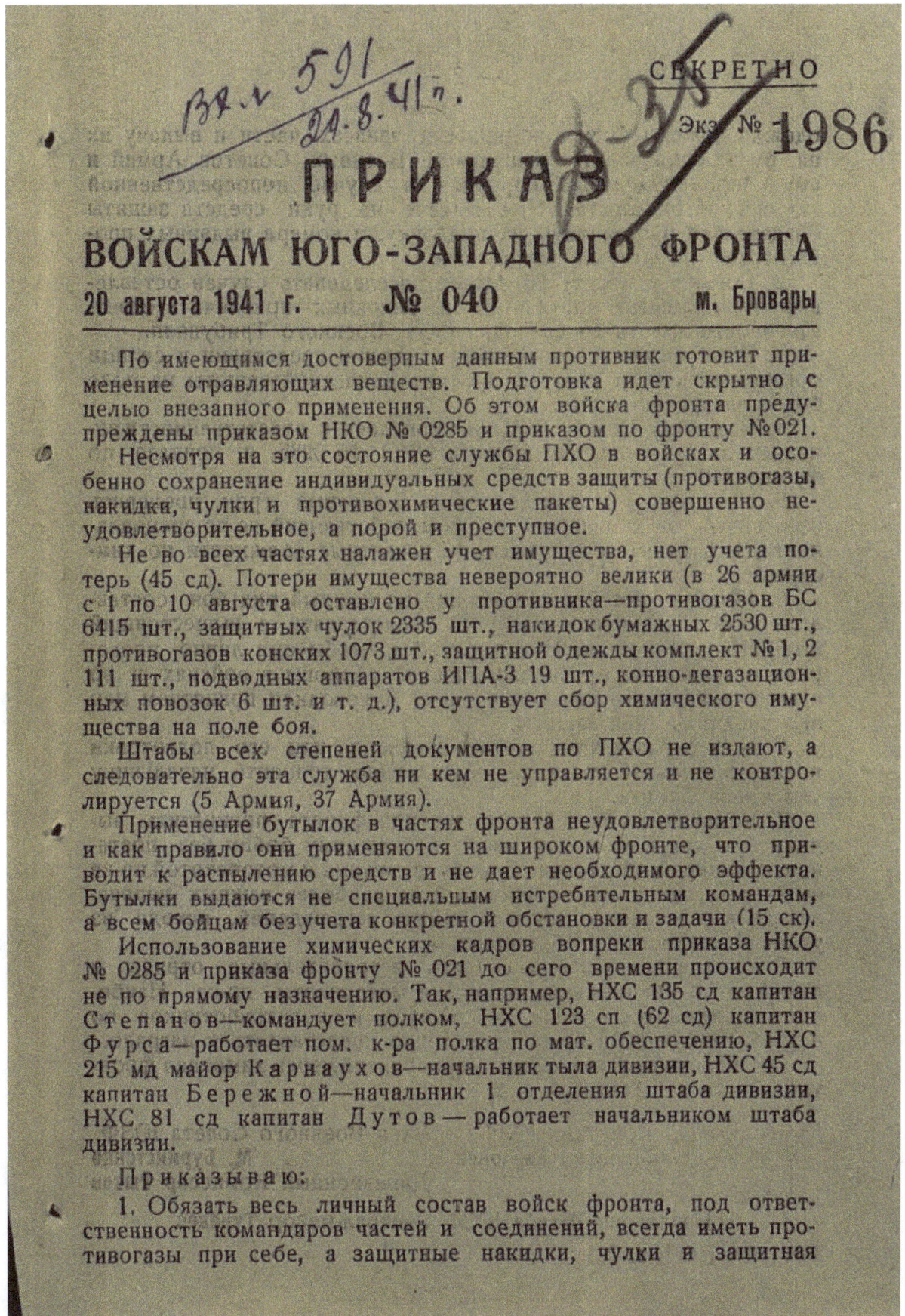

Вх.№ 591
21.8.41г.

СЕКРЕТНО

Экз № 1986

ПРИКАЗ

ВОЙСКАМ ЮГО-ЗАПАДНОГО ФРОНТА

20 августа 1941 г.   **№ 040**   **м. Бровары**

По имеющимся достоверным данным противник готовит применение отравляющих веществ. Подготовка идет скрытно с целью внезапного применения. Об этом войска фронта предупреждены приказом НКО № 0285 и приказом по фронту № 021.

Несмотря на это состояние службы ПХО в войсках и особенно сохранение индивидуальных средств защиты (противогазы, накидки, чулки и противохимические пакеты) совершенно неудовлетворительное, а порой и преступное.

Не во всех частях налажен учет имущества, нет учета потерь (45 сд). Потери имущества невероятно велики (в 26 армии с 1 по 10 августа оставлено у противника—противогазов БС 6415 шт., защитных чулок 2335 шт., накидок бумажных 2530 шт., противогазов конских 1073 шт., защитной одежды комплект № 1, 2 111 шт., подводных аппаратов ИПА-3 19 шт., конно-дегазационных повозок 6 шт. и т. д.), отсутствует сбор химического имущества на поле боя.

Штабы всех степеней документов по ПХО не издают, а следовательно эта служба ни кем не управляется и не контролируется (5 Армия, 37 Армия).

Применение бутылок в частях фронта неудовлетворительное и как правило они применяются на широком фронте, что приводит к распылению средств и не дает необходимого эффекта. Бутылки выдаются не специальным истребительным командам, а всем бойцам без учета конкретной обстановки и задачи (15 ск).

Использование химических кадров вопреки приказа НКО № 0285 и приказа фронту № 021 до сего времени происходит не по прямому назначению. Так, например, НХС 135 сд капитан Степанов—командует полком, НХС 123 сп (62 сд) капитан Фурса—работает пом. к-ра полка по мат. обеспечению, НХС 215 мд майор Карнаухов—начальник тыла дивизии, НХС 45 сд капитан Бережной—начальник 1 отделения штаба дивизии, НХС 81 сд капитан Дутов—работает начальником штаба дивизии.

Приказываю:

1. Обязать весь личный состав войск фронта, под ответственность командиров частей и соединений, всегда иметь противогазы при себе, а защитные накидки, чулки и защитная

Первая страница Приказа войскам ЮЗФ № 40 от 20 августа 1941 года; ЦАМО фонд 229, опись 161, дело 15_1.

— 2 —

одежда должны быть в подвижных запасах части и выдачу их на руки производить решениями Военных Советов Армий и командиров отдельных корпусов в случае непосредственной химической опасности. При выдаче на руки средств защиты обязательно производить их подгонку, а номера выданных противогазов обязательно записывать.

2. Военному Совету 26 Армии расследовать случаи оставления химимущества противнику и виновных привлечь к ответственности вплоть до предания суду Военного Трибунала.

3. Всем частям и соединениям своими средствами и силами организовать сбор средств противохимической защиты на поле боя и эвакуацию в тыл.

4. Военному Совету 5 Армии привлечь к ответственности виновных за невыполнение приказа НКО № 0285 и приказа по фронту 021.

5. Начальнику отдела кадров в 5-дневный срок проверить весь начсостав химической службы, работающий не по специальности, изъять его и направить на вакантные должности по химслужбе.

6. Штабам частей и соединений на каждый вид боя составлять план ПХО, копию которого представлять в вышестоящий штаб. Потребовать от Начхимслужбы, чтобы они лично проверяли организацию противохимической обороны в войсках и во время химического нападения лично руководили принятием мер противохимической защиты.

О всех случаях химического нападения или его подготовки после тщательной проверки, немедленно доносить начальнику химотдела фронта.

7. Командирам частей и соединений фронта прекратить выдачу бутылок в массовом масштабе каждому бойцу без постановки конкретной задачи. Борьбу с танками и мотопехотой пр-ка вести на узких участках фронта и на наиболее важных направлениях в сочетании с другими видами заграждений, исходя из условий местности и обстановки.

В каждом полку и б-не создать истребительные отряды и команды по уничтожению танков и мотопехоты пр-ка. Наиболее отличившихся бойцов, командиров и политработников по истреблению танков пр-ка немедленно представлять к награде.

Об исполнении указанных мероприятий через химотдел фронта донести к 1 сентября с. г.

Командующий Войсками ЮЗФ   Член Военного Совета ЮЗФ
    Генерал-полковник **Кирпонос**   М. **Бурмистенко**
                                Дивизионный Комиссар **Рыков**

Начальник Штаба ЮЗФ Генерал-майор **Тупиков**

Тип. шт. ЮЗФ з. 261

Вторая страница Приказа войскам ЮЗФ № 40 от 20 августа 1941 года; ЦАМО фонд 229, опись 161, дело 15_1.

23–31 августа 1941 года.

Во второй половине августа 5-я Армия ЮЗФ, удерживавшая рубеж к северо-западу от Киева, оказалась под угрозой окружения войсками противника, которые начали продвижение в полосе Центрального Фронта. 19 августа Ставка разрешила отвести 5-ю Армию на левый (восточный) берег Днепра и не позднее 25 августа занять оборону по Днепру, севернее Киева[101]. Отход 5-й Армии за Днепр был осуществлён организованно и неожиданно для немецких войск. Несмотря на это, в процессе отхода был ослаблен стык между 5-й Армией и 27-м стрелковым корпусом, переведённым с 24 часов 21 августа в подчинение командующего 37-й Армией. 22 августа 27-й СК всё ещё продолжал оставаться на месте, в связи с чем правый фланг этого корпуса обнажился. В этот разрыв, обходя открытый фланг корпуса, была брошена 11-я танковая дивизия противника, которая во второй половине дня 23 августа вышла к переправе через Днепр у Окуниново. В результате этого прорыва противник захватил плацдарм на реке Днепр в районе Окуниново и вклинился на глубину 60 км до реки Десна[102].

Ожесточённая борьба за Окуниновский плацдарм стала главной задачей 37-й Армии в конце августа – начале сентября 1941 года, так как плацдарм на восточном берегу Днепра и прорыв "линии Сталина" разрушали саму идею обороны[103]. На центральном же участке обороны КиУР'а противник активности не проявлял — там наступило относительное затишье.

Фрагмент оперативной сводки № 034 штаба 37-й Армии (Киев, 18.00, 24 августа 1941 года) с деталями захвата противником Окуниновского плацдарма (ЦАМО фонд 229, опись 161, дело 43, лист 71).

События последней недели августа 1941 года отражены и в инженерной сводке № 9 ИУ ЮЗФ от 31 августа 1941 года за период с 24 по 29 августа 1941 года: "В районе ОКУНИНОВО пр-к переправляет десантными средствами войска, танкетки, пушки. В ночь с 23 на 24 пр-ком была захвачена Окуниновская переправа — мост через р.ДНЕПР". Более того, сводка отмечает, что противник готовится к форсированию реки Днепр на широком фронте.

---

[101] Баграмян И. Х. Город-воин на Днепре. — Издательство политической литературы, 1965.

[102] Владимирский А. В. На киевском направлении. По опыту ведения боевых действий войсками 5-й армии Юго-Западного фронта в июне – сентябре 1941 г. — М.: Воениздат, 1989.

[103] Исаев А. В. Котлы 41-го. История ВОВ, которую мы не знали. — М.: Яуза, Эксмо, 2005.

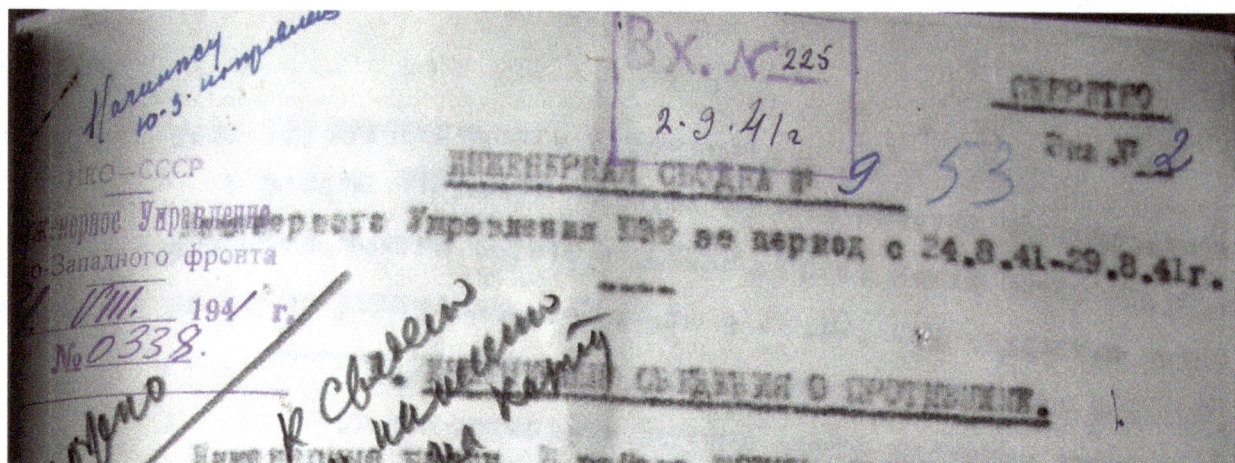

Фрагменты инженерной сводки № 9 ИУ ЮЗФ от 31 августа 1941 года, за период с 24 по 29 августа 1941 года, со сведениями о 48-м инжбате 37-й Армии (четвёртая строка); ЦАМО фонд 229, опись 191, дело 21, листы 53, 59.

Согласно этой инж. сводке, 48-й инжбат 37-й Армии дислоцировался по тому же адресу (КИЕВ, Ворошилова 3) и был по-прежнему укомплектован на 30%, занимаясь "охраной минных полей и фортификационными работами". За подобными строками, скупыми на детали, нередко скрываются напряжённые ситуации и события. Вчитываясь в описание действий сапёров 37-й Армии, приведённое в этой же инж. сводке, можно найти множество трагичных и драматичных подробностей:

"23.8.41 в 4:30 при установке мин под огнем пр-ка саперами 281 ОСБ, убито взрывом мин 29 человек, ранено 10 человек. Подноска мин производилась цепочкой, расстояние между саперами 2-3м. Предположительно — причиной взрыва послужил взрыв одной мины от попадания пули или осколка. После ее взрыва саперы в панике побросали остальные мины, чем вызвали взрыв всех мин.

Военный комиссар ОСБ 295 СД проводил с бойцами беседу на снаряженных минах. После беседы последовал взрыв, которым убито 8 чел., ранено 11 чел.

Разведка 190 ОСБ 175 СД под командой мл.сержанта ШЕХОВЦЕВА, переодевшись в гражданское платье, работала по хлебоуборке в тылу у немцев. Разведчики добыли важные сведения.

Разведка 206 СД обнаруживает минные поля пр-ка и обезвреживает их. В ночь на 28.8 саперы 722 СП взорвали казарму зап.ЧАБАНЫ, которую пр-к использовал для автоматчиков.

Кр-ц ПЯТКОВ И.К., отправляясь вместе с мл.сержантом ГАРБУЗОВЫМ для поверки результатов взрыва Демидовского моста, подвергся неожиданному нападению 2-х немецких офицеров, одетых в красноармейское обмундирование . Один из офицеров, говоря по-русски, вышиб винтовку из рук мл.сержанта ГАРБУЗОВА и наставил на него пистолет. Кр-ец ПЯТАКОВ двумя выстрелами ранил этого офицера, 3-м выстрелом второго. Раненые скатились к дамбе. В этот момент автоматчики с другого берега открыли огонь по ПЯТАКОВУ, он, отвечая огнем, вместе с ГАРБУЗОВЫМ отошел, выполнив задачу. Красноармеец ПЯТАКОВ представляется к награде."

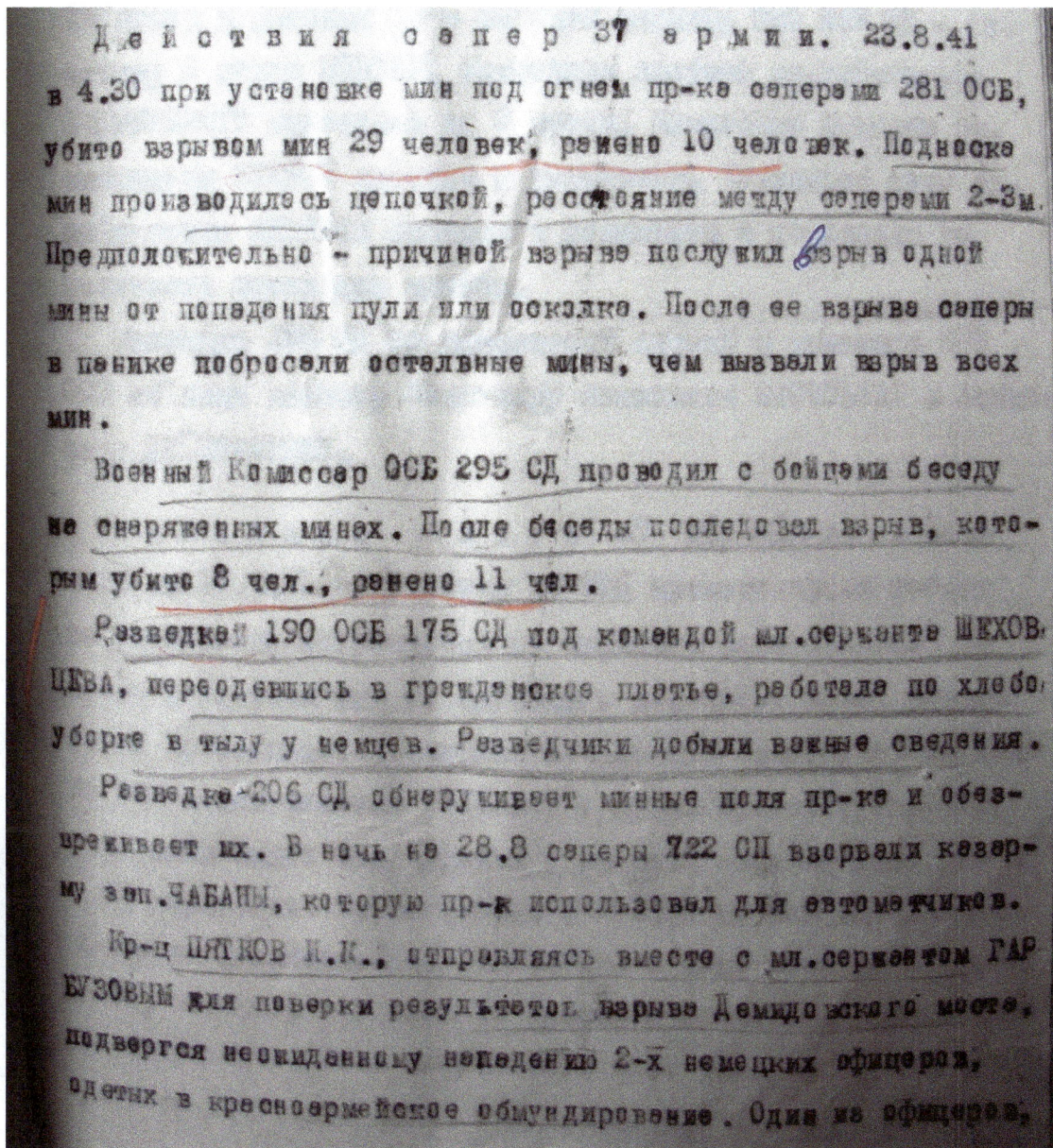

Фрагмент инженерной сводки № 9 ИУ ЮЗФ от 31 августа 1941 года, за период с 24 по 29 августа 1941 года, с описанием действий сапёров 37-й Армии (ЦАМО фонд 229, опись 191, дело 21, лист 67).

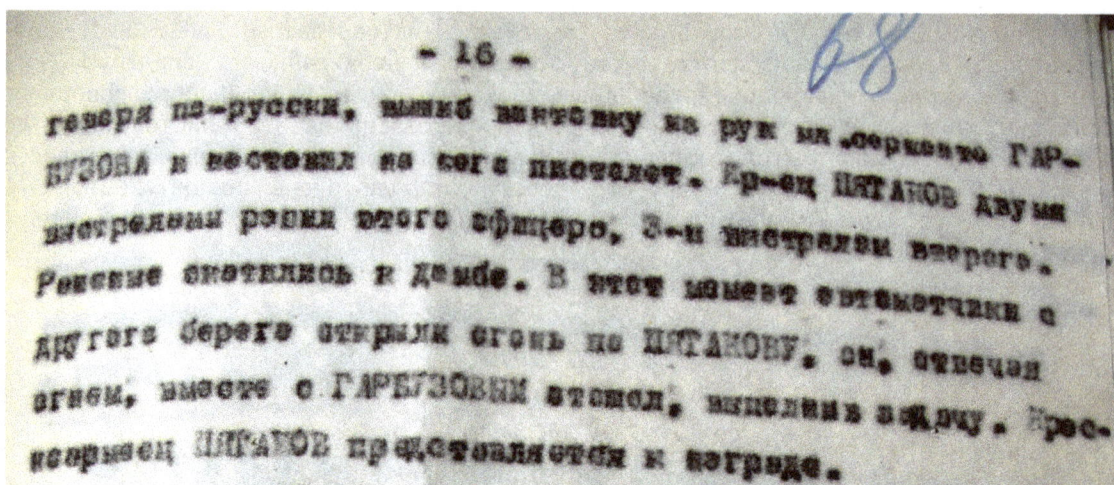

- 16 -

говоря по-русски, вышиб винтовку из рук мл. сержанта ГАР-
БУЗОВА и наставил на него пистолет. Кр-ец ПЯТАНОВ двумя
выстрелами ранил этого офицера, 3-м выстрелом вторго.
Ранение скатились в дамбе. В этот момент автоматчики с
другого берега открыли огонь по ПЯТАНОВУ, он, отвечая
огнем, вместе с ГАРБУЗОВЫМ отошел, выполнив задачу. Красноармеец ПЯТАНОВ представляется к награде.

Фрагмент инженерной сводки № 9 ИУ ЮЗФ от 31 августа 1941 года, за период с 24 по 29 августа 1941 года, со описанием действий сапёров 37-й Армии (ЦАМО фонд 229, опись 191, дело 21, лист 68).

Инженерная сводка № 9 от 31 августа 1941 года отмечала низкую укомплектованность армейских инженерных частей и сапёрных батальонов:

"Потери личного состава не пополняются. Инженерные части становятся малочисленными. Некоторые саперные батальоны имеют 80–100 чел. личного состава. Средняя укомплектованность инженерных частей 50%. Частичное пополнение идет за счет необученного контингента...".

Приблизительно в этот период, в самом конце августа 1941 года, мы полагаем, к 48-му инжбату присоединился военный фельдшер Геннадий Сергеевич Ильин (см. его биографию).

И. д. комиссара батальона
(с 28 июля 1941 года)
старший политрук Егор Ермаков

Военный фельдшер батальона
(с 27 августа 1941 года)
Геннадий Ильин

Старшина роты старший сержант
Николай Лазарев (слева)
(в РККА с 1937 года)

К концу августа 1941 года ресурсы инженерных частей КиУР'а были на пределе. К тому же, многие части усиления, особенно отдельные части, использовались не оптимально. Эту ситуацию должно было улучшить боевое распоряжение зам. начальника штаба ЮЗФ генерал-майора Баграмяна от 23 августа 1941 года (№ 00303, штаб ЮЗФ, Бровары), которое мы уже упоминали в 1-й главе. Этим распоряжением начальникам штабов армий 5-й, 37-й, 26-й и 38-й Армий было приказано:

"1. Представить к 26 августа по состоянию на 25 августа специальную сводку по частям усиления (связи, инж, артиллерийских и прочих отдельных частей) с указанием где располагаются, что делают, их состояние и в чьем подчинении находятся.

2. Представить к 25 августа краткую характеристику соединений, указав в ней положительные и отрицательные стороны (случаи беспорядочных отходов, оставления матчасти и прочее) и фамилии Командиров и Комиссаров соединений."

Также мы приводим фрагмент донесения о безвозвратных потерях 48-го инженерного (дорожного) батальона 37-й Армии ЮЗФ по состоянию на 25 августа 1941 года (№ 133, г. Киев). Донесение № 133 было подписано комбатом Рыбальченко, военкомом Ермаковым и нач. штаба 48-го инжбата Борщевским именно 26 августа 1941 года — *возможно, в результате административной активности, вызванной распоряжением Баграмяна* — и подано Начальнику Управления по Укомплектованию Войск Ген. Штаба Красной Армии в гор. Москва. Этот документ мы уже упоминали ранее, описывая последствия взрыва инженерного склада в Святошино 7 августа 1941 года, в результате которого были ранены и впоследствии умерли от ран курсант-сапёр Василий Басс и младший сержант Иван Добролежа.

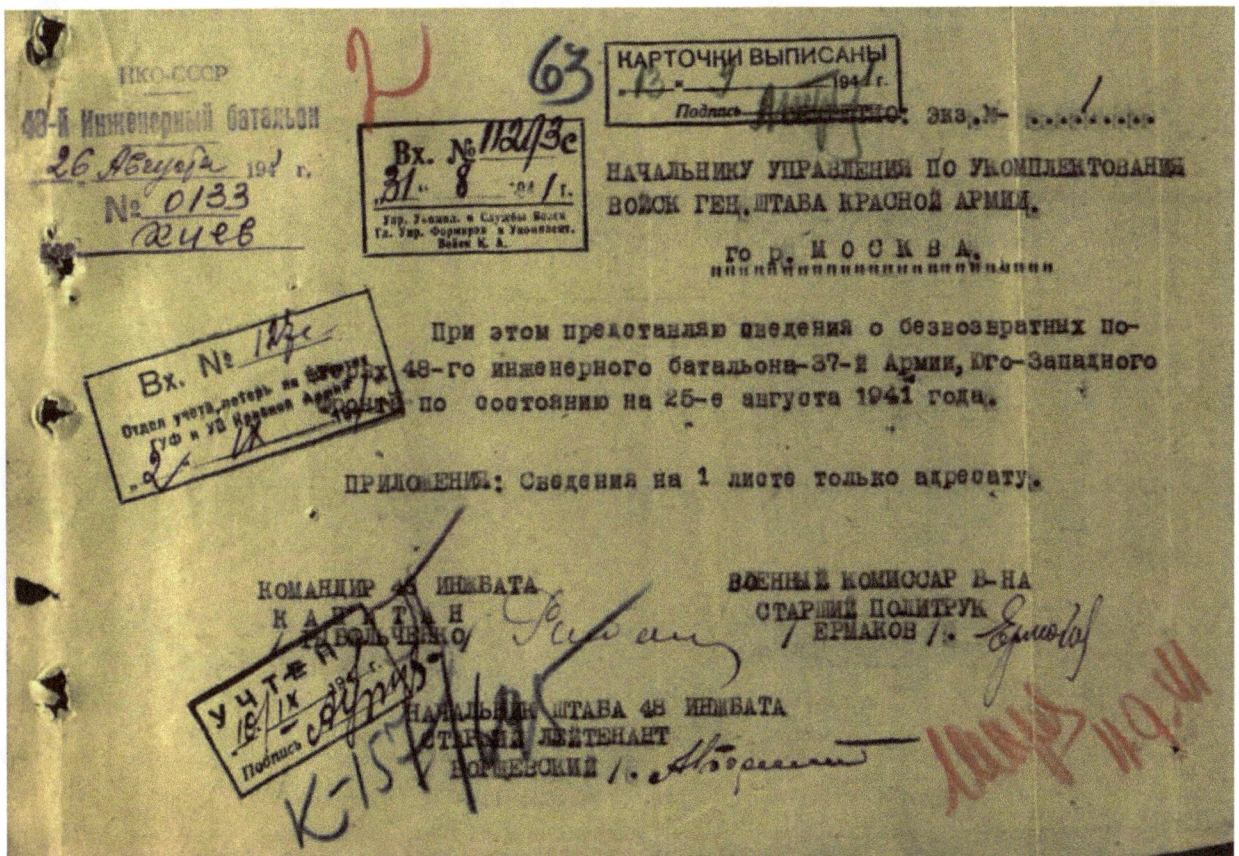

Фрагмент донесения о безвозвратных потерях 48-го инженерного батальона 37-й Армии ЮЗФ по состоянию на 25 августа 1941 года (№ 133, г. Киев, 26 августа 1941 года); ЦАМО фонд 58, опись 818884, дело 18, лист 63.

Глава 8. "Начало понятной нам катастрофы..." (1 – 18 сентября 1941 года)

1–11 сентября 1941 года.

Как следует из инженерной сводки № 10 ИУ ЮЗФ от 5 сентября 1941 года за период с 31 августа по 4 сентября 1941 года, 48-й инжбат 37-й Армии "находится в резерве армии" по прежнему адресу (КИЕВ, Ворошилова 3), занимаясь "охраной минных полей". Численность личного состава возросла ещё на 5%, достигнув 35%, *то есть примерно 185 человек – мы продолжаем предполагать, что штат армейского инжбата насчитывал 530 человек.*

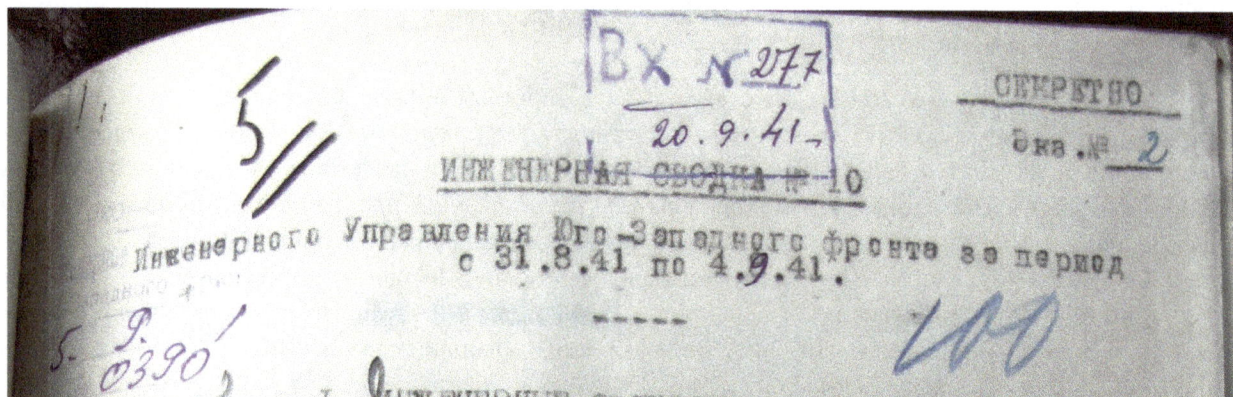

Фрагменты инженерной сводки № 10 ИУ ЮЗФ от 5 сентября 1941 года,
за период с 31 августа по 4 сентября 1941 года, со сведениями о 48-м инжбате 37-й Армии (четвёртая строка)
(ЦАМО фонд 229, опись 191, дело 21, листы 100 и 104).

В сводке также указано, что 37-я Армия использовала Головной Инженерный Склад (ГИС) № 1806 на станции Бровары — эти сведения ещё пригодятся нам для отслеживания пути 48-го инжбата.

Где конкретно в КиУР'е вёл работы батальон в сентябре 1941 года — определить трудно. Инженерной работы в укрепрайоне было много. 4 сентября 1941 года штаб 37-й Армии издал боевое распоряжение № 021 о мерах по улучшению инженерного оборудования обороны. В нём говорилось:

"Рядом поверок хода оборонительных работ в частях Армии установлено: что заграждения перед передним краем обороны развиты слабо, а в некоторых случаях , как 284 сд на участке ПИРОГОВО—ЖУКОВКА совсем отсу[т]ствует.

Заграждения устроены не сплошной полосой / 206 и 147 СД/, что дает возможность мелким группам противника безнаказанно проникать в наше расположение.

Заграждения большую частью носят однообр[аз]ный характер, а такие заграждении, как силки, спотыкачи, ловушки, волчьи ямы, сюрпризы, противопехотные мины, ежи, спирали Бруно, подвешивание на проволоке гремящих предметов / консервные банки / устраиваются редко, а в некоторых частях совсем не применяются.

Для устройства заграждений стр.подразделения не привлекаются, возлагая все эти работы только на сапер.".

Командующий 37-й Армией генерал-майор Власов приказывал устранить эти недостатки, создав сплошную полосу заграждений под руководством сапёров-инструкторов. Все заграждения, связанные с подрывными работами, были возложены на сапёров.

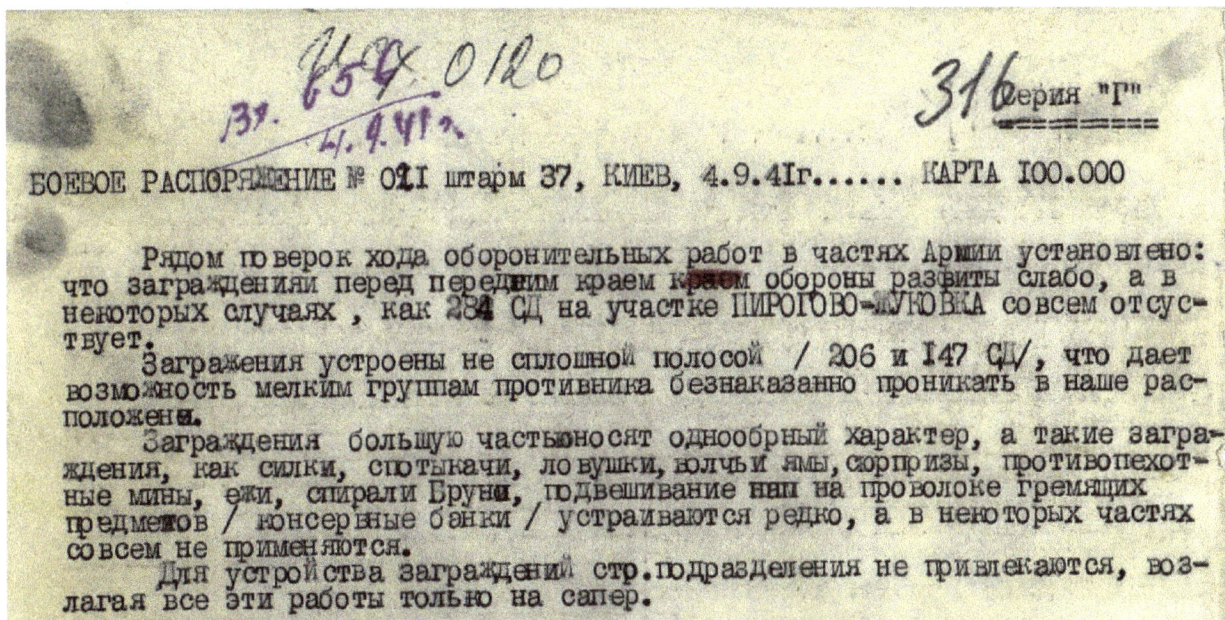

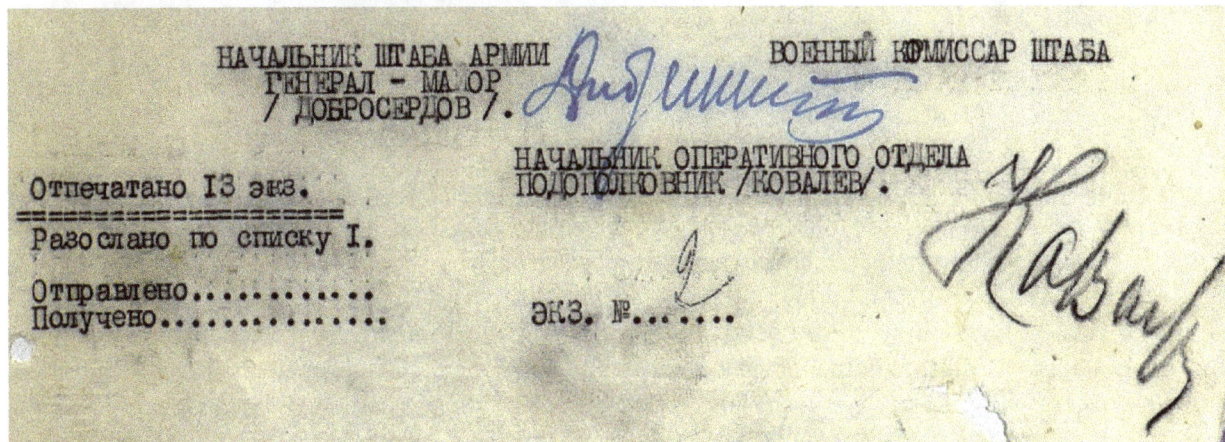

Фрагменты боевого распоряжения № 021 штаба 37-й Армии от 4 сентября 1941 года
(ЦАМО фонд 229, опись 161, дело 43, лист 316).

...Передо нами лежит ещё один документ от 4 сентября 1941 года, с которого и началось наше расследование: справка 48-го инженерного батальона, выданная младшему сержанту Высоцкому Менделю Шмулевичу на предмет представления в райвоенкомат по месту жительства "в том, что он находится на действительной службе выше указанной части".

Справка подписана начальником штаба 48-го инжбата, старшим лейтенантом Борщевским и зав. делопроизводством, старшим сержантом Игнатенко. Старший сержант Игнатенко, очевидно, и был старшиной-писарем, оформившим донесение № 050 от 10 августа 1941 года, на котором осталось только начало его фамилии. *Очевидно, Игнатенко сменил зав. делопроизводством штаба Бориса Гомберга.* Примечательно отсутствие на справке подписи командира части, капитана Рыбальченко. *Скорее всего, подпись комбата на подобных справках была не нужна.*

Эта справка от 4 сентября 1941 года — хронологически последний из найденных нами документов штаба 48-го инжбата, и один из последних, в которых упоминается батальон. ...Судя по оперативным сводкам, погода в этот день была пасмурная, шёл мелкий дождь, дороги размокли и затрудняли движение автотранспорта.

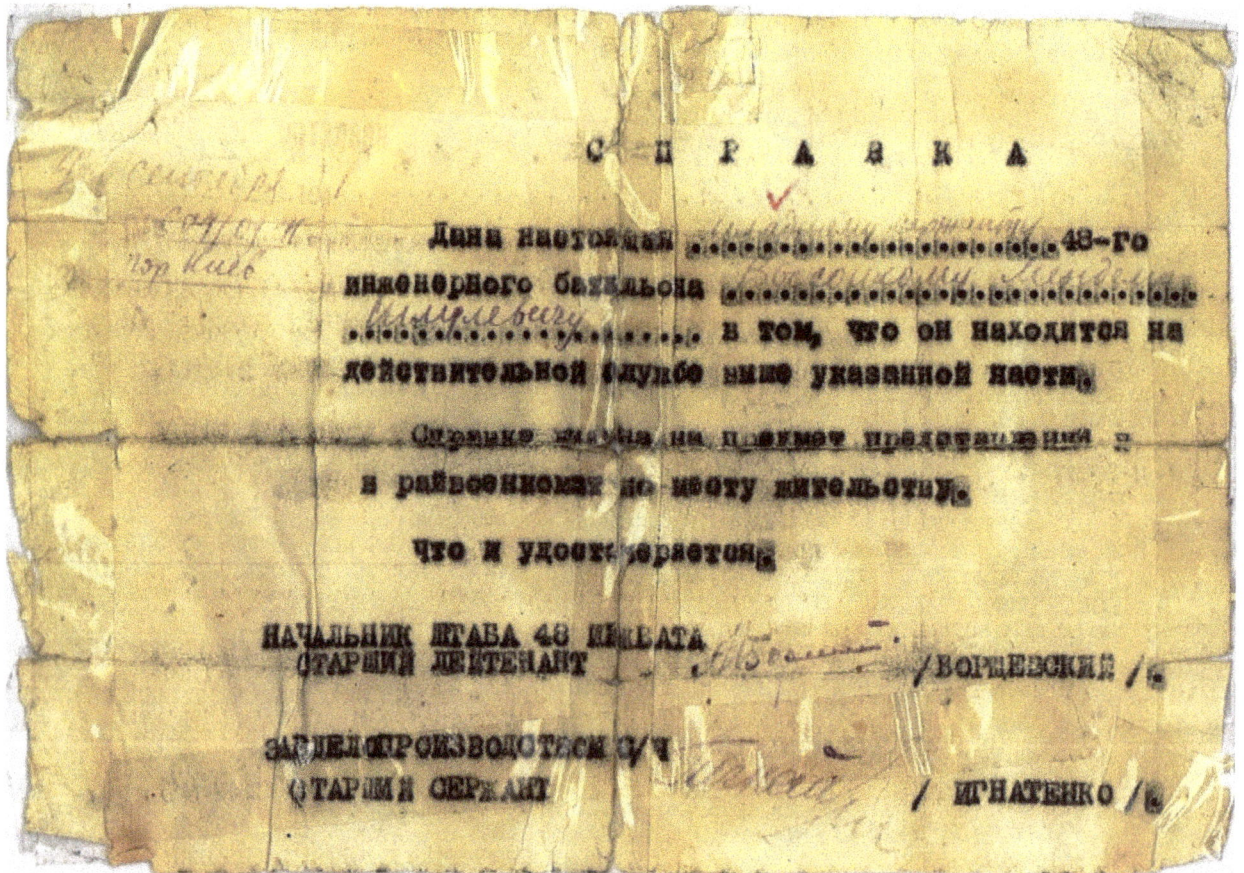

Справка 48-го инженерного батальона, выданная младшему сержанту Менделю Высоцкому
4 сентября 1941 года (город Киев), подписанная начальником штаба 48-го инжбата
старшим лейтенантом Борщевским и зав. делопроизводством части старшим сержантом Игнатенко.

До отхода 37-й Армии из Киева оставалось всего лишь две недели, и обстановка вокруг не только КиУР'а, но и всего Юго-Западного Фронта приобретала всё более критический характер. 9 сентября 1941 года немецкими войсками был захвачен Чернигов. 37-я Армия пыталась остановить продвижение противника, развивавшего свой успех к северо-востоку от Киева, в то же время упорно обороняя КиУР и сдерживая врага на западном и южном участках района.

Интересно взглянуть на частный боевой приказ штаба 37-й Армии от 18.00 10 сентября 1941 года, в котором оборонительные задачи ставились на рубеже уже к северо-востоку от города, причём на выполнение задач, в том числе и инженерных, были направлены подразделения НКВД и партизанские отряды, сформированные совсем недавно.

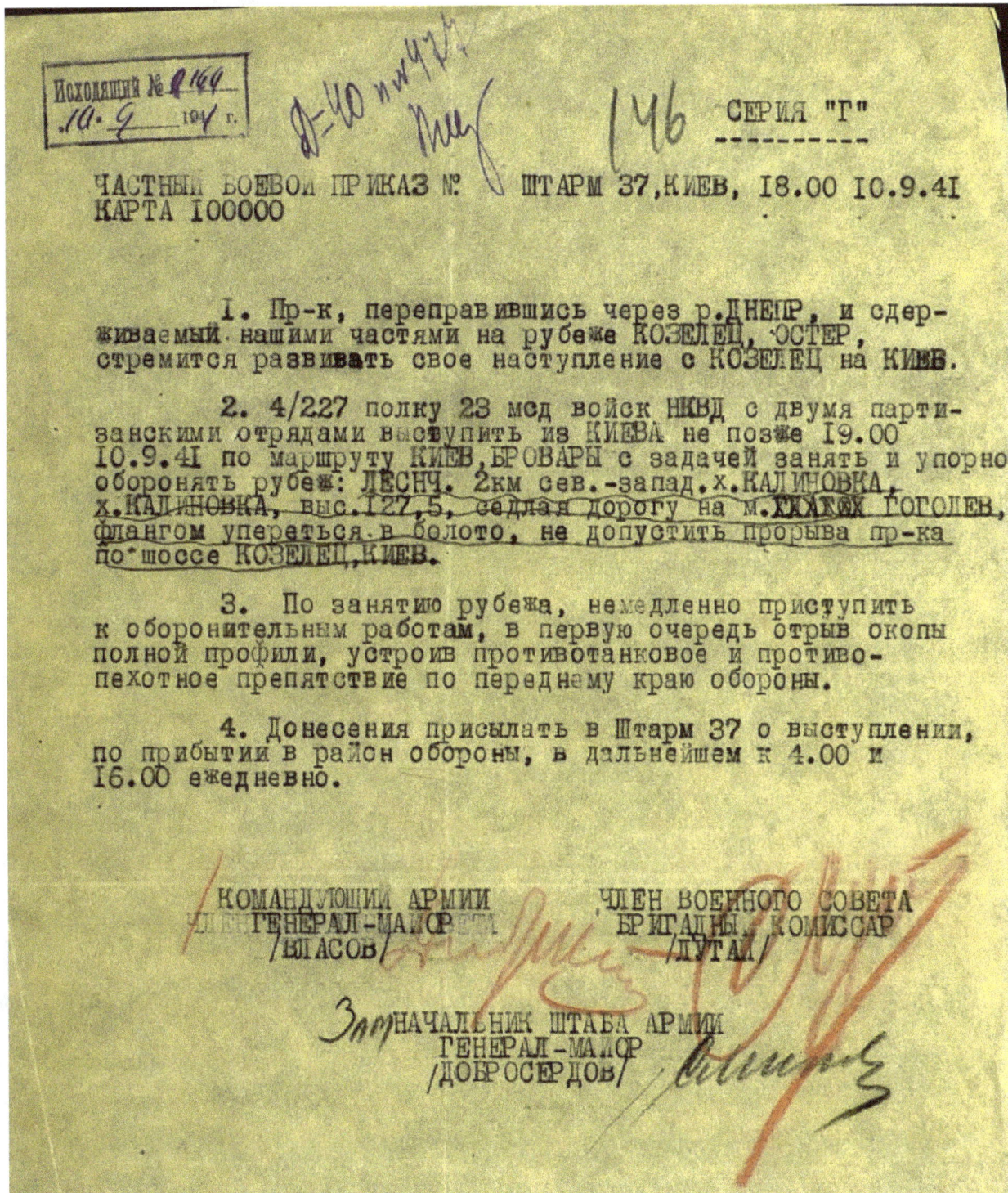

ЧАСТНЫЙ БОЕВОЙ ПРИКАЗ № ШТАРМ 37, КИЕВ, 18.00 10.9.41
КАРТА 100000

СЕРИЯ "Г"

1. Пр-к, переправившись через р. ДНЕПР, и сдерживаемый нашими частями на рубеже КОЗЕЛЕЦ, ОСТЕР, стремится развивать свое наступление с КОЗЕЛЕЦ на КИЕВ.

2. 4/227 полку 23 мсд войск НКВД с двумя партизанскими отрядами выступить из КИЕВА не позже 19.00 10.9.41 по маршруту КИЕВ, БРОВАРЫ с задачей занять и упорно оборонять рубеж: ЛЕСНЧ. 2км сев.-запад. х. КАЛИНОВКА, х. КАЛИНОВКА, выс. 127,5, седлая дорогу на м. ГОГОЛЕВ, флангом упереться в болото, не допустить прорыва пр-ка по шоссе КОЗЕЛЕЦ, КИЕВ.

3. По занятию рубежа, немедленно приступить к оборонительным работам, в первую очередь отрыв окопы полной профили, устроив противотанковое и противопехотное препятствие по переднему краю обороны.

4. Донесения присылать в Штарм 37 о выступлении, по прибытии в район обороны, в дальнейшем к 4.00 и 16.00 ежедневно.

КОМАНДУЮЩИЙ АРМИИ
ГЕНЕРАЛ-МАЙОР
/ВЛАСОВ/

ЧЛЕН ВОЕННОГО СОВЕТА
БРИГАДНЫ, КОМИССАР
/ЛУТАЙ/

Зам НАЧАЛЬНИК ШТАБА АРМИИ
ГЕНЕРАЛ-МАЙОР
/ДОБРОСЕРДОВ/

Фрагмент частного боевого приказа штаба 37-й Армии от 18.00 10 сентября 1941 года
(ЦАМО фонд 229, опись 161, дело 43, лист 316).

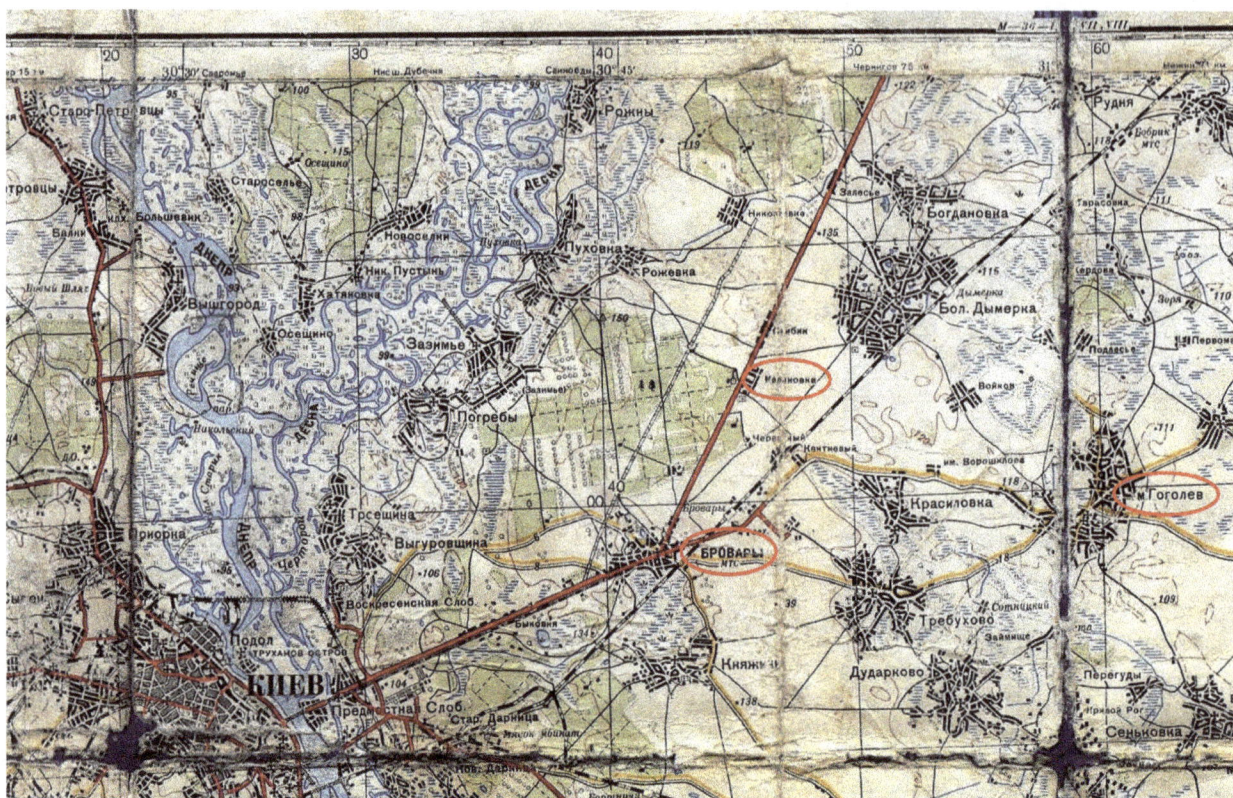

Фрагмент военной карты РККА (М-36-XIII): отмечены Бровары, Калиновка, Гоголев, упомянутые в частном боевом приказе штаба 37-й Армии от 10 сентября 1941 года.

Последняя инженерная сводка ИУ ЮЗФ, поданная за несколько дней до окружения в Киевском котле — это сводка № 11 от 12 сентября 1941 года, за период с 5 по 11 сентября 1941 года. В ней указано, что сведения о дислокации, боевых задачах и т.д. не поступили от инженерных отделов целого ряда армий ЮЗФ: 5-й, 21-й, 26-й и 40-й.

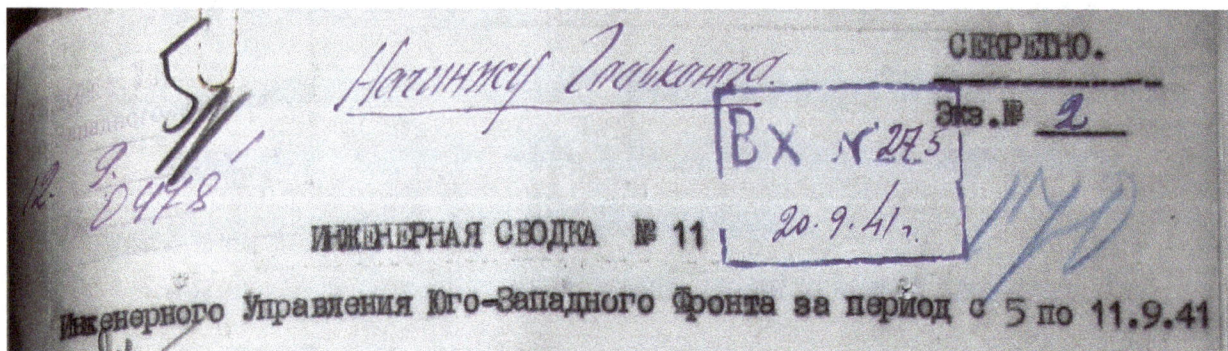

Фрагмент инженерной сводки № 11 ИУ ЮЗФ от 12 сентября 1941 года, за период с 5 по 11 сентября 1941 года (ЦАМО фонд 229, опись 191, дело 21, лист 170).

В сведениях по 37-й Армии упоминаются потери в 48-м инжбате:

"Инженерные части армии имели за этот период следующие потери: в 48 Инжбате при обесточивании сети из колпроволоки от оборвавшегося провода высоковольтной передачи убит током красноармеец шофер ГУБРИЛО.

При производстве работ по минированию убит красноармеец КОРНЕЕВ и ранены красноармейцы КОЗИНСКИЙ и МУЗЫЧЕНКО.

По обоим случаям ведется расследование."

> 1.9.41 г. в 22.00 саперами 284 СД взорван один ДЗОТ противника с гарнизоном и разрушено два других ДЗОТ. Подрнванием ДЗОТ проведено путем устройства минно-подземных галлерей. Взрыв был произведен минной 800 кгр ВВ. Минные работы были начаты в 50 м от об"екта и велись ночью. Взрыв для противника был неожиданным и вызвал панику. Перейдя в атаку наши части уничтожили около роты противника и захватили высоту улучив свои позиции.
>
> Инженерные части армии имели за этот период следующие потери : в 48 Инжбате при обесточивании сети из колпроволоки от оборвавшегося провода высоковольтной передачи убит током красноармеец шофер ГУБРИЛО.
>
> При производстве работ по минированию убит красноармеец КОРНЕЕВ и ранены красноармейцы КОЗИНСКИЙ и МУЗЫЧЕНКО.
>
> По обоим случаям ведется расследование.

Фрагмент инженерной сводки № 11 ИУ ЮЗФ от 12 сентября 1941 года, за период с 5 по 11 сентября 1941 года, со сведениями о 48-м инжбате 37-й Армии (ЦАМО фонд 229, опись 191, дело 21, лист 179).

Конкретная дата происшествий с красноармейцами 48-го инжбата **Губрило**, **Корнеевым**, **Козинским** и **Музыченко** неизвестна — ясно лишь, что они произошли до 11 сентября 1941 года.

Других документальных упоминаний о 48-м инжбате в первую половину сентября 1941 года мы не обнаружили. В воспоминаниях сержанта Александра Жука "Начало" этот период запечатлён только несколькими страницами, на которых передана тревожная атмосфера тех дней: "Я чувствовал, что город скоро будет сдан, немцы уже совсем близко" (стр. 64); "Напряжение в городе заметно росло. Ходили разные тревожные слухи" (стр. 66). Батальон продолжал работы по минированию в КиУР'е.

18 сентября 1941 года Александр Жук описывает так:

> "18-го меня вызвали к командиру батальона. Рыбальченко вручил пакет под сургучными печатями и приказал немедленно отправиться в Борисполь на аэродром и вручить пакет такому-то. По всему было заметно, что Рыбальченко сегодня особо взволнован и мрачен. В этот день на минирование никого не послали." [104]

...Но прежде чем проследить дальнейший путь 48-го инжбата, необходимо обрисовать общую безрадостную картину, сложившуюся на Юго-Западном Фронте в середине сентября 1941 года.

---

[104] Жук А. В. Начало. — Стройиздат, Санкт-Петербург, 2005, стр. 67–68.

12–18 сентября 1941 года.

Как вспоминал маршал Советского Союза Иван Христофорович Баграмян, которому удалось вырваться из Киевского котла[105]:

"В первых числах сентября замысел гитлеровского командования — ударами сильных группировок по внешним флангам Юго-Западного фронта выйти в глубокий тыл основных сил фронта с целью их окружения — стал вырисовываться вполне рельефно."

С севера, примерно в центре между Конотопом и Бахмачом, охват ЮЗФ начала немецкая танковая группа под командованием генерала Гейнца Гудериана. 10 сентября 1941 года, как "живописно" описывает Баграмян[106]:

"Выложив свой путь трупами солдат и осветив его горящими факелами своих бронированных машин, Гудериан прорвался через тонкую линию войск 40-й армии и устремился на Ромны, находившиеся в глубоком тылу нашего фронта. На пути прорвавшихся дивизий Гудериана командование фронтом не могло выдвинуть из резерва ни одного полка. ...

К концу дня передовые части моторизованных и танковых дивизий Гудериана соединились со сброшенным в Ромнах воздушным десантом. "

Более того, немецкий план включал прорыв и с южного направления, из района Кременчуга, откуда навстречу Гудериану должна была продвинуться танковая группа под командованием генерала Эвальда фон Клейста. Маршал Баграмян в своих мемуарах подробно описал обсуждение сложившейся ситуации членами Военного совета ЮЗФ, включая командующего фронтом генерал-полковника Михаила Петровича Кирпоноса:

"Генерал Кирпонос, устало поднявшись из-за стола и склонившись над картой, тихо спросил:

— Что скажете?

Генерал Тупиков, ткнув карандашом в острие клипа танковых войск Гудериана, заявил:

— Итак, замысел гитлеровского командования поймать нас в ловушку теперь обрисовался со всей рельефностью и очевидностью. Именно ради этого он пошел на отвлечение с Московского направления целой полевой армии и своей лучшей танковой группы во главе с самым известным на Западе танковым военачальником вермахта — Гудерианом. Обе эти армии настойчиво рвутся сейчас в тыл Киевской группировке войск. Танки Гудериана уже вышли на коммуникации войск фронта.

Тяжело вздохнув, начальник штаба подчеркнул:

— Этот факт сам по себе вынуждает бить тревогу. Но если припомнить последние доклады наших разведчиков о том, что к району Кременчуга в дополнение к войскам 17-й немецкой армии перебрасывается танковая группа Клейста, то оснований для тревоги будет больше чем достаточно.

Подумайте только, — продолжал он с чувством большой тревоги, — если танковая группа Клейста переправится ... на плацдарм в районе Кременчуга, то не останется никакой надежды не только на ликвидацию плацдарма, но и на то, что войскам 38-й армии, которые удерживают двухсоткилометровый фронт, удастся удержать эту танковую группу, которая неизбежно устремится на север, навстречу войскам Гудериана.

Наклонясь над картой и вымеряя расстояние от Ромн до Кременчуга, он воскликнул:

— Обратите внимание! Уже сейчас войска Гудериана находятся от Кременчугского плацдарма в 150 километрах. Для танковых войск это — максимум двое суток. Только слепой не увидел бы, к чему это ведет!"

---

[105] Баграмян И. Х. Город-воин на Днепре. — Издательство политической литературы, 1965.

[106] Баграмян И. Х. Город-воин на Днепре. — Издательство политической литературы, 1965.

Несмотря на то, что членам Военного совета было ясно, что промедление с отходом приведёт к неизбежной катастрофе, они также осознавали, что Ставка не разрешит отход и предполагали, что в ответ Сталин безусловно скажет: «Нужно думать не об отступлении, а о том, как удержать за собой Киев и рубеж Днепра»[107]. Всё, что можно было сделать в ожидании решения Ставки, как напомнил начальник штаба ЮЗФ генерал-майор Василий Иванович Тупиков, это выдвижение одного батальона 23-й мотострелковой дивизии НКВД, оставленного в районе Киева для борьбы с диверсантами, и двух сформированных партизанских отрядов в район Бровар, чтобы прикрыть шоссе Козелец — Киев (см. частный боевой приказ командарма 37-й Армии Власова от 10 сентября 1941 года, который мы приводили на предыдущих страницах).

Как и ожидалось, ответ Сталина, переданный начальником Генерального штаба маршалом Шапошниковым, был отрицательным: «Ставка Верховного командования считает отвод войск Юго-Западного фронта на восток пока преждевременным». Как вспоминает Баграмян, против прорвавшихся к Ромнам танковых и моторизованных частей Гудериана действовал один железнодорожный батальон, один батальон НКВД и один инженерный батальон...

Спустя всего лишь день, 12 сентября 1941 года, продолжает Баграмян, "танковая группа Клейста скрытно переправилась через Днепр в районе Кременчуга и нанесла удар не там, где мы наносили контрудар, а правее, к северо-западу от Кременчуга". В результате,

"...к исходу 13 сентября положение войск фронта заметно ухудшилось. Только левофланговые войска 37-й армии, оборонявшие район Киева, и 26-я армия, занимавшая оборону по Днепру южнее 37-й армии, продолжали еще прочно удерживать занимаемые рубежи, а в полосах 21-й, 5-й армий и правофланговых дивизий 37-й армии войска, не имея никаких резервов, под натиском превосходящих сил медленно отходили.

Сплошного фронта не было, разрывы между армиями и корпусами увеличились, и в них, как вода в образовавшиеся в плотине трещины, устремлялись вражеские соединения и части." [108]

Но даже и в этих условиях ходатайство нач. штаба ЮЗФ генерал-майора Тупикова о немедленном отходе войск фронта на тыловой рубеж было отклонено Ставкой. В своём донесении нач. штаба отмечал, что дальнейшее промедление "неизбежно приведет к катастрофе, ответственность за которую полностью останется на совести Верховного командования". Донесение заканчивалось известной теперь фразой: «Начало понятной вам катастрофы — дело пары дней» [109]. Как отмечает Баграмян, решительная постановка вопроса Тупиковым пришлась не по душе Ставке, и в ответной телеграмме маршала Советского Союза Шапошникова Тупиков был назван паникером[110].

---

[107] Баграмян И. Х. Город-воин на Днепре. — Издательство политической литературы, 1965.

[108] Баграмян И. Х. Город-воин на Днепре. — Издательство политической литературы, 1965.

[109] ЦАМО фонд 229, опись 2606, дело 25, лист 92.

[110] Интересный факт: С декабря 1940 года генерал-майор Тупиков был военный атташе в Германии. Работая в Берлине и анализируя поступающие от агентуры сведения, он неоднократно сообщал руководству Разведывательного Управления о подготовке Германии к военным действиям против СССР. Поздно вечером 21 июня 1941 года самолёт «Аэрофлота» с Тупиковым на борту вылетел в Москву. Одна из эскадрилий Люфтваффе, базировавшаяся в Польше, получила задание перехватить и сбить советский самолёт, но в условиях облачности и при отсутствии наведения с земли сделать это не удалось.
Источник: https://ru.wikipedia.org/wiki/Тупиков,_Василий_Иванович (19 марта 2017 года).
По мнению маршала Баграмяна, генерал-майор Тупиков лучше всех в штабе ЮЗФ умел предвидеть ход событий на фронте, досконально зная тактические и оперативные взгляды фашистских генералов. Баграмян И. Х. Так начиналась война. — М.: Воениздат, 1971.

На следующий день, 14 сентября 1941 года, передовые части Гудериана и фон Клейста встретились у Лохвицы. Бои вокруг Лохвицы и под Лубнами продолжались и на другой день, но в итоге, утром 15 сентября 1941 года, гигантское кольцо вокруг 5-й, 21-й, 26-й, 37-й армий и части сил 38-й армии, сомкнулось в 200 км восточнее Киева.

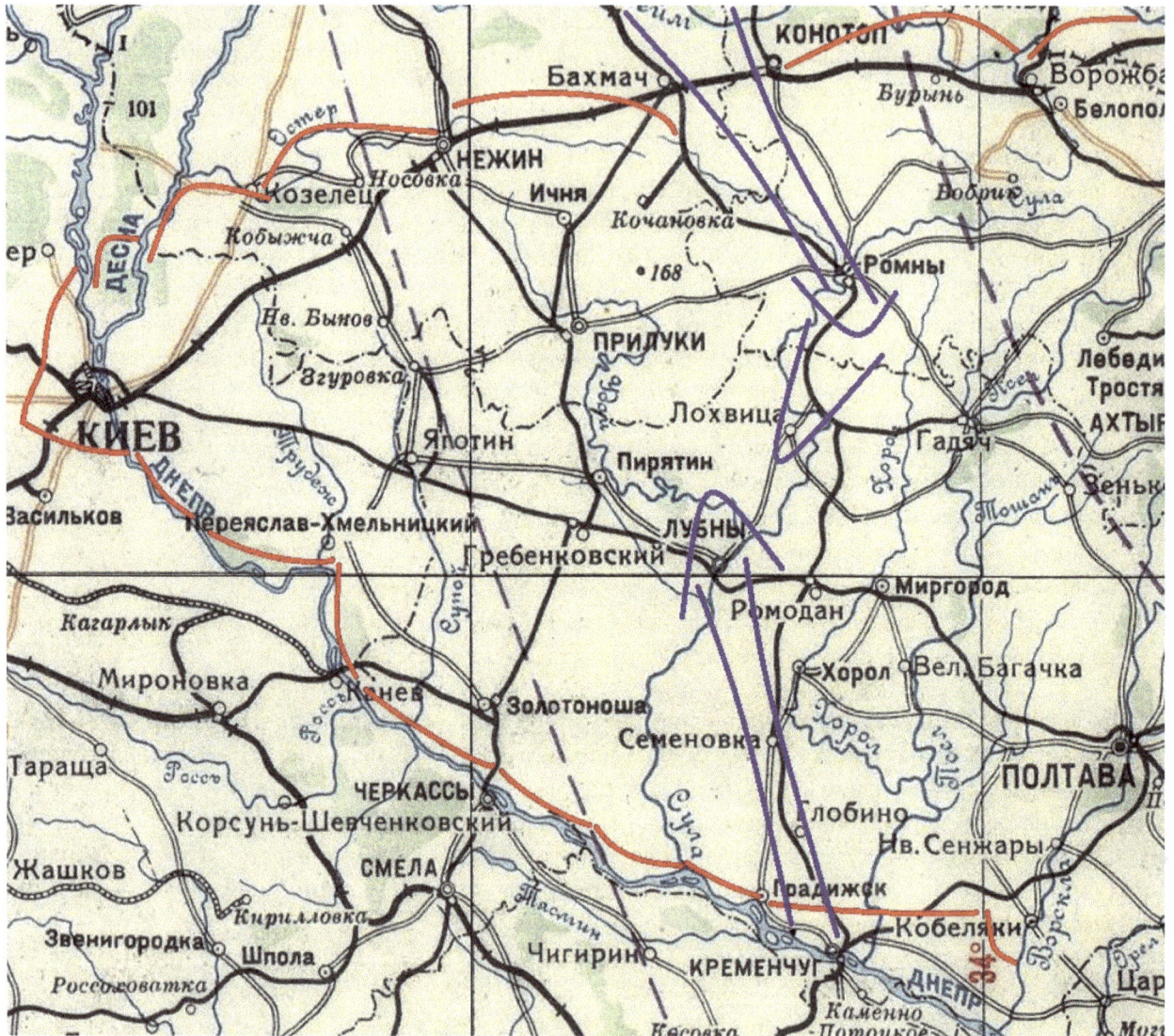

Киевский котёл. Примерное положение советских войск на 12 сентября 1941 года (красные линии) и примерные направления прорыва двух немецких групп (синие линии):
с севера между Бахмачом и Конотопом на Ромны и Лохвицу (группа Гудериана) и
с юга из района к северо-западу от Кременчуга на Лубны (группа фон Клейста).
14 сентября 1941 года передовые отряды групп Гудериана и фон Клейста встретились в районе Лохвицы,
и на следующий день кольцо окружения вокруг армий ЮЗФ сомкнулось.

Сражение под Киевом и Киевский котёл (фрагмент карты немецкого Генштаба от 16 сентября 1941 года):
положение советских войск (красные линии) и немецких войск (синие линии).
Кольцо окружения сомкнулось и разрывы между советскими армиями и корпусами увеличились.

Новый главнокомандующий войсками Юго-Западного направления маршал Советского Союза Семён Константинович Тимошенко передал штабу фронта устное приказание: "оставив Киевский укрепленный район и прикрывшись небольшими силами по реке Днепр, главными силами фронта незамедлительно начать отход на тыловой оборонительный рубеж по реке Псел". Даже сам генерал-майор Баграмян, через которого было передано это приказание, был смущён тем, что эти полномочия не подкреплялись никаким документом. Во второй половине дня 16 сентября Баграмяну удалось проскочить через линию фронта на скоростном бомбардировщике и совершить посадку на аэродроме в районе станции Гребёнка.

Сражение под Киевом (фрагмент карты немецкого Генштаба от 16 сентября 1941 года): положение советских войск, в частности, 37-й и 26-й Армий (красные линии) и немецких войск (синие линии) в КиУР'е и к востоку от Киева. 37-я Армия продолжает оборонять КиУР и северо-восточные подступы к Киеву.
Видны очертания внутреннего кольца, образуемого прорывом 62-й немецкой пехотной дивизии вдоль реки Трубеж на Барышевку и Березань. На железнодорожной ветке между Барышевкой (занятой 62-й немецкой ПД) и Яготином (занятым 79-й немецкой ПД) нарисован советский бронепоезд.

К этому моменту, крупные силы немцев прорвались в стыке 5-й и 37-й Армий в районе Кобыжча и перехватили дороги на Киев, создав тем самым и внутреннее кольцо окружения, в котором осталась 37-я Армия, всё ещё не получившая приказа отходить из Киева и продолжавшая защищать КиУР. Тем не менее, командующий ЮЗФ не решился на отход без письменного распоряжения[111]:

"Генерал Кирпонос, не ответив начальнику штаба, строго спросил меня:
— Вы привезли письменное распоряжение на отход?
— Нет, докладываю то, что мне приказал устно передать главком маршал С. К. Тимошенко.
Генерал Кирпонос, насупив густые брови, задумался, а потом озабоченно заявил:
— Тут что-то не так. Отходить нам запретил лично товарищ Сталин. Он приказал нам во что бы то ни стало удержать за собой Киев. Мы можем нарушить этот приказ только в том случае, если получим письменный приказ главного командования Юго-Западного направления или новый приказ от товарища Сталина."

---

[111] Баграмян И. Х. Город-воин на Днепре. — Издательство политической литературы, 1965.

Сражение под Киевом и Киевский котёл (фрагмент карты немецкого Генштаба от 17 сентября 1941 года):
положение советских войск (красные линии) и немецких войск (синие линии).
Видны очертания нескольких внутренних колец окружения внутри общего охвата войск ЮЗФ:
вокруг Киева (37-я Армия), в районе Пирятина (части 5-й и 21-й Армий),
в районе Золотоноши юго-западнее реки Оржица (26-я Армия).

Мрачную характеристику действиям командования дал 16 сентября 1941 года нач. штаба ЮЗФ Тупиков[112]:

"Разве мы не видели надвигающейся опасности? — продолжал он с горечью. — Разве мы не в силах были избежать ее? Прекрасно видели. И могли избежать. Но для этого нужно уметь трезво оценивать обстановку. В Ставке не смогли этого сделать. Отдай Ставка приказ на отвод войск на тыловой рубеж всего неделю назад — и замысел фашистского командования, шитый белыми нитками, оказался бы пустой затеей. Даже вчера или сегодня можно было еще надеяться на организованный отход. Мы смогли бы поставить армиям соответствующие задачи, придать их отчаянному сопротивлению целеустремленность. А завтра будет, возможно, уже совсем поздно."

---

[112] Баграмян И. Х. Город-воин на Днепре. — Издательство политической литературы, 1965.

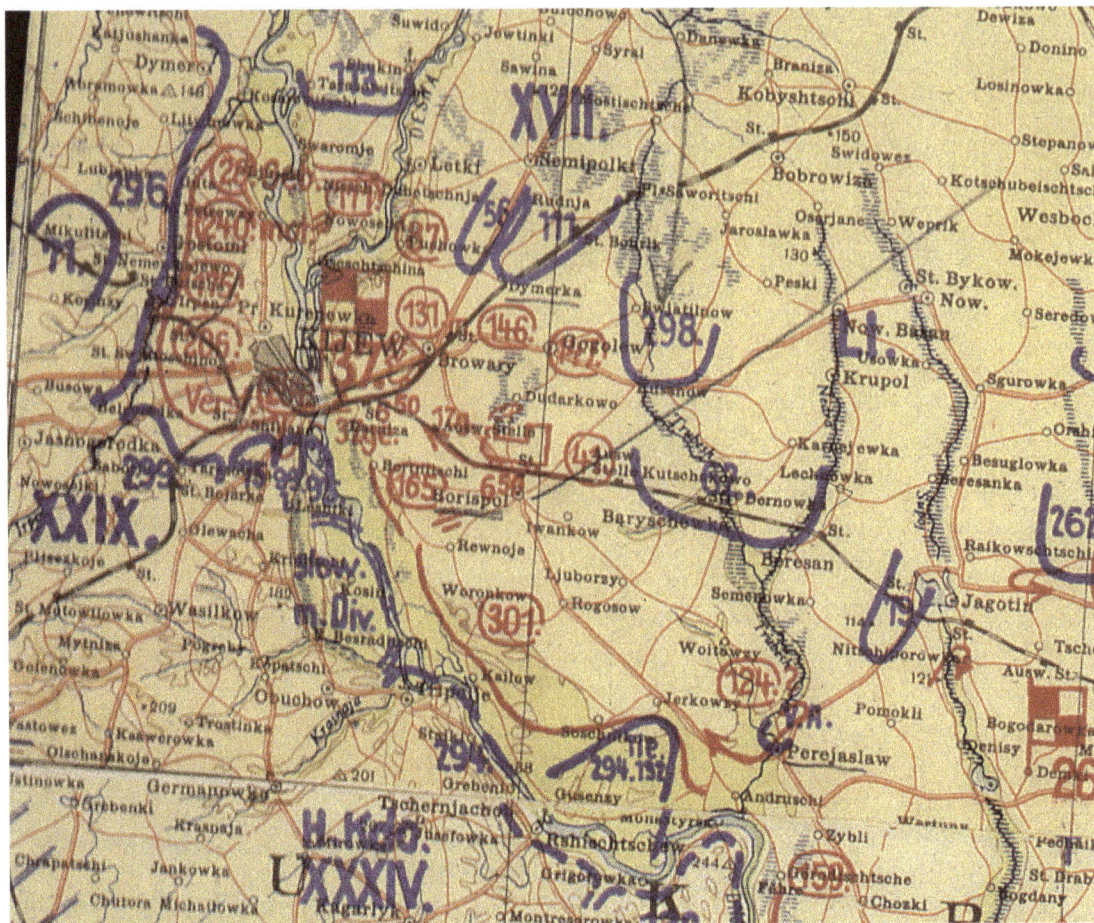

Сражение под Киевом (фрагмент карты немецкого Генштаба от 17 сентября 1941 года):
положение советских войск (красные линии) и немецких войск (синие линии) в КиУР'е и к востоку от Киева.
37-я Армия продолжает оборонять КиУР и северо-восточные подступы к Киеву.
Внутреннее кольцо окружения вокруг Киева почти сомкнулось вдоль реки Трубеж,
отрезав 37-ю Армию от других отошедших армий ЮЗФ (за исключением некоторых частей 26-й Армии).
62-я немецкая ПД занимает Барышевку и Березань. 298-я немецкая ПД занимает район к северу от Барышевки
в районе между Святильным и Русаново. 294-я и 132-я немецкие ПД движутся с юга на Ерковцы.

17 сентября 1941 года Военный совет 37-й Армии передал сообщение Начальнику Генштаба Юго-Западного направления (напрямую, минуя штаб ЮЗФ, с которым связь уже была потеряна) [113]:

"37 армия в оперативном окружении. Западном берегу обороны Киевского укреп. района 16 сентября с. г. результате наступления противника южнее Фастов прорвана, резерв исчерпан, бой продолжается. На восточном берегу фронте Русаново, Б. Дымерка [*имеется в виду Вел. Дымерка*], Сваромье, Нижняя Дубечня [*Низшая Дубечня*] части, оказывая сопротивление, отходят на Бровары. [15]

На юге ударом Кобрино, Боенсполь [*Борисполь*], Правец оборона разных мелких отрядов и народного ополчения. Угроза переправам Киеву с востока. Части течение двадцатидневных непрерывных боев малочисленны, сильно утомлены. Нуждаются в отдыхе и большом свежем пополнении.

Связи с соседями нет. Фронт перерывами.

Восточный берег без сильных резервов не удержать.

Дальнейшем западного берега выйти из окружения будет невозможно. Скопилось большее количество транспортов Киеве и Дарница.

Прошу указаний."

---

[113] *Сборник боевых документов Великой Отечественной войны. Вып. 40. – М.: Воениздат, 1960; стр. 32.*

Только в ночь на 18 сентября 1941 года, за двадцать минут до полуночи, штабом ЮЗФ была получена радиограмма Ставки от маршала Шапошникова с директивой № 002087, разрешающая оставить Киевский укрепрайон и переправить войска 37-й Армии на левый берег Днепра (об отводе главных сил фронта на тыловой рубеж в ней вновь не упоминалось) [114]:

Директива Ставки Верховного Главнокомандования № 002087 от 17 сентября 1941 г. на оставление Киевского Укрепленного района и г. Киев с занятием обороны по восточному берегу р. Днепр

Особой важности
Главкому Юго-Западного направления
Командующему Юго-Западным фронтом
Командующему 37 армией

В связи со сложившейся обстановкой на восточном берегу реки Днепр в районе Киев, Ставка Главного Командования разрешает оставить Киевский УР и город Киев и отойти на восточный берег реки Днепр, приняв группировку по указанию командующего Юго-Западным фронтом.

При отходе снять и эвакуировать все вооружение укрепленного района, что по обстановке невозможно вывести — уничтожить, все мосты через реку Днепр и другие военные объекты взорвать.

Получение подтвердить.
По поручению ставки Главного командования
нач. ГШКА Шапошников
№ 002087
17.9.41 23.40

По воспоминаниям Баграмяна, эта директива вызвала недоумение нач. штаба ЮЗФ Тупикова:

"Поистине Соломоново решение: Киев оставить, а из окружения не выходить ни в коем случае... Вы видите, Михаил Петрович, что получается: оставить Киевский укрепрайон можно, но пробиваться из окружения нельзя. Тогда какой же смысл выводить армию из укрепленного района прямо в объятия фашистов, которые обошли Киев с востока?! Если оставаться в окружении, то нужно продолжать сидеть в укрепрайоне, пока хватит сил."

В итоге командующий ЮЗФ генерал-полковник Михаил Петрович Кирпонос принял решение об отходе. В частности, 37-я Армия должна была вывести войска из Киевского укрепрайона на левый берег Днепра и создать из них ударную группу, которой следовало прорываться на Пирятин и далее на восток. Однако с войсками 21-й и 37-й Армий связи не было даже по радио и лишь позднее, через штаб главкома, 37-ю Армию удалось известить о необходимости пробиваться на восток. Отход армии из Киева начался 19 сентября 1941 года...

Периоду с 19 сентября по начало октября 1941 года, в течение которого только в Киевском котле Красная Армия понесла тяжелейшие потери (около полумиллиона человек, включая большинство бойцов и командиров 37-й Армии, в том числе и 48-го инжбата), посвящены наши следующие главы.

Завершая описание общей обстановки по фронту, мы кратко отметим, что 20 сентября 1941 года, при выходе из окружения в урочище (роще) Шумейково неподалёку от хутора Дрюковщина Лохвицкого района Полтавской области, погибло большинство офицеров штаба ЮЗФ, включая командующего фронтом Михаила Кирпоноса и начальника штаба фронта Василия Тупикова, возглавлявшего на тот момент батальон прорыва...

---

[114] Сборник боевых документов Великой Отечественной войны. Вып. 40. – М.: Воениздат, 1960; стр. 32.

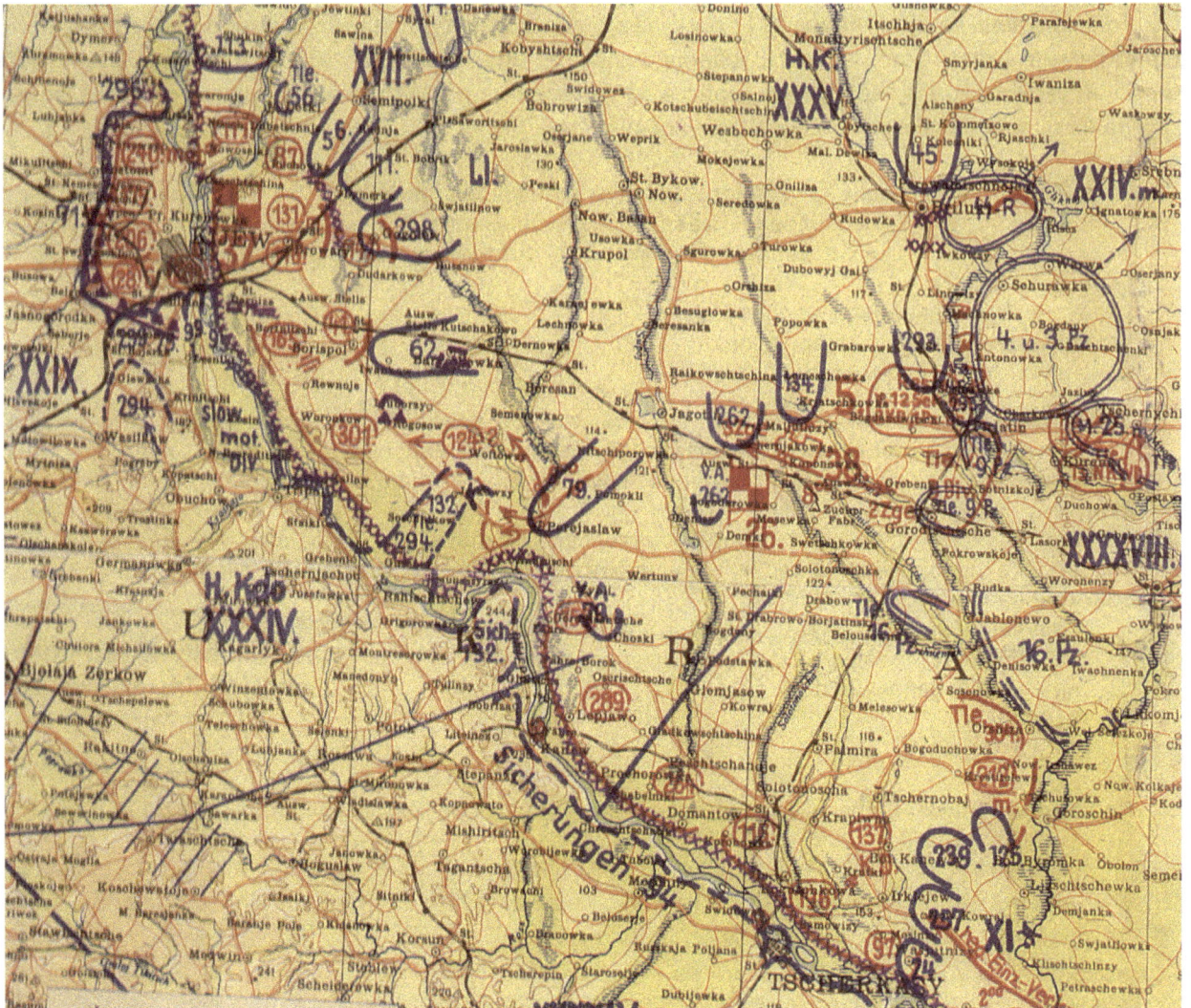

Сражение под Киевом и Киевский котёл (фрагмент карты немецкого Генштаба от 18 сентября 1941 года):
положение советских войск (красные линии) и немецких войск (синие линии).
Видна общая картина расчленения войск ЮЗФ на различные "очаги" сопротивления.

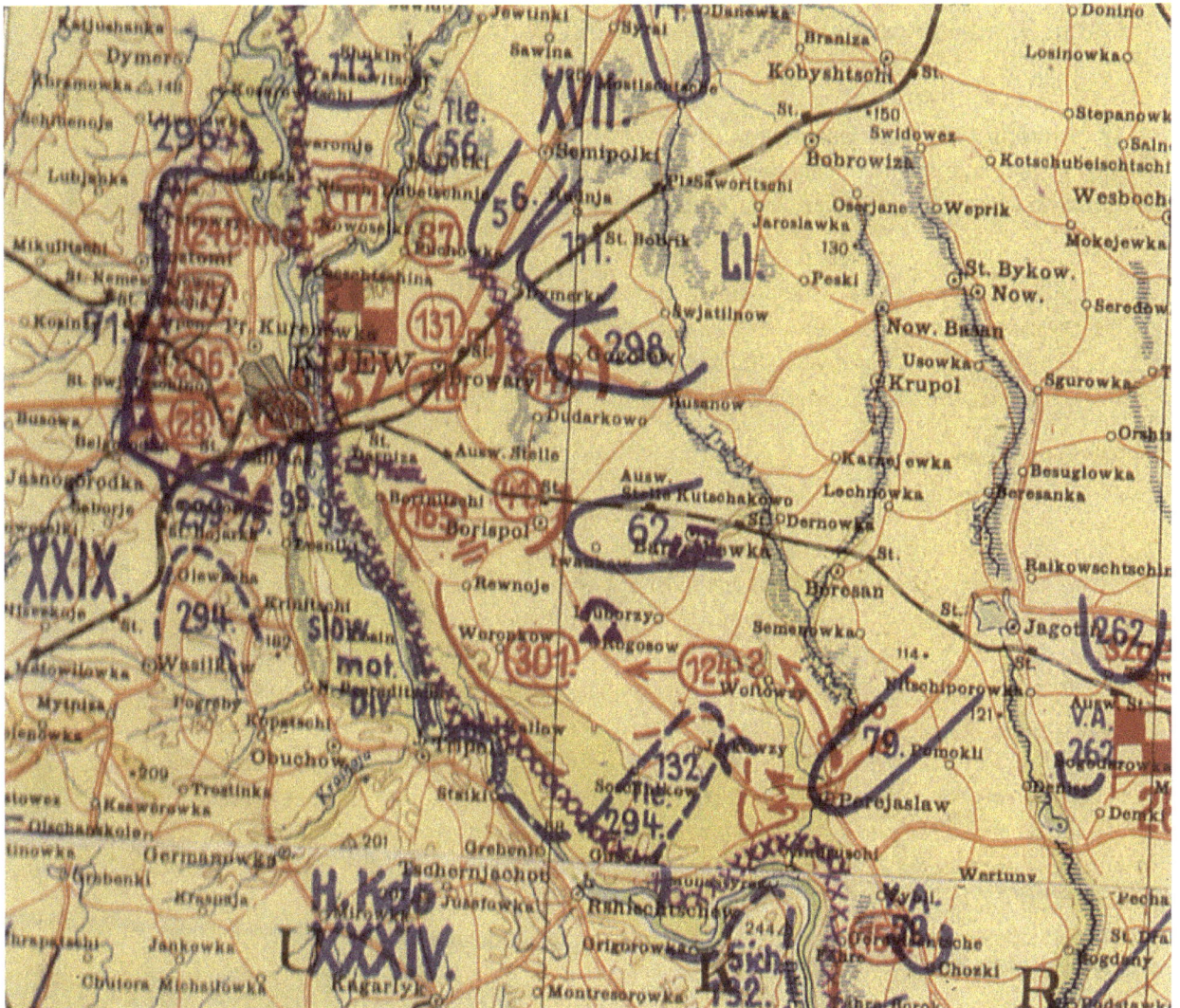

Сражение под Киевом (фрагмент карты немецкого Генштаба от 18 сентября 1941 года):
положение советских войск (красные линии) и немецких войск (синие линии) в КиУР'е и к востоку от Киева.
37-я Армия продолжает оборонять КиУР и восточные подступы к Киеву.
Внутреннее кольцо окружения вокруг Киева сжимается к западу от реки Трубеж.
298-я немецкая ПД продвигается к западу на Гоголев и Бровары.
62-я немецкая ПД продвигается к западу на Борисполь и занимает Иваньково.
132-я немецкая ПД занимает Ерковцы. 79-я немецкая ПД занимает Переяслав.

Глава 9. ...На восток (19 сентября 1941 года)

18 сентября 1941 года: накануне...

Мы возвращаемся к воспоминаниям Александра Жука от 18 сентября 1941 года, которые мы приводили в предыдущей главе и на которые теперь можно взглянуть в контексте общей критической ситуации:

"18-го меня вызвали к командиру батальона. Рыбальченко вручил пакет под сургучными печатями и приказал немедленно отправиться в Борисполь на аэродром и вручить пакет такому-то. По всему было заметно, что Рыбальченко сегодня особо взволнован и мрачен. В этот день на минирование никого не послали."

Автор продолжает:

"Все встревожены и растеряны. Говорят, что немецкие разведчики на мотоциклах несколькими группами вчера появлялись в северном предместье города — Пуще Водице. Рассказывают, что там уже брошены все магазины и склады. Канавы полны постным маслом, засыпаны сахарным песком и другими давно невиданными продуктами. Самые разные слухи, тревожа души, расползались по городу.

Ребята, освободившиеся от привычных и постоянных занятий, пытались понять, что происходит.

Я сел на свой «Дукс» и укатил. Мост был забит уходящими из Киева отрядами красноармейцев, походными кухнями и грузовиками с разным имуществом.

Найти в огромной толпе адресат на бориспольском аэродроме было совсем непросто. Капитан, которому я передал пакет, при мне внимательно прочитал содержимое и приказал остаться на аэродроме.

На следующий день Рыбальченко привёл весь батальон.

Девятнадцатого сентября тысяча девятьсот сорок первого года Киев был оставлен, без боя."[115]

Перед самым отходом 37-й Армии в Киеве действительно были открыты для населения двери всех магазинов и продовольственных складов, но бои, на самом деле, не прекращались. Атаки немецких войск на КиУР усилились ещё 16 сентября, когда начался последний штурм Киева. В частности, к вечеру 18 сентября 1941 года передовой отряд 296-й немецкой пехотной дивизии (ПД) захватил местечко Лютеж на правом берегу Днепра, прорвав северный участок укрепрайона, а утром 19 сентября 1941 года на южном участке полки 95-й немецкой ПД обошли с флангов Лысогорский форт и после артподготовки взяли его штурмом[116].

День 19 сентября 1941 года мы постараемся описать с более общей точки зрения, охватывая не только действия инженерных и сапёрных частей 37-й Армии, но также операции частей НКВД и взводов специального назначения Главного Военно-Инженерного Управления (ГВИУ) Красной Армии.

---

[115] Жук А. В. Начало. — Стройиздат, Санкт-Петербург, 2005, стр. 68–69.

[116] Wüster, Wigand. Die 71. Infantrie-Division 1939–1945; Gefechts — und Erlebnisberichte aus den Kaempfen der "Glueckhaften Division" von Verdun bis Stalingrad, vom Monte Cassino bis zum Plattensee. — Eggolsheim, Nebel, 2006.

Jacobsen H.-A., Greiner H., Schramm P. E. et al. Kriegstagebuch des Oberkommandos der Wehrmacht (Wehrmachtfuehrungsstab), 1940 – 1945, Band I: 1. August 1940 — 31. Dezember 1941. — Bernard & Graefe, Frankfurt am Main, 1965.

Knoblauch, Karl. Kampf und Untergang der 95. Infanteriedivision: Chronik einer Infanteriedivision von 1939–1945 in Frankreich und an der Ostfront. — Flechsig; Auflage: 1, 26. August 2008.

Цитируется по материалам сайта Дмитрия Муравова, Оборона Киевского укреплённого района (1941): http://kiev-1941.narod.ru/preparations.html.

19 сентября 1941 года. Днепровские мосты.

Эвакуировав гарнизоны многих огневых точек КиУР'а и взорвав сами ДОТ'ы, 37-я Армия начала отход. Интересно, что ещё 14 сентября 1941 года был дан приказ правительства взорвать идеально оборудованный КП в Святошино, завалив всю его верхнюю часть, но сохранив внутреннюю. По воспоминаниям начальника политотдела КиУР'а Ивана Васильевича Белоусова, был ли выполнен этот приказ, точного ответа он дать не мог [117]:

"Я, лично 19 сентября в 12 часов дня был еще в Киеве... проехал до Святошино, чтобы проверить выполнено ли задание по взрыву КП. Когда я проезжал мимо завода Большевик и №43 я увидел впереди столб дыма и понял, что взорван мост (Примечание: В данном случае речь идет о подрыве, отходящими советскими частями, путепровода над железной дорогой в районе современной станции метро "Берестейская"). Тут же я увидел наших бойцов, которые и подтвердили мое предположение, и предложил им поторопиться поскорее перебраться на другой берег... Я тоже повернул машину назад."

По воспоминаниям Ильи Самойловича Улановского, отвечавшего с конца июня 1941 года за оборудование и эксплуатацию внешней и внутренней электростанций КП, при оставлении Киева были подорваны только обе электростанции и лифт [118].

К полудню 19 сентября 1941 года, после массированного артиллерийского обстрела юго-западных окраин города и мостов через Днепр, в западную часть Киева вошли немецкие войска. На колокольне Киево-Печерской Лавры было водружено немецкое знамя [119].

Арьергард отходящих частей 37-й Армии составили 87-я стрелковая дивизия под командованием полковника Николая Ивановича Васильева и 4-я дивизия войск НКВД, возглавляемая полковником Фёдором Максимовичем Мажириным. Полковник Мажирин, который был накануне назначен "последним комендантом Киева" с ответственной задачей обеспечения отхода советских войск и своевременного взрыва мостов через Днепр, впоследствии вспоминал [120]:

"День 19 сентября выдался на удивление солнечным и теплым. Над Днепром чистое голубое небо. Часов в 11 утра фашисты открыли ураганный огонь по юго-западным окраинам города, а затем осторожно двинулись вперед, к мостам. Еще немного и их надо взрывать. Сигнал — и мы со своего командного пункта увидели столбы огня и дыма над железнодорожным мостом имени Г. Петровского — центральные фермы рухнули в воду. Разъяренные фашисты попытались с ходу форсировать реку. Меткий пулеметный огонь с левого берега отбросил их."

Наводницкий деревянный мост был центральным, и основная масса арьергардных частей выходила на него. Военный инженер 3 ранга А. Финкельштейн, отвечавший за уничтожение этой переправы, выжидал до последнего момента, стараясь пропустить последнюю группу отставших солдат. Лишь когда вражеские мотоциклисты вырвались на берег и открыли ураганный пулеметный огонь, инженер подал сигнал.

Облитый смолой и бензином, вспыхнул деревянный Наводницкий мост. ... Бойцы, охранявшие Наводницкий мост на правом берегу, отходили по уже горевшему настилу. Вслед за ними кинулись фашистские автоматчики. Саперы, дождавшись, когда наши бойцы ступили на землю, взорвали толовые шашки, привязанные к сваям, и пылающий мост обрушился в Днепр, под своими обломками похоронив вражеских солдат."

---

[117] Кайнаран А. В., Крещанов А. Л., Кузяк А. Г., Ющенко М. В. Киевский укрепленный район 1928 – 1941 — Житомир: Волынь, 2011.

[118] Кайнаран А. В., Крещанов А. Л., Кузяк А. Г., Ющенко М. В. Киевский укрепленный район 1928 – 1941 — Житомир: Волынь, 2011.

[119] Kampf und Untergang der 95. Infanteriedivision: Chronik einer Infanteriedivision von 1939 – 1945 in Frankreich und an der Ostfront. Flechsig; Auflage: 1, 26. August 2008.

[120] Мажирин Ф. М. В огненном кольце. В сб. На линии огня. М.: Юридическая литература, 1976, стр. 68 – 84.

В 14.20 взлетел на воздух и самый южный, Дарницкий мост [121]. Мажирин продолжает свой рассказ о взрыве моста имени Евгении Бош[122]:

"И вот, прямо перед нашим КП, на мосту сверкнула вспышка и черный султан взрыва подбросил вверх искореженные пролеты. На мгновение обнажилось песчаное дно, затем воды Днепра сомкнулись, и вокруг груды обломков посредине реки беспорядочно заплясали волны. Потом у берега взвилось несколько водяных фонтанов: моряки Днепровской флотилии уничтожили свои корабли. Над Днепром повисло облако дыма и пыли".

Взрывы заминированных объектов городской инфраструктуры Киева, начавшиеся ещё накануне вечером и продолжившиеся 19 сентября 1941 года, запомнили и жители города. Киевлянка Ирина Хорошунова, ставшая во время оккупации хозяйкой конспиративной квартиры городской подпольной антифашистской группы, оставила несколько записей о взрывах 18–19 сентября в своём дневнике:

"Часов около шести начались взрывы. Они слышались со всех сторон. Нам были слышнее всего взрывы штаба флотилии и клуба водников на Подоле.

Начались пожары. Горели эти взорванные здания и швейная фабрика имени Свердлова. А со стороны вокзала подымались огромные столбы черного дыма — это горели и взрывались вокзал и ТЭЦ, которые начали гореть еще днем. ...

Все насторожено ждали, что взорвут дом ЦК, и снова все жильцы верхних квартир опустились в нижние. Но дом ЦК не взорвали. А только задрожал дом, когда взорвали стратегический мост. Вспыхнули и побежали огни по мосту, раздался сильный взрыв. Мост покалечено свалился в воду. Осталась целой только одна средняя ферма. Пожар понемногу стихал, как стихал и ветер. Выглянуло солнце. И кто-то пришел с известием, что в городе немцы. Побежали все в сквер возле Андреевской церкви. Оттуда увидели, что это правда. По Красной площади медленно, ровной цепью по два в ряд двигались немецкие мотоциклисты." [123]

Эти записи перекликаются с воспоминаниями другого киевлянина, Льва Дудина, которые хотя и не полностью точны, но тем не менее, тоже представляют интерес (несмотря на практически диаметрально противоположную жизненную позицию автора, ставшего впоследствии редактором русскоязычной газеты "Последние новости", выходившей в оккупированном Киеве с одобрения немецких властей):

"Вечером 18 сентября на окраинах города начались взрывы. Подрывные команды разрушали военные объекты. В эту ночь не только были подорваны все мосты и железнодорожные пути, представлявшие, несомненно, военные объекты, но также сожжены и подорваны оба вокзала, все текстильные фабрики, часть обувных, хлебных, колбасных, консервных, кондитерских и других заводов и фабрик пищевой и легкой промышленности, все три электростанции и водопроводная станция. Город, насчитывавший еще в этот момент более 500000 жителей, был оставлен без воды, света, продуктов и возможности приготовить эти продукты." [124]

---

[121] Исаев А. В. Котлы 41-го. История ВОВ, которую мы не знали. — М.: Яуза, Эксмо, 2005.

[122] Мажирин Ф. М. В огненном кольце. В сб. На линии огня. М.: Юридическая литература, 1976, стр. 68 – 84.

[123] Дневник киевлянки. Ирина Хорошунова, личный дневник, Киев 1941–42 гг. Запись от 25 сентября 1941 года: http://gordonua.com/specprojects/khoroshunova2.html

[124] Дудин Л. В. В оккупации. В сб. Под Немцами. Воспоминания, свидетельства, документы. Историко-документальный сборник. Составитель Александров К. М. — Санкт-Петербург: Скрипториум, 2011.

В 1943 году Лев Дудин выехал в Германию, где принимал участие в антикоммунистическом Русском освободительном движении. В ноябре 1944 стал заместителем начальника Главного Управления пропаганды КОНР (Комитета Освобождения Народов России, сформированного по инициативе Андрея Власова). Переселившись в США после войны, он продолжал писать под псевдонимом Николай Градобоев и др. Многолетний сотрудник радио «Свобода» и «Свободная Европа». Дудин Л. В. (Градобоев Н.). Материалы к истории Освободительного Движения Народов России (1941–1945). — Союз Борьбы за Освобождение Народов России (С.Б.О.Н.Р.): Лондон, Канада, 1969.

Автомобильный мост имени Евгении Бош, взорванный 19 сентября 1941 года советскими сапёрами.
Фотография (крупный план) немецкого полевого запасного батальона Feldersatzbataillon XL/1
(из личной коллекции Михаила Прокопенко).

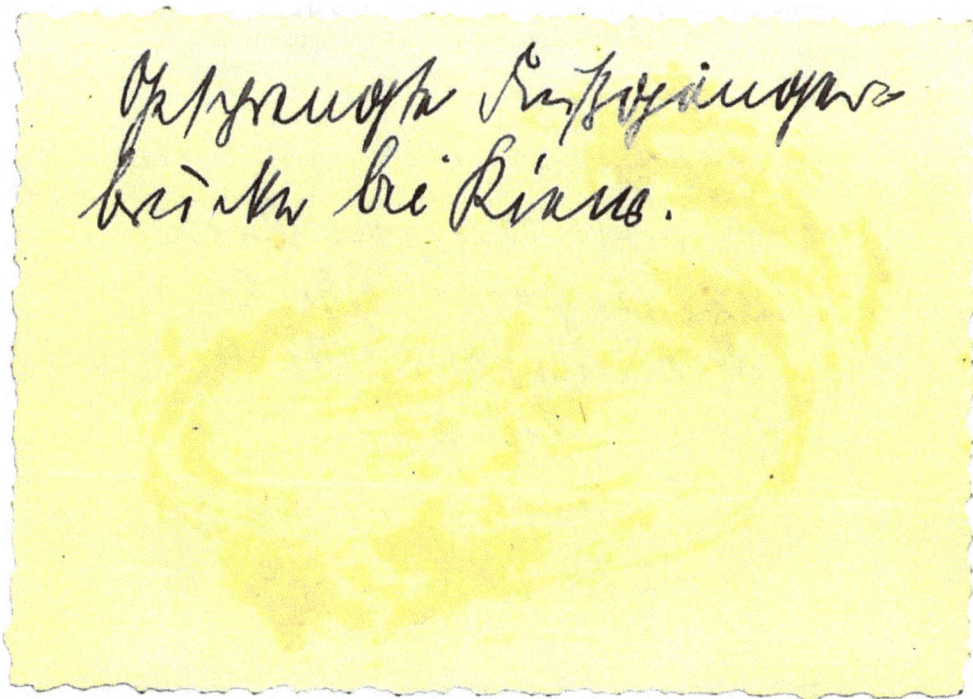

Оборот фотографии моста имени Евгении Бош, взорванного 19 сентября 1941 года;
фотография немецкого полевого запасного батальона Feldersatzbataillon XL/1
(из личной коллекции Михаила Прокопенко).

Автомобильный мост имени Евгении Бош, взорванный 19 сентября 1941 года советскими сапёрами. Фотография (общий план) немецкого полевого запасного батальона Feldersatzbataillon XL/1 (из личной коллекции Михаила Прокопенко).

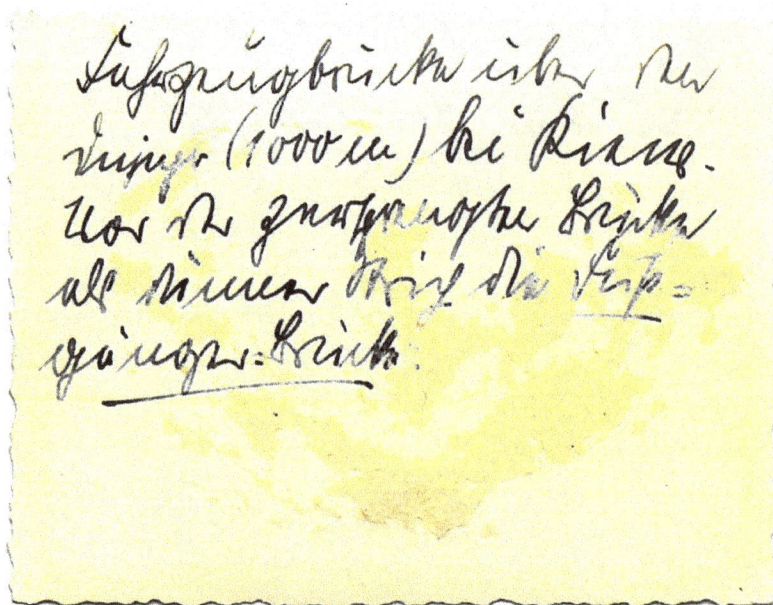

Оборот фотографии моста имени Евгении Бош, взорванного 19 сентября 1941 года, и местности перед мостом; фотография немецкого полевого запасного батальона Feldersatzbataillon XL/1 (из личной коллекции Михаила Прокопенко).

Автомобильный мост имени Евгении Бош, взорванный 19 сентября 1941 года советскими сапёрами.
Фотография (средний план) немецкого полевого запасного батальона Feldersatzbataillon XL/1
(из личной коллекции Михаила Прокопенко).

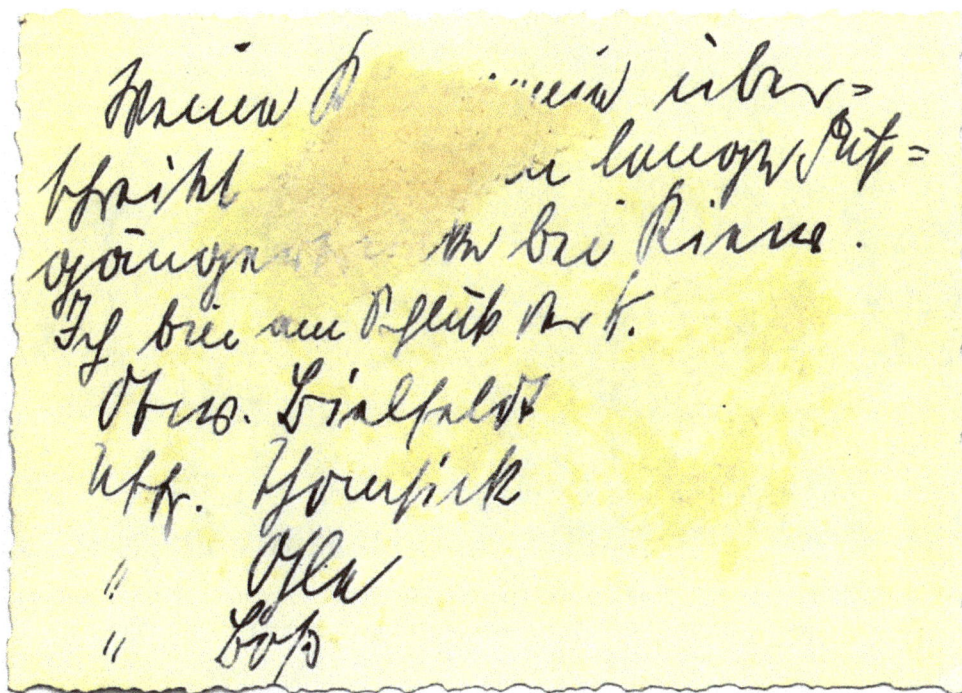

Оборот фотографии взорванного моста имени Евгении Бош;
фотография немецкого полевого запасного батальона Feldersatzbataillon XL/1; судя по всему, указаны
некоторые имена (из личной коллекции Михаила Прокопенко).

Взводы специального назначения Инженерного Управления (август – сентябрь 1941 года).

В примечаниях к воспоминаниям Льва Дудина составитель сборника Кирилл Михайлович Александров приводит любопытную справку (июль – август 1942 года) бывшего начальника инженерной службы штаба обороны Киева майора М. Д. Чукарёва "Инженерное обеспечение обороны Киева в 1941 г.", дополняющую анализ подрывных работ как непосредственно во время оставления Киева советскими войсками, так и во время серии взрывов в центре Киева 24 – 28 сентября 1941 года[125]:

"На инженерный отдел штаба обороны города инженерным отделом 37-й армии была возложена задача на минирование важнейших объектов города, могущих быть использованными противником в своих целях. Эта работа была выполнена в масштабах, позволяющих обстановке того времени. Сотни мин взрывались с приходом частей немецкой армии в город Киев. Стены и целые здания обрушивались на головы немецко-фашистских захватчиков. 18 сентября были взорваны мосты через р. Днепр (*прим.: дата ошибочна, так как мосты были взорваны 19 сентября*). В 14.40 того же числа был взорван последний цепной мост "Евгений Бош". Этим была отрезана возможность продвижения войск противника на восток через Киев. В течение длительного времени немцы вынуждены были искать пути отхода через р. Днепр, что растягивало его коммуникации."

Взорванный мост через один из притоков Днепра (*возможно, Русановский мост*)
(фотография 1941 года; из личной коллекции Михаила Прокопенко).

---

[125] ЦДАГО України. – Ф. 166. – Оп. 3. – Спр. 372. – Арк. 22.

Как отмечает Кирилл Александров, "вполне вероятно, что минирование военных объектов и центра города осуществлялось разными ведомственными инстанциями, в разные сроки и независимо друг от друга". Минирование Киева, и особенно взрывы зданий на Крещатике, получили неоднозначную оценку историков, меняющуюся, как правило, в зависимости от идеологической ориентации авторов. Более того, подобные исследования зачастую не проводят никаких различий между сапёрами 37-й Армии, подразделениями НКВД, а также взводами специального назначения ГВИУ Красной Армии.

Поэтому подробная информация о предыстории подрывных работ и о взрывах 18–19 сентября 1941 года интересна нам не только для описания общей ситуации в Киеве, но и для исследования деятельности взводов специального назначения ГВИУ Красной Армии по минированию киевских объектов в августе и сентябре 1941 года под руководством начальника инженерного отдела 37-й Армии полковника Александра Ивановича Голдовича.

Долгое время после войны уничтожение исторического центра Киева, и особенно Крещатика, приписывалось в советской прессе и военной литературе исключительно оккупационным немецким властям. Лишь спустя десятилетия стало известно, что минирование было произведено сапёрами Красной Армии, а взрывы, начавшиеся 24 сентября 1941 года и приведшие к масштабному двухнедельному пожару, координировали сотрудники НКВД, оставленные в подполье. В последнее время анализ событий качнулся в противоположную сторону: все разрушения исторического центра Киева, в том числе и причинённые оккупантами, как при попытках тушения пожара, так и при оставлении ими города в 1943 году, стали вменяться уже в исключительную вину НКВД и Красной Армии.

Насколько нам известно, 48-й инжбат не участвовал в спец. операциях по минированию и подрыве Крещатика. Однако, исследуя документы этого периода, нам удалось обнаружить некоторые сведения о взводах спец. назначения ГВИУ, проливающие дополнительный свет на минирование и подрывные работы в Киеве. Для того чтобы беспристрастно разобраться в этих событиях, мы сделаем несколько отступлений, возвращаясь и к справке майора Чукарёва, и к инженерным сводкам ИУ ЮЗФ за август – сентябрь 1941 года, которые мы уже приводили, и к воспоминаниям прямых участников этих событий.

Киевский Особый Военный Округ (КОВО) был воссоздан в начале июля 1941 года, в подчинении командующего ЮЗФ, для подготовки резервов, народного ополчения, истребительных батальонов, а также для подвоза фронту оружия, боевой техники, горючего и продовольствия. 6 июля 1941 года ЦК КП(б)У и Военный Совет КОВО сформировали штаб обороны Киева, куда вошли представители военного командования ЮЗФ полковник А. Ф. Чернышев (начальник штаба обороны), майор М. Д. Чукарёв (начальник инженерной службы), секретарь Киевского обкома партии М. П. Мишин, секретари горкома партии Т. В. Шамрыло и К. Ф. Москалец, председатель облисполкома Т. Я. Костюк, председатель горисполкома И. С. Шевцов[126]. Согласно справке начальника инж. службы штаба обороны майора Чукарева (составленной спустя год, в июле–августе 1942 года, уже в Москве), все инженерные мероприятия, включая минирование промышленных предприятий, железной дороги, мостов и дорог, правительственных и общественных зданий, осуществлялись в контакте с горкомом партии: "минные поля создавались внутри города, на кладбищах, заводских дворах, площадях, в парках и садах..." [127].

Эта информация подтверждается и в воспоминаниях генерал-полковника госбезопасности СССР Виктора Ивановича Алидина, начальника Управления КГБ СССР по Москве и Московской области[128]:

"Ещё в августе 1941 года мне стало известно от секретаря горкома Шамрыло, что в обстановке глубокой тайны в городе создаются специальные команды, которые должны заминировать многие здания на Крещатике и в других местах — на случай, если город займут немцы... Операцию возглавлял лично нарком внутренних дел Украины В.Т. Сергиенко... Т. В. Шамрыло мне также сообщил, что здание обкома и горкома партии на площади Калинина минировано не будет."

---

[126] Коллектив авторов. История Украинской ССР в десяти томах. Том восьмой. Глава 4. Героическая оборона столицы Украины. — Киев: Наукова думка, 1984.

[127] ЦДАГО України. – Ф. 166. – Оп. 3. – Спр. 372. – Арк. 22.

[128] Алидин В. И. Опалённая земля. — Военные мемуары. — М.: 1993, стр. 75.

В мемуарах Алидина, к которым мы ещё вернёмся не раз, можно найти и описание 19 сентября 1941 года, включая взрывы Днепровских мостов, последовавшие один за другим:

> "Утром 19 сентября в здании обкома и горкома партии нас оставалось всего четверо: мы с Шамрыло, молодой парень по имени Миша, работавший секретарём в приёмной, и водитель автомашины. Фамилий их я, к сожалению, не помню.
>
> Мы решили с Шамрыло ехать вместе. В эти последние минуты то и дело звонил телефон, и я принимал сообщения секретарей райкомов о выполнении мероприятий, предусмотренных на случай отвода войск из Киева. ...
>
> Итак вместе с Т. В. Шамрыло мы выехали в сторону переправ... День обещал быть ясным, погожим. Город весь был высвечен лучами ещё тёплого сентябрьского солнца. Улицы, вымытые до блеска ночным ливневым дождём, тихие и безлюдные, казались вымершими.
>
> Машина повернула на спуск, слева оставалась Аскольдова могила... На мосту нас обстреляли из пушек и пулемётов "мессер-шмитты"... Один из лётчиков, видимо заприметил наш "мерседес" и дважды пытался изрешетить нас пулемётными очередями. Не дожидаясь третьего захода немецкого аса, мы уже за мостом укрылись на обочине дороги. ...
>
> Уже находясь в лесу, на полпути между Дарницей и Борисполем, услышали огромной силы взрывы, последовавшие один за другим. Это взлетели в воздух мосты через Днепр..." [129]

Техническая подготовка работ по минированию и подрыву была возложена на взводы специального назначения ГВИУ (в документах часто упоминаются как спец. взвода ИУ ЮЗФ) и осуществлялась под руководством начальника инженерного отдела 37-й Армии полковника Александра Ивановича Голдовича. Об этом свидетельствуют не только военные историки, но и непосредственный исполнитель работ — командир 11-го взвода специального назначения Михаил Семёнович Татарский [130]:

> "Начальник инженерного управления 37-й армии полковник Александр Иванович Голдович ставил задачу лично каждому руководителю подрывников. ... Действовать нам приходилось преимущественно ночью. Бойцы были одеты в обычную одежду сантехников, размещались в палатках. Во взводе спецназначения (это и была группа) — две автомашины с радиостанциями, несколько грузовиков, мотоцикл с коляской... Выкопанную землю ссыпали в мешки или на плащ-палатки очень аккуратно, вениками подметали мельчайшие комочки.
>
> Радиоуправляемые мины и фугасы мы устанавливали в течение августа-сентября 1941 года на всех участках фронта. В частности, на Житомирском шоссе, у Мышеловки, Совок, у хутора Красный Трактир, в районе Сырца. Все заряды сработали нормально, по радиосигналу."

Михаил Татарский отмечает, что в Киеве работать было гораздо труднее из-за того, что в городе усилились действия вражеской разведки. Тем не менее, свою задачу спец. взвод выполнил успешно[131]:

> "Мне было приказано подготовить к уничтожению блок-пост и железнодорожную станцию Пост-Волынский. Сигнал на подрыв этого стратегически важного узла был дан в 14-м часу 19 сентября с радиостанции, расположенной в районе Борисполя. Как показала наша разведка, все прошло безупречно. И станция, и немецкие офицеры и солдаты взлетели в воздух.

---

[129] Алидин В. И. Опалённая земля. — Военные мемуары. — М.: 1993, стр. 82.

[130] Хто висадив у повітря Успенський собор? Літературна Україна. — 1991. № 36, 5 вересня (лист до редакції Миколи Костенка). Как отмечено в исследовании Евгения Павловича Кабанца (см. выше), воспоминания Михаила Татарского были изначально опубликованы в ведомственной газете пограничных войск "Советский пограничник" ещё в 1971 году (в результате интервью, сделанного журналистом Николаем Костенко), а более полная запись появилась лишь в 1991 году в газете "Литературная Украина", как письмо в редакцию.

[131] Хто висадив у повітря Успенський собор? Літературна Україна. — 1991. № 36, 5 вересня (лист до редакції Миколи Костенка).

Примерно в те же дни мы заминировали спуск к мосту имени Евгении Бош, набережную возле Почтовой площади, железнодорожный мост на Дарницу и другие важные объекты: здание ЦК КП(б)У, филиал музея Ленина, управление НКВД, что находилось в Октябрьском дворце, исторический музей по улице Кирова, 4 (*прим.: ныне — Национальный художественный музей Украины*), спуск к Днепру в районе нынешнего обелиска Славы. Много было объектов."

Из этого фрагмента становится ясно, что подрыв мостов, о котором вспоминал командир 4-й дивизии войск НКВД полковник Мажирин, был скоординирован со спец. взводом ГВИУ. Татарский уточняет, что подрывы осуществлялись как с помощью полевой радиостанции РУС-3 из ближайших окрестностей Киева (в частности, Бориспольского леса), так и с расстояния прямой видимости, например, в случае с мостом имени Евгении Бош (бывшим Цепным мостом) и железнодорожным мостом — как писал полковник Мажирин, "прямо перед нашим КП, на мосту сверкнула вспышка". К тому же, по воспоминаниям комвзвода, 19 сентября 1941 года на этих мостах были подорваны обычные заряды, которые завалили сами пролёты, а уже на следующий день были взорваны мощные радиофугасы (объектные мины Ф-10) в полторы тонны аммонита под правыми береговыми подпорками [132]:

"Железнодорожный и мост имени Евгении Бош мы заминировали радиоуправляемыми зарядами параллельно с обычными. Свои особые фугасы тщательно замаскировали под правыми береговыми подпорками. Отходя из города, минеры взорвали обычные заряды, завалив мосты, а мы ждали своего часа. Ведь знали, что немцы как-нибудь попытаются наладить переправы, значит начнут восстановление и этих мостов. Свои радиофугасы мы взорвали на второй день фашистской оккупации Киева. Это были очень мощные заряды по полторы тонны аммонита каждый. Местные потом рассказывали, что могилы гитлеровцев были прямо на берегу у моста. Особенно их много было рядом с насыпью железнодорожного моста."

Михаил Татарский упоминает и о двух других взводах специального назначения [133]:

"Параллельно действовали еще два взвода спецназначения, которыми командовали лейтенанты Михаил Красиков и Борис Левченко. Это все на нашем участке фронта. У моего отдельного взвода спецназначения был 11-й номер. Начальником радиостанции РУС-3 нашего взвода был лейтенант Ефимов. А координировал действия спецвзводов капитан инженерных войск, представитель Генерального штаба Красной Армии Хилякин. Кажется, погиб где-то под Киевом..."

Различные источники до сих пор расходятся во мнениях о числе спец. взводов, действовавших в Киеве в 1941 году. Мы уже приводили цитату из работы военных историков (Цирлин и др.) о трёх "взводах специальных заграждений: "...Кроме того, 3 взвода специальных заграждений устанавливали приборы для взрыва на расстоянии, по радио особо важных объектов на Днепре и в Киеве." [134].

О трёх "взводах специального минирования" вспоминает и маршал инженерных войск Виктор Кондратьевич Харченко[135]:

"На Юго-Западном фронте было три взвода специального минирования. В основном они действовали в Киевском укрепленном районе."

[132] Хто висадив у повітря Успенський собор? Літературна Україна. — 1991. № 36, 5 вересня (лист до редакції Миколи Костенка).

[133] Хто висадив у повітря Успенський собор? Літературна Україна. — 1991. № 36, 5 вересня (лист до редакції Миколи Костенка).

[134] Цирлин А. Д., Бирюков П. И., Истомин В. П., Федосеев Е. Н. Инженерные войска в боях за Советскую Родину. — М.: Воениздат, 1970.

[135] Харченко В. К. ...Специального назначения. — М.: Воениздат, 1973.

Ещё один часто используемый источник — это мемуары сапёра, полковника в отставке Александра Борисовича Немчинского, который в 1943 году разминировал Киев. Часть его воспоминаний была первоначально опубликована в 1995 году газетой "Совершенно Секретно" [136], а затем, в 2001 году — в приложении к сборнику очерков Сергея Степановича Петрова "Київ: погляд крізь століття" [137], написанном Дмитрием Васильевичем Малаковым на основе машинописного текста Немчинского от 1991 года (критический анализ этого источника можно найти в исследовании Евгения Павловича Кабанца[138]).

Александр Немчинский вспоминает, что в конце августа 1941 года в штаб обороны Киева вызвали командиров сапёрно-инженерных подразделений особого назначения, которыми командовали лейтенанты Татарский, Красиков, Левченко и *Лутин* (фамилия последнего была намеренно изменена, но тем не менее, было перечислено четыре комвзвода) для согласования плана минирования и подрыва отдельных сооружений и коммуникаций в городе. Задачи были поставлены уполномоченным от штаба ЮЗФ *полковником* Кашниковым в присутствии начинжа 37-й армии полковника Александра Ивановича Голдовича и *специалиста-минера* капитана Хилякина.

Подполковник Виктор Мефодьевич Кашников был, как мы знаем, заместителем начальника ИУ ЮЗФ — его подписи мы уже встречали на некоторых инженерных сводках. Капитан Ефим Степанович Хилякин был помощником начальника 2-го отдела ИУ ЮЗФ. И подполковник Виктор Кашников, и капитан Ефим Хилякин, а также большинство сотрудников ИУ ЮЗФ, включая полкового комиссара Петра Хабарова, пропали без вести при выходе из окружения в районе Пирятин — Лохвица в период с 13 по 17 сентября 1941 года. 18 сентября 1941 года попал в плен и помощник начальника инженерного отдела 37-й Армии капитан **Феодосий Степанович Филиппенко**, служивший до начала августа 1941 года помощником командира 48-го инжбата 4-го мехкорпуса (см. его биографию).

Фрагмент донесения о безвозвратных потерях от 11 ноября 1941 года со сведениями о пропавших без вести подполковнике Викторе Кашникове, полковом комиссаре Петре Хабарове и капитане Ефиме Хилякине.

Сколько же было взводов специального назначения, проводивших работы по минированию Киева? Где они были дислоцированы и в какое время проводили работы? Какие именно объекты были заминированы помимо упомянутых командиром 11-го спец. взвода Михаилом Татарским? И главное, кто и при каких обстоятельствах осуществлял подрывы уже после отхода советских войск из Киева? Частично ответы на эти вопросы можно найти в инженерных сводках ИУ ЮЗФ за август – сентябрь 1941 года. Дополнительная информация хранится и в различных архивных документах ЦАМО, РГВА и НКВД, а также немецких источниках.

---

[136] Немчинский А. Б. Жертвы минной войны. — Совершенно секретно. 1995, № 2.

[137] Немчинський О. Б. То хто ж висадив у повітря Успенський собор? (публикация Д. Малакова). Петров С. С. Київ: погляд крізь століття. — Експрес-Поліграф, 2010.

[138] Кабанець Є. П. Загибель Успенського собору: міфи і дійсність. — К.: Національний Києво-Печерський історико-культурний заповідник, 2011.

Мы начнём наш анализ с инженерных сводок ИУ ЮЗФ, из которых немедленно следует, что на самом деле спец. взводов, проводивших работы в Киеве и КиУР'е, было пять: 10-й, 11-й, 12-й, 13-й и 14-й. Первые три из них часто упоминаются вместе, но последний нередко отсутствует в списке работ вообще.

Перечисляя инженерные части фронта, инж. сводка № 5 ИУ ЮЗФ от 7 августа 1941 года, за период с 3 по 5 августа 1941 года, подписанная начальником ИУ ЮЗФ Ильин-Миткевичем, военкомом Хабаровым и начальником 1-го Отдела ИУ ЮЗФ Винским, указывает, что "10, 11 и 12 спецвзводы минируют об'екты в районе КиУР'а и города Киева".

Инж. сводка № 6 ИУ ЮЗФ от 9 августа 1941 года, за период с 5 по 8 августа 1941 года, которую мы уже приводили, описывая взрыв инженерного склада Начинжа КиУР'а в Святошино, упоминает также, что спецвзводами (нумерация не указана) "минированы об'екты в населённых пунктах на подступах к городу Киеву, работы по минированию продолжаются".

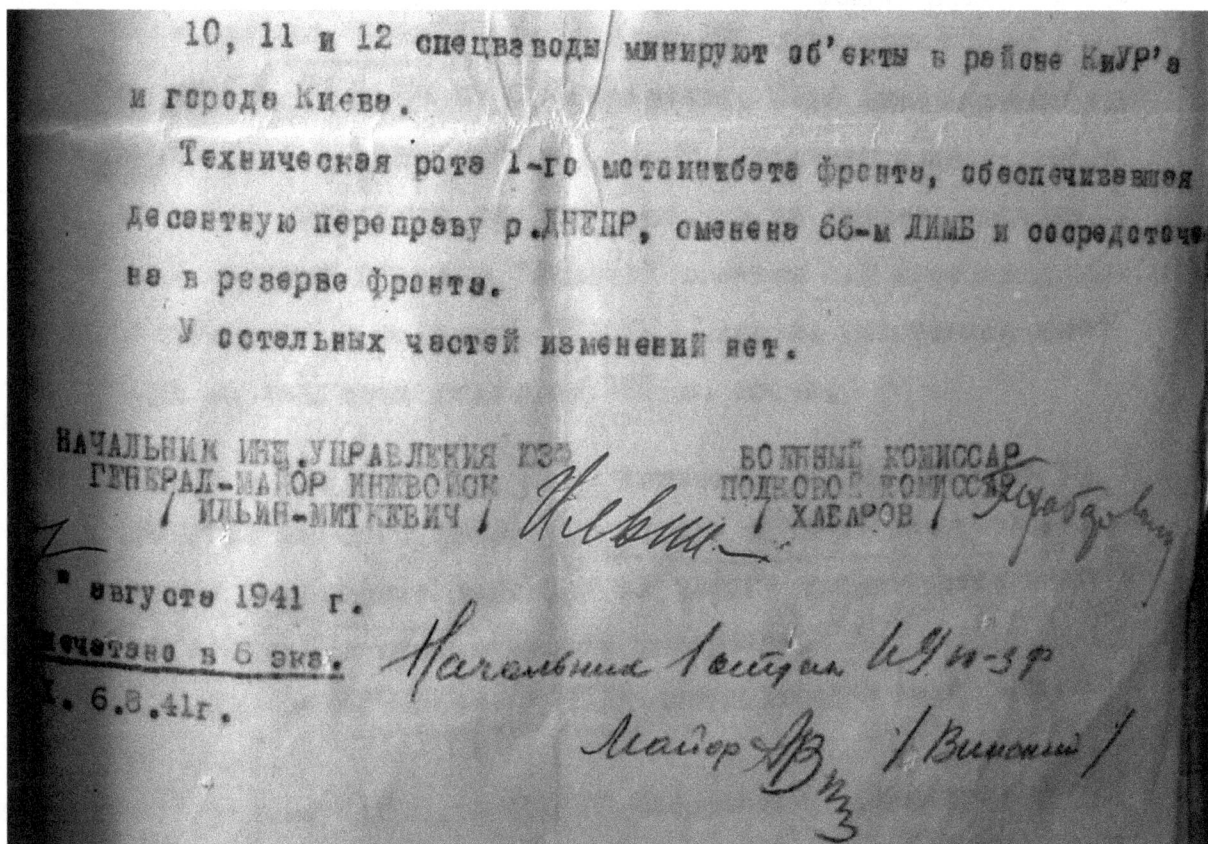

Фрагмент инженерной сводки № 5 ИУ ЮЗФ от 7 августа 1941 года, за период с 3 по 5 августа 1941 года, в которой упомянуты 10-й, 11-й и 12-й спец. взводы (ЦАМО фонд 229, опись 191, дело 21, лист 52).

Фрагмент инженерной сводки № 6 ИУ ЮЗФ от 9 августа 1941 года, за период с 5 по 8 августа 1941 года, в которой упомянуты спец. взводы (ЦАМО фонд 229, опись 191, дело 21, лист 41).

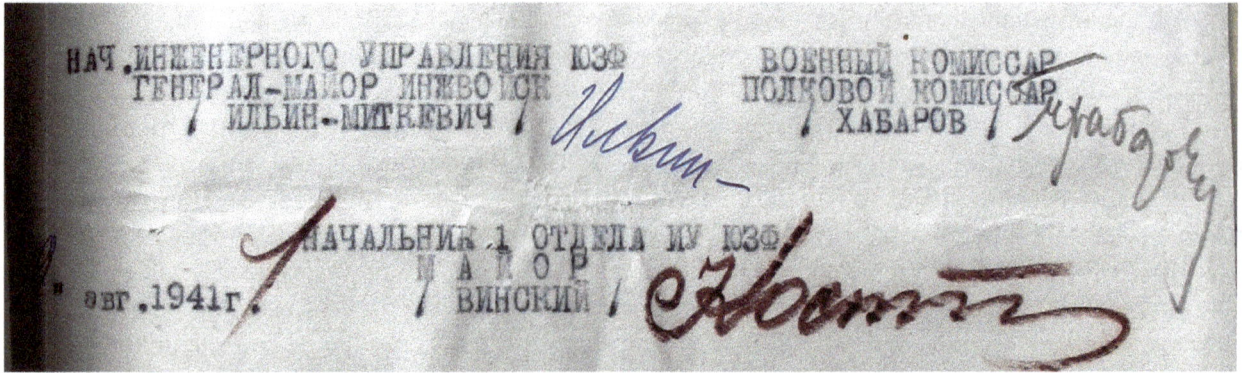

Фрагмент инженерной сводки № 6 ИУ ЮЗФ от 9 августа 1941 года, за период с 5 по 8 августа 1941 года, в которой упомянуты спец. взводы (ЦАМО фонд 229, опись 191, дело 21, лист 46).

1.	2.	3.	4.	5.	6.
В распоряжении ИУ фронта.	31 отряд глубокого бурения.	НЕЖИН	Укомплектовывается, за неимется боевой подготовкой.	Укомплектован на 90%.	
-"-	10 взвод спец. назначения.	БРОВАРЫ	По заданию Военного Совета.	Укомплектован на 100%	Укомплектован на 100%
-"-	11 -"-	-"-	-"-	-"-	Тоже	Тоже
-"-	12 -"-	-"-	-"-	-"-	Тоже	Тоже
-"-	13 -"-	-"-	Восстанавливается	Укомплектован на 50%.	Матчасти нет
-"-	14 -"-	-"-		1 командир взвода.	Матчасти нет

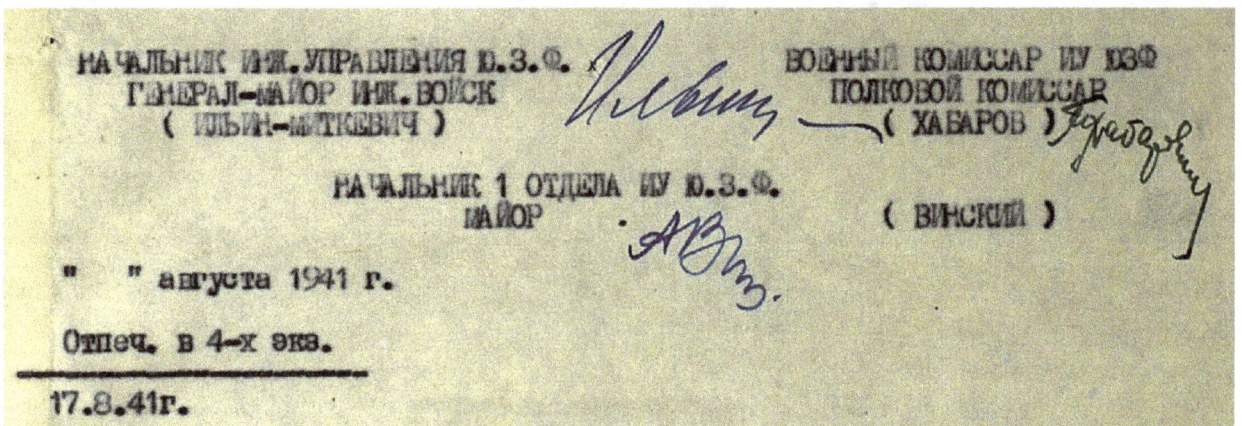

Фрагменты инженерной сводки № 7 ИУ ЮЗФ от 18 августа 1941 года, за период с 8 по 16 августа 1941 года, в которой перечислены все 5 взводов спец. назначения
(ЦАМО фонд 229, опись 161, дело 116, листы 11 и 38; также: ЦАМО фонд 229, опись 191, дело 21).

В следующей инж. сводке № 7 ИУ ЮЗФ от 18 августа 1941, за период с 8 по 16 августа 1941 года, среди частей в распоряжении ИУ фронта перечислены все пять взводов спец. назначения и приведены более подробные детали: место дислокации указано как БРОВАРЫ (там находился штаб ЮЗФ); 10-й, 11-й и 12-й спец. взводы, укомплектованные на 100%, выполняют работы "по заданию Военного Совета", в то время как 13-й и 14-й спец. взводы "восстанавливаются" и не имеют "матчасти". Более того, 13-й спец. взвод укомплектован на 50%, а в 14-м спец. взводе состояние личного состава указано лишь как "1 командир взвода". По воспоминаниям командира 11-го спец. взвода Михаила Татарского минирование городских объектов началось именно в период, относящийся к этой сводке.

Все пять спец. взводов упомянуты и в инж. сводке № 8 ИУ ЮЗФ от 26 августа 1941 года, за период с 17 по 23 августа 1941 года. Место дислокации указано как "с. РАКИТНО 45 км.вост. БРОВАРЫ". Согласно сводке, спец. взводы "Окончили задание Воен.Совета. Занимаются боевой подготовкой." Комплектация и состояние мат. части спец. взводов в инж. сводке № 8 не уточняется.

Но уже в следующей инж. сводке № 9 ИУ ЮЗФ от 31 августа 1941 года, за период с 24 по 29 августа 1941 года, появляются детали комплектации четырёх из пяти спец. взводов, находящихся в резерве в лесу у хутора РАКИТНЯ: 10-й, 11-й и 12-й спец. взводы укомплектованы на 100%; 13-й спец. взвод укомплектован на 50%. 14-й спец. взвод не упомянут вообще. Более того, 14-й взвод не включен и в последующие инж. сводки, то есть последнее упоминание о нём относится к периоду с 17 по 23 августа 1941 года (инж. сводка № 8 ИУ ЮЗФ от 26 августа 1941 года).

Фрагменты инженерной сводки № 8 ИУ ЮЗФ от 26 августа 1941 года, за период с 17 по 23 августа 1941 года, со сведениями о 5 спец. взводах (ЦАМО фонд 229, опись 191, дело 21, листы 85 и 98).

Интересно сопоставить записи сводок № 8 и № 9 с воспоминаниями и Михаила Татарского (согласно которым приказ готовить важные объекты к подрыву поступил в начале второй декады августа), и Александра Немчинского, который, как мы отмечали выше, писал, что в конце августа 1941 года в штаб обороны Киева вызвали командиров сапёрно-инженерных подразделений особого назначения под командованием лейтенантов Татарского, Красикова, Левченко и Лутина. Так как Михаил Татарский командовал 11-м спец. взводом, *можно предположить, что командирами 10-го и 12-го спец. взводов были Михаил Красиков и Борис Левченко (неизвестно, кто из них командовал именно 10-м или 12-м взводом), в то время как Лутин, фамилия которого была намеренно изменена, возможно командовал 13-м или даже 14-м взводом.*

Фрагменты инженерной сводки № 9 ИУ ЮЗФ от 31 августа 1941 года, за период с 24 по 29 августа 1941 года, со сведениями о 4 спец. взводах (ЦАМО фонд 229, опись 191, дело 21, листы 59 и 72).

10-й, 11-й, 12-й и 13-й спец. взводы упоминаются и в предпоследней инж. сводке № 10 ИУ ЮЗФ от 5 сентября 1941 года за период с 31 августа по 4 сентября 1941 года (подписанной, в частности, подполковником Виктором Кашниковым, заместителем начальника ИУ ЮЗФ) — в кратком примечании, где перечислены части, состояние которых не претерпело изменений.

Сведения последней инж. сводки № 11 ИУ ЮЗФ от 12 сентября 1941 года за период с 5 по 11 сентября 1941 года указывают, что 10-й, 11-й и 12-й взводы спец. назначения были укомплектованы на 100% и вновь выполняли "особое задание Военного Совета", а 13-й взвод спец. назначения, укомплектованный на 50%, находился в резерве. Местом дислокации четырёх взводов указан хутор МОЧАЛИЩЕ (примерно в 50 км к востоку от Броваров, неподалёку от села Ракитное).

Фрагменты инженерной сводки № 10 ИУ ЮЗФ от 5 сентября 1941 года, за период с 31 августа по 4 сентября 1941 года, со сведениями о 4 спец. взводах (ЦАМО фонд 229, опись 191, дело 21, листы 102 и 118).

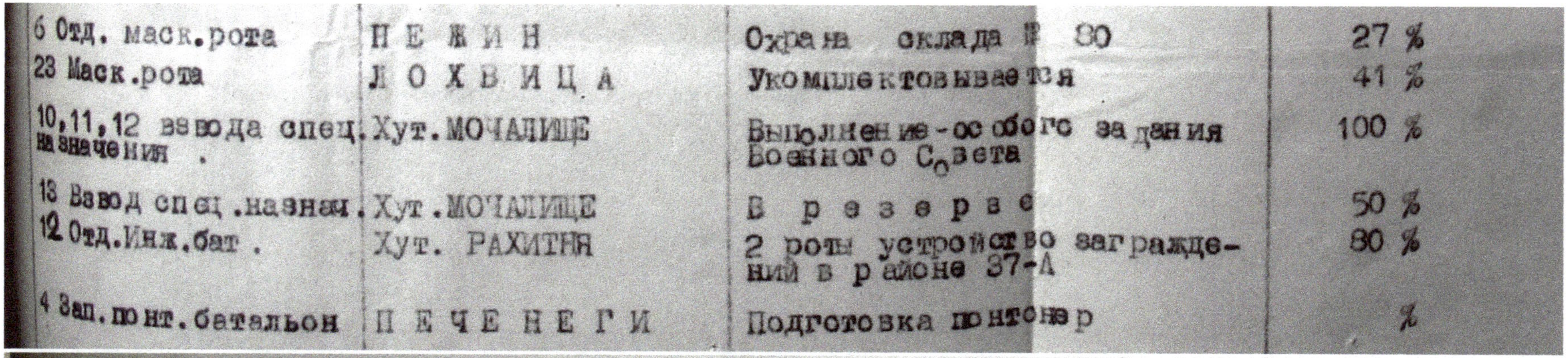

6 Отд. маск. рота	П Е Ж И Н	Охрана склада № 30	27 %
23 Маск. рота	Л О Х В И Ц А	Укомплектовывается	41 %
10,11,12 взвода спец. назначения	Хут. МОЧАЩЕ	Выполнен ие-особ ого задания Военного Совета	100 %
13 Взвод спец. назнач.	Хут. МОЧАЩЕ	в резерве	50 %
12 Отд. Инж. бат.	Хут. РАХНЯ	2 роты устройство загражде-ний в районе 37-А	80 %
4 Зап. понт. батальон	П Е Ч Е Н Е Г И	Подготовка понтонов р	%

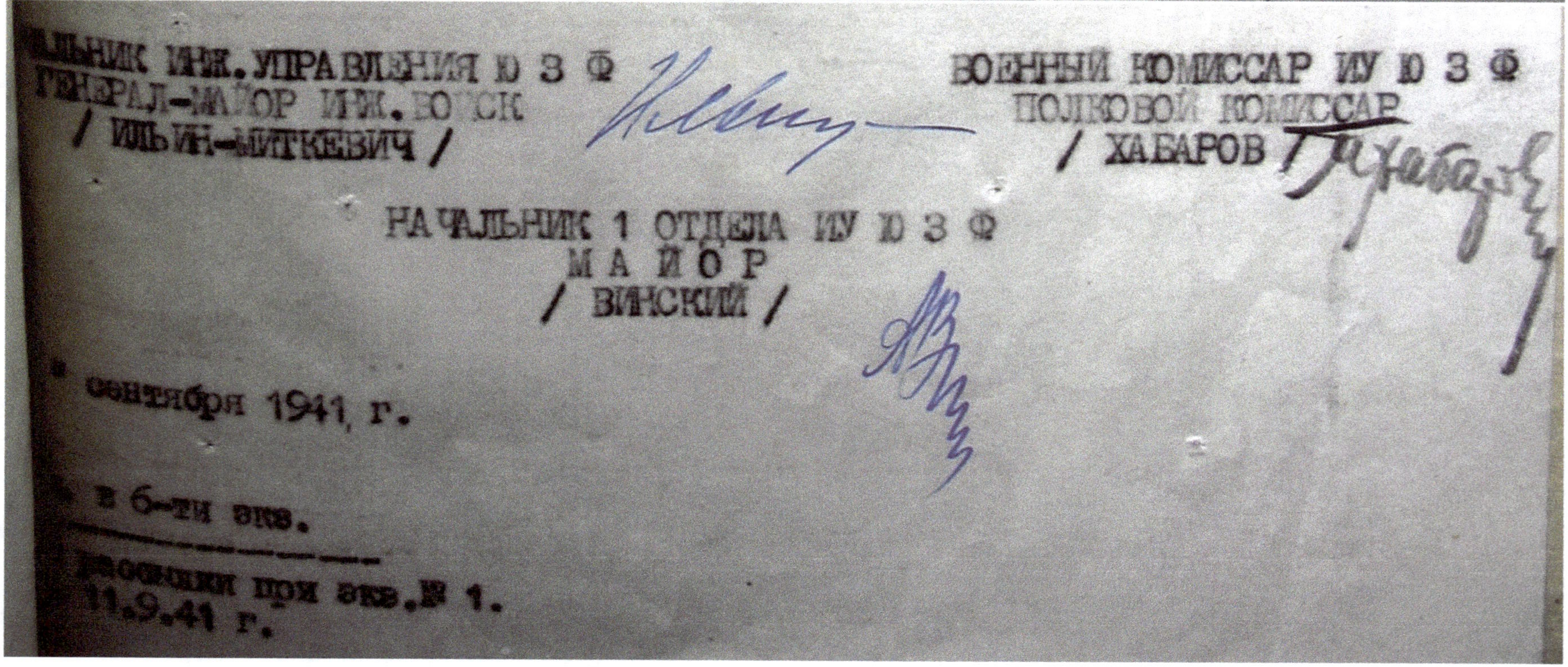

...ЛЬНИК ИНЖ. УПРАВЛЕНИЯ ЮЗФ
ГЕНЕРАЛ-МАЙОР ИНЖ. ВОЙСК
/ Ильин-Миткевич /

НАЧАЛЬНИК 1 ОТДЕЛА ИУ ЮЗФ
М А Й О Р
/ ВИНСКИЙ /

" в 6-ти экз.

... сентября 1941 г.

ВОЕННЫЙ КОМИССАР ИУ ЮЗФ
ПОЛКОВОЙ КОМИССАР
/ ХАБАРОВ /

...ДНИКИ при экз. № 1.
11.9.41 г.

Фрагменты инженерной сводки № 11 ИУ ЮЗФ от 12 сентября 1941 года, за период с 5 по 11 сентября 1941 г., со сведениями о 4 спец. взводах (ЦАМО фонд 229, опись 191, дело 21, листы 173 и 183).

Скорее всего, "особое задание Военного Совета", которое выполняли 10-й, 11-й и 12-й спец. взводы в период с 5 по 11 сентября 1941 года, имело непосредственное отношение к подрывным работам, спланированным на случай оставления Киева. Возвращаясь к 19 сентября 1941 года, уместно привести воспоминания Михаила Татарского об отходе из Киева:

> "Выполнив все поставленные командованием задачи, мы вместе с другими частями, которые защищали Киев, отступали в направлении Полтава-Харьков. В боях потеряли большинство своих людей. Попали в окружение, пробивались с тяжелыми боями. Убедившись, что на машинах не пробиться, я решил уничтожить спецтехнику и радиостанции. Вместе с сержантом Антоновым заминировал и взорвал всю аппаратуру, чтобы не досталась врагу. Форсировали какое-то болото, с боями наконец прорвали вражеское кольцо." [139]

Командир 11-го спец. взвода лейтенант Михаил Татарский вышел из окружения. Нам также удалось найти некоторые сведения и о других бойцах, командирах и полит. работниках взводов специального назначения, прошедших по сводкам ИУ ЮЗФ.

В ЦАМО имеются сведения на рядового 11-го спец. взвода 45-го инженерного полка Фёдора Емельяновича Усердного, 1920 г. р., призванного в 1941 году из Кармановского района Смоленской области, попавшего в плен 22 августа 1941 года и впоследствии освобождённого. В 1941 году, 45-й инженерный полк действительно находился в подчинении КОВО и ЮЗФ (к тому же, до 3 августа 1941 года в состав 8-го мехкорпуса 26-й Армии ЮЗФ входил и 45-й отдельный мото-инженерный батальон; в/ч № 5527), *и можно предположить, что рядовой Фёдор Усердный служил именно в 11-й спец. взводе под командованием Михаила Татарского.*

Также удалось найти сведения о рядовом 11-го взвода спец. назначения (п/я № 28) Алексее Петровиче Кобце, 1922 г. р., призванном в июле 1941 года из Екатериновского района Чкаловской области и пропавшего без вести в октябре 1941 года (связь с семьёй прервалась 12 сентября 1941 года). Так как полевая почтовая станция № 0028 относилась к штабу ЮЗФ, *можно с достаточной уверенностью допустить, что рядовой Алексей Кобец служил именно в 11-м спец. взводе под командованием Татарского.*

Лейтенанта Михаила Красикова, командира одного из спец. взводов, достоверно идентифицировать не удалось. Однако в ЦАМО хранятся сведения о лейтенанте 377-го отдельного минно-сапёрного батальона Донского Фронта Михаиле Ивановиче Красикове (родился 20 ноября 1911 года в Бурят-Монгольской АССР), который попал в плен 8 августа 1942 года в Сталинградской области, в районе Суровикино на правом берегу Дона, содержался в шталаге № 367 (немецкий лагерь военнопленных для рядового и сержантского состава в Ченстохово, Польша) и был впоследствии освобождён.

Согласно данным ЦАМО и РГВА, воентехник 2-го ранга Василий Сергеевич Першин (родился в 1920 году в Рязанской области) служил в 10-м спец. взводе ИУ ЮЗФ. Василий Першин попал в окружение и плен 22 сентября 1941 года и был впоследствии освобождён. В донесении об освобождённых из плена Управления по делам военнопленных НКВД от 27 марта 1942 года последняя занимаемая должность Василия Першина указана как "мл.в.техн.РУС", то есть младший воентехник РУС — радиостанции, которая использовалась спец. взводами. В первые месяцы 1942 года Першин содержался в Подольском спец. лагере НКВД, *и судя по всему, после фильтрационной проверки был вновь направлен на фронт.* В ЦАМО хранятся наградные документы на техника-лейтенанта Василия Сергеевича Першина, с идентичными данными по место рождения (село Чёмбар Сапожковского района Рязанской области, но год рождения указан как 1910, а не 1920; в РККА с 1939 года). В 1944 году техник-лейтенант Першин командовал взводом в 17-м армейском батальоне по сбору трофеев 60-й Армии 1-го Украинского Фронта и был награждён медалью «За боевые заслуги». В апреле 1985 года Василий Сергеевич Першин, 1920 г. р., был награждён Орденом Отечественной войны I степени.

---

[139] Хто висадив у повітря Успенський собор? Літературна Україна. — 1991. № 36, 5 вересня (лист до редакції Миколи Костенка).

В ЦАМО содержатся сведения и о двух политруках спец. взводов: 10-го и 13-го.

Политруком 10-го спец. взвода ЮЗФ был младший политрук Менахем Менделевич Бялик (родился в 1912 году в городе Белая Церковь Киевской области Украины). Менахем Бялик пропал без вести в октябре 1941 года.

Политруком 13-го спец. взвода ИУ ЮЗФ был политрук Давид Моисеевич Кигель (родился в 1915 году в селе Ивница Житомирской области Украины). Давид Кигель тоже пропал без вести в октябре 1941 года.

О 14-м спец. взводе, кроме нескольких вышеприведённых строк в инж. сводках ИУ ЮЗФ, никаких других упоминаний мы не обнаружили.

А вот судьба командира спец. взвода лейтенанта Бориса Степановича Левченко заслуживает отдельного внимания. По свидетельству венгерского археолога Нандора Феттиха, командированного в Киев в конце 1941 года немецким специальным отделом под руководством Альфреда Розенберга (Einsatzstab Reichsleiter Rosenberg) для описи и вывоза культурных ценностей, не все заминированные здания исторического центра Киева были взорваны: оккупационным немецким властям удалось разминировать некоторые из них. Более того, как отмечал в своём дневнике Феттих, "Рассказывали, что один русский офицер пришел и признался, что он руководил закладкой мин, а затем разминированием". В частности, в своём дневнике Феттих писал: "Под здание музея Ленина (ул. Короленко) также была заложена мина, но тот дом значился в числе тех сооружений, разминировать которые добровольно вызвался офицер, руководивший установкой взрывных устройств". Похожая история описана и в исследовании Клауса Арнольда "Захват и зачистка города Киев вермахтом в сентябре 1941 года: О радикализации оккупационной политики"[140], где указано, что киевляне неоднократно сообщали оккупационным властям о заложенных минах, пытаясь предотвратить взрывы:

"Целый ряд мощных зарядов был обезврежен, например, благодаря пленному русскому офицеру. По настоянию лейтенанта Бориса Левченко немцы быстро нейтрализовали заряды, работая даже ночью. Этот лейтенант был не единичным случаем."

В архивном источнике, на который ссылается Клаус Арнольд при описании этих событий, речь идёт об обезвреживании зарядов в "доме Красной Армии и Флота" (ныне Центральный Дом офицеров Вооружённых Сил Украины, улица Грушевского, 30/1) и на "территории монастыря, а также части Цитадели" [141], то есть на территории Киево-Печерской Лавры и Старого Арсенала. В исследовании Евгения Кабанца[142], ссылающегося на эти же немецкие источники, *вполне логично предполагается, что "этим загадочным офицером оказался ...командир одного из взводов спецназначения, уже известный нам Борис Левченко"*. Однако, догадки Евгения Кабанца о дальнейшей судьбе Бориса Левченко — "поскольку существовал приказ Гитлера о доставке всех саперов-радистов специальной подготовки в Берлин, то, скорее всего, следы этого человека теряются в недрах нацистских ведомств столицы Рейха" — не подтверждаются. Согласно сведениям, хранящимся в ЦАМО, лейтенант Борис Степанович Левченко, 1913 г. р., был призван Ленинским РВК гор. Киева и служил в *45-м отдельном мото-инженерном полку*. Как мы уже отмечали, 45-й инженерный полк находился в подчинении КОВО и ЮЗФ в 1941 году, а в 8-м мехкорпусе существовал и 45-й отдельный мото-инженерный батальон, *и поэтому лейтенант Борис Левченко мог быть назначен комвзвода одного из спец. взводов ИУ ЮЗФ при их формировании.*

---

[140] Klaus Jochen Arnold, Die Eroberung und Behandlung der Stadt Kiew durch die Wehrmacht im September 1941: Zur Radikalisierung der Besatzungspolitik, Militärgeschichtliche Mitteilungen-Potsdam 1999, Bd. 58, S. 52. Текст в оригинале (нем.): "Es war beispielsweise wesentlich einem gefangenen russischen Leutnant zu verdanken, daß eine Anzahl größerer Sprengladungen nicht zur Detonation kam. Leutnant Boris Lewtschenko drängte die Deutschen, einen schnellen Ausbau der Ladungen vorzunehmen, weswegen auch nachts gearbeitet wurde.".

[141] Pi. Btl. 113 / Ia Nr. 259 / 41geh., Sprengladungen mit Fernzündung, vom 11.10.1941. BAMA, RH 26-113/8 (Федеральный Военный Архив Германии; идентификатор RH 26-113/8; инженерно-сапёрный батальон 113-й пехотной дивизии): "Gerettet wurde so beispielsweise das «Haus der Roten Armee und der Flotte», ein Klostergelände sowie Teile der Zitadelle".

[142] Кабанець Є. П. Загибель Успенського собору: міфи і дійсність. — К.: Національний Києво-Печерський історико-культурний заповідник, 2011.

Лейтенант Борис Левченко действительно попал в плен в сентябре 1941 года, но был освобождён: согласно приказу об отмене исключения из списков, в плену он находился с 27 октября 1941 года по ноябрь 1943 года. В начале 1944 года бывший командир взвода ИУ ЮЗФ прошёл через сборно-пересыльный пункт (СПП) 38-й Армии. *Очевидно, был вновь направлен на фронт*, и погиб 2 мая 1944 года. Борис Степанович Левченко похоронен в братской могиле гор. Шепетовка Хмельницкой области Украины.

Завершая это отступление о взводах спец. назначения ИУ ЮЗФ, отметим, что немецким сапёрам удалось в первые дни оккупации Киева разминировать некоторые здания, куда спец. взводами была заложена взрывчатка вместе с радиоуправляемыми минами: здание Верховной Рады, штаб КОВО на Банковой 11, здание НКВД на Короленко 33, музей В. И. Ленина (ныне — Киевский городской Дом учителя), Оперный театр и т. д. Например, из здания Оперного театра была извлечена 1 тонна взрывчатых веществ, а из музея Ленина – 3 тонны[143]. Тем не менее, взрывчатку и мины, заложенные в Верхней лавре, немецким сапёрам обнаружить вовремя не удалось. 20 сентября 1941 года, то есть на следующий день после захвата Киева, в результате взрыва под смотровой площадкой "Вид" погибли командующий артиллерией полковник Ганс-Генрих фон Зейдлиц унд Голау (Hans-Heinrich von Seidlitz und Gohlau) и представители его штаба. В трофейном дневнике неизвестного немецкого офицера штаба 29-го армейского корпуса, переправлявшегося 20 сентября 1941 года через Днепр на левый берег, есть такие строки:

"Поднялся огромный фонтан песка и камня, который вскоре упал ужасным градом на берег и в реку. Это взлетела в воздух площадка перед цитаделью, на которой находился наблюдательный пункт артиллерии и зенитное орудие. Жители уже вчера указывали, что это место возможно минировано русскими. Сапёры обыскали весь район, но взрывчатых веществ не нашли. Взрыв отнял у нас много офицеров, унтер-офицеров и солдат. Среди них был мой знакомый полковник фон Зейдлиц, 62 года, прекрасный храбрый офицер. Сразу же после взрыва площадки прогремел второй взрыв вблизи цитадели, разрушивший дом и этим перегородивший улицу — чего, собственно, и добивались этой диверсией. Взрывы начались не позже, чем через полчаса после нашего визита в цитадель. Вторая часть дня ушла на совещания, которые вел генерал с некоторыми командирами дивизий и генералом фон Путткаммером — комендантом Киева." [144]

В приложении к сборнику очерков Сергея Петрова "Київ: погляд крізь століття" [145], написанном Дмитрием Малаковым, на которое мы уже ссылались, приведены и некоторые детали этой операции спец. взводов ИУ ЮЗФ: под смотровой площадкой у корпуса № 30 на глубине до трёх метров было заложено 1,200 кг аммонита с детонаторами и радиоуправляемыми устройствами, а радиовзрыв, уничтоживший наблюдательный пункт и зенитную батарею противника, был предположительно направлен с мобильной полевой радиостанции "РУС-3" в Бориспольском лесу. Второй взрыв последовал в складе боеприпасов в помещении Арсенала.

Это произошло уже 20 сентября 1941 года, а мы сейчас возвращаемся к нашей главной теме, описанию боевого пути 48-го инженерного батальона, который покинул Киев 19 сентября 1941 года вместе с основными частями 37-й Армии.

---

[143] Швачко В. В., Объектная радиоуправляемая мина Ф-10, 2012, http://shvachko.net/?p=1054

[144] Київ у дні нацистської навали. За документами радянських спецслужб. До 60-річчя визволення України від гітлерівських загарбників. Науково-документальне видання / Упоряд.: Т. В. Вронська, А. В. Кентій, С. А. Кокін та ін.; Національна академія наук України. Інститут історії України, Київська міська державна адміністрація, Державний архів Служби безпеки України. — Київ-Львів, 2003 — № 47. Витяг зі щоденника німецького офіцера штабу 29-го армійського корпусу про перші дні окупації Києва. [20 вересня 1941 р.] – с. 206.

[145] Немчинський О. Б. То хто ж висадив у повітря Успенський собор? (публикация Д. Малакова). Петров С. С. Київ: погляд крізь століття. — Експрес-Поліграф, 2010.

19 сентября 1941 года. Бориспольский аэродром.

Как мы уже отмечали, ещё 18 сентября 1941 года сапёру 48-го инжбата Александру Жуку было поручено передать запечатанный пакет какому-то капитану на Бориспольском аэродроме:

"...Капитан, которому я передал пакет, при мне внимательно прочитал содержимое и приказал остаться на аэродроме.
На следующий день Рыбальченко привёл весь батальон..." [146]

Скорее всего, в пакете был письменный рапорт о последних работах по минированию, проведённых 48-м инжбатом в предыдущие дни, поданный командиром батальона в инженерный отдел 37-й Армии или инженерное управление ЮЗФ.

Воспоминания Александра Жука перекликаются с показаниями лейтенанта 48-го инжбата Тихона Кошелева (на допросе в контрразведке "СМЕРШ" в декабре 1945 года), который с 1 по 15 сентября 1941 года был делегатом связи при штабе фронта от 48-го ОИБ, а 15 сентября 1941 года вернулся к командованию сапёрным взводом 48-го ОИБ (см. биографию Тихона Кошелева):

"...Я младший лейтенант Кошелев Т.Т. служил в 48 ОИБ 37 Армии в качестве командира сапёрного взвода
С 18-го сентября 1941 года нашим войскам было приказано делать организованный отход притом с боем, прорвать линию противника, и выйти в Харьковь. А так-же и отдан нашему батальону 48 ОИБ выход из окружения 18.09.41 г. Командиром 48 ОИБ мне было приказано занять оборону на северной стороне аэродрома, который Борисполя был западней и вот 19.09.41 я со своим взводом принял на этом участке первый бой. ...".

Фрагмент протокола допроса младшего лейтенанта Кошелева Т. Т. в "СМЕРШ" (1 декабря 1945 года).

Зам. начальника штаба ЮЗФ генерал-майор Иван Христофорович Баграмян тоже упоминает Борисполь, через который в ночь с 18 на 19 сентября 1941 года отходили части 37-й Армии[147]:

"В ночь на 19 сентября войска тронулись в путь. Первый вражеский заслон в районе Борисполя был опрокинут. Колонны потянулись на восток."

---

[146] Жук А. В. Начало. — Стройиздат, Санкт-Петербург, 2005, стр. 68–69.
[147] Баграмян И. Х. Так начиналась война. — М.: Воениздат, 1971.

Ещё одно свидетельство, подтверждающее переброску 48-го инжбата в бориспольском направлении, можно найти в тексте допроса комиссара 48-го инжбата старшего политрука Егора Ермакова младшим лейтенантом госбезопасности Миклухиным в апреле 1942 года (по материалам фильтрационно-проверочного дела Ермакова; орфография, пунктуация и стиль сохранены без изменений; *комментарии выделены курсивом*; см. биографию Егора Ермакова):

"Наш 48 саперный батальон 37 армии (*имеется в виду именно 48-й инжбат 37-й Армии*) 1/VIII 41 года по 18/VIII 41 года (*имеется в виду 18/IX 41 года*) находился на обороне гор. Киева. Затем поступил приказ от командующего 37 армии выехать в гор Борисполь на оборонные соружение, которые не пришлось соружать, т-к немецкие войска заняли местечко Бровары нас направили на оборону в оборони находились до 20/IX 41 года"

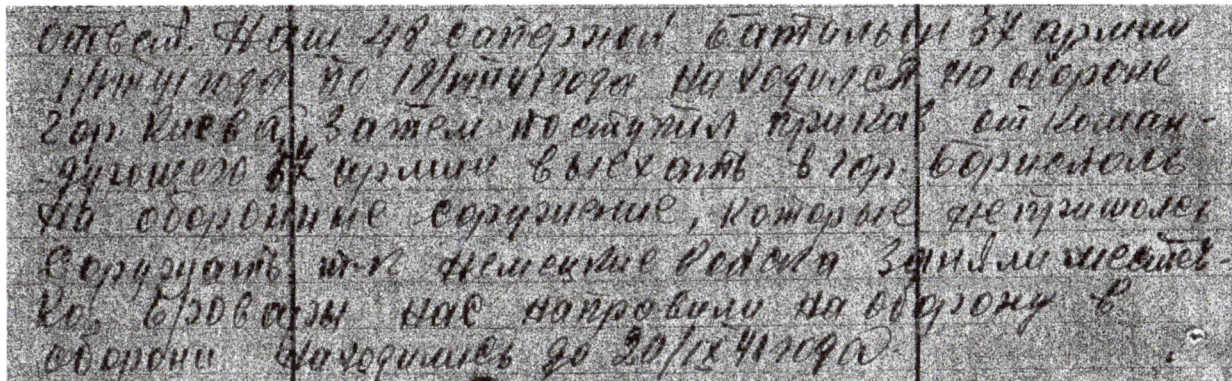

Фрагмент фильтрационно-проверочного дела комиссара Ермакова Е. С., от 15 апреля 1942 года, описывающий отход 48-го инжбата из Киева на Борисполь 19 сентября 1941 года.

По воспоминаниям Александра Жука, на Бориспольском аэродроме собралось "великое множество подсобных частей, ранее стоящих в Киеве". Во время очередного немецкого авианалёта, Александр Жук со своим другом Марком Добрусиным укрылся в стационарном бомбоубежище в близлежащем лесу:

"*Тускло светились лампочки в низком бетонном помещении со многими опорами, в одном из отсеков мы увидели своих. Капитан Рыбальченко стоял за столом, уставленном флягами и бутылками. Вокруг сидело 14–16 наших разных командиров. Всегда тихий, скромный и выдержанный, Рыбальченко был неузнаваем. Он хвастливо и зычно, заплетающимся языком, обращался с речью к сидящим за столом. Все они, видимо, собрались здесь задолго до бомбёжки.*

— Немцы з-за ммою, вот эту мою г-го-ло-ву, за голову к-ка-питана Рыб-бальченко, назначили аж с-сто тытысяч ихних говенных марок! — выкрикивал он. — Я фрицам во как вы-вы-дал! И проучил гадов! Они теперь знают, кто такой капитан Р-р-ыбальченко! И еще не раз узнают, — грозил он дрожащим кулаком в потолок, повторяя свою угрозу на все лады, путался в словах и мыслях, убеждал кого-то в нашей непобедимости, выпил, не устоял и рухнул...

Снаружи доносились взрывы, лампочки замигали и погасли... Больше я никогда капитана Рыбальченко не видел." [148]

Трудно строить догадки о том, что именно стояло за словами и угрозами капитана Рыбальченко. Возможно, он знал о минировании каких-либо киевских объектов. Как мы уже подробно описывали, минирование осуществлялось спец. взводами ГВИУ Красной Армии (в координации с ИУ ЮЗФ), а не армейскими инженерными батальонами, но *вполне возможно, что комбат Рыбальченко присутствовал при планировании некоторых спец. операций или просто был о них осведомлён.* Вышеприведённый фрагмент из книги "Начало" — это единственный и не абсолютно достоверный материал, потенциально увязывающий капитана с какими-то спец. операциями.

---

[148] Жук А. В. Начало. — Стройиздат, Санкт-Петербург, 2005, стр. 69–70.

19 сентября 1941 года. Прорыв на восток.

Пытаясь воссоздать обстановку тех дней, мы обращаемся к различным дополняющим друг друга источникам, как советским, так и немецким.

19 сентября 1941 года оборонительные сооружения в Борисполе так и не пришлось возводить, так как ситуация развивалась стремительно и не в лучшую сторону. Подробное описание утренних событий сохранилось в воспоминаниях ветеранов 41-й стрелковой дивизии:

> *"Утром 19 сентября над скоплением наших войск в районе Борисполя фашистский самолет-разведчик сбросил листовки со схемой обстановки в районе восточнее Киева и предложением о капитуляции не позднее 10 часов дня. Конечно, никто не верил фашистской схеме и не помышлял о капитуляции. Решено было прорываться на восток через Барышевку, Березень и Яготин. Приступили к формированию сводных отрядов, так как многие подразделения, части и даже соединения, понеся большие потери, в значительной мере утратили боеспособность. В 10 часов противник обрушил на наши войска огонь артиллерии. Затем налетела авиация. Открытая, плоская и местами заболоченная местность лишала советские войска возможности замаскироваться или укрыться от огня противника. Пылали окрестные населенные пункты, сено на лугах и копны на полях, горела боевая техника, штабные машины, взорванные снарядами или бомбами. По распоряжению командования, штабные работники уничтожали документы, приводилась в негодность боевая техника. Над районом расположения войск поднялись столбы дыма, слышалось тревожное ржание лошадей, раздавались крики и стоны раненых."* [149]

Из описания боевого пути 62-й пехотной дивизии (пд) вермахта следует, что 19 сентября 1941 года частям 62-й ПД было предписано выйти навстречу 132-й ПД, а также завладеть территорией к югу от Борисполя:

> *"С одной стороны, согласно радиограмме II.АК, 19.9 62-я ПД должна была наступать на Борисполь с целью срочного соединения с 132-й ПД в районе деревни Ерковцы. С другой стороны, радиограмма XVII.АК от 18.9 12.05 ч. предписывала, чтобы дивизия выделила только часть своих сил на столкновения с противником в Борисполе, заняв территорию также и к югу от города. Дополнительным заданием на день являлись Борнищи. После взятия Борисполя дивизия должна была следовать инструкциям XVII.АК. Для выполнения этого приказа дивизия вступила в Иваньково 19.9, в 8 ч., и заняла высоту 124 на юго-западе со 190-м ПП (прим.: пехотным полком), приготовившись к лобовой и южной атаке на Борисполь, в то время как 164-й ПП должен был наносить удар с левого фланга через Крапивщину.*
>
> *...*
>
> *Атаки пехотных полков 19.9 увенчались успехом. Дивизия ожидала, что, как и в предыдущие дни, ей будут противостоять отступающий арьергард, в то время как остальные части противника расположатся в своём Киевском укрепрайоне. Да, звучали даже сомнения, оставались ли в Киеве ещё более сильные вражеские силы, так как восточнее Киева встречались лишь арьергардные армейские части и снаряжение. К 8.45 ч. 190-й ПП, преодолев только лёгкое сопротивление противника на правом фланге, достиг юго-восточного края Борисполя, в то время как центр и левый фланг приготовились к обширной атаке на город с юга. Также, при переходе от высоты 124 с юго-запада на запад, в районе Иваньково, 164-й ПП встретил только слабое сопротивление на широкой пологой местности; тем не менее, в 10 ч. передовые части сообщили, что на дороге Борисполь–Глубокое были встречены занявшие оборону части противника."* [150]

---

[149] Ананко, В. И., Доманк, А. С., Романичев, Н. М., За каждую пядь — Каменяр — Львов: 1984, стр 134.

[150] von Ralf A. Schäfer, Adolf Reinicke, H. G. Hermann, Friedrich Kittel. Die Mondschein-Division: Die 62. Infanteriedivision 1938-1944. Die 62. Volksgrenadierdivision 1944–1945 — 2008, стр. 119.   (Перевод боевых хроник немецких дивизий здесь и далее — М. Прокопенко).

Сражение под Киевом (фрагмент немецкой карты от 19 сентября 1941 года): положение окружённых советских войск после отхода 37-й Армии из Киева (красные линии) и немецких войск (синие линии).
298-я и 56-я немецкие ПД замыкают внутреннее кольцо окружения в районе Гоголева и Броваров.
62-я немецкая ПД продвигается к западу на Борисполь, заняв Иваньково и западный берег реки Трубеж.
132-я немецкая ПД занимает Ерковцы, пытаясь сомкнуть внутреннее кольцо окружения.
Обозначен район прорыва советских войск к реке Трубеж через Войковцы.

Мы продолжим цитировать материалы 62-й пехотной дивизии вермахта, приводящие детали ожесточённых боёв, проходивших с переменным успехом в районе Борисполя 19 сентября 1941 года:

"Постепенно участились сообщения, что изначально слабое сопротивление противника развилось во всё более и более многочисленные контратаки, которые сначала были направлены только фронтально, но затем распространились как на север, так и на юг, где по силе превзошли дивизию. Также усилилось использование противником артиллерии. Во второй половине дня около 16 ч. стало ясно, что положение полностью изменилось. Колоссальные массы противника стремились пробиться из Киева на юго-восток котла, хлынув с огромной силой на 62-ю ПД." [151]

Следует отметить детали дислокации 62-й ПД к западу от Иваньково (Иванков), где немецкие части были вынуждены к вечеру 19 сентября занять оборону, а также расположение немецких частей в районе села Люборцы (Любарцы) и Скопцов (ныне – Веселиновка). Именно через Иваньково утром следующего дня пробивался 48-й инжбат, следуя далее через Люборцы и Скопцы...

"Продолжение собственного наступления было невозможно, и дивизия была вынуждена перейти к планомерной обороне. Оборонительные позиции использовали небольшие высоты к западу от Иваньково и господствующую территорию вокруг 124-й высоты. Однако некоторые части не смогли планомерно исполнить эти приказы до наступления темноты, так как войска были сильно скованны усилившимися атаками противника. ... В течение дня, пехота и артиллерия встречали противника, сильно расходуя боеприпасы и обороняясь от бесчисленных атак, производимых плотными и разнообразно вооруженными вражескими колоннами, которые искали любые возможные пути для прорыва, неся при этом сильнейшие потери. Когда во второй половине дня противник, сильно превосходя в силах 190-й ПП, проник с северо-запада в Иваньково, к зачистке и последующей обороне села был назначен 1-й бат. В ответ на сообщения о том, что Иваньково было атаковано противником также и с северо-востока, и что всё более многочисленные части противника проследовали к северу вдоль железной дороги через Артемьевку на восток, на оборону Иваньково с севера был назначен, кроме 1-го инженерно-сапёрного батальона 162-го полка (*нем.* – *I ./Pi. Btl. 162*), ещё и батальон связи 162-го полка (*нем.* – *NA 162*). Кроме того, усиленному развед. батальону (*нем.* – *AA*) в Морозовке было приказано уступить противнику дорогу на Барышевку; оказалось, что к северу от Скопцов противник не имел никаких намерений атаковать, а стремился лишь найти свободный проход на юго-восток. Это было теперь предоставлено противнику у Скопцов; а перед северо-западным краем Люборцов был снова задействован 2-й бат. 183-го ПП (*нем.* – *II. / IR 183*)."

После наступления темноты дивизия располагалась следующим образом: 164-й ПП оборонял всю территорию и трассы Борисполь–Иваньково и Борисполь–Рогозов, заняв 124-ю высоту. 190-й ПП, сильнее всего пострадавший в этот день от сильных атак противника, не мог больше обеспечивать оборону западной части Иваньково, тем более что командир полка временно оказался меж колонн противника, а располагался, почти без боеприпасов, между Иваньково и 124-й высотой, с фронтом на север. 1-й бат. 183-го ПП (*нем.* – *I. / IR 183*) ещё держался в северо-западной части Иваньково, а 3-й и 2-й бат-ны (*нем.* – *III./- und II./-*) были на пути к Иваньково, с задачей усиления обороны, чтобы вновь зачистить село от врага." [152]

---

[151] von Ralf A. Schäfer, Adolf Reinicke, H. G. Hermann, Friedrich Kittel. Die Mondschein-Division: Die 62. Infanteriedivision 1938-1944. Die 62. Volksgrenadierdivision 1944–1945 — 2008, стр. 119-120.
[152] von Ralf A. Schäfer, Adolf Reinicke, H. G. Hermann, Friedrich Kittel. Die Mondschein-Division: Die 62. Infanteriedivision 1938-1944. Die 62. Volksgrenadierdivision 1944–1945 — 2008, стр. 120.

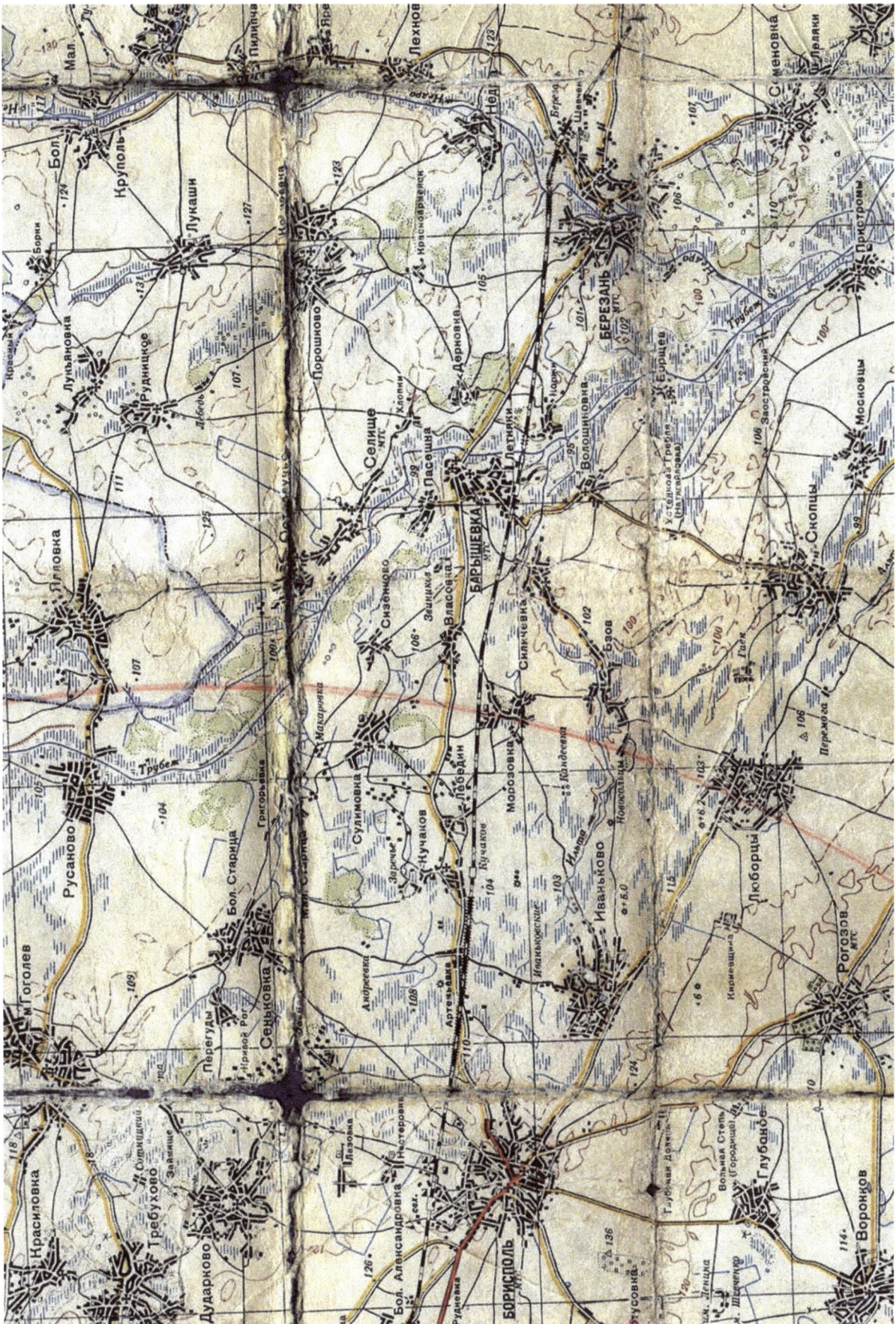

Фрагмент военной карты РККА (М-36-XIII): дороги Борисполь — Иваньково — Люборцы — Скопцы и Борисполь — Рогозов, а также участок железной дороги Артемьевка — Барышевка — Березань.

Как следует из уже приведённых и следующих фрагментов из боевой истории 62-й ПД вермахта, 19 сентября 1941 года отходящим частям 37-й Армии и КиУР'а удалось, несмотря на большие потери, прорваться через Борисполь на восток и юго-восток, а также освободить, в ожесточённых боях, дорогу через Иваньково:

"По дороге туда к югу от Иваньково оба эти батальона натолкнулись уже на сильные колонны противника; при наступлении темноты в ожесточённом ближнем бою врагу удалось освободить дорогу Борисполь – Иваньково – Рогозов. Ночью по этой дороге с короткими перерывами проезжала колонна за колонной, снова и снова происходили перестрелки и быстро организованные контратаки, приводившие к большим потерям. Противник преодолевал эти поспешные попытки сопротивления, прорываясь снова и снова с отчаянным «Ур-ра», и в ходе этих боёв проник со всех сторон в деревню. Чтобы продержаться всю ночь в Иваньково, 1-й бат. 183-го ПП, 1-й инженерно-сапёрный батальон и батальон связи 162-го полка (*нем. – I./IR 183, I./Pi. Btl. 162, NA 162*) и штаб дивизии проводили контратаку за контратакой в разных направлениях. С наступлением темноты обоз возвратился в Бзов, куда также, под давлением противника, вернулся из Морозовки развед. батальон (*нем. – AA 162*). Здесь командир 162-го артиллерийского полка (*нем. – AR 162*) успешно организовал местную оборону, к которой он привлёк также транспортные взводы и 1-ю санитарную роту (1/162). Противник продвигался к этому месту как от Морозовки, так и с запада теми сильными частями, которые пробились через Иваньково, всюду, однако, неся огромные потери в живой силе. Находящиеся в Барышевке службы обеспечения (санитарная рота San. Кр.2./162, ветеринарная рота Vet. Кр.162 и части транспортных взводов) были предоставлены самообороне; однако, в течение ночи и 20.9 они были смяты сильно превосходящими силами врага при обоюдных тяжёлых потерях и были вынуждены отступить." [153]

Описание 19 сентября 1941 года в боевой хронике 62-й ПД вермахта завершается воспоминаниями подполковника Фаша:

«… Мы продвигались ощупью до Борисполя через Иваньково. Забрезжило 19 сентября. Внезапно зловещее спокойствие прервалось шумом из Киева. Скоро мы увидели бесформенные массы приближающихся русских общевойсковых соединений. Плотной массой они должны были пройти по единственному мосту в центре города. Позже мы увидели, что железнодорожный мост был выложен брусьями и по нему двигалась, как удав, колонна всевозможных транспортных средств. Быстро развёрнутые 8,8 см орудия обстреляли мост прямой наводкой и остановили всё продвижение, разрывая орудия и подбрасывая снаряжение и автомобили как игрушки. Ужасная картина!

Но из-за огромного давления вражеских масс для осмотра нам осталось немного времени, мы вынуждены были оставить Иваньково. Русский клин отделил нас, вместе с артиллерийским дивизионом и полковыми частями 190-го ПП, от полков в Борисполе. … В то же время грохот моторов наших пикирующих бомбардировщиков помогал нам осознать, что мы не были покинуты. … Бомбы прорывали сильные дыры в группах русских. … На ночь мы направились в Борисполь для создания обороны. Так как русские были в состоянии использовать только лёгкую артиллерию, мы считали, что сможем выдержать, тем более что русские боялись наших лётчиков: невообразимо, какие большие массы противника теснились напротив села. Стволы пулемётов начали светиться. Ручные гранаты разрывались во всех направлениях. Борисполь был также рассечён. Стороны находились в самом жестоком противостоянии. Улицы были освещены горящими домами. Группа моего батальона была оттеснена в болото и там обстреливалась. Мы стали волнорезом для русских подразделений, которые пробивались сквозь нас к свободе, не зная, что за нами, далеко на востоке было второе немецкое кольцо, и что мы были предназначены лишь для того, чтобы уменьшить натиск на него. То, что вытекало из котла во внешнее кольцо, было уже лишено тяжёлого оружия, не дисциплинированно и неспособно к организованному сопротивлению…» [154]

[153] von Ralf A. Schäfer, Adolf Reinicke, H. G. Hermann, Friedrich Kittel. Die Mondschein-Division: Die 62. Infanteriedivision 1938-1944. Die 62. Volksgrenadierdivision 1944–1945 — 2008, стр. 120.

[154] von Ralf A. Schäfer, Adolf Reinicke, H. G. Hermann, Friedrich Kittel. Die Mondschein-Division: Die 62. Infanteriedivision 1938-1944. Die 62. Volksgrenadierdivision 1944–1945 — 2008, стр. 120–121.

Фотография разбомблённой советской автоколонны вблизи Киева
(из личной коллекции Михаила Прокопенко).

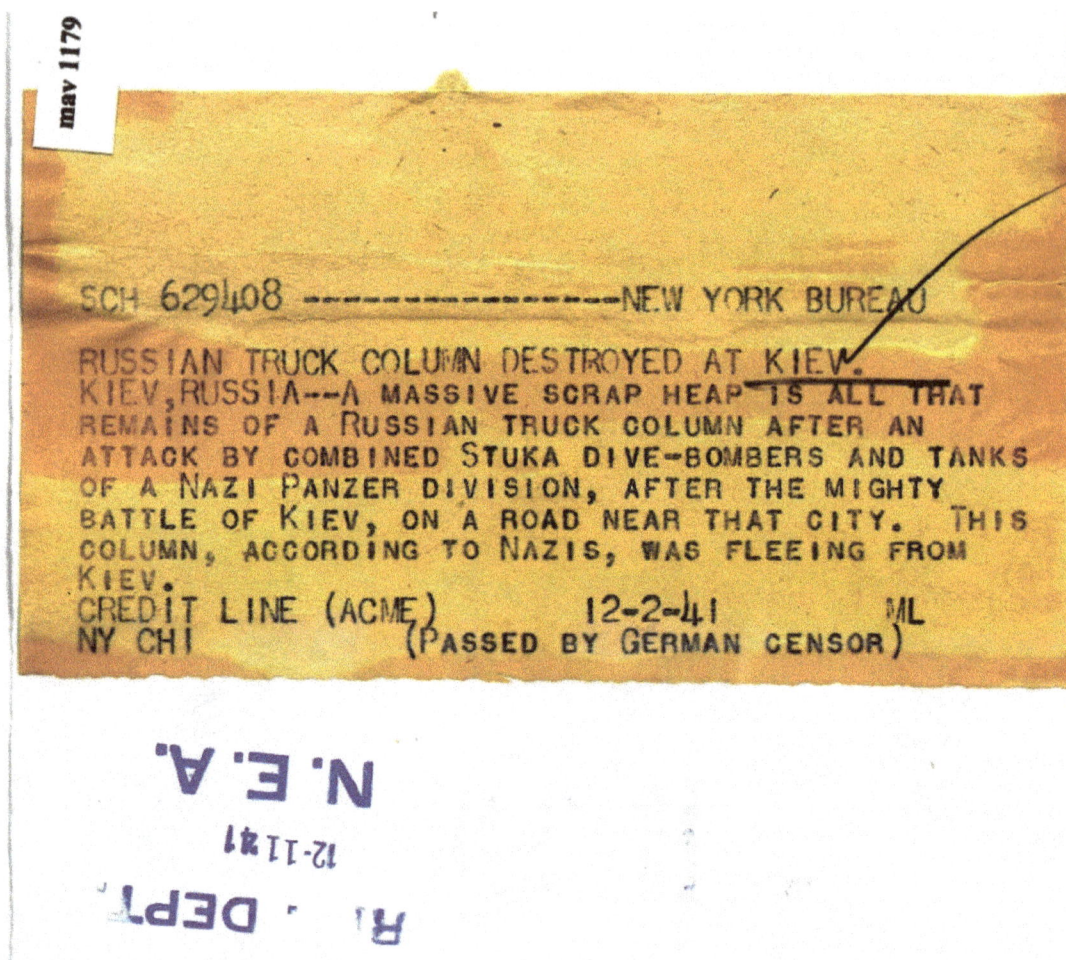

mav 1179

SCH 629408 ———————————————NEW YORK BUREAU
RUSSIAN TRUCK COLUMN DESTROYED AT KIEV.
KIEV, RUSSIA——A MASSIVE SCRAP HEAP IS ALL THAT
REMAINS OF A RUSSIAN TRUCK COLUMN AFTER AN
ATTACK BY COMBINED STUKA DIVE-BOMBERS AND TANKS
OF A NAZI PANZER DIVISION, AFTER THE MIGHTY
BATTLE OF KIEV, ON A ROAD NEAR THAT CITY. THIS
COLUMN, ACCORDING TO NAZIS, WAS FLEEING FROM
KIEV.
CREDIT LINE (ACME)   12-2-41   ML
NY CHI   (PASSED BY GERMAN CENSOR)

N. E. A.
12-11-41
R . DEPT.

Обратная сторона фотографии разбомблённой советской автоколонны вблизи Киева; текст на английском (*архив Гос. Департамента США*): "куча металлолома — это всё, что осталось от русской автоколонны после атаки пикирующих бомбардировщиков "Штука" (Юнкерс Ю-87) и танков немецкой танковой дивизии, после великой битвы за Киев, на дороге близ города. Согласно нацистам, это колонна отступала из Киева"; пометка о немецкой цензуре и дата 12 декабря 1941 года (из личной коллекции Михаила Прокопенко).

Любопытно, что в мемуарах генерал-полковника госбезопасности СССР Виктора Алидина, которые мы уже цитировали, отмечено, что вечером 19 сентября 1941 года в придорожном лесу на пути к Борисполю собралась и группа партийных работников:

"*Уже смеркалось, когда в придорожном лесу на пути к Борисполю собралась группа ответственных работников ЦК КП (б) У, обкома, горкома и некоторых райкомов партии. Мы определились так: вместе с частями 37-й армии пробиваемся с боями на восток, помогаем армейским подразделениям вести боевые действия.*

Ночь провели в машинах, еда в небольшом свёртке прихвачена с собой…

На рассвете (прим.: 20 сентября 1941 года) колонна двинулась к Борисполю. Недалеко от Бориспольского аэродрома, в мелколесье, состоялось последнее совещание партийных работников Киева. Шамрыло, обращаясь к собравшимся, сказал, что армия находится в окружении врага и что перед всеми стоит одна общая задача — пробиваться на восток, идти в бой, стоять насмерть.

… Вскоре мы все двинулись дальше вместе с потоком войск.".[155]

---

[155] Алидин В. И. Опалённая земля. — Военные мемуары. — М.: 1993, стр. 83.

Однако прорыв через Борисполь 19–20 сентября 1941 года происходил в условиях потери связи со штабами и без знания оперативной обстановки. Как вспоминал командир стрелкового батальона 380-го стрелкового полка 171-й стрелковой дивизии Максим Гаврилович Горб,

"...батальону была поставлена задача: действуя в авангарде дивизии, выдвинуться на автомашинах по маршруту Бровары — Борисполь, захватить участок местности на восточном берегу реки Трубеж, юго-западнее станции Березань, и удерживать его до подхода главных сил дивизии.

Здесь я впервые услышал слово «окружение». На мои вопросы, где противник, когда подойдут части дивизии к реке Трубеж, где соседи, ответа мне никто не дал. Оперативной обстановки в штабе не знали, а связи со штабами корпуса и армии дивизия в тот момент уже не имела. Что делалось в нашем глубоком тылу, восточнее Киева, также никто не знал.

...С наступлением темноты батальон снялся с позиций, погрузился на автомашины, собранные со всех частей дивизии, и двинулся в путь. К рассвету (*прим.: 20 сентября 1941 года*) без каких-либо помех мы вышли в район Борисполя (30 км юго-восточнее Киева). Здесь как раз и увидели мы то, чего нельзя вспоминать без волнения и горечи.

По шоссе Киев — Харьков, по полям правее и левее шоссе нескончаемой массой двигались машины, конные обозы, люди в гражданской и военной одежде. Вся эта лавина медленно, с заторами и пробками двигалась, очевидно, не зная куда. ...Местность юго-восточнее Борисполя равнинная. Поэтому, когда начались налеты самолетов противника, укрыться от них было трудно. А бомбежки и штурмовки не прекращались. Пылали вокруг села, дымились жиденькие рощицы, стояли вдоль дороги остовы обгоревших машин.".[156]

Фотография с воздуха: отход советских войск из Киева, 1941 год (из личной коллекции Михаила Прокопенко).

---

[156] Горб М. Г. Страну заслоняя собой. — М.: Воениздат, 1976, стр. 66–68.

Уничтоженные боевая техника и транспорт; под Киевом, 1941 год (из личной коллекции Михаила Прокопенко).

Уничтоженные боевая техника и транспорт; под Киевом, 1941 год (из личной коллекции Михаила Прокопенко).

Уничтоженные боевая техника и транспорт; под Киевом, 1941 год (из личной коллекции Михаила Прокопенко).

Уничтоженные боевая техника и транспорт; под Киевом, 1941 год (из личной коллекции Михаила Прокопенко).

Уничтоженная боевая техника; под Киевом, 1941 год (из личной коллекции Михаила Прокопенко).

На восток отходили и советские бронепоезда, прикрывая отход остальных частей. Подробное исследование действий бронепоездов во время прорыва из Киевского котла можно найти в работе Андрея Кайнарана "Бронепоезда 41-го. Юго-западное направление" 2012 года. Мы же будем ссылаться на это исследование по мере необходимости. Например, важны подробности событий к утру 20 сентября 1941 года, когда немецкие войска прорвались к Борисполю и отсекли главные силы 37-й Армии от её арьергардов. К этому моменту группа бронепоездов, начавшая движение на восток со станции Дарница, уже прошла Борисполь. В работе Кайнарана приведено краткое воспоминание ветерана 298-й немецкой пехотной дивизии, Германна Бинерта (Hermann Bienert), который "рассказал, что его 527-й пехотный полк, наступая в составе дивизии с севера на юг, перерезал железнодорожную линию Киев — Полтава у станции Артемьевка (севернее Борисполя) 20 сентября, и занял круговую оборону" [157].

В итоге, к утру 20 сентября 1941 года, 37-я Армия была рассечена на несколько изолированных друг от друга частей. Общее командование было потеряно и в инженерных частях. Интересно привести воспоминания Леонида Волынского из его рассказа "Сквозь ночь". 17 сентября 1941 года младший лейтенант Волынский был откомандирован из своего батальона делегатом связи к начальнику инженерного отдела штаба ЮЗФ (*имеется в виду начальник Инженерного Управления ЮЗФ генерал-майор инж. войск Александр Ильин-Миткевич*), располагавшегося на тот момент в селе Яблуновка :

"Как только стемнело, штаб снялся из Яблуновки. До нас, делегатов несуществующей связи, никому не было дела. Кто-то из штабного начальства сказал, что мы можем вернуться в свои части. Где именно находятся в настоящее время эти части, никто сказать не мог." [158]

---

[157] Кайнаран А. Бронепоезда 41-го. Юго-западное направление. — Волынь — 2012.

[158] Волынский, Л. Сквозь ночь. — М.: Терра — 2005, стр. 8.

Глава 10. Бой под Иваньково (20 сентября 1941 года)

К 20 сентября 1941 года отходящие части ЮЗФ были рассечены на различные "очаги" окружения[159]. Формирование и исчезновение этих очагов описаны во многих источниках, например, в исследовании Исаева:

> "Основных очагов, где стихийно скопились наши войска, к 20 сентября образовалось шесть.
> Очаг № 1 — из остатков 26-й армии в районе 20—30 км к северо-востоку от Золотоноша; этот очаг, постепенно сокращаясь, держался до 24 сентября, пытаясь пробиться на восток в районе Оржица.
> Очаг № 2 — из остатков 37-й и 26-й армий в районе 40—50 км к юго-востоку от Киева; этот очаг также держался до 23.9.
> Два очага № 3 и № 4 — из остатков 5-й, 21-й армий, это была так называемая «Пирятинская группа», которая вела борьбу до 23.9 в районе 20—30 км к юго-востоку и востоку от Пирятина, в непосредственной близости от кольца окружения.
> Очаг № 5 — из остатков 37-й армии в 10—15 км к северо-востоку от Киева, продержавшийся до 21.9.
> Очаг № 6 — остатки 37-й армии в районе Яготина, сумевшей организованно продержаться в кольце немецкого окружения до 24—26 сентября." [160]

Три очага включали части 37-й Армии: очаг № 5 (10—15 км к северо-востоку от Киева), очаг № 6 (район Яготина) и очаг № 2 (40—50 км к юго-востоку от Киева). Очаги, конечно, образовались не сразу, а в результате дробления частей 37-й Армии, отступавших как на восток, в направлении Яготина, так и на юго-восток, в направлении Переяслава (позднее Переяслав-Хмельницкий). Немецкие дивизии активно перерезали дороги и занимали населённые пункты, создавая кольца внутри общего котла. Фронта как такового и сплошной линии обороны не было. Более того, деревни и сёла захватывались то одной, то другой стороной по несколько раз в сутки — например, село Скопцы (Веселиновка) была захвачено десять раз за одну неделю — и отдельные немецкие части тоже оказывались в микро-окружениях, как например, в районе Иваньково 19—20 сентября, а через несколько дней в районе села Березань.

Мы постараемся, следуя воспоминаниям Александра Жука, восстановить хронологию событий, последовавших за отходом 48-го инжбата из Борисполя. В описании этих дней конкретные даты автор не приводит, но подробности ежедневных перипетий позволяют их определить с некоторой точностью. Первый пример этому — фраза "Наутро нас повели дальше", из которой можно сделать простой вывод, что батальон выступил из Борисполя именно 20 сентября 1941 года. Сложнее определить названия деревень и сёл, через которые пробивался 48-й инжбат. Здесь помогают как и сами воспоминания, где иногда указываются пройденные километры и иные ориентиры, так и мемуары других авторов, дополненные немецкими источниками.

Прежде всего следует заметить, что части, отходившие через район Борисполя, двигались далее либо вдоль железной дороги, по маршруту Артемьевка — Лебедин — Барышевка — Березань — Яготин, либо на юго-восток по грунтовой дороге по маршруту Иваньково — Люборцы — Скопцы. Части, следовавшие вторым, юго-восточным, путём затем прорывались или на северо-восток (Борщёв — Березань — Яготин), или на юг, в приднепровские леса к западу от Переяслава (Ерковцы, Ковалин). Забегая вперёд, *можно с достаточной долей уверенности утверждать, что группы и взводы 48-го инжбата отходили в общем направлении Иваньково — Люборцы — Скопцы — Борщёв — Березань.*

Стоит присмотреться к картам того времени, где отмечены все эти пункты и дороги...

---

[159] Баграмян И. Х. Так начиналась война. — М.: Воениздат, 1971.
[160] Исаев А. В. Котлы 41-го. История ВОВ, которую мы не знали. — М.: Яуза, Эксмо, 2005.

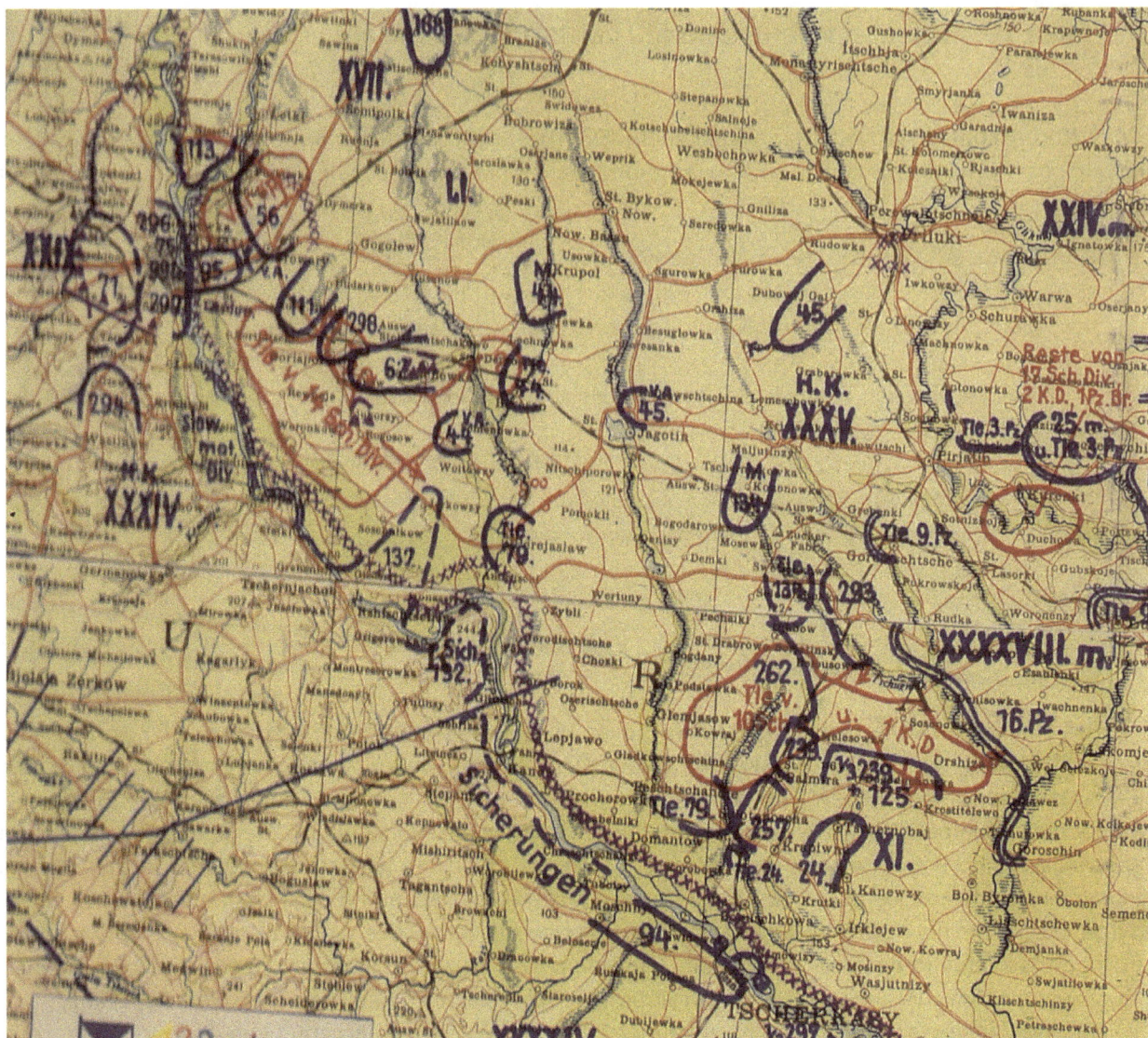

Сражение под Киевом и Киевский котёл (фрагмент карты немецкого Генштаба от 20 сентября 1941 года):
положение советских войск (красные линии) и немецких войск (синие линии).
Видна общая картина рассечения войск ЮЗФ на различные очаги сопротивления.

Александр Жук вспоминает утро 20 сентября 1941 года немногословно:

"Наутро нас повели дальше. Теперь взводом командовал старшина Остапчук. Несколько уцелевших машин угнали поглубже в лес, они вместе с нами двигались на юго-восток. Километров через десять нас остановили, и под команду «вольно» все разбежались — кто куда. Я забрался и открытый кузов грузовика и вздремнул. Меня растолкали и велели встать в строй. Наше охранение обнаружило, что немцы небольшими группами показались совсем близко у заброшенной ветки железной дороги, между путевой будкой и мирными стогами соломы. Их было около взвода." [161]

---

[161] Жук А. В. Начало. — Стройиздат, Санкт-Петербург, 2005, стр. 70–71.

Сражение под Киевом (фрагмент карты немецкого Генштаба от 20 сентября 1941 года): положение окружённых советских войск после отхода из Киева (красные линии) и немецких войск (синие линии).
56-я немецкая ПД замыкает внутреннее кольцо окружения вокруг очага № 5 к северо-востоку от Киева;
111-я, 298-я, 62-я, 44-я и 132-я немецкие ПД пытаются замкнуть кольцо окружения вокруг очага № 2
к юго-востоку от Киева (показаны также линии прорыва советских частей в районе Иваньково и на Барышевку);
44-я немецкая ПД также занимает территорию у реки Трубеж в районе Березани и Борщёва,
где уже видны очертания очага № 6, образующегося в результате прорыва через село Скопцы;
45-я немецкая ПД занимает территорию у Яготина.
Обозначены направления прорыва советских войск к реке Трубеж через село Скопцы и
через Рогозов в направлении села Ерковцы.

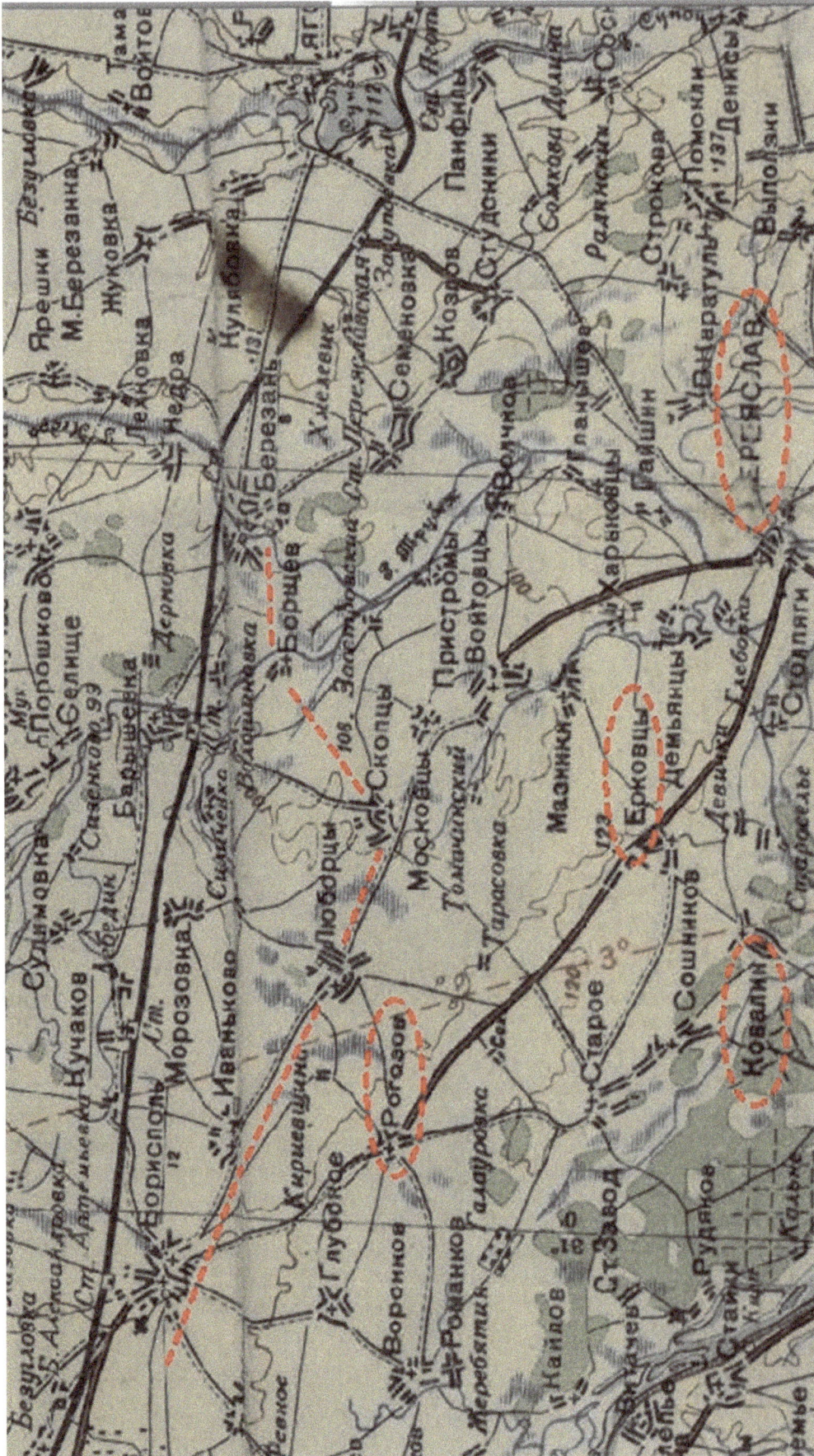

Фрагмент военной карты РККА (1941 год): общее направление отхода отдельных групп 48-го инжбата от Бориспольского аэродрома через Иваньково на юго-восток к Люборцам и Скопцам, и далее на северо-восток к Борщёву и Березани; также отмечены Рогозов и Ерковцы, через которые некоторым частям 37-й Армии и 4-й дивизии НКВД удалось прорваться в приднепровские леса к западу от Переяслава (у Ковалина).

Фрагмент военной карты РККА (М-36-XIII): отход отдельных групп 48-го инжбата от Бориспольского аэродрома через Иваньково и далее на юго-восток к Люборцам; также отмечена Артемьевка, через которую пролегал другой путь отхода частей 37-й Армии вдоль железной дороги, и 124-я высота к юго-западу от Иваньково, в районе которой внутренний котёл пыталась закрыть 62-я пехотная дивизия вермахта.

Судя по всему, старший комначсостав получил приказ или принял решение выходить из окружения самостоятельно — *возможно, 14–16 командиров, укрывшихся накануне в бомбоубежище, влились в отдельный, сводный отряд* (мы ещё вернёмся к отдельной группе, в которой выходили из окружения комбат Рыбальченко и комиссар Ермаков).

Как отмечено в книге Надысева "На службе штабной" [162], вечером 19 сентября 1941 года командному и красноармейскому составу Военным Советом ЮЗФ было разрешено выходить из окружения группами и даже поодиночке. Следует отметить, что это решение было принято, когда Военсовет ЮЗФ уже находился в селе Городище намного восточнее Борисполя, вблизи внешнего кольца окружения, и этот приказ, естественно, распространялся на непосредственную окружённую группу руководящего состава войск. Тем не менее, *подобная логика выхода из окружения группами могла быть применена и многими другими частями, прорывавшимися через район Борисполя* — мы уже цитировали воспоминания ветеранов 41-й стрелковой дивизии о формировании сводных отрядов при потере боеспособности основных сил отходящих войск. Для нашего исследования важно, что остатки батальона пытались выйти из окружения под руководством младшего начсостава — в частности, командование взвода, в котором были Александр Жук и Марк Добрусин, *принял старшина Остапчук* (нам, правда, не удалось полностью установить личность старшины — см. его краткую биографию).

Возвращаясь к воспоминаниям Александра Жука, несложно понять, что 48-й инжбат двигался по юго-восточному маршруту дорогой на Иваньково: "Несколько уцелевших машин угнали поглубже в лес, они вместе с нами двигались на юго-восток. Километров через десять нас остановили...". Вскоре после этого "охранение обнаружило, что немцы небольшими группами показались совсем близко у заброшенной ветки железной дороги". Мы полагаем, что это произошло где-то близ Иваньково, между самим селом и 124-й высотой (скифский курган Язвина Могила), где прорывающиеся советские войска пыталась остановить 62-я пехотная дивизия вермахта.

Согласно хронике 62-й немецкой пехотной дивизии, в ночь с 19-го по 20-е сентября дорога Борисполь — Иваньково была освобождена отступающими частями Красной Армии, которые контролировали, хотя и временно, юго-западную часть самого села Иваньково. Именно там и происходили ожесточённые схватки 20-го сентября: некоторые части 37-й Армии пробивались дальше на юго-восток (через Люборцы и Скопцы), некоторые части шли в обход, например, через район Рогозова, достигая Скопцов (Веселиновки) к 21-му сентябрю, а некоторые продвигались от Рогозова ещё дальше на юго-восток к Ерковцам, прорываясь в приднепровские леса к западу от Переяслава (в районе Ковалина).

Вскоре после остановки у Иваньково взвод 48-го инжбата вступил в длительный бой, в котором был убит Марк Добрусин (см. его биографию) и тяжело ранен Александр Жук, ставшие в этот день, благодаря доставшемуся им пулемёту, "огневой точкой" батальона и прикрывавшие его отход. Место боя описано как поле/поляна у заброшенной ветки железной дороги, с мостиком через ручей, за которым был овраг:

"В этот, ставший уже привычным, сумасшедший шум, ворвался вой и треск разрывов немецких мин. В атаку! — передали команду по цепочке. Из кустов выскочил Остапчук и беспрерывно стреляя, кричал: «Вперёд! Все за мной! Ура-а!» Под жидкие, разрозненные выкрики «за Сталина» мы со своим пулемётом выскочили тоже. Уложив вместе с сошками его ствол Марку на плечо, мы бежали вперёд, не прекращая стрельбы. Немцев как будто сдуло. На поле возле стогов и у ветки железной дороги остались лежать несколько убитых. На них, на ремнях, незнакомые гофрированные цилиндрические коробки с противогазами и чудные автоматы, которые мы впервые видели так близко." [163]

[162] Надысев Г. С. На службе штабной. — М.: Воениздат, 1976, стр. 30.

[163] Жук А. В. Начало. — Стройиздат, Санкт-Петербург, 2005, стр. 72.

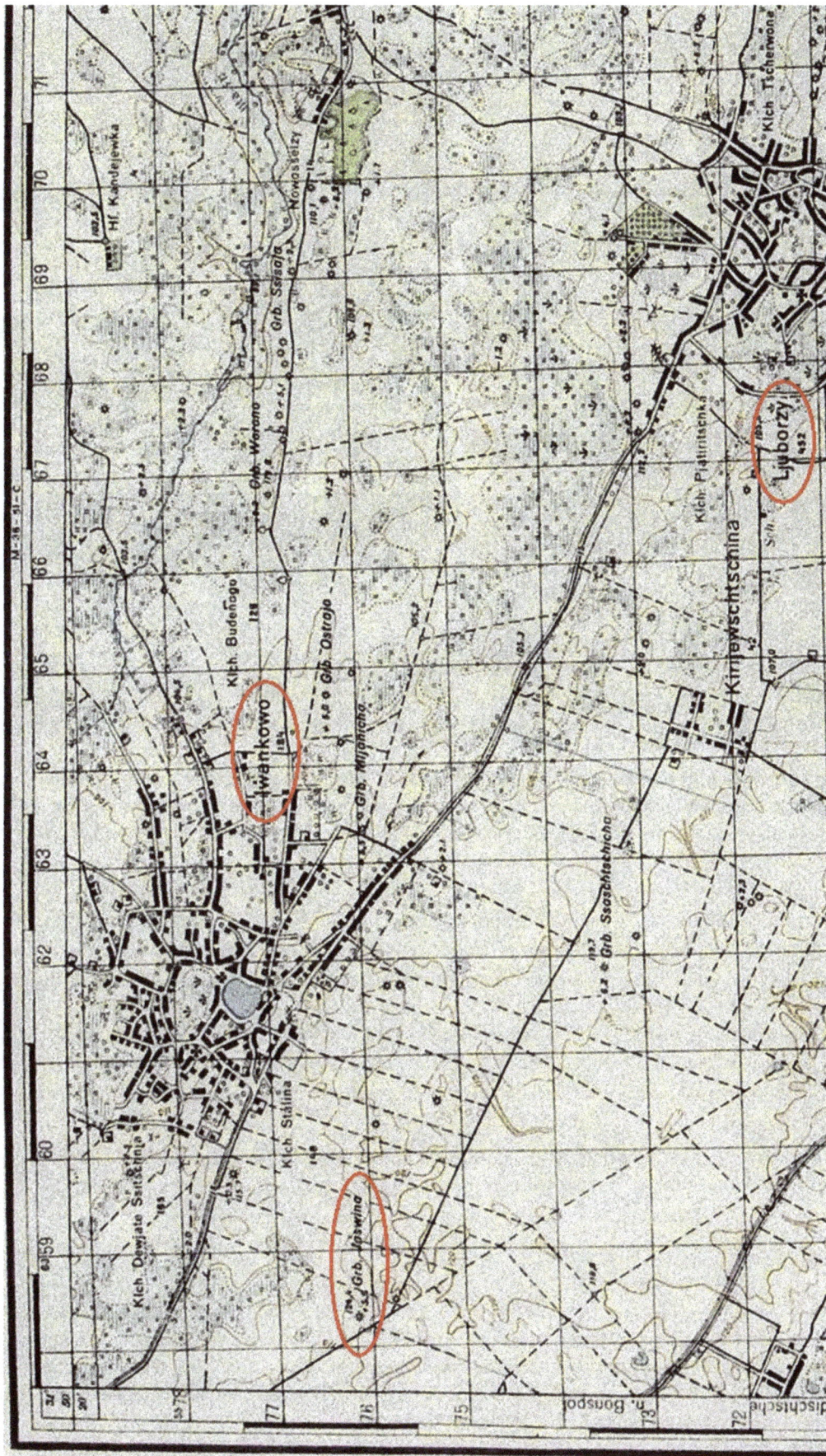

Фрагмент немецкой военной топографической карты М-36-63-А (1:50 000): участок дороги Иваньково — Люборцы; также отмечена 124-я высота (курган Язвина Могила) к юго-западу от Иваньково

Фрагмент современной карты (картографические данные: Wikimapia © Google, 2017): отмечен участок заброшенной узкоколейной железной дороги между Борисполем и селом Старое. Пунктиром обведено предполагаемое место боя, который 20 сентября 1941 года принял один из взводов 48-го инжбата.

Маршрут заброшенной ветки железной дороги (Борисполь — село Старое), проходившей на юго-восток вдоль западной окраины Иваньково[164] удалось найти с помощью украинских поисковиков. Благодаря этим ориентирам можно примерно определить место боя, описанного Александром Жуком:

"Немцы опять возобновили миномётный обстрел. Теперь он стал очень плотным. Мины рвались по всему полю. Опять появились немцы, которых стало много больше. Теперь они теснили нас. По цепи передали команду: «Всем отступать. Занять оборону в овраге за мостом. Пулемёт прикрывает!!!».

… Отстреливаясь, мы спешили доползти за мостик, пока сюда не добежали немцы.

… Внезапно Марк громко вскрикнул и застонал. Осколком разорвавшейся рядом мины ему перебило обе ноги. Он замолк…" [165]

---

[164] Село Иванков Бориспольского района Киевской области упоминается в исторических хрониках начиная с 1508 года. В 1552 году Иванков принадлежал Киевскому замку, в конце 16 века польский сейм передал село «панам молодцам запорожским», а в 1687 году гетман Мазепа отдал его Печерскому девичьему монастырю. В 18-м веке Иванков принадлежал Бориспольской казачьей сотне Киевского полка.
Источник: https://uk.wikipedia.org/wiki/Іванків_(Бориспільський_район)

[165] Жук А. В. Начало. — Стройиздат, Санкт-Петербург, 2005, стр. 73.

Александр Жук продолжает:

"...Сильным ударом с меня сбило каску, и по всему предплечью острая боль прошла правую руку. Кровь горячим фонтаном хлынула в лицо, и я потерял сознание.

Очнулся, лежа лицом в большой луже крови. Повернуться нет сил. Наверно прошло немало времени. Поляна опять у немцев. Они не решаются приблизиться к мостику, за которым закрепились наши. Число немцев заметно больше. ... " [166]

К юго-западу от Иваньково, в районе кургана Язвина Могила 20 сентября 1941 года шёл бой, в котором участвовали моряки Пинской флотилии, вырывавшиеся из окружения вместе с частями 37-й Армии. Некоторые детали боя удалось воссоздать в результате работы украинских поисковых отрядов:

"20 сентября между Борисполем и Иванковым состоялся последний бой моряков. Сначала смельчаки отбили у врагов Иванков, но немецкие войска, подтянув силы, разбили отряд. Лишь некоторым из тех, кто остался в живых, удалось пробиться в Борисполь. ... В пяти километрах от Иванкова у скифского кургана "Язвина могила", на кукурузном поле были недавно найдены останки шестерых краснофлотцев. Среди них четыре матроса, женщина-военфельдшер и офицер. Они и будут похоронены в Иванкове в братской могиле." [167]

Как утверждают очевидцы, на месте боя остались тогда лежать несколько сот погибших моряков, одетых в чёрные флотские бушлаты[168]. *Возможно, что именно об этом бое (хотя и относя его к 19 сентября 1941 года) вспоминал и связист роты связи 722-го стрелкового полка 206-й стрелковой дивизии Эвадий Моисеевич Рубальский:*

"В пяти километрах восточнее Борисполя, у села Иванков, завязался ожесточённый и продолжительный бой. Противник успел подтянуть сюда значительные силы. Фактически мы оказались в кольце окружения. Кроме нас в боях участвовали моряки Днепровской военной флотилии и киевская милиция. Скажу прямо: героизм был массовым. К вечеру удалось под прикрытием передовых подразделений начать движение на восток. Сбивая на своём пути немецкие заслоны, вышли к селу Борщев, что в семидесяти километрах от Киева. Дорога на Полтаву здесь закончилась: перед нами раскинулось широкое непроходимое болото, по середине которого протекала река Трубеж." [169]

Однако не всем группам и отрядам удавалось добраться до Борщёва одним броском. В повествовании Александра Жука есть краткий пробел, попадающий на период после его ранения. После боя к юго-западу от Иваньково он оказался у своих, и "четверо пожилых, усатых солдат" понесли его на носилках в медсанбат, в какую-то деревню. *Скорее всего, именно в село Борщёв*, где сосредотачивались части отступающих и мог находиться медсанбат. Потеряв сознание, он очнулся только на следующий день (*21 сентября*). Очнувшись в одиночестве на лесной поляне ("По краям лесной поляны — освещённые красные стволы высоких сосен. Солнце уже высоко."), он долго ждал помощи, и не дождавшись, пополз навстречу канонаде. "Вскоре показалось село Березань", пишет Александр Жук. Однако от предполагаемого места ранения близ Иваньково до Березани не меньше 20–25 км, а путь на восток к Березани перекрывала река Трубеж, в районе которой продолжались отчаянные бои. *Поэтому наиболее вероятно, что Александра оставили неподалёку от Борщёва, и возможно, что полностью он пришёл в себя лишь 22 сентября 1941 года.*

---

[166] Жук А. В. Начало. — Стройиздат, Санкт-Петербург, 2005, стр. 74.
[167] Зінченко Н. Вшанування захисників Києва. — Газета "Хрещатик", 07 мая 2007 г. (перевод — М. Прокопенко).
[168] Заболоцкий В. По следам забытой флотилии. — Журнал "КАМУФЛЯЖ", № 10 (58), 2007.
[169] Рубальский Э. М. Мост через западню. — Киевский Вестник. — 27 октября 2001 г.

Пробел в мемуарах Александра Жука можно восполнить с помощью других источников, в том числе материалов фильтрационно-проверочного дела комиссара 48-го инжбата старшего политрука Егора Ермакова, которые мы уже упоминали. В частности, протокол допроса Ермакова в апреле 1942 года упоминает бой у Иваньково 20 сентября 1941 года:

"20/IX 41 года получили приказ отходить по направлению гор Яготина, мы дошли до села Иваникова которое занято было немцами приняли бой но выбить не удалось пошли вобход по направлению Переяслова Киевской области"

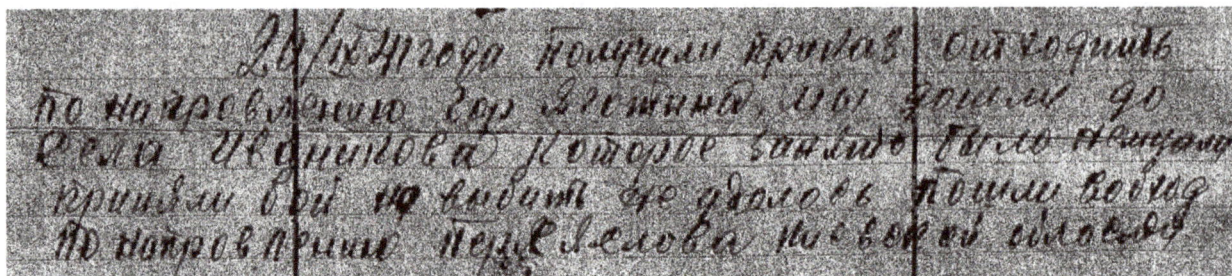

Фрагмент фильтрационно-проверочного дела комиссара Ермакова Е. С., от 15 апреля 1942 года, упоминающий бой у Иваньково 20 сентября 1941 года.

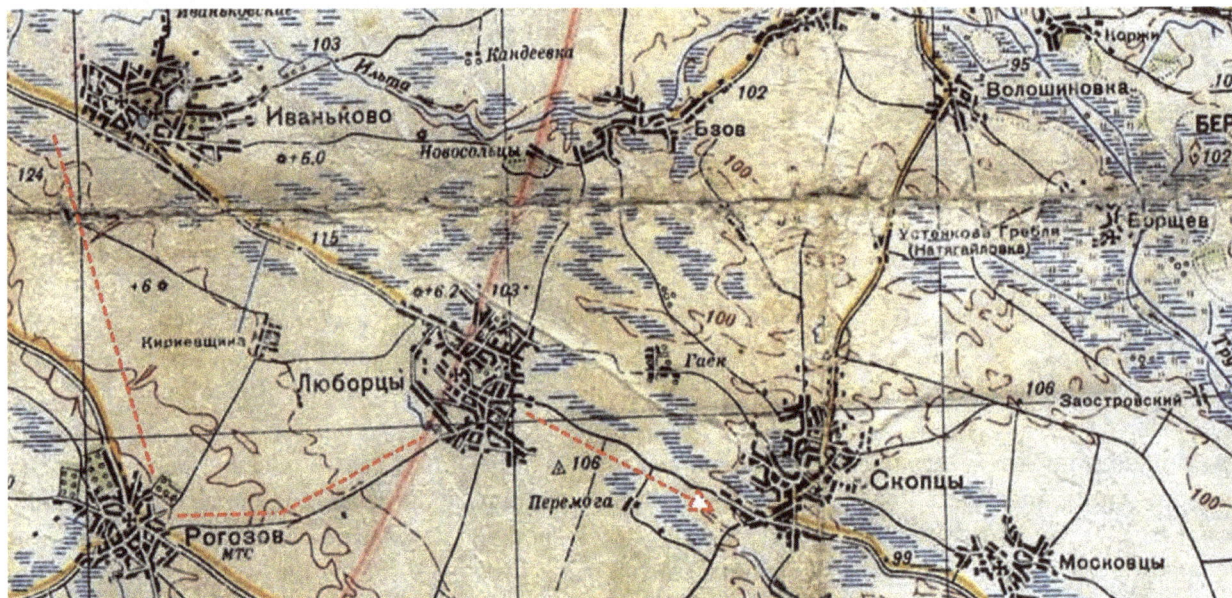

Фрагмент военной карты РККА (M-36-XIII): возможный путь отхода отдельных групп 48-го инжбата из окрестностей Иваньково на юго-восток, в обход заслонов 62-й ПД вермахта, и далее, на Люборцы и Скопцы.

Адаптированный фрагмент штабной карты 44-й пехотной дивизии вермахта (20 сентября 1941 года, 12.00 – 14.00, 1:300 000): обозначены направления атак советских отрядов (на Скопцы и в районе Барышевки).

Описание боёв и общей ситуации близ Иваньково в тот день можно расширить сведениями из боевой хроники 62-й ПД вермахта, которые подтверждают как свидетельства сержанта 48-го инжбата Александра Жука и комиссара батальона Егора Ермакова, так и другие вышеприведённые материалы:

"Ранние утренние часы 20.9 стали для находящихся в Иваньково частей дивизии самыми кризисными. С наблюдательного пункта при дивизионном КП сообщали, что бесконечные колонны противника стремились на восток вдоль железной дороги и противник несколькими отделениями атаковал село с севера. 1-й бат. 183-го ПП (*нем. – I. / IR 183*) сообщал о превосходящих атаках противника на западную часть села и просил об усилении. По дороге Борисполь — Иваньково — Рогозов медленно следовала колонна за колонной, и как только колонну встретили огнём и атаковали, отступающие, с криками «Ур-ра» контратаковали слабые силы батальона. 190-й и 164-й пехотные полки сообщили, после того, как всю ночь связь с ними отсутствовала — офицер связи погиб этой ночью — о сильных атаках противника с северо-запада и запада на район вблизи 124-й высоты. После ночных боёв, проходивших с переменным успехом, противник всё ещё занимал южную и восточную части села. В некоторой степени это весьма трудное положение было улучшено в результате атаки 3-го бат. 183-го ПП (*нем. – III. / IR 183*), к которой присоединился 2-й бат. 190-го ПП (*нем. – II./IR 190*); к юго-западу от Иваньково эти батальоны атаковали марширующие колонны, вновь взяли юго-западную часть села под свой контроль, и таким образом окончательно остановили проход вражеских колонн по этому пути, причём применение артиллерии дало отличный эффект. Попытки противника прорваться в Иваньково наталкивались на непреклонное сопротивление дивизии, и в дальнейшем огромная масса противника старалась использовать, как менее опасные, два направления: вдоль железной дороги (*прим.: то есть, через Артемьевку*), и из Борисполя на Глубокое — Рогозов. Таким образом непосредственная опасность для всё ещё самостоятельно действующей дивизии была невелика, однако, в дивизии уже почти не осталось каких-либо боеприпасов. В течение первой половины дня дополнительное облегчение положения принесли опустошительные налёты бомбардировщиков Stuka (*прим.: Юнкерс*) на Борисполь. Прибытие 298-й пехотной дивизии, обещанное (*прим.: радиограммой*) XVII.AK, так и не произошло за весь день, хотя дивизия и проникла в Борисполь; противник к югу от Борисполя стремился на восток, а оттуда либо на север, либо на юг мимо Иваньково. 527-й ПП не смог оказать непосредственной поддержки для 62-й ПД до самого утра 21.9, из-за обширной заболоченной территории к северу от железной дороги.

То, что в корпусе и армии не забыли о дивизии, было заметно в многочисленных радиограммах, касающихся продвижения 298-й ПД, и по поддержке дивизии с воздуха. В течение дня Иваньково постепенно было зачищено и оборона организована заново. Атаки на Бзов продолжались в течение дня, однако там положение оставалось неизменным. 19-го и 20-го не было ни единой части дивизии, включая штабы, обоз и службы обеспечения, которая с оружием в руках не приняла бы участие в боях. Несмотря на труднейшее положение — отдельные части отступали перед массами противника, отчаянно спасающего свои жизни, со второй половины 19.9 по первую половину 21.9 — никто в дивизии не пытался уклониться от лобовых боёв. Поток русских масс был разделён как скалой." [170]

Уместно привести оценку событий, сделанную лейтенантом Василием Петровым, которому удалось пробиться из окружения, ставшему в дальнейшем дважды Героем Советского Союза и генерал-лейтенантом артиллерии, лишившемуся в боях обеих рук, но продолжившему воевать:

"*Система оперативного руководства войсками исчерпала свои возможности. Сопротивление пошло на убыль. Прекратилось снабжение. Моторы глохли. Останавливались танки, автотранспорт, орудия. Ни частей, ни соединений не существовало. Пылали бесчисленные колонны на дорогах, а мимо брели толпой тысячи, десятки тысяч людей. Никто не ставил им задач, не торопил, не назначал срок. Они предоставлены сами себе. Хочешь — иди, хочешь — оставайся в деревушке, во дворе, который приглянулся. Кольцо окружения с каждым днем сжималось...*" [171]

---

[170] von Ralf A. Schäfer, Adolf Reinicke, H. G. Hermann, Friedrich Kittel. Die Mondschein–Division: Die 62. Infanteriedivision 1938–1944. Die 62. Volksgrenadierdivision 1944–1945 — 2008, стр. 121.

[171] Петрушин, А. Киевский Котел. — Тюменский курьер, №172 (3189). — 20 сентября 2011.

На следующих страницах мы приведём воспоминания других участников тех событий, которые 20 сентября 1941 года прорывались из Борисполя на Барышевку и Березань, стремясь разными путями преодолеть немецкие заслоны. Успех этих попыток, как правило, зависел от способности командиров организовать, несмотря на всеобщий хаос, разброд и неразбериху, хоть и локальную, но эффективную организацию действий. Важным элементом было объединение разрозненных отступающих групп, в которые вливались ополченцы, медики, а также милиционеры. По некоторым источникам, милицейский состав был не только из Киева, но и из Переяслава (позднее Переяслав–Хмельницкий). Например, украинский историк Игорь Порошин предоставил свидетельство из письма вдовы начальника Переяславской милиции, пропавшего без вести осенью 1941 года. К письму была приложена справка в которой, в частности, было сказано:

"С началом наступления гитлеровцев на Киев личный состав Переяслав-Хмельницкой милиции, как и другие райотделы, был мобилизован на защиту Киева. Однако всем мобилизованным с Переяславской зоны до Киева дойти не удалось, т.к. в районе Борисполя (под Киевом) уже были немцы. Отступление мобилизованных с остатками частей Красной Армии началось на Харьковской дороге. В районе Борщев Барышевского района немцам удалось всех отступающих загнать в борщевские болота и там уничтожить. С болотистого окружения выйти удалось единицам. Остальные все там погибли. Вот почему нет никаких сведений в архивах. Лиц, которым удалось вырваться из этого «ада» в настоящее время нет в живых." [172]

Мы ещё, естественно, вернёмся к отчаянным, но обречённым на неудачу, попыткам прорыва через Борщёв по недостроенной дороге Киев — Полтава — Харьков, которая в прямом смысле слова привела к Борщёвскому "котлу", а пока продолжим рассмотрение обстановки, сложившейся 20 сентября 1941 года между Борисполем на западе и районом Борщёва, Барышевки и Березани на востоке. Организацию координированных действий, вне общего потока отступающих, во время прорыва из Борисполя в юго-восточном направлении подробно описывает командир 1-го стрелкового батальона 380-го сп 171-й сд Максим Горб:

"Во время воздушных налетов вражеской авиации и артиллерийских обстрелов мы потеряли еще несколько машин. Да они и не нужны были теперь. Спешили личный состав, подожгли оставшиеся автомашины и бегом, бросками, начали выбираться из общего потока, продвигаясь на юго-восток, присоединяя по пути к батальону тех, кто мог держать в руках оружие и желал сражаться с врагом.

В числе присоединившихся к нам было несколько военных медиков, около двух десятков милиционеров и вооруженных ополченцев из Киева. Выбрались наконец из общего потока. На проселочных дорогах начали встречаться более организованные группы бойцов во главе с командирами, которые пытались выяснить обстановку, посылали разведку в разных направлениях, стремясь вывести подчиненных из вражеского кольца.

К исходу дня 20 сентября батальон находился в 15 километрах юго-западнее Березани. Здесь мы встретили командира, который, указав на небольшой лесок, сообщил, что там какой-то генерал формирует отряды для прорыва из окружения. С надеждой на лучшее поднял людей и повел их к лесу. Там собралось около тысячи бойцов и командиров. В кузове грузовой машины стоял генерал, к которому все время подходили люди. ...я с трудом узнал в нем командира нашего корпуса генерал-майора П. Д. Артеменко.

...Вечером 20 сентября наш сводный отряд численностью около 1000 человек вместе с несколькими другими такими же отрядами получил задачу наступать в направлении Скопцы, Барышевка." [173]

---

[172] Личная переписка Михаила Прокопенко с Игорем Порошиным (1 марта 2013 г.).
[173] Горб М. Г. Страну заслоняя собой. — М.: Воениздат, 1976, стр. 68–69.

К Барышевке и Березани на восточном берегу реки Трубеж сумела продвинуться и группа с начальником штаба 147-й стрелковой дивизии полковником Петром Михайловичем Чирковым:

"Утром 20 сентября нам было приказано отходить в район Борисполь — Барышевка — Яготин. Это было у села Семиполки (в очаге окружения № 5 к северо-востоку от Киева). Сообщалось, что дивизия теперь входит в состав 27-го стрелкового полка. …

Штаб дивизии, вернее, опергруппа во главе с командиром переместилась на северную окраину Борисполя. В это время по шоссе на Борисполь и через него двигались на восток сплошные колонны машин. Сам город был ими забит. Поэтому многие колонны, покинув город, спешили по полевым дорогам, по полям и огородам на восток. Но не всем это удавалось, машины грузли, а в воздухе свирепствовала вражеская авиация.

Комдив, стоя в кузове автомобиля, давал задания командирам некоторых частей и офицерам штабов. Мне было поручено выехать с группой офицеров вперед и в районе Березани наладить управление частями, которые выходили.

С большими трудностями добрались мы до Барышевки, на ее юго-западную окраину. На переправе через речку Трубеж и на подходе к ней скопилось много машин и подвод. Вскоре к переправе пришел начальник штаба 37-й Армии генерал К. Л. Добросердов, который знал меня до войны и по обороне Киева. Он приказал мне пропустить военное управление армии и навести порядок на переправе.

Задание это оказалось не простым. Налетела вражеская авиация и начала яростно бомбить и обстреливать переправу и скопление войск, уже не встречая отпора с земли… Мы с начальником артдивизии полковником Воронцовым спрятались от осколков бомб между корнями огромной вербы, часть которой была у воды. Я навсегда запомнил это спасительное дерево.

Надо ли удивляться тому, какие жертвы понесла тогда эта беззащитная переправа — гитлеровцы были "мастерами" таких налетов, когда им не было противодействия…

Переправа через Трубеж продолжалась. Беспрерывным потоком тянулись автомашины, повозки, шли раненые бойцы и командиры. Далеко слева слышался бой. Было решено перенести наш пункт управления на восточный берег другой небольшой речки, которая впадала в Трубеж. Мы шли по залитой водой пойме. Вдруг примерно за полкилометра увидели немцев, которые двигались на нас, стреляя на ходу из автоматов. Пришлось снова переплыть хотя и узкую, но глубокую речку. Подошли до станции Березань. Там были свои. Помню, что во время движения по пойме реки получили сведения о ранении генерала Добросердова — он шел с группой позади нас.

Фронт отходил от нас все дальше на восток, и, чтобы пробиться до него, необходимо было где-то прорваться из внутреннего кольца окружения. Атаки предпринимались в разных местах, а в лесу южнее Березани раз за разом слышались крики "ура!". По лесу бродили разрозненные группы солдат, сержантов, офицеров, которые собирались возле своих командиров. Было много раненых с повязками. Как-то, разыскивая подразделения своей дивизии, я встретил колонну войск численностью 250–300 человек. Они шли от Березани на восток. Как я понял, люди шли на исходные позиции для ночной атаки. Все это говорило о том, что народ наш живым не сдается.

Лес прятал нас, противник внимательно следил за лесом, и, наверное, не имея ясного представления о нашей силе, почти беспрерывно обстреливал из минометов, однако решительных действий пока не предпринимал. Зато усиленно закидывал нас массой листовок, надеясь на нашу сдачу в плен. Из этого ничего не вышло. Мы верили в победу. Я чувствовал и видел это в глазах защитников Родины." [174]

---

[174] Воспоминания Чиркова П. М. — Цитируются (в обратном переводе с укр.) по заметке «Борщевский "Котел": Бездарность командования и героизм бойцов»; сборник, библиотека Барышевского района, стр. 31–33. Предоставлено Олегом Кирдой.

Из этого фрагмента следует, что группе, в которой находился полковник Чирков и окружённым частям под общим командованием генерал-майора Константина Леонидовича Добросердова, удалось прорваться в Березань к 21 сентября 1941 года, двигаясь от юго-западной окраины Барышевки, но используя не мосты через село, а переправу южнее, *возможно в районе Борщёва*. В самой Барышевке шли ожесточённые бои ("Далеко слева слышался бой"). О сопротивлении, организованном генерал-майором Добросердовым, упоминает и исследование Ефимьева и др., посвящённое бронепоездам:

"Утром 20 сентября 1941 года фашистские танки прорвались к Борисполю и рассекли главные силы 37-й армии. Но бронепоездной группе удалось прорваться через реку Трубеж к станции Березань. Здесь в большом лесном массиве между реками Трубеж и Супой сражались окруженные части под общим командованием начальника штаба 37-й армии генерала К. Л. Добросе[р]дова." [175]

Из окружения полковник Чирков вышел в середине октября 1941 года в районе села Писаревка Сумской области (с группой из 6 человек, переодетым, но с оружием и документами)[176]. Начальник штаба 37-й Армии ЮЗФ генерал-майор Добросердов попал в плен 14 октября 1941 года при попытке прорваться из окружения (*в некоторых источниках приведена дата 5 октября 1941 года*). 27 апреля 1945 года Добросердов был освобождён американскими войсками из крепости Вайсенбург в Баварии[177].

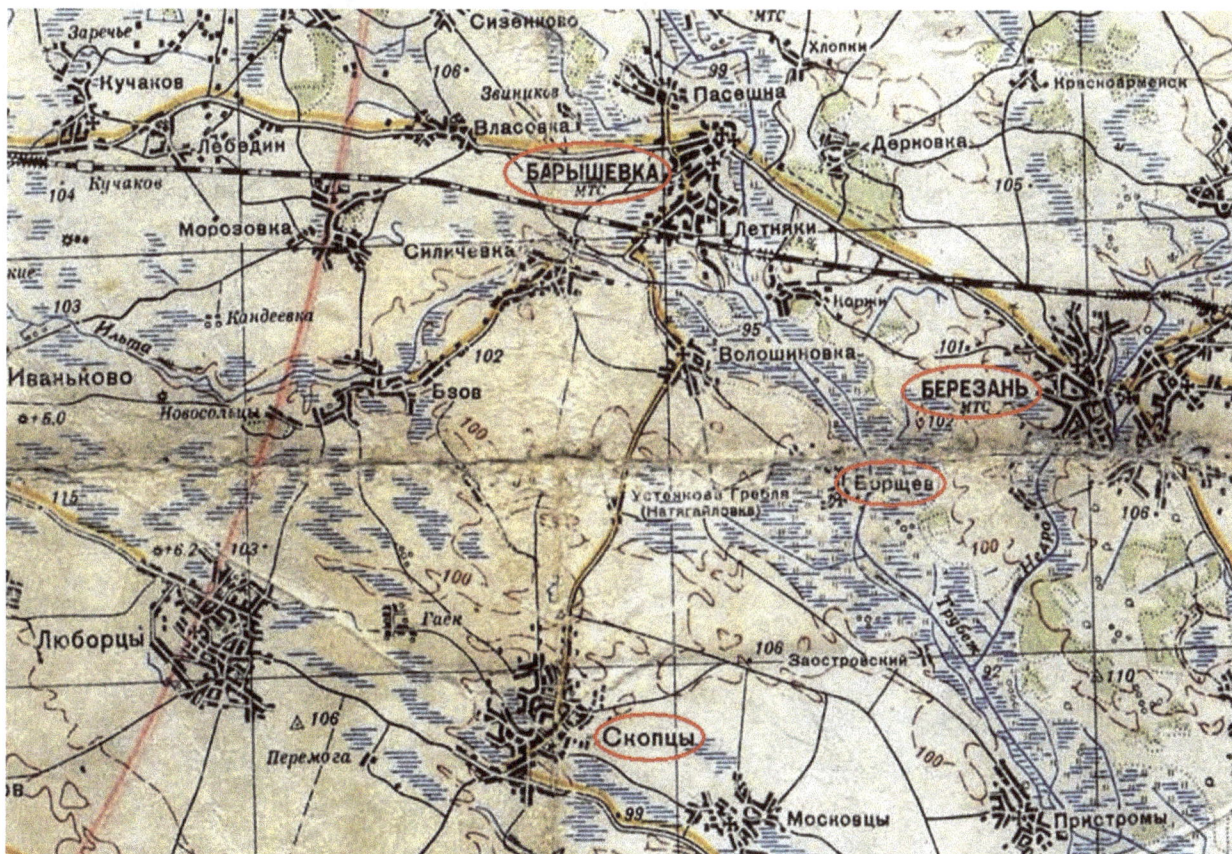

Фрагмент военной карты РККА (М-36-XIII): отмечены Скопцы, Борщёв, Барышевка и Березань.
Видна широкая пойма реки Трубеж и мосты через Барышевку: железнодорожный и автомобильный.

---

[175] Ефимьев, А. В., Манжосов, А. Н., Сидоров, П. Ф. Бронепоезда в Великой Отечественной войне 1941–1945. — Транспорт. — М.: 1992, стр. 68–69.

[176] Источник: https://ru.wikipedia.org/wiki/Чирков,_Пётр_Михайлович (22 октября 2017 года).

[177] Источник: https://ru.wikipedia.org/wiki/Добросердов,_Константин_Леонидович (22 октября 2017 года).

Попыткам прорыва советских отрядов в районе Барышевки и Березани, а также и в Скопцах, препятствовала 44-я пехотная дивизия вермахта. В боевой хронике этой дивизии отмечено, что ещё 19 сентября 1941 года соседняя 62-я немецкая пехотная дивизия находилась в Иваньково под сильным давлением "русских частей", стремящихся прорваться на восток, а отдельные её группы были окружены. С целью облегчения положения 62-й ПД части 44-й дивизии совершили бросок из района Марковцов, Ярославки, через Новую Басань на Березань, а их передовой отряд, 46-й противотанковый батальон (*нем.* – *Pz. Jäg. Abt. 46*) под командованием гауптмана фон Лоссоу (*v. Lossow*), был направлен в Скопцы для поддержки батальона 62-й дивизии.

Обнаружив 20 сентября 1941 года советские части в Барышевке, части 44-й ПД заняли оборону в Березани, установив там переправу через реку Недра. А их передовой отряд под командованием гауптмана фон Лоссоу ранним утром 20 сентября вступил в бой в Скопцах с "русской" автоколонной, в которой был один танк (*нем.* – *"Es war eine russ. Kfz.Kolonne mit einem Panzer"*). Бой проходил с переменным успехом, с особым ожесточением в южной части села (в районе школы), советский танк был подбит. Однако, не получив, по воздуху, необходимые им боеприпасы, и пытаясь избежать охвата с севера, отряд фон Лоссоу к 18.00 оставил Скопцы[178]. Сравнивая "дневные" и "вечерние" штабные карты 44-й ПД, можно понять, что к вечеру 20 сентября инициатива перешла к прорывающимся советским отрядам и в районе Барышевки, где им удалось продвинуться к селу Березань и реке Недра.

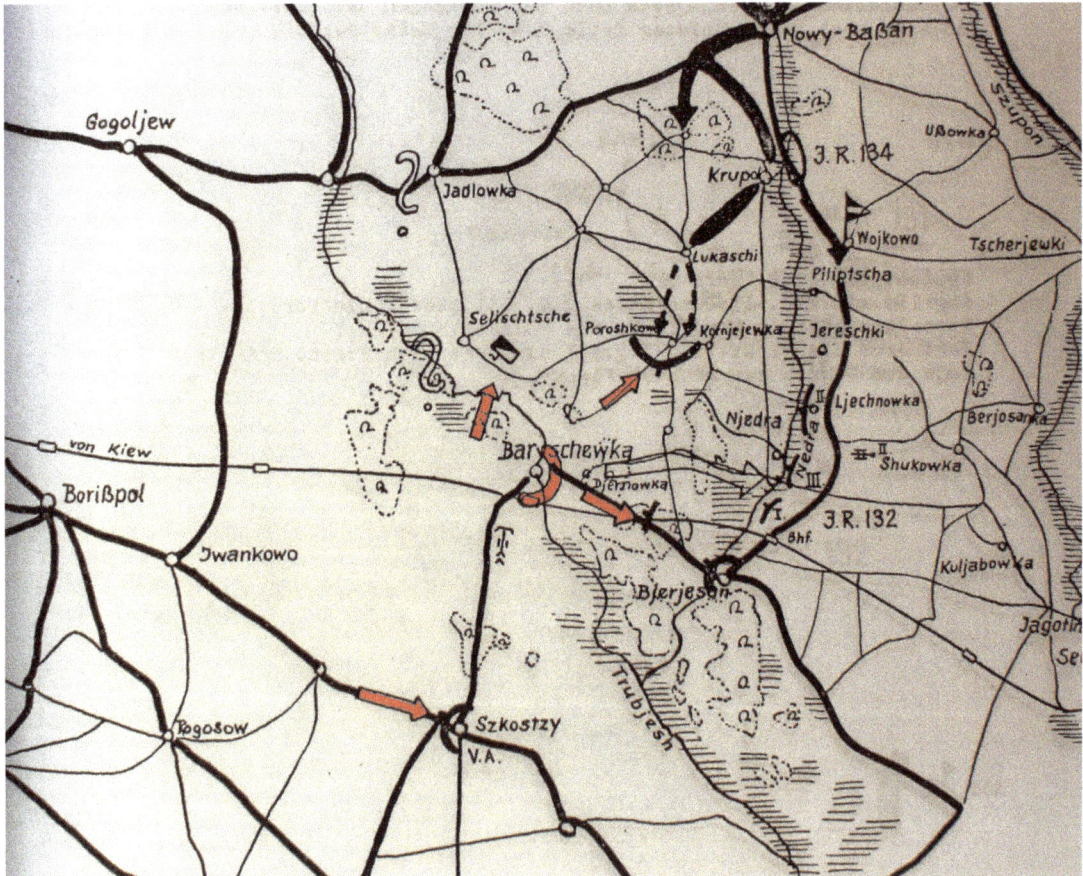

Адаптированный фрагмент штабной карты 44-й пехотной дивизии вермахта (20 сентября 1941 года, 14.00 – 16.00, 1:300 000): обозначены направления атак советских отрядов на позиции 44-й немецкой ПД (на Скопцы и в районе Барышевки).

---

[178] Schimak, A., Lamprecht, K., Dettmer, F. — Die 44. Infanterie–Division. Tagebuch der Hoch– und Deutschmeister, Austria Press, Wien — 1969, стр. 167–168.

Dettmer, F., — Ergänzungen zur Divisionsgeschichte 44.Infanterie–Division Reichsgrenadier Division Hoch– und Deutschmeister Teil I. — Eigenverlag, 1966.

Адаптированный фрагмент штабной карты 44-й пехотной дивизии вермахта (20 сентября 1941 года, с 16.00 от до наступления темноты, 1:300 000): обозначены направления атак советских отрядов на позиции 44-й немецкой ПД (на Скопцы и в районе к востоку от Барышевки, в частности на Березань).
Район к югу от Иваньково, где утром 20 сентября вёл бой взвод 48-го инжбата, занят 62-й немецкой ПД, Борисполь занят 298-й немецкой ПД, Ерковцы — 132-й немецкой ПД, Переяслав — 79-й немецкой ПД.

Мемуары генерал-полковника госбезопасности СССР Виктора Алидина приводят уже знакомые нам детали, дополняя общую картину отхода в течение 20 сентября 1941 года из окрестностей Борисполя через Иваньково и далее, на Скопцы и Борщёв. Группа партработников, в которой находился Виктор Алидин[179], тоже располагалась недалеко от Бориспольского аэродрома, но вскоре, после короткого заседания штаба обороны Киева, рассеялась в общем потоке при налёте вражеской авиации:

"Наступил день 20 сентября... Ночь мы провели в лесопосадках на окраине Борисполя... Справа от нас был виден аэродром, там стояли бензозаправщики, возле самолётов суетились люди...

Вскоре наша колонна пришла в движение и стала вытягиваться вправо, обходя аэродром. Я заметил, что позади нас упорно продвигается вперёд, легко лавируя в потоке машин, роскошный "хорьх". В нем, рядом с водителем, стоял, держась за ветровое стекло, нарком внутренних дел Украины Сергиенко. В просторном салоне машины, за его спиной, был установлен на треноге спаренный пулемёт...

Наша колонна уже оставила позади себя аэродром, когда солдатский "телеграф" принёс известие, что где-то недалеко группа артиллеристов ведёт неравный бой с танками. Фашистские изверги давят гусеницами гражданских — женщин с детьми. Наши артиллеристы подбили их уже немало, танки отходят.

Обогнув небольшой лесок, мы попадаем в глухой затор машин — на пути оказался какой-то ров. Вместе с Шамрыло выходим из машины и встречаем большую группу киевских партработников, среди которых я узнаю секретаря Киевского обкома М. П. Мишина.

Здесь и состоялось последнее короткое заседание штаба обороны Киева, которое провёл М.П. Мишин. На заседании присутствовали члены штаба Т. В. Шамрыло, председатель горисполкома И. С. Шевцов, а также секретарь обкома партии Вовкобрун, заместитель председателя облисполкома З. А. Олейник (прим.: Захарий Фёдорович Олейник) и другие. Мне также довелось участвовать в этом заседании.

М. П. Мишин, обрисовав обстановку, внёс предложение наладить руководство гражданскими вооружёнными силами — народным ополчением, истребительными батальонами и подразделениями МПВО и предложил утвердить начальником штаба меня, назвав мою фамилию. Присутствовавшие поддержали его предложение...

Вдруг над Борисполем показались "юнкерсы"... Заседание штаба было прервано, все его участники ринулись по машинам.

Здесь мы расстались с Т. В. Шамрыло. Он уехал вместе со всеми, а я, ...встал на подножку ЗИЛ-101, в которой ехал З. А. Олейник, и направился с ним в сторону села Иваньково." [180]

---

[179] Как следует из протокола допроса в гестапо (22 октября 1941 года) бывшего секретаря Ленинского райкома КП(б)У Ивана Михайловича Романченко, батальонный комиссар Виктор Алидин являлся сотрудником НКВД и одновременно был старшим по партийным делам в Киевском НКВД; в последнее время он "руководил снабжением русских войск боеприпасами в Киеве". ЦДАГО України. — Ф. 1. — Оп. 22. — Спр. 73.

[180] Алидин В. И. Опалённая земля. — Военные мемуары. — М.: 1993, стр. 85–86.

Алидин несколько раз упоминает секретаря горкома КП(б)У Тимофея Власовича Шамрыло. В ходе полевых поисковых работ, проведённых в 2011 году у села Гатное Киево–Святошинского района археологическим поисково-патриотическим объединением "Днепр–Украина", были найдены фрагмент отчётной карточки на партбилет с первыми буквами фамилии "Шам", компас с нацарапанной надписью "Шамрыло Т.В." и останки человека, *идентифицированного как Тимофей Шамрыло* (среди останков ещё 124 бойцов и командиров Красной армии). Дата гибели была отнесена к периоду до отхода советских войск из Киева. Однако определённые противоречия, выявленные дальнейшим анализом (например, найденные поблизости мелко изорванные документы людей, оставшихся в живых), и свидетельства партработников, видевших Шамрыло после 19 сентября 1941 года, оставляют сомнения о времени, месте и обстоятельствах гибели Тимофея Шамрыло.

Источники: https://tov-sergeant.livejournal.com/20778.html и http://zalizyaka.livejournal.com/474934.html

Эти строки перекликаются и со свидетельством бывшего секретаря по кадрам Ленинского райкома партии гор. Киева Петра Фёдоровича Чапкова (от 5 октября 1943 года):

"Я работал начальником строительства на оборонном участке в районе Борисполя. ...

На следующий день, т.е. 19 сентября я в Борисполе встретил своего товарища командира авиадивизии по обороне гор. Киева, героя Советского Союза, полковника Зеленцова, который предложил мне присоединить колонну Ленинского райпарткома к автоколонне авиадивизии и дал для наших машин такие же опознавательные знаки, какие были на машинах авиадивизии. Наша колонна находилась в районе Бориспольского вокзала, а колонна авиадивизии — на аэродроме. Я договорился с первым секретарём РПК тов. Романченко, что он остаётся при колонне РПК, а я буду при колонне авиадивизии и буду поддерживать связь с нашей колонной с тем, чтобы, в случае отъезда, обе колонны соединились.

20-го утром немцы начали обстреливать Борисполь из миномётов и я сразу вернулся к нашей колонне, чтобы перебросить её на аэродром. Но я колонны уже не застал, она выехала в неизвестном направлении и с этого времени я никого из них больше не встретил.

Возвращаюсь обратно на аэродром. По дороге встречаю инструктора Ленинского райкома комсомола Кныш Антонину. Я и её захватил на аэродром. На машине командира авиадивизии я проехал приблизительно три километра левее аэродрома в поисках колонны, но никого не нашёл. После этого я вернулся в колонну авиадивизии, с которой и отступил в направлении Барышевки. Самолёты, конечно, с командиром дивизии и его начальником штаба улетели. Остались комиссар авиадивизии и его заместитель Орлов, с которым мы и попали в село Борщев, окружённое болотами. В селе Борщев я на второй день (*прим.: очевидно, 22 сентября 1941 года*) встретил Шамрыло и больше никого не видал." [181]

Интересно отметить, что, согласно Чапкову, некоторым советским самолётам всё же удалось эвакуировать часть командования и штабов, взлетев с Бориспольского аэродрома. Один из инженеров роты 409-го отдельного сапёрного батальона Киевского Укрепрайона, одним из последних отходившего из города с тяжёлыми боями, военный инженер 3-го ранга Семён Басов также вспоминал, что 20 сентября 1941 года "немцы пытались захватить аэродром в Борисполе, на котором еще оставались наши самолеты. С трудом и потерями атаки немцев были отбиты, самолеты взлетели." [182]

День 20 сентября 1941 года остался в памяти Виктора Алидина как "чёрный день":

"...Но вернусь назад, к памятному черному дню 20 сентября 1941 года: когда войска 37-й армии и все примкнувшие к ней соединения и части, сводные отряды, группы и отдельные команды устремились на прорыв в направлении Яготин — Пирятин. К вечеру я неожиданно встретился со вторым секретарем одного из киевских райкомов партии Костей Квятковским и еще с одним партработником — Шаргеем. Все вместе мы двинулись с войсками в направлении села Скопцы." [183]

Пётр Сергеевич Семёнов. Перед тем, как обратить наше внимание на Скопцы, ставшими одним из ключевых пунктов прорыва из окружения, мы отметим, *что именно 20 сентября 1941 года, возможно, попал в плен рядовой 48-го инжбата Пётр Семёнов.* Спустя три года он был освобождён и после фильтрационной проверки вновь направлен на фронт. Пётр Семёнов погиб 30 октября 1944 года в Латвии (см. его биографию).

---

[181] ЦДАГО України. — Ф. 1. — Оп. 22. — Спр. 373. — Арк. 118–119.

[182] Басов С. Трагедия Города-Героя. — «Слово ветерана» №84 (1071). — 23 октября 2002 г.
Источник: http://www.proza.ru/2009/05/15/384

[183] Алидин В. И. Опалённая земля. — Военные мемуары. — М.: 1993.

Курсант-сапёр Меер (Марк)
Семёнович Добрусин

Рядовой Пётр
Сергеевич Семёнов

Братская могила (недалеко от села Иванков Киевской области, Украина). Фото: Олег Кирда.

Надпись (укр.): 95 невідомих бійців і командирів РСЧА, працівників правоохоронних органів та моряків Пінсько-Дніпровської Військової Флотилії які загинули під час запеклих боїв в Баришівському районі та с. Іванків Бориспільського району у вересні 1941 року. Перепоховані 21.09.2012 р.

[95 неизвестных бойцов и командиров РККА, работников правоохранительных органов и моряков Пинско-Днепровской Военной флотилии, которые погибли во время ожесточённых боёв в Барышевском районе и с. Иванков Бориспольского района в сентябре 1941 года. Перезахоронены 21.09.2012 г.]

Фотографии с воздуха: брошенные грузовики и техника посреди воронок, под Киевом, 1941 год
(из личной коллекции Михаила Прокопенко).

Глава 11. Попытки прорыва (21 — 22 сентября 1941 года)

21 сентября 1941 года. Бой за Скопцы и отход к Борщёву.

К 21 сентября 1941 года очаги окружения соединений и частей ЮЗФ сдвинулись на восток и юго-восток и значительно уменьшились по площади. Это касалось как очагов, расположенных у внешнего кольца окружения, так и непосредственно очагов, в которых продолжали сопротивление остатки 37-й Армии: практически исчезнувший очаг № 5 (10—15 км к северо-востоку от Киева), очаг № 2 (40—50 км к юго-востоку от Киева, внутри которого находились остатки 4-й дивизии НКВД под командованием полковника Мажирина), и очаг № 6 (в междуречье рек Трубеж и Недра, постепенно смещавшийся на восток в сторону Яготина). Наше главное внимание будет направлено, естественно, на очаг № 6, в котором оказались и группы 48-го инжбата, пытавшиеся прорваться через реку Трубеж к селу Березань, в районе Барышевки и Борщёва. Путь на восток советским войскам перекрывали 44-я и 45-я пехотные дивизии вермахта, с севера атаковала 168-я немецкая ПД, а с запада преследовала 62-я немецкая ПД, боевую хронику которой мы часто используем для рассмотрения обстановки.

Сравнивая немецкие карты за 20 и 21 сентября 1941 года, можно заметить, что очаг № 2 продолжил смещаться на юго-восток (однако попытка прорыва через село Войтовцы была неудачной), в то время как очаг № 6 образовался в результате прорыва многих отходящих частей через село Скопцы (Веселиновка) к реке Трубеж.

Общее положение (фрагмент карты немецкого Генштаба от 21 сентября 1941 года):
положение советских войск (красные линии) и немецких войск (синие линии).
Видна общая картина рассечения войск ЮЗФ на различные очаги сопротивления.

Киевский котёл (фрагмент карты немецкого Генштаба от 21 сентября 1941 года): положение окружённых советских войск после отхода из Киева (красные линии) и немецких войск (синие линии).
Обозначены практически исчезнувший очаг № 5 (10–15 км к северо-востоку от Киева),
очаг № 2 (40–50 км к юго-востоку от Киева, с остатками 4-й дивизии НКВД) и
очаг № 6 (в междуречье рек Трубеж и Недра, в котором оказались и группы 48-го инжбата).
111-я, 298-я и 132-я немецкие ПД замыкают кольцо окружения вокруг очага № 2 к юго-востоку от Киева.
62-я, 44-я и 168-я немецкие ПД окружают очаг № 6 в междуречье рек Трубеж и Недра.
Обозначены направления неудавшегося прорыва советских войск из очага № 2 в районе села Войтовцы и
продолжающихся прорывов советских войск из очага № 6 в районе села Березань.

Хроника 62-й ПД вермахта день 21 сентября 1941 года описывает скупо:

"Утром 21.9 патрулям 527-го ПП из 298-й ПД удалось установить связь с Иваньково. Кроме того, Борисполь был полностью взят 298-й ПД и эта дивизия через Иваньково подошла к Люборцам. В результате, 62-я ПД получила задание восстановить связь между войсками, сражающимися близ Иваньково, и частями в Бзове, и снова зачистить территорию между районом Артемьевка — Иваньково и Барышевкой.

В полдень 183-й ПП совершил марш-бросок в Бзов, возобновив наконец снабжение войск. В течение второй половины дня 164-й ПП подступил по нескольким дорогам к Морозовке, и с наступлением темноты, после многочисленных мелких стычек, взял это село." [184]

---

[184] von Ralf A. Schäfer, Adolf Reinicke, H. G. Hermann, Friedrich Kittel. Die Mondschein–Division: Die 62. Infanteriedivision 1938–1944. Die 62. Volksgrenadierdivision 1944–1945 — 2008, стр. 121–122.

В боевой истории 44-й немецкой ПД отмечен прорыв в ночь на 21 сентября 1941 года крупных сил противника в районе Круполя, а также массированные атаки советских войск вдоль реки Недра. В течение первой половины дня по железной дороге со стороны Киева продолжали прибывать транспортные поезда при поддержке бронепоездов. Железнодорожное сообщение, прерванное ранее немецким 80-м сапёрным батальоном (*нем. – Pi. Btl. 80*) западнее станции Березань, было восстановлено противником, позволив поездам возобновить движение. Более того, после полудня два батальона 44-й ПД (1-й и 3-й батальона 132-го пехотного полка) были вынуждены оставить свои позиции и оказались в окружении в селе Березань. Лишь к вечеру напор советских сил уменьшился[185].

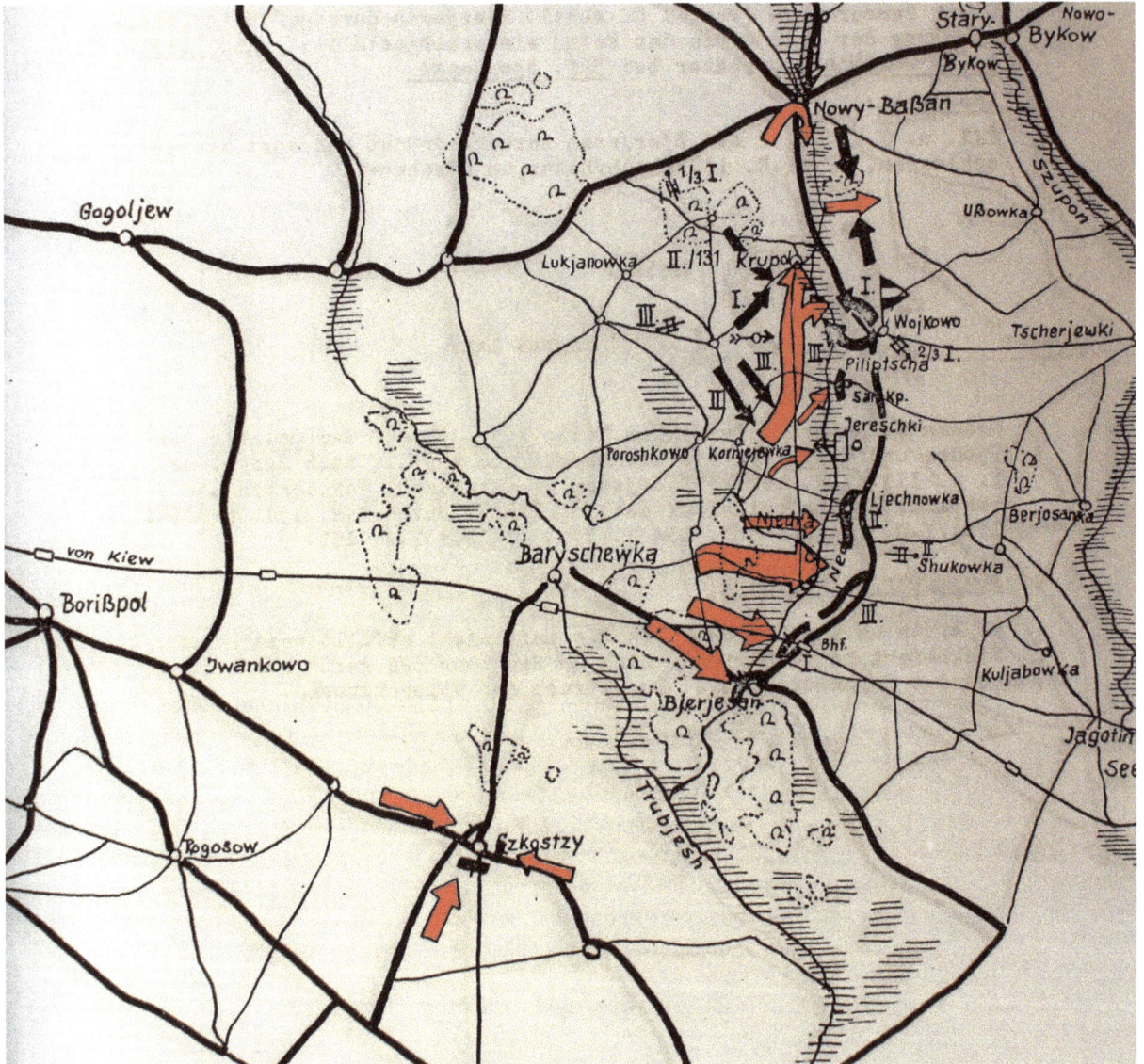

Адаптированный фрагмент штабной карты 44-й пехотной дивизии вермахта (21 сентября 1941 года, 5.30 – 10.00, 1:300 000). Обозначены направления атак советских отрядов на позиции 44-й немецкой ПД: с трёх сторон на Скопцы (в атаке участвовала и группа из 48-го инжбата) и на западный берег реки Недра к северу от Березани и к югу от Новой Басани; также показано направление успешного прорыва советских сил в ночь на 21 сентября у Круполя.

[185] Schimak, A., Lamprecht, K., Dettmer, F. — Die 44. Infanterie–Division. Tagebuch der Hoch– und Deutschmeister, Austria Press, Wien — 1969, стр. 169–170.

Dettmer, F., — Ergänzungen zur Divisionsgeschichte 44.Infanterie–Division Reichsgrenadier Division Hoch– und Deutschmeister Teil I. — Eigenverlag, 1966.

Адаптированный фрагмент штабной карты 44-й пехотной дивизии вермахта (21 сентября 1941 года, 10.0 – 15.00, 1:300 000): обозначены направления атак советских отрядов на позиции 44-й немецкой ПД. Скопцы были взяты (в атаке участвовала и группа из 48-го инжбата), вынудив немецкие отряды отойти на север от села. Также советскими отрядами была взята и Березань, и прорыв в этом районе продолжился на Жуковку и Яготин. Немецкими топографами показаны советские бронепоезда на подходе к Березани.

21 сентября 1941 года начальник Генерального штаба маршал Борис Шапошников, действовавший в тот период, как мы знаем, по поручению ставки Главного командования, всё ещё пытался установить связь с 37-й Армией. По предположению советского командования, 37-я Армия должна была находиться где-то в районе западнее Борисполя — об этом свидетельствует особо важное сообщение по прямому проводу Главкому Юго-Западного Направления маршалу Семёну Тимошенко:

В связи с прекращением работы радиостанции 37 армии прошу Вашего распоряжения организовать силовую авиационную разведку района Дарница, Борисполь Бровары Киев с целью установления связи с 37 армией.

Фрагмент телеграммы начальника Генштаба маршала Б. Шапошникова Главкому Юго-Западного Направления маршалу С. Тимошенко (от 21 сентября 1941 года); ЦАМО фонд 251, опись 646, дело 38.

Как уже хорошо известно, лишь небольшой очаг № 5 ещё находился вблизи предполагаемого района авиаразведки, в 10–15 км к северо-востоку от Киева, в то время как основные отходящие силы 37-й Армии уже покинули этот район, прорываясь на восток в 40–50 км восточнее Борисполя.

Сведений о результатах этой разведки мы не обнаружили. Так или иначе, главные действия в этот день развернулись на западном берегу реки Трубеж, после прорыва через село Скопцы многих сводных отрядов и групп.

За несколько сентябрьских дней 1941 года село Скопцы (Веселиновка)[186] неоднократно переходило из рук в руки. Ещё 18 сентября 1941 года в 14.00 в деревню вошла немецкая разведка, а за ней и военная часть немецкой армии. В этот же день, примерно в 22.00 вечера, отрядами Красной Армии немецкие оккупанты с боем были выбиты из деревни. Как мы уже отмечали в предыдущей главе, утром 19 сентября село захватили немцы, которые были выбиты вечером 20 сентября. На следующее утро, 21 сентября, после тяжёлого боя, немцы снова захватили село и продержались там до вечера. В 18:00 стремительная атака красноармейцев принесла успех и село вновь было освобождено от немецких оккупантов. На следующий день события повторились: в полдень 22 сентября Скопцы снова заняли немцы — но всего лишь на пять часов, после чего контратака красноармейских частей вынудила врага оставить населённый пункт. 23 сентября, в середине дня, немецкие части прорвались в Скопцы, бой продолжался до 20:00 вечера, но успеха не принёс и немцы отступили. Тем не менее, днём 24 сентября остатки регулярных частей Красной Армии покинули Скопцы[187].

По показаниям комиссара 48-го инжбата Егора Ермакова, именно 21 сентября 1941 года в боях за село Скопцы принимала участие группа под его командованием (из протокола допроса в 1942 году):

> "21/IX 41 г. бой приняли село Скопцы где войска противника были выбиты вторично бой приняли селе Скопцы только я руководил не своим 48 батальоном, а 2 роты милицейского состава немцов выбили и пошли на станцию Баришевка Здесь форсировать болоты не могли и пошли по направлению села Борщи Полтавской области Здесь немец нас окружил с трех сторон Стали снимать борты с автомашин и строить переправу через болота на Березанские леса"

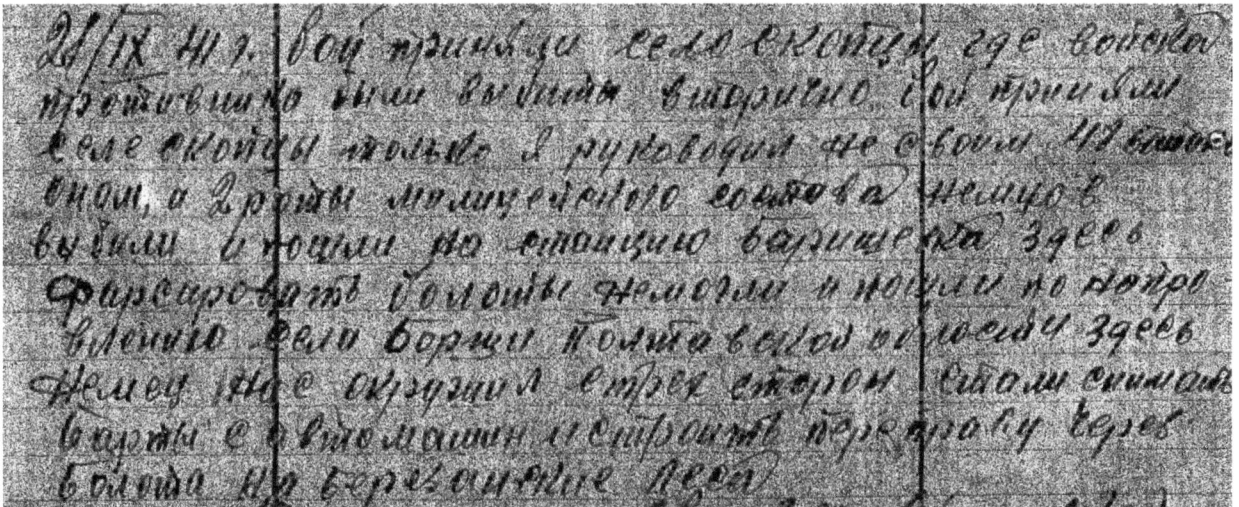

Фрагмент фильтрационно-проверочного дела комиссара Ермакова Е. С., от 15 апреля 1942 года, упоминающий бой у Иваньково 20 сентября 1941 года.

Согласно фильтрационно-проверочному делу Ермакова (см. его биографию), одна из групп 48-го инжбата, пытавшихся вырваться из окружения, включала комбата Рыбальченко, комиссара Ермакова, сержанта при штабе батальона Кадыра Муратова, лейтенанта Мехальчука, *а также, возможно, начальника химической службы батальона лейтенанта Юлия Гольдмана, адъютанта батальона лейтенанта Иванова и старшего сержанта Николая Лазарева. Не исключено, что Гольдман, Иванов и Лазарев выходили отдельной группой, а Ермаков встретил их лишь в немецком лагере военнопленных.*

---

[186] Село Веселиновка (до 1946 года — Скопцы) Барышевского района Киевской области основано в середине 17-го века. Скопы — переселенцы из города Скопы (ныне — Скопье), бывшей столицы Дардании на Балканском полуострове. Источник: https://zn.ua/CULTURE/teni_predkov_ischezayut_tsentralizovanno.html

[187] Велика Вітчизняна війна. Наш біль, Наша пам'ять. По воспоминаниям учительницы украинского языка и литературы Веселиновской средней школы П. И. Бухало. — 07 мая 2010.
Источник: http://veselynivka.com.ua/istor/viyna.html

Мы уже упоминали о группах милицейского состава, которые присоединялись к отступающим частям 37-й Армии. *Вполне возможно, что комиссар 48-го инжбата Ермаков возглавил одну из рот милиционеров, прорывавшихся 21 сентября 1941 года через Скопцы (судя по его показаниям, комбат Рыбальченко был ранен).* Нам неизвестен конкретный маршрут движения группы под командованием Егора Ермакова от Скопцов до Барышевки и затем до села Борщёв ("Борщи"). Однако этот путь можно с немалой долей вероятности проследить по воспоминаниям командира 1-го стрелкового батальона 380-го сп 171-й сд Максима Горба, чей батальон атаковал село Скопцы вечером 20 сентября 1941 года:

> "Уже в сумерках заняли исходное положение для атаки южнее села Скопцы. Обнаружив нас, противник открыл слабый огонь из стрелкового оружия. Завязалась перестрелка.
>
> Пулеметы и минометы установили на правом фланге отряда. Начали окапываться. К пулемету, около которого я стоял, подошел комиссар нашей 171-й стрелковой дивизии полковой комиссар Алексей Иванович Осипов, а с ним человек в военной одежде (*прим.: Аркадий Гайдар*).
>
> ...Прозвучала команда: «Приготовиться к атаке!» Вначале мы открыли огонь по врагу из минометов и пулеметов. А потом поднялись в атаку и наши отряды. Шли очень скученно, по существу, двумя колоннами — одна через село, другая — в обход. Эту отчаянную и, я бы сказал, героическую атаку возглавил генерал П. Д. Артеменко. Когда в темноте с криками «ура!» ринулись на врага, он открыл огонь из автоматов и пулеметов. Мрак ночи прорезали трассирующие пули. За время войны мне еще не доводилось видеть такой высокой плотности огня, ружейного и пулеметного.
>
> ...Трудно сказать, сколько времени длился бой в Скопцах и на его окраинах. Наконец мы оказались в поле севернее села. Из 1-го батальона со мной осталось только четверо..." [188]

Максим Горб продолжает рассказ о ночном бое, после которого его группа вышла к реке Трубеж южнее Березани (*возможно, к Борщёву: название этого села осталось в его памяти*), где были видны следы недавнего жестокого боя. Вскоре после этого отряд повернул на юго-восток к селу Пристромы:

> "Я так и не понял, почему наш и другие отряды с таким упорством и жертвами атаковали Скопцы, а не обошли село стороной? Ведь у гитлеровцев не было еще в этом районе сплошного кольца окружения. Видимо, в наспех созданных отрядах плохо обстояло дело с разведкой.
>
> Остатки отрядов, штурмовавших Скопцы, отдельными группами устремились на север и на северо-восток. Наша огневая группа с пулеметом и раненым Мельниковым несколько отстала.
>
> Бежали по полю, которое фашисты все время освещали ракетами и простреливали из пулеметов. Но мы, не обращая больше на это внимания, упорно двигались на север.
>
> За ночь отмахали километров десять и к рассвету 21 сентября вышли к реке Трубеж южнее Березани. Здесь мы увидели следы недавнего жестокого боя — множество трупов как наших, так и немецких солдат, сотни подбитых, обгоревших машин, орудий, повозок.
>
> Мы считали, что прорвали основное кольцо окружения. На самом же деле, как выяснилось впоследствии, в районе села Скопцы наши отряды вели бой лишь с передовыми частями противника, наступающими с северо-востока. А основное кольцо окружения захлестнулось намного восточнее и севернее.
>
> Вдоль заболоченного берега речушки Трубеж вышли в район села Пристромы. Сохранились навсегда в памяти названия сел Киевщины, в районе которых пришлось пережить эти тяжелые дни, — Скопцы, Барышевка, Березань, Борщев, Пристромы, Гайшин и другие.
>
> ...Около 200-300 метров шли по топкому болоту, под огнем противника. Кричали «ура!», падали в болотную жижу, поднимались, снова бежали вперед.
>
> Изменили направление движения и снова пошли на прорыв..." [189]

[188] Горб М. Г. Страну заслоняя собой. — М.: Воениздат, 1976, стр. 69–72.
[189] Горб М. Г. Страну заслоняя собой. — М.: Воениздат, 1976, стр. 72–73.

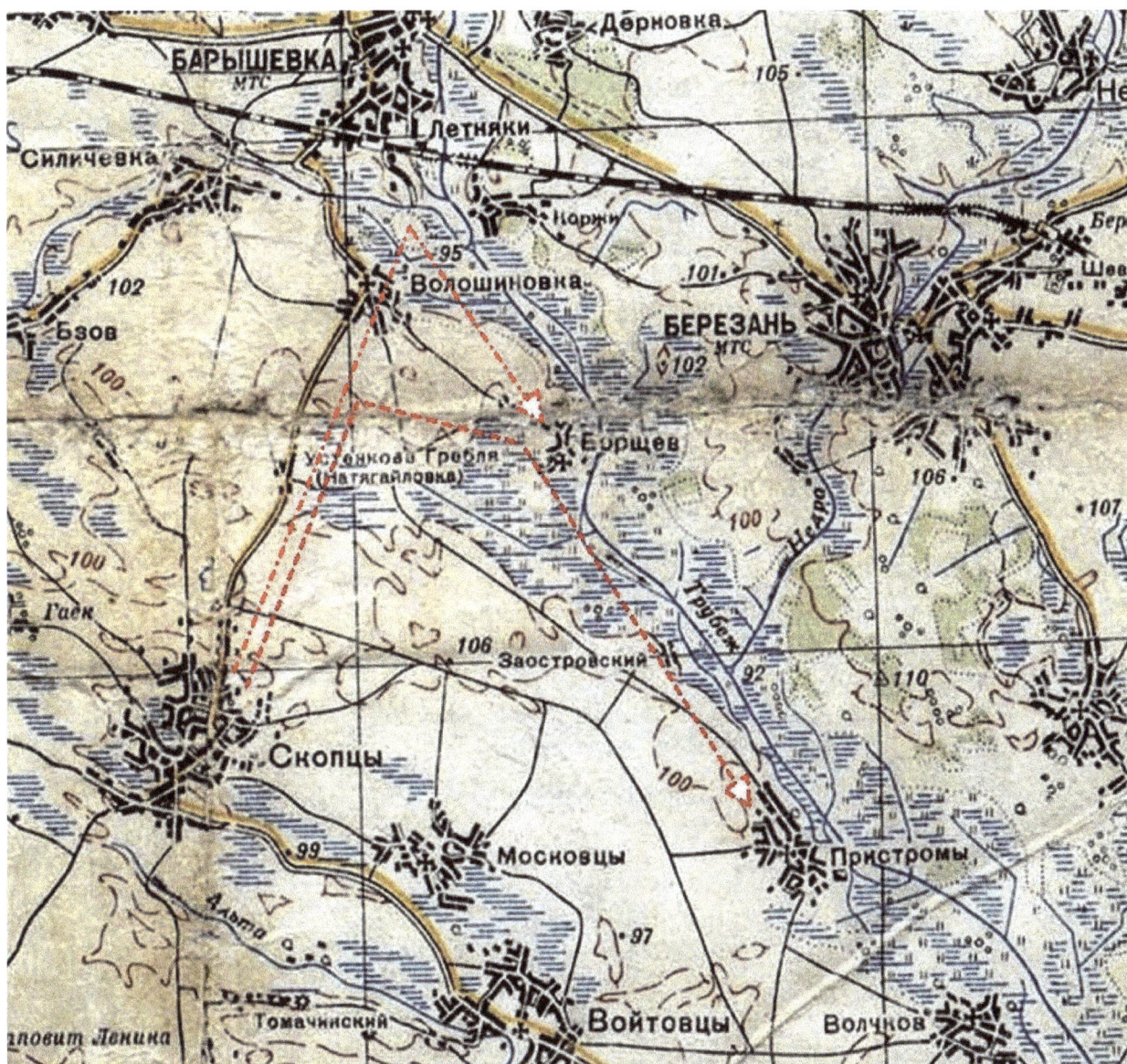

Фрагмент военной карты РККА (М-36-XIII): отмечены вероятные направления отхода двух групп: группы под командованием комиссара 48-го инжбата Егора Ермакова (Скопцы — Барышевка — Борщёв: "...и пошли на станцию Баришевка Здесь форсировать болоты не могли и пошли по направлению села Борщи") и группы Максима Горба с остатками 1-го стрелкового батальона (от села Скопцы до реки Трубеж: "...упорно двигались на север. За ночь отмахали километров десять и к рассвету 21 сентября вышли к реке Трубеж южнее Березани", и далее на юго-восток, вдоль реки, до села Пристромы).

Для нашего исследования важно, что, согласно свидетельствам и Егора Ермакова и Максима Горба, к 21 сентября 1941 года пути прорыва через реку Трубеж в направлении на Березань были в основном уже перекрыты (в том числе и через Барышевку), и отходящие части были вынуждены либо в тяжелейших условиях переправляться в районе села Борщёв, либо пробиваться наугад, двигаясь вдоль поймы реки Трубеж на юго-восток. Сравнивая показания комиссара 48-го инжбата Егора Ермакова и мемуары Максима Горба, можно отметить, что обе группы, прорвавшись сквозь Скопцы на север, попытались было добраться до Барышевки, но повернули на юг к Борщёву. В отличие от группы Горба, группа Ермакова *и, возможно, другие группы 48-го инжбата* остались в селе Борщёв, присоединившись 21 сентября 1941 года к усилиям по постройке переправы через заболоченную пойму реки Трубеж ("Стали снимать борты с автомашин и строить переправу через болота на Березанские леса").

"Страшное болото" у Борщёва запомнилось и П. Е. Горбатову, *начальнику штаба 171-й стрелковой дивизии*. Отметим, что в состав этой дивизии входил 1-й стрелковый батальон, 380-го стрелкового полка, под командованием Максима Горба, прорывавшийся отдельно от "общего потока". *Судя по всему, отряд Горбатова принял участие в успешной атаке на Борщёв, выбившей передовые немецкие заслоны из села, очевидно, ещё в ночь на 21 сентября 1941 года (следы именно этого жестокого боя, скорее всего, увидел Максим Горб на рассвете 21 сентября, после прорыва через село Скопцы):*

"По приказу командования дивизия должна была выступить в направлении Борисполь — Яготин. Далее на восток. В этом направлении шли и другие соединения ЮЗФ. Тяжело даже сказать, в какой последовательности выходили войска. Кто за кем шёл, как и кто и с кем взаимодействовал, кто кого прикрывал. Мы установили, что в Яготине находилась немецкая танковая дивизия и мотопехота. Главная из линий обороны находилась в районе Березани и на возвышенности восточнее борщёвских болот. В селе Борщёв и Барышевке — их передовые заслоны.

...В небольшом селе, откуда было очень близко до борщёвских болот, нас застала ночь (*прим.: очевидно, с 20 на 21 сентября 1941 года*). К этому месту отовсюду стекались отступающие части. Нас становилось всё больше и больше. Немецкие войска действительно стояли на таком рубеже, который впереди создавал для нас, наступающих, большие препятствия. Мы были втянуты в глубокий мешок и обойти его не было возможности, кроме как идти в лоб через все препятствия и биться насмерть.

В боевую готовность приведены личный состав войск и те огневые средства — артиллерия и другие виды оружия, которые остались. Взять боем Борщёв и Барышевку — такое было задание. На Борщёв мы шли страшным болотом. Застоявшаяся вода стала мутной. Местами превратилось в месиво. В таких условиях чрезвычайно тяжело выполнять перебежки, а ещё труднее ощущать на теле полностью промокшую солдатскую одежду.

Но мы шли вперёд! Отчаянный огонь немецкой артиллерии отвлекал от мыслей о смерти. Часто приходилось близко приникать к родной земле. От разрядов снарядов тяжёлая и грязная болотная масса высоко поднималась в наших рядах, а потом снова с шумом широко и глубоко опускалась назад, до косточек обмывая наши испачканные грязью лица, отчего они стали неузнаваемы. И всё же, несмотря на все невзгоды, страшную опасность и смерть товарищей — стремление у всех было только вперёд, быстрее выбить противника из Борщёва. Внезапно среди нас, "болотных солдат", грянуло громовое "У-р-р-р-а-а". Бойцы поднимались с болота с неистовым криком "ура!" и шли в атаку на врага. Немцы вначале отчаянно оборонялись, а потом не выдержали нашего натиска и начали бежать в сторону Барышевки.

Борщёв был взят!

Но бой ещё не закончен. Разрывается металл тяжёлых снарядов. Со свистом летят они в сторону немцев, где в южной части Барышевки короткими и длинными очередями переговариваются пулемёты... Хорошо видно, как горят в центре Барышевки здания, хаты.

Немцы разводили огни, поджигали сельские хаты. Они вели ночной методичный огонь из миномётов и другого оружия. Этим самым создавали панику для влияния на психику воинов и мирного населения.

Шёл бой за Барышевку и железнодорожный мост через Трубеж. Только под вечер после тяжёлых боёв с величайшими потерями нам удалось перейти болото. Утром чётко было видно Березань." [190]

---

[190] Воспоминания Горбатова П. Е. — Цитируются (в обратном переводе с укр.) по заметке «Борщевский "Котел": Бездарность командования и героизм бойцов»; сборник, библиотека Барышевского района, стр. 34—36. Предоставлено Олегом Кирдой.

Нам не удалось найти других упоминаний о начштаба 171-й сд П. Е. Горбатове.

Чем можно объяснить выбор многими отходящими отрядами именно села Борщёв как места для прорыва? Ответ на этот вопрос достаточно прост: многих в Борщёвский котёл привела недостроенная к тому времени дорога Киев — Полтава — Харьков. Насыпь к тому времени была на участках Бзов — Борщёв и от восточного берега реки Трубеж до села Панфилы. Два берега были разделены сильно заболоченной поймой реки Трубеж.

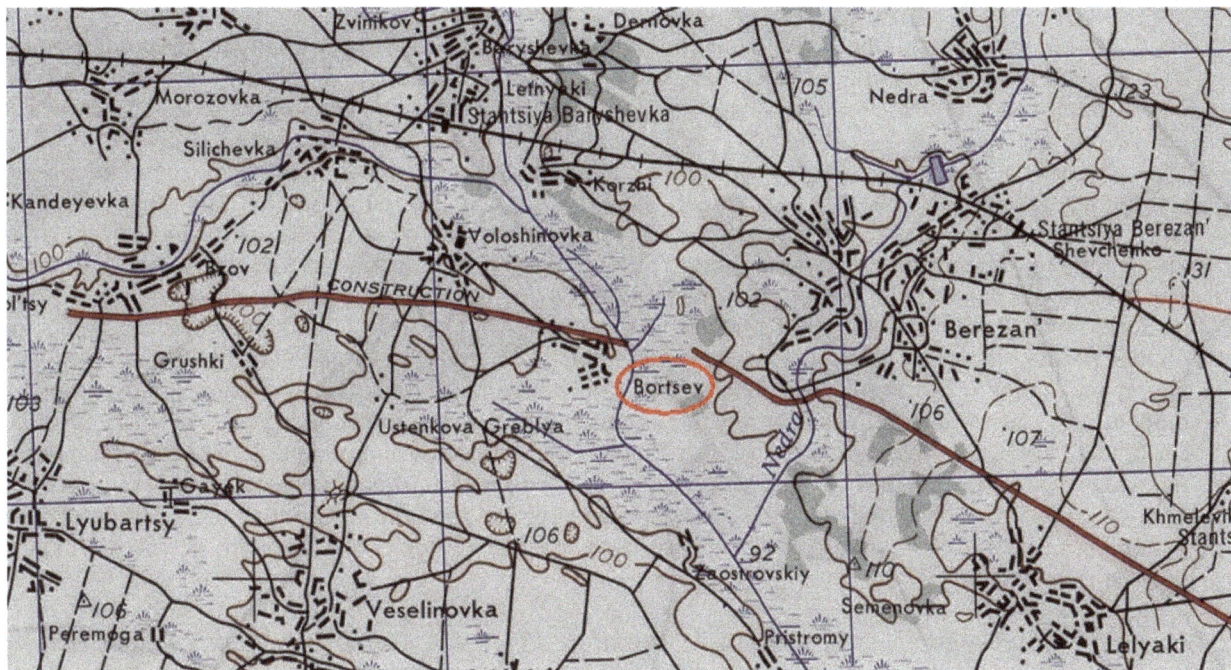

Фрагмент карты Армейской Картографической Службы США (the Army Map Service (TVVLB), Corps of Engineers, U. S. Army, Washington, D. C., compiled in 1953; NM-36-4): участок строящейся дороги Киев – Полтава – Харьков; отмечено село Борщёв, в районе которого в 1941 году дороги через реку Трубеж не было.

Как вспоминал ещё один из участников боёв под Борщёвым:

"Сбивая на своём пути немецкие заслоны, мы вышли к с.Борщев в 70-м км. восточнее Киева. перед нами было широкое болото, заросшее осокой и пахнущее гнилью, по которому протекала река Трубеж. Дорога на Полтаву окончилась, хотя на картах она была обозначена. Это погубило нас. Попытки смельчаков преодолеть в одиночку болотные берега и реку Трубеж успеха не имели, их мгновенно засасывало и они исчезали бесследно. А вокруг гремели бои, фашисты, привыкшие к лёгким победам в Европе, жгли вокруг всё, что могло гореть, разрушали всё, что можно было разрушить, убивали, насиловали, терзали. Мы, как могли, отбивались от преследователей, с нами были раненные и гражданские. Инициативу по форсированию болотистой реки Трубеж взял в свои руки один батальонный комиссар невысокого роста с эмблемой танкиста." [191]

Стоит отметить, что комиссар 48-го инжбата Егор Ермаков был переведён в батальон из 8-й танковой дивизии 28 июля 1941 года, то есть относительно недавно до событий в Борщёве, *поэтому, кто знает, может быть, именно он и был тем самым батальонным комиссаром "с эмблемой танкиста", который организовывал переправу через Борщёвские болота...*

---

[191] Цитируется по заметке «Борщевский "Котел": Бездарность командования и героизм бойцов»; сборник, библиотека Барышевского района, стр. 33–34. Предоставлено Олегом Кирдой.

Интересные сведения о 21 сентября 1941 года удалось найти в работе Нинель Трофимовны Костюк "Тяжелые страницы Киевской обороны 1941: тактика «выжженной земли» и «Барышевский котел»", в которой цитируется стенограмма заседания участников обороны Киева 1941 года, состоявшегося спустя пять лет после окружения в Киевском котле, 13 сентября 1946 года, по просьбе комиссии по истории Отечественной Войны на Украине при Академии Наук УССР, с участием председателя Киевского исполкома Захария Фёдоровича Олейника:

> "20-го утром двинулись на Борисполь, не доезжая до него, вернули вправо и вступили в первый бой с немецкими автоматчиками у Иванкова, залегли и начали стрелять. В это же время налетело много немецких мессершмиттов / Сизоненко уточняет — 22 самолета /. И вот, говорит Олейник — «началась, если можно так сказать, трагедия».
>
> Далее следует рассказ о том, что ... «тогда пошли в направлении к другим поселкам; из Ростовцева на Волчков, некоторым машинам удалось пройти через Рогозов. Но не всем это удалось, потому что фронт машин занимал каких-то 25 км, ехали военные и гражданские. Машинам двигаться было трудно, они передвигались 5-6 км в час, потому что шли тысячи машин. Двигались по направлению к с. Борщёв. Бердник уточняет: из Волчкова поехали на Пристромы, потом пошли на Коржи, попали в Волошиновку. В Волошиновке разместились на ночь (*прим.: на 21 сентября 1941 года*), часть ушла в Борщёв, а часть в оборону, войска остались для обороны. Там появились немецкие танки. Было очень много раненых... Мы много потеряли здесь людей. Немцы нас оттеснили, и мы оттуда ушли на Борщёв. Далее, — продолжает рассказ Олейник, немцы нас прижали к болоту, деться было некуда. Там были Мишин и Костюк, генерал Артеменко. Начали было строить мост через болото, но немцы запустили группу самолетов и разбили. Строительством этого моста руководил некий генерал, а также там были Мишин и Костюк. Шамрыло я там не видел, а Шевцов там был.»" [192]

Судя по этому свидетельству, ночь на 21 сентября 1941 года в относительном спокойствии можно было провести в селе Волошиновка, расположенном в 3–4 км и от Борщёва, и от Барышевки. *Возможно, именно там и провёл эту ночь, в беспамятстве, раненый сапёр 48-го инжбата Александр Жук.* Мы ещё вернёмся к рассказу Олейника в подглаве о событиях 22 сентября. А сейчас приведём цитату из другой стенограммы, от 28 февраля 1944 года, которая зафиксировала сведения секретаря по кадрам Петровского райкома КП(б)У гор. Киева Александры Григорьевны Морозовой о судьбе секретаря горкома КП(б)У Тимофея Шамрыло и, в частности, об окружении в Борщёве и Березанском лесу:

> "18 сентября 1941 г. по указанию Горкома партии мы выехали из Киева, примерно в 12 часов дня... 20 сентября утром мы начали продвигаться вперёд... Дошли мы до Борщей. Выходить из Борщей организованно нельзя было. Пробирались болотами, лесами и дошли до Березанского леса... Мы в лесу блуждали 2-3 дня... В 4 часа дня немцы окружили весь лес, болото и мы очутились в окружении немцев. Когда мы — я, Маругин, Флейшман выходили из лесу, то мы видели Шамрыло, Смакотину, Тимошкова, Шевцова, которых выводили из лесу. Тут же нас всех раздели, забрали всё, что у нас было. Шевцова раздели почти до гола, с него сняли шинель, гимнастёрку, сапоги... Всех нас погнали на Березань... Поздно вечером направили нас на Яготин.
>
> Алидин — Но то, что он был в лагере пленных это точно?
>
> Морозова — Это совершенно точно. Я сама видела в лагере и Шамрыло и Шевцова.
> ...Я тогда видела вместе с Шамрыло Полищука, Меерсона, Вайнермана, Шевцова и многих других" [193]

---

[192] ЦДАГО України. – Ф. 166. – Оп. 3. – Спр. 37.

Цитируется по работе Костюк, Н. Т. Важкі сторінки Київської оборони 1941р.: тактика «випаленої землі» і «Баришівський котел». Источник: http://anvsu.org.ua/index.files/Articles/Kostjuk_5.htm

[193] ЦДАГО України. – Ф. 1. – Оп. 22. – Арк. 23, 24, 25.

22 сентября 1941 года. Переправа через Трубеж: на Березань.

Итак, к концу дня 21 сентября 1941 года остатки 48-го инжбата, вместе со множеством других сводных отрядов и групп, оказались в окружённом с трёх сторон Борщёве, и приняли участие в строительстве переправы через болотистую пойму реки Трубеж. *Ночью, очевидно, были предприняты попытки переправиться через реку, несмотря на огонь противника.* На следующий день, 22 сентября, очаг № 6 был фактически рассечён на ещё более мелкие районы окружения, в одном из которых, близ села Березань, остатки батальона заняли, по сути, свой последний рубеж...

Киевский котёл (фрагмент карты немецкого Генштаба от 22 сентября 1941 года): положение окружённых советских войск после отхода из Киева (красные линии) и немецких войск (синие линии).
Обозначены очаг № 2 в приднепровских лесах (к юго-востоку от Киева) с остатками 4-й дивизии НКВД) и очаг № 6, разделённый на ещё более мелкие районы: (1) к северу от Березани, рядом с которой оказались и бойцы 48-го инжбата, (2) и (3) к западу от реки Трубеж в районах сёл Скопцы и Пристромы, и (4) у Яготина, куда прорывалась, в числе других групп, и бронепоездная группа, отмеченная немецкими картографами рисунком бронепоезда. В борьбе с окружёнными войсками немецкие войска задействовали девять пехотных дивизий: 62-ю, 168-ю, 44-ю, 45-ю, 134-ю, 79-ю, 111-ю, 298-ю, а также 132-ю.

Как мы уже писали, в воспоминаниях сапёра 48-го инжбата Александра Жука дни после его ранения у села Иваньково отражены неточно и непоследовательно. *В частности, реку, через которую строилась переправа, он называет Березанью (а не Трубежом или Недрой), и не упоминает Борщёв.* Располагая более детальными сведениями других очевидцев, в том числе и комиссара 48-го инжбата Егора Ермакова, и данными из немецких источников, *мы рискнём предположить, что ночь на 21 сентября 1941 года он провёл ещё к западу от реки Трубеж (например, в Волошиновке), 21 сентября оказался у Борщёва, где строилась переправа, а ранним утром 22 или 23 сентября переправился через Трубеж и добрался до села Березань. Там он провёл 22 и/или 23 сентября, после чего следующей ночью, на 23 или 24 сентября, перебрался через реку Недра.* Главное отличие этой последовательности от изложенной в книге Жука — это то, что автор не упоминает Борщёв, а сразу описывает свой день в селе Березань. В результате, "спасительная переправа" через "бескрайнюю пойму" *отнесена им к несуществующей реке Березань, причём уже после дня, проведённого в селе Березань, а не до того.* Вполне вероятно, что две переправы (вначале через "бескрайнюю пойму" реки Трубеж, а затем через намного более проходимую Недру) просто слились в его памяти. Следующие отрывки из книги Жука приведены, соответственно, в последовательности, восстановленной нами.

Предположительно, нижеприведённый отрывок относится к первой половине дня 21 сентября 1941 года:

> "Очнулся. По краям лесной поляны — освещённые красные стволы высоких сосен. Солнце уже высоко. Надо мною яркое голубое небо. Никого нет. Тихо. Уже прошла длинная ночь, с тех пор как меня понесли в медсанбат. Я лежу на самодельных носилках, собранных из жердей и плащ-палатки. Мои добровольные спасатели исчезли.
>
> ...Трясет озноб, стучат зубы. Боль не утихает. Долго звал. Ждал. Ждал долго. Никто не появился. Тишину этой мирной солнечной полянки нарушал доносившийся звук недалёкой канонады. Ждать больше некого." [194]

Далее мы приводим описание Александром Жуком переправы *через Трубеж, скорее всего, у села Борщёв:*

> "Дальнейшая дорога на восток преграждалась рекой Березань. За рекой обширная пойма со множеством протоков. Старые плакучие ивы толстыми короткими стволами окаймляли её. Едва различимый противоположный далёкий берег казался единственным надёжным прибежищем, которое может спасти нас от неминуемой гибели. Где-то за этой непроходимой поймой наша единственная надежда.
>
> ...От солдат я узнал, что где-то рядом строят переправу. Работы идут уже не первые сутки. Я побрёл к реке. Тупо и отрешённо воспринимал действительность, сидел на берегу, опершись спиной о дерево, и баюкал руку. Ночь (*прим.: предположительно на 22 сентября 1941 года*). Стояла страшная, неправдоподобная оглушающая тишина. Всё насторожилось и замерло. На переправу впускали только солдат, несущих раненых.
>
> В мёртвой тишине ночи чёрными тенями двигались солдаты. Тёмное ночное небо у горизонта зловеще прорезала багровая полоса пробивающейся зари. Мимо беззвучно, как в немом кино, чёрными силуэтами солдаты чередой проносили носилки с безжизненно свисающими руками уже безмолвных людей. Начало светать. Хмурое утро едва прояснилось, и предрассветная тишина взорвалась грохотом возобновившегося обстрела. У входа на спасительную переправу, командуя строгой очередью, стоял сержант комендантского взвода, которого я знал ещё по Львову. Нарушив приказ, он пропустил меня." [195]

---

[194] Жук А. В. Начало. — Стройиздат, Санкт-Петербург, 2005, стр. 77.
[195] Жук А. В. Начало. — Стройиздат, Санкт-Петербург, 2005, стр. 83–84.

Следующие подробности дополняют уже встречавшиеся нам детали "бесконечно длинной" переправы (например, комиссар Егор Ермаков отмечал, что при строительстве переправы использовали борта, снятые с автомашин):

"Переправа оказалась бесконечно длинной. Она пересекала реку и через бескрайнюю пойму уходила в невидимую даль. Сначала она была собрана из штатных армейских средств, затем шли в дело разобранные кузова машин, потом всё, что попадалось под руку, — ставни, плетни, двери, мебель. И вдруг вода. Дамба кончилась недостроенной. До противоположного берега ещё очень далеко. На каждом сухом месте, на каждой кочке необъятной поймы стояли брошенные носилки с ранеными. Дальше их некуда было нести. Великое множество людей, не могущих самостоятельно передвигаться, прикованные к носилкам, лежали в окровавленных бинтах и молили о помощи. Пробираясь вброд по широким протокам, я прощупывал ногами кочки и хлюпающую, зыбкую твердь и через несколько шагов вновь проваливался с головой в глубокие болотные ямы, снова карабкался, захлёбывался и опять проваливался, оберегая, как мог, перебитую руку. Берег уже недалеко, он уже отчётливо виден. Только бы устоять, только бы хватило сил добраться. И, наконец, почувствовав его пологий уклон, свалился в беспамятстве." [196]

После переправы Александру Жуку удалось добраться до села Березань, расстояние до которого не превышало 5 км, и сержант смог, очевидно, доползти, "медленно двигаясь навстречу обстрелу":

"Вскоре показалось село Березань. Белые мазанные хаты с расписными ставнями окружены весёлыми мальвами и кудрявыми садами. По злой воле войны это большое богатое село стало мишенью для вражеской артиллерии, миномётов и авиации. Сюда, спасаясь от уничтожения, собралось множество разбитых и разрозненных частей Красной Армии и беженцев с захваченных земель. Немцы педантично и безжалостно уничтожали всё живое вместе с селом. Война всё перепутала и перемешала. Гибли воины, гибли беженцы, гибли старики, женщины и дети, гибло всё живое, что попало сюда в Березань.

Медсанбат вчера выехал. Мне посчастливилось встретить санитара, не успевшего уехать со всеми вместе. Он дал мне выпить стакан спирта, ...перевязал, чем мог, рану и, надев на шею ремень, подвесил на него руку. Я тут же, без сил свалился. Не знаю, сколько часов я пролежал. Очнулся, когда меня переносили в санитарную машину." [197]

Однако, только выехав из Березани на "шлях" по направлению к Яготину, машины попали под обстрел, одна была полностью уничтожена, а другая, с сержантом Жуком, опрокинута взрывной волной. Александр Жук пополз обратно в деревню, под оглушающей бомбёжкой и обстрелом:

"Горели хаты и сараи. Всё село было в густом удушливом дыму. Укрыться негде. Мышеловка захлопнулась. Это был конец. Любая, ещё стоящая, хата в каждое мгновение может рухнуть и запылать ещё одним факелом." [198]

Автор пишет, что "память о событиях двух минувших дней" не отпускала его сознание. Скорее всего, к минувшим дням он относит 20 сентября, когда в бою под Иваньково погиб его друг, Марк Добрусин, и 21 сентября, когда он добирался до переправы. Эта подробность подтверждает предложенную нами хронологию событий. Выбравшись из села Березань и, очевидно, переправившись на другой берег реки Недра следующим утром, 23 или 24 сентября 1941 года, Александр Жук попал в плен. К этому мы вскоре вернёмся, а пока продолжим анализ других источников, проливающих свет на события 22 сентября 1941 года в районе Борщёва, Барышевки, Березани, и в Яготинском очаге окружения в целом.

---

[196] Жук А. В. Начало. — Стройиздат, Санкт-Петербург, 2005, стр. 84–85.
[197] Жук А. В. Начало. — Стройиздат, Санкт-Петербург, 2005, стр. 78–79.
[198] Жук А. В. Начало. — Стройиздат, Санкт-Петербург, 2005, стр. 81.

Фрагмент немецкой военной схемы (из хроники 298-й ПД): отмечена Борщёвская переправа через Трубеж.
Обозначена и другая переправа через Трубеж, южнее места впадения Недры в Трубеж (Заостровский).

Фотография с воздуха: брошенные грузовики и техника, под Киевом, 1941 год – *предположительно,
у Борщёвской переправы; видна недостроенная дорога, приведшая к пойме реки Трубеж*
(из личной коллекции Михаила Прокопенко).

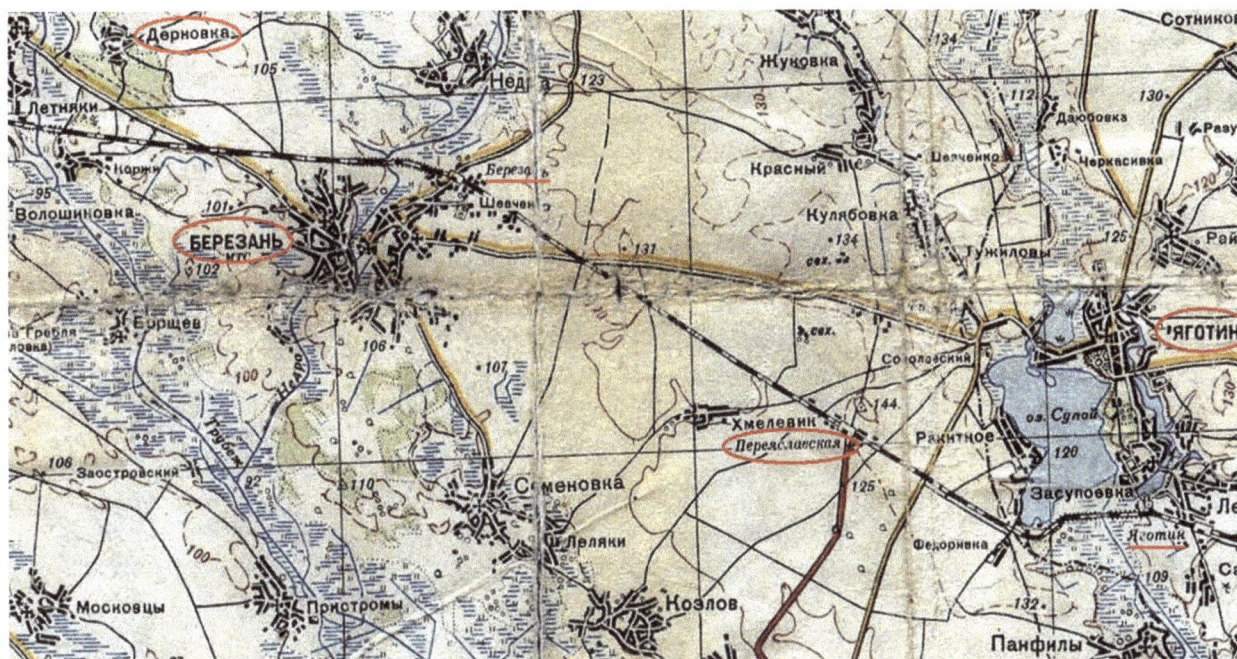

Фрагмент военной карты РККА (М-36-XIII): междуречье Трубежа и Недры к юго-западу от села Березань и участок железной дороги между станциями Березань и Яготин, проходящий через станцию Переяславская. Также отмечена Дерновка, откуда на юг продвигалась 168-я немецкая ПД (в частности, её 429-й ПП).

Хроника боевого пути 298-й немецкой пехотной дивизии, которая закрывала Барышевский котёл с запада, включает лишь несколько строк о 22 сентября 1941 года: "22.9 нас разбудили тёплые солнечные лучи. Около полудня мы получили приказ оставить Борисполь и прибыть в Иваньково".[199] Иными словами, 298-я ПД в этот день находилась далеко от описываемых событий. Тем не менее, хроника этой дивизии включает очень любопытную схему, на которой чётко обозначены две переправы через пойму реки Трубеж, наспех сооружённые советскими бойцами: в районе Борщёва и южнее, у Заостровского.

История 62-й немецкой ПД, атаковавшей район окружения с северо-запада, включает подробное описание боёв, развернувшихся за Барышевку, через которую проходила ключевая железная дорога:

"22.9 нужно было освободить дорогу к Барышевке и блокировать силы противника, находящиеся к западу от Трубежа. Для достижения этой цели 183-й и 164-й полки, расположенные справа и слева на рубеже Бзов — Морозовка, начали наступление на Барышевку. На основании приказа XVII.АК от 7 ч. 190-й ПП выдвинулся из Бзова к Устинковой Гребле с целью дальнейшего продвижения на Пристромы. Начальные атаки встретили только слабое сопротивление, но затем, попытавшись воспрепятствовать движению колонн от Скопцов до Волошиновки, в районе северо-западнее ветряной мельницы в Устинковой Гребле, 190-й ПП натолкнулся на яростную оборону со стороны противника; 183-й ПП атаковал одним батальоном восточную окраину Силичевки и обширную территорию юго-западнее и западнее вокзала Барышевки, а 164-й ПП атаковал северную часть Барышевки, где этот штурм поддержали полковые части 417-го ПП из 168-й ПД.

Массы противника, наступавшие на Переяслав, были остановлены заслонами, и отклонились на север, стремясь переправиться через Трубеж близ Барышевки. 190-й ПП удерживал свои позиции к западу от дороги Скопцы — Волошиновка, однако не мог воспрепятствовать этим вражеским массам, в течение дня прибывающим с юга и стремящимся на север по маршруту Пристромы — Устинкова Гребля — Волошиновка, тем более, что правый фланг полка был под сильной угрозой.

183-й ПП был вынужден снова уступить Силичевку противнику в результате его сильных контратак, несмотря на привлечение с севера 2-го батальона; 1-й батальон уверенно удерживал местность к юго-западу от вокзала Барышевки, и таким образом существенно поддерживая 164-й ПП. Этот полк сражался в сложных условиях в Барышевке, но сумел отвоевать обратно весь населённый

---

[199] Kameradschaft der 298.Inf.Div.: 298.Infanterie–Division Ruhm und Untergang 1940–1943, Selbstverlag, стр. 50.

пункт, несмотря на отчаянное массовое сопротивление противника, который вновь и вновь с криками атаковал почти до второй половины дня. В последних атаках дня, в 19 ч., использовались миномёты "Небельверфер" (*нем. – Nebelwerferabteilung II./54; прим.: букв. «метатель тумана»; реактивная система залпового огня с осколочно-фугасными, а ранее, газовыми минами*). После 2 огневых налетов на южную часть Барышевки и Силичевки эти районы также были возвращены под контроль." [200]

Сохранились немецкие свидетельства о 22 сентября 1941 года и в донесении генерал-майора Дитриха Крайсса (*Kraiß*), командира 168-й ПД, которая действовала на севере Барышевского котла:

"Вечером того же дня 429-й пехотный полк разрезал силы противника у Барышевки, а остальные войска дивизии перекрыли путь противника на север между Трубежем и Недрой.
В течение нескольких дней, в непрекращающихся атаках и постоянно меняющихся боевых ситуациях, мы загоняли красных врагов всё дальше и дальше в болотистые низины, дробя и разбивая их боевые группы, и срывая их отчаянные ночные попытки к прорыву." [201]

Согласно выдержке из военного дневника комбата гауптмана Любоша (Lubos) из 429-го пехотного полка 168-й ПД, в 12.15 его 2-й батальон, атакуя южнее Дерновки, вторгся в Березань (*прим.: очевидно, на окраину села*). К 14.00 2-й батальон, при постоянно усиливавшемся сопротивлении противника, удерживал рубеж южнее Дерновки до железнодорожной насыпи у Барышевки, а к 16.45 продолжил продвижение к Березани. К 18.00 в Березань через реку Недра были направлены 4–5 рот.

На востоке Яготинского очага окружения путь прорывающимся советским войскам закрывала 45-я немецкая ПД, создавшая к 21 сентября 1941 года сильный плацдарм в районе Яготина и приготовившаяся вести наступление в западном направлении на Березань. Однако, по воспоминаниям полкового священника этой дивизии, доктора Гшопфа (Gschöpf), к 22 сентября ситуация обострилась:

"Но русские нас всё же опередили и рано утром 22.9, когда наш подход был уже закончен, сделали попытку прорыва на восток. Наше правое крыло, 1-й батальон 133-го ПП, выдержал первую тяжесть удара с массовым применением живой силы. Кавалерия атаковала с совершенным безумием, невзирая на наш пулемётный огонь. Остро заточенное оружие дикой кавалькады на скаку обрушивалось на наших солдат с такой силой, что раскраивало им головы сквозь стальные каски. Небольшим частям одного эскадрона удалось прорваться до северо-западного угла озера у Яготина, и их смогли остановить лишь у дивизионного командного пункта. Сразу после этой атаки последовало массированное наступление пехоты, тремя волнами, при мощной поддержке артиллерии.
Ещё более усиливая натиск, не менее четырёх бронепоездов и три полностью нагруженных товарных состава двинулись в этот момент на наш плацдарм. К счастью, наши сапёры заранее основательно подорвали ж.–д. насыпь, так что поездам пришлось остановиться. Тогда противник просто выгрузился в открытом поле перед нашими позициями по обе стороны от насыпи и предпринял беспорядочную атаку плотными массами на ж.–д. станцию Переяславская, где заняли позиции 130-й ПП, артиллерийские части и приданный нам 652-й противотанковый дивизион. Наши солдаты встретили эти прорывающиеся группы таким смертельным шквальным огнём, что бессчётное число убитых громоздились вдоль ж.–д. насыпи. Среди погибших были и женщины в униформе. Никто из прибывших на поездах не достиг наших окопов, кроме нескольких пленных.
Между тем северо-западнее от нашего плацдарма 44-я дивизия начала атаковать противника с севера. Вытесненные оттуда массы вновь нагрузили наше и без того тяжело сражающееся правое крыло и временами серьезно угрожали прорвать позиции. Только напряжением всех сил удалось (иногда в ожесточённых рукопашных схватках) предотвратить этот опасный прорыв. При этом мы понесли значительные потери, среди прочих, при прямом попадании снаряда в командный пункт, здесь погиб командир 1-го батальона 133-го ПП гауптман Гертмейер. Левее от нас, 134-я ПД в течение второй половины дня пыталась ворваться с юго-востока в расположение противника." [202]

---

[200] von Ralf A. Schäfer, Adolf Reinicke, H. G. Hermann, Friedrich Kittel. Die Mondschein–Division: Die 62. Infanteriedivision 1938-1944. Die 62. Volksgrenadierdivision 1944–1945 — 2008, стр. 122.

[201] Bundesarchiv–Militärarchiv Freiburg, RH 26-168. Auszüge aus den Kriegstagebüchern. 168. Infanterie–Division.
Источник: http://www.wilhelm-radkovsky.de/div.htm#DOK33

[202] Gschöpf, R. Mein Weg mit der 45. Infanterie–Division. — Oberesterreichischer Landesverlag, 1955, стр. 256–257.

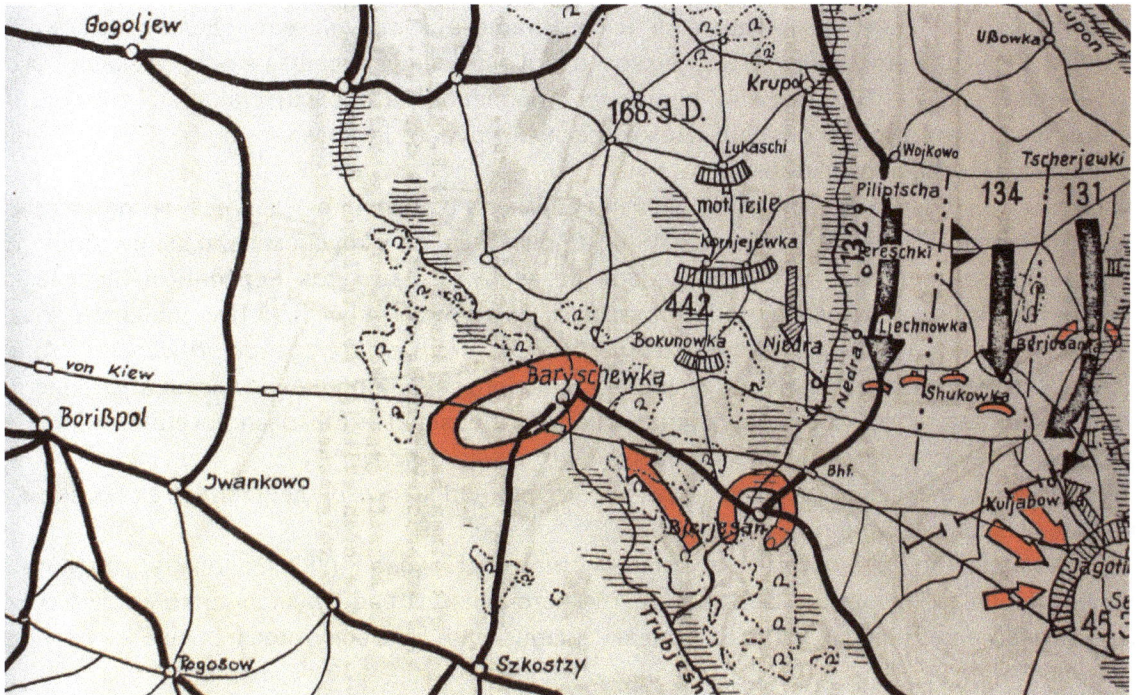

Адаптированный фрагмент штабной карты 44-й ПД вермахта (22 сентября 1941 года, 9.00 – 16.00, 1:300 000): красным цветом отмечены рубежи обороны и направления атак советских войск в районе Барышевки, Березани и междуречья Трубежа и Недры, а также на Яготин (на позиции 45-й немецкой ПД).

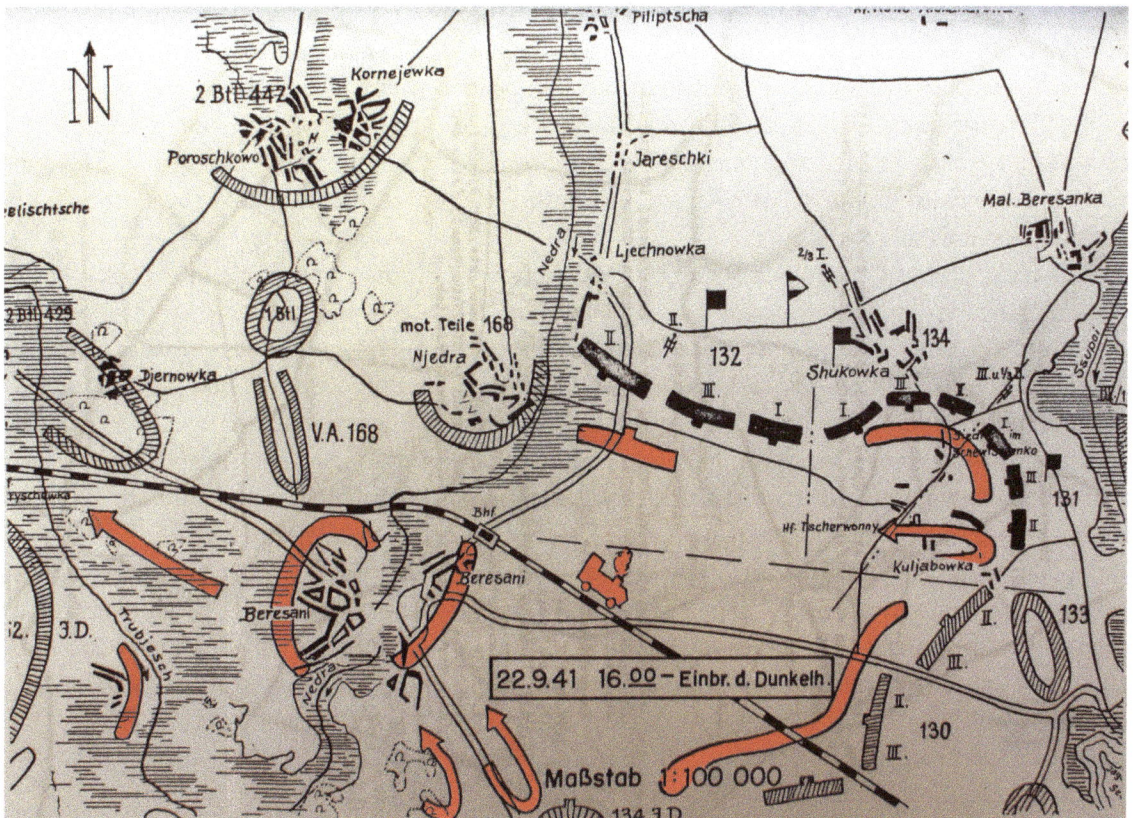

Адаптированный фрагмент штабной карты 44-й ПД вермахта
(22 сентября 1941 года, с 16.00 до наступления темноты, 1:100 000):
красным цветом отмечены рубежи обороны и направления прорыва советских войск в районе Березани.
Немецкие топографы вновь нарисовали бронепоезд, двигающийся на юго-восток от станции Березань.

Исследуя хроники немецких дивизий и их штабные карты, можно сделать вывод, что утром 22 сентября 1941 года инициатива в Яготинском очаге окружения перешла к прорывающимся советским отрядам: село Березань было под их контролем, бронепоезда прошли станцию Березань на восток, удалось организовать рубежи обороны между сёлами Недра и Жуковка, и далее к реке Супой, и атаки развивались в направлении Яготина.

В частности, в боевой истории 44-й дивизии вермахта отмечен приказ о резком повороте их левого крыла на юго-запад для оказания помощи 45-й ПД, оказавшейся в трудном положении. Днём 134-м полк 44-й ПД занял центр Жуковки и упорные бои развернулись за хутор Червонный (Красный, ныне — Червоное) Яготинского района, который атаковал 131-й полк 44-й ПД. Там пришлось ожесточённо сражаться за каждый дом (нем. — "es mußte aber um jedes Haus erbittert gekämpft werden"). Атака немцев увязла в последней трети деревни и им пришлось окопаться. Бои продолжались и в течение ночи на 23 сентября 1941 года, когда советский отряд из хутора Червонный атаковал соседнее село Лехновка и находящиеся там части немецкого обоза, вынудив их бежать в поля[203].

Тем не менее, немецким дивизиям удалось скоординировать свои действия и, в основном, удержать внутреннее кольцо окружения.

Воспоминания бойца 2-го отдельного пулемётного батальона КиУР'а Фёдора Фёдоровича Худякова, дополняют мемуары Рудольфа Гшопфа и другие источники. Отряд Худякова отходил через Борисполь, вдоль железной дороги по шоссе на Барышевку. Следующий отрывок относится ещё к *21 сентября 1941 года*:

"*Справа от нас шла железнодорожная насыпь, а впереди виднелся однопролетный железнодорожный мост. За мостом метрах в 300 начинались постройки железнодорожной станции и самого местечка Березань. Все двигавшиеся по полю и лугу фигурки бойцов стягивались к этому мосту. Немцы были в Березани, и со стороны станции держали под пулеметным огнем мост и побережье речушки* (прим.: очевидно, реки Недра)...

... *Так или иначе, но мы Березань от немцев освободили.*

... *Убедившись, что в самой Березани немцев нет, мы пошли на станцию. Там стала собираться колонна, человек двести наших бойцов. На станцию подошли и два бронепоезда. Кто-то возглавил колонну, и уже не вразброд, а строем двинулись вдоль полотна железной дороги дальше на Яготин.*

Вместе с нами двинулся и первый бронепоезд. Видимо, тот, кто вел колонну, решил под прикрытием этого бронепоезда вести и пехоту. Но едва мы отошли от станции Березань с километр, а шли мы не по дороге, а по полосе отчуждения, как немцы стали откуда-то обстреливать этот бронепоезд из орудий. Снаряды стали падать по обе стороны полотна, естественно, попадая и в полосу отчуждения. ... Колонна расстроилась.

... *Я глянул на бронепоезда. На одном из них был разбит паровоз, на другом товарные вагоны за паровозом горели. В одном рвались ящики с патронами. А немцы продолжали артобстрел в наше кукурузное поле беспрерывно, один за другим, падали снаряды...*

... *Оглянулся кругом — кукурузного поля как ни бывало. Вся земля была как бы перепахана, только кое-где лежали куски человеческих тел, обрывки одежды, противогазы да отдельные стебли уже пожелтевшей кукурузы. Рядом насыпь, на ней один за другим стоят два бронепоезда. Оба были разбиты, вагоны горели, на первом сбита труба и разбит корпус, второй, правда, еще дымил. Делать мне на кукурузном поле было нечего, и я потянулся к людям.*"[204]

---

[203] Schimak, A., Lamprecht, K., Dettmer, F. — Die 44. Infanterie–Division. Tagebuch der Hoch– und Deutschmeister, Austria Press, Wien — 1969, стр. 171–172.

Dettmer, F., — Ergänzungen zur Divisionsgeschichte 44.Infanterie–Division Reichsgrenadier Division Hoch– und Deutschmeister Teil I. — Eigenverlag, 1966.

[204] Худяков Ф. Ф. Прожитое и пережитое. — К.: Издательский дом А.С.С., 2005, стр. 259–270.

Вскоре Худякову было поручено доставить тяжелораненого ответственного работника из Киева на станцию Березань, где мог находиться санитарный поезд. Ночь *на 22 сентября* он провёл на станции:

"...На горизонте, в расстоянии не более полукилометра со всех сторон через равные промежутки времени в небо взлетали ракеты. Взлетит одна, через несколько секунд — правее по горизонту — вторая, еще через несколько секунд — еще правее — третья, и так далее, пока круг не сомкнется. Затем опять — первая... вторая... третья... десятая. Это перекликаются немцы, взявшие нас в кольцо. Эти ракеты казались страшнее, чем пулеметный обстрел, чем рвущиеся снаряды, но самое страшное было — эта наша неорганизованность, слепое паническое бегство, полная беспомощность, хотя тут, на переезде, как и там, в Барышевке, Борисполе, Киеве среди сотен грузовых машин были и тягачи с прицепленными орудиями, минометами, зарядными ящиками. Значит, вооружение, техника были, были и люди. Не было твердого единого командования, а было полное незнание обстановки, паника, каждый сам по себе." [205]

Описание Фёдором Худяковым событий к востоку от Березани, произошедших на следующий день, *22 сентября*, в общем и целом совпадает с немецкими отчётами об этом дне, и в частности, о неудавшихся попытках прорыва бронепоездов от станции Березань к станции Переяславская:

"...среди отступающих был какой-то генерал, который пытался внести хоть что-то наподобие порядка и возглавить организованное отступление, а если и нужно, то и бои при выходе из окружения. Во всяком случае, сотне Гончара было дано задание перейти полотно железной дороги, пересечь поле и где-то километрах в двух, где по гуще деревьев было видно, что там находится какое-то селение, выбить немцев из этого селения (*прим.: возможно, Хмелевик*).

... Начинало смеркаться. ...Ближе к нам, у полотна железной дороги, был, видимо, какой-то полустанок с десятком хат (*прим.: возможно, Переяславская*).

... Но в это время (*прим.: в ночь на 23 сентября 1941 года*) на железной дороге раздались два мощных взрыва При свете вспыхнувшего пламени мы увидели стоящие один за другим два бронепоезда. Эти бронепоезда были подорваны... нашими же войсками. Видимо, впереди был разрушен путь, двигаться они уже не могли." [206]

Следующим утром Худяков, вместе с остатками сводного отряда, прибывшего с бронепоездами, попал в плен примерно в 12 км к западу от Яготина. *В его памяти дата пленения осталась как 22 сентября 1941 года, однако хронология, восстановленная по его мемуарам, указывает на 23 сентября:*

- *18 сентября начали отход, почти до утра ехали до Дарницы;*
- *оттуда 19 сентября вечером двинулись в Борисполь, куда подъехали только на рассвете;*
- *20 сентября днём подъехали к селу Барышевка, где "были видны следы недавнего жаркого боя"; ночью переправились через болото и речку (Трубеж);*
- *21 сентября дошли до Березани, откуда "доносилась пулеметная и ружейная стрельба" и освободили станцию и село от немцев (см. первый отрывок выше);*
- *ночь на 22 сентября Худяков провёл на станции Березань (см. второй отрывок), после чего весь день участвовал в безуспешных атаках на село Хмелевик;*
- *ночь на 23 сентября провёл на полустанке (Переяславская — см. третий отрывок), а на рассвете следующего дня попал в плен.*

---

[205] Худяков Ф. Ф. Прожитое и пережитое. — К.: Издательский дом А.С.С., 2005, стр. 272.

[206] Худяков Ф. Ф. Прожитое и пережитое. — К.: Издательский дом А.С.С., 2005, стр. 274–280.

Мы уже ссылались на работу Андрея Кайнарана "Бронепоезда 41-го. Юго-западное направление", в которой подробно исследованы действия бронепоездов во время прорыва из Киевского котла. Как указано в этом исследовании, место подрыва бронепоездов их экипажами в некоторых источниках указано как 69-й километр железнодорожного участка Киев — Гребёнка, посередине между станциями Березань и Переяславская (где был взорван бронепоезд "Литер В"), и 84-й километре, в трёх километрах западнее станции Яготин (где были взорваны "Литер А" и "Литер Б"). Комиссар бронепоезда "Литер Б" Василий Васильевич Финогенов, отмечает, что пробившись с боем на станцию Березань, а затем и к селу Хмелевик, бронепоезда не смогли продолжить продвижение, и в безвыходном положении были взорваны[207].

В мемуарах ветеранов 41-й стрелковой дивизии тоже упомянуто, что 22 сентября 1941 года одна из групп, взаимодействуя с бронепоездом, пробилась через Березань и достигла станции Переяславская. Бой длился до вечера 23 сентября, и когда закончились боеприпасы, было принято решение прорываться из окружения мелкими группами[208].

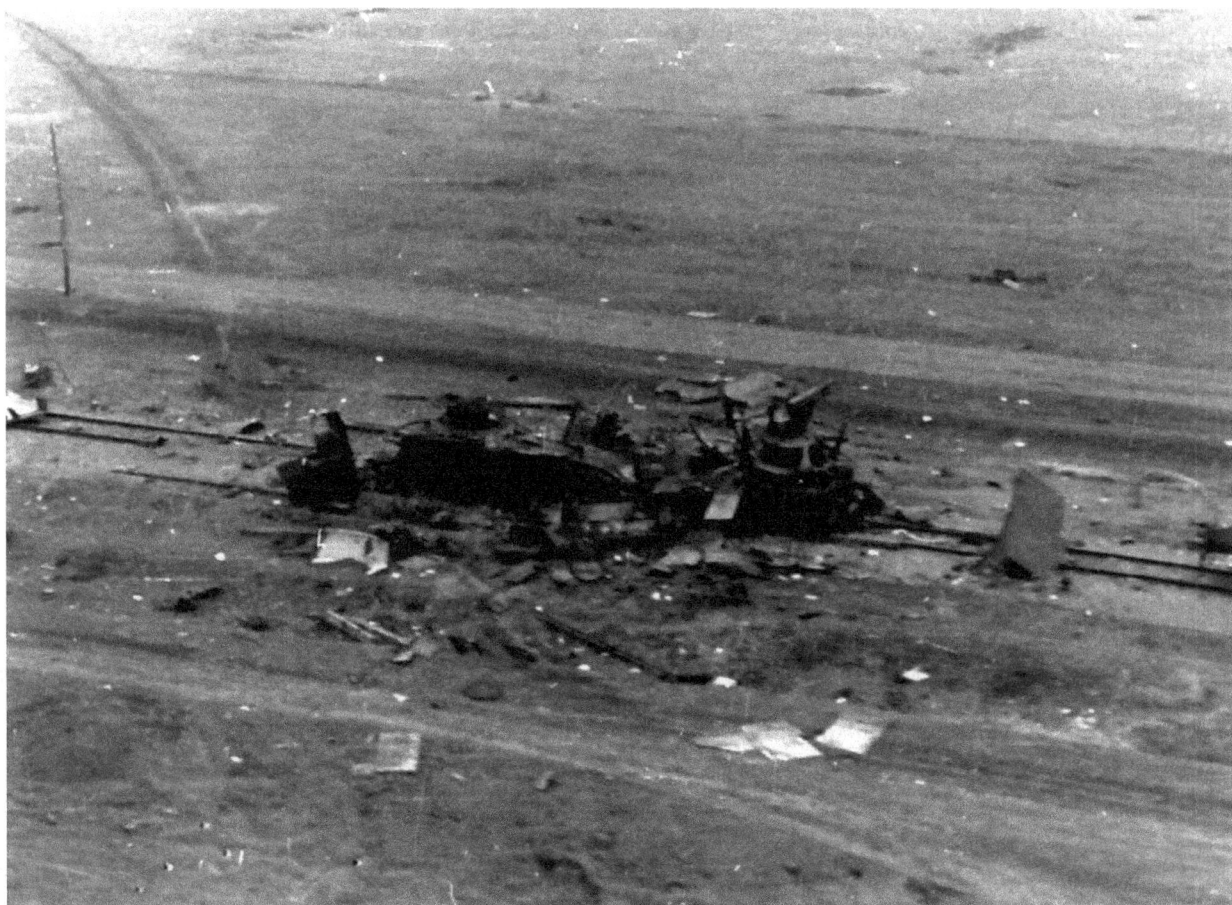

Фотография с воздуха: взорванный бронепоезд, под Киевом, 1941 год – *предположительно, между станциями Березань и Яготин* (из личной коллекции Михаила Прокопенко).

---

[207] Письмо Василия Финогенова, отправленное родным С. П. Голованова 10 ноября 1946 года. Материалы экспозиции Мемориального комплекса "Национальный музей истории Великой Отечественной войны 1941 — 1945 годов", Киев. Цитируется по работе Кайнарана А. Бронепоезда 41-го. Юго-западное направление. — Волынь — 2012, стр. 113.

[208] Ананко, В. И., Доманк, А. С., Романичев, Н. М., За каждую пядь — Каменяр — Львов: 1984, стр 134–135.

22 сентября 1941 года, примерно в то время, когда группа, в которой оказался Худяков, безуспешно атаковала селение *Хмелевик* уже к востоку от станции Березань, сводные отряды, сумевшие переправиться через Трубеж южнее, повели наступление на село Березань с юго-запада. Стенограмма заседания участников обороны Киева 1941 года, состоявшегося 13 сентября 1946 года с участием председателя Киевского исполкома Захария Олейника, свидетельствует:

"Когда мы перешли болото, дальше рассказывал Олейник, то в Семеновском или в Березанском лесу снова начали формировать отряды и готовить наступление на Березань. В 5 ч. вечера 22 сентября собралась группа красноармейцев и гражданских с ружьями и гранатами и пошли в наступление на Березань. Немцы тогда были в Березани. Их выбили оттуда, подвели несколько немецких машин и пошли через горящую Березань в направлении Долина. Подошли к с. Черевки Березанского района Киевской области 23 сентября. Утром немец был в Згуровке, и Черевки все время обстреливались, почти со всех сторон.»" [209]

Нинель Костюк, анализируя эту стенограмму, дополняет:

"Если посмотреть на географическую карту Киевщины и обратить внимание на то, как передвигались защитники Киева, пытаясь вырваться из Барышевского котла, то не трудно увидеть, что это передвижение напоминает хаотичное «броуновское» движение..., защитники, которые по сути уже стали беженцами, все время вынуждены были менять путь, пытаясь с минимальными потерями сохранить людей от стремительного натиска немцев, по возможности дать отпор немецким стрелковым военным частям и избежать бомбовых ударов мессершмиттов и танков. С тем оружием, которое было в их распоряжении, рассчитывать на действенную противодействие не приходилось, люди гибли на глазах."

Тем не менее, время от времени рассредоточенные немецкие силы и сами оказывались в окружении, не выдерживая натиск прорывающихся из окружения сводных отрядов. Например, как отмечал Захарий Олейник, 22 сентября 1941 года Березань была у немцев отбита. Более того, восточная часть села оставалось под контролем советских войск по меньшей мере до 24 сентября 1941 года.

Мы полагаем, что именно к Березани к концу 22 сентября выбрались и остатки 48-го инжбата, за исключением, возможно, отдельных бойцов, а также группы Ермакова, которая продолжала укрываться в лесах: Березанском и Семёновском (в показаниях комиссара Ермакова отсутствуют сведения о непосредственном периоде после 21 сентября 1941 года, и следующая запись относится лишь к 15 октября 1941 года, когда его группа пыталась пройти из "Семёновского" в "Черниговские" леса).

Пётр Николаевич Карасёв. Согласно сведениям, хранящимся в ЦАМО и ГАРФ, красноармеец "48 отд. Д Б-н" Пётр Карасёв попал в плен 22 сентября 1941 года в Полтавской области, *скорее всего, при попытках вырваться из котла*, и был впоследствии освобождён. Обстоятельства пленения красноармейца Карасёва и его дальнейший боевой путь не установлены. В Государственном Архиве новейшей истории Саратовской области хранилось его архивное фильтрационно-проверочное дело, зарегистрированное 22 октября 1958 года. Однако в 1988 году оно было уничтожено в связи с истечением срока хранения (см. биографию Петра Карасёва).

Алексей Павлович Котляр. Командир взвода 48-го инжбата младший лейтенант Алексей Котляр тоже попал в плен 22 сентября 1941 года (согласно сведениям из его учётно-послужной карточки; обстоятельства пленения неизвестны). Однако Котляр выбрался из плена и проживал на оккупированной территории до 19 апреля 1944 года, после чего прошёл спецповерку в проверочно-фильтрационном лагере НКВД и был направлен в отдельный штурмовой стрелковый батальон ("штрафбат"). В январе 1945 года Алексей Котляр был "восстановлен, как получивший ранение, во всех офицерских правах и воинском звании", и зачислен в резерв офицерского состава (см. биографию Алексея Котляра).

---

[209] ЦДАГО України. – Ф. 166. – Оп. 3. – Спр. 37.

Цитируется по работе Костюк, Н. Т. Важкі сторінки Київської оборони 1941р.: тактика «випаленої землі» і «Баришівський котел». Источник: http://anvsu.org.ua/index.files/Articles/Kostjuk_5.htm

Глава 12. Березань: последний рубеж (23 — 25 сентября 1941 года)

В памяти многих участников событий дни 23 и 24 сентября 1941 года нередко сливались в один долгий день: на пятые-шестые сутки сказывалась и непомерная усталость после изнурительного отхода из Киева, и хаос происходившей вокруг трагедии, и ранения, и психологическое напряжение, неизменно сопровождающее боевые действия в условиях окружения. Большинство прорывающихся уже не имели чёткой информации об оперативной обстановке и не координировали свои действия. У многих было предписание "прорываться мелкими группами". Тем не менее, междуречье Трубежа и Недры и село Березань, в частности, всё ещё приковывало к себе восемь пехотных дивизий вермахта, означая, что отчаянное сопротивление в этом районе продолжалось.

Киевский котёл (фрагмент карты немецкого Генштаба от 24 сентября 1941 года): положение окружённых советских войск после отхода из Киева (красные линии) и немецких войск (синие линии).
Обозначен оставшийся очаг № 6 близ Березани, в котором оказались и бойцы 48-го инжбата.
В борьбе с окружёнными войсками немецкие войска задействовали восемь пехотных дивизий:
62-ю, 168-ю, 44-ю, 45-ю, 134-ю, 79-ю, 111-ю и 298-ю.

Судя по всему, карта немецкого Генштаба этого района от 23 сентября 1941 года не сохранилась. Генштабовская карта следующего дня показывает, что в Яготинском очаге окружения № 6, где скопились остатки преодолевших Трубеж советских сил, продолжались активные боевые действия. Как отмечено у многих историков, к 24 сентября кольцо окружения в междуречье рек Трубеж и Недра сжалось до диаметра примерно 15 км [210].

298-я немецкая пехотная дивизия достигла села Скопцы к полудню 23 сентября 1941 года, после чего начала выдвижение в район Трубежа, "осуществляя зачистку разрозненных русских сил".[211] В зачистке района эта дивизия взаимодействовала с 79-й пехотной дивизией.

62-я пехотная дивизия располагалась вдоль западного берега реки Трубеж, пытаясь установить контроль над Барышевкой.

Северную и северо-западную часть котла на рубеже Дерновка — Барышевка — Корнеевка занимала 168-я пехотная дивизия.

44-я пехотная дивизия продолжала атаковать северо-восточную часть Березани к северу от железной дороги.

45-я пехотная дивизия наступала на Березань с востока, закрывая окружённым путь к Яготину, во взаимодействии со 134-й пехотной дивизией, державшей юго-восточные рубежи в районе Семёновки.

Нижеприведённая схема, добавленная к карте РККА, предназначена лишь для примерного обозначения районов расположения этих немецких пехотных дивизий, а детальные сведения можно получить, продолжив хронологическое рассмотрение фрагментов из их боевых историй.

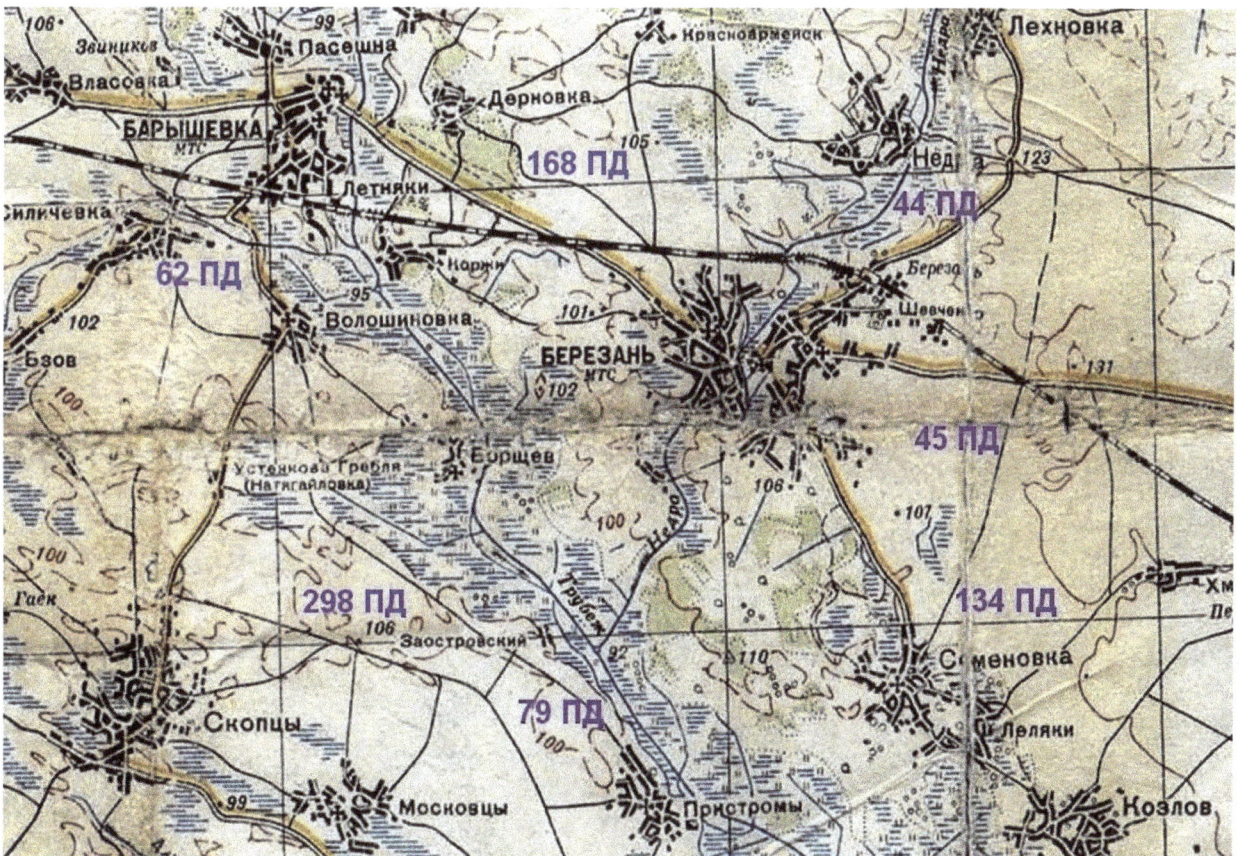

Фрагмент военной карты РККА (М-36-XIII): добавлена схема примерного расположения немецких дивизий вокруг междуречья Трубежа и Недры 23-24 сентября 1941 года.

---

[210] Исаев А. В. Котлы 41-го. История ВОВ, которую мы не знали. — М.: Яуза, Эксмо, 2005.
[211] Kameradschaft der 298.Inf.Div.: 298.Infanterie–Division Ruhm und Untergang 1940–1943, Selbstverlag, стр. 50.

Адаптированный фрагмент штабной карты 44-й ПД вермахта (23 сентября 1941 года, 07.00 – 13.00, 1:300 000): красным цветом отмечены рубежи обороны и направления прорыва советских войск в районе Березани.

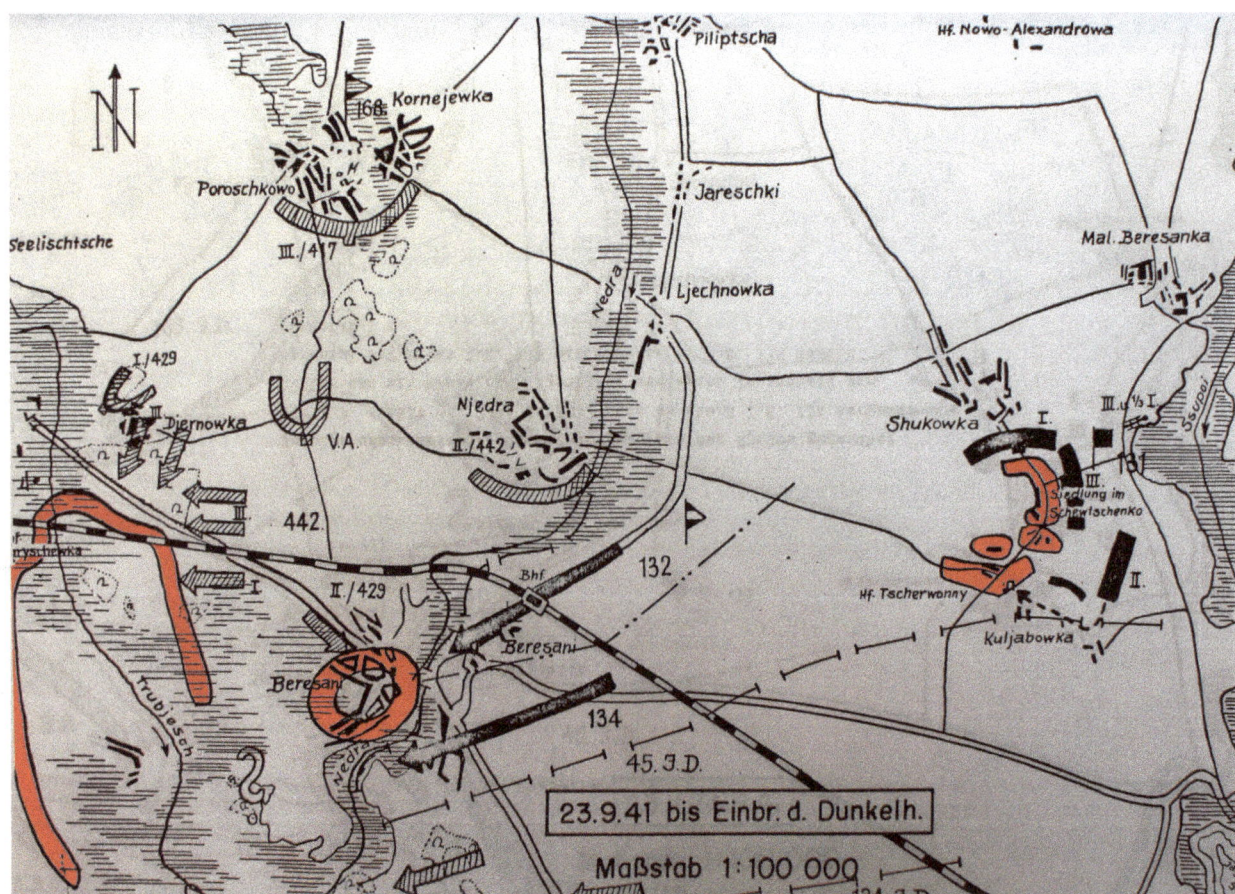

Адаптированный фрагмент штабной карты 44-й ПД вермахта
(23 сентября 1941 года, до наступления темноты, 1:100 000): красным цветом отмечены рубежи обороны в Березани, вдоль реки Трубеж, а также в районе хуторов Червонный и имени Шевченко.

Хроника 62-й немецкой ПД отмечает, что 23 сентября 1941 года, после отчаянных боёв, советские войска вновь овладели южной частью Барышевки и расположенным там железнодорожным мостом:

"Ночью значительные силы противника устремились вдоль Трубежа на север, чтобы пробиваться по мосту на восток. В отчаянных атаках, после массированного ночного рукопашного боя, противник снова овладел южной частью Барышевки. Часть этих сил устремилась по железнодорожному мосту на восток, несмотря на кровопролитный урон, наносимый этим отходящим колоннам стрелковым и артиллерийским огнём. 164-й ПП сражался героически и, несмотря на значительную слабость, старался предотвратить отход врага и не отдать противнику автодорожный мост в Барышевке. На рассвете 190-й ПП начал атаку на Волошиновку, плотный бой продолжался в течение дня, однако не привёл к успеху. 183-й ПП, вместе с 164-м ПП, должен был зачистить Барышевку и местность южнее; в течение дня этим полкам удалось подвезти несколько орудий, но только после того, как удалось пробить для этого дорогу близ Власовки. Отчаянные бои продолжались весь день, противник нёс огромные потери; но дня не хватило, чтобы рассеять собравшиеся там силы." [212]

На следующий день, 24 сентября 1941 года, хроника подводит итог своих ожесточённых и кровопролитных боёв в Киевском котле в течение последних шести дней:

"Бой продолжался всю ночь с тем же самым ожесточением и только в течение 24-го, после введения дополнительных штурмовых орудий, территория вокруг Барышевки и Волошиновки была вновь захвачена, а вражеские массы можно было считать уничтоженными. Тысячи трупов покрывали поле сражения, потери противника в снаряжении всякого рода были беспредельными. Бои дивизии вокруг Барышевки привели к следующим потерям противника: более 3,000 убитыми, 8,000 пленными, более 150 орудий, более 1,000 автомобилей и бесчисленное прочее снаряжение. Благодаря дальнейшей героической борьбе мужественных полков дивизии, силы противника, уничтожаемого 25.9 нашей соседней дивизией в Борщёве (*прим.: 298-й ПД, см. ниже*), не смогли отступить через Волошиновку и Барышевку. Таким образом, наша дивизия, помимо оказанной артиллерийской поддержки, также косвенно приняла участие в огромном успехе и на том участке.

Сражения на полях в районе Барышевка — Волошиновка — Борщёв останутся самыми серьёзными и самыми внушительными из русского похода. В кровопролитных боях с 19.9 по 24.9 дивизия потеряла 1,696 офицеров, унтер-офицеров и бойцов..." [213]

На западном берегу Трубежа координированные действия вели 298-я и 79-я пехотные дивизии вермахта. 23 сентября 1941 года основные части 298-й ПД заняли территорию в районе Заостровского у Трубежа, а 24 сентября 525-й пехотный полк дивизии достиг Борщёва, атаковав и заняв это село на следующий день (*прим.: именно об этой атаке 25 сентября упоминалось в хронике 62-й ПД*). По завершении боевых действий, обеспечив подступы к Трубежу и станции Барышевка, 523-й ПП дивизии расположился в Бзове, 526-й ПП — в Борщёве, а 527-й ПП — в Заостровском. Хроника 298-й ПД также отмечает, что дивизию можно было распознать по белым сигнальным ракетам с церкви в Борщёве.[214]

Менее удачными эти дни оказались для 168-й и, особенно, 44-й немецких дивизий. Гауптман Любош из 429-го пехотного полка 168-й дивизии записал в своём военном дневнике, что после того как 2-й батальон занял накануне западную часть Березани, ночь на 23 сентября 1941 года прошла спокойно. К полудню в была занята станция Березань[215]. Однако уже 24 сентября записей в его дневнике не было: к тому времени его батальон, переподчинённый 44-й ПД, сам оказался в кольце окружения внутри села Березань. Развитие ситуации в Березани в течение 24 сентября 1941 года было настолько опасным для немецких сил, что нашло своё отражение в материалах трёх дивизий вермахта: 168-й, 44-й и 45-й.

---

[212] von Ralf A. Schäfer, Adolf Reinicke, H. G. Hermann, Friedrich Kittel. Die Mondschein–Division: Die 62. Infanteriedivision 1938–1944. Die 62. Volksgrenadierdivision 1944–1945 — 2008, стр. 122.

[213] von Ralf A. Schäfer, Adolf Reinicke, H. G. Hermann, Friedrich Kittel. Die Mondschein–Division: Die 62. Infanteriedivision 1938–1944. Die 62. Volksgrenadierdivision 1944–1945 — 2008, стр. 122.

[214] Kameradschaft der 298.Inf.Div.: 298.Infanterie–Division Ruhm und Untergang 1940–1943, Selbstverlag, стр. 52.

[215] Auszüge aus den Kriegstagebüchern. 168. Infanterie–Division.
Источник: http://www.wilhelm-radkovsky.de/div.htm#DOK11

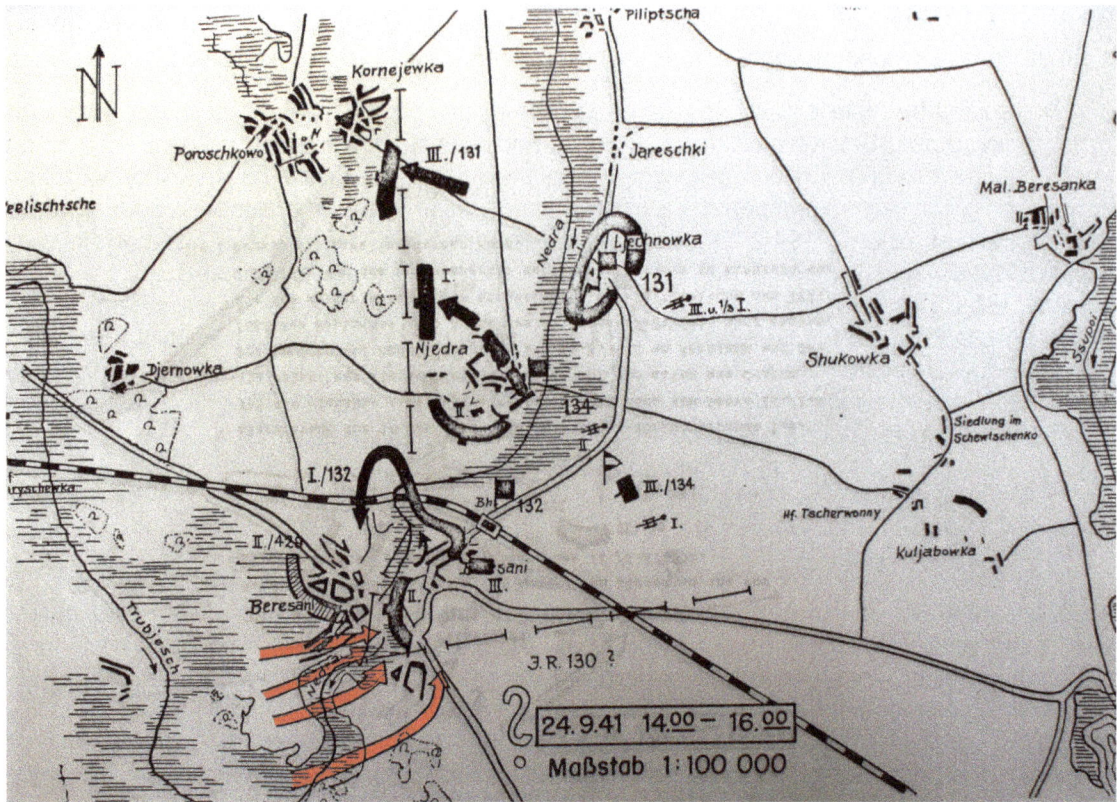

Адаптированный фрагмент штабной карты 44-й ПД вермахта (24 сентября 1941 года, 14.00 – 16.00, 1:100 000): красным цветом отмечены направления атак советских отрядов на южную окраину Березани.

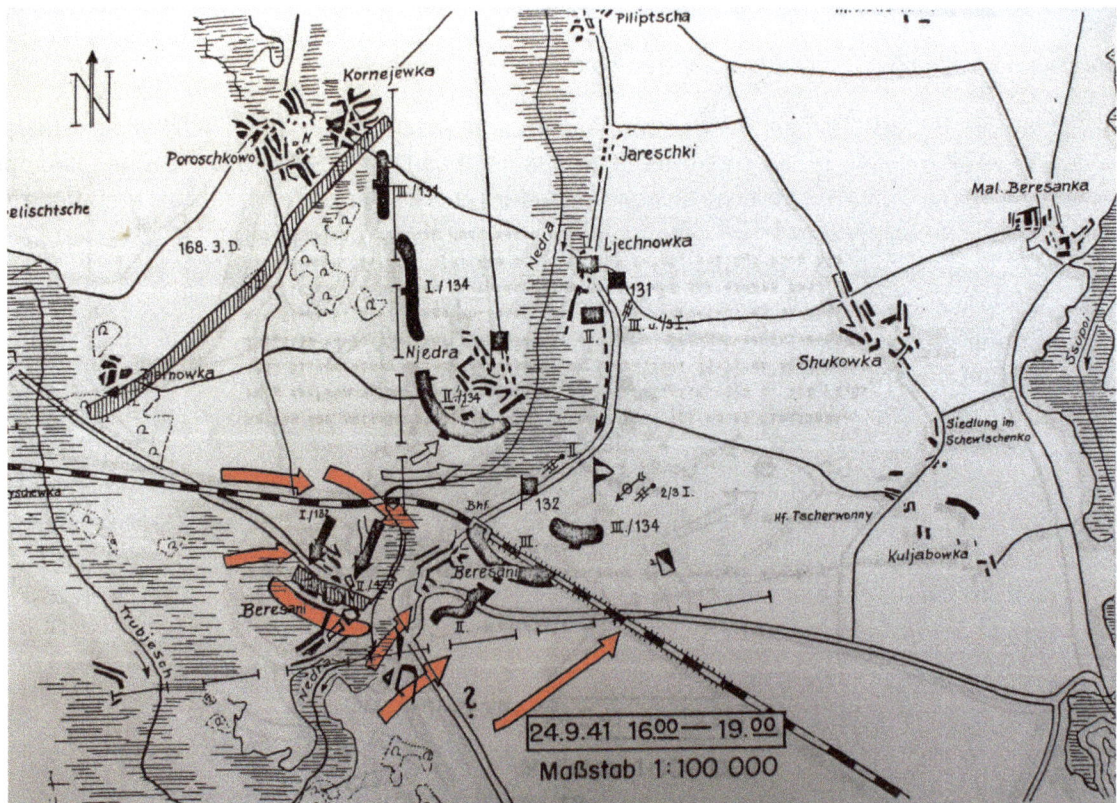

Адаптированный фрагмент штабной карты 44-й ПД вермахта (24 сентября 1941 года, 16.00 – 19.00, 1:100 000): красным цветом отмечены направления атак советских отрядов на Березань и на перекрёсток дорог.

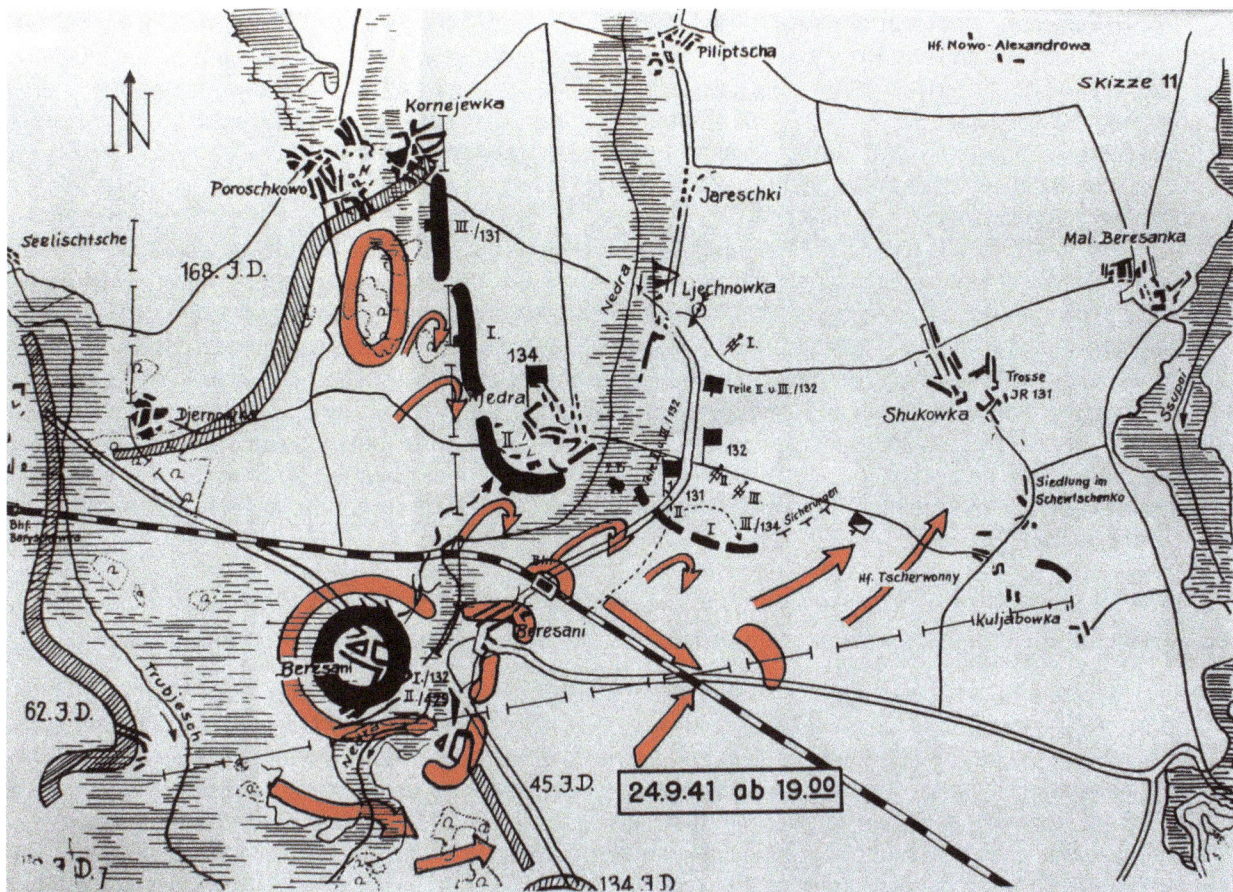

Адаптированный фрагмент штабной карты 44-й ПД вермахта (24 сентября 1941 года, положение к 19.00, 1:100 000): красным цветом отмечены рубежи обороны и направления прорыва советских войск из района села Березань. Внутри села Березань обозначено кольцо окружённых немецких батальонов.

Донесение командира 2-го батальона 429-го пехотного полка 168-й ПД гауптмана Любоша рисует довольно мрачную для его батальона картину:

"24.9.41 в первой половине дня, батальон был придан 44-й ПД и получил приказ оборонять западную часть Березани с юга и запада. Батальону также предписывалось обеспечить и оборону с юга восточной часть Березани. В случае, если батальон не мог удержать позиции собственными силами, была обещана поддержка другого батальона.

В результате, 5-я рота была направлена для занятия южной части, 7-я рота для занятия западной части, 6-я рота для занятия центральной части, при поддержке 8-й роты.

В первой половине дня 24.9.41, при рассмотрении обстановки, я и командиры рот посчитали возможным удерживать позицию даже и против превосходящих сил. В 14.00 ч. 5-я рота сообщила о сильной атаке и одновременно просила о боеприпасах. Я сразу же направил взвод из 6-й роты на усиление левого крыла 5-й роты. Когда я привёз в 5-ю роту боеприпасы на автомобиле 14-й роты (*нем. – P.K.W. der 14. Kp.*), я понял, что из позиций на восточном берегу Недры, где должен был располагаться 2-й бат. 132-го ПП (*нем. – II./J.R. 132*), огонь не вёлся, хотя там появились примерно 2 роты русских, вышедших из леса и передвигавшихся по болотистой низине на север. Поэтому я отправил ординарца как во 2-й бат. 132-го ПП с предписанием отразить эту атаку, так и к командованию 132-го полка с просьбой о поддержке.

Когда я вернулся на КП батальона, я узнал, что командир 5-й роты погиб, командир взвода ранен, а левое крыло роты отступило из-за угрозы окружения с востока. Я передал моему адъютанту, лейт. Борку (*Borck*), командование 5-й ротой и приказал командиру 6-й роты, лейт. Иффландеру (*Iffländer*), выступить и восстановить положение восточного крыла 5-й роты.

Чтобы избежать огня противника, я перенёс КП в смотровую башню поблизости от моста, в то же время намереваясь организовать оборону моста и взаимодействие с обещанным ранее батальоном поддержки. Лишь только мне удалось перебросить через мост противотанковую пушку (*нем. – Pak*), 2 ручных пулемёта (*нем. – I.M.G.*) и наладить связь с моими стрелками, как русские атаковали большими силами. Когда оба ручных пулемёта замолкли, а противотанковая пушка себя израсходовала, враг смог продвинуться на север и на западном берегу, в результате чего я был отрезан от батальона.

Так как 2-й бат. 132-го ПП не участвовал в обороне и весь юго-восток деревни уже был в руках русских, я был вынужден отойти с оставшимися у меня стрелками на северо-восток. После этого я попытался добраться до своего батальона — который вместе с батальоном 132-го ПП должен был занимать позиции у железнодорожной насыпи — намереваясь прорваться через станцию Березань к железнодорожному мосту, который должен был контролировать взвод. Однако я обнаружил, что и железнодорожный мост, и сама станция уже находятся в руках русских. Я был вынужден свернуть в болото за Недрой, связался с дивизией и был, с противотанковым взводом, вновь направлен в Березань. Там я попал под огонь и потерял самоходное орудие. В поисках батальона вдоль железнодорожной насыпи, я вновь натолкнулся на русских, что вынудило меня вначале отказаться от своего плана." [216]

Забегая вперёд, отметим, что лишь на следующее утро, 25 сентября, гауптману Любошу удалось вернуться в центр Березани, но и после этого его батальону не удалось овладеть инициативой:

"Утром 25.9.41 я выдвинулся совместно с офицерским развед. дозором 1-го батальона 442-го ПП (*нем. – Offz.-Spähtrupp des I./J.R. 442*), и вместе с лейт. Мюллером (*Müller*) первым достиг деревню, обнаружив там лейт. Фабиана (*Fabian*) со взводом лёгкого пехотного орудия (*нем. – I.I.G. Zug*) и 4-мя группами из 5-й роты. Я зачистил деревню вдоль главной улицы вплоть до моста, куда я прибыл в 10.30 ч., обнаружив длинные русские колонны, двигавшиеся на север. Я принял командование над офицерским развед. дозором, прибывшим спустя примерно на полчаса позже и немедленно атаковал русских. В 14.00 ч. прибыл 3-й бат. 442-го ПП.

Ночью (*прим.: на 25 сентября*) батальон занял круговую оборону в северо-западной части деревни и держал позиции против атак русских. 132-му ПП, направленному для деблокирования батальона, атака не удалась. Когда обер-лейт. Маршнер (*Marschner*), внёсший наибольший вклад в оборону, пересёк в 5.00 ч. (*прим.: утром 25 сентября*) железнодорожную насыпь, он обнаружил части 132-го ПП, и получил приказ возвращаться в (*деревню*) Недра. По до сих пор неразъяснённой причине группа Фабиана об этом не была извещена и держалась до моего прибытия." [217]

В завершении своего донесения гауптман Любош отметил, что в течение 23, 24 и 25 сентября 1941 года батальон взял в плен 1,921 пленных, из числа которых 985 было направлено в место сбора 44-й пехотной дивизии. При последующей зачистке было взято в плен ещё 40 человек, а "потери русских в живой силе были очень высоки".

Командир 8-й (пулемётной) роты обер-лейтенант Маршнер, упомянутый в донесении гауптмана Любоша, подал отдельное донесение о боях в Березани 24 сентября 1941 года:

"После полудня русские войска атаковали позиции 2-го батальона 429-го полка большими силами с запада, юга и юго-востока. Во время этой атаки я находился к западу от южной стороны деревушки, в районе, укреплённом тяжёлым оружием. Командир батальона гауптман Любош, обсудив со мной обстановку, направил ординарца в примыкающую слева 5-ю роту. Там находился более проходимый отрезок болота, откуда неистощимыми массированными волнами накатывались атаки противника. Примерно через 3/4 ч. после начала атаки я заметил, что части русских проникли на южную окраину деревни, охватив моё левое крыло. Направленный против этих сил противника пулемётный взвод был вынужден отойти на колхозный двор после краткого боя, повлекшего потери.

---

[216] Bundesarchiv-Militärarchiv Freiburg, RH 26-168. Auszüge aus den Kriegstagebüchern. 168. Infanterie–Division. Источник: http://www.wilhelm-radkovsky.de/div.htm#DOK28

[217] Bundesarchiv-Militärarchiv Freiburg, RH 26-168. Auszüge aus den Kriegstagebüchern. 168. Infanterie–Division. Источник: http://www.wilhelm-radkovsky.de/div.htm#DOK28

Эта позиция была удержана и атакующие русские были оттеснены на восток, к переправе через Недру. В то же время наши войска в (*деревне*) Недра были отрезаны от основной части батальона.

Между тем в западной части деревни (*Березань*) примерно 60 проникших туда русских были уничтожены двумя контратаками 8-ой роты под моим командованием. Таким образом, ситуация в западной части была до вечера стабилизирована. Однако нам не удалось до момента наступления темноты восстановить связь с отрезанными в (*деревне*) Недра частями батальона, теснимыми с трёх сторон русскими, которые прорвались к тому времени далеко на север к востоку от Недры.

С наступлением темноты я занял с батальоном круговую оборону западной части деревни (*Березань*). Один проведённый мной развед. дозор достиг в темноте речной переправы, но попал под вражеский огонь и был вынужден отойти. К 22.00 ч. связь с 1-м батальоном 132-го полка, от которого до сих пор не было известий, так и не установилась.

Радиограммы в 1-й бат. 429-го ПП с просьбой об усилении были подтверждены, но оставались, тем не менее, без ответа. Всю ночь продолжались мои безуспешные попытки установить радиосвязь.

Все миномётные боеприпасы были израсходованы, пулемётных боеприпасов оставалось 20%, и я решил на рассвете (*прим.: 25 сентября 1941 года*) пойти на соединение с основными силами батальона, переместив оборонительный рубеж на железнодорожную линию. По прибытии к железной дороге, следуя приказу 44-й ПД, я присоединился к расположенному там 1-му бат. 132-го полка и примерно в 11.00 ч. достиг (*деревни*) Недра." [218]

Как следует из этих донесений, 24 сентября 1941 года, несмотря на усилия немецких войск взять Березань под контроль, многим советским отрядам удавалось переправляться через реку Недра в самой Березани и продолжать путь на восток. При этом они вели ожесточённые бои и в селе, и на станции Березань, разрезая силы немцев между сёлами Березань и Недра и обеспечивая жизненно важные пути дальнейшего отхода на восток и северо-восток.

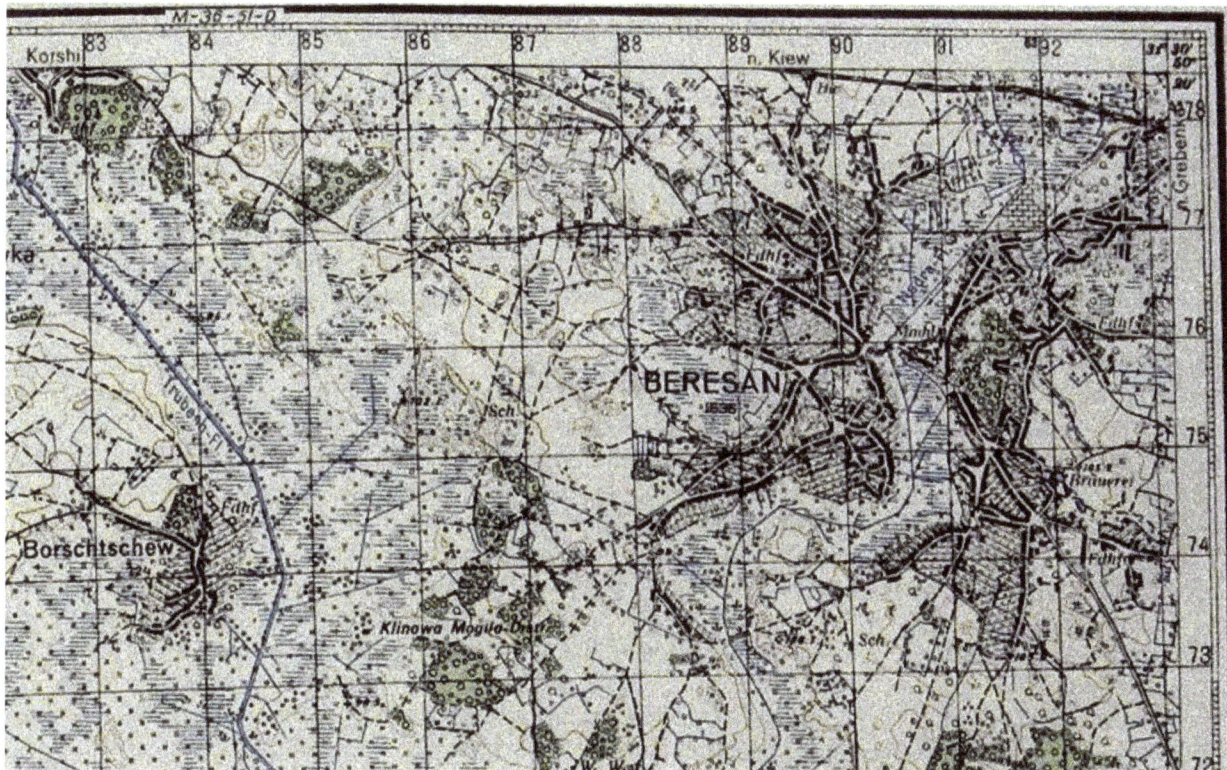

Фрагмент немецкой военной топографической карты М-36-63-В (1:50 000): село Березань, разделённое рекой Недра на западную и восточную части.

[218] Bundesarchiv-Militärarchiv Freiburg, RH 26-168. Auszüge aus den Kriegstagebüchern. 168. Infanterie–Division. Источник: http://www.wilhelm-radkovsky.de/div.htm#DOK29

Командир 429-го пехотного полка 168-й дивизии в своём донесении от 29 сентября 1941 года тоже упомянул кровопролитные бои в Березани 24 сентября, отдельно отмечая, что в тот день прорывы и массовые атаки русских нельзя было остановить ни пехотой, ни артиллерийским огнём, причём оставшиеся в живых шли в атаку в полный рост. Рукопашные бои носили особенно ожесточённый характер, и за железнодорожной насыпью к северу от Березани были, например, найдены солдаты с отрезанными ушами. [219]

44-я пехотная дивизия, как мы знаем, атаковала район Березани с северо-востока, из района севернее железной дороги, проходящей через станцию Березань. Именно этой дивизии был придан 2-й батальон гауптмана Любоша из 429-го полка соседней 168-й дивизии, который в итоге сам оказался в кольце окружения внутри села. Эти события, естественно, были занесены в боевую историю и 44-й ПД:

"23.9., 7.00 ч., полки продолжили атаку: правым крылом на Березань (восточный край), а левым на Семёновку (исключая). В 8.30 ч. дивизия получала сообщение, что 168-я ПД захватила станцию Березань. 44-й ПД был дан приказ занять восточную часть деревни. Граница пролегала по реке Недра. 45-я ПД действовала рядом...

В утренние часы поступило сообщение о повторном прорыве противника большими силами в Барышевку и о занятых противником перелесках к западу от Недры. К полудню 134-й ПП прошёл колхоз в направлении Березани, в то время как 132-й ПП несколько отстал. В это время поступил приказ корпуса, предписывающий 168-й ПД повернуть на Барышевку, а 44-й ПД пришлось взять на себя рубеж Недра — Березань (запад). 46-му противотанковому батальону и 3-й роте 80-го сапёрного батальона (нем. – Pz.Jag.Abt.46 und 3./Pi.80) было приказано достичь Ядловки, чтобы воспрепятствовать проникновению противника на север. В 18.00 ч. командир дивизии сообщил командиру корпуса об освобождении восточной части Березани... Но уже в 19.30 ч. дивизия была вынуждена сообщить, что противник, по-видимому прибывший из Барышевки, занял западную часть Березани. В этой неясной ситуации подмена частей 168-й дивизии, находящихся в северной части Березани, была не осуществима. Ещё поздним вечером дивизия получила приказ полностью занять Березань и зачистить территорию между обеими частями болота на западе и юго-западе (прим.: в междуречье Трубежа и Недры). Запланированная на 24.9 подмена в Березани 2-го батальона 429-го ПП (прим.: батальона гауптмана Любоша) не произошла на основании сообщения, что деревня была занята сильным противником. Со стороны 168-й ПД силы противника атаковали Круполь. По-видимому, русские пытались пробиваться от Барышевки на север.

Эти очень непредсказуемые боевые действия, происходившие повсюду, были вызваны отчаянными попытками противника вырваться из Киевского котла. Где бы он не находил брешь, враг наталкивался на заслоны, и снова пробовал пробиться в другом месте. Поэтому и направления наших собственных атак должны были меняться вновь и вновь. Из-за этого как у солдат, так и у младших командиров возникало впечатление, что не только русские, но и наши войска находились в котле.

Чтобы предотвратить прорыв противника через Недру на восток, в Лехновке был образован сводный отряд. ...Контролировать район к востоку от Недры было поручено 132-му ПП. Согласно приказу командира корпуса, дивизия должна была удерживать восточную часть Березани, и атаковать противника силами полка, с целью сбросить его в болото. Для этого 44-й ПД был придан 2-й бат. 429-го ПП. 134-му ПП был отдан приказ на атаку. ...

Между тем командир 132-й ПД Айбль (Eibl) сообщил, что вновь проникшие в южную часть Березани русские оттеснили там 2-й бат. 429-го ПП. После соответствующего сообщения комдива командир корпуса принял решение отменить атаку 134-го ПП. Только после образования фланга обороны 168-й ПД и 44-й ПД на рубеже Корнеевка — Недра, с фронтом на юго-запад, было решено нанести общий удар на юг. Однако, 132-й ПП уже подошёл к железнодорожному мосту, не мог остановить продвижение и неожиданно обнаружил противника на своём левом фланге. Контратака привела в западную часть Березани, которая была захвачена превосходящими силами." [220]

[219] Bundesarchiv-Militärarchiv Freiburg, RH 26-168. Auszüge aus den Kriegstagebüchern. 168. Infanterie–Division. Источник: http://www.wilhelm-radkovsky.de/div.htm#DOK25

[220] Schimak, A., Lamprecht, K., Dettmer, F. — Die 44. Infanterie–Division. Tagebuch der Hoch– und Deutschmeister, Austria Press, Wien — 1969, стр. 173–175.

Разумеется, события в хронике 44-й немецкой дивизии представлены с оглядкой на позицию вышестоящих немецких командиров, тем не менее, стоит выделить оценку о том, "что не только русские, но и наши войска находились в котле". Эта ситуация отчётливо видна и на штабной карте 44-й ПД, обрисовывающей положение к 19 часам 24 сентября 1941 года, где кольцо окружённых немецких сил обозначено в самом центре Березани. Кольцо образовалось в результате прорыва советских отрядов в южную часть Березани во второй половине дня накануне, как отмечено в хронике 44-й дивизии:

"В 16.00 ч. комполка сообщил, что противник проник также и в южную часть деревни, в которой располагались, с фронтом на юг, 2 батальона 130-го ПП (45-я ПД). Комполка решил занять линию обороны по железнодорожной насыпи, что было одобрено комдивом. Однако это не произошло, так как противник тем временем пересёк, двигаясь на север, железнодорожную насыпь." [221]

Согласно боевой истории 44-й дивизии, комдив генерал Сиберт (Siebert) охарактеризовал кризисное положение, сложившееся к утру 24 сентября 1941 года, следующим образом:

"24.9. Между тем русские проникли большими силами в обе части Березани и более или менее заняли всю территорию. Так как, по-видимому, батальон 130-го ПП больше не находился в южной части, противник нанёс удар в спину. К сожалению, 2-й бат. 132-го ПП позицию не удержал. Поэтому, ввиду опасности, которую представляют силы русских, я приказал образовать защитный фланг. К сожалению, образование фланга также не удержало позицию. Между тем я использовал, у колхоза, 3-й бат. 134-го ПП, а комполка 131-го ПП было приказано занять оборонительную позицию к югу от Лехновки, чтобы остановить, во-первых, своих собственных отступающих людей, а затем и русских...

На командном пункте дивизии я нашёл Айбля (Eibl; командир 132-й пехотной дивизии) раненым. Он наткнулся на русских и получил ранение бедра. Слава Богу, не тяжёлое. Ночь прошла очень беспокойно. Серьзные проблемы у пехотного батальона (*нем. — Ib*) в Войково (*прим.: ныне — Войтово*), так как 3000 размещённых там пленных так же понимают, что ситуация не совсем в порядке и, более того, русские атакуют эту деревню. Батальон обороняется совместно с обозно-транспортными частями, и очень удачно, что 3 тяжёлых орудия, которые мы не смогли взять с собой из-за недостаточного (*прим.: дорожного*) покрытия, теперь оказывают воздействие здесь." [222]

В этом фрагменте стоит особо подчеркнуть и отмеченную комдивом необходимость остановить бегство немецких солдат, и его беспокойство о возможной потере контроля над большим лагерем военнопленных в Войково. Ночь с 24 на 25 сентября 1941 года также описана и в отчёте гауптмана Хайнцеля (*Heintzel*), командира роты штаба 131-го полка 44-й дивизии:

"Внезапно, со стороны заболоченной низины у ручья, разделявшего 3-й бат. и 13-ю роты, послышался шум ожесточённого боя. Сквозь ночь неистово гремели выстрелы. Трещал пулемётный огонь, гремели взрывы ручных гранат и раздавались хриплые крики русского 'Ура'. Не будучи в состоянии рисковать обозом, этой совершенно чёрной ночью мы были прокляты на бездеятельность и должны были ждать молча. Рядом со мной был смертельно ранен военврач штабной роты. Через некоторое время, показавшееся нам бесконечным, шум сражения замолк. Мы слышали как русские вскрывали транспортные средства обоза и грабили их. Теперь выстрелы доносились от северного края нашего "ежа" (*прим.: круговой обороны*), где находился конный взвод. Вскоре командир взвода сообщил, что он отразил удар противника. Его поисковая группа обнаружила, что в северной части деревни (*Березань*) происходило массированное движение колонн с запада на восток. Остальные части обоза регулярно сообщали 'Ничего нового'. Медленно прошла ночь." [223]

---

[221] Schimak, A., Lamprecht, K., Dettmer, F. — Die 44. Infanterie–Division. Tagebuch der Hoch– und Deutschmeister, Austria Press, Wien — 1969, стр. 175.

[222] Schimak, A., Lamprecht, K., Dettmer, F. — Die 44. Infanterie–Division. Tagebuch der Hoch– und Deutschmeister, Austria Press, Wien — 1969, стр. 175–176.

[223] Schimak, A., Lamprecht, K., Dettmer, F. — Die 44. Infanterie–Division. Tagebuch der Hoch– und Deutschmeister, Austria Press, Wien — 1969, стр. 176.

Гауптман Хайнцель (*Heintzel*) продолжает хронику описанием событий 25 сентября 1941 года:

"В ранние утренние часы 25.9 ослабленные части противника сумели прорваться на восток. Как выяснилось, они отходили по дороге Березань — Яготин, а из области к северу от дороги — на северо-восток. В 11.00 ч. 131-й ПП приступил к атаке в южном направлении, и примерно в 15.00 ч. достиг железной дороги, при отчасти сильном сопротивлении. Одновременно, к железнодорожной насыпи прибыл и 134-й ПП, начавший движение на час позже. 2-й бат. 132-го ПП и 3-й бат. 131-го ПП были перемещены, в шахматном порядке, на левое крыло 131-го ПП. У железнодорожной насыпи полки были остановлены, так как в Березани объединились 3 дивизии, которые в течение ночи могли быть спокойно скоординированы." [224]

Три дивизии, о которых идёт речь, это 44-я, 45-я и 168-я дивизии. Отчёт гауптмана Хайнцеля завершается упоминанием о том, что ранним утром 26 сентября 1941 года зачистку Березани провели 132-й пехотный полк его 44-й дивизии, совместно с частями соседних 168-й и 45-й пехотных дивизий.

Напряжённую ситуацию в районе села Березань в течение 23 и 24 сентября 1941 года описал и полковой священник Рудольф Гшопф из 45-й дивизии вермахта, которая 23 сентября начала наступление на Березань с востока:

"На следующий день, 23.9, дивизия начала своё ранее спланированное наступление на запад. Оно развилось неожиданно хорошо, и ещё в первой половине дня была достигнута восточная часть Березани. При этом войска взяли свыше тысячи пленных и необозримое количество трофеев из уничтоженных за день до этого бронепоездов и товарных составов: оружие, боеприпасы, продовольствие, 35 орудий и автомашины разных типов. Во второй половине дня левое крыло дивизии сместилось к юго-западу и очутилось — в основном, это был 135-й ПП — в большой лесистой области, тянувшейся к югу от Березани до реки Трубеж. Здесь вновь был обнаружен настолько сильный противник, что дальнейшее проникновение было приостановлено." [225]

Отметим, что, согласно Рудольфу Гшопфу, в этот день к востоку от Березани в плен было взято свыше тысячи человек. Однако, как и в хрониках двух других дивизий, 168-й и 44-й, день 24 сентября в рассказе Гшопфа описан безрадостно, и тоже упоминает немецкий батальон, окружённый в Березани (*как мы уже знаем, это был батальон Любоша, приданный 44-й дивизии*):

"24 сентября принёс ряд неприятных неожиданностей. После разворота 45-й ПД в предыдущий день в направлении южнее Березань, в это село должна была ворваться подходящая с севера 44-я ПД. Однако, из-за постоянных боёв, она была остановлена и смогла достичь Березани только к вечеру. Тем временем, противник вновь продвинулся через село в восточном направлении, смял наш передовой отряд, окружил только что прибывший батальон 44-й ПД, и направил мощные атаки против расположенного перед селом 130-го ПП, особенно на перекрестке железной и автомобильной дорог. Хотя после больших потерь противник был оттеснён к северу, опасность не миновала. Напротив, войска 44-й ПД были так сильно заняты на её участке, что всё ещё не могли соединиться с 45-й ПД. Поэтому между обеими дивизиями некоторое время оставалась глубокая брешь." [226]

Далее Гшопф описывает разрозненные атаки отходящих советских групп на немецкие обозные части и артиллерийские огневые позиции, в частности на 6-ю батарею 98-го артполка. В частности, его поразила ситуация, в которой во время тяжёлой рукопашной схватки на 6-й батарее другие группы советских окруженцев, проходивших всего в сотне метров от батареи, не вмешались в борьбу и продолжили движение на восток. Так или иначе, бóльшая часть прорвавшихся красноармейцев была остановлена у реки Супой.

---

[224] Schimak, A., Lamprecht, K., Dettmer, F. — Die 44. Infanterie–Division. Tagebuch der Hoch– und Deutschmeister, Austria Press, Wien — 1969, стр. 176–177.

[225] Gschöpf, R. Mein Weg mit der 45. Infanterie–Division. — Oberesterreichischer Landesverlag, 1955, стр. 257.

[226] Gschöpf, R. Mein Weg mit der 45. Infanterie–Division. — Oberesterreichischer Landesverlag, 1955, стр. 257–259.

В особенно неблагоприятном положении, по оценке Гшопфа, оказался 24 сентября 1941 года 135-й пехотный полк 45-й дивизии вермахта, принявший бой в лесу к югу от Березани против значительных сил противника, включавших офицеров и комиссаров. Бои и рукопашные схватки продолжались до поздней ночи и прекратились лишь с наступлением темноты. В результате, 135-й немецкий полк был вынужден оставить (Семёновский) лес.

В полдень *25 сентября 1941 года* — по словам Гшопфа, на "четвёртый день боёв" 45-й дивизии — немецкая пехота вновь начала наступление на Березань и большой лес южнее села, то есть на Семёновский лес, но опять была вынуждена отойти:

"Правый фланг действовал вдоль главной дороги, левый — через деревни Хмелевик и Семёновка. К вечеру 133-й ПП захватил бóльшую часть Березани, а 130-й ПП местами достиг реки Недра. Однако в обширном лесном массиве западнее Семёновки 135-й ПП вновь вступил в ожесточённые бои, в которых противник значительно превосходил наши войска в численности и вооружении. Необычайно высокий процент противника был вооружён пистолетами-пулемётами (*нем. — Maschinenpistolen*) и автоматическими винтовками (*нем. — automatischen Gewehren*). В рукопашных схватках русские применяли ручные гранаты, к которым были привязаны экразитные шашки (*нем. — Ekrasitpackungen; прим.: экразит, или пикриновая кислота, тринитрофенол, также известная как мелинит, шимозе и пр., это химическое соединение, использовавшееся как взрывчатое вещество*). Эффект был разрушительным — в одном случае такая граната полностью уничтожила пулемётный расчёт. Невзирая на то, что обстановка для врага складывалась всё безысходнее, он не выказывал — очевидно под воздействием офицеров и комиссаров — ни малейшего намёка на капитуляцию. В итоге, с наступлением темноты нам пришлось вывести свои части из леса и занять оборону на его опушке. В течение ночи ударные отряды рассечённого противника пытались прорваться из леса на восток, пытаясь соединиться с находившимися там своими группами. Все попытки были отражены. Интересен состав этих отрядов: на следующий день одна наша рота насчитала перед своими позициями из сотни погибших 25 офицеров или комиссаров и 25 унтер-офицеров!" [227]

По воспоминаниям Рудольфа Гшопфа, лишь после массированного применения подведённой артиллерии немецким войскам удалось продвинуться в Семёновский лес и без потерь провести его зачистку. В артобстреле были задействованы тяжёлые полевые гаубицы и 10-см пушки (из 619-го артиллерийского полка), а также пехотные и противотанковые орудия из 168-й дивизии. В итоге, было взято около 700 пленных, в числе которых оказался и генерал — командир стрелкового корпуса. По мнению советского историка Исаева, этим комкором был генерал-майор А. И. Лопатин[228]. Даже и после зачистки леса отдельные группы красноармейцев атаковали немецкие точки по всей местности между Березанью и Яготином. Всего 45-й немецкой дивизии удалось пленить свыше 16 тысяч советских бойцов, а потери противника в живой силе Гшопф оценивал в 10 тысяч.

В истории 134-й дивизии вермахта[229], которая пыталась предотвратить попытки прорыва советских сил к юго-востоку от Березани, отмечено, что утром 23 сентября 1914 года противнику удалось прорвать немецкую оборону в селе Хмелевик. 134-й дивизии было предписано предпринять контратаку на село Козлов, однако атака не удалась. Общая ситуация для дивизии осложнилась и тем, что перед её передними линиями начались боевые действия соседней 45-й дивизии.

В боевом дневнике штабиста 134-й дивизии от 24 сентября 1941 года отмечаются продолжающиеся попытки окружённых прорваться как крупными, так и мелкими силами, особенно в ночное время. Ситуацию для немецких сил усугубляет отсутствие точной информации о положении своих соседних дивизий. В то же время идут ожесточённые тяжёлые бои, и в некоторых местах силы "русских" раздроблены. Тем не менее пехоте приходится вновь и вновь проводить зачистку местности.

[227] Gschöpf, R. Mein Weg mit der 45. Infanterie–Division. — Oberesterreichischer Landesverlag, 1955, стр. 259–260.

[228] Исаев А. В. Котлы 41-го. История ВОВ, которую мы не знали. — М.: Яуза, Эксмо, 2005.

[229] Haupt, W. Geschichte der 134. Infanterie–Division. — Werner Goll: Tuttlingen, 1971, стр. 86.

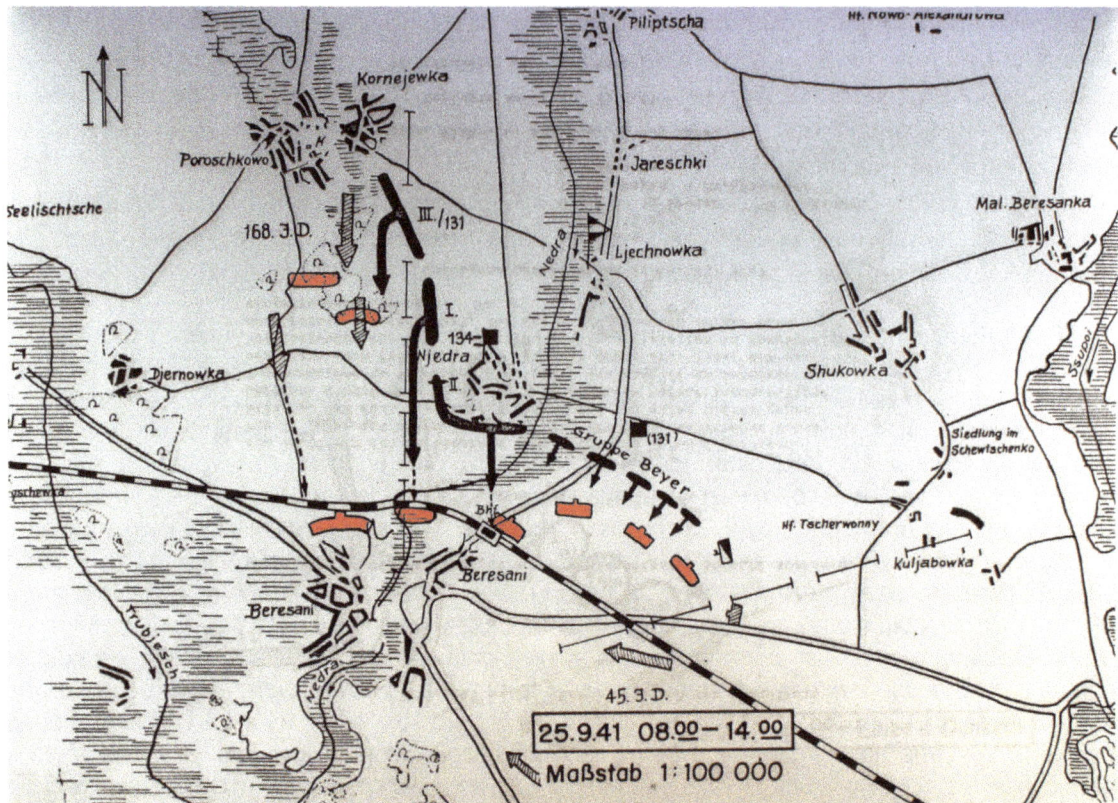

Адаптированный фрагмент штабной карты 44-й ПД вермахта (25 сентября 1941 года, 8.00 – 14.00, 1:100 000): красным цветом отмечены рубежи обороны советских отрядов в районе Березани.

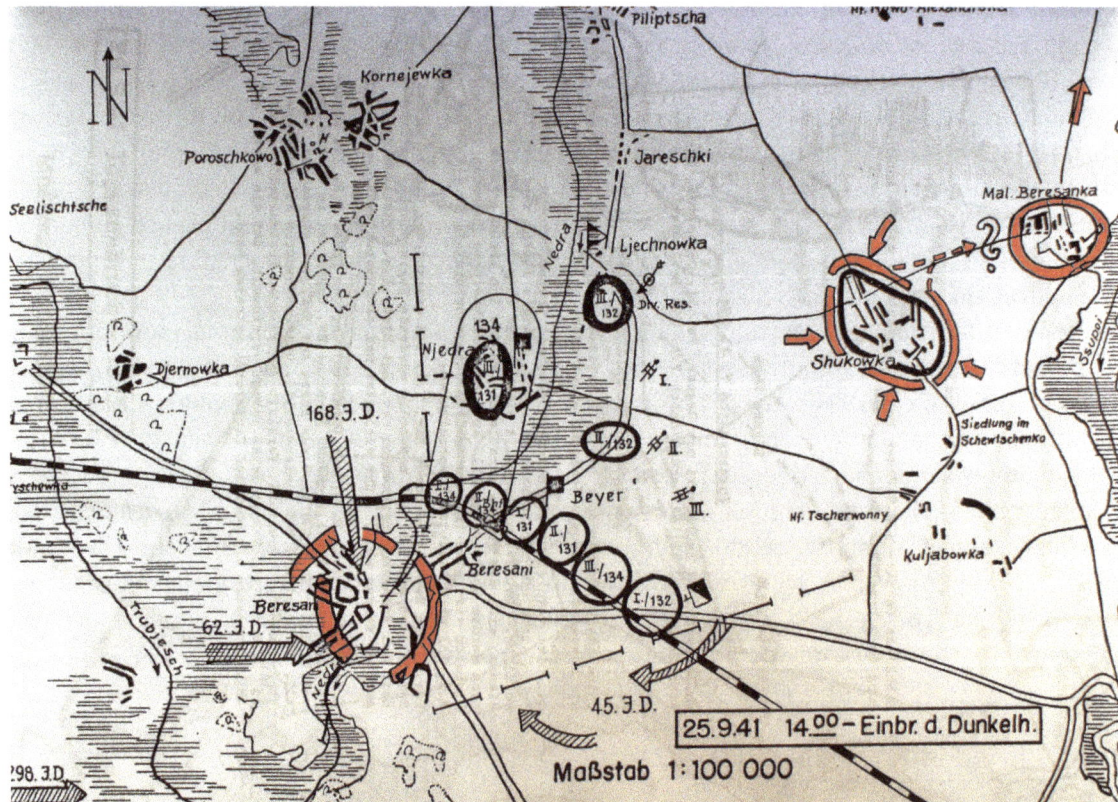

Адаптированный фрагмент штабной карты 44-й ПД вермахта (25 сентября 1941 года, с 14.00 до наступления темноты, 1:100 000): красным цветом отмечены советские позиции в Березани, Жуковке и Малой Березанке.

Таким образом, лишь 26 сентября 1941 года, когда советские отряды оставили Березань, частично прорвавшись на восток, трём немецким дивизиям (44-й, 45-й и 168-й) удалось занять село. Последние действия 134-й дивизии вермахта в этом районе были проведены утром 27 сентября в лесу к югу от Березани, где закрепились сильные части противника (*Семёновский лес*). После этого дивизии было приказано выдвинуться 28 сентября к общему пункту сбора на северо-востоке (*судя по картам немецкого Генштаба, это были Прилуки*).

В хронике 44-й ПД отмечено, что 26 сентября 1941 года "русским" удалось прорвать заслоны к северу от села Черевки, где бои продолжались и на следующий день. 27 сентября активные столкновения велись и в "болотном треугольнике" Червонный — имени Шевченко — Кулябовка, к востоку от которого 28 сентября 1941 года дивизией была уничтожена последняя объединённая группа частей противника (*нем. — "die letzte zusammenhängende Feindgruppe"*) [230].

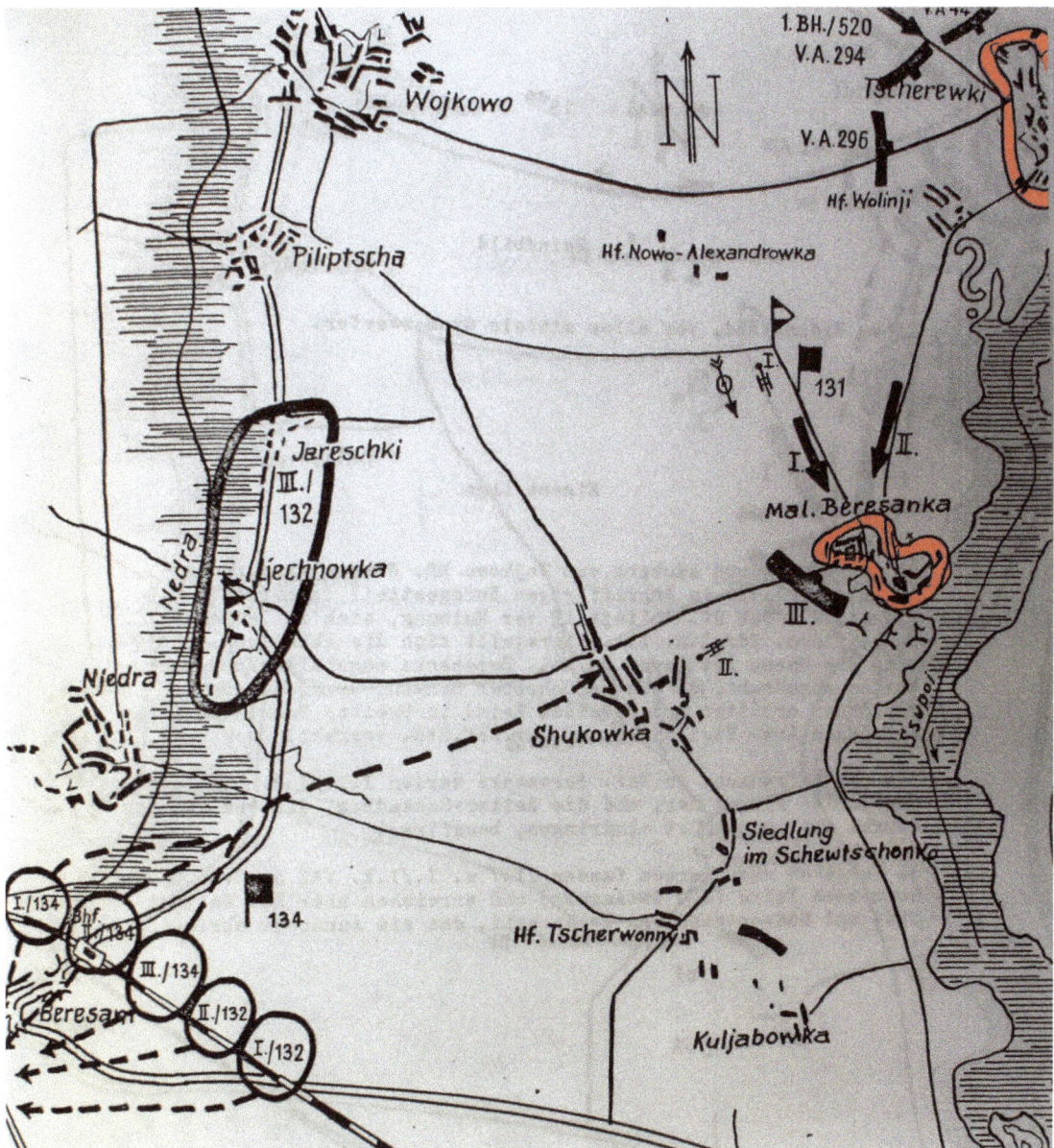

Адаптированный фрагмент штабной карты 44-й ПД вермахта (26 сентября 1941 года, 13.00 — 15.00, 1:300 000): красным цветом отмечены рубежи обороны советских отрядов в Малой Березанке и Черевках.

---

[230] Schimak, A., Lamprecht, K., Dettmer, F. — Die 44. Infanterie–Division. Tagebuch der Hoch– und Deutschmeister, Austria Press, Wien — 1969, стр. 178.

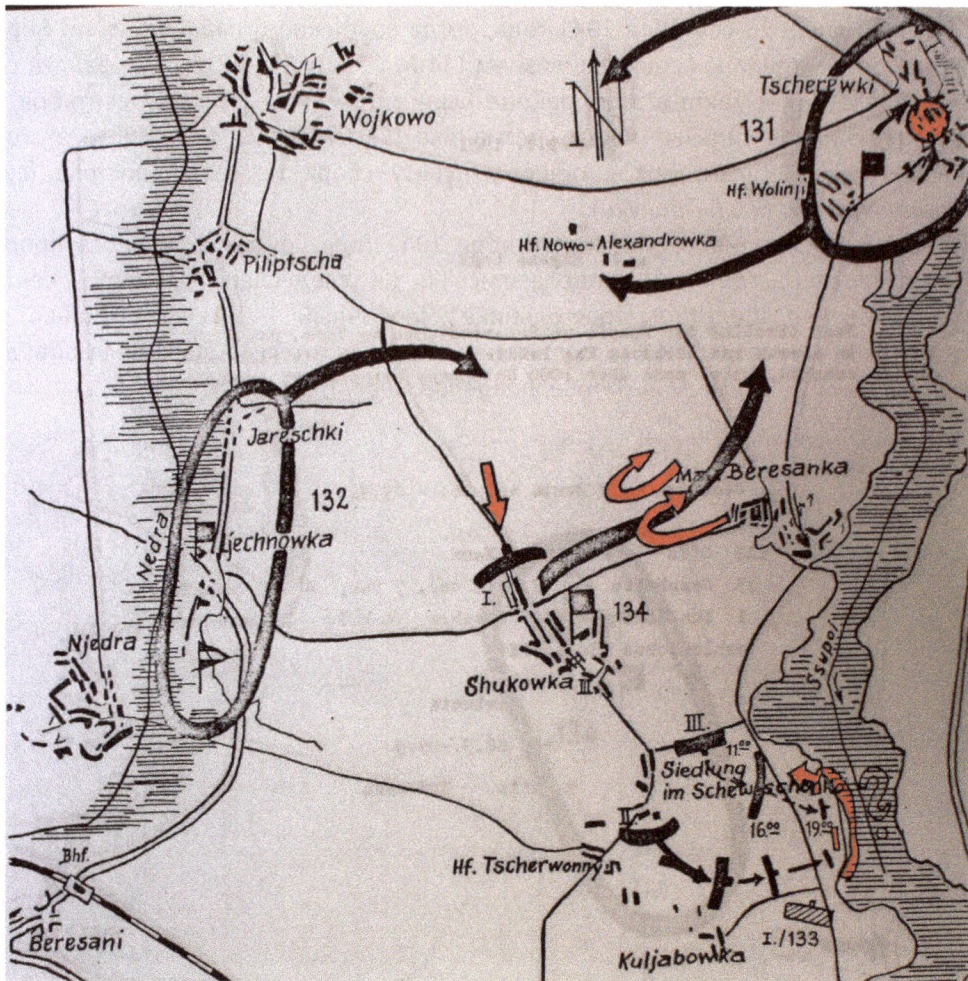

Адаптированный фрагмент штабной карты 44-й ПД вермахта (27 сентября 1941 года, 5.30 – 19.00, 1:300 000): красным цветом отмечены советские позиции в Малой Березанке, Черевках и к востоку от хут. им. Шевченко.

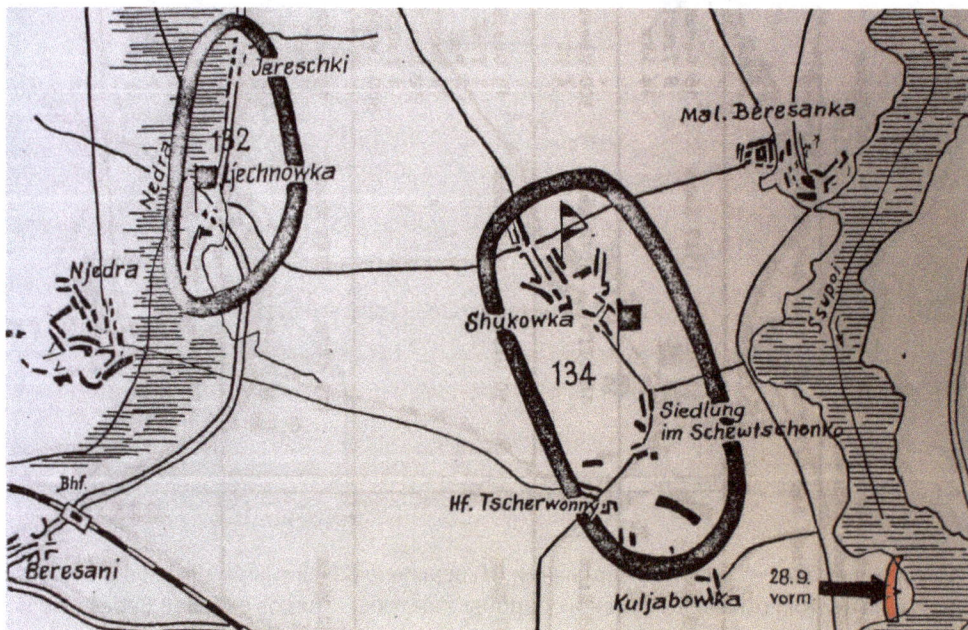

Адаптированный фрагмент штабной карты 44-й ПД вермахта (28–29 сентября 1941 года, 1:300 000): красным цветом отмечен последний рубеж обороны советских сил к востоку от Кулябовки.

В районе хутора имени Шевченко, согласно немецким сведениям, в эти дни стойкое сопротивление им оказывал офицерский батальон (*нем. – "In Siedlung im Schewtschenko besondere hartnackiger Widerstand (Kommissare und Offz. Bataillon)"*) [231].

Интересно сопоставить немецкие отчёты о боях 27–28 сентября 1941 года в районе хутора имени Шевченко с воспоминаниями ветеранов 41-й стрелковой дивизии:

"Кроме воинов 41-й дивизии, северо-западнее Яготина у сел Кулябовка, Малая Супоевка, Жуковка собралось несколько тысяч воинов из других соединений фронта. Они мужественно сражались здесь до 28 сентября. Противник сосредоточил основные усилия на западе, стремясь загнать окруженных в болото Супой и там уничтожить. К исходу 28 сентября продовольствие кончилось, боеприпасы иссякли. Было решено прорываться на восток в направлении хутора Шевченково, села Черкасово, где болото было наиболее узким.

Прорыв начался ночью. Пошли в атаку без единого звука, стремясь застать противника врасплох. В результате достигнутой внезапности удалось прорвать первую линию вражеской обороны, продвинуться на два-три километра и подойти к хутору Шевченково. Здесь фашисты обрушили на советских солдат минометный и артиллерийский огонь. Вооруженная только стрелковым оружием, группа продолжала атаки, несмотря на огромные потери. Хутор несколько раз переходил из рук в руки. Фашисты плотным кольцом стиснули группу Ногина. Только немногим удалось прорваться." [232]

Хроника 44-й ПД приводит данные о захвате в плен, примерно в 4 км к северу от Малой Березанки, командира 165-й стрелковой дивизии 37-й Армии полковника Захаревича (Oberst Zacharewitsch; дальнейшая судьба комдива 165-й СД Ивана Васильевича Захаревича не выяснена до сих пор, он проходит по спискам как пропавший без вести). Всего, за период с 20 по 29 сентября 1941 года, 44-я дивизия вермахта взяла в плен 11 589 человек и 198 офицеров Красной Армии. Её собственные потери за это время составили 1006 человек и 41 офицера [233].

В хронике 44-й дивизии вермахта от 4 октября 1941 года подведены итоги операции и сделаны некоторые выводы, которые могут быть интересны для анализа событий. В частности, там отмечено, что постоянно меняющиеся ситуации приводили к перемещению войск в самых разных и зачастую противоположных направлениях, и это могло казаться непонятным для отдельных солдат. Сражения проходили намного сложнее, чем предполагалось. Потери, составившие при ликвидации Киевского котла свыше тысячи человек, превысили потери в Киеве — 871, Новоград-Волынском (*нем. – Zwiahel*) — 707, танковой битве в Дубно — 164, а также при прорыве границы — 315. Несмотря на недостаток у противника артиллерии, его тяжёлые гранатомёты, у которых по-прежнему было много боеприпасов, доставили очень много проблем, особенно при атаках. Бои с применением пулемётов, стрелкового оружия и ручных гранат также оказались сложнее, чем ожидалось, "вследствие фанатичного упорства противника" (*нем. – "infolge der fanatischen Zähigkeit des Gegners"*). Хроника 44-й немецкой дивизии резюмирует, что сила противника заключалась в том, что, несмотря на огромные потери, он беспрерывно и неумолимо пробивался массированными колоннами, прорывая линии, зачастую ослабленные из-за их большой растянутости. Особенно это удавалось врагу в широко разветвлённых населённых пунктах или в труднопроходимой лесной и болотистой местности. [234]

---

[231] Dettmer, F., — Ergänzungen zur Divisionsgeschichte 44.Infanterie–Division Reichsgrenadier Division Hoch– und Deutschmeister Teil I. — Eigenverlag, 1966.

[232] Ананко, В. И., Доманк, А. С., Романичев, Н. М., За каждую пядь — Каменяр — Львов: 1984, стр. 135–136.

[233] Schimak, A., Lamprecht, K., Dettmer, F. — Die 44. Infanterie–Division. Tagebuch der Hoch– und Deutschmeister, Austria Press, Wien — 1969, стр. 178.

[234] Schimak, A., Lamprecht, K., Dettmer, F. — Die 44. Infanterie–Division. Tagebuch der Hoch– und Deutschmeister, Austria Press, Wien — 1969, стр. 179.

Уместно привести выдержку из объяснительной записки делопроизводителя-машинистки отдела снабжения 4-й дивизии войск НКВД Александры Фёдоровны Монатко (от 8 января 1942 года), которая тоже попала в окружение в районе села Борщёв примерно в эти же дни и, *судя по всему, оказалась в том же самом Семёновском лесу, обстрел которого описывал Рудольф Гшопф из 45-й дивизии и зачистку которого завершила 134-я дивизия вермахта:*

"Я ехала в составе 2-го эшелона штаба дивизии, в с.Борщово попали в окружение. Здесь были мобилизованы все силы на прорыв.

...К вечеру решили переходить вброд болото, пробиваться на восток и соединяться с частями Красной Армии. ...За болотом мы встретили очень много бойцов и командиров. Все они двигались по направлению на восток /продвижением командовал генерал-майор, фамилии которого не знаю/. Мы следовали за ними целую ночь. Рассвет нас застал в небольшом лесу. Немцы открыли сильный артиллерийский огонь. Выходить из лесу нельзя было. Я была назначена в разведку. Переоделась в гражданское платье. Вокруг рвались снаряды." [235]

Александра Монатко отмечает приказ интенданта 3-го ранга Гузика окопаться и пересидеть в лесу до вечера, зарыв в землю документы. Однако их группе не удалось вырыть и одной землянки, как "внезапно налетели немецкие автоматчики" и захватили их в плен...

В заключение этой главы мы ещё раз обратимся к дневнику киевлянки Ирины Хорошуновой, на который мы уже ссылались в 9-й главе. Одна из её записей, за период от 25 до 28 сентября 1941 года, упоминающая в частности трагедию у села Борщи, интересна как и описанием первых впечатлений очевидцев событий, так и попытками дать первые оценки потерь в Киевском котле:

"Слухи не отражаются в единственном ныне источнике наших сведений — украинской газете, которая продолжает выходить и дальше без редакции и места издания. Из нее мы узнали, что кроме Киева взята немцами Полтава. И что четыре советских армии уничтожены под Киевом. Про Полтаву не знаю, так это или не так. Но что с нашими войсками под Киевом произошло нечто очень страшное, мы знаем уже наверное. И больно, и тяжело, и обидно это бесконечно. Восемнадцатого числа наши войска ушли из Киева. Вместе с ними ушли многие члены партии, мобилизованные в армию женщины и некоторые учреждения, такие как телеграф, телефонная станция и др. Говорили, что нашим удалось прорвать кольцо окружения. Говорили, что немцы хитростью погубили наших людей, что они открыли проход в одном кольце для того, чтобы уничтожить наши войска в другом. Говорили, что первое кольцо наши войска прорвали сами. Несколько дней продолжалась эта нечеловеческая бойня. Вернувшиеся оттуда рассказывают, что от самого Киева до Борисполя и дальше на сто километров вглубь левого берега (еще называют какое-то место "Борщи") на полосе в несколько километров сбились в неподвижную массу машины, орудия, люди. В беспорядочном бегстве, стиснутые со всех сторон врагами, наши армии в количестве шестисот тысяч человек были лишены всякой возможности двинуться. Некуда было спрятаться, не было возможности защищаться. И немцы залили всю эту массу людей сплошным огнем снарядов, бомб, строчили с бреющего полета из пулеметов, били из минометов. Я видела людей, чудом уцелевших в этой бойне. Они из молодых стали стариками, а некоторые плачут все время, словно помешались.

Называют цифры: 220 тысяч убитых и раненых, 380 тысяч пленных." [236]

---

[235] Объяснительная записка А. Монатко Вр. Начальника Штаба Дивизии. РГВА ф. 38276, оп. 1, д. 5, л. 38.

[236] Дневник киевлянки. Ирина Хорошунова, личный дневник, Киев 1941–42 гг. Запись от 25 сентября 1941 года: http://gordonua.com/specprojects/khoroshunova2.html

В последней главе мы попытаемся проанализировать более точные оценки, основанные на документальных источниках, однако и оценки, приведённые в записи Хорошуновой по горячим следам, недалеки от истины.

Фрагмент военной карты РККА (M-36-XIII): отмечен Семёновский лес к югу от Березани и западу от Семёновки.

Киевский котёл (фрагмент карты немецкого Генштаба от 25 сентября 1941 года): положение окружённых советских войск после отхода из Киева (красные линии) и немецких войск (синие линии).
Обозначен оставшийся очаг № 6 близ Березани, в котором оказались и бойцы 48-го инжбата.

Фотография, сделанная 23 сентября 1941 года: дорога в Киевском котле с разбитой транспортной техникой (из личной коллекции Михаила Прокопенко).

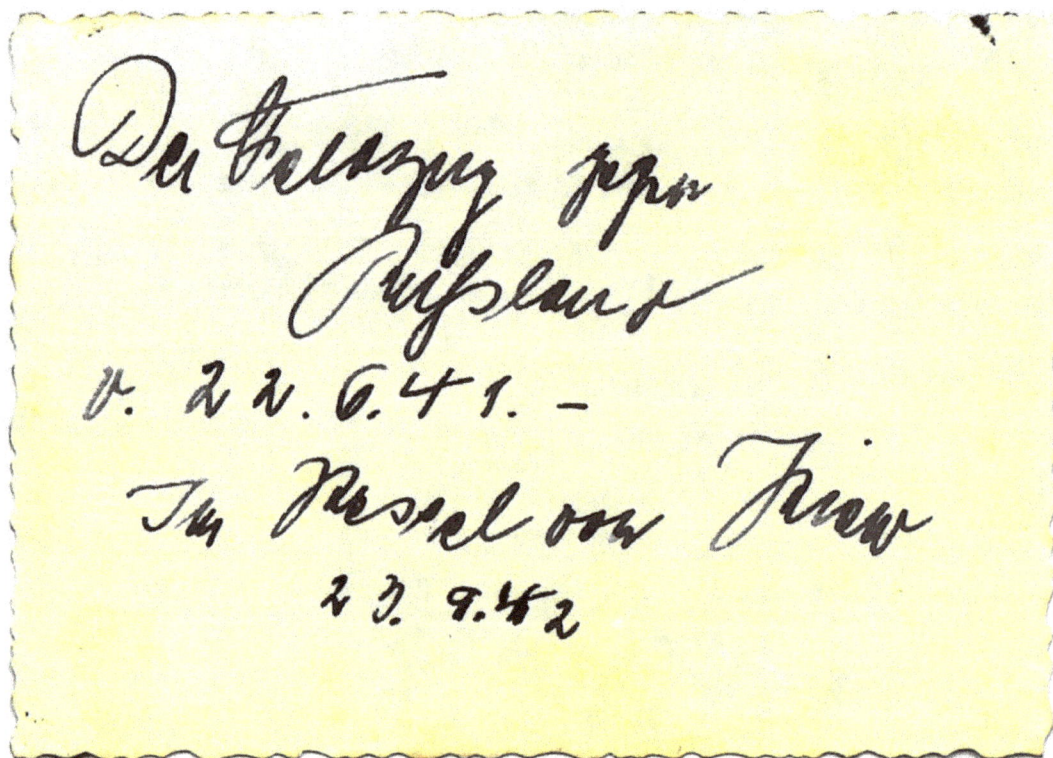

Оборот фотографии 23 сентября *1941* года из Киевского котла; "Im Kessel von Kiew" (из личной коллекции Михаила Прокопенко).

Глава 13. Сведения из архивов (21 — 30 сентября 1941 года)

В этой главе мы приведём и сопоставим архивные сведения о бойцах, командирах и политработниках 48-го инжбата, оказавшихся в окружении или плену в течение последней декады сентября 1941 года, после отхода из Киева через Борисполь.

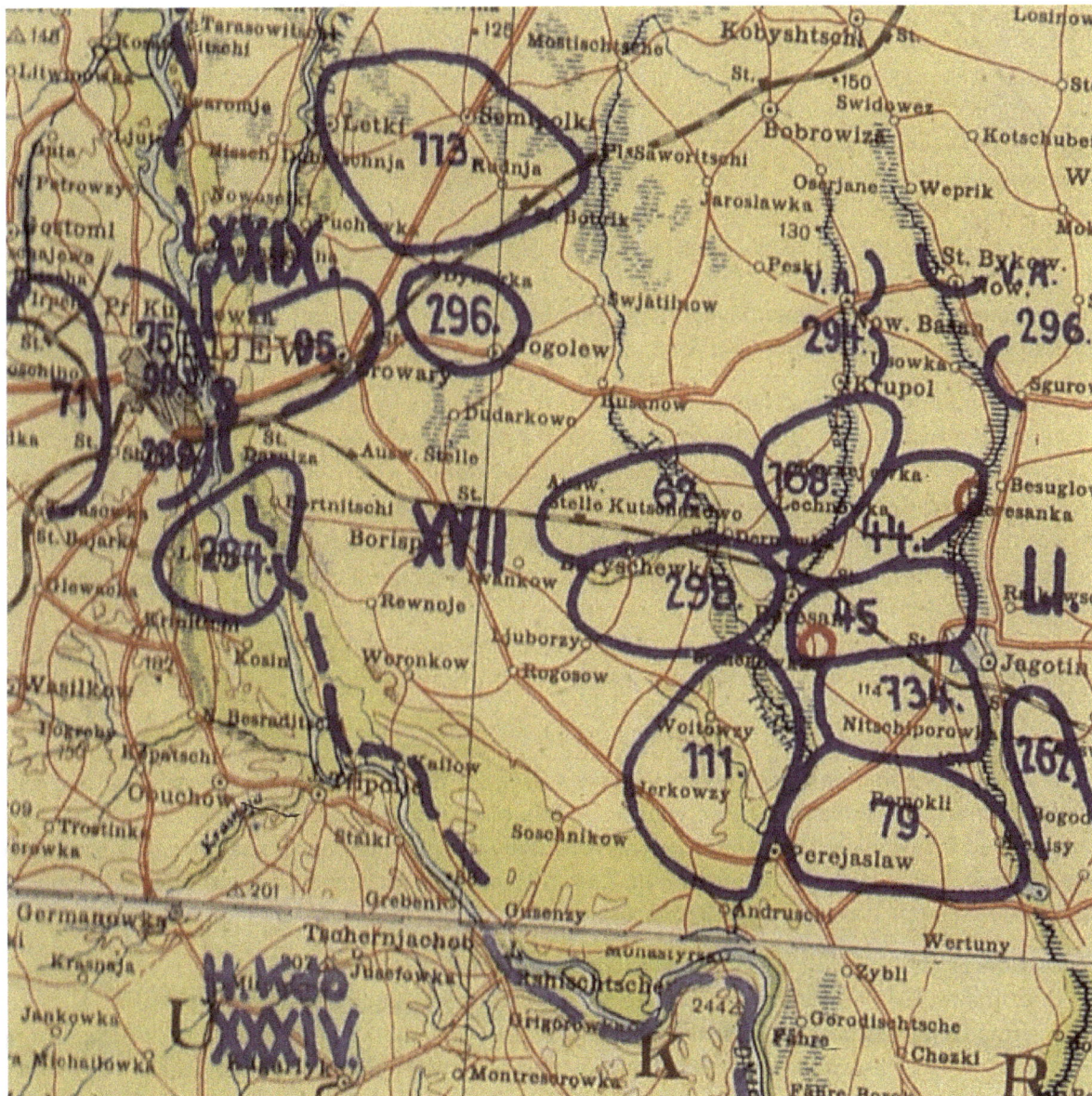

Киевский котёл (фрагмент карты немецкого Генштаба от 26 сентября 1941 года): положение окружённых советских войск после отхода из Киева (красные линии) и немецких войск (синие линии).
В борьбе с окружёнными войсками немецкие войска задействовали восемь пехотных дивизий:
62-ю, 168-ю, 44-ю, 45-ю, 134-ю, 79-ю, 111-ю и 298-ю.
Обозначены два оставшихся района очага № 6: (1) к юго-востоку от Березани, в зоне 45-й немецкой дивизии, и (2) на левом берегу реки Супой у села Малая Березанка, в зоне 44-й немецкой дивизии.

Как и краткий отчёт Александры Монатко из 4-й дивизии войск НКВД, приведённый ранее, мемуары Фёдора Худякова из 2-го пульбата КиУР'а позволяют представить типичную ситуацию, вынуждавшую раненных или обессиленных красноармейцев сдаваться в плен:

"...Командиры с бронепоездов настаивали разбиться по несколько человек, мол, все эти люди, крайне уставшие, полностью деморализованные, из разных частей никакой боевой единицы не представляют, и при первом столкновении с немцами сдадутся в плен.

... Между тем начинало светать. ... Вдруг очень близко послышалось тарахтение мотоциклов. Еще несколько минут, и я увидел по бровке окружности нашего котлована десятка два немцев с автоматами, направленными на лопухи, под которыми мы лежали. Раздались крики:

— Рус? Сдавайся!

Одновременно несколько немцев дали очереди из автоматов поверх наших голов, в насыпь. Я поднял голову и увидел страшную картину. Наши бойцы поднимались один за другим с поднятыми руками.

... Я почувствовал сильный удар в руку выше локтя и выпустил винтовку." [236]

Александр Владимирович Жук. В подобной ситуации, *которую можно отнести, по нашему предположению, к 23 сентября 1941 года*, оказался и раненый сапёр 48-го инжбата Александр Жук,:

"Молодой немец будил меня прикладом своего автомата. Глубокий, непробудный сон сковал всё моё измученное существо. Немец был мне глубоко безразличен. Он растолкал меня и, угрожая автоматом, велел идти вперед. За эти часы небо очистилось. День был на исходе. Закатное солнце окрасило площадь, мазанки и деревья в густой оранжевый цвет. Всё обширное пространство площади было забито пленными красноармейцами и командирами. Те, кто сумел переправиться сюда со своим оружием, по приказу немцев бросали его в кучу. Гора винтовок и пистолетов быстро росла.

... Наутро всех пленных согнали в огромную многотысячную толпу, построили в бесконечную колонну и разделили на части. Большую часть загнали в бывший просторный колхозный двор." [237]

Произошло ли это накануне ожесточённых боёв 24 сентября в районе Березани, или уже после них, нам достоверно установить не удалось. Точно можно сказать, что в плен Александр Жук попал между 23 и 25 сентября 1941 года. Его личное фильтрационное дело хранится в архивных фондах Управления ФСБ Российской Федерации по Санкт-Петербургу и Ленинградской области. В частности, в анкете, заполненной 15 февраля 1945 года, отмечено:

- в графе № 9 ("при каких обстоятельствах получил ранение /контузию/"): "ранение получил 25 сентября 1941 года в боях восточнее Киева при окружении и попытке прорваться", а
- в графе № 13 ("место, время и обстоятельства пленения"): "село Березань в боях при прорыве окружения в сентябре (25) 1941 года был тяжело ранен и взят в плен".

Однако, число "25" в графе № 9 выглядит как переправленное "23", и хронология событий, изложенных Александром Жуком в его воспоминаниях, явно не доходит до 25 сентября. Более того, в его наградном листе дата ранения указана как 23 сентября 1941 года, когда он "при обороне в районе г.Киева, был тяжело ранен двумя пулями в правую руку". Поэтому мы склоняемся к более простой версии: ранение в бою под селом Иваньково 20 сентября, и *пленение в Березани 23 сентября 1941 года*.

---

[236] Худяков Ф. Ф. Прожитое и пережитое. — К.: Издательский дом А.С.С., 2005, стр. 283–288.

[237] Жук А. В. Начало. — Стройиздат, Санкт-Петербург, 2005, стр. 85–86.

Фрагменты личного фильтрационного дела сержанта Жука А. В.

Александр Жук прошёл через несколько переходных немецких лагерей (включая лагерь в Дарнице), совершил побег из Житомирского лагеря, долгое время скрывался на оккупированной территории и перешёл на сторону советских войск 12 января 1943 года на Северном Кавказе. После проверки в спецлагере НКВД был уволен из РККА по ранению (см. его биографию).

Конечно, хотелось бы знать наверняка, когда и где именно попал в плен Александр Жук, так как это могло бы помочь в поиске мест гибели остальных бойцов и, в частности, деда одного из авторов, сапёра Менделя Высоцкого. Дело в том, что, оказавшись в лагере военнопленных, через некоторое время после того как "огромную многотысячную колонну" пленных разделили на части, сержант Жук увидел группу своих командиров: Шера, Пономарева, Остапчука, раненого Колю Храмцова и ещё "двух парней из нашего бывшего взвода" (см. биографии вышеназванных). То есть, несмотря на раздробленность отходившего 48-го инжбата, некоторые выжившие бойцы и командиры попали в один и тот же лагерь. Более того, в результате многочисленных обращений в архивы Украины и России, нам удалось установить, что в период между 23 и 25 сентября 1941 года в плен попали и другие воины 48-го инжбата.

Тихон Трофимович Кошелев. 23 сентября 1941 года в районе села Березань был ранен и попал в плен командир взвода 48-го инжбата лейтенант Тихон Трофимович Кошелев. Его допрос в декабре 1945 года в контрразведке "СМЕРШ", к которому мы уже обращались, описывая 18 сентября 1941 года, включает следующие детали, перекликающиеся с воспоминаниями Жука:

"23-го сентября 1941 года попал в фашистские руки, где был заброшен в немецкие фашистские лагеря то есть был плен.

...(*прим.: описание отхода, приведённое ранее при описании 18 сентября 1941 года*)

...Отходя на Борисполь все время принимая бой с противником отошел до Хутора Березань Киевской области И вот 23-го утром меня легко ранело в правую ногу при том с подошел к такой местности болото продолжаясь несколько киллометоров Я забегаю в Хут. березани забежал в одну хату нету никого Вторая горит Я тогда забежал в убежище сидит одна семья, я прошу дать чтонибудь переодется или возмите меня как за своего сына Мне все это отказали, тогда я стал вылазить в эту минуту фашисты сразу меня схватили и бросили в фашистский лагерь".

Фрагмент протокола допроса младшего лейтенанта Кошелева Т. Т. в "СМЕРШ" (1 декабря 1945 года).

Тихон Кошелев находился в плену и на оккупированной территории с 23 сентября 1941 года по апрель 1945 года, пройдя через несколько переходных лагерей в Киевской области: Дарница, Борисполь, Киев (Керосиновка) и Васильков, а также лагерей в западной Украине и Германии. 11 апреля 1945 года он был освобождён американскими союзными войсками в гор. Фаллерслебен, Германия. Фильтрационно-проверочное дело Тихона Кошелева хранится в Госархиве Общественно-Политической Истории Воронежской области (см. биографию Тихона Кошелева).

Никита Корнеевич Иващенко. 24 сентября 1941 года, во время выхода из Киевского окружения, "в районе села Березань", в плен попал и начальник боепитания 48-го инжбата лейтенант Никита Корнеевич Иващенко. Согласно сведениям из фильтрационно-проверочного дела Никиты Иващенко, хранящемуся в Госархиве Киевской области, он пребывал в лагерях военнопленных в Борисполе и Житомире. Спустя месяц, под Житомиром, он бежал из вагона во время отправки в Германию, после чего в период немецкой оккупации проживал в родном селе Халча (Ржищевский район Киевской области). После освобождения территории и прохождения проверки в лагере НКВД, в самом конце июня 1944 года Никита Иващенко был направлен в штурмовой батальон ("штрафбат") и 20 августа 1944 года погиб в Латвии (см. его биографию).

Дмитрий Корнеевич Асташин). 24 сентября 1941 года, то есть в этот же день, что и Кошелев с Иващенко, попал в плен и радиотелеграфист 48-го инжбата Дмитрий Корнеевич Асташин (Осташин). Место пленения в послевоенных фильтрационных документах указано как "ст. Барщевка": *возможно, что это было село Борщёв или же станция Барышевка* — то есть именно в местах, где происходили описанные нами события. Дмитрий Асташин был освобождён американскими войсками в городе Дрезден 30 апреля 1945 года. Фильтрационно-проверочное дело на Дмитрия Осташина (Асташина) хранится в архивном фонде Управления ФСБ Российской Федерации по Алтайскому Краю. Все ограничения на доступ к делу, в соответствии с действующим законодательством, будут сняты не ранее 2020 года (см. его биографию).

Фёдор Иванович Веретьин. Согласно карточке военнопленного немецкого лагеря "Шталаг IV-B" (Stalag IV-B; нем. — Stammlager IV-B, "Главный лагерь"), рядовой 48-го "сапёрного" батальона (*нем. — 48 Pionier Batl*) Фёдор Веретьин попал в плен 23 сентября 1941 года в Борисполе. *Вполне возможно, что в плен Веретьин попал чуть раньше, при зачистке района Иваньково 20–22 сентября, а запись в карте была сделана немцами позже, уже в шталаге.* 15 октября 1943 года Фёдор Веретьин умер в немецком лагере (см. его биографию).

Радиотелеграфист Дмитрий
Корнеевич Асташин)

Рядовой Фёдор
Иванович Веретьин

Геннадий Сергеевич Ильин. 24 сентября 1941 года, согласно учётно-послужной карточке, был ранен и военный фельдшер 48-го инжбата Геннадий Сергеевич Ильин (мягкие ткани головы и левой лопатки). Ильину посчастливилось выйти из окружения: запись армейского пересыльного пункта 40-й Армии (*располагавшегося в городе Старый Оскол Белгородской области*) гласит, что мед. фельдшер 48-го инж. дор. бат. Ильин Генадий Сергеевич прибыл на пункт 29 декабря 1941 года "из Переяслова" *(это, скорее всего, город Переяслав или же, что менее вероятно, станция Переяславская на участке железной дороги Березань–Яготин).* Мы вскоре отдельно опишем путь отхода из Киева других частей и, в частности, 4-й дивизии НКВД, которые оказались у Переяслава — *не исключено, что военфельдшер Ильин присоединился к одной из этих частей или какой-нибудь иной группе, ушедшей к Переяславу (возможно, что это произошло ещё в Борисполе или после боя под Иваньково),* и вышел из окружения спустя три месяца. Геннадий Ильин вернулся на фронт в 1942 году и победоносно закончил войну, был неоднократно награждён. Интересно отметить, что в ночь на 22 сентября 1943 года, то есть спустя два года после оставления Киева, 399-я стрелковая дивизия, в составе которой на тот момент воевал Ильин, форсировала Днепр в районе города Ржищев Киевской области, а Переяслав находится прямо на противоположном берегу Днепра (см. биографию Геннадия Ильина).

Павел Филиппович Мещеряков. В данных армейского пересыльного пункта 40-й Армии, где в самом конце 1941 года оказался военфельдшер Геннадий Ильин, есть сведения и ещё об одном вышедшем из окружения красноармейце "48-го дорожного батальона ЮЗФ". Павел Мещеряков (*Мещериков*) прибыл на пункт из Борисполя *приблизительно 18 ноября 1941 года,* то есть спустя два месяца после отхода батальона из Киева. Павел Мещеряков не только победоносно закончил войну, но и участвовал в Сталинградской битве, взятии Кёнигсберга и наступлении на Берлин в 1945 году (см. его биографию).

Согласно воспоминаниям Жука о первых днях пребывания в немецком лагере, он видел там Шера, Пономарева, Остапчука и Николая (*Ивана*) Храмцова. Двоих последних нам идентифицировать не удалось. Скудные сведения и наши предположения приведены в биографиях **Остапчука** и **Храмцова**.

Шая Беркович Шер. Политрук роты 48-го инжбата Шая Шер пропал без вести в 1941 году. *Скорее всего, он был расстрелян немцами в составе еврейских сотен во время фильтрации в течение последней недели сентября 1941 года: либо в лагере близ Яготина или Сулимовки, либо по дороге в лагерь Дарница, либо уже в самом лагере* (см. его биографию).

Василий Миронович Пономарёв. Судьбу начальника школы, а затем командира роты 48-го инжбата, лейтенанта Василия Пономарёва нам удалось отследить более подробно. Согласно его учётно-послужной карточке, 29 сентября 1941 года Пономарёв был ранен, контужен, и оставлен на поле боя (см. графу о пребывании в плену или окружении, заполнявшейся только на выходивших из окружения не в составе части). Однако плен лейтенант Пономарёв не упоминает, хотя вряд ли Александр Жук, видевший своего ротного командира среди пленных, обознался — ведь Пономарёв до войны был ещё и начальником школы курсантов, где проходил обучение Жук. Так или иначе, Василий Пономарёв 1 год и 2 месяца скрывался в Яготинском районе Киевской области. Вышел с оккупированной территории 27 декабря 1942 года, *как мы предполагаем, после побега из плена*. С декабря 1942 года по май 1943 года Пономарёв прошёл проверку в лагере НКВД и был вновь назначен командиром сапёрной роты. Он воевал на Брянском, Прибалтийском и Белорусском фронтах, был неоднократно награждён и закончил войну полковым инженером. 7 августа 1945 года приказом Группы Советских Оккупационных Войск в Германии (ГСОВ) Василию Пономарёву было присвоено звание капитана.

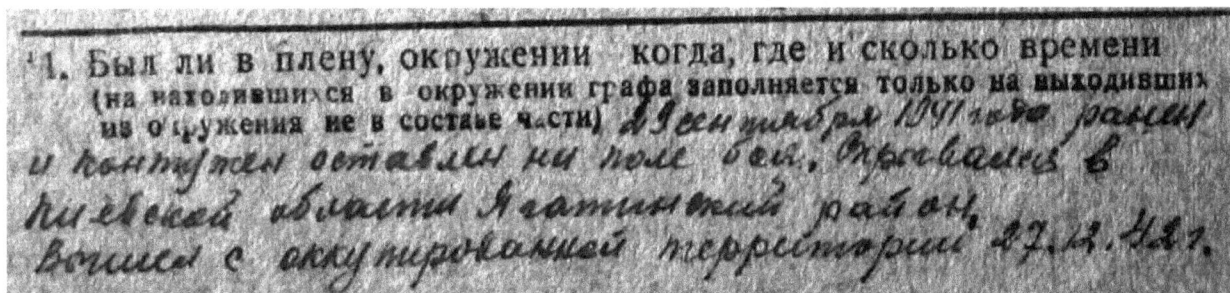

Фрагмент учётно-послужной карточки В. М. Пономарёва с графой о пребывании в плену или окружении.

Василий Евдокимович Шуба. Попав в окружение, оказался в плену командир сапёрной роты 48-го инжбата лейтенант Василий Шуба. Согласно его учётно-послужной карточки от 15 июня 1944 года,

"В сентябре 1941 г. в составе 48 от. дорож. б-н 4 мк бывшего Ю.З.Ф. попал в окружение противника вместе с частью, из окружения на территорию фронта не выходил, сведений на него никаких не поступало.
Считать без вести пропавшим (по фронту)."

Из последующих записей в учётно-послужной карточке от 2 сентября 1944 года следует, что Василий Шуба с 19 сентября 1941 года был в окружении, попал в плен, и жил на оккупированной территории (до августа 1943 года). С 19 сентября батальон, как и вся 37-я Армия, уже был в окружении, поэтому точная дата и место пленения остаются неясными. После проверки в конце июня 1944 года Василий Шуба был восстановлен в офицерском звании и назначен командиром сапёрного взвода 258-го инженерно-сапёрного батальона 56-й инженерно-сапёрной бригады. Лейтенант Шуба умер от ран 26 августа 1944 года, *скорее всего в Молдавии* (см. его биографию).

Григорий Максимович Саливон. В сентябре 1941 года попал в окружение и остался на оккупированной территории и воентехник 2-го ранга, бывший начальник технического снабжения 48-го инжбата Григорий Саливон. *Возможно, Григорий Саливон был переведён в другую часть ещё до войны*. Судя по нескольким записям в его учётно-послужной карточке, два года (с 19 сентября 1941 года по 16 сентября 1943 года) Григорий Саливон провёл в родном селе Великие Бубны Талалаевского района Сумской области, на оккупированной территории. После проверки, в мае 1944 года Саливон был направлен в действующую Красную Армию, командовал взводом технического и хозяйственного обеспечения, и был награждён в мае 1945 года (см. его биографию).

Сергей Андреевич Шевченко. Некоторые детали известны и о судьбе начальника военно-хозяйственного снабжения 48-го инжбата технике-интенданте 2-го ранга, Сергее Шевченко. Согласно его учётно-послужной карточке, 26 сентября 1941 года, при выходе из окружения в составе 48-го инжбата, в районе "Новый Басань" (Новая Басань Черниговской области) Сергей Шевченко был ранен, в правую ногу и левую руку, и попал в плен. Он был вывезен в Германию, где находился до освобождения американскими войсками 10 апреля 1945 года, впоследствии прошёл проверку (см. его биографию).

Елисей Александрович Холмов. Очень замысловатым оказался путь начальника клуба и библиотеки 48-го инжбата, политрука Елисея (Алексея) Холмова. В его УПК отмечено, что в период между 19 и 22 сентября 1941 года он находился "в окружении вне части" в районе Борисполя, станция Березанка Киевской области (имеется в виду, станция Березань). А согласно сведениям из РГВА, *29 сентября 1941 года* политрук "48 ИБ 4 ТК" (то есть, 48-го инженерного батальона 4-го "танкового" корпуса) Елисей Холмов попал в плен, *но был впоследствии освобождён.* Как удалось выяснить, Холмов действительно попал в плен в 1941 году, где находился 3 месяца (Чернигов, Гомель). Эти сведения получены из справки Центрального Госархива Историко-Политических Документов Санкт-Петербурга, где место пленения Елисея Холмова указано как ст. Боровиково (*возможно, что это село Боровики Черниговского района Черниговской области, хотя нельзя исключить ни станцию Барышевка, ни станцию Березань*). Согласно этой справке, Холмов совершил побег из плена и добрался до родной деревни Овинна в Дновском районе Ленинградской области, где впоследствии присоединился к партизанскому отряду "Дружный", став политруком и начальником штаба отряда. Впоследствии, с 22 октября 1944 года, Елисей Холмов воевал на 1-м Украинском Фронте, командуя к концу войны стрелковой ротой. Он был трижды ранен в 1945 году, а в мае 1945 года награждён Орденом Красной Звезды (см. его биографию).

Исаак Феодосьевич Белоус. Можно также упомянуть, не внося в наш список, младшего сержанта Исаака Белоуса, который мог служить в 48-м инжбате. До войны на его письмах был такой же Львовский почтовый ящик № 180, как и у 48-го мото-инжбата. Однако, согласно карточке военнопленного немецкого лагеря "Шталаг III-C" (Stalag III-C), младший сержант Исаак Белоус попал в плен 23 сентября 1941 года под Лубнами, которые находились намного дальше, на восточном краю Киевского котла, и *поэтому маловероятно, что маршрут группы или всей части, в которой оказался Белоус, совпадал с путями отхода 48-го инжбата.* Исаак Белоус умер в немецком лагере 15 октября 1942 года (см. его биографию).

Местонахождение или даже существование фильтрационно-проверочных дел Геннадия Ильина, Павла Мещерякова, Василия Пономарёва, Василия Шубы, Григория Саливона и Сергея Шевченко не установлено. Ильин и Мещеряков вышли к своим ещё в 1941 году и, возможно, дела на них не заводились.

Сопоставляя места пленения и указанные пункты выхода из окружения, можно выделить:

- место неизвестно: Пётр Семёнов (20 сентября);
- где-то в Полтавской области: Пётр Карасёв (22 сентября);
- место неизвестно: Алексей Котляр (22 сентября);
- Борисполь: Фёдор Веретьин (23 сентября), Павел Мещеряков (вышел к своим);
- Борщёв ("Барщевка"): Дмитрий Асташин) (24 сентября);
- Березань: Александр Жук (23–25 сентября), Тихон Кошелев (23 сентября), Никита Иващенко (24 сентября), *а также Шая Шер, Василий Пономарёв (ранен 29 сентября, вышел к своим), "Остапчук", "Храмцов", ещё двое из взвода Жука*;
- Переяслав: Геннадий Ильин (ранен 24 сентября, вышел к своим);
- Новая Басань: Сергей Шевченко (26 сентября);
- Боровиково (*возможно, Боровики*), через Березань: Елисей Холмов (в окружении с 19 до 22 или до 29 сентября, *в плену с 29 сентября*);
- место неизвестно: Василий Шуба (после 19 сентября), Григорий Саливон (после 19 сентября).

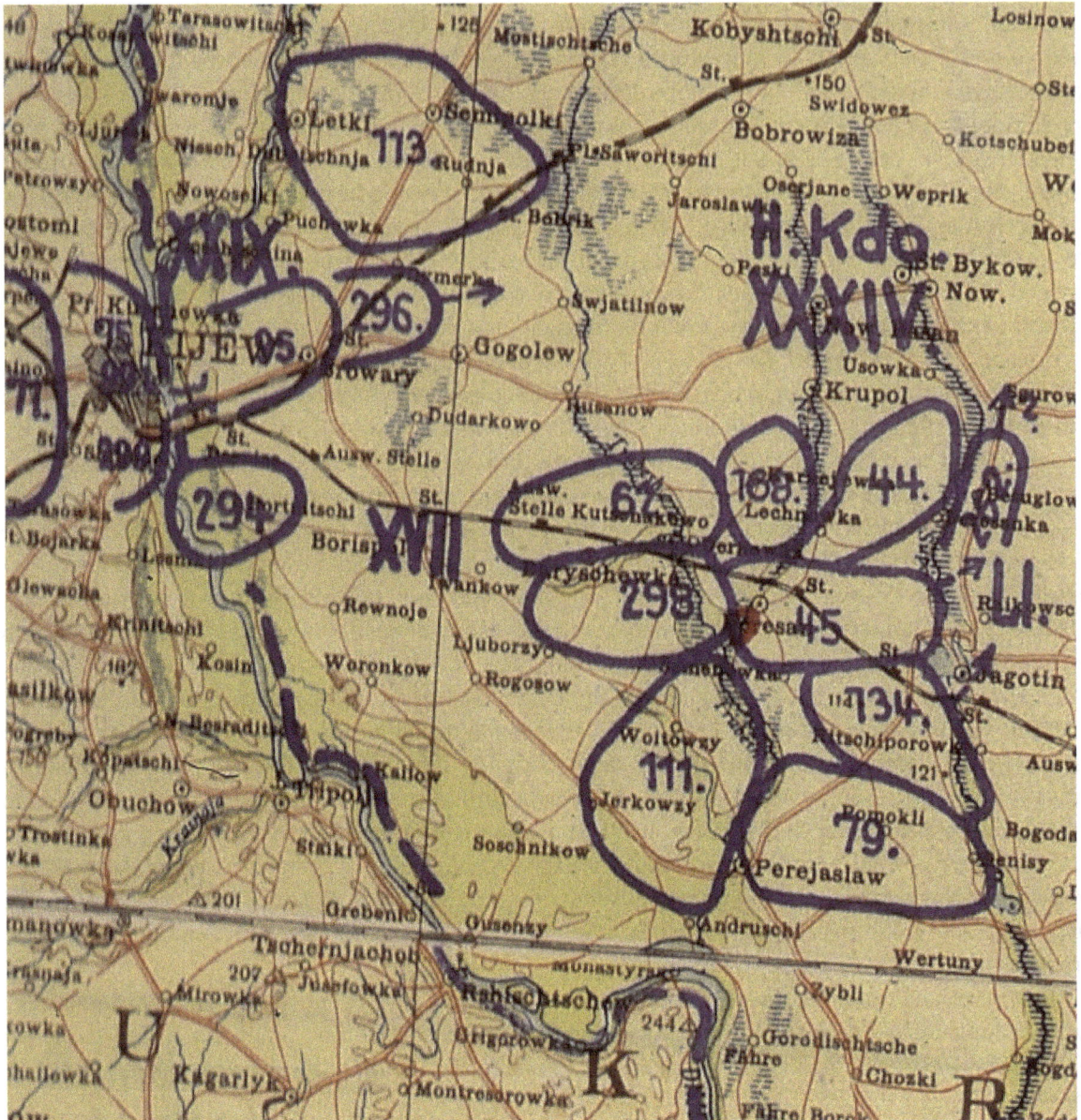

Киевский котёл (фрагмент карты немецкого Генштаба от 27 сентября 1941 года): положение окружённых советских войск после отхода из Киева (красные линии) и немецких войск (синие линии).
В борьбе с окружёнными войсками немецкие войска задействовали восемь пехотных дивизий: 62-ю, 168-ю, 44-ю, 45-ю, 134-ю, 79-ю, 111-ю и 298-ю.
Обозначен последний район очага № 6: к юго-западу от Березани, в зоне 45-й и 298-й немецких дивизий.

К 26 сентября 1941 года от очага № 6 оставались лишь два района: (1) к юго-востоку от Березани, в зоне 45-й немецкой дивизии, и (2) на левом берегу реки Супой у села Малая Березанка, в зоне 44-й немецкой дивизии. Карта немецкого Генштаба следующего дня, 27 сентября 1941 года, отмечает только совсем небольшой район у Березани, сместившийся к юго-западу от села. Он находился в зоне взаимодействия 45-й и 298-й немецких дивизий, но тем не менее, остальные шесть пехотных дивизий вермахта также продолжали действовать в районе описываемых событий, сосредоточившись вокруг междуречья Трубежа и Недры, к востоку от Яготина, северу от Переяслава, западу от Иваньково, и югу от Крупола. В этом же районе располагались и переходные лагеря советских военнопленных.

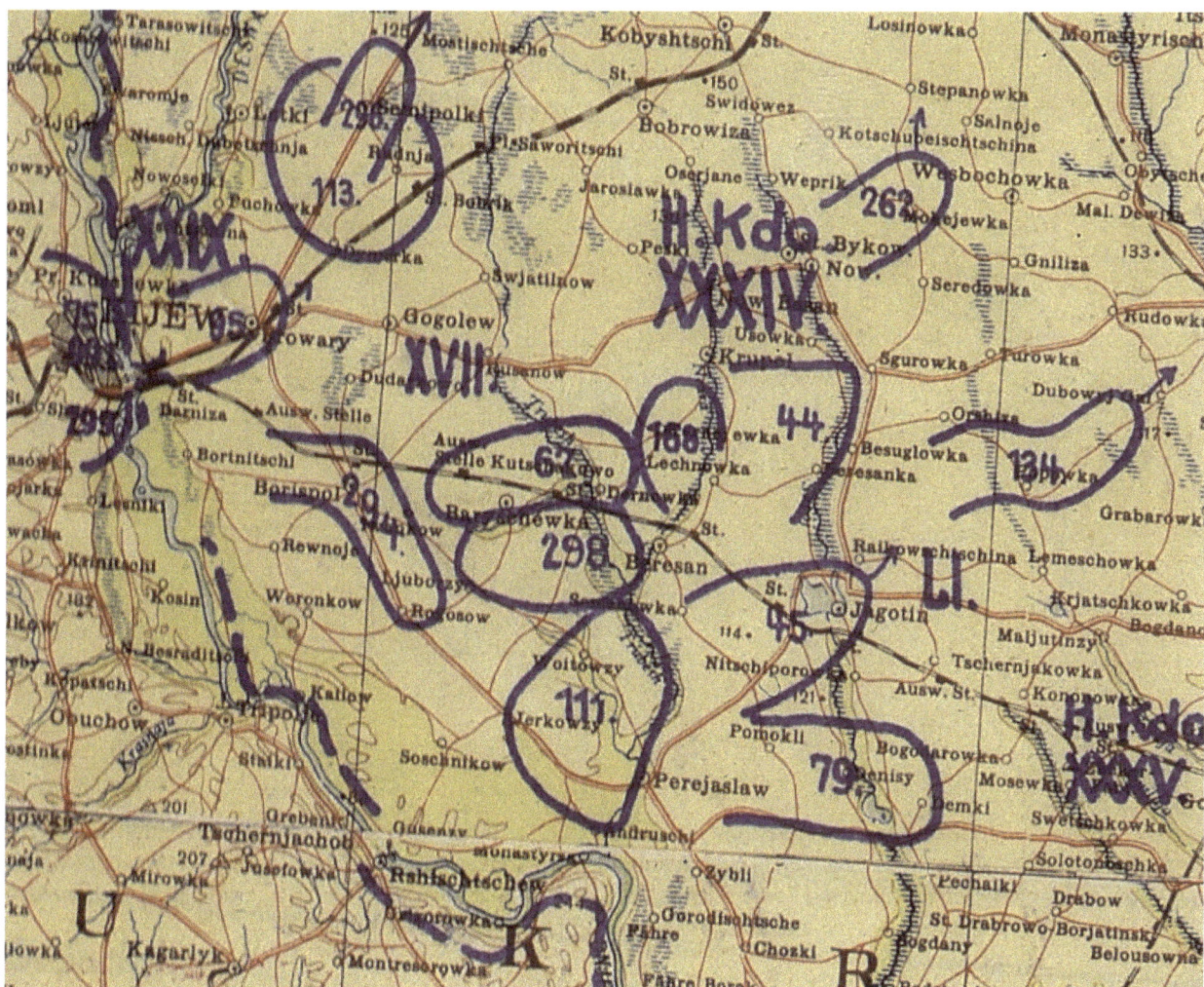

Киевский котёл (фрагмент карты немецкого Генштаба от 28 сентября 1941 года):
положение немецких войск (синие линии), участвовавших в уничтожении Киевского котла и начавших
движение в места новой дислокации. В частности, 139-я ПД двигалась на северо-восток к Прилукам,
а 45-я ПД находилась в Яготине.

Карта немецкого Генштаба от 28 сентября 1941 года уже не обозначает районы сопротивления советских сил, окружённых в Киевском котле. Некоторые из восьми немецких дивизий, участвовавших в уничтожении котла, уже начали выдвигаться к районам своей новой дислокации. Интересно, что 62-я, 298-я и 111-я дивизии продолжали занимать рубеж вдоль реки Трубеж, 168-я дивизия располагалась у реки Недра, 44-я, 45-я и 79-я дивизии продвинулись на восток к реке Супой, а 134-я дивизия быстрым маршем двигалась на северо-восток к Прилукам. Трудно сказать, части какой из этих дивизий этапировали пленных, среди которых оказался Александр Жук и другие бойцы 48-го инжбата — *скорее всего, это была либо 134-я, либо 45-я дивизия вермахта.* Как вспоминал Александр Жук, вначале они двигались на восток, едва поспевая за боевой частью, но через несколько дней были переданы настоящему конвою и повернули на запад:

"Назавтра прибыл настоящий конвой. Эти молодцы знали своё дело! Нас приняли мадьяры и чехи. Они несли свою службу с натасканными, откормленными овчарками. Всех пленных, способных передвигаться, построили в колонну по четыре, и мы тронулись. До этого дня мы едва поспевали за боевой частью, маршем двигавшейся на восток. Теперь нас гнали на запад." [238]

---

[238] Жук А. В. Начало. — Стройиздат, Санкт-Петербург, 2005, стр. 95.

Киевский котёл (фрагмент карты немецкого Генштаба от 29 сентября 1941 года):
положение немецких войск (синие линии), участвовавших в уничтожении Киевского котла и
продвинувшихся в места новой дислокации. В частности, 139-я ПД достигла Прилук,
в то время как 45-я ПД располагалась в Яготине.

Так или иначе, пленные прошли как через несколько пересыльных лагерей, сооружаемых немцами на территории колхозных дворов, обнесённых колючей проволокой, так и через лагеря, оборудованные "по всем правилам". Среди последних Александр Жук упоминает лагерь в Дарнице и лагерь неподалёку от Житомира, расположенный в бывшем военном городке западного предместья (*очевидно, в военном городке Богунь*). Фёдор Худяков из 2-го пульбата КиУР'а запомнил последовательность лагерей более подробно: Яготин, Сулимовка, Студенники, Переяслав, Ерковцы, вновь Переяслав (с 10–12 октября), Борисполь (с 17 октября), Дарница (с 18 октября), Киев (с 20 октября). Описание всех трагических перипетий пребывания в плену не входит в нашу задачу — эта тема заслуживает отдельного исследования. Мы коснёмся лишь нескольких моментов, имеющих отношение к нашему поиску.

Как отмечено у многих очевидцев, переживших адские условия этих пересыльных лагерей, уже в первые дни были расстреляны еврейские военнопленные, собранные в сотни. В частности, Александр Жук свидетельствует:

"...В тот вечер, когда нас загнали за колючую проволоку, огласили приказ:

— Всем будет выдан хлеб! Для чего надлежит разобраться по сотням, строго по национальностям! Это проявляет о вас заботу сам фюрер! Даю на построение один час. Хайль!» — заключил офицер, которому вторил переводчик. Разобрались нескоро. Какое-то неясное предчувствие подсказало мне примкнуть к татарам. Меня трясло и колотило от резкого холода и страха. Утром еврейских сотен не стало. Ночью их заставили раздеться догола, вывели за лагерь, согнали в тесные кучи и на краю выкопанной ими траншеи расстреляли из пулемётов." [239]

---

[239] Жук А. В. Начало. — Стройиздат, Санкт-Петербург, 2005, стр. 98–99.

Похожие подробности остались в памяти и Леонида Волынского[240], и Фёдора Худякова:

"А лагерь размещался в Яготине где-то в центре села на колхозном дворе, ограниченном с улицы забором из нескольких рядов колючей проволоки, по бокам — длинными постройками, вероятно, фермами для скота. Задняя часть двора была открыта, но оканчивалась отвесным обрывом, высотой метров 50-60, с болотом внизу, подходящем к самому обрыву.

...А пленных все приводили и приводили. Их уже набралось около тысячи человек.

...Примерно на третий или четвертый день на территории лагеря появился немецкий офицер, встал на кучу бревен, лежавших возле колючей проволоки. Рядом с ним переводчик в штатском. Немец что-то проговорил. Переводчик перевел:

— Господин немецкий офицер потерял на территории лагеря свою полевую сумку. Кто нашел — принесите сюда. Если через полчаса сумка не найдется, будут расстреляны сто человек.

Прошло полчаса. Сумка, конечно, не нашлась. Офицер дал команду, и с улицы через открытые ворота вбежало в лагерь человек тридцать немецких солдат с автоматами. Половина из них, направив автоматы на толпу пленных, выстроилась цепочкой, отрезав один из углов территории. В этом углу, сбившись в кучу, находились пленные в одном белье, то есть пленные евреи или красноармейцы среднеазиатских национальностей. Другая половина немецких автоматчиков с криками «Аб! Аб!», ударяя автоматами по стоящим и сидящим людям, стала выгонять их на улицу.

Было ли там 100 человек или 120, а может быть только 90 — не знаю. Я понял: их поведут на расстрел. Их куда-то повели, вероятно, за пределы села Яготина, и больше они не возвращались." [241]

Фотография 1941 года: советские военнопленные около Киева
(из личной коллекции Михаила Прокопенко).

[240] Волынский, Л. Сквозь ночь. — М.: Терра — 2005.
[241] Худяков Ф. Ф. Прожитое и пережитое. — К.: Издательский дом А.С.С., 2005, стр. 294–295.

Александра Монатко из 4-й дивизии войск НКВД, попавшая в плен к югу от Березани в те же дни (*возможно, 26 сентября 1941 года*), оказалась среди военнопленных, которых быстрым маршем гнали на восток. Она тоже приводит подробности расстрела красноармейцев-евреев:

"Немцы гнали нас в лагерь как животных, сами на лошадях, а нас заставляли бежать по направлению к Пирятину. Кто отставал — били прикладами или же просто убивали. И так догнали нас на 120 клм от г.Киева в с.Сулимовка, где разбили нас на несколько лагерей и расположили в разных местах.

... Первые дни мы находились в помещении церкви с командирами, только на разных этажах, а красноармейцы на колхозном дворе, находящемся в 500 мтр. от церкви.

... Как то утром нас построили по 3 чел. для перевода нас в помещение школы. Вдруг слышим крики и стоны людские. Это кричали наши пленные красноармейцы, находящиеся в лагере на колхозном дворе под шомполами немецких извергов. 150 чел. красноармейцев-евреев по национальности немцы раздели до нижнего белья, согнали в одно место над дорогой, по которой в это время нас переводили в помещение школы, заставили их вырыть ямы для себя, зверски избивали шомполами, а потом всех расстреляли." [242]

Возможно, что в составе еврейских сотен, расстрелянных в районе Яготина и Сулимовки, были и несколько евреев из 48-го инжбата, оставшихся к тому моменту в живых, в частности, политрук роты Шая Беркович Шер.

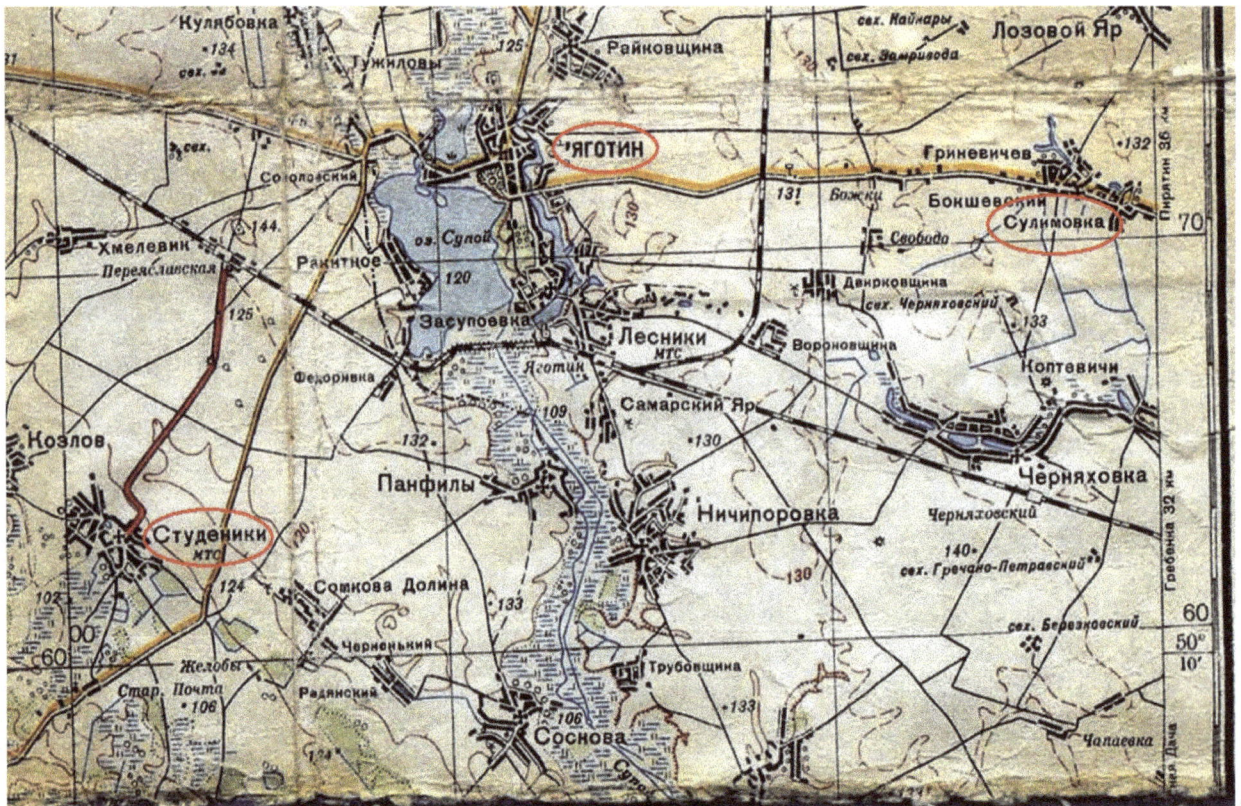

Фрагмент военной карты РККА (М-36-XIII): обозначены селения, в которых располагались некоторые немецкие пересыльные лагеря военнопленных (Яготин, Сулимовка, Студенники).

---

[242] Объяснительная записка А. Монатко Вр. Начальника Штаба Дивизии. РГВА ф. 38276, оп. 1, д. 5, л. 38.

Второе важное обстоятельство, которое отмечают многие очевидцы, это освобождение немцами военнопленных украинцев, а иногда и русских, по истечении определённого периода пребывания в лагерях. Эта практика, *которая прекратилась, судя по всему, к началу 1942 года*, была обусловлена как стремлением оккупационных войск сократить расходы на содержание огромного числа военнопленных, так и их попытками склонить местное население на свою сторону. Александр Жук описывает детали подобной практики в Житомирском лагере, уже в октябре 1941 года:

> "В ту пору немцы заигрывали с украинцами. Каждый день в лагерь приезжали назначенные ими старосты. Им разрешалось отобрать своих односельчан и увозить с собой.
>
> — Оце мій, Оце тэж мій, — показывали они на счастливчика и увозили домой. Так набиралось на каждого старосту по 6–8 человек.
>
> ... Потом каждому выдавали «документ» — длинную плотную бумагу с типографской свастикой, печатью и подписью. В нём указывалось, что такой-то находился в таком-то лагере и отпущен немецким командованием домой. Фамилию, лагерь и пункт назначения каждый должен был проставить сам." [243]

Благодаря подобной практике, 22 октября 1941 года Фёдору Худякову удалось освободиться из лагеря, устроенного в Киеве на большом дворе между Керосинной и улицей Довнар-Запольского. Определив по прибытии в лагерь «на Керосинной», что немцы начали выпускать военнопленных в определённой очерёдности, он постарался через пару дней оказаться среди колонн, из которых происходил этот отбор:

> "... Один из офицеров произнес речь, которую переводил нам переводчик. Речь сводилась к следующему:
>
> — Великая Германия освободила всю Европу, и силами своей доблестной армии заканчивает освобождение России и Украины. ... наш гениальный и любимый вождь Гитлер устанавливает здесь новый порядок. Вы будете свободны от большевистского ига. Вы будете свободно трудиться на своей земле. Великой Германии и сейчас уже нужны ваши руки. Но вы, пока идет война, считаетесь, хоть и на свободе, но военнопленными. Вас выпустят, идите по своим домам, но знайте, что вы не имеете права читать советскую литературу и вести какую-либо враждебную работу или агитацию против великой Германии. Предупреждаю, что мы сейчас выпустим только украинцев, проживающих на Правобережье не южнее линии Винница — Кировоград — Черкассы. Русских или людей другой национальности мы не выпускаем. Предлагаю этим пленным отойти в сторону — они будут отведены обратно в лагерь. Если кто обманет и обман обнаружится, такие пленные будут немедленно расстреляны. А сейчас, по очереди, без толкотни по три-четыре человека заходите в барак, будете получать удостоверения.
>
> Надо ли говорить, что среди нас не было и «русских». Все были украинцами с Правобережья.
>
> ... Процедура выдачи удостоверений была удивительно проста. В комнате, куда мы зашли все трое, было три стола, за каждым из которых сидел немецкий офицер. Между столами ходил переводчик. Возле первого стола немец задавал несколько вопросов:
>
> — Фамилия, имя? Год рождения? Где родился? Где проживал до войны и в какой населенный пункт иду?" [244]

---

[243] Жук А. В. Начало. — Стройиздат, Санкт-Петербург, 2005, стр. 110–111.
[244] Худяков Ф. Ф. Прожитое и пережитое. — К.: Издательский дом А.С.С., 2005, стр. 324.

Можно также привести и сведения из докладной записки пленной Александры Монатко из 4-й дивизии войск НКВД, которой удалось выбраться из лагеря и выйти к своим 20 октября 1941 года:

"Одновременно с этим немцы обещали отпустить всех гражданских женщин-киевлян домой, но это было только обещание. Женщины написали прошение в комендатуру с.Сулимовка, почти все подписали это прошение. Через старосту нашего лагеря передали в комендатуру. И так 4.10.1941 г. нам неожиданно удалось получить освобождение и пропуска на Киев. При чем отпустили только русских и украинцев по национальности в гражданской форме, а женщины в военной форме и евреи остались в лагере." [245]

Фильтрацией и расстрелами военнопленных занимались специально созданные немецкие айнзацгруппы полиции безопасности и службы безопасности рейхсфюрера СС (нем. – Einsatzgruppen der Sicherheitspolizei und des Sicherheitsdienst des Reichsführers SS). Эти так называемые "целевые" группы были в основном предназначены для уничтожения на оккупированных территориях евреев, а также советских партийных работников, сотрудников НКВД, армейских политработников, партизан и других политических и расовых "противников нацизма"[246]. Айнзацгруппы представляли из себя военизированные передвижные "эскадроны смерти", включая айнзацкоманды (нем. – Einsatzkommando, спец. команда), которые действовали в тылу, и зондеркоманды (нем. – Sonderkommando, особая команда), использовавшиеся в непосредственной близости к линии фронта.

На территории СССР были развёрнуты четыре айнзацгруппы в количестве примерно 3000 человек. В зачистке Киевского котла в октябре 1941 года, а также в массовых расстрелах евреев в Бабьем Яру 29-30 сентября 1941 года, когда было убито 33771 человека, принимала участие айнзацгруппа "С" и, в частности, зондеркоманда 4а, возглавляемая, с июня 1941 года по январь 1942 года, штандартенфюрером СС Паулем Блобелем (Paul Blobel) [247].

Общее количество евреев, истреблённых айнзацгруппами в 1941 – 1943 годах, оценивается по меньшей мере в 670 тысяч человек[248]. Одним из основных источником сведений о военных преступлениях, совершённых айнзацгруппами, являются их собственные официальные отчёты, "Отчёты о событиях в СССР 1941" (нем. – Die «Ereignismeldungen UdSSR» 1941), включавшие оперативные рапорты о деятельности и спец. акциях. С 1941 года отчёты айнзацгрупп направлялись непосредственно Гитлеру и партийным и правительственным структурам Третьего рейха. После войны эти документы были использованы во время отдельного, девятого из двенадцати, судебного процесса над нацистскими преступниками в рамках Последующих (Малых) Нюрнбергских процессов: процесса по делу об айнзатцгруппах (США против Отто Олендорфа, Case IX: Task forces), проходившего с 29 сентября 1947 года по 10 апреля 1948 года [249].

---

[245] Объяснительная записка А. Монатко Вр. Начальника Штаба Дивизии. РГВА ф. 38276, оп. 1, д. 5, л. 38.

[246] Круглов, А. И. К вопросу о количестве евреев, уничтоженных эйнзатцгруппами в 1941-1943 гг. Голокост і сучасність 1(3), 2008, стр. 39–64.

[247] Источник: https://ru.wikipedia.org/wiki/Айнзацгруппы (29 декабря 2017 года).

Командир зондеркоманды 4а Пауль Блобель был приговорён в 1948 году к смертной казни американским военным судом и повешен 7 июня 1951 года.

[248] Круглов, А. И., К вопросу о количестве евреев, уничтоженных эйнзатцгруппами в 1941-1943 гг. Голокост і сучасність 1(3), 2008, стр. 39–64.

[249] Источник: https://ru.wikipedia.org/wiki/Нюрнбергский_процесс_по_делу_об_айнзацгруппах (29 декабря 2017 года).

Оригиналы отчётов, включая почти полностью сохранившееся собрание всех оперативных рапортов, хранятся в Федеральном Архиве Германии (Bundesarchiv) в Кобленце. Эти документы, на микрофильмах, можно также найти и в Национальном Архиве США в Вашингтоне (National Archives and Record Service; Records of the Reich Leader of the SS and Chief of the German Police (Reichsführer SS und Chef der Deutschen Polizei) (Part III), Microfilm Publication T175, rolls 233–235). Относительно недавно полный текст этих отчётов был опубликован немецкими историками: Mallmann, K.-M., Angrick, A., Matthäus, J., Cüppers, M. (Hrsg.), Die «Ereignismeldungen UdSSR» 1941, Dokumente der Einsatzgruppen in der Sowjetunion. Band I, WBG, 2011.

Оперативные рапорты приводят конкретные данные о деталях спец. акций, перечисляя места и количество жертв. Так, например, оперативный рапорт № 101 от 2 октября 1941 года, поданный айнзацгруппой "С" из Киева, включает лаконичную запись:

29 и 30 сентября 1941 г. в Киеве зондеркоманда 4а в сотрудничестве со штабом айнзацгруппы и двумя командами полицейского полка «Юг» казнила 33 771 еврея.[250]

После расстрелов в Бабьем Яру зондеркоманда 4а выдвинулась в район Киевского котла и приступила к расстрелам как мирных жителей–евреев, так и евреев–военнопленных, продолжая выполнять поставленную ей задачу систематического и полного уничтожения евреев и коммунистов в Киевской области (см. оперативный рапорт № 132 от 19 ноября 1941 года). В частности:

- 4 октября 1941 года в Переяславе передовой отряд зондеркоманды 4а, с помощью украинских информаторов (нем. – Vertrauensmänner), выявил, зарегистрировал и ликвидировал 537 евреев: мужчин, женщин и подростков (оперативный рапорт № 119 от 20 октября 1941 года)[251];
- 8 октября 1941 года в Яготине были захвачены и ликвидированы 125 евреев (оперативный рапорт № 119 от 20 октября 1941 года – см. там же);
- 14 октября 1941 года в Борисполе взвод зондеркоманды 4а расстрелял 752 еврея–военнопленных, выданных комендантом лагеря военнопленных (оперативный рапорт № 132 от 19 ноября 1941 года)[252];
- 18 октября 1941 года в Борисполе взвод зондеркоманды 4а расстрелял ещё 357 евреев–военнопленных, в том числе нескольких комиссаров и 78 раненых, выданных лагерным врачом. В это же время этот же взвод казнил 24 партизана и коммуниста, которые были арестованы местным комендантом в Борисполе. Ещё один взвод зондеркоманды 4а в Лубнах казнил 1865 евреев, коммунистов и партизан, среди них 53 военнопленных и несколько евреек-снайперов (нем. – "jüdische Flintenweiber") (оперативный рапорт № 132 от 19 ноября 1941 года – см. там же).

К 22 октября 1941 года зондеркоманда 4а переместилась в Черниговскую область. Согласно дополнительным источникам, 20 октября 1941 года были расстреляны 100 евреев–военнопленных в Дарнице, а всего на пути из Яготина в Дарницу в течение октября 1941 года были расстреляны 2000 евреев–военнопленных[253].

Преступная деятельность айнзацгрупп и зондеркоманд достаточно хорошо исследована, в то время как нас интересует в первую очередь их спец. операции и перемещения в районе Киевского котла в октябре 1941 года, когда могли быть расстреляны оставшиеся в живых бойцы, командиры и политработники 48-го инжбата и других частей 37-й Армии. Очевидно, что маршрут этапирования военнопленных, который мы проследили по воспоминаниям как Фёдора Худякова, так и Александра Жука — от Яготина, через Переяслав (7–8 и с 10–12 октября), Борисполь (с 17 октября) и Дарницу (с 18 октября), до Киева (с 20 октября) — достаточно сильно перекликается с действиями зондеркоманды 4а. В частности, именно 18 октября 1941 года зондеркоманда 4а провела повторную фильтрацию и расстрел 357 евреев–военнопленных в лагере в Борисполе, куда накануне как раз прибыла большая группа военнопленных из Переяслава. Скорее всего, этим и объясняется возвращение зондеркоманды 4а в Бориспольский лагерь, где четыре дня до этого уже были расстреляны 752 еврея–военнопленных...

[250] Mallmann, K.-M., Angrick, A., Matthäus, J., Cüppers, M. (Hrsg.), Die «Ereignismeldungen UdSSR» 1941, Dokumente der Einsatzgruppen in der Sowjetunion. Band I, WBG, 2011, стр. 615 (Ereignismeldung UdSSR Nr. 101, 2. Okt. 1941).

[251] Mallmann, K.-M., Angrick, A., Matthäus, J., Cüppers, M. (Hrsg.), Die «Ereignismeldungen UdSSR» 1941, Dokumente der Einsatzgruppen in der Sowjetunion. Band I, WBG, 2011, стр. 706 (Ereignismeldung UdSSR Nr. 119, 20. Okt. 1941).

[252] Mallmann, K.-M., Angrick, A., Matthäus, J., Cüppers, M. (Hrsg.), Die «Ereignismeldungen UdSSR» 1941, Dokumente der Einsatzgruppen in der Sowjetunion. Band I, WBG, 2011, стр. 776 (Ereignismeldung UdSSR Nr. 132 [handschriftlich: 135], 19. Nov. 1941).

[253] Круглов, А. И. Уничтожение еврейского населения Украины в 1941–1944 гг. Хроника событий. — Могилёв-Подольская райтипография, 1997, стр. 30–31.

Глава 14. "...Выходить мелкими группами" (октябрь 1941 года)

Группа Рыбальченко–Ермакова (48-й инжбат). В предыдущей главе мы практически подвели итоги попыток прорыва остатков 48-го инжбата из Киевского котла, приведшие большинство бойцов и командиров к Борщёвской переправе и селу Березань, где 23–26 сентября проходили отчаянные бои с переменным успехом. Яготинский очаг окружения, где развернулись эти события, прекратил своё существование к 29 сентября 1941 года.

Однако остаётся ещё один источник информации, имеющий прямое отношение к нашему исследованию: материалы фильтрационно-проверочного дела комиссара 48-го инжбата старшего политрука Егора Ермакова, которые мы уже неоднократно приводили. Последние данные о сентябре 1941 года в показаниях Ермакова относятся к 21 сентября 1941 года (переправа у Борщёва), а следующая запись уже описывает события 15 октября 1941 года, когда его группа пыталась пройти из "Семёновского" в "Черниговские" леса:

"15/X 41 года в селе "Ядловка — исправлено" (Ядловка) мы проходили Семеновского леса в Черниговские леса мелкими группами Я шел совместно с капитаном Рыбальченко, лейтенант Мехальчук и красноармеец Муратов Когда прибыли в село Ядловка оно было занято немцами Мы вышли села и спрятались скирде с хлебом (жито) в средини дня 15/X 41 года скирда была окружена немецкими войсками и нас забрали с оружием произвели обыск, у меня взяли "наган" партийный билет и 800 рублей денег и повели в село Ядлова"

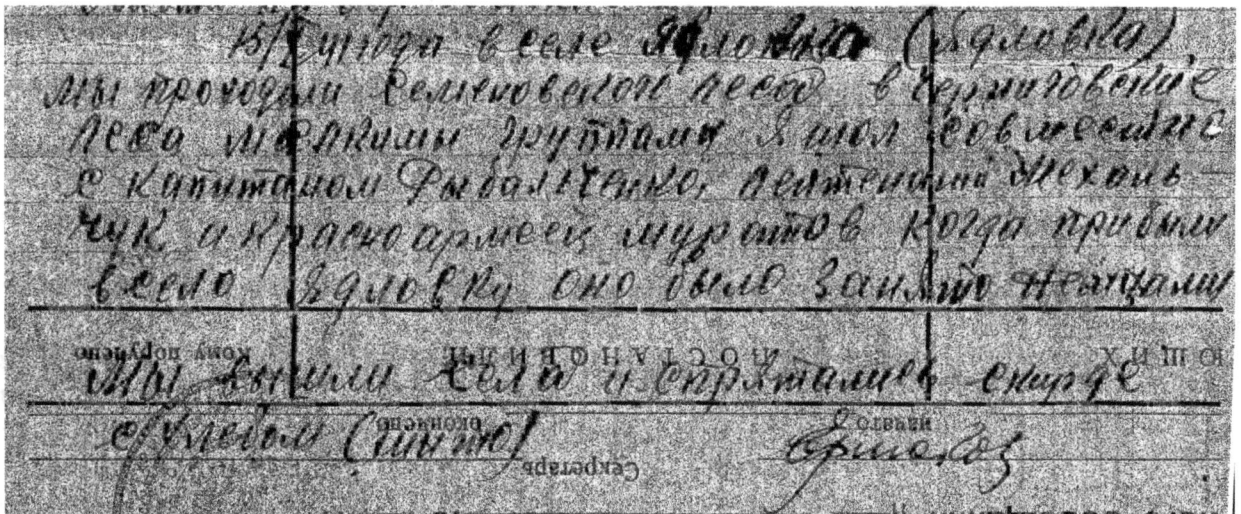

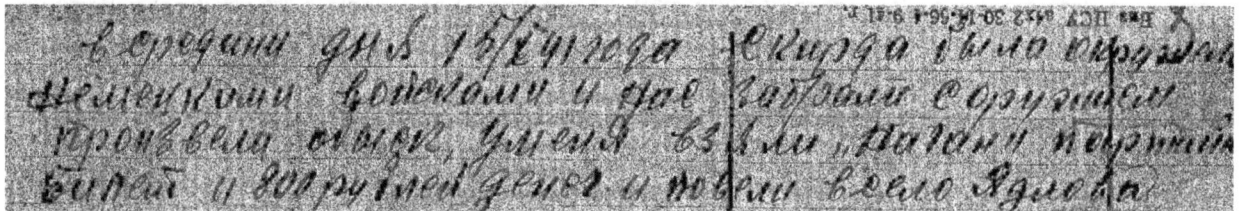

Фрагмент фильтрационно-проверочного дела комиссара Ермакова Е. С., от 15 апреля 1942 года, описывающий обстоятельства пленения 15 октября 1941 года.

Детали допроса можно найти в биографии Егора Ермакова. Здесь же мы сосредоточим внимание на составе группы и маршруте выхода из окружения. Отметим, что Кадыр Муратов был не красноармейцем, а сержантом при штабе 48-го инжбата. Возможно, что "офицерская" группа, в составе которой комбат Рыбальченко и комиссар Ермаков пытались прорваться из окружения, включала, помимо Муратова и лейтенанта Мехальчука, также и *начальника химической службы батальона лейтенанта Юлия Гольдмана, адъютанта батальона лейтенанта Иванова и старшего сержанта Николая Лазарева.*

Ядловка — это село Ново-Басанского района Черниговской области (ныне — село Перемога Барышевского района Киевской области). Попав в плен близ Ядловки 15 октября, Ермаков и Рыбальченко оказались в немецком лагере для военнопленных, сооружённом на окраине села Гоголев[254] посреди чистого поля и окружённом двумя рядами колючей проволоки. Кадыр Муратов, судя по его документам из картотеки ЦАМО, попал в плен 1 октября 1941 года, место указано как "Новый Басан" ("под Черниговом"). *Можно предположить, что в плен эта группа попала всё же в Ядловке между 1 и 15 октября 1941 года.* Точный маршрут движения группы из Семёновского леса до Ядловки определить сейчас, конечно же, затруднительно.

Фрагмент военной карты РККА (M-36-XIII): красным цветом отмечены Семёновский лес (юго-восток), Борщёв, Березань, Барышевка, Ядловка, Новая Басань (северо-восток), Гоголев (северо-запад); красным пунктиром обозначены возможные районы продвижения группы Рыбальченко—Ермакова из Семёновского леса на север, к дороге Гоголев — Ядловка — Новая Басань.

---

[254] Гоголев — село в Броварском районе Киевской области, известное ещё с 1148 года. В 17-м веке местечко получило местное самоуправление согласно Магдебургскому праву, освобождавшему горожан от бóльшей части феодальных повинностей. После революции 1917 года, гражданской войны, еврейских погромов, раскулачивания и коллективизации Гоголев пришёл в упадок и превратился в село. Во время немецкой оккупации 1941–43 гг. были расстреляны практически все местные евреи. Источник: https://uk.wikipedia.org/wiki/Гоголів_(Броварський_район)

Скорее всего, группа двигалась на север в междуречье Трубежа и Недры, придерживаясь по возможности лесов, рощ и болотистых низин, и вышла к дороге Гоголев — Ядловка — Новая Басань, надеясь пройти ещё дальше, в лесной массив к северу от этой дороги.

Определение точного состава "офицерской" группы, как и точной даты пленения, зависит от интерпретации деталей протокола допроса Ермакова. Протокол включает 26-ю графу: "Фамилия, имя, отчество и другие данные на лиц, которые могут подтвердить обстоятельства и факт пленения, нахождения в лагере, окружении противника, пребывание на оккупированной территории, освобождение из лагеря противника или выход из окружения, и где эти лица находятся". Ответ Ермакова в этой графе перечисляет капитана Рыбальченко, лейтенанта Иванова, лейтенанта Гольдмана, сержанта Лазарева и красноармейца Муратова; с пометкой "7; Лагерь военнопленных село Гоголево Киевской обл.", но не упоминает лейтенанта Мехальчука.

Фрагмент фильтрационно-проверочного дела комиссара Ермакова Е. С., от 15 апреля 1942 года. 26-я графа протокола допроса.

Вероятно, что все перечисленные семь человек выходили из окружения или вместе, или же двумя группами по 3-4 человека. Во втором случае, если Юлий Гольдман, Павел Иванов и Николай Лазарев выходили отдельной группой, то их Ермаков встретил уже только в лагере. Согласно ответу Ермакова об обстоятельствах пленения, к 15 октября 1941 года его непосредственная группа включала капитана Рыбальченко, красноармейца Муратова и лейтенанта Мехальчука, но о последнем он больше не упоминает. Более того, ещё раз обратим внимание на расхождение в датах и местах пленения между анкетой Кадыра Муратова (1 октября 1941 года, "Новый Басан", "под Черниговам") и показаниями Егора Ермакова (15 октября 1941 года, село Ядловка Ново-Басанского района Черниговской области). Однако дата в анкете Муратова вначале была записана двузначным числом, начинавшимся с единицы (не исключено, что и "15"), и переправлена на "01" (см. также его биографию).

Фрагмент анкеты из картотеки ЦАМО с данными на сержанта при штабе 48-го инжбата Кадыра Муратова. Дата пленения переправлена, *скорее всего*, с 15 на 01 октября 1941 года.

Заметим, что ещё 26 сентября 1941 года, при выходе из окружения, в районе села Новая Басань был ранен и попал в плен начальник военно-хозяйственного снабжения 48-го инжбата Сергей Шевченко.

Наиболее вероятным нам представляется следующий ход событий.

После переправы через Трубеж и попыток прорваться через Березань или сквозь Семёновский лес, примерно в период с 23 по 26 сентября 1941 года, группа включала всех семерых: комбата Рыбальченко, комиссара Ермакова, адъютанта батальона Иванова, начальника химической службы батальона и бывшего нач. штаба Гольдмана, сержанта при штабе Муратова, старшину роты Лазарева и примкнувшего к ним лейтенанта Мехальчука (возможно, из другой части). В какой-то момент было принято решение разделиться на две, ещё более мелкие, группы.

Гольдман, Иванов и Лазарев сформировали отдельную группу, двинулись на север в междуречье Трубежа и Недры, но в итоге попали в плен и оказались в лагере военнопленных у села Гоголев.

Ермаков, раненный Рыбальченко, Муратов и Мехальчук тоже двигались в северном направлении в междуречье Трубежа и Недры, пытаясь пройти к Новой Басани — поэтому Кадыр Муратов и запомнил название этого села, как последнее известное ему направление. Расстояние в 40–50 км из Семёновского леса до Ядловки или Новой Басани было вполне возможно преодолеть за несколько дней — например, Сергей Шевченко, выходя из окружения в составе другой малочисленной группы 48-го инжбата, достиг Новой Басани уже 26 сентября. Однако, пробираясь вместе с раненным комбатом и выжидая подходящий момент для рывка, группа Ермакова могла укрыться в относительно безопасном месте на неделю или даже на более длительное время, и поэтому добралась до Ядловки лишь спустя пару недель (если принимать за дату пленения 15 октября).

Так или иначе, у Ядловки Рыбальченко и Ермаков были захвачены немцами и отправлены в лагерь у Гоголева. Их допрашивали вместе (см. детали допроса ниже). Муратов был тоже схвачен, допрошен отдельно, но также оказался в лагере у Гоголева. Что произошло с Мехальчуком — неизвестно.

Григорий Михайлович Михальчук. Младший лейтенант Григорий Михайлович Михальчук, начальник гарнизона 55-го полка войск НКВД 4-й (впоследствии, 25-й) дивизии войск НКВД по охране железнодорожных сооружений, пропал без вести в районе Борисполь—Барышевка "при занятии г. Киева противником" (согласно донесениям о безвозвратных потерях по дивизии из РГВА; см. его биографию).

Фрагмент военной карты РККА (М-36-XIII): отмечены Ядловка и Гоголев.

Кадыр Муратов. Сержант при штабе 48-го инжбата, командир отделения Кадыр Муратов попал в плен в Ново-Басанском районе Черниговской области в октябре 1941 года, прошёл лагеря в городах Житомир (Украина) и Салоники (Греция), работал "чернорабочим при немецкой армии", по октябрь 1944 года. В конце войны оказался в египетском лагере в Каире, откуда и был репатриирован на проверочно-фильтрационный пункт НКВД в Баку. Впоследствии, проживал в Бухарском районе Бухарской области Узбекской ССР. В апреле 1985 года был награждён Орденом Отечественной войны II степени (к 40-летию Победы) — см. его биографию.

Юлий Абрамович Гольдман. Начальник химической службы 48-го инжбата лейтенант Юлий Абрамович Гольдман пропал без вести *в сентябре 1941 года. Очевидно, он был расстрелян немцами в лагере военнопленных у села Гоголев в октябре 1941 года* (см. его биографию).

Николай Фёдорович Лазарев. Старшина роты старший сержант 48-го инжбата Николай Фёдорович Лазарев пропал без вести *в сентябре 1941 года. Возможно, он погиб в одном из пересыльных немецких лагерей (Гоголев, Житомир) в октябре 1941 года* — см. его биографию.

Павел Прокофьевич Иванов. Адъютант батальона лейтенант Павел Прокофьевич Иванов вышел из Киевского окружения. *Был ли он в лагере у Гоголева и бежал, или же вышел из окружения, избежав плена, неизвестно.* Согласно его наградному листу, он был легко ранен в сентябре 1941 года, и судя по записи в учётно-послужной карточке, находился на Юго-Западном Фронте с июня 1941 года по август 1942 года. Местонахождение фильтрационно-проверочного дела Павла Иванова не установлено. После фильтрационной проверки в НКВД, в сентябре 1942 года Павел Иванов был назначен полковым инженером 122-го стрелкового полка 41-й гвардейской дивизии Южного Фронта. В январе 1943 года ему было присвоено звание гвардии капитан. В июне 1945 года Павел Иванов, будучи начальником инженерной службы 44-го запасного артиллерийского полка 10-й запасной стрелковой дивизии, был награждён Орденом Отечественной войны II степени (см. его биографию).

В биографии комиссара 48-го инжбата старшего политрука Егора Ермакова приведён полный текст его допроса, в апреле 1942 года, старшим следователем особого отдела НКВД младшим лейтенантом госбезопасности Миклухиным. Ермаков рассказал о деталях немецкого допроса, проведённого в средней школе Ядловки, в частности, о том, что он выдал себя за шофёра, в то время как Рыбальченко признал своё капитанское звание (как всегда, мы сохраняем текст без изменений):

"Вопрос: Вас допрашивали немцы, когда взяли в плен с партийным билетом?
Ответ: Когда провели в село Ядловку и поместили в школе средней немецкий офицер с переодчиком спросил у меня Комиссар, я ответил нет Командир я ответил нет а сказал, что шофер и больше ничего он не спрашивал.
Вопрос: Капитана Рыбальченка немцы допрашивали?
Ответ: Капитана Рыбальчанка немецкий офицер спросил Командир он ответил да Командир по званию Капитан но не признался, что командир части. В капитана Рыбальченка также при обыске взяли партбилет
Вопрос: Партбилеты офицер держал в руках когда вас допрашивал т-е опрашивал?
Ответ: Партийные билеты были не в офицера а в младшего чина который задержал и производил обыск и он в это время стоял 10 метрах
Вопрос: Где ваша форма была, когда вас немцы взяли в плен?
Ответ: Я был без знаков различий и шинели
Вопрос: Выдны были на рубахи знаки т-е о том, что ранше они были?
Ответ: Да на рубашке были отпечатки знаков различия но я был в комбинзоне их небыло выдно
Вопрос: Вы в лагере село Гоголево совместно с Рыбальченком были?
Ответ: Да совместно из Рыбальченкой он как ранены находился из (*исправлено на "с"*) ранеными в сарай"

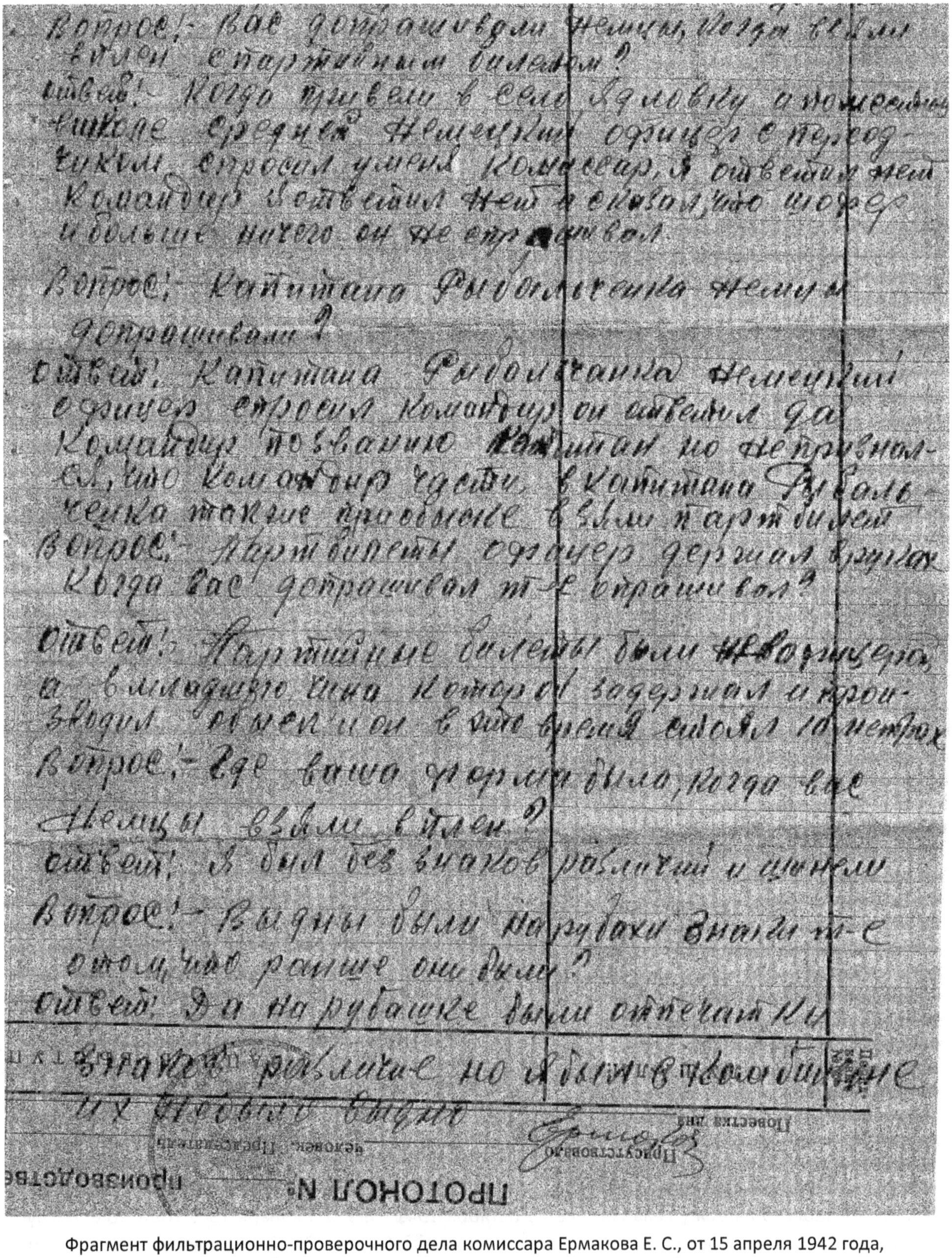

Вопрос: — Вас допрашивали немцы, когда взяли в плен с партийным билетом?

ответ: — Когда привели в село Ядловку а помещалась школа средняя Немецкий офицер с переводчиком, спросил у меня комиссар, я ответил нет командир, ответил нет а сказал, что шофёр и больше ничего он не спрашивал.

Вопрос: — Капитана Рыболченко немцы допрашивали?

ответ: — Капитана Рыболченко Немецкий офицер спросил командир, он ответил да Командир позвание Капитан но не признался, что командир части а Капитана Рыболченко тоже спросил взяли партийный

Вопрос: — Партбилеты офицер держал в руках Когда вас допрашивал он не вырывал?

ответ: — Партийные билеты были не в офицера, а в младшего чина который задержал и производил отмену он в это время стоял 10 метрах

Вопрос: — Где ваше оружие было, когда вас Немцы взяли в плен?

ответ: — Я был без знаков различия и шинель

Вопрос: — Видны были на рубахи знаки то-с отличия раньше они были?

ответ: — Да на рубашке были отпечатки

___

знаков различие но я был в воротнике

их свежие виды

чеховек. Председатель

ПРОТОКОЛ №

Фрагмент фильтрационно-проверочного дела комиссара Ермакова Е. С., от 15 апреля 1942 года, описывающий детали немецкого допроса в Ядловке 15 октября 1941 года.

Ермаков рассказал и о самом Гоголевском лагере, и об обстоятельствах своего побега:

"Вопрос: При каких обстоятельствах бежали из лагеря?

Ответ: 25/X 41 года я лично сам бежал из лагеря при следующих обстоятельствах в одного военнопленного были ножницы режущие проволоку Я взял эти ножницы и перерезов проволоку для возможности пролезть и бежал за мной вслед бежало 4 человека однако договорености о побеги сними не было

Вопрос: Скажите как была построена охрана в Гоголевском лагере немцами?

Ответ: Охрана была так построена 6 вышек на которых стояли станковые пулеметы Максим (наш) 4 вышки по углам и 2 вышки посредини лагеря

На вышках находились чесовые и между вышками в средини также ходили часовые

Вопрос: Лагерь освещался светом?

Ответ: Нет света небыло, но немецкие чесовые через каждые 10-15 минут довали осветительные ракеты

Вопрос: Как вы могли бежать при такой усиленой охраны и ктому освещающей ракетамы?

Ответ: Мы находились на дворе 25/X 41 года вечером шол дождь Я спользовал имено это время и решил бежать Когда ракеты освещали сразу выдно создовалось а затем темнота не выдно даже часовым Я изучал это, что немцы восновном пускают ракеты для запугивание Но им выдно, что делают военно пленные.

Вопрос: Немцы вечером военнопленных к ограды не подпускали на 10 метров как вы могли резать проволоку?

Ответ: В лагере было развалины от сарая т-е лежала глина в кучи Я подполз к ней т-к отние близко к проволочному заграждению 2 ряда порезов отполз к глине В это время немцы дали осветительную ракету но меня не заметили второй раз разрезов остальне ряды (2) и бежал.

Вопрос: Немцы в сколько ложили спать военнопленных?

Ответ: Мы находились под открытым небом никто не ложился т-к была большая грязь часть стояла кто был бесильной ложился вот какой лагерь"

В заключение Ермаков поведал о том, как ему удалось перейти линию фронта 3 января 1942 года в районе села Поселец Бобрышевского района Курской области. Через день он добрался до пересыльного пункта в гор. Новый Оскол, а в итоге оказался в Старобельском лагере НКВД:

"Вопрос: Когда, где перешли линию фронта?

Ответ: Линию фронта я перешол в районе села Посылец Бобришовского района Курской области 3/I 42 года

Вопрос: Кем были задержаны с частей Красной армии?

Ответ: Я задержан не был, а 3/I 42 года сам пришол в одну с войнских частей номерации не знаю. Это было село Посылец

С 3/I 42 года по 4/I 42 года был в части Затем нас селе Бобришовы Кривцовского района Курской области работники со НКВД опросили построили 25 человек меня назначили старшим Я повел их на город Новой Оскол пересыльной пункт

14/I 42 года нас направили в лагерь гор Острогожск Нас не приняли и направили Старобельской лагерь НКВД

Вопрос: Кто можить подтвердить обстоятельства вашего пленения и переход на территор. Красной Армии?

Ответ: Кто со мной попал в плен они остались там т-е немогу знать где они сейчас."

Егор Семёнович Ермаков. Комиссар 48-го инжбата старший политрук Егор Семёнович Ермаков бежал из немецкого лагеря у села Гоголев 25 октября 1941 года, а 3 января 1942 года, то есть спустя два месяца с небольшим, перешёл линию фронта в Курской области. Пройдя проверку в лагерях НКВД, он был в итоге зачислен курсантом в 42-ю Гвардейскую Краснознаменную стрелковую дивизию. 4 декабря 1942 года, Егор Ермаков погиб в бою у деревни Ведерниково в Калининской (ныне Тверской) области. Фильтрационно-проверочное дело старшего политрука Ермакова Е. С. хранится в Фильтрационном Фонде УФСБ России по Тамбовской области (см. его биографию).

Вопрос: Вы в лагере село Гоголева совместно с Рыбальченком были?

ответ: Да совместно из Рыбальченком он как ранен находился с ранеными в сарай

Вопрос: При каких обстоятельствах бежали из лагеря?

ответ: 25/X 41 года я лично сам бежал из лагеря при следующих обстоятельствах водного военно-пленного были ножницы режущие проволоку. Я взял эти ножницы и перерезов проволоку для возможности пролезть и в ноч зашив вслед бежало 4 человека один по договоренности о побеги со мной не было

Вопрос: Скажите как была построена охрана в Гоголевском лагере немцами?

ответ: охрана была так построна 6 вишек на которых стояли станковые пулеметы Максим (наш) 4 вишки по углом и 2 вишки посредини лагеря.

На вишках находились часовые и между вишками в средини так же ходили часовые

Вопрос: Лагерь освещался светом?

ответ: Ни свето не было, но немецкие часовые через каждые 10-15 минут давали осветительные ракеты

Вопрос: Как вы могли бежать при такой усиленой охраны и к тому освещающей ракетами?

ответ: Мы находились на дворе 25/X 41 года вечером шол дождь—

Фрагмент фильтрационно-проверочного дела комиссара Ермакова Е. С., от 15 апреля 1942 года, описывающий детали немецкого лагеря в Гоголеве и обстоятельства побега.

– Я исползовал имею эно время и решил бежать. Когда ракеты освешали сразу видно возвошалось, а затем темнотой не видно долге часовой я изучал эно, что немцы восновном пускают ракеты для запугивание но им выдно, что делают военно пленые.

Вопрос: – Немцы вечером военнопленних к ограды не подпускали на юмитров как вы могли резать проволоку?

Ответ: В лагере было раволины от сараи т-е лежала глина в кучи в подпол и ней так были близко к проволочному за глиногам 2 ряда порезов оттоль и смине в эно время немцы дали осветительную ракету но меня не заметили второй раз разрезов остальне ряди(b) и бежал.

Вопрос: – Немцы сколько лошили стоить военнопленных?

Ответ: – Мы находились под открытим небом никто не лошилес т-к была большая грязв часто стояла кто был бесильной лошилес вот каной лагерь

Вопрос: Когда, где перешли линию фронта?

Ответ: Линию фронта я перешол врайоне села посилки бобрищовеног района курпов амлач 15/4 года Ермаков

5

Вопрос: Кем были задержаны с частей красноармии?

Ответ: Я задержан небыл, а 8/14 того сам пришол воду в военных частей номеразии незнаю. Это было Село Поселок

с 8/14 года до 4/14 года был в части затем нас село Бобришови Кривоногого района курской области разведчики войти опросили построили 25 человек мал назначили старшим Я повел их на

город Новой Оскол пересыльный пункт 14/14 года нас направили в лагерь гор Острогорск нас не приняли и направли стародельской Лагерь нквд.

Вопрос: Кто может подтвердить обстоятельства вашего пленения и переход на территор Красной Армии?

Ответ: Кто сомной попал вплен они остались там те немогу знать где они сейчас.

Протокол допроса записан с моих слов верно в чем расписываюсь

Ермаков

Допросил: сле следовтель оо нквд мл лейтенант Гребеонковский

Чиплунин

ГАБФ СОО.

Фрагмент фильтрационно-проверочного дела комиссара Ермакова Е. С., от 15 апреля 1942 года, описывающий обстоятельства перехода линии фронта.

Григорий Трофимович Рыбальченко. Благодаря родственникам Григория Рыбальченко, удалось выяснить, что, *вероятно, бежав из плена*, капитан Рыбальченко прятался в своём родном селе Скуносово (Сумская область), которое было оккупировано немцами. По сведениям родственников, его выдал полицай, и он был расстрелян гестаповцами 25 ноября 1942 года вместе со своей сестрой Харитой. Они оба похоронены в братской могиле близ Путивля (см. биографию Григория Рыбальченко).

В ОБД "Мемориал" хранятся скупые сведения на ещё несколько бойцов и командиров из 48-го инжбата, которые пропали без вести в течение сентября–октября 1941 года. Как правило, время, с которого человек формально записывался как пропавший без вести, устанавливалось очень просто: к дате последнего письма, полученного родственниками, добавлялся месяц или два (до полугода в зависимости от обстоятельств). Например, пропавшими без вести в сентябре 1941 года могли записать тех, от кого последние известия были получены в августе, а пропавшими без вести в октябре 1941 года — соответственно тех, от кого последние вести дошли ещё в сентябре. Поэтому точно определить конкретную дату выбытия сложно. *С несколько бóльшей уверенностью можно сказать, что это произошло не позднее октября 1941 года, то есть перечисленные ниже бойцы и командиры, скорее всего, погибли в Киевском котле.*

В сентябре 1941 года пропали без вести (см. их биографии):

- Старший лейтенант, бывший начальник штаба, **Андрей Иванович Хованов**. *Не исключено, что он был разжалован в рядовые во время нахождения батальона в гор. Прилуки или ранее.* Последнее письмо от рядового А. И. Хованова получено из гор. Прилуки Черниговской области в августе 1941 года.
- Старший лейтенант, начальник штаба, **Александр Михайлович Борщевский**. Официально, он прошёл по спискам как пропавший без вести в августе 1941 года, так как связь с семьёй прекратилась в июле 1941 года. Однако наиболее поздняя подпись нач. штаба Борщевского присутствует на батальонной справке от 4 сентября 1941 года (той самой, с которой началась часть нашего расследования...).
- Старший политрук, политрук роты **Андрей Николаевич Кондрахин** (по спискам прошёл как пропавший без вести в августе 1941 года).
- Политрук, ответственный секретарь бюро организации ВКП(б), **Александр Васильевич Ласточкин** (по спискам прошёл как пропавший без вести в октябре 1941 года).
- Младший лейтенант, командир взвода, **Василий Андреевич Сосицин**.
- Старший сержант, оружейный мастер сверхсрочной службы, **Иван Николаевич Дмитриев(ич)** .
- Рядовой **Самвел Аванесович Багдасарян**. Последнее письмо отправлено 17 августа 1941 года (получено 7 сентября 1941 года).
- Рядовой **Цолак Степанович Налчаджян**. Последнее письмо — от 9 июля 1941 года.
- Красноармеец **Герасим Ильич Кирилюк**, *возможно, из другой части 4-го мехкорпуса*. Последнее письмо получено 8 июля 1941 года.
- Красноармеец **Михаил Ефимович Кашин**, *возможно, из другой части 4-го мехкорпуса*. Связь прервалась в июле 1941 года.

В октябре 1941 года пропали без вести (см. их биографии):

- Младший сержант, сапёр, **Мендель (Михаил) Шмулевич Высоцкий**. Последнее известие, полученное семьёй — это справка, выданная 4 сентября 1941 года. Данных о его пленении не обнаружено ни в советских, ни в немецких архивах.
- Красноармеец **Алексей Иосифович (Осипович) Носачев (Носычев)**. Связь прервалась в июле 1941 года.
- Красноармеец **Дмитрий Корнеевич Бженцов (Бжендов)**. Письменная связь прекратилась в августе 1941 года.

К пропавшим без вести в Киевском котле можно отнести и ещё трёх человек (см. их биографии):

- Медсестра **Надежда Николаевна Гассан-Корень**. Письменная связь с ней прекратилась в августе 1941 года, а по спискам она прошла как пропавшая без вести в декабре 1943 года.
- Старший сержант, зав. делопроизводством, **Игнатенко** (имя и отчество неизвестны), чья подпись различима на донесении о безвозвратных потерях 48-го дорожного батальона 37-й Армии от 10 августа 1941 года и на батальонной справке от 4 сентября 1941 года.
- Кашевар **Шевлюга.** Нам не удалось установить личность кашевара, упомянутого в мемуарах сержанта 48-го инжбата Александра Жука. *Однако Шевлюга, судя по всему, был жив на момент доукомплектования батальона в городе Прилуки во второй половине июля 1941 года.*

В 1941 году, без даты, пропали без вести (см. их биографии):

- Младший лейтенант, командир взвода, **Василий Павлович Белугин**.
- Младший лейтенант, командир взвода, **Макар Иванович Лапа**.
- Младший лейтенант, командир взвода, **Александр Петрович Слободянник**.

Младший лейтенант, командир взвода, **Валентин Васильевич Кутузов** был мобилизован и направлен в 48-й инжбат 24 июня 1941 года, *и поэтому, скорее всего, оказался в другой части.* По спискам он прошёл как пропавший без вести в августе 1941 года. Его останки были обнаружены в мае 2016 года при проведении поисковых работ Археологическим Патриотическо-Поисковым Объединением (АППО) "Днепр-Украина" в районе города Коростень Житомирской области Украины (Коростеньский укрепрайон № 5) — вместе с останками военнослужащих 2-го батальона 201-й воздушно-десантной бригады (см. его биографию).

Младший лейтенант, командир взвода школы, **Иван Дмитриевич Куценко** *попал в плен (дата и обстоятельства неизвестны), но был впоследствии освобождён, понижен в звании до сержанта, в должности рядового.* Куценко погиб 19 января 1944 года в боях в Винницкой области (см. его биографию).

В период между 23 июня 1941 года и 11 января 1945 года пропал без вести красноармеец, стрелок, **Княз Абрамович Варданян** (*возможно, из другой части 4-го мехкорпуса; см. его биографию*).

Возможно, в другой части 4-го мехкорпуса служил и пропавший без вести (дата отмечена как июнь 1944 года) стрелок **Михаил Артёмович Полянский** (см. его биографию).

Как мы уже отмечали в 8-й главе, в период с 31 августа по 4 сентября 1941 года 48-й инжбат 37-й Армии был укомплектован до 35%, *то есть примерно до 185 человек.* До 11 сентября погибли ещё четверо. Из Киевского котла к своим удалось выбраться лишь шестерым, то есть примерно 3,3% от оставшихся в живых:

- комиссару, старшему политруку Егору Семёновичу Ермакову (после побега из плена);
- лейтенанту, адъютанту батальона, Павлу Прокофьевичу Иванову (выходил с "офицерской" группой Рыбальченко–Ермакова);
- лейтенанту, командиру роты Василию Мироновичу Пономарёву (*скорее всего, после побега из плена*);
- военному фельдшеру Геннадию Сергеевичу Ильину;
- сержанту Александру Владимировичу Жуку (после побега из плена);
- красноармейцу Павлу Филипповичу Мещерякову.

Кроме Ермакова, погибшего в конце 1942 года, остальные пятеро выжили. А всего из 113 человек из 48-го инжбата, боевой путь которых отслежен в нашем исследовании, войну пережили лишь 26 человек.

Последнее документальное упоминание о 48-м инжбате мы обнаружили в списке состава 37-й Армии, сделанном до 2 октября 1941 года — эти сведения вошли в доклад Полевого управления Юго-Западного фронта. Список включает 48-й инжбат среди других частей боевого обеспечения 37-й Армии.

Фрагмент доклада Полевого управления ЮЗФ (оперативный отдел штаба); до 02.10.1941. 48-й инжбат перечислен среди частей боевого обеспечения 37-й Армии; ЦАМО фонд 229, опись 161, дело 103, лист 33.

Группы Строкача и Чиркова. Как мы уже отмечали, по маршруту Борисполь — Иваньково — Люборцы — Скопцы — Борщёв — Березань, а также по маршруту вдоль железной дороги через Барышевку, пытались прорваться многие отходящие части и сводные отряды. Более того, эти прорывающиеся группы накатывались на немецкие заслоны волнами, стремящимися найти бреши во внутреннем кольце Киевского котла и пробиться дальше на восток. Первые из этих волн, достигнувшие Березани ещё 20 сентября 1941 года, столкнулись с относительно свежими, но не полностью развёрнутыми дивизиями вермахта, пытавшимися замкнуть внутреннее кольцо. Это привело к серьёзным потерям среди советских сил, но позволило некоторым отрядам осуществить прорыв.

Так, например, в ночь на 22 сентября одной из групп войск 37-й Армии (под командованием заместителя наркома внутренних дел УССР Тимофея Амвросиевича Строкача), повернувшей на север от занятого немцами Переяслава, удалось с тяжёлыми боями преодолеть реку Трубеж в Барышевке, и прорваться через вражеское кольцо. Бóльшая часть этого сводного отряда, включавшего отдельные подразделения НКВД, вышла к своим[255].

Мы уже упоминали и группу, в которой находился полковник Чирков (под общим командованием генерал-майора Константина Леонидовича Добросердова) — этой группе также удалось прорваться в Березань к 21 сентября 1941 года, а затем частично выйти из окружения. На приведённой ниже штабной карте 44-й ПД вермахта видна брешь между позициями этой и соседней, 45-й, немецких дивизий. Более того, немецкими топографами обозначены чётко выстроенные рубежи советских отрядов, проходящие от реки Недра, к северу от сёл Жуковка и Малая Березанка, до реки Супой, и отсекающие немецкие полки 44-й дивизии. Ситуация к югу от этих рубежей немцам была не ясна, на что указывает и вопросительный знак, поставленный к северу от участка железной дороги между станциями Березань и Яготин. Через эту брешь и удалось прорваться к реке Супой (а иногда и дальше) некоторым группам.

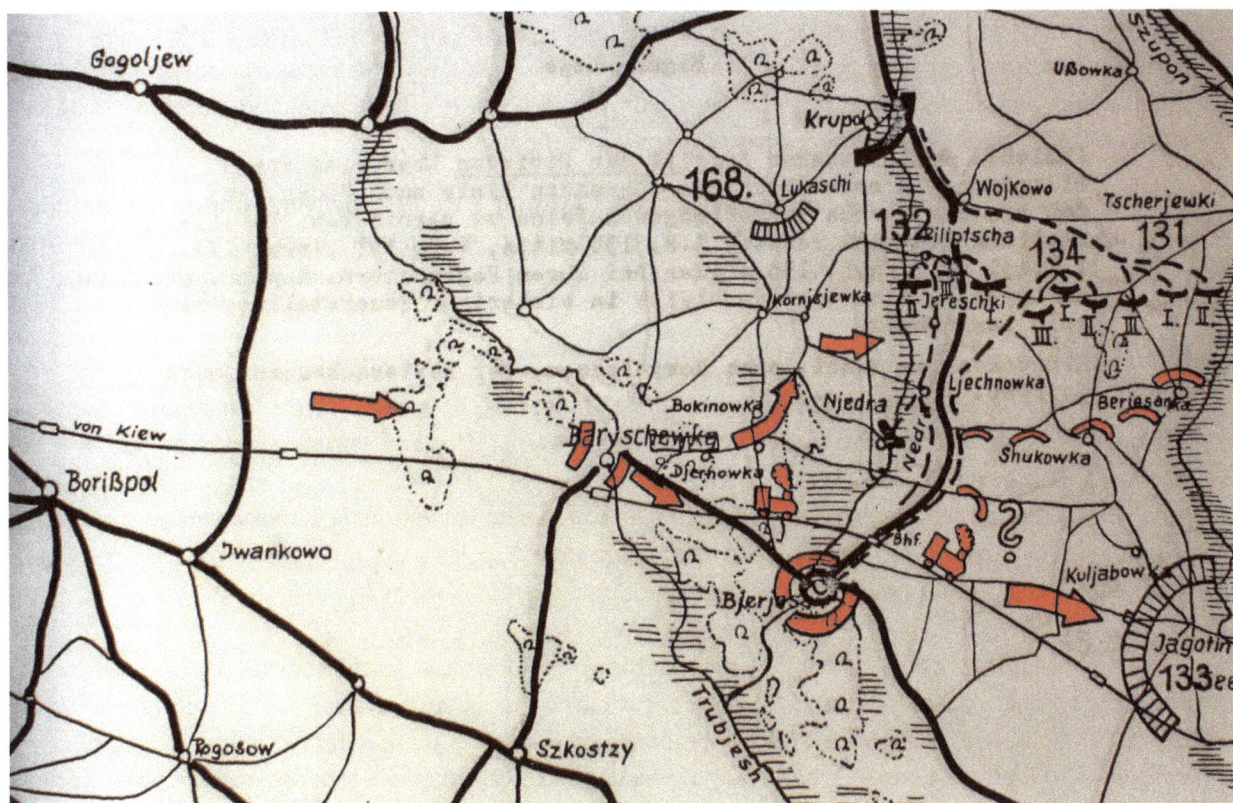

Адаптированный фрагмент штабной карты 44-й ПД вермахта (ночь с 21 на 22 сентября 1941 года, 0.00 – 8.30, 1:300 000): красным цветом отмечены рубежи обороны и направления атак и прорыва советских войск в районе Барышевки, Березани, а также на Яготин (на позиции 45-й немецкой ПД).

255 Баграмян И. Х. Так начиналась война. — М.: Воениздат, 1971.

Однако, начиная с 22 сентября 1941 года, следующие волны — как двигавшиеся через Барышевку, так и форсировавшие Трубеж у Борщёва — оказались внутри уже полностью сформированного Яготинского очага окружения, замкнутого восемью немецкими дивизиями. Эпицентром ожесточённых боёв, в которых приняли участие и остатки 48-го инжбата, стала Березань. Именно на дни 22–25 сентября пришлись наибольшие потери в Яготинском очаге.

Хотя деление на "волны" достаточно условно, можно отметить, что была и третья серия волн, которые, в силу различных причин, достигли реки Трубеж в последнюю очередь — в частности, к Березани эти группы подошли лишь к 25–26 сентября 1941 года. В одной из таких групп был и командарм 37-й Армии генерал-майор Андрей Андреевич Власов. Любопытно вкратце проследить путь его успешного выхода из окружения — в этом нам помогут мемуары генерал-полковника госбезопасности СССР Виктора Алидина, показания Агнессы Павловны Подмазенко, фронтовой жены Власова (от 28 июня 1943 года), а также воспоминания начальника штаба бронепоезда "Литер А" Константина Артемьевича Арефьева, ставшего впоследствии Героем Советского Союза.

Группа Алидина. Во второй половине дня 23 сентября 1941 года группа из 17 киевских партработников, с которой из Борисполя через Иваньково и Скопцы ехал на грузовике Виктор Алидин, достигла подступов к Борщёву. Обнаружив разрозненные остатки советских подразделений, продвигавшиеся к Борщёву в том же направлении, что и группа Алидина, а также брошенные на дороге оружие и технику, Алидин и его спутники решили взять на себя функции заградительного отряда и обстреляли своих:

> "Остановить людей было уже невозможно, хотя мы сделали такую попытку. Установив ручной пулемёт на кабине грузовика, дали длинную очередь в воздух — в сторону отходивших. На пару секунд люди замерли, многие обернулись, но затем еще более энергично, кому как позволяли силы, стали удаляться в сторону Борщей. Мы дали несколько очередей по болоту, по людям, но все было напрасно! Тогда пошли собирать тех, кто еще оставался, направляли их малыми группами навстречу противнику, ставили боевую задачу." [256]

Ими также был расстрелян лейтенант Красной Армии, который, будучи здоров, надел повязку и присоединился к раненым. Не особо разбираясь в оперативной обстановке, группа Алидина организовала военнослужащих для уничтожения уцелевших пушек и сжигания автомашин... Алидин продолжает:

> "...Когда приблизились к болоту, немцы уже обстреливали его шрапнелью. Над головой вдруг раздавался взрыв, возникало облачко пламени и дыма, затем слышался булькающий всплеск болотной воды от удара шрапнельных пуль. Падали люди — кто от картечи, кто от полного изнеможения.
>
> Наконец вдали показалось село: сначала высокая колокольня церкви, затем деревья, дома. Вот и твердая земля. По болоту мы пробирались, поддерживая друг друга, вместе с секретарем Московского райкома партии Переплетчиковым.
>
> ...
>
> Мы вошли в село Борщи — полуостров, окруженный с трех сторон топкими болотами. Почему войска оказались здесь? Как можно было такое допустить? На эти вопросы могли бы ответить военные. Но, по моему личному разумению, наши части вошли в ловушку, хитро устроенную противником. В село вела лишь одна дорога, по которой под огнем, с большими потерями, вошли, как в мышеловку, основные силы 37-й Армии. Бой не утихал до полуночи" [257]

---

[256] Алидин В. И. Опалённая земля. — Военные мемуары. — М.: 1993, стр. 98.
[257] Алидин В. И. Опалённая земля. — Военные мемуары. — М.: 1993, стр. 98.

Предыдущий отрывок показывает, что общую обстановку Алидин представлял слабо, считая, что находится всё ещё с основными силами 37-й Армии, в то время как к 23 сентября бо́льшая часть армии находилась уже восточнее Трубежа, ведя бои в районе Березани и на подступах к реке Супой и Яготину. Тем не менее, бои за Борщёв во второй половине дня 23 сентября на самом деле были интенсивными. Как подтверждает хроника 62-й немецкой ПД, к которой мы обращались ранее в 12-й главе, в это время "значительные силы противника устремились вдоль Трубежа на север, чтобы пробиваться по мосту (*прим.: в Барышевке*) на восток" и "бой продолжался всю ночь с тем же самым ожесточением".

Пересидев ночь на 24 сентября в окопе, утром Алидин заметил, что ещё с вечера началось строительство переправы через болото (*на самом деле, переправа начала наводиться за пару дней до этого*), солдаты таскали откуда-то брёвна, обугленные деревья, связки камыша, кругом валялось стрелковое оружие, у машин были выломаны борта. Увиденное, тем не менее, он характеризует как "хаос и разброд" — очевидно, логику инженерных действий постичь ему в той ситуации было тяжело. Так или иначе, вскоре Алидин со спутниками разыскали армейское командование, собравшееся у церкви:

> "Мы ...увидели группу генералов, стоявших полукругом над картой. Среди них я сразу заметил высокую массивную фигуру командующего 37-й армией генерал-майора А.А. Власова. Хорошо было видно его крупное лицо, на котором выделялись большие роговые очки...
>
> Генерал Власов имел репутацию грамотного военного. Мы знали, что он работал в Китае, был советником у Чан Кайши, затем командовал в Киевском военном округе 99-й стрелковой дивизией. В начале 1941 года получил повышение — был назначен командиром 4-го механизированного корпуса. В этой должности Власов участвовал в первых боях с немцами в районе Львова, попал с корпусом в окружение, пробился, вышел к Киеву.
>
> С конца июля 1941 года Власов — командующий войсками вновь формируемой 37-й армии, объединившей все армейские силы Киевской обороны.
>
> Это был честолюбивый, властный человек, умевший вовремя позаботиться о своей карьере, знавший, когда и как надо оказаться на виду.
>
> Пройдёт время, и слова "Власов", "власовцы" станут нарицательными и ненавистными для советских людей. А тогда, серым пасмурным днём 24 сентября 1941 года, генерал Власов стоял над картой Левобережной Украины и обсуждал с подчинёнными возможные пути прорыва из немецкого окружения.
>
> Неуместным и даже нелепым выглядел этот генеральский совет среди всеобщего разброда и хаоса. Было очевидно, что управлять войсками по-настоящему генералы уже не могут. Постояв немного в стороне, мы решили не вмешиваться в их дела и действовать самостоятельно." [258]

Мы, естественно, не будем углубляться в характеристику генерал-майора Власова (попавшего в плен и начавшего сотрудничество с немцами в 1942 году), данную Алидиным спустя полвека после описываемых событий. Для нас интересны, в первую очередь, факт присутствия 24 сентября 1941 года командарма Власова в Борщёве и подробности переправы через болото, простиравшееся на несколько километров:

> "Военные продолжали приводить в негодность брошенные пушки, грузовики, другую боевую технику. К переправе для ее прикрытия подошли несколько тяжелых танков. Для строительства гати через болото использовали все возможные средства — топили машины, подходившие своим ходом, разбивали деревянные дома, срезали деревья, делали настил из бортов автомашин. Место переправы, как и все болото в этом направлении, находилось под непрерывным шрапнельным огнём противника. Прошедшие в последние дни ливневые дожди превратили болото в топкую, труднопроходимую преграду." [259]

---

[258] Алидин В. И. Опалённая земля. — Военные мемуары. — М.: 1993, стр. 99–100.
[259] Алидин В. И. Опалённая земля. — Военные мемуары. — М.: 1993, стр. 100.

Алидин продолжает описание переправы, в котором без труда можно найти трагические детали, уже встречавшиеся нам ранее (например, в воспоминаниях сапёра 48-го инжбата Александра Жука):

"Переправа оказалась наведенной лишь до середины болота. Дальше поток людей сходил в воду и двигался в ней, кто как мог. Мы шли вброд в ночной темноте. Оступались на кочках, проваливались в углубления, хватались за кусты. Из черноты ночи доносились крики, стоны, проклятья. О помощи никто не просил. Все понимали, что ждать ее не от кого. В помощи нуждался каждый из нас.

Начинался рассвет. Он обнажил еще более страшную картину. Повсюду виднелись из воды тела погибших. То там, то тут торчали в болотной жиже руки или ноги... Опираясь на винтовки, упорно продвигались вперед живые.

...

Таким мы увидели рассвет 25 сентября..." [260]

В роще, "где-то недалеко от Березани", Алидин вновь стал свидетелем какого-то совещания высшего командного состава армии, на котором видел генералов Власова и Артеменко. Вскоре его группа форсировала и Недру, "не широкую, но довольно глубокую речку". В мемуарах река ошибочно названа Трубежом — как и Александр Жук, в названиях рек, *а возможно, и в датах*, Виктор Алидин иногда допускает ошибки. Выйдя на трактовую дорогу, ведущую к Березани (*очевидно, на дорогу между Семёновкой и Березанью*), группа Алидина возглавила отряд красноармейцев, "человек двести", и решила продвинуться, "если понадобится — с боем", на Березань:

"...Обстановку мы не знали, разведку второпях не провели. Пошли, как говорится, на авось. И нарвались на засаду, были обстреляны пушечным огнём из танков — оказалось, что они стояли прямо на этой дороге. Немцы повели огонь по нашей группе из низины, мы их не видели. Осколочные снаряды стали рваться прямо перед нами. Осколки с визгом разлетались в стороны. Появились убитые и раненые. Все, кто уцелел, бросились к лесу. Я оказался в придорожной канаве и пополз по ее углублению, стараясь выбраться из-под огня.

...

Вся боевая армейская группа, и наш отряд в том числе, оказались рассеянными. На пути мне попадались лишь отдельные группки, по два-три человека, не больше." [261]

Блуждая по Семёновскому лесу до ночи (на 26 сентября), Алидин встретил группу из его "родного" 56-го полка НКВД, где он не так давно проходил срочную службу. Уснув, он потерял полк, но вскоре, пробираясь по лесу южнее Березани, встретил сводный отряд подполковника Орлова, численностью до двух тысяч человек. С началом темноты (ночь на 27 сентября) отряд пошёл в атаку, вырвался из леса к дороге, где сумел разгромить немецкую походную колонну и конный обоз.

Чудом, в перестрелках с немецкими заслонами и прячась в полях и болотах, Алидину удалось к утру 28 сентября добраться до села Панфилы южнее станции Яготин. Его единственным спутником оставался рядовой из пограничного полка войск НКВД Семён Васильевич Костылев. Обойдя село Ничипоровку, где немцы устроили лагерь для военнопленных, они начали свой путь на северо-восток. Продвигаясь в направлении на Прилуки, Ромны, а затем к реке Сейм, Алидин вышел из окружения 15 октября 1941 года, у деревни Глушково в Курской области.

---

[260] Алидин В. И. Опалённая земля. — Военные мемуары. — М.: 1993, стр. 101.
[261] Алидин В. И. Опалённая земля. — Военные мемуары. — М.: 1993, стр. 102.

Группа Власова. Последний раз командующего 37-й Армией генерал-майора Андрея Власова Алидин видел 25 сентября 1941 года, в междуречье рек Трубеж и Недра, в роще недалеко от Березани. Для того, чтобы проследить дальнейшее продвижение группы, в которой находился Власов, мы вначале обратимся к показаниям его фронтовой жены, военврача штабного медпункта, Агнессы Подмазенко[262].

Подмазенко выехала из Киева 20 сентября вместе с Власовым, но узнала об окружении 37-й Армии лишь "по прибытии в район села Семеновки близ города Яготина 26–27-го сентября 1941 года":

"...Штаб армии передвигался на машинах позади частей, так как части участвовали в прорыве кольца окружения противника, созданного немцами, когда еще войска 37-й армии обороняли Киев.

...Ввиду сильного обстрела дороги, по которой следовала наша колонна, ехать на машинах стало невозможно, и по приказанию ВЛАСОВА все машины были уничтожены в лесу между селами Березанью и Семеновкою (*прим.: переправа не упоминается*). Тут же все разбились на небольшие группы, и каждая самостоятельно стала выходить из окружения.

Я лично входила в группу, возглавляемую ВЛАСОВЫМ, состоявшую примерно из 30 человек." [263]

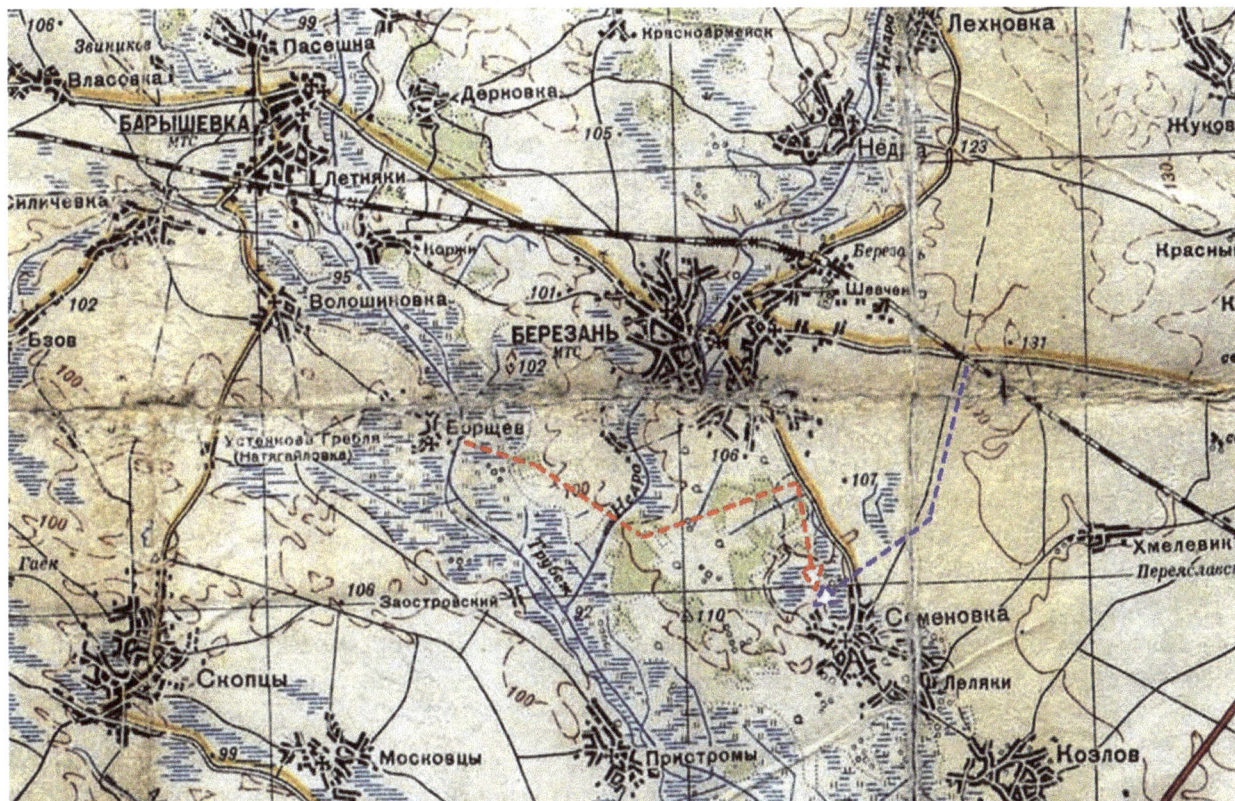

Фрагмент военной карты РККА (M-36-XIII): красным пунктиром обозначено примерное направление движения группы Власова 25 сентября 1941 года от села Борщёв, по недостроенной переправе через болотистую пойму реки Трубеж, к роще в Березанском лесу, и далее, через реку Недра и Семёновский лес, к дороге Семёновка — Березань, с последующим поворотом на юг, к острову среди болот у села Семёновка. Синим пунктиром показано возможное направление движения группы Арефьева (команд бронепоездов) от железной дороги к тому же острову среди болот.

---

[262] Показания Подмазенко были даны на допросе 28 июня 1943 года, уже после того, как Власов, командуя 2-й Ударной Армией, окружённой на Волховском фронте в мае–июне 1942 года, оказался в плену у немцев и возглавил "Русскую освободительную армию" (РОА), состоявшую из пленных советских военнослужащих.
Источник: https://ru.wikipedia.org/wiki/Подмазенко,_Агнесса_Павловна (7 января 2018 года).

[263] Показания А. Подмазенко цитируются по работе Коняева Н. М. Власов. Два лица генерала — М.: Вече, 2003.

Непонятно, конечно, каким образом машины могли форсировать болотистую пойму Трубежа, а затем ещё и Недру, поэтому, *скорее всего, Подмазенко не запомнила последовательность событий*. Так или иначе, *25 сентября 1941 года*, их группа оказалась на островке среди болот у села Семёновка:

"...Из-за сильного артиллерийского и минометного обстрела наша группа перешла лесом на небольшой островок среди болот, находившийся недалеко от деревни Семеновки. На этом островке скопилось около 1–1,5 тысяч человек, и он вскоре также стал обстреливаться немцами." [264]

Эта подробность подтверждается и воспоминаниями начальника штаба бронепоезда "Литер А" Константина Арефьева, приведёнными в работе Андрея Кайнарана "Бронепоезда 41-го. Юго-западное направление":

"Собрав свое вооружение, пошли строго на юг. Нас было человек 400 (со всех бронепоездов). За ночь (*прим.: очевидно, на 25 сентября 1941 года*) мы прошли 8 километров. Командиром отряда был Паньков, комиссаром — Голованев. Карты были старыми, на них были показаны только большие леса. Подошли к болоту, проводник сказал, что его можно перейти и за ним лес. Переправлялись через болото, вытаскивая друг друга. Вышли в лес (*прим.: Семёновский лес*), и оказалось, что мы на острове, на котором уже находилось много отступавших. Еще по суху на него привели лошадей и где-то 50 голов скота...

На этом острове площадью около 4 квадратных километров был и генерал Власов. Сидели мы на нем 6 дней...

1 октября в последний раз была послана разведка. Выход запретил Власов, который говорил, что прежде чем идти, необходимо сделать разведку и выходить будем организованно (еще в первые дни нашего пребывания на острове Власов собирал на совещание офицерский состав)." [265]

Детали, указанные Арефьевым, важны не только для определения местонахождения командарма Власова на острове 25 сентября 1941 года и хронологии событий, но и для оценки действий командарма в окружении. Вечером 2 октября, после отказа на немецкое предложение сдаться и последовавшего ураганного трёхчасового обстрела немцами с четырёх сторон, окружённый отряд принял решение выходить, разбившись на группы. Группа Арефьева взяла курс на юго-восток (хотя командарм Власов и приказал этой группе двигаться к железной дороге, то есть на северо-восток — очевидно, в тех обстоятельствах, приказ командарма уже не имел своей обычной силы)...

Куда и когда же направился Власов со своей непосредственной группой? Единственным источником для выяснения этих вопросов остаются показания Подмазенко, которые расходятся с воспоминаниями Арефьева в хронологии, но чётко описывают маршрут выхода группы Власова:

"На следующий день (*прим.: после прибытия на остров, то есть 26 сентября*) с небольшой группой во главе с ВЛАСОВЫМ с этого острова направились в лесок, расположенный с другой стороны деревни Семеновки, откуда ночью перебежали через обстреливавшееся немцами поле в большой соседний лес (*прим.: лес к западу и юго-западу от села Студеники, где находится лесное урочище Дубрава*).

Указанным лесом мы шли около трех дней группой в 10–15 человек работников штаба 37-й армии. Вместе с нами, как я помню, следовали: начальник разведотдела штаба 37-й армии майор, работник политотдела армии политрук СВЕРДЛИЧЕНКО Евгений, остальных лиц я не знала.

В первых числах октября 1941 года мы подошли к деревне Помокли, что в 3-х км от села Соснова." [266]

---

[264] Показания А. Подмазенко. Коняев Н. М. Власов. Два лица генерала — М.: Вече, 2003.

[265] Воспоминания Арефьева (ЦДАГО України ф. 166, оп. 2, д. 400, л. 8–10) цитируются по работе Кайнарана А. Бронепоезда 41-го. Юго-западное направление. — Волынь — 2012, стр. 114.

[266] Показания А. Подмазенко. Коняев Н. М. Власов. Два лица генерала — М.: Вече, 2003.

Вполне вероятно, что Подмазенко, запомнившая и остров среди болот, и немецкие обстрелы, неправильно указала дату оставления острова и перепутала три дня похода по "большому соседнему лесу" с днями, проведёнными на острове. Тем не менее, в первых числах октября группа Власова, когда остров оставили и остальные группы, на самом деле могла оказаться в селе Помокли. В любом случае, важно то, что ими было выбрано юго-восточное направление выхода из окружения, а не курс к участку железной дороги Березань — Яготин (куда Власов приказывал двигаться группе Арефьева).

Разделившись у села Помокли на ещё более мелкие группы (согласно показаниям Подмазенко, "начальник разведотдела и ряд других лиц от нас отделились и стали выходить из окружения самостоятельно, а я осталась с ВЛАСОВЫМ и политруком СВЕРДЛИЧЕНКО"), группа Власова из трёх человек повернула на северо-восток, к селу Соснова. Выдерживая в дальнейшем общий курс на северо-восток, Власов и Подмазенко вышли из окружения 1 ноября 1941 года, в районе Курска...[267]

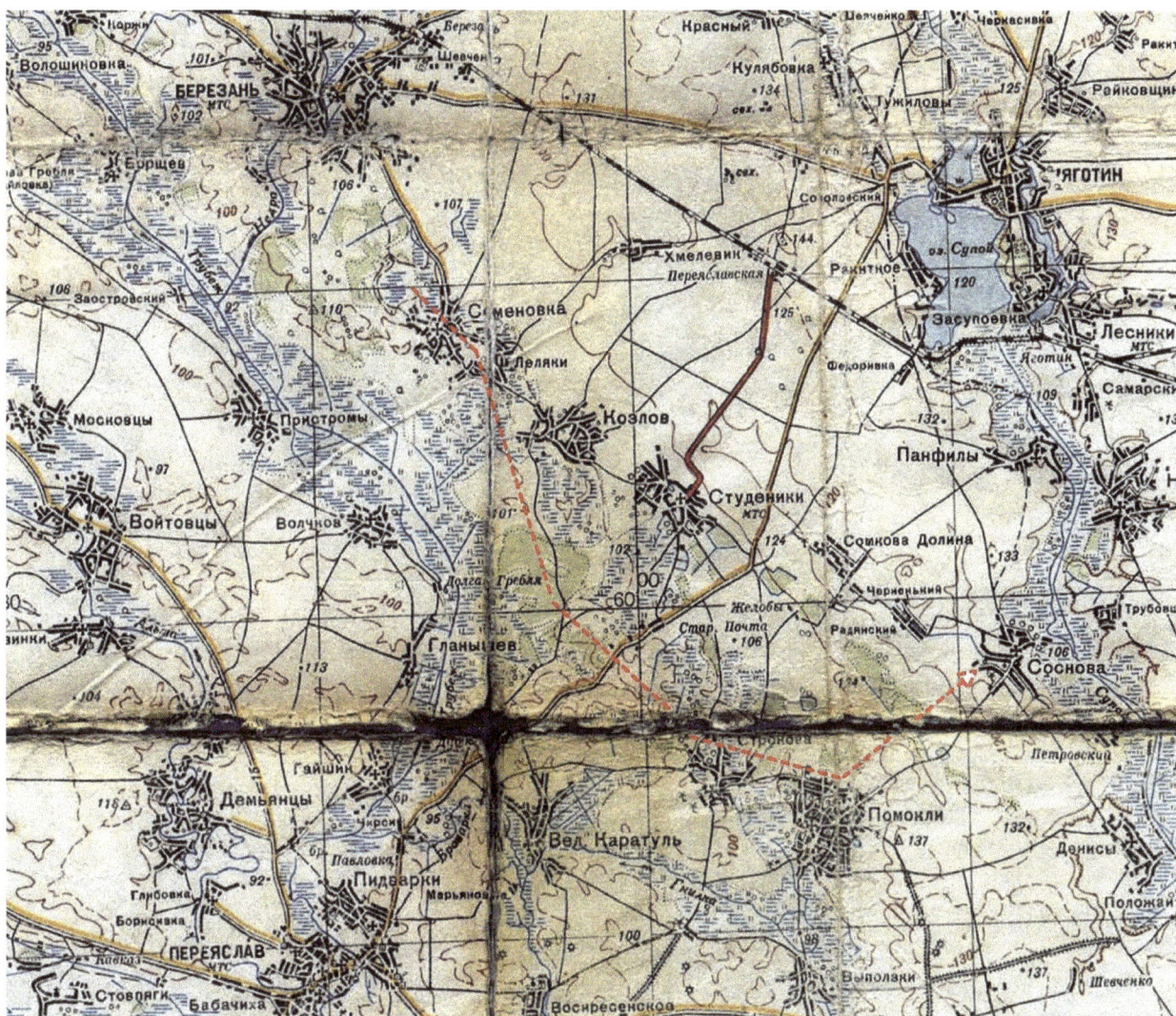

Фрагменты военной карты РККА (М-36-XIII): красным пунктиром обозначено примерное направление движения группы Власова в первых числах октября 1941 года от села Семёновка, по лесу юго-западнее села Студеники, к селу Помокли, и далее на северо-восток, к селу Соснова.

---

[267] 12 мая 1945 года, недалеко от чешского города Пльзень, Андрей Власов был захвачен советскими войсками. Он был повешен 1 августа 1946 года, по приговору Военной коллегии Верховного Суда СССР. Агнесса Подмазенко была демобилизована из армии по беременности 27 января 1942 года. После предательства Власова она была арестована и приговорена к пяти годам лагерей, после чего отбывала ещё и ссылку. Реабилитирована в 1989 году. Источник: https://ru.wikipedia.org/wiki/Подмазенко,_Агнесса_Павловна (7 января 2018 года).

Группа Горба. Мы вкратце опишем выход из окружения группы Максима Горба из 1-го стрелкового батальона 380-го сп 171-й сд, которую последний раз мы упоминали в 11-й главе: не присоединившись к попыткам переправиться через Трубеж в Борщёве, 21 сентября 1941 года отряд повернул на юго-восток к селу Пристромы. Ранним утром 22 сентября, недалеко от села Гайшин, они встретили и присоединились к группе "командиров и политработников, человек в тридцать, во главе с капитаном", с которыми двинулись на юго-запад, к Днепру:

"...Двигались по полям, через болота, то и дело пересекая дороги, выбирая моменты, когда на какой-то миг прерывался бесконечный поток вражеских войск.

После выхода к Днепру, в район глухих заболоченных лесов, возле села Ковали (западнее Переяслава) наш капитан принял решение остановиться на сутки, с тем чтобы тщательно подготовиться и выбрать наиболее благоприятный момент для движения на восток. Расчет его был такой: враг, прочесав леса и овраги, повернет свои дивизии на восток. Мы же двинемся вслед за ними.

...

23 сентября мы начали поход по тылам врага на восток, к своим, поход, полный испытаний и лишений.

...

К началу движения на восток, по тылам врага, наш отряд насчитывал около 60 человек. В основном это был командный и политический состав, вооруженный пистолетами, гранатами и автоматами немецкого образца.

...

Мы догадывались, что наш командир чекист, работник особого отдела.

...

Топографической карты у нас не было, и пришлось, чтобы не блуждать по проселкам, маршрут движения к фронту наметить вдоль железнодорожной линии, которая служила нам ориентиром. Так мы и следовали вдоль железной дороги мимо Яготина, Гребенки, Лубны, Полтавы, Краснограда, Лозовой, Славянска, Горловки и Красного Луча." [268]

После неоднократных локальных столкновений с немцами, продолжая путь уже только втроём, с лейтенантом Лопатиным и лейтенантом Чернявцевым из 171-й стрелковой дивизии, Максим Горб перешёл линию фронта в первых числах ноября в Луганской области...

...Как мы упоминали ранее в 11-й главе, перед атакой на село Скопцы, Максим Горб видел в сводном отряде генерал-майора Артеменко известного писателя Аркадия Петровича Гайдара. Тоже оказавшись в Семёновском лесу под Березанью, Гайдар оставил о себе последний автограф: послание вырезанное ножом и прочерченное химическим карандашом на старой фанерной дощечке от "коктейля Молотова":

"28.9.41.

В лесу у дер. Семеновка

под Киевом." [269]

Фанерку вынес полковник Орлов, с которым Гайдару удалось добраться до партизанского отряда Ф. Д. Горелова в районе села Лепляво Каневского района Черкасской области. 18 октября 1941 года Орлов и ещё два–три десятка окруженцев начали свой поход к линии фронта. Гайдар с ними не пошёл — а через неделю, 26 октября 1941 года он погиб под Лепляво...

---

[268] Горб М. Г. Страну заслоняя собой. — М.: Воениздат, 1976, стр. 74–78.
[269] Гайдар А. Собрание сочинений. В 4 т. — Т. 4., стр. 430. Цитируется по работе Камова Б. Н. Аркадий Гайдар. Мишень для газетных киллеров. — ОлмаМедиаГрупп/Просвещение, 2011.

Фрагменты военной карты РККА (М-36-XIII): красным пунктиром обозначено примерное направление движения группы Горба от села Пристромы к селу Гайшин, вдоль реки Трубеж, и далее, на юго-запад, до села Ковалин, расположенного чуть западнее села Дивички.
Где-то неподалёку от села Дивички находилась "крепость на болотах" — остров, где круговую оборону в конце сентября – начале октября 1941 года заняли части арьергарда 37-й Армии.

Отряд Артеменко. Не лишним будет коснуться и судьбы генерал-майора Павла Даниловича Артеменко, возглавившего при попытках выхода из окружения один из сводных отрядов (при прорыве через Скопцы именно к этому отряду присоединилась группа Максима Горба). Артеменко в эти дни видели также Захарий Олейник и Виктор Алидин. Его отряд организованно сопротивлялся врагу до 26–27 сентября 1941 года. В докладной записке начальника отдела боевой подготовки 40-й армии полковника Н. А. Никитина от 28 февраля 1942 г. заместителю начальника Главного управления кадров Красной Армии полковнику Свиридову указывалось:

> "О бывшем командире 27 ск генерал-майоре Артеменко П. Д. мне известно следующее: 26 сентября 1941 г., попав в тактическое окружение в районе села Семёновка Березанского района Киевской области, он сдался в плен фашистам вместе с группой командиров и бойцов. Группа состояла из следующих лиц: сын генерал-майора Артеменко Михаил был его адъютантом, бывший начальник снабжения корпуса майор Терпугов, бывший заместитель военкома корпуса старший политрук Воронин, «сестра» Тамара, фамилии ее не знаю (всегда ездила в машине Артеменко) и 4 красноармейца — шофер и трое из личной охраны Артеменко." [270]

Сохранились немецкие протоколы допросов генерал-майора Артеменко и медсестры Тамары Степановны Форенниковой (Ференниковой) [271]. В частности, на допросе 2 октября 1941 года в Переяславе Артеменко описал состояние в Красной Армии как довольно хаотичное, поведал, что лучшие командиры были уничтожены в 1937/38 гг., и посетовал на дисциплину, оставляющую желать лучшего, несмотря на улучшение после вмешательства Тимошенко (*прим.: Главкома Юго-Западного Направления маршала Семёна Тимошенко*). Артеменко отметил невыносимые условия, созданные контролем и слежкой со стороны сотрудников НКВД, при которых офицеры пропадали без уведомления начальников, а также невозможность развития духа товарищества внутри офицерского корпуса, потому что повсюду подозревались заговоры. Судя по протоколу, генерал считал, что "война проиграна Советами", но полагал, что восстание против существующего режима вряд ли было возможным пока органы безопасности продолжали действовать. Артеменко "поделился" и своими соображениями по поводу будущего национального устройства России после победы Рейха над большевизмом, при котором он видел Украину в составе государства, но с далеко идущей автономией. В заключительной части допроса Артеменко нелестно отозвался о высшем руководстве: по его мнению, Ворошилов (*прим.: маршал Климент Ефремович Ворошилов*) был полностью поглощён экономическими вопросами, а маршал Кулик (*прим.: маршал Григорий Иванович Кулик*) вообще не заслуживал служебного продвижения, полученного благодаря Сталину. Лишь о маршале Тимошенко Артеменко высказался как о способном лидере...

В плену генерал-майор Артеменко находился в лагере для военнопленных в городе Владимире-Волынском, а затем в концлагерях №73 (Нюрнберг) и № 35 (Вайсенбург; там же, где и пленённый генерал-майор Добросердов). Он, как и его сын, был освобождён в 1945 году американскими войсками. Восстановлен в 1946 году в рядах РККА и награждён орденами Ленина и орденом Красного Знамени, за заслуги по 1941 году. Однако в декабре 1946 года генерал был снова арестован НКВД и 26 августа 1950 года расстрелян за "потерю управления войсками и добровольную сдачу в плен" [272]. Похоронен в безымянной братской могиле на Донском кладбище в Москве[273]. Реабилитирован в 2004 году.

---

[270] Смыслов О.С. Сталинские генералы в плену — Вече. — М.: 2015, стр. 95–96.

[271] Источники (ОБД "Мемориал"): https://www.obd-memorial.ru/html/info.htm?id=84592198&page=43
https://www.obd-memorial.ru/html/info.htm?id=84592198&page=42

Тамара Форенникова погибла в партизанском отряде на территории Украины 20 июля 1943 года.
Источник (ОБД "Мемориал"): https://www.obd-memorial.ru/html/info.htm?id=10384507

[272] Задесенец С. Жизнь и смерть комкора Артеменко. Газета Ваш Шанс, № 18 от 05.05.2010.

[273] Там же похоронен и расстрелянный 24 августа 1950 года генерал-майор Григорий Кулик, обвинённый после войны в "организации заговорщической группы для борьбы с Советской властью" вместе с генералами Владимиром Николаевичем Гордовым и Филиппом Трофимовичем Рыбальченко, братом командира 48-го инжбата капитана Рыбальченко (см. примечание к биографии Григория Рыбальченко).

Арьергард. Последними частями, организованно отходившими из Киева, были 4-я дивизия войск НКВД по охране ж/д сооружений под командованием полковника Фёдора Мажирина (о которой мы уже упоминали в 9-й главе, описывая подрывы Киевских мостов 19 сентября 1941 года) и 87-я стрелковая дивизия под командованием полковника Николая Васильева. Отход этих двух дивизий, отрезанных от сил 37-й Армии в районе Борисполя и оказавшихся в очаге окружения № 2, изложен во многих источниках, начиная с книги Баграмяна "Так начиналась война".

24 сентября 1941 года обе дивизии вышли в район Рогозова и вступили в бой с укрепившимися там немецкими войсками. Противник рассчитывал, что наши части будут прорываться в восточном направлении, но командование армейского арьергарда решило скрытно отвести войска на запад, в приднепровские леса, чтобы привести их в порядок и подготовиться к новым боям. На рассвете 25 сентября части арьергарда вошли в село Старое, и разгромив немецкую колонну, к вечеру достигли приднепровских лесов. Обнаружив один из пересыльных лагерей для военнопленных, передовые подразделения уничтожили охрану и освободили красноармейцев.

Следующий отрывок из воспоминаний Баграмяна описывает бои арьергарда в очаге № 2:

"... Уже в сумерках (прим.: 25 сентября 1941 года) вышли к большому болоту. Посреди него зеленел заросший лесом остров. Саперы проложили гать. Части переправились на остров и заняли круговую оборону. Численность гарнизона "крепости на болоте" непрерывно росла. Сюда стекались саперы, подрывавшие днепровские мосты, подразделения Киевского укрепленного района, отходившие последними, моряки речной флотилии, железнодорожники Киевского узла.

Фашисты несколько раз штурмовали остров, но взять его не могли. Наступил октябрь. Бойцы, одетые по-летнему, начали страдать от холода. Иссякали боеприпасы. А разведка установила, что гитлеровцы готовят новое наступление. Было решено опередить противника. В ночь на 5 октября части переправились с острова, развернулись в цепи. Шли молча. Артиллеристы вручную катили орудия. Жаркий бой разгорелся у села Девички (прим.: Дивички). Противник встретил атакующих шквалом артиллерийского и пулеметного огня. Но ничто не могло остановить наших бойцов. Они шли, стремясь быстрее сблизиться с врагом. Артиллеристы, следовавшие в передовых цепях, расчетливо били по огневым точкам.

Повсюду завязались рукопашные схватки. Кольцо вражеских войск было разорвано. Дальше решили двигаться небольшими отрядами, стараясь не ввязываться в бои, так как снаряды и патроны были на исходе. Путь был долгий и тяжкий. Многие погибли. Но большая часть бойцов и командиров пробились сквозь все преграды." [274]

Как мы уже предполагали в 13-й главе, *военфельдшер 48-го инжбата Геннадий Ильин, вышедший из окружения из-под Переяслава, мог примкнуть к одному из отрядов, ушедших к приднепровские леса.*

Группа Голдовича. Скудные сведения остались о выходе из окружения начальника инженерного отдела 37-й Армии полковника Александра Ивановича Голдовича, который выбрался из Киевского котла с группой бойцов сапёрного батальона, *возможно, 8-го ОСБ 37-й Армии*. В окружении Александр Голдович находился с 27 сентября по 5 октября 1941 года.

ИУ ЮЗФ. Начальник Инженерного Управления Юго-Западного Фронта генерал-майор инж. войск Александр Федорович Ильин-Миткевич, чьи подписи мы часто встречали на инж. сводках ИУ ЮЗФ, тоже оказался в Киевском котле, но в другом его очаге, откуда прорывалась "Пирятинская группа". Как мы помним, в этом прорыве погибло большинство офицеров штаба ЮЗФ, включая командующего фронтом Михаила Кирпоноса и начальника штаба фронта Василия Тупикова. Вскоре после гибели Кирпоноса Ильин-Миткевич возглавил один из отрядов и вырвался из окружения на бронемашине[275]. Выбрался к своим и начальник 1-го отдела ИУ ЮЗФ майор Арсений Александрович Винский.

[274] Баграмян И. Х. Так начиналась война. — М.: Воениздат, 1971.
[275] Уманский Р. Г. На боевых рубежах. — М.: Воениздат, 1960, стр. 62.

Вместо эпилога: "...они остались там"

Советские потери. Оценки численности советских потерь в Киевском котле в частности и в Киевской стратегической оборонительной операции 1941 года в целом продолжает вызывать дискуссии. Сведения, приведённые ниже, должны дать лишь общее представление о масштабе трагедии, не претендуя на новизну и абсолютную точность оценок.

По оценкам 1993 года, основанным на данных Генерального штаба Вооружённых Сил Российской Федерации, советские потери в Киевской стратегической оборонительной операции составили по меньшей мере 700 тысяч человек[276]. Это число, конечно же, включает потери не только в Киевском котле, но и в других боях, в том числе и при обороне КиУР'а в течение нескольких месяцев.

На 1 сентября 1941 года в составе Юго-Западного фронта насчитывалось 752–760 тысяч человек (без фронтовых резервов, запасных частей и тылов)[277]. *Предполагая, что численность тылов и учреждений войск ЮЗФ составляла на тот момент примерно 20-25% от общего числа, можно оценить общие силы фронта примерно от 940 тысяч до одного миллиона человек.*

Согласно советским данным на 1961 год, к концу Киевской стратегической оборонительной операции 1941 года в соединениях Юго-Западного Фронта, избежавших окружения и отошедших с боями на тыловые рубежи насчитывалось 150 541 человек[278]. В эти соединения, помимо остатков 38-й и 40-й армий и частей фронтового подчинения, входила также и значительная часть тылов фронта и армий. Поэтому, при определении численности окружённых в Киевском котле сил и понесённых ими потерь, необходимо сравнивать численность общих сил фронта, включая тыловые части, с общим же числом сил, вышедших из окружения. *Этот баланс приводит к минимальной оценке общего числа советских сил, включая тылы и учреждения, в полном или частичном окружении, в 790 тысяч человек.*

Согласно докладу начальника штаба ЮЗФ генерал-майора Александра Петровича Покровского от 2 октября 1941 года[279], в окружении в Киевском котле оказались 452 720 военнослужащих — это число охватывает, на 1 сентября 1941 года, состав четырёх армий (5-й, 21-й, 26-й и 37-й), а также частей фронтового подчинения. Кроме этих четырёх армий, в боях были частично разгромлены 38-я и 40-я армии ЮЗФ, а также части тыла, гражданские и другие подразделения (например, милицейский состав, ополченцы), численность которых, как мы уже подчёркивали, также необходимо учитывать при подсчёте. *Мы будем придерживаться оценки окружённых сил в 790 тысяч человек, которая включает, помимо боевого состава (примерно 630 тысяч), также и тылы, учреждения и другие подразделения.*

Немецкие историки приводят сведения о свыше 665 тысяч советских пленных во всей операции, называемой ими "битвой в бассейне Десны и Днепра"[280]. На эту же работу при подсчёте потерь ссылается и российский историк Исаев, отмечающий, что это число (665 тысяч пленных) складывается из нескольких операций группы армий "Юг" (включая сражение за Кременчугский плацдарм, плацдарм близ Окуниново и сражение в районе Гомеля), а не только из окружения войск Юго-Западного фронта в сентябре 1941 года[281].

---

[276] Кривошеев Г. Ф. (под редакцией). Россия и СССР в войнах XX века: Потери вооружённых сил. — М.: Олма-Пресс, 2001, стр. 270.

[277] Источник: https://ru.wikipedia.org/wiki/Киевская_стратегическая_оборонительная_операция (9 янв. 2018 г.).

[278] Фокин Н. А. (под редакцией). История Великой Отечественной войны Советского Союза 1941–1945 гг. Том 2. Отражение советским народом вероломного нападения фашистской Германии на СССР. Создание условий для коренного перелома в войне (июнь 1941 г. — ноябрь 1942 г.) — М.: Воениздат, 1961, стр. 111.

[279] Доклад "О потерях ЮЗФ в период окружения в сентябре 1941 г." начальника штаба ЮЗФ генерал-майора Покровского Главнокомадующему ЮЗФ маршалу Советского Союза Тимошенко, 2 октября 1941 года (ЦАМО фонд 229 опись 161 дело 103 лист 91).

[280] Percy E. Schramm (Hrsg.) Kriegstagebuch des Oberkommandos der Wehrmacht 1940–1941. Bernard & Graefe Verlag für Wehrwesen — Frankfurt am Main, 1965, стр. 661.

[281] Исаев А. В. Котлы 41-го. История ВОВ, которую мы не знали. — М.: Яуза, Эксмо, 2005.

Согласно немецким источникам, непосредственно в Киевском котле в плен было взято почти 508 тысяч человек, *включая части тыла и гражданские подразделения*:

- 227 719 — 1-й танковой группой под командованием генерал-полковника фон Клейста (*v. Kleist*),

- 212 355 — 6-й армией под командованием генерал-фельдмаршала фон Рейхенау (*v. Reichenau*),

- 39 342 — 2-й танковой группой под командованием генерал-полковника Гудериана (*Guderian*) и

- 28 405 — 11-м армейским корпусом под командованием генерал-лейтенанта фон Корцфлейша (*v. Kortzfleisch*)[282].

По всему ЮЗФ из окружения вышло лишь около 21 тысячи человек[283]. *Соответственно, число погибших в Киевском котле можно минимально оценить в 260 тысяч человек, исходя из следующего баланса: около 790 тысяч в целом минус 508 тысяч пленных минус 21 тысяча вышедших*[284].

Доля вышедших из окружения военнослужащих составляет 3,3%, то есть 21 тысяча из *630 тысяч боевого состава*. Как мы помним, такая же часть, 6 человек из остававшихся *180*, то есть 3,3%, вышла из Киевского окружения и в 48-м инжбате (см. 14-ю главу).

Состав 37-й Армии, на 1 сентября 1941 года, насчитывал 113 718 человек. Известно, что из окружения удалось выйти только нескольким тысячам советских военнослужащих. *Если использовать для расчётов ту же пропорцию (3,3%) и для 37-й Армии, то это число можно приблизительно оценить в пределах четырёх тысяч человек.*

Итоги Киевской стратегической оборонительной операции, а также окружения советских войск под Киевом — самым крупным за всю вторую мировую войну[285] — проанализированы неоднократно. В число причин катастрофы под Киевом несомненно входят и просчёты командования, и нерешительное управление фронтом и неумение оценивать обстановку Ставкой Верховного Главнокомандования. Не вдаваясь в подробный анализ, который выходит далеко за рамки нашего конкретного исследования, следует отметить и объективные причины: значительное превосходство немецких войск, оперативно переброшенных и с северного, и с южного направлений, над силами Юго-Западного Фронта, а также абсолютное превосходство противника в танках и авиации[286].

И в советских, и в немецких военно-исторических работах многократно отмечено, что более чем двухмесячная оборона Киева, вынудившая немецкое верховное командование оттянуть с Московского стратегического направления значительную часть своих сил для их переброски на Юго-Западное направление, оказала "огромное влияние на исход сражения за Москву" [287], приведя в итоге к срыву гитлеровского плана блицкрига.

Это, тем не менее, не должно оправдывать решения советского командования, приведшие к Киевскому окружению и колоссальным потерям. Неблаговидно и неутихающее, а подчас и набирающее силу, стремление, в угоду идеологии или политической конъюнктуре, преуменьшить численность потерь в Киевском котле. Ещё более безнравственно надменное отношение к судьбам пропавших без вести, которых, всех до единого, долгие годы подозревали в измене. Ничем иным, как предательством памяти своих воинов, это назвать нельзя...

---

[282] Percy E. Schramm (Hrsg.) Kriegstagebuch des Oberkommandos der Wehrmacht 1940–1941. Bernard & Graefe Verlag für Wehrwesen — Frankfurt am Main, 1965, стр. 661.

[283] Исаев А. В. Котлы 41-го. История ВОВ, которую мы не знали. — М.: Яуза, Эксмо, 2005.

[284] *Мы ещё раз подчёркиваем, что оценка общих потерь в Киевском котле в количестве почти 770 тысяч человек включает тыловые и другие части — в то время как безвозвратные потери по боевому составу можно соответственно оценить как 610 тысяч человек.*

[285] Мощанский, И., Абашидзе, Окружение Юго-Западного фронта. Киевская стратегическая оборонительная операция: 7 июля – 26 сентября 1941 года. Часть 2. Издательство — БТВ-МН, 2003.

Исаев А. В. Котлы 41-го. История ВОВ, которую мы не знали. — М.: Яуза, Эксмо, 2005.

Статюк И. Оборона Киева 1941. — М.: Цейхгауз, 2006.

[286] Баграмян И. Х. Так начиналась война. — М.: Воениздат, 1971.

[287] Баграмян И. Х. Город-воин на Днепре. — Издательство политической литературы, 1965.

Остающиеся вопросы. Наше исследование началось с поиска двух воинов, пропавших без вести в составе 48-го отдельного инженерного батальона в 1941 году: младшего сержанта, сапёра Менделя Высоцкого и воентехника 2-го ранга, командира технического взвода Олега Левченко. Пытаясь найти их следы по прошествии 75 лет после трагических событий 1941 года, мы смогли прояснить лишь некоторые подробности и сузить круг поиска.

Олег Левченко, скорее всего, погиб при попытках выйти из окружения у Богдановского леса (близ хутора Белая Корчма) в начале июля 1941 года, когда 48-й инжбат столкнулся с немецкой колонной при выходе на шоссе Тарнополь — Подволочиск.

Мендель Высоцкий, вероятно, принял смерть в течение последней декады сентября или первых дней октября 1941 года, когда остатки 48-го инжбата пробивались по маршруту Борисполь — Иваньково (Иванков) — Люборцы — Скопцы (ныне Веселиновка) — Борщёв — Березань, и далее в различных направлениях. *Погиб ли он в боях под Иваньково или за Скопцы, при Борщёвской переправе через Трубежские болота или в отчаянных попытках прорваться через Березань, попал ли под обстрел в Семёновском лесу или же был расстрелян в составе еврейских сотен в первых немецких пересыльных лагерях военнопленных у Яготина, Переяслава, Дарницы или Борисполя — остаётся пока неизвестным.*

Остаются и другие вопросы.

Сохранились ли где-либо в архивах дополнительные данные о роте 48-го инжбата, попавшей в окружение у Белой Корчмы в начале июля 1941 года?

Где находятся полные списки батальона, включая доукомплектование в Прилуках в конце июля 1941 года? По какому штату происходило это доукомплектование?

При каких обстоятельствах пропало без вести от одной до трёх четвертей батальона в первой половине августа 1941 года?

Знал ли что-либо о минировании Киева спец. взводами ИУ ЮЗФ комбат Григорий Рыбальченко?

Где и когда именно попал в плен сапёр 48-го инжбата Александр Жук? Как мы помним, это произошло между 23 и 25 сентября 1941 года, где-то под Березанью.

Под сомнением и конкретная дата пленения комбата Григория Рыбальченко и комиссара Егора Ермакова у села Ядловка — произошло ли это 15 октября 1941 года (как показал сам Ермаков на допросе в особом отделе НКВД), или всё же ранее, между 1 и 15 октября (если учитывать сведения сержанта при штабе 48-го инжбата Кадыра Муратова)?

Каким образом удалось выбраться из плена комбату Рыбальченко, оказавшемуся в пересыльном лагере на окраине села Гоголев, и комроты Пономарёву, которого видел в лагере, после пленения близ Березани, Александр Жук?

Кем был лейтенант Мехальчук, присоединившийся к "офицерской" группе Рыбальченко—Ермакова?

Каким маршрутом вышли из окружения военфельдшер 48-го инжбата Геннадий Ильин (в документах которого район окружения указан как Переяслав), адъютант батальона Павел Иванов, выходивший в "офицерской" группе Рыбальченко—Ермакова, и красноармеец Павел Мещеряков (указавший район Борисполя)?

Уточнение этих и многих других невыясненных обстоятельств не только дополнит историю батальона, но и позволит лучше определить места для дальнейшего поиска останков погибших, которые по сей день продолжаются с помощью украинских поисковых отрядов...

Мемориал «Барышевский котёл» в селе Борщёв Барышевского района Киевской области.
Надпись на памятнике гласит:
"Вечная память мужественным защитникам города Киева, павшим в боях с немецко-фашистскими захватчиками на левобережье Днепра в сентябре 1941 года".
Фото: Олег Кирда.

Река Трубеж близ села Борщёв Барышевского района Киевской области в наше время.
Мелиоративные работы по осушению болотистой поймы реки проведены в 1950-х годах.
Виден мост через Трубеж, по которому проходит трасса Киев — Харьков, достроенная в 1946–1952 гг.
Фото: Олег Кирда.

Часть вторая

Книга Памяти:
краткие биографии командиров и бойцов
48-го отдельного (мото-)инженерного / "дорожного" батальона
1-го формирования (1941 год)

Судьбы некоторых бойцов и командиров 48-го (мото-)инженерного батальона удалось отследить по рассекреченным архивным материалам ЦАМО, РГВА, ГАРФ и областных архивов ФСБ России и СБУ Украины, где находятся фильтрационно-проверочные дела НКВД, а также по редким фронтовым письмам и сведениям родственников.

За время поиска найдены сведения о 114 бойцах и командирах, включая 39 человек начсостава: командного (от капитанов до младших лейтенантов), военно-политического (политруки), военно-технического (воентехники), военно-хозяйственного и административного (техники-интенданты) и военно-медицинского (военфельдшеры).

Из 114 человек, краткие биографии которых приведены в Книге Памяти, 33 оказались в плену (десять под Тарнополем в начале июля 1941 года и двадцать три в Киевском окружении в сентябре—октябре 1941 года). Из Киевского окружения вышло только шестеро, включая двоих (*или троих*), совершивших побег из плена.

Всего лишь 26 пережили войну, 34 погибли, 43 пропали без вести и 11 остаются под вопросом.

В этой части (Книга Памяти) приводятся краткие биографии, собранные в результате шестилетнего поиска (2012—2018).

Рыбальченко Григорий Трофимович
(капитан, командир батальона)

Григорий Трофимович Рыбальченко родился 8 августа 1906 года в селе Скуносово, Путивльского уезда Курской губернии (ныне Путивльского района Сумской области Украины), в крестьянской семье, украинец.

Окончил 4-классную сельскую школу в 1917 году (село Скуносово), занимался хлебопашеством до 1927 года.

Кадровый офицер: согласно сведениям из личного дела и учётно-послужной карточки (УПК), вступил на службу в РККА в сентябре 1927 года курсантом Ленинградской военно-инженерной школы Ленинградского Военного Округа (ЛВО), которую окончил в 1931 году. Член ВКП(б) с 13 апреля 1931 года.

С мая 1931 года по август 1939 года проходил службу в отдельном сапёрном батальоне (ОСБ) 17-го стрелкового корпуса Украинского Военного Округа (УВО), Киевского Военного Округа (КВО), и Киевского Особого Военного Округа (КОВО), как командир взвода; начальник боепитания; помощник и исполняющий должность начальника штаба; начальник штаба; исполняющий должность старшего адъютанта; исполняющий должность командира батальона (см. Примечание).

На довоенной фотографии виден нагрудный знак отличия «Готов к труду и обороне» (изображён справа).

Звание старшего лейтенанта присвоено 17 февраля 1936 года, капитана — 27 апреля 1938 года. Из служебного отзыва 25 марта 1938 года, подписанного командиром 17 сапбата капитаном Морозовым, следует, что Рыбальченко "физически здоров, хороший физкультурник". С 1937 по 1938 год Рыбальченко был парторганизатором штаба (впоследствии, членом партийного бюро) ОСБ 17-го стрелкового корпуса.

Партийная характеристика от 17 декабря 1938 года, подписанная ответственным секретарём партбюро ВКП(б) в/ч 4448 политруком Пустоваловым (орфография и пунктуация документа сохранены без изменений) характеризует Рыбальченко следующим образом:

"За семилетнее пребывание в парторганизации т. РЫБАЛЬЧЕНКО показал себя большевиком в борьбе за генеральную линию партии. Он принимал активное участие в ликвидации последствий антипартийных действий группировщины имевшей место в батальоне (группа Мацкин, Владимиров, Хисский), ставившая разбить единство начсостава и парторганизации. ...

За последние годы активно боролся по разоблачению антисоветских действий быв. Начштаба ЖАРИКОВА (ныне осужденного на 10 лет), а также вел решительную борьбу с бездействием бывш. Комиссара (так же осужденного). ...

Отклонений и колебаний от генеральной линии партии не было.

Делу партии ЛЕНИНА-СТАЛИНА и социалистической родине предан."

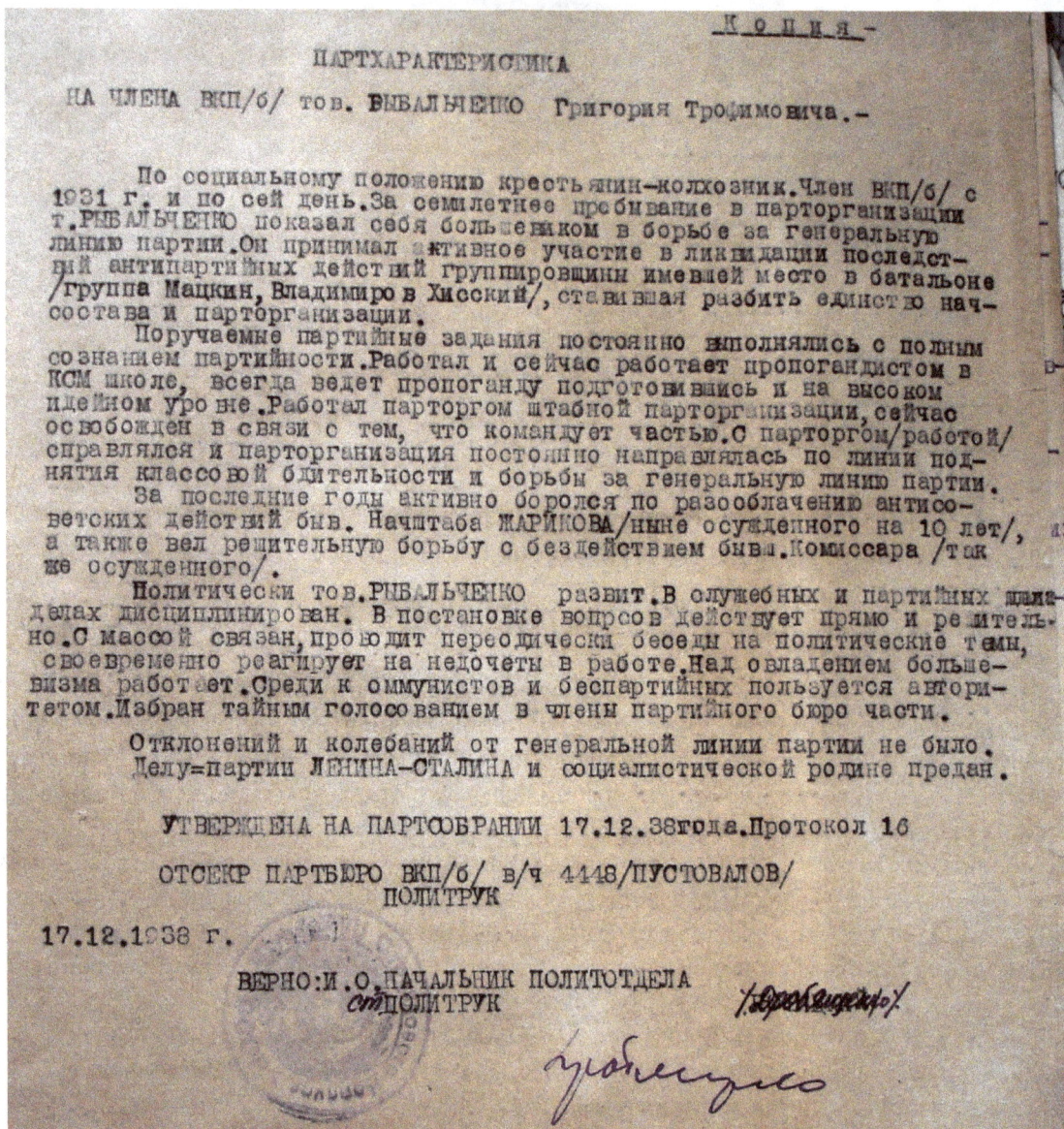

Партхарактеристика Рыбальченко Г. Т. от 17 декабря 1939 года.
Отдельный сапёрный батальон 17-го стрелкового корпуса.

Примечательно, что и параграф об активной борьбе по разоблачению антисоветских действий бывших начштаба и комиссара, и фраза "активное участие в ликвидации последствий антипартийных действий группировщины имевшей место в батальоне (группа Мацкин, Владимиров, Хизский, ставившая разбить единство начсостава и парторганизации)", появились ещё в предыдущей партийной характеристике от 3 марта 1938 года, но отсутствуют в более давней характеристике от 20 ноября 1937 года. *Можно предположить, что "разоблачение" и ликвидация антисоветских и антипартийных действий проходила в период с ноября 1937 года по март 1938 года.* Фамилия бывшего комиссара: Яновский.

Капитан Рыбальченко принял военную присягу 23 февраля 1939 года.

Ниже приведён фрагмент из справки об аттестовании капитана Рыбальченко, как старшего адъютанта отдельного сапёрного батальона 17-го стрелкового корпуса, подписанной командиром 17-го стрелкового корпуса комдивом Колгановым и исполняющим обязанности военкома 17-го стрелкового корпуса старшим политруком Дробященко (8 марта 1939 года, город Винница):

"...военная, специальная подготовка хорошая. Дисциплинирован и выдержан. К работе относится добросовестно. Пользуется авторитетом. идеологически устойчив. Политически развит хорошо. Занимаемой должности вполне соответствует."

В период с ноября 1939 по март 1940 год Рыбальченко участвовал в Советско-финской (Зимней) войне; согласно личному делу, "имеет ранение и контузию". В личном деле также есть записи о том, что с августа 1939 года по июль 1940 года Рыбальченко командовал *240-м ОСБ* 49-й стрелковой дивизии (назначен Приказом НКО № 00573 от 16 августа 1939 года). Известно, что 49-я стрелковая дивизия принимала участие в Зимней войне, но в её составе был только один отдельный сапёрный батальон: 1-й ОСБ. *Не исключено, что в каких-либо документах он проходил как 240-й ОСБ.* Батальон Рыбальченко действовал на Ухтинском (Суомуссалменском) направлении, а сам капитан был ранен.

В УПК Рыбальченко добавлена и более поздняя запись о его назначении командиром *249-го ОСБ* 49-го стрелкового корпуса (Приказ НКО № 00535 от 16 августа 1939 года — та же дата, что и в приказе о назначении в ОСБ 49-й стрелковой дивизии). До лета 1940 года в 49-м стрелковом корпусе был только один ОСБ без номера.

Остаётся предположить, что во время Зимней войны Рыбальченко командовал 1-м ОСБ 49-й стрелковой дивизии, а затем — ОСБ (без номера) 49-го стрелкового корпуса КОВО.

В июле 1940 года управление 49-го стрелкового корпуса и корпусные части пошли на формирование управления и частей 4-го механизированного корпуса, проводимого в городе Львов. 17 июля 1940 года Рыбальченко был назначен начальником инженерной службы 146-й стрелковой дивизии, но уже 19 июля 1940 года был назначен командиром 48-го отдельного мото-инженерного батальона 4-го механизированного корпуса (Приказ НКО № 0083).

Фрагмент из личного дела капитана Рыбальченко Г. Т.

Фрагмент из личного дела капитана Рыбальченко Г. Т.

Аттестация за период с июля по октябрь 1940 года, на должность командира 48-го отдельного моторизованного инженерного батальона 4-го мехкорпуса, подписанная начальником инженерной службы 4-го корпуса подполковником Саховским (30 октября 1940 года; процитировано без изменений) характеризует Рыбальченко положительно:

"Дисциплинированный, выдержанный политически и морально устойчивый командир-сапер. Преданный партии Ленина-Сталина и Социалистической Родине. Политически подготовлен хорошо. Чуткий и отзывчивый командир, с массами связан. Деловым и политическим авторитетом пользуется. В тактико-специальной подготовке имеет большой практический опыт. Принимал участие в борьбе с белофинами на Ухтинском направлении и был ранен.

В работе инициативу проявляет. Лично в стрелковом отношении подготовлен. Знания и навыки передать подчиненным умеет. Над повышением своих военных и политических знаний работает.

Батальон в специально-тактическом отношении подготовлен удовлетворительно. Командный состав батальона по стрельбе получил неудовлетворительную оценку. Недостаточно проявляет настойчивости, требовательности и инициативы в обеспечении боевой подготовки, ее планировании и контроле за боевой подготовкой, а так же в деле повышения требовательности всего командного состава части, в результате чего часть имеет много недостатков во внутреннем распорядке и во всех видах воинской подготовки бойца и командира.

Вывод: должности командира батальона соответствует."

Из заключения старших начальников, подписанном командиром 4-го мехкорпуса генерал-майором Потаповым (25 ноября 1940 года; рукописный текст процитирован без изменений):

"Дисциплина в 6-не плохая, в силу недостаточной требовательности т. Рыбальченко. В вопросах организации хозяйства б-на, очень часто проявляет безпомощность. Занимаемой должности, при устранении указанных недочетов, будет соответствовать."

По воспоминаниям курсанта, а, впоследствии, сержанта 48-го инжбата Александра Жука, комбат Рыбальченко был скромным и добрым человеком:

"Командир нашего отдельного батальона капитан Рыбальченко — скромный и добрый человек. По его поручению я вёл ликбез в другой роте, где служили новобранцы из глубинок среднеазиатских республик, и учил ребят своего взвода подрывному делу, которое быстро освоил по наставлениям." [288]

---

[288] Жук А. В. Начало. — Стройиздат, Санкт-Петербург, 2005, стр. 32.

Аттестация

За период с *Июня* по *1 Ноября* 1940 г.

На *Командира 48 Отдельного моторизов. инженерного б-на*

(должность, наименование войсковой части, соединения, учреждения или заведения)

капитана Рыбальченко Григория Трофимовича

(военное звание, фамилия, имя и отчество)

Вывод по последней аттестации за 194 г. _____

I. ТЕКСТ АТТЕСТАЦИИ

Аттестация составляется в соответствии с «Положением об аттестовании» в произвольной форме с освещением следующих основных вопросов:

1. Преданность партии Ленина—Сталина и Социалистической Родине. Политическая и моральная устойчивость. Связь с массами. Деловой и политический авторитет.
2. Общее, военное и политическое развитие. Работа над повышением своих знаний, степень роста, особые наклонности и способности (в командной, штабной, хозяйственной, научно-исследовательской, преподавательской и другой работе).
3. Опыт боевых действий в гражданской войне, после гражданской войны и использования его в обучении войск. Поведение в бою, умение руководить войсками, подразделением. Личная храбрость, мужество и дисциплинированность. Волевые качества, энергия, решительность, инициатива и требовательность к подчиненным. Состояние здоровья.
4. Состояние и боевая готовность войсковой части, подразделения.
5. Выводы из аттестации. (Указать соответствие занимаемой должности; подлежит ли продвижению по службе и на какую должность; достоин ли присвоения очередного военного звания; подлежит ли командированию в военную академию или КУКС. При несоответствии должности указать, на какой другой работе в Красной Армии может быть использован или подлежит увольнению в запас РККА. Требуется ли перевод по состоянию здоровья или другим причинам).

Дисциплинированный, выдержанный политически и морально устойчивый командир-сапёр, преданный партии Ленина Сталина и социалистической родине. Политически подготовлен хорошо. Чуткий к отзыв чивый командир, с массами связан, деловым и политическим авторитетом пользуется. В тактико-специальной подготовке имеет большой практический опыт. Принимал участие в борьбе с белофиннами на Ухтинском направлении и был ранен. В работе инициативу проявляет. Лично в специальном отношении подготовлен. Знания и навыки передать подчиненным умеет. Над повышением своих военных и политических знаний работает. Батальон в специально-тактическом отношении подготовлен удовлетворительно. Командный состав б-на по стрельбе получил удовлетворительную оценку. Недостаточно проявляет настойчивости, требовательности и инициативы в обеспечении

Фрагмент личного дела капитана Рыбальченко Г. Т.

Фрагмент личного дела капитана Рыбальченко Г. Т. Аттестация за период с июля по октябрь 1940 года, подписанная начальником инженерной службы 4-го корпуса подполковником Саховским, с заключением старших начальников, подписанным командиром 4-го мехкорпуса генерал-майором Потаповым, председателями аттестационной комиссии генерал-лейтенантом Ивановым, генерал-лейтенантом Маландиным и бригадным комиссаром Захарычевым, и окончательным решением, утверждённым зам. командующего войсками КОВО генерал-лейтенантом Яковлевым и (за члена Военного Совета КОВО) бригадным комиссаром Кащеевым.

Фрагмент учётно-послужной карточки капитана Рыбальченко Г. Т.

Начало войны Рыбальченко встретил в должности командира 48-го инжбата, руководя батальоном в боях на Львовском выступе, затем при отходе на восток в июле 1941 года, доукомплектовании в городе Прилуки, обороне КИУР'а и Киева — до 19 сентября 1941 года.

Комбат Рыбальченко упоминается в докладе начальнику 3-го отдела 4-го мехкорпуса от 18.7.41 года, "о состоянии людского состава, техники и материальной части 48-го дорожного батальона". В частности, описывая окружение в "районе леса Бела Корчма" (Богдановский лес к северу от шоссе между Тернополем и Волочиском, через который 48-й инжбат отходил в начале июля 1941 года от Збаража), доклад отмечает: "... В этом окружении необходимо отметить нерастерянность, смелость, инициативу таких товарищей: капитан Рыбальченко, политрук Богданов, мл. п-к Андрейченко, старшина Жоронкин, красноармеец-шофер Гольдинов, Рудаков, мл. л-т Петухов."

Фрагмент доклада начальнику 3-го отдела 4-го мехкорпуса от 18.7.41 года.

Описывая ночь с 19 на 20 сентября 1941 года на Бориспольском аэродроме, сержант Жук упоминает, что последний раз он видел комбата во время очередного немецкого авианалёта в одном из отсеков бомбоубежища.

Сведения о дальнейшей судьбе капитана Рыбальченко, которые удалось обнаружить в фондах ЦАМО, скупы:

- Пропал без вести в октябре 1941 года (Приказ ГУК МВС 0567, 28.3.1946).
- Был арестован немецким Гестапо и 25.11.1942 г расстрелян (Приказ ГУК МВС 01146, 30.4.1946).

Фрагмент учётно-послужной карточки капитана Рыбальченко Г. Т.

После отступления 37-й Армии из Киева 19 сентября 1941 года, во время попыток 48-го инжбата вырваться из Киевского котла Рыбальченко был ранен и 15 октября 1941 года попал в плен в районе села Ядловка Ново-Басанского района Черниговской области (ныне село Перемога Барышевского района Киевской области), вместе с комиссаром батальона Егором Ермаковым.

Группа, в составе которой Рыбальченко и Ермаков пытались выйти из окружения, включала также начальника химической службы батальона лейтенанта Юлия Гольдмана, адъютанта батальона лейтенанта Иванова, сержанта при штабе Кадыра Муратова, старшего сержанта Николая Лазарева, а также лейтенанта Мехальчука (см. Примечание к биографии Егора Ермакова; *возможно, что Гольдман, Иванов и Лазарев выходили отдельной группой*). В документах Муратова дата и место его пленения указаны как 1 октября 1941 года, "Новый Басан" ("под Черниговам").

Рыбальченко и Ермаков были помещены в немецкий лагерь для военнопленных, сооружённый на окраине села Гоголево посреди чистого поля и окружённый двумя рядами колючей проволоки.

Вероятно, бежав из плена, капитан Рыбальченко прятался в своём родном селе Скуносово (Сумская область), которое было оккупировано немцами. По сведениям родственников, его выдал полицай, и он был расстрелян 25 ноября 1942 года вместе со своей сестрой Харитой. Они оба похоронены в братской могиле близ Путивля.

Судьба старшего брата комбата Георгия Рыбальченко, Филиппа Трофимовича Рыбальченко, заслуживает отдельного повествования. Здесь приведены лишь краткие детали.

Филипп Рыбальченко — в Русской императорской армии с февраля 1917 года. В Красной гвардии с ноября 1918 года. В Красной Армии с января 1919 года.

С сентября 1940 года — начальник штаба 14-го стрелкового корпуса Одесского Военного Округа (ОдВО), участвовал в советско-финляндской войне (1939 — 1940), и Великой Отечественной Войне (1941 — 1945).

С января 1946 года — начальник штаба Приволжского Военного Округа (ПриВО). С июля 1946 года — в запасе.

Гвардии генерал-майор Рыбальченко Ф. Т., нач. штаба ПриВО, был арестован 4 января 1947 года по обвинению в контрреволюционной деятельности и клевете на правительство СССР — на основании разговора (зафиксированного 28 декабря 1946 года) между Героем Советского Союза, генерал-полковником, командующим войсками ПриВО В. Н. Гордовым и Ф. Т. Рыбальченко. Детали разговора приведены в статье Э. Максимовой "Подслушали и расстреляли" (Известия, 16 июля 1992):

> "Декабрь 1946 г., квартира В. Гордова, беседы с женой и со своим заместителем генерал-майором Ф. Рыбальченко. Генерал-полковник Гордов называет причину, заставившую его другими глазами посмотреть на жизнь: "Что меня погубило — то, что меня избрали депутатом. Вот в чем моя погибель. Я поехал по районам, и когда я все увидел, все это страшное — тут я совершенно переродился. Не мог я смотреть на это... Я сейчас говорю, у меня такие убеждения, что если сегодня снимут колхозы, завтра будет порядок, будет рынок, будет все. Дайте людям жить, они имеют право на жизнь, они завоевали себе жизнь, отстаивали ее!". Генералы говорили о положении в деревне, о голоде, о том, что люди с голода вынуждены есть кошек, собак, крыс. Ф. Рыбальченко рассказывал своему собеседнику, что "в колхозах подбирают хлеб под метелку. Ничего не оставят, даже посадочный материал... Надо прямо сказать, что колхозники ненавидят Сталина и ждут его конца... Думают, Сталин кончится, и колхозы кончатся".

Арест по запросу Абакумова был санкционирован лично Сталиным. Р. Пихоя в своём исследовании "Социально-политическое развитие и борьба за власть в послевоенном Советском Союзе (1945—1953 гг.)" (Международный исторический журнал N6, ноябрь-декабрь 1999 г.) цитирует материалы Архива Президента Российской Федерации (фонд 3, опись 58, дело 306, листы 164-165), приводя обвинения, выдвинутые Рыбальченко Филиппу Трофимовичу Министерством Государственной Безопасности СССР:

> "Обвиняется в измене родины. Вместе со своими сообщниками ...Гордовым и ...Куликом возводил злобную клевету на советский строй, руководителей ВКП(б) и правительства. Будучи сторонником реставрации капитализма в СССР, заявлял о необходимости свержения советской власти, делал вражеские выпады против Главы Советского государства и совместно со своими единомышленниками во вражеских целях стремился упразднить политический аппарат в Советской Армии..."

Некоторые обстоятельства ареста и осуждения описаны также в книге "Трибунал для героев" Вячеслава Звягинцева (2005 г.).

Рыбальченко Филипп Трофимович был приговорён Военной Коллегией Верховного Суда (ВКВС) СССР и расстрелян 25 августа 1950 года. Место расстрела: Москва, Донское кладбище.

Реабилитирован ВКВС 11 апреля 1956 года.

Ч-114

СОВЕТ МИНИСТРОВ СССР

товарищу СТАЛИНУ И.В.

Представляю при этом справку о зафиксированном оперативной техникой 31 декабря 1946 года разговоре Гордова со своей женой и справку о состоявшемся 28 декабря разговоре Гордова с Рыбальченко.

Из этих материалов видно, что Гордов и Рыбальченко являются явными врагами Советской власти.

Счел необходимым еще раз просить Вашего разрешения арестовать Гордова и Рыбальченко.

АБАКУМОВ.

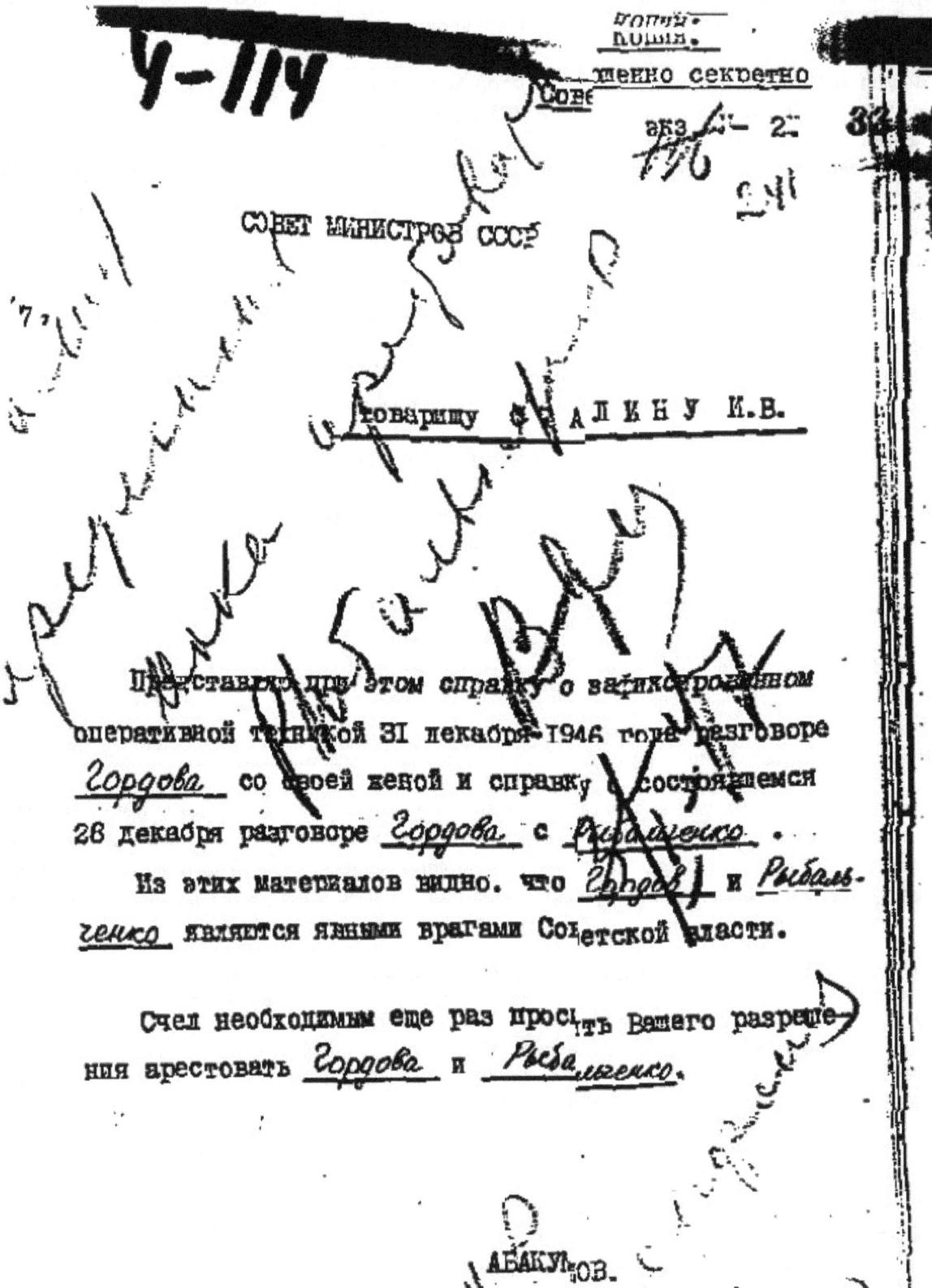

Фрагмент запроса Абакумова на имя Сталина, на арест Рыбальченко Ф. Т. — согласно справке о зафиксированном разговоре Гордова и Рыбальченко 28 декабря 1946 года.

Примечание. Сведения о прохождении службы в 17-м стрелковом корпусе получены из личного дела капитана Рыбальченко Г. Т. Командиром 17-го стрелкового корпуса был комдив Колганов, исполняющим обязанности военкома 17-го стрелкового корпуса — полковой комиссар Пимонов, личное дело составил майор Резвый (29 марта 1939 года).

Фрагмент личного дела капитана Рыбальченко Г. Т.

Филиппенко Феодосий Степанович

(капитан, заместитель командира батальона до 1 августа 1941 года)

Феодосий Степанович Филиппенко родился 26 января 1904 года в селе Валегоцулово Валегоцуловской волости Ананьевского уезда Херсонской губернии (позднее Молдавской АССР; ныне село Долинское Ананьевского района Одесской области Украины), в крестьянской семье, украинец.

В 1924 году окончил 7 классов сельской школы в селе Валегоцулово.

Кадровый офицер: вступил на службу в РККА в ноябре 1926 года, рядовым, курсантом 17-го сапёрного батальона 17-го стрелкового корпуса. В 1927 году окончил школу младших командиров в том же сапёрном батальоне и был назначен помощником командира взвода.

Член ВКП(б) с 1928 года.

С 1928 года по 1935 год находился в долгосрочном отпуске.

В 1932 году окончил годичные курсы товароведов и работал товароведом по зерну.

С ноября 1935 года по май 1936 года прошёл курсы усовершенствования командного состава (КУКС) при Ленинградской военно-инженерной школе, после чего был назначен командиром сапёрного взвода 51-го отдельного сапёрного батальона (ОСБ) 51-й стрелковой дивизии 6-го стрелкового корпуса Киевского Военного Округа в городе Одесса.

Звание лейтенанта присвоено в 1936 году.

Спустя год, в мае 1937 года лейтенант Филиппенко назначен помощником начальника боепитания батальона в том же 51-м ОСБ.

В середине 1938 года Филиппенко был переведён командиром технического взвода сапёрной роты 14-й тяжёлой танковой бригады (ТТБр) в город Житомир (*очевидно, вначале перевод был в 5-ю отдельную тяжёлую танковую бригаду*, которая в марте 1939 года была передана из Харьковского Военного Округа в состав Житомирской Армейской Группы КОВО). Вскоре он был назначен временным исполняющим должность командира сапёрной роты.

Капитан Филиппенко принял военную присягу 23 февраля 1939 года (в тот же день, как и капитан Рыбальченко, хотя и в разных частях). Запись в учётно-послужной карточке (УПК) характеризует его положительно (орфография и пунктуация сохранены без изменений):

"Предан партии Ленина-Сталина и социалистической родине. Умеет хранить военную тайну. Бдительный. Принимает партийное участие в партийной жизни. Имеет заботу о подчиненных. Требователен к себе и подчиненым не достаточно.

В военное время целесообразно использовать Нач. ОВС."

Звание старшего лейтенанта присвоено в 1939 году.

В марте 1940 года старший лейтенант Филиппенко назначен командиром переправочного парка *308-го ОСБ 49-го стрелкового корпуса* (эта запись добавлена в УПК позже). До лета 1940 года в 49-м стрелковом корпусе был только один ОСБ без номера. А в 49-м стрелковом корпусе 2-го формирования, созданном в КОВО в марте 1941 года, уже существовал 308-й ОСБ. *Поэтому можно предположить, что Филиппенко был назначен в ОСБ (без номера) 49-го стрелкового корпуса, который при переформировании получил номер 308-го ОСБ. Более того, по некоторым сведениям, 11 июля 1940 года 49-му СК был придан 97-й ОСБ (см. биографию Дмитрия Сплетухова).*

Фрагмент учётно-послужной карточки капитана Филиппенко Ф. С.

Звание капитана присвоено в апреле 1940 года.

В послевоенной УПК Филиппенко есть запись о его переводе в 48-й отдельный дорожный батальон 4-го мехкорпуса (город Львов), в качестве заместителя командира батальона по строевой части. *Дата перевода указана как декабрь 1939 года* — это тоже неточность, так как согласно довоенным записям в УПК он в этот период служил в 14-й ТТБр и ОСБ 49-го стрелкового корпуса, да и сам 48-й отдельный мото-инженерный ("дорожный") батальон 4-го мехкорпуса был сформирован позднее, летом–осенью 1940 года.

Поэтому можно предположить, что капитан Филиппенко был переведён в 48-й инжбат во второй половине 1940 года из ОСБ 49-го стрелкового корпуса 1-го формирования, а пометка о номере батальона (308-й ОСБ 49-го стрелкового корпуса) была добавлена в УПК позже, уже после 2-го формирования 49-го СК.

ВСТУПИЛ НА СЛУЖБУ в Советскую Армию „____" _октябре_ 19__ г.						
Наименование части	Наименование должности	Год	Месяц и число	Чей приказ	№	
1 отд. саперный батальон 17 отд. корпуса Киев	рядовой	10.1926-1921 IX - X				
	находился в запасе	1928-1935				
курсы усовершенство- вания комонд. состава при дивизии ВОен.инж.Уч.	слушатель	X - V 1935-1936				
51. отд. саперный батальон		V - VI				
51. отд. Отд. Московск. ВОен 14 тяжелая танков. бриг. с.Житомир	командир санр. взвод	1936-1938				
	бриг. команд. сап.рот	1938-1939				
48. отд. доронный батал. 4 мех. корпус.с.Львов.	зам команд. батальона 48 отд. дор. бат.	XI - XI 1939-1941				
48. отд. доронный батал. 37 армия юго-запад.фр.	зам. команд. б-на (др.)	VI - XII 1941-1941				
37 армия юго западная фронт.	Пом. Нач-ка инженер.снаб.	XII - I 1941-1941				

Фрагмент послевоенной учётно-послужной карточки капитана Филиппенко Ф. С.

Начало войны капитан Филиппенко встретил в составе 48-го инжбата 4-го мехкорпуса 6-й Армии, в боях на Львовском выступе. В начале августа 1941 года, при формировании 37-й Армии, "помощник командира батальона" 48-го отдельного инженерного батальона Филип(п)енко не остался в своей части, а был переведён "помощником начальника отдела инженерных войск 37 Армии".

Подобные назначения состоялись и у многих других офицеров расформированного 4-го мехкорпуса. Например, начальник инженерной службы 4-го мехкорпуса, полковник Александр Иванович Голдович, был назначен тем же Приказом по 37-й Армии № 01 от 1 августа 1941 года "начальником отдела инженерных войск 37 Армии".

Дальнейшую судьбу капитана Филиппенко можно проследить по послевоенным записям в его УПК и наградном листе (см. Примечание).

Во время выхода из Киевского окружения, уже в составе отдела инженерных войск 37-й Армии Юго-Западного Фронта, он попал в плен 18 сентября 1941 года и, впоследствии, проживал на оккупированной территории, в городе Одесса, до апреля 1944 года.

С апреля по июнь 1944 года прошёл спец. проверку в "СМЕРШ" 5-й Ударной Армии, после чего был направлен рядовым в 16-й отдельный штурмовой стрелковый батальон (ОШСБ) 3-го Украинского Фронта. 16-й ОШСБ существовал в период между 26 июня 1944 года и 10 декабря 1944 года.

С ноября 1944 года по январь 1945 года Филиппенко находился в 18-м отдельном полку резерва офицерского состава 3-го Украинского Фронта, а затем до марта 1945 года — в резерве инженерного управления 3-го Украинского Фронта.

Филиппенко восстановлен в звании капитана 27 декабря 1944 года Приказом № 01175 по 3-му Украинскому Фронту.

В марте 1945 года назначен начальником инженерного снабжения 252-го инженерно-сапёрного батальона 65-й инженерно-сапёрной Нижнеднестровской бригады 3-го Украинского Фронта, был награждён за действия во время форсирования реки Мур и взятия города Грац (Австрия).

В послевоенной УПК и наградном листе отмечен уже как беспартийный.

С июля по декабрь 1945 года капитан Филиппенко был начальником армейского поезда 6-го Продотдела 57-й Армии Южной Группы Войск, а затем до января 1946 года находился в резерве отдела кадров Южной Группы Войск. Уволен в запас по возрасту 19 января 1946 года.

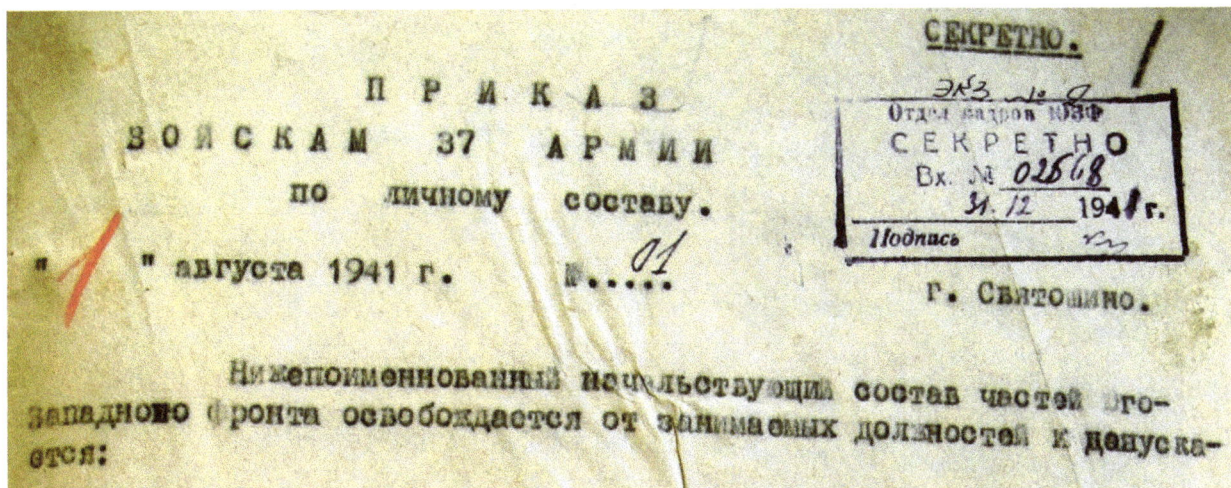

Фрагмент Приказа Войскам 37-й Армии по личному составу № 01 (1 августа 1941 года).

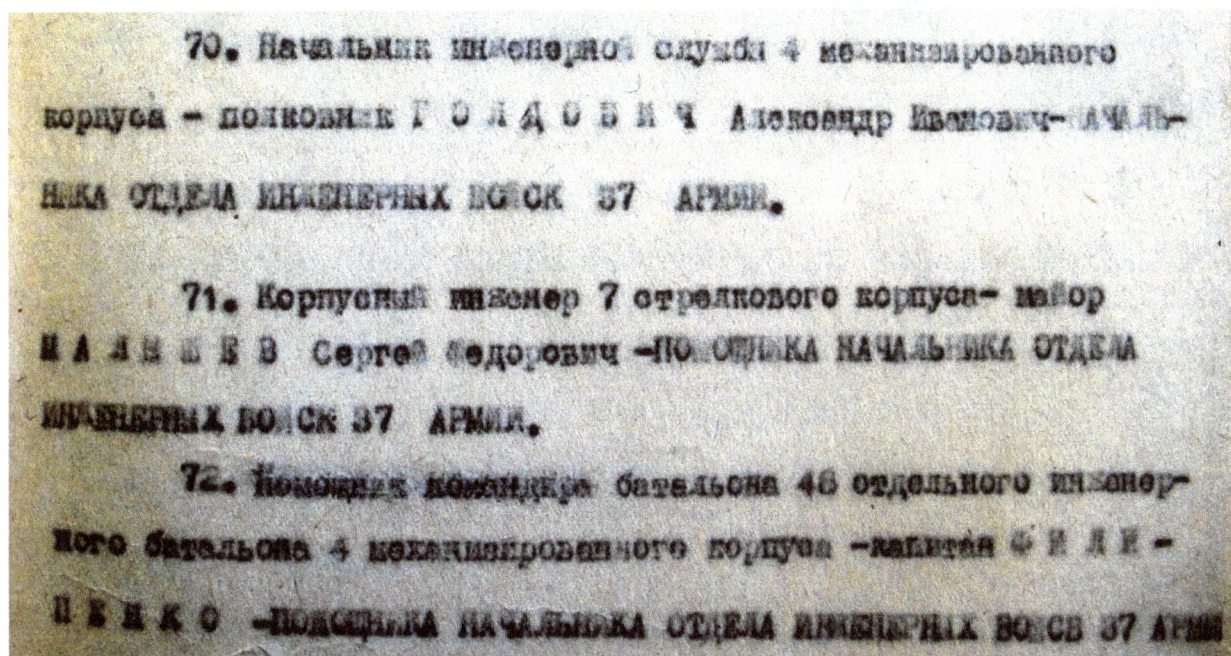

Фрагмент Приказа Войскам 37-й Армии по личному составу № 01 (1 августа 1941 года),
с назначениями капитана Феодосия Филиппенко и полковника Александра Ивановича Голдовича.

После войны Феодосий Филиппенко работал в гидро-мелиоративной конторе г. Одесса. В 1949 году выдан военный билет. Состоял на учёте в Кагановическом РВК гор. Одессы, в командном составе инженерных войск, по Военно-учётной специальности (ВУС) № 52 (телеграфист-юзист). Дальнейшая судьба не установлена.

Награды:

Орден Красной Звезды (июнь 1945 г.): руководя инженерным снабжением 252-го инженерно-сапёрного батальона 65-й инженерно-сапёрной Нижнеднестровской ордена Кутузова и Красной Звезды бригады 3-го Украинского Фронта;

Медаль "За победу над Германией" (1945 г.).

Фрагмент послевоенной учётно-послужной карточки капитана Филиппенко Ф. С.

Примечание. Местонахождение фильтрационно-проверочного дела Феодосия Филиппенко не установлено. Сведения о наградах получены из Электронного Банка Документов "Подвиг Народа".

Наградной лист капитана Филиппенко (июнь 1945 года).

Штин Василий Игнатьевич
(капитан, начальник военно-хозяйственного снабжения)

Василий Игнатьевич Штин родился 10 или 16 августа 1902 года в деревне Малая Сосновка Верхошижемской волости Орловского уезда Вятской губернии (позднее Кырчанского района Кировской области; ныне деревня не существует), в крестьянской семье, русский.

В 1913 году закончил 3 класса сельской школы. Работал столяром.

Кадровый офицер: вступил на службу в РККА в августе 1922 года, курсантом Вятской 10-й пехотной школы, затем 10-й Сумской пехотной школы. В 1924 (или 1925) году закончил Киевскую пехотную школу. В августе 1925 года назначен командиром взвода 134-го стрелкового полка 45-й стрелковой дивизии; в январе 1930 года — инструктором боевой подготовки Нежинского окружного военкомата; а спустя два года, в марте 1932 года — помощником начальника учебной мобчасти Киевского городского военкомата. Закончил в середине 1932 года двухмесячные мобилизационные курсы. В июне 1934 года назначен помощником начальника сектора Киевского мобилизационного округа, а в феврале 1935 года — начальником мобчасти Сталинского райвоенкомата гор. Киев (Киевский Особый Военный Округ, КОВО).

Звание старшего лейтенанта присвоено в 1936 году.

В 1938 году Василий Штин назначен помощником начальника Обозно-Вещевого Снабжения (ОВС) 19-го стрелкового полка 7-й стрелковой дивизии КОВО.

Принял военную присягу в феврале 1939 года в 27-й стрелковом полку 27-й стрелковой дивизии, которая в сентябре 1939 года принимала участие в "Польском походе". Послевоенная учётно-послужная карточка (УПК) включает назначение в сентябре 1939 года начальником ОВС N-го стрелкового полка N-й стрелковой дивизии, развёрнутого из 19-го стрелкового полка КОВО. На самом деле N-й полк был 27-м стрелковым полком 7-й стрелковой дивизии, как следует из последующего приказа КОВО № 02759 от 12 сентября 1940 г.

Согласно УПК и сведениям, хранящимся в РГВА, 28 февраля 1939 года Приказом НКО СССР № 0681п помощнику начальника обозно-вещевого довольствия 27-го стрелкового полка 7-й стрелковой дивизии Штину Василию Игнатьевичу присвоено звание капитан (с выслугой 1 год).

Запись в довоенной УПК характеризует его положительно (текст приведён без изменений):

"Занимаемой должности вполне соответствует. Необходимо для пользы службы командировать на курсы хозяйственников и подлежит выдвижению на должность начальника ОВС части с присвоением очередного звания - Капитан."

12 сентября 1940 года капитан Штин был назначен начальником военно-хозяйственного снабжения 48-го инженерного батальона 4-го мехкорпуса (Приказ КОВО № 02759).

В первоначальной УПК Василия Штина есть запись и о назначении 18 апреля 1941 года в 158-й отдельный ремонтно-восстановительный батальон (ОРВБ) 215-й моторизованной дивизии, на должность помощника командира по хозяйственной части. *Очевидно, однако, что в новую часть капитан Штин так и не перешёл*, и в послевоенной УПК 158-й ОРВБ не упоминается.

Фрагмент учётно-послужной карточки капитана Штина В. И.

Дополнительная запись в этой УПК о том, что Штин "попал в окружение в составе 215 мот. дивизии бывшего ЮЗФ в сентябре 1941 года" и что его "следует считать пропавшим без вести по фронту", тоже неточна. На самом деле, он был контужен и попал в плен 2 июля 1941 года, во время отхода 48-го инжбата в составе 4-го мехкорпуса.

Об этом указывают и послевоенная УПК, и доклад начальнику 3-го отдела 4-го мехкорпуса от 18.7.41 года, "о состоянии людского состава, техники и материальной части 48-го дорожного батальона", в котором упоминается капитан Штин: "...старший сержант Лайко не выполнил приказание капитана Штиня, который приказывал ему привезти горючее."

Фрагмент доклада начальнику 3-го отдела 4-го мехкорпуса от 18.7.41 года

Фрагмент послевоенной учётно-послужной карточки капитана Штина В. И.

В архиве ЦАМО хранится донесение послевоенного периода Отдела Кадров Группы Советских Оккупационных Войск (ОК ГСОВ) в Германии от 20.08.1947, в котором есть запись о том, что капитан Штин пропал без вести.

Фрагмент донесения ОК ГСОВ в Германии, с записью о капитане Штине (август 1947 года).

Однако послевоенная УПК содержит более достоверные сведения о нахождении Василия Штина в плену в Западной Германии, с 2 июля 1941 года по 22 марта 1945 года. *Наиболее вероятно, что капитан Штин попал в плен в районе Тарнополя в самом начале июля 1941 года.*

В этой же УПК указано, что Штин получил новый военный билет 19 августа 1950 года и встал на учёт в Североуральском ГВК Свердловской области Уральского Военного Округа, как капитан запаса по Военно-учётной специальности (ВУС) № 248 (командный состав; род войск: пехота; группа: средняя).

Точно неизвестно, где находился Василий Штин после освобождения из плена в марте 1945 года и до августа 1950 года, когда ему был выдан военный билет в Североуральском ГВК Свердловской области. *Можно предположить, что он был помещён в проверочно-фильтрационный лагерь НКВД № 305 в Североуральске (посёлок Бокситы).*

Интересный факт. В заметке на сайте газеты "Североуральские Вести" от 23 ноября 2012 (автор: Н. И. Махвиеня)[289] отмечено, что "Одними из первых «жителей» лагеря № 0305 были советские военнослужащие, освобождённые из плена и прибывшие из лагеря № 240 (г. Кёнигсборн, Германия) в количестве 921 чел." В дальнейшем лица, "в отношении которых не обнаружено оснований для привлечения к уголовной ответственности и, которые во время пребывания в лагере показали себя с хорошей стороны" — направлялись в "постоянные кадры Наркомата угольной промышленности СССР или предприятия другого наркомата", в том числе Североуральские бокситовые рудники (СУБР).

Дальнейшая судьба капитана Штина не установлена.

---

[289] Источник: http://sev-vesti.ru/component/content/article/1-latest-news/1822-2012-11-23-05-00-00.html

Примечание.   Приказ КОВО № 02759 со сведениями о назначении Штина В. И. начальником военно-хозяйственного снабжения 48-го инженерного батальона 4-го мехкорпуса хранится в Российском Государственном Военном Архиве (РГВА).

Фрагмент приказа КОВО № 02759 с назначением капитана Штина В. И. (12 сентября 1940 года).

Донесение послевоенного периода Отдела Кадров Группы Советских Оккупационных Войск (ОК ГСОВ) в Германии от 20.08.1947 хранится в ЦАМО.

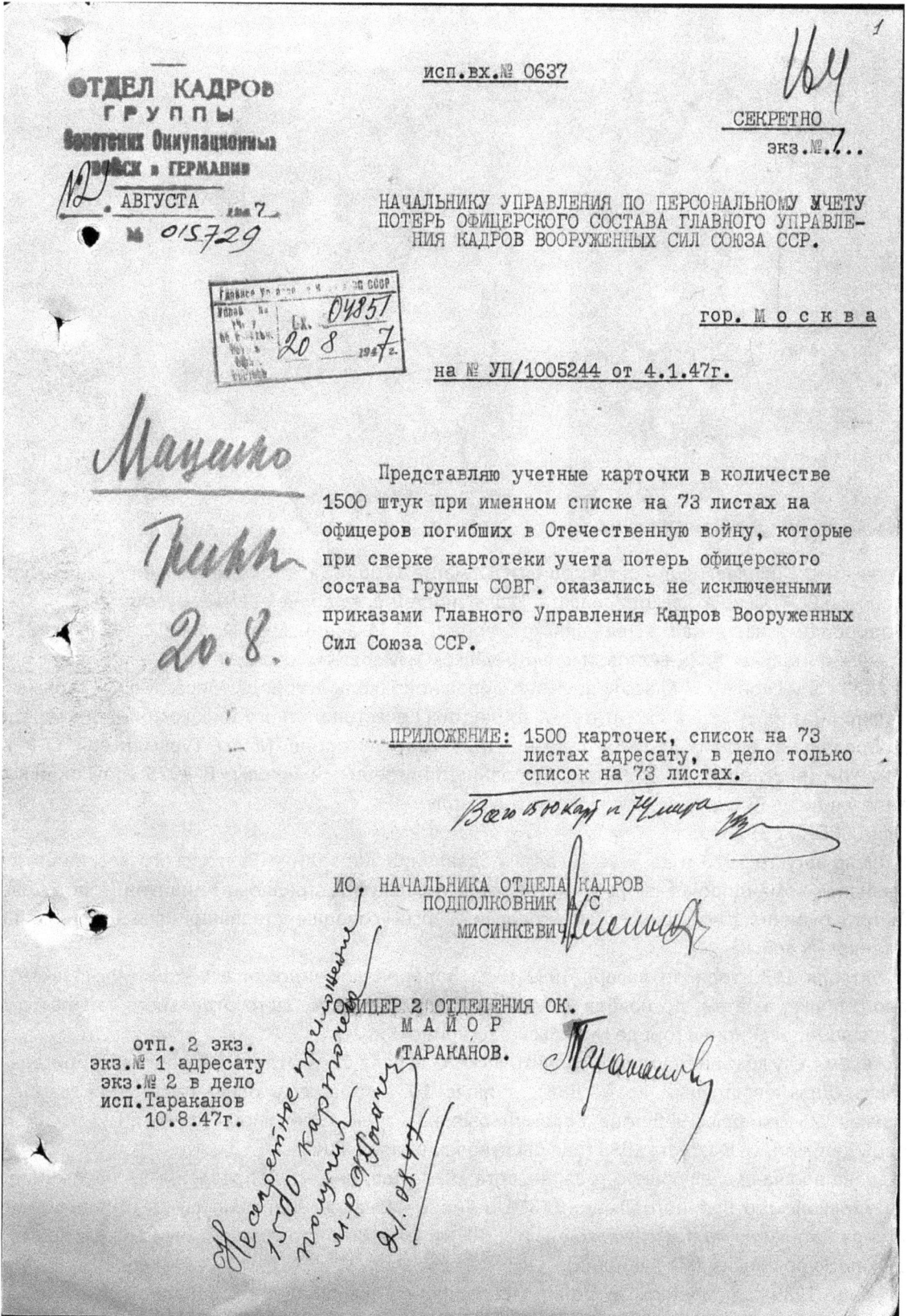

Первый лист донесения ОК ГСОВ в Германии (август 1947 года).

Воронин Александр Николаевич

(батальонный комиссар; заместитель командира батальона по политической части с 26 сентября 1940 года по март 1941 года; впоследствии, полковник)

Александр Николаевич Воронин родился 17 марта 1906 года, в городе Теджен Ашхабадской области Туркменской ССР (ныне Ахалского велаята Туркменистана), в рабочей семье, русский.

Подростком участвовал в гражданской войне на Закаспийском Фронте с ноября 1918 года по декабрь 1920 года, как боец-вестовой в Чарджуйском и Мервском отрядах.

В 1923 году окончил 7 классов железно-дорожной школы в городе Мерв (Мары) Туркменской ССР. Работал ирригатором, затем заместителем директора Севастопольского мясокомбината в городе Мерв.

Добровольно вступил в РККА в июне 1925 года в городе Мары Туркменской ССР курсантом Ташкентской (впоследствии, Тифлисской) военно-политической школы. В 1925 году окончил военно-пехотное училище (Владикавказскую пехотную школу).

Член ВКП(б) с 1926 года.

В июле-августе 1928 года участвовал в подавлении Кабардино-Балкарского восстания, после чего был назначен командиром взвода 7-го стрелкового полка 3-й стрелковой дивизии (город Севастополь). В 1930 году окончил 10-месячные Ленинградские курсы усовершенствования командного состава (КУКС) бронетанковых войск.

С октября 1930 года по январь 1932 года Воронин командовал взводом Московского учебного танкового полка, а затем, до ноября 1934 года был политруком 18-го отдельного танкового батальона (ОТБ), дислоцированного в городе Никольско-Уссурийск.

Во время службы инструктором политического отдела 23-й отдельной танковой бригады (посёлок Манзовка, Дальневосточный Край, ДВК), в июле 1935 года, ему было присвоено звание старшего политрука. 25 октября 1936 года Воронин был назначен военкомом 105-го ОТБ 105-й отдельной танковой дивизии, а 28 августа 1938 года был уволен в запас РККА.

Однако в начале следующего года, в марте 1939 года, он был направлен в распоряжение Военного Совета Харьковского Военного Округа (ХВО) и вновь назначен военкомом — в этот раз заместителем командира батальона по политической части 307-го ОТБ 80-й стрелковой дивизии, дислоцированной в городе Проскуров (ныне Хмельницкий).

В конце 1939 года военком Воронин участвовал в "освобождении" Западной Украины, а с ноября 1939 года по март 1940 года — в "белофинской" войне (военком танкового батальона).

Присвоено звание батальонного комиссара в феврале 1940 года.

16 сентября 1940 года Александр Воронин был назначен военкомом и заместителем командира батальона по политической части 48-го отдельного моторизованного инженерного батальона 4-го мехкорпуса (Приказ КОВО № 02804), дислоцированного в городе Львов.

По воспоминаниям сержанта 48-го инжбата Александра Жука, до и в самом начале войны их батальонным комиссаром был "Александр Александрович Александров". Однако следует отметить, что некоторые фамилии и названия в мемуарах Жука неточны: например, начинжа 37-й Армии Голдовича Александра Ивановича, автор называет Голдович "Марк Александрович". *Поэтому, возможно, что фамилия комиссара была не Александров, а именно Воронин.*

Согласно учётно-послужной карточке (УПК) военкома Александра Воронина, после службы в 48-м инжбате, в марте 1941 года, он был переведён в 202-й мото-стрелковый полк 81-й моторизованной дивизии 4-го мехкорпуса (Приказ КОВО № 0227). Известно, однако, что с началом войны 48-й инжбат вступил в боевые действия и отходил со Львовского выступа совместно с 81-й дивизией, и пути комиссара Воронина и его прежнего батальона вполне возможно пересеклись. Об этом свидетельствуют воспоминания Александра Жука.

Даже если в начале войны комиссаром батальона был кто-либо иной, например младший лейтенант Василий Павлович Богданов — заместитель командира по политической части, сержант Александр Жук, скорее всего, описывает свою встречу в июле 1941 года именно с Александром Ворониным, которого он запомнил как комиссара-орденоносца (см. Примечание), участвовавшего в "Зимней кампании — войне с белофиннами".

"После очередного налёта, выбираясь из хлебов, я наткнулся на Александра Александровича (он просил так к нему обращаться вне службы) Мы знали нашего батальонного комиссара всегда свежим, подтянутым, в отлично отутюженной форме, которая так шла к его спортивной фигуре. Он был для нас образцом настоящего командира. Мы гордились нашим комиссаром-орденоносцем. На его груди сверкал орден Боевого Красного Знамени, полученный за личный подвиг в Зимней кампании — войне с белофиннами. Орденоносец был тогда большой редкостью. Сейчас он неподвижно сидел в грязи истоптанной обочины. Видимо, здесь он пережидал последний налёт. По его осунувшемуся, жесткому лицу обильно текли слёзы.

...

Он долго молчал и наконец, как бы про себя прошептал:
— Если бы товарищ Сталин знал... — Еле слышно он повторил: — Если бы товарищ Сталин знал, что здесь происходит... — и, словно окаменев, надолго замолк. Вдруг, очнувшись, встал, отряхнул брюки и гимнастерку, вынул из кармана чистый носовой платок, вытер лицо и глаза и уже совсем другим голосом произнес:
— Это подлая, предательская измена! Это неслыханно подлый сговор и открытый саботаж. Товарищ Сталин ещё не всех выловил и ещё не всех врагов народа ликвидировал! Они, как подлые крысы, замаскировались и засели в высшем командовании Красной Армии. Гнусные и коварные изменники!" [290]

Судя по воспоминаниям Жука, батальонный комиссар "Александр Александрович" был тяжело ранен *во время отхода от Волочийска, от старой границы СССР, по направлению к Проскурову (Хмельницкому) или далее к Бердичеву.*

Согласно сведениям из УПК, комиссар Воронин был тяжело ранен (контужен) в районе Бердичева 9 июля 1941 года, и находился на излечении в Кисловодском военгоспитале (санатории РККА) до конца ноября 1941 года.

---

[290] Жук А. В. Начало. — Стройиздат, Санкт-Петербург, 2005, стр. 37 и 39—40.

"Очередной налёт опять унес много жизней. Не стало и Александра Александровича. Очевидцы рассказывали, что в начале последнего налёта его видели сидящим на краю обочины. Он, как всегда, не искал укрытия, не убегал и пережидал налёт. Когда всё стихло, на том месте, где он сидел, зияла свежая воронка. Её наклонные поверхности были совсем чистыми, словно в просеянных комочках чёрной земли. Нашли его планшет, отброшенный метров на шесть. Он был совсем цел, и только оборванный ремешок говорил о свершившейся трагедии... Больше не нашли ничего... Может быть, Александр Александрович искал и нашёл ответ на все вопросы, терзавшие его чистую душу..." [291]

Фрагмент учётно-послужной карточки военкома Воронина А. Н.

В январе 1942 года Александру Воронину было присвоено звание старшего батальонного комиссара, а в декабре 1942 года — гвардии подполковника интендантской службы.

Вернувшись в действующую армию, Александр Воронин продолжил свой боевой путь в 16-й и 11-й Армиях Западного Фронта (до января 1944 года): военкомом станции снабжения; начальником 12-й полевой армейской базы; исполняющим должность помощника начальника организационного отдела; заместителем командира 11-й гвардейской дивизии по тылу; заместителем начальника штаба тыла — начальником организационного отдела.

С января 1944 года подполковник Воронин находился (по болезни) в военных госпиталях № 5018 и № 5002 (город Москва), а с апреля 1945 года — в резерве начальника тыла Красной Армии.

Послевоенная служба Александра Воронина продолжилась до июля 1954 года в Ивановском Военно-Политическом Училище (помощник начальника училища по материально-техническому обеспечению); штабе Горьковского Военного Округа, ГВО (начальник третьего отдела мобилизационного планирования); 16-м мотоциклетном учебном полку ГВО в городе Кулебаки (заместитель командира полка по снабжению); 10-м учебном танковом полке Московского Военного Округа, МВО, в городе Сормово (заместитель командира полка по снабжению); 2-й школе сержантов в МВО (заместитель начальника школы по снабжению); и 20-й отдельной гвардейской гаубично-артиллерийской бригаде большой мощности имени К. Е. Ворошилова МВО (помощник командира бригады по тылу).

В июле 1954 года подполковник Воронин был уволен в запас (3-й разряд, интендантский состав; военно-учётная специальность № 243) по статье 59 "а" (по возрасту), с правом ношения военной формы с особыми отличительными знаками на погонах. Был приписан к Белевскому РВК, город Белев, Тульской области. Присвоено звание полковника в июне 1957 года.

---

[291] Жук А. В. Начало. — Стройиздат, Санкт-Петербург, 2005, стр. 43.

Награды:

Орден Красного Знамени (апрель 1940 г.);
Орден Красной Звезды (август 1943 г.);
Орден Красного Знамени (август 1945 г.);
Медаль "За победу над Германией" (май 1945 г.);
Медаль "30 лет Советской Армии и Флота" (февраль 1948 г.).
Орден Отечественной войны II степени (апрель 1985 г.).

На послевоенной фотографии Александра Воронина видны два ордена Красного Знамени и медаль "За победу над Германией" (на левой стороне мундира), а также орден Красной Звезды и нагрудный знак "Гвардия" (на правой стороне).

Примечание.   Приказ КОВО № 02804 со сведениями о назначении Воронина А. Н. заместителем командира батальона по политической части 48-го отдельного моторизованного инженерного батальона 4-го мехкорпуса хранится в Российском Государственном Военном Архиве (РГВА).

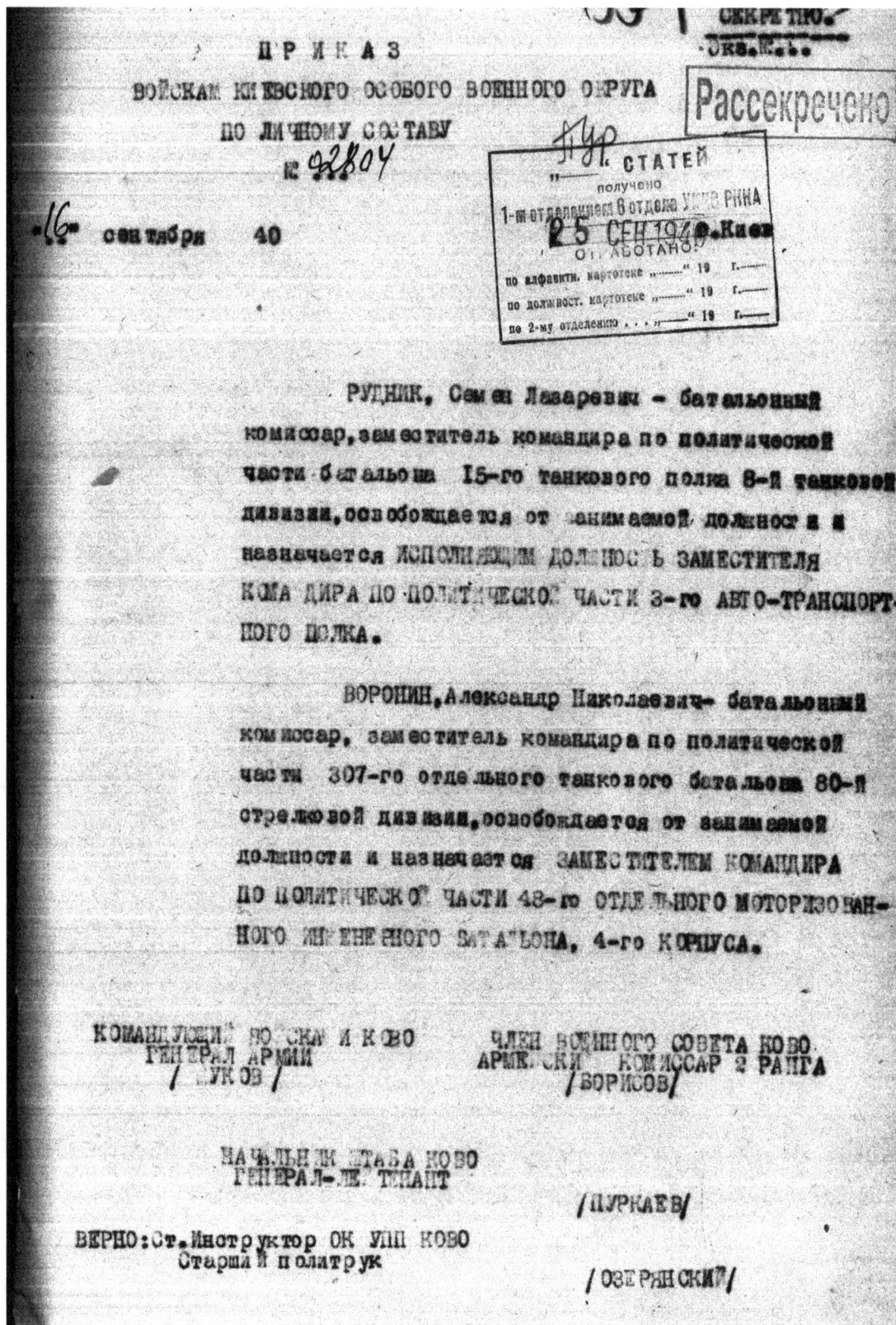

Фрагмент приказа КОВО № 02804 с назначением Воронина А. Н. (16 сентября 1940 года).

Сведения о наградах получены из Электронного Банка Документов "Подвиг Народа".

Все графы заполнять полностью

НАГРАДНОЙ ЛИСТ

1. Фамилия, имя и отчество **ВОРОНИН Александр Николаевич.**

2. Звание **Гв.подполковник и/с** 3. Должность, часть **начальник орготдела**
штаба управления тыла 11 Гв.армии

Представляется к **Ордену "КРАСНАЯ ЗВЕЗДА".**

4. Год рождения **1906 г.** 5. Национальность **русский** 6. Партийность **чл.ВКП/б/ с 1926 г**

7. Участие в гражданской войне и в последующих боевых действиях по защите СССР (где, когда)
Гражданская война 1918-20 гг.финская компания 1940 г.

8. Имеет ли ранения и контузии в отечественной войне **Имеет контузию на южном фронте**
в июле 1943 г.

9. С какого времени в Красной Армии **1918-20 г. и с** 10. Каким РВК призван
1925 года.
Мервским Военкоматом.

11. Чем ранее награжден (за какие отличия) **Орденом "КРАСНОГО ЗНАМЕНИ" в 1940 г.**

12. Постоянный домашний адрес (представляемого к награждению или его семьи)

13. Участвует в Отечественной войне с июня 1941 года.

1. Краткое, конкретное изложение личного боевого подвига или заслуг

Тов. ВОРОНИН в должности начальника орготдела штаба управления тыла армии с апреля 1943 г. С первых дней работы тов. ВОРОНИН сумел правильно организовать работу отдела. энергичный, инициативный командир, требователен к себе и подчиненным.
За время операции в июле-августе 1943 г., несмотря на большое нагружение сумел охватить всю работу по своевременной передислокации тыловых учреждений, умелым маневрированием рабочей силы обеспечил своевременную разгрузку прибывающих транспортов.

За умелую работу по обеспечению операции представляю тов. ВОРОНИНА к Правительственной награде Ордену "КРАСНАЯ ЗВЕЗДА"

НАЧАЛЬНИК ШТАБА ТЫЛА 11 Гв. АРМИИ
Гвардии ПОЛКОВНИК
/ЛУККЕР/

" " августа 1943 г.
Командир (начальник) *Военный комиссар*

звание *звание*

" " _____ 194_ г.

Наградной лист гвардии подполковника Воронина А. Н. (август 1943 года).

Богданов Василий Павлович
(младший лейтенант, помощник командира по политической части или командир взвода)

Василий Павлович Богданов родился в 1905 году.

Согласно сведениям из алфавитной карточки, с октября 1937 года Богданов служил политруком эскадрона 118-го кавалерийского полка 16-й Кавалерийской Сибирской дивизии, принимавшей участие в "Польском походе" 1939 года, а с июля 1940 года — политруком роты автотранспортного батальона (АТБ) 20-го танкового полка 10-й танковой дивизии 4-го мехкорпуса Киевского Военного Округа (КОВО), см. Примечание.

Перед самым назначением в 48-й инжбат политрук Богданов был заместителем командира по политической части эскадрона 53-го кавалерийского полка 16-й Кавалерийской Сибирской дивизии. В июле 1940 года 16-я Кавалерийская Сибирская дивизии была обращена на формирование Автобронетанковых Войск Киевского Военного Округа (АБТВ КОВО). 53-й и 146-й кавалерийские полки были реорганизованы в 3-й мотоциклетный полк 4-го механизированного корпуса. 16 сентября 1940 года Богданов был назначен заместителем командира по политической части дорожной роты 48-го отдельного инженерного батальона 4-го мехкорпуса (Приказ КОВО № 02800).

Политрук Богданов встретил войну в составе батальона.

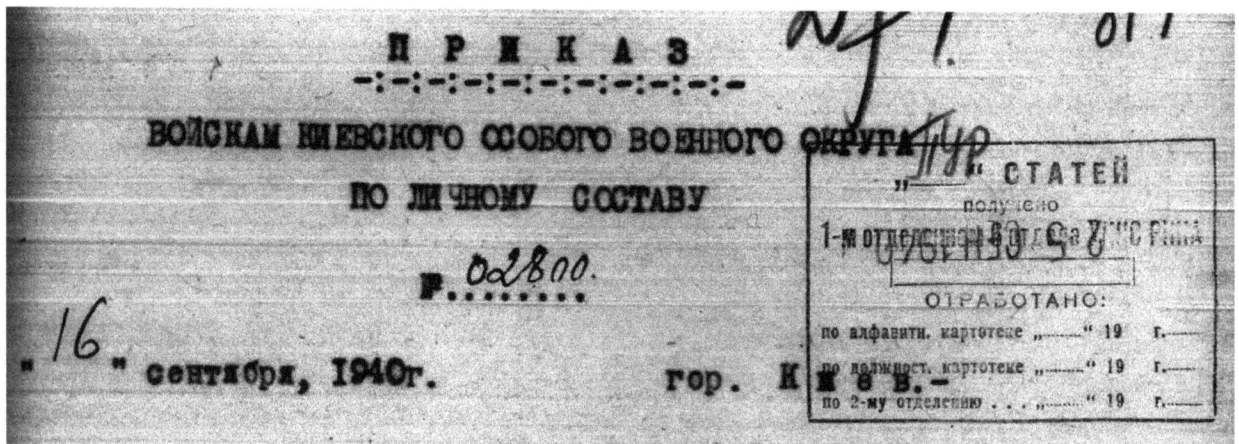

Фрагмент приказа КОВО № 02800 с назначением Богданова В. П. (16 сентября 1940 года).

Политрук Богданов упоминается в докладе начальнику 3-го отдела 4-го мехкорпуса от 18.7.41 года, "о состоянии людского состава, техники и материальной части 48-го дорожного батальона". В частности, описывая окружение в "районе леса Бела Корчма" (имеется в виду Богдановский лес к северу от шоссе между Тернополем и Волочиском, через который 48-й инжбат отходил в начале июля 1941 года от Збаража), доклад отмечает: "... В этом окружении необходимо отметить нерастерянность, смелость, инициативу таких товарищей: капитан Рыбальченко, политрук Богданов, мл. п-к Андрейченко, старшина Жоронкин, красноармеец-шофер Гольдинов, Рудаков, мл. л-т Петухов."

Фрагмент доклада начальнику 3-го отдела 4-го мехкорпуса от 18.7.41 года.

Фрагмент послевоенной учётно-послужной карточки младшего лейтенанта Богданова В. П.

Фрагмент приказа об исключении из списков младшего лейтенанта Богданова В. П.

Младший лейтенант Богданов пропал без вести в июне 1941 года. Указан в списках на исключение по Воронежскому Облвоенкомату (август 1946 года).

Фрагмент второго приказа об исключении из списков младшего лейтенанта Богданова В. П.

Примечание. В ЦАМО хранятся алфавитная и учётно-послужная карточки лейтенанта Василия Павловича Богданова, и его личное дело.

Фрагмент алфавитной карточки младшего лейтенанта Богданова В. П.

Ермаков Егор Семёнович
(старший политрук, исполняющий должность комиссара батальона с 28 июля 1941 года)

Егор Семёнович Ермаков родился в 1908 году, в деревне Безукладовка, Токаревской волости Тамбовского уезда Тамбовской губернии (ныне Токаревского района Тамбовской области), в крестьянской семье, русский.

Образование: 7 классов. Работал грузчиком на станции Токаревка (чернорабочий). Член ВКП(б) с 1932 года.

В РККА с ноября 1930 года. Политрук эскадрона 146 кавалерийского полка 16-й кавалерийской дивизии; политрук школы 8-го батальона 8-й танковой дивизии. Старший политрук с 19 февраля 1940 г.

Егор Ермаков был назначен исполняющим должность военкома 48-го отдельного дорожного батальона 4-го мехкорпуса 28-го июля 1941 года (Приказ № 0038/ЮЗФ) — в период, когда батальон находился на доукомплектовании в городе Прилуки Черниговской области.

После отступления 37-й Армии из Киева 19 сентября 1941 года одна из разрозненных групп 48-го инжбата, пытавшихся вырваться из окружения, включала комбата Рыбальченко, комиссара Ермакова, сержанта при штабе Кадыра Муратова, лейтенанта Мехальчука, *а также, возможно, начальника химической службы батальона лейтенанта Юлия Гольдмана, адъютанта батальона лейтенанта Иванова и старшего сержанта Николая Лазарева.* Согласно фильтрационно-проверочному делу Ермакова (см. Примечание), во время боя за Скопцы (ныне Веселиновка) 21 сентября 1941 года, Ермаков руководил 2-й ротой "милицейского состава".

15 октября 1941 года он попал в плен в районе села Ядловка Ново-Басанского района Черниговской области (ныне село Перемога Барышевского района Киевской области) вместе с капитаном Рыбальченко и был помещён в немецкий лагерь для военнопленных (Гоголево). В Гоголевском лагере находился между 15 и 25 октября 1941, бежал и 3 января 1942 года перешёл линию фронта в районе села Поселец Бобрышевского района Курской области (см. Примечание).

Фрагмент личного дела комиссара Ермакова Е. С.

Ермаков был направлен в пересыльный пункт в город Новый Оскол, откуда 14 января 1942 года был направлен на проверку в НКВД в Острогожский лагерь. Вскоре, 7 февраля 1942 года, по прибытии из Острогожского спецлагеря, Егор Ермаков был помещён в Старобельский спецлагерь (согласно донесению, подписанному начальником Старобельского спецлагеря НКВД СССР № 53, капитаном госбезопасности Бережковым, и включённому в общий список нач. состава из числа бывших военнослужащих Красной Армии, находившихся в плену и окружении противника, подписанный майором госбезопасности Сопруненко). Проверку проходил с 7 февраля по 19 апреля 1942 года в лагере НКВД № 245, город Старый Оскол.

Пройдя проверку, Ермаков был направлен в 20-ю запасную стрелковую бригаду, а затем, 19 сентября 1942 года, через Казанский военно-пересыльный пункт — в 31-ю запасную стрелковую бригаду, которая дислоцировалась на станции Суслонгер (Марийская АССР).   В итоге, он был зачислен курсантом в 42-ю Гвардейскую Краснознамённую стрелковую дивизию (2-я стрелковая рота отдельного учебного батальона).   Погиб 4 декабря 1942 года, в бою за высоту 205 (1 км северо-восточнее деревни Ведерниково, балка Лесная). Похоронен в Калининской (ныне Тверской) области, Зубцовский район, деревня Ведерниково.

Примечание. Сведения о пленении и выходе из окружения получены из фильтрационно-проверочного дела старшего политрука Ермакова Е. С., хранящегося в Фильтрационном Фонде УФСБ России по Тамбовской области (Государственный Архив Тамбовской области, Ф. Р-5306. Оп. 1. Д. 1968); протокол допроса подписан мл. лейтенантом госбезопасности Миклухиным (15 апреля 1942 года).

Протокол допроса Ермакова включает 26-ю графу: "Фамилия, имя, отчество и другие данные на лиц, которые могут подтвердить обстоятельства и факт пленения, нахождения в лагере, окружении противника, пребывание на оккупированной территории, освобождение из лагеря противника или выход из окружения, и где эти лица находятся" (в дальнейшем, такая же графа существовала и в опросном листе Главного Управления Контрразведки "СМЕРШ", хотя некоторые вопросы отличались).

Ответ Ермакова в этой графе перечисляет капитана Рыбальченко, лейтенанта Иванова, лейтенанта Гольдмана, сержанта Лазарева и красноармейца Муратова (на самом деле, Муратов был сержантом при штабе батальона); с пометкой "7; Лагерь военнопленных село Гоголево Киевской обл.". *Вероятно, что все перечисленные выходили из окружения вместе, или же двумя группами по 3-4 человека. Возможно, конечно, что некоторых из них Ермаков увидел только в лагере.* К 15 октября 1941 года группа включала, кроме Ермакова, капитана Рыбальченко, красноармейца Муратова и лейтенанта Мехальчука. Стоит отметить, что сам Ермаков бежал из лагеря, а лейтенант Иванов вышел из окружения.

Фрагмент фильтрационно-проверочного дела комиссара Ермакова Е. С., от 15 апреля 1942 года. 26-я графа протокола допроса.

Фрагменты фильтрационно-проверочного дела комиссара Ермакова Е. С., от 15 апреля 1942 года, описывающие обстоятельства пленения. Протокол допроса подписан мл. лейтенантом госбезопасности Миклухиным.

Фрагменты фильтрационно-проверочного дела комиссара Ермакова Е. С., от 15 апреля 1942 года,
описывающие обстоятельства перехода линии фронта.
Протокол допроса подписан мл. лейтенантом госбезопасности Миклухиным.

Текст допроса комиссара 48-го инжбата старшего политрука Егора Ермакова младшим лейтенантом
госбезопасности Миклухиным (по материалам фильтрационно-проверочного дела Ермакова, от 15
апреля 1942 года; орфография, пунктуация и стиль сохранены без изменений; *комментарии выделены
курсивом*):

Вопрос: Когда, где и при каких обстоятельствах попали в плен противника?

Ответ: Наш 48 саперный батальон 37 армии 1/VIII 41 года по 18/VIII 41 года (*судя по
всему, имеется в виду 18/IX 41 года*) находился на обороне гор. Киева. Затем поступил
приказ от командующего 37 армии выехать в гор Борисполь на оборонные соружение, которые
не пришлось соружать, т-к немецкие войска заняли местечко Бровары   нас направили на
оборону   в оборони находились до 20/IX 41 года
    20/IX 41 года получили приказ отходить по направлению гор Яготина, мы дошли до села
Иваникова которое занято было немцами   приняли бой но выбить не удалось   пошли вобход
по направлению Переяслова Киевской области
    21/IX 41 г. бой приняли село Скопцы где войска противника были выбиты вторично бой
приняли селе Скопцы только я руководил не своим 48 батальоном, а 2 роты милицейского
состава   немцов выбили и пошли на станцию Баришевка Здесь форсировать болоты не могли
и пошли по направлению села Борщи Полтавской области   Здесь немец нас окружил с трех
сторон   Стали снимать борты с автомашин и строить переправу через болота на
Березанские леса
    15/X 41 года в селе "Ядловка — *исправлено*" (Ядловка) мы проходили Семеновского леса
в Черниговские леса мелкими группами   Я шел совместно с капитаном Рыбальченко,
лейтенант Мехальчук и красноармеец Муратов (*на самом деле Кадыр Муратов был сержантом
при штабе*)   Когда прибыли в село Ядловка оно было занято немцами   Мы вышли села и
спрятались скирде с хлебом (жито)   в средини дня 15/X 41 года скирда была окружена
немецкими войсками и нас забрали с оружием   произвели обыск, у меня взяли "наган"
партийный билет и 800 рублей денег и повели в село Ядлова

Вопрос: Вас допрашивали немцы, когда взяли в плен с партийным билетом?

Ответ: Когда провели в село Ядловку и поместили в школе средней немецкий офицер с
переодчиком спросил у меня Комиссар,   я ответил нет   Командир   я ответил нет а сказал,
что шофер и больше ничего он не спрашивал.

Вопрос: Капитана Рыбальченка немцы допрашивали?

Ответ: Капитана Рыбальчанка немецкий офицер спросил   Командир   он ответил да
Командир по званию Капитан но не признался, что командир части. В капитана Рыбальченка
также при обыске взяли партбилет

Вопрос: Партбилеты офицер держал в руках когда вас допрашивал т-е опрашивал?

Ответ: Партийные билеты были не в офицера а в младшего чина который задержал и производил обыск и он в это время стоял 10 метрах

Вопрос: Где ваша форма была, когда вас немцы взяли в плен?

Ответ: Я был без знаков различий и шинели

Вопрос: Выдны были на рубахи знаки т-е о том, что ранше они были?

Ответ: Да на рубашке были отпечатки знаков различия но я был в комбинзоне их небыло выдно

Вопрос: Вы в лагере село Гоголево совместно с Рыбальченком были?

Ответ: Да совместно из Рыбальченкой он как ранены находился из (*исправлено на "с"*) ранеными в сарай

Вопрос: При каких обстоятельствах бежали из лагеря?

Ответ: 25/X 41 года я лично сам бежал из лагеря при следующих обстоятельствах в одного военнопленного были ножницы режущие проволоку Я взял эти ножницы и перерезов проволоку для возможности пролезть и бежал за мной вслед бежало 4 человека однако договорености о побеги сними не было

Вопрос: Скажите как была построена охрана в Гоголевском лагере немцами?

Ответ: Охрана была так построена 6 вышек на которых стояли станковые пулеметы Максим (наш) 4 вышки по углам и 2 вышки посредини лагеря
На вышках находились чесовые и между вышками в средини также ходили часовые

Вопрос: Лагерь освещался светом?

Ответ: Нет света небыло, но немецкие чесовые через каждые 10-15 минут довали осветительные ракеты

Вопрос: Как вы могли бежать при такой усиленой охраны и ктому освещающей ракетамы?

Ответ: Мы находились на дворе 25/X 41 года вечером шол дождь
Я спользовал имено это время и решил бежать Когда ракеты освещали сразу выдно создовалось а затем темнота не выдно даже часовым Я изучал это, что немцы восновном пускают ракеты для запугивание Но им выдно, что делают военно пленные.

Вопрос: Немцы вечером военнопленных к ограды не подпускали на 10 метров как вы могли резать проволоку?

Ответ: В лагере было развалины от сарая т-е лежала глина в кучи Я подполз к ней т-к отние близко к проволочному заграждению 2 ряда порезов отполз к глине В это время немцы дали осветительную ракету но меня не заметили второй раз разрезов остальне ряды (2) и бежал.

Вопрос: Немцы в сколько ложили спать военнопленных?

Ответ: Мы находились под открытым небом никто не ложился т-к была большая грязь часть стояла кто был бесильной ложился вот какой лагерь

Вопрос: Когда, где перешли линию фронта?

Ответ: Линию фронта я перешол в районе села Посылец Бобришовского района (село Поселец Бобрышевского района) Курской области 3/I 42 года

Вопрос: Кем были задержаны с частей Красной армии?

Ответ: Я задержан не был, а 3/I 42 года сам пришол в одну с войнских частей номерации не знаю. Это было село Посылец

С 3/I 42 года по 4/I 42 года был в части Затем нас селе Бобришовы Кривцовского района Курской области работники со НКВД опросили построили 25 человек меня назначили старшим Я повел их на город Новой Оскол (Новый Оскол) пересыльной пункт

14/I 42 года нас направили в лагерь гор Острогожск Нас не приняли и направили Старобельской лагерь НКВД

Вопрос: Кто можить подтвердить обстоятельства вашего пленения и переход на территор. Красной Армии?

Ответ: Кто со мной попал в плен они остались там т-е немогу знать где они сейчас.

Протокол допроса записан смоих слов верно в чем расписываюсь

Подпись (Ермаков)

Допросил: Ст. следователь ОО НКВД
            Мл лейтенант Госбезопасности

Подпись (Миклухин)

Примечание. Фотография предоставлена внучкой брата Егора Ермакова, Екатериной Ананьевой (Ермаковой).

Шер Шая Беркович
(политрук роты, заместитель командира роты по политической части)

Шая Беркович Шер родился в 1908 году в городе Сквира Сквирского уезда Киевской губернии (позднее Киевской области Украинской ССР), еврей.

Окончил 5 классов городской школы в 1919 году. Член ВКП(б) с 1931 года. В 1934 году окончил Советско-Партийную Школу (СПШ), а в 1936 году — курсы Военизированной Пожарной Охраны (ВПО) НКВД в качестве политрука (см. Примечание).

В РККА служил с 1930 по 1932 год; впоследствии, находился в запасе.

На довоенной фотографии виден нагрудный знак отличия «Ворошиловский стрелок» (изображён справа).

В 48-м "дорожном" батальоне Шая Шер был политруком роты.

Пропал без вести в 1941 году.   По воспоминаниям сержанта 48-го инжбата Александра Жука, оказавшегося в немецком плену после переправы, *очевидно, через Трубеж*, 23 сентября 1941 года, в большой группе пленных он видел Шера:

"Слоняясь в надежде найти хоть что-нибудь пригодное для еды, набрёл на группу наших командиров, они сидели в уединённом уголке и что-то ели. С нескрываемой завистью, заворожённый запахом пищи, я смотрел на них. Видел Шера, Пономарева, Остапчука, но они меня не узнали..." [292]

Скорее всего, политрук Шер был расстрелян немцами во время фильтрации в течение последней недели сентября 1941 года: по дороге в лагерь Дарница, или уже в самом лагере.

43. Политрук ШЕР Шая Беркович - политрук роты 48 дорожного батальона.

Пропал без вести в 1941 году.
1908 г.р., урож. с.Сквиры, Киевской области.
Жена Котляр Х.Х. - г.Киев, Кагановичский р-н,
Саксагонского, 41, кв. 7.

Фрагмент приказа об исключении из списков политрука Шера Ш. Б.

---

[292] *Жук А. В. Начало.* — Стройиздат, Санкт-Петербург, 2005, стр. 94.

Примечание.   В фондах ЦАМО хранится довоенная карточка политрука Шаи Берковича Шера.

Фрагмент из карточки политрука Шера Ш. Б.

Кондрахин Андрей Николаевич
(политрук роты)

Андрей Николаевич Кондрахин родился в 1904 году в деревне Брагино Мценского уезда (района) Орловской губернии (области), в семье рабочих.

Член ВКП(б) с 1929 года. В 1933 году окончил 2-й курс Химико-Технологического Института, факультет машиностроения (см. Примечание).

В 1940 году политрук Кондрахин находился в запасе, в списках по Житомирскому РВК.

Приказом по ЮЗФ № 044 от 21 августа 1941 года Андрей Кондрахин был назначен политруком роты 48-го инженерного батальона.

Фрагмент из личного дела политрука Кондрахина А. Н.

Старший политрук Кондрахин пропал без вести в августе 1941 года. *Возможно, он погиб при отступлении 37-й Армии из Киева во второй половине сентября 1941 года.* Указан в списках на исключение по Винницкому Облвоенкомату (июль 1945 года и май 1946 года).

Фрагмент приказа об исключении из списков Кондрахина А. Н (от 30 июля 1945 года).

Фрагмент приказа об исключении из списков Кондрахина А. Н (от 16 мая 1946 года).

Примечание. В фондах ЦАМО хранится довоенная карточка политрука Андрея Николаевича Кондрахина.

Фрагмент из карточки политрука Кондрахина А. Н.

Ласточкин Александр Васильевич
(политрук, ответственный секретарь бюро организации ВКП(б))

Александр Васильевич Ласточкин родился в 1907 году в селе Белка Княгининского уезда (района) Нижегородской губернии (области), русский.

Член ВКП(б) с 1930 года. В 1935 году окончил Высшую Коммунистическую Сельскохозяйственную Школу (ВКСХШ). Работал секретарем по кадрам Тепловского райкома ВКП(б) Чкаловской области (ныне Первомайского района Оренбургской области), см. Примечание.

В РККА мобилизован 23 июня 1941 года.

Приказом по ЮЗФ № 044 от 21 августа 1941 года политрук Александр Ласточкин был назначен ответственным секретарём бюро партийной организации 48-го инженерного батальона.

Фрагмент из личного дела политрука Ласточкина А. В.

Политрук Ласточкин пропал без вести в октябре 1941 года.

Приказ № 111910 Главного Политического Управления РККА от 12 марта 1945 года на исключение из списков Александра Васильевича Ласточкина ссылается на более ранний приказ от 15 декабря 1942 года (№ 01280/пог) Главного Управления Формирования Красной Армии (ГУФКА), согласно которому Ласточкин исключён из списков личного состава "как погибший". *По сведениям родственников, он погиб 13 сентября 1941 года.* В его же учётной карточке имеется запись, *очевидно, сделанная позже, о том, что старшина сверхсрочной службы 177-й стрелковой дивизии погиб 13.9.41. Однако 177-я сд в это время вела бои под Ленинградом, и поэтому эта запись относится к совершенно другому человеку. Не исключено, что политрук 48-го инжбата Александр Ласточкин погиб при отступлении 37-й Армии из Киева во второй половине сентября 1941 года.*

Фрагмент приказа об исключении из списков политрука Ласточкина А. В. (1945 год).

Фрагмент приказа об исключении из списков политрука Ласточкина А. В. (1949 год).

Примечание. В фондах ЦАМО хранится довоенная карточка политрука Александра Васильевича Ласточкина.

Фрагменты из карточки политрука Ласточкина А. В.

Холмов Елисей (Алексей) Александрович
(политрук, начальник клуба, политрук роты)

Елисей Александрович Холмов родился 15 июня 1913 года, в деревне Берестище Дновской волости Порховского уезда Псковской губернии (впоследствии, деревня Овинна или Овинно Селищенского/ Глухогорушинского/Крутецкого/Октябрьского сельсоветов Дновского района Псковского округа Ленинградской области РСФСР; ныне деревня Овинна Искровской волости Дновского района Псковской области России), в крестьянской семье, русский.

В 1929 году окончил Старорусский педагогический техникум Ленинградской области. Работал учителем начальных классов.

В РККА — с 1936 года. Елисей Холмов служил курсантом полковой школы, а с декабря 1937 года — исполняющим обязанности командира пулемётного взвода 118-го кавалерийского полка 116-й кавалерийской дивизии Ленинградского Военного Округа (ЛВО). В 1938–1939 годах он прошёл курсы начальников библиотек при окружном доме Красной Армии политуправления ЛВО, после чего был назначен начальником библиотеки 53-го кавалерийского полка 16-й Кавалерийской Сибирской дивизии, принимавшей участие в "Польском походе" (в этом же полку служил и политрук Василий Богданов).

16 сентября 1940 года Елисей (Алексей) Холмов был назначен начальником клуба и начальником библиотеки 48-го инженерного батальона 4-го мехкорпуса (Приказ КОВО № 02800), а два дня спустя, 18 сентября, ему было присвоено звание младшего политрука. Войну он встретил в составе батальона.

Согласно сведениям из учётно-послужной карточки (УПК) Елисея Холмова, в 48-м отдельном инженерном батальоне 4-го "танкового" корпуса он был начальником клуба. 14 сентября 1941 года приказом по 37-й Армии ЮЗФ ему было присвоено звание политрука, и в 48-м инжбате 37-й Армии Елисей Холмов служил уже политруком роты.

В его УПК можно найти запись и о том, что в период между 19 и 22 сентября 1941 года он находился "в окружении вне части" в районе Борисполя, станция Березанка Киевской области (имеется в виду, станция Березань). Следующая запись отмечает, что с 29 сентября 1941 года Елисей Холмов проживал на оккупированной территории, в деревне Берестище Дновского района Глухогорушинского сельсовета Ленинградской области. На самом деле до своей родной деревни он добрался чуть позже...

Согласно сведениям из Российского Государственного Военного Архива (РГВА), *29 сентября 1941 года* политрук "48 ИБ 4 ТК" (то есть, 48-го инженерного батальона 4-го "танкового" корпуса) Елисей Холмов попал в плен, но был впоследствии освобождён.

ХОЛМОВ Алексей Александрович - начальник биб-лиотеки 53 кавалерийского полка, освобождается от занимаемой должности и назначается НАЧАЛЬНИКОМ КЛУ-БА, ОН ЖЕ НАЧАЛЬНИК БИБЛИОТЕКИ 48 ОТДЕЛЬНОГО ИНЖЕНЕР-НОГО БАТАЛЬОНА, 4 КОРПУСА.

КОМАНДУЮЩИЙ ВОЙСКАМИ КОВО
ГЕНЕРАЛ-АРМИИ

/ ЖУКОВ

ЧЛЕН ВОЕННОГО СОВЕТА КОВО
АРМЕЙСКИЙ КОМИССАР 2-го РАНГА

/ БОРИСОВ /

НАЧАЛЬНИК ШТАБА КОВО
ГЕНЕРАЛ-ЛЕЙТЕНАНТ

/ ПУРКАЕВ /

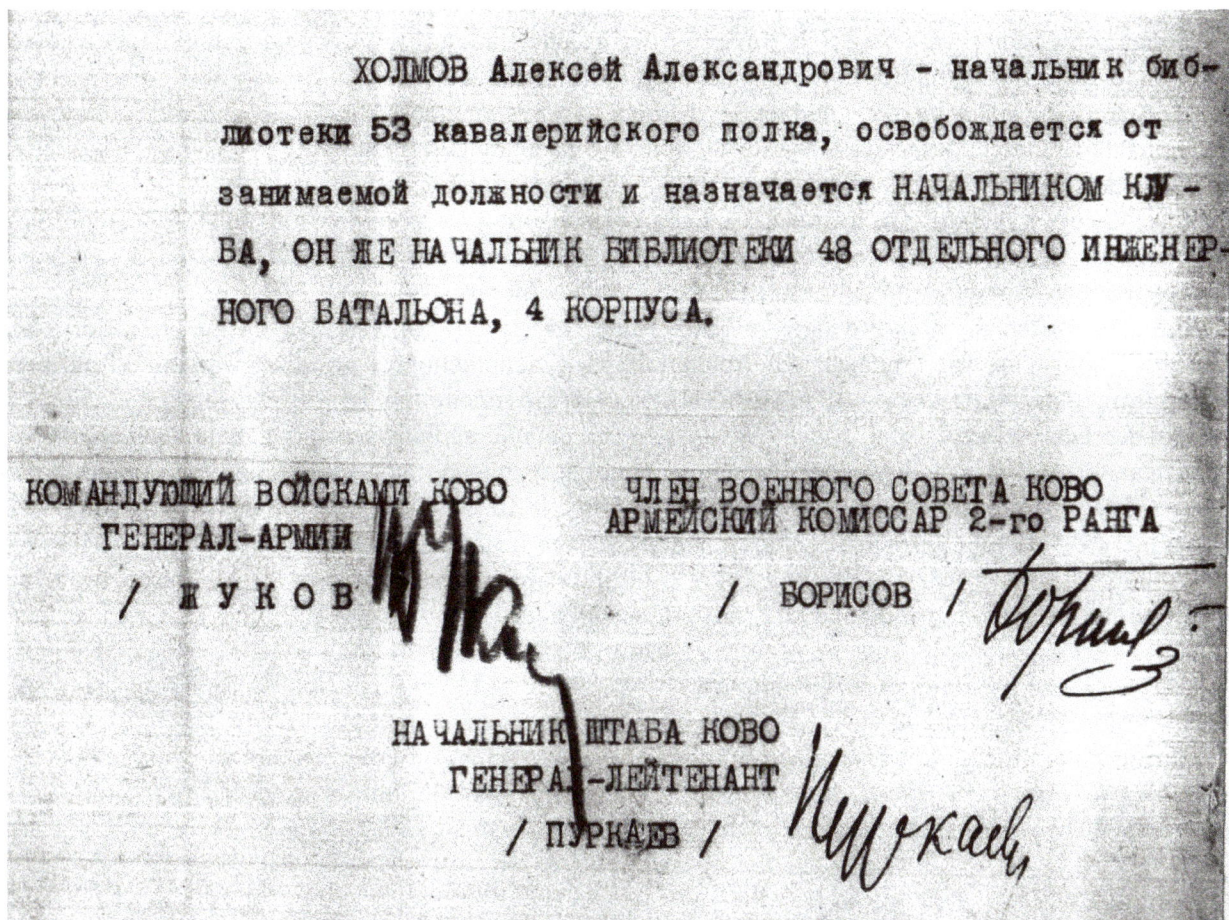

Фрагмент приказа КОВО № 02800 с назначением Холмова А. А. (16 сентября 1940 года).

Место фотокарточки	22. Служба в Советской Армии				
	Наименование должности	Наименование части	Чей приказ	№ приказа	Дата
	Начальник клуба	48 Отдельный инженер-ный батальон 4го тан-кового корпуса КОВО.			8.40
	Политрук роты	48 инженерный батальон 37 армии Юго-Запад. фр.			7.41
	Находился в окружении вне части	район Борисполь - Березань Киевской области.			19.9.41
	Проживал на оккупированной территории дер. Берестянка Дновского района Псковогорушинского с/сов Ленинград.обл.				29.9.41
	Комиссар.	Партизанский отряд 10й Ленинградской, Дновской волость "партизанской бригады			5.9.43

Фрагмент учётно-послужной карточки Холмова Е. А.

Более того, в Электронном Банке Документов "Подвиг Народа" хранится наградной лист на старшего лейтенанта Елисея Александровича Холмова, 1913 г. р., призванного Дновским РВК Псковской области, *воевавшего с 22 июня по 2 сентября 1941 года на Северо-Западном Фронте (СЗФ), и раненного 2 сентября 1941 года.* Согласно наградному листу, его дальнейший боевой путь включает, с октября 1943 года по 22 марта 1944 года, партизанский отряд в Ленинградской области.

Как удалось выяснить, это тот самый Елисей Холмов, что и Алексей Холмов, назначенный в 1940 году начальником клуба и начальником библиотеки 48-го отдельного инженерного батальона 4-го мехкорпуса 6-й Армии Юго-Западного Фронта, а затем служивший политруком роты 48-го инжбата 37-й Армии. Холмов действительно попал в плен в 1941 году, где находился 3 месяца (Чернигов, Гомель). Эти сведения получены из справки Центрального Государственного Архива Историко-Политических Документов Санкт-Петербурга (ЦГАИПД СПб), где место пленения Елисея Холмова указано как ст. Боровиково (*возможно, село Боровики Черниговского района Черниговской области Украины*). Согласно этой справке (см. Примечание), Холмов совершил побег из плена и добрался до родной деревни Овинна в Дновском районе Ленинградской области. Затем, 8–10 ноября 1943 года, он присоединился к партизанскому отряду "Дружный", где стал политруком и начальником штаба отряда. Елисей Холмов упоминается в списке личного состава 1-й и 2-й роты партизанского отряда № 9 "Дружный", а также в списке штаба партизанского отряда № 2 (командир Никонов Н. Г.).

Эти сведения дополняются учётной карточкой (УК) Елисея Александровича Холмова, хранящейся в ЦГАИПД СПб, где в частности отмечено, что на 10 января 1944 года Холмов был политруком роты 8-го партизанского отряда 10-й партизанской бригады (отряда Антонова).

Интересно, что А. А. Холмов упоминается и в мемуарах новгородского журналиста, участника Великой Отечественной войны Виктора Михайловича Лукина "Подполье возглавил Васькин", согласно которым *Алексей Холмов действовал в подпольной группе уже в июле 1942 года*:

> *"В Крутецкой подпольной группе было шесть человек. Ее руководитель А. А. Холмов, а также И. Холмов и Ф. И. Силов жили в деревне Берестищи, а А. И. Кротов и В. И. Солодов — в деревнях Юково и Горушка.*
>
> *...Ночью 29 июля 1942 года два десятка отважных народных мстителей ворвались в деревню, где обосновался Бэк. Запылали склады и амбары. В дом, где жил новоявленный немецкий барон, полетели гранаты. Кровопийце пришел конец.*
>
> *Когда Климов доложил обстановку, Васькин передал через него задание Алексею Холмову. Группе предлагалось срочно разведать расположение в Дновском районе гитлеровских гарнизонов, установить их численность, количество и характер боевой техники."* [293]

Пройдя спец. проверку в лагере НКВД № 174 в Щербинке, с 22 октября 1944 года Елисей Холмов воевал на 1-м Украинском Фронте — командуя стрелковым взводом 27-го отдельного штурмового батальона ("штрафбата"). После ранения в январе 1945 года, он вернулся на фронт и командовал стрелковой ротой 396-го стрелкового Катовицкого полка 135-й стрелковой Краковской дивизии. Холмов был трижды ранен в 1945 году: 29 января, 17 марта и 26 апреля. Последнее, тяжёлое, ранение правого локтевого сустава он получил при взятии Вроцлава (старое русское название Бреславль).

По воспоминаниям родственников, Елисей (Алексей) Холмов с войны вернулся без руки. После окончания войны жил в городе Рига, работал диспетчером на заводе "ВЭФ". Судя по всему, он был жив в 1997 году: копия УПК была выслана в Ригу, в отдел соцобеспечения, 31 марта 1997 года.

Награда:

Орден Красной Звезды (май 1945 г.): командуя стрелковой ротой 396-го стрелкового Катовицкого полка 135-й стрелковой Краковской дивизии 1-го Украинского Фронта.

---

[293] Лукин В. М. Подполье возглавил Васькин: Документальная повесть. — Л.:Лениздат,1982, стр. 257.

ФЕДЕРАЛЬНОЕ

АРХИВНОЕ АГЕНТСТВО

ФЕДЕРАЛЬНОЕ КАЗЕННОЕ УЧРЕЖДЕНИЕ
РОССИЙСКИЙ ГОСУДАРСТВЕННЫЙ
ВОЕННЫЙ АРХИВ
РГВА

125212, Москва, ул. Адмирала Макарова, 29
Телефон: (499)159-8091, факс: (499)159-8091

Христофорову А.Е.

от 16.02.2017г. № 175/2017, 176/2017

на № _____ от _____

Архивная справка

Сообщаем, что в неполных учетных документах РГВА на граждан, находившихся в годы Второй Мировой войны в концлагерях, гетто, лагерях военнопленных, а также на работах в Германии и оккупированных ею странах, значится Холмов Елисей без установочных данных. Политрук. Комиссар партизанского отряда, действовавшего в Дновском районе, Псковской области. Дата документа – 1943 г. (ф. 504к.- оп. 1- д. 11).

Сведений на Левченко Олега Никандровича, 1910 года рождения, не обнаружено.

Для продолжения сбора интересующей Вас информации рекомендуем обратиться в Центральный архив МО РФ (142100, Московская область, г. Подольск, ул. Кирова, 74), где хранятся документы частей и соединений Красной Армии периода Великой Отечественной войны (1941-1945 гг.).

Зам. директора РГВА   В.И. Коротаев

Зам. начальника отдела   Н.В. Колганова

Исполнитель Дробышевская М.Б.

Фрагмент архивной справки РГВА, предоставленной одному из авторов, с данными о политруке Елисее Холмове.

Примечание. Сведения о наградах получены из Электронного Банка Документов "Подвиг Народа".

Наградной лист старшего лейтенанта Холмова Е. А. (май 1945 года).

АРХИВНЫЙ КОМИТЕТ САНКТ-ПЕТЕРБУРГА

**САНКТ-ПЕТЕРБУРГСКОЕ
ГОСУДАРСТВЕННОЕ КАЗЕННОЕ УЧРЕЖДЕНИЕ
«ЦЕНТРАЛЬНЫЙ ГОСУДАРСТВЕННЫЙ
АРХИВ ИСТОРИКО-ПОЛИТИЧЕСКИХ ДОКУМЕНТОВ
САНКТ-ПЕТЕРБУРГА»
(ЦГАИПД СПб)**

Таврическая ул., 39, Санкт-Петербург, 191015
Тел. (812) 271-39-73   Факс (812) 271-39-73
cgaipd@cgaipd.spbarchives.ru

ОКПО 83822432 ОКОГУ 2300280 ОГРН 1089847000418
ИНН / КПП 7842375300 / 784201001

12.05.2017   № _____ 198/т

На № _____ от _____

Христофорову А.Е.

xristoforov1952@mail.ru

Направляем сканкопию учетной карточки Холмова Елисея Александровича (ф. О-116, оп. 20, д. 80, л. 118, 118об.).

Одновременно сообщаем, что в документах архивного фонда Ленинградского штаба партизанского движения в списке личного состава партизанского отряда № 2 (командир Никонов Н.Г.) (дата списка не указана) имеются следующие сведения: «Штаб п/о № 2, Холмов Елисей Александр., 1913 года рождения, военное звание – политрук, должность в отряде – комиссар, образование – 10, член ВКП(б), социальное положение – служащий, русский, прибыл в партизанский отряд из Овино 8 ноября, холост, адрес семьи – д. Овино Дновского района».

В списке личного состава 1 и 2 роты партизанского отряда № 9 «Дружный» 10 партизанской бригады (командир 1-й роты Никонов Н.Г.) от 10 февраля 1944 года имеются следующие сведения: «Холмов Елисей Александрович, 1913 года рождения, русский, член ВКП(б) – апрель 1941 г., образование – 10, военное звание – политрук, награждений нет, должность до войны – учитель, наименование отряда – «Дружный», дата вступления – 10 ноября 1943 года, должность – начальник штаба отряда, прибыл в отряд из д. Овинна Дновского района Лен. области, холост, мать – Холмова Анна Ивановна, д. Овинна, Дновского района Лен. области, одна. В 1941 году попал в плен, ст. Боровиково. В плену был 3 месяца – Чернигов, Гомель – оттуда бежал домой в деревню Овинна Дновского района».

В списке командно-политического состава 10-й партизанской бригады от 10 февраля 1944 года имеются сведения, что Холмов Елисей Александр., 1913 года рождения, политрук, нач. шт. 9 отр. с 10 декабря 1943 г., получал заработную плату в размере 500 руб.

Сокращения, номера партизанских отрядов, название населенных пунктов и даты даны по тексту документов.

Директор Учреждения   В.В.Тарадин

И.П. Ким
(812) 241 56 82

Фрагмент архивной справки ЦГАИПД СПб, предоставленной одному из авторов, с данными о политруке Елисее Холмове.

(см. во отр. 8 ⁷⁰) 118

УЧЕТНАЯ КАРТОЧКА

Фамилия *Холмов*   Год рожд. *1913*

Имя *Елисей*   Национальн. *Русский*

                          Партийность, партстаж
Отчество *Александрович*   *чл. ВКП(б).*

№ или наименование отряда *На 10.1.44г. 10)/ор. отр. № 8*
отряд Антонова
политрук

Образование   Воинское звание

Награды
(кем, когда и за что награжден)

Отношение к военной службе
(в/обязанный, в/служащий, освобо-
жденный: по возрасту, по болезни)

Место работы, должность
и оклад до войны

Дата вступления *10.11.43г.*   Должность или спе- *политрук*
в отряд   циальность в отряде *роты*
                               (боец, радист, сапер,
                               командир)

Фрагмент УК политрука роты 8-го партизанского отряда 10-й партизанской бригады Елисея Холмова.

Хованов Андрей Иванович
(старший лейтенант, начальник штаба)

Андрей Иванович Хованов родился 23 сентября 1910 (?) года в селе Усинское (посёлок Усинск) Сызраньского / Шигонского района Средне-Волжского Края (Куйбышевской области), в крестьянской семье, русский.

Согласно учётно-послужной карточке (УПК), Андрей Хованов окончил 3 класса средней школы и провёл 5 месяцев в Советско-Партийной Школе (СПШ). В 1934 году окончил Объединённую Военно-Инженерную Краснознамённую Школу в Ленинграде.

Кадровый офицер: вступил на службу в РККА в июне 1932 года. С ноября 1934 года командир взвода отдельного сапёрного эскадрона 5-й Кавалерийской Ставропольской Краснознамённой Дивизии.

Согласно УПК, звание лейтенанта присвоено в декабре 1935 года, а звание старшего лейтенанта — в январе 1939 года. С мая 1937 года по март 1938 года командовал полуэскадроном, а затем взводом школы (отдельного сапёрного эскадрона 5-й кавалерийской дивизии) в Киевском Военном Округе (КВО).

Член ВКП(б).

21 октября 1940 года старший лейтенант Хованов назначен командиром роты 48-го отдельного инженерного батальона 4-го мехкорпуса (Приказ КОВО № 03029; см. Примечание).

Фрагмент учётно-послужной карточки старшего лейтенанта Хованова А. И.

На 7 июня 1941 года Хованов был начальником штаба в/ч 4255, т.е. 48-го отдельного мото-инженерного батальона 4-го мехкорпуса — им подписана одна из справок.

Справка, подписанная старшим лейтенантом нач. штаба в/ч 4255 Ховановым.

Однако в 48-м инжбате 37-й Армии, с августа 1941 года начальником штаба он уже не был (на августовских донесениях стоят подписи нач. штаба Гольдмана, а затем Борщевского). Более того, в документе 1946 года, уточняющем потери по Шигонскому району Куйбышевской области, Андрей Иванович Хованов указан как рядовой, призванный в июле 1941 года Львовским РВК. *Не исключено, что старший лейтенант Хованов был разжалован в рядовые во время нахождения батальона в г. Прилуки или ранее.*

Пропал без вести в сентябре 1941 года — в приказе указан как "состоявший в распоряжении командира 48-го дорожно-эксплоатационного батальона". Последнее письмо от рядового А. И. Хованова получено из города Прилуки Черниговской области в августе 1941 года.

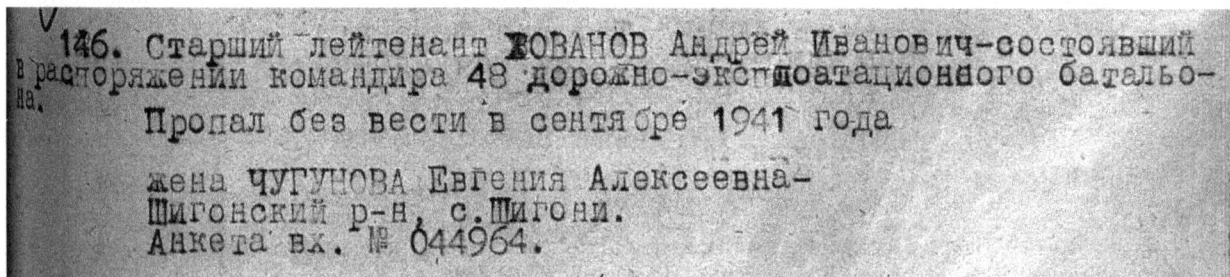

Фрагмент приказа об исключении из списков старшего лейтенанта Хованова А. И.

Примечание. По воспоминаниям младшего брата Андрея Хованова, Павла, летом 1941 года Павел Хованов поехал в гости к старшему брату во Львов, где их и застала война. 22 июня Павел пришёл в военкомат, был мобилизован Львовским РВК и направлен в 19-й моторизованный понтонно-мостовой батальон. Прошёл всю войну. Награждён медалью "За отвагу" (октябрь 1943 года) и медалью "За Победу над Германией". После войны проживал в городе Тольятти.

Примечание. Приказ КОВО № 03029 со сведениями о назначении Хованова А. И. командиром роты 48-го инженерного батальона 4-го мехкорпуса хранится в Российском Государственном Военном Архиве (РГВА).

Фрагменты приказа КОВО № 03029 с назначением старшего лейтенанта Хованова А. И. (21 октября 1940 года).

Борщевский Александр Михайлович
(старший лейтенант, *начальник штаба*)

Александр Михайлович Борщевский родился в 1895 году.

Кадровый офицер: в Красной Армии находился с 1920 по 1929 год. Звание старшего лейтенанта присвоено в 1939 году Приказом НКО № 65/з.

Призван по мобилизации из запаса Красной Армии Ленинским РВК города Киева 23 июня 1941 года.

Фрагмент анкеты с данными на старшего лейтенанта Борщевского А. М. (1946 года).

Как следует из документов за август и сентябрь 1941 года, начальником штаба 48-го инжбата 37-й Армии в этот период был старший лейтенант Борщевский. Наиболее ранняя его подпись имеется на донесении от 12 августа 1941 года, в то время как на донесении от 10 августа 1941 года стоит подпись предыдущего нач. штаба Гольдмана. Наиболее поздняя подпись нач. штаба Борщевского присутствует на батальонной справке от 4 сентября 1941 года (см. биографию Менделя Высоцкого).

Вполне вероятно, что именно Александр Михайлович Борщевский был нач. штаба батальона — других старших лейтенантов Борщевских обнаружить не удалось.

Старший лейтенант Борщевский прошёл по спискам как пропавший без вести в августе 1941 года, так как связь с семьёй прекратилась в июле 1941 года (см. Примечание). *Благодаря донесениям и справке, можно утверждать, что он был жив в начале сентября 1941 года, и скорее всего, погиб при отступлении 37-й Армии из Киева во второй половине сентября 1941 года* (сведений о пленении нет).

Донесение о безвозвратных потерях по 48-му дорожному батальону с подписью старшего лейтенанта Борщевского (12 августа 1941 года).

Фрагмент приказа об исключении из списков старшего лейтенанта Борщевского А. М.

Примечание.   Анкета со сведениями о старшем лейтенанте Александре Михайловиче Борщевском хранится в ЦАМО.

Г. Сведения о семье, не получающей пособие.

11. Фамилия, имя и отчество жены или родителей, получающих пособие _____ Жена

Борщевская Мария Федоровна 1891 г. рожд.

12. Степень родства и возраст остальных членов семьи, получающих пособие _____

Детей нет

13. Сумма пособия, с какого времени выплачивается *Пособие не выплачива- ется и не выплачивалось*

14. Адрес семьи в настоящее время *г. Киев ул. Зильянская № 15 кв 15*

15. Адрес семьи до эвакуации *г. Киев ул. Карла Маркса № 10 кв 6*

16. С какого времени прекратилась связь с главой семьи (с офицером) *С Июля м-ца 1941 года.*

17. Какие производились запросы для выяснения судьбы офицера:

Когда производился запрос	Кем производился запрос	В чей адрес посылался запрос	От кого, когда и какой получен ответ по запросу
Апрель м-у 1945 г.	Жена	ГУК НКО	В списках умерших убитых и пропавших без вести не числится

17. Какими документами подтверждается родственная связь с офицером *Свидетельство о браке № 453 от 26. II. 1930 г.*

19. Личная подпись родственника _____

„27" Июня 1946 г.   Анкету заполнил _____
                                     (звание и подпись офицера, заполнявшего анкету)

Свидетельствую _____

Место гербовой печати   г. Киев   Районный военный комиссар _____
                                     „4" Июля 1946 г.   (звание и подпись)

Фрагмент анкеты со сведениями о старшем лейтенанте Борщевском А. М. (1946 год).

Гольдман Юлий (Юра) Абрамович
(лейтенант, начальник штаба, начальник химической службы)

Юлий Абрамович Гольдман родился 4 марта 1915 года в г. Полтава Полтавской губернии (позднее Харьковской области Украинской ССР; ныне Полтавской области Украины), в семье рабочих, еврей.

Окончил 3 курса рабфака в 1937 году, работал токарем-универсалом.

Кадровый офицер: вступил на службу в РККА в августе 1937 года курсантом Калининского Военного Училища Химзащиты РККА, которое закончил в 1939 году, получив 2-й разряд. 4 сентября 1939 года назначен начальником химической службы 275-го отдельного батальона связи (ОБС) Киевского Особого Военного Округа (КОВО) — сведения получены из его учётно-послужной карточки (УПК). С марта 1941 года 275-й ОБС входил в 49-й стрелковый корпус КОВО. Звание лейтенанта присвоено в 1939 году.

12 сентября 1940 года назначен начальником химической службы 48-го инженерного батальона 4-го мехкорпуса (Приказ КОВО № 02759).

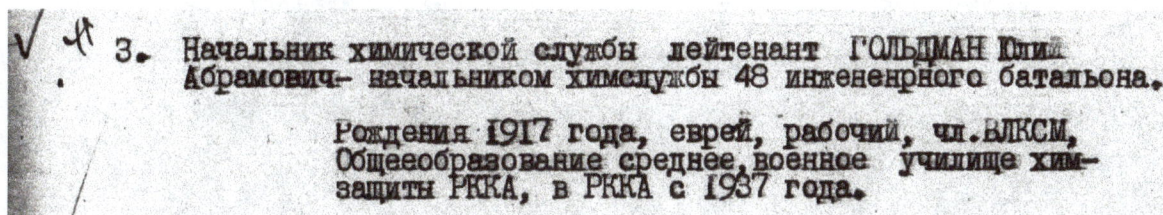

Фрагмент приказа КОВО № 02759 с назначением лейтенанта Гольдмана Ю. А. (12 сентября 1940 года).

Войну встретил в составе батальона на Львовском выступе.

На первых августовских донесениях 48-го инжбата 37-й Армии (до 13 августа 1941 года) есть подписи начальника штаба Гольдмана. На донесениях с 15 августа стоят подписи другого нач. штаба, Борщевского. *Скорее всего, в середине августа Юлий Гольдман вернулся к должности начальника химической службы батальона.* Во второй половине августа 1941 года командование фронта пыталось наладить управление и контроль противохимической обороны (ПХО), в ожидании применения противником отравляющих веществ. В частности, Приказ войскам ЮЗФ № 40 от 20 августа 1941 года (см. часть 1) отмечал, что использование химических кадров происходит не по назначению, вопреки предыдущим приказам, и обязывает начальника отдела кадров "в 5-дневный срок проверить весь начсостав химической службы, работающий не по специальности, изъять его и направить на вакантные должности по химслужбе".

ВСТУПИЛ НА СЛУЖБУ В РККА „15" августа 19 37 г.					
Наименование части	Наименование должности	Год	Месяц и число	Чей приказ	№ приказа
Калининское военное училище хим. защиты ркка	курсант	1937	авгу		
275 ОБС КОВО	нч хим службы	39	4.9	пто	0064?
48 Инженер. б.ч	—	40	12.9	Ково	ОК759
пропал б/вести	в ч.т. (1039)	44	282	вх. № 0572	
— и	в сенф 41.	01971	17.6.44	ЦУП НКО	

Фрагмент учётно-послужной карточки лейтенанта Гольдмана Ю. А.

Юлий Гольдман пропал без вести в сентябре 1941 года.

Фильтрационно-проверочное дело комиссара Ермакова (см. биографию Егора Ермакова) содержит сведения об одной из разрозненных групп 48-го инжбата, пытавшихся вырваться из окружения после отступления 37-й Армии из Киева 19 сентября 1941 года. Группа включала комбата Рыбальченко, комиссара Ермакова, *возможно*, лейтенанта Гольдмана, и ещё несколько человек. 15 октября 1941 года Рыбальченко и Ермаков попали в плен в районе села Ядловка Ново-Басанского района Черниговской области (ныне село Перемога Барышевского района Киевской области) и были помещены в немецкий лагерь для военнопленных (Гоголево). Однако за день до пленения с ними находились лишь ещё двое: лейтенант Мехальчук и сержант при штабе Муратов. Лейтенант Иванов вышел из окружения (см. биографию Павла Иванова). *Поэтому не исключено, что Гольдман, Лазарев и Иванов выходили отдельной группой, но тоже попали в плен и оказались в Гоголево, где их и видел Ермаков.*

Фрагменты фильтрационно-проверочного дела комиссара Ермакова Е. С., от 15 апреля 1942 года.

Согласно уточнённой записи в УПК от 24 февраля 1944 года, лейтенант Гольдман:

"В сентябре 1941 г. в составе 48 инж. б-н, 4 мк, бывшего ЮЗФ, попал в окружение пр-ка вместе с частью, из окружения на территорию фронта не выходил, часть расформирована, сведений на него никаких не поступало."

	ВСТУПИЛ НА СЛУЖБУ В РККА „15" августа 19 37 г.					
Наименование части	Наименование должности	Год	Месяц и число	Чей приказ	№
Камышенское Военное училище химзащиты РККА Хар. В-Р.	Курсант	1937	авгус.		
275 пп 49 ск	Н-ник хим. службы	1939	4 сент	НКО	00642
48 инж. батальон -й-ч-б- —		-//-	12.9	КОВО	0275Θ

В сентябре 1941г в составе 48 инж б-п, 4 мк, бывшего ЮЗФ, попал в окружение пр-ка вместе с частью, из окружения на территорию фронта не выходил, части расформирована, сведений на него никаких не поступало.

Основ список О.К.Бел. ф исх №2.689 от 24.2.44г.

Фрагмент учётно-послужной карточки лейтенанта Гольдмана Ю. А.

Пономорёв (Пономарёв / Понамарёв) Василий Миронович
(лейтенант, начальник школы; впоследствии, капитан)

Василий Миронович Пономарёв родился 25 мая (апреля?) 1909 года, в селе Брусовка Литвиновской волости Старобельского уезда Харьковской губернии (позднее Евсугского района Ворошиловградской области Украинской ССР; ныне Луганской области Украины), в крестьянской семье, украинец.

Окончил 6 классов в 1924 году, и 4-месячные курсы младших лейтенантов инженерных войск при Киевском Военном Округе (КВО) в 1938 году.

Член ВКП(б) с 1940 года.

Кадровый офицер: вступил на службу в РККА в ноябре 1931 года.

Согласно сведениям из учётно-послужной карточки (УПК) и личного дела Василия Пономарёва, с ноября 1931 года по декабрь 1935 года он проходил службу в 115-й отдельной сапёрной роте 52-го Управления Начальника Работ (УНР) Украинского Военного Округа (УВО): курсант и младший командир; с декабря 1935 г. — в 97-м отдельном сапёрном батальоне (ОСБ) КВО и 97-й стрелковой дивизии (Летичевский Укреплённый район): младший командир и командир взвода; с октября 1938 года — в 32-м отдельном сапёрном батальоне 97-й стрелковой дивизии Киевского Особого Военного Округа (КОВО): помощник командира сапёрной роты.

Звание младшего лейтенанта присвоено в 1938 году.

Младший лейтенант Пономарёв принял военную присягу в феврале 1939 года.

Звание лейтенанта присвоено в феврале 1940 года.

С марта 1940 года Пономарёв служил помощником командира роты в ОСБ 49-го стрелкового корпуса (Приказ КОВО № 01089).

12 сентября 1940 года он был назначен начальником школы 48-го инженерного батальона 4-го мехкорпуса (Приказ КОВО № 02759). В послевоенной УПК ошибочно записано, что *в мае 1940 года он был назначен командиром учебной роты 48-й мотоинженерной бригады 4-го мехкорпуса.*

32. Прохождение службы в РККА

С какого времени (год и м-ц)	По какое время (год и м-ц)	Должность	Часть, армия, фронт в военное время и округ (армия) в мирное время	№№ и дата приказов НКО или округа, флота (для мирного времени)
Ноябрь 1931г.	Ноябрь 1932г.	Красноармеец и курсант	115 Отдельная Саперная рота 52-УНР УВО	Со старого послуж.списка
Ноябрь 1932г.	Декабрь 1935г.	Младший командир	115 Отдельная Саперная рота 52-УНР УВО	Со старого послуж.списка
Декабрь 1935г.	Октябр 1937г.	Младший командир	97 Отдельный Саперный батальон КВО	Со старого послуж.списка
Октябрь 1937г.	Март 1938г.	Курсант	Курсы младших лейтенантов Инжвойск КВОГ.г.Киев	Со старого послуж.списка
Март 1938г.	Октябрь 1938г.	Командир взвода.	Отдельный Саперный батальон 97 стр.дивизии	КОВО № 0652 от 8.8.38 года
Октябрьи 1938г.	по настоящее время	Пом.командира сап.роты.	32 Отдельный Саперный батальон 97 сд.КОВО	КОВО № 1115 от 28.10.38г.
Июль 1938г.			Присвоено военное звание МЛАДШИЙ ЛЕЙТЕНАНТ	КОВО № 01061 от 5.7.38 г.
Февраль 1939г.			Принял военную присягу	Бланк с текстом военной присяги и личной росписью.
1938г.			Декретными отпусками пользовался	Со старого послуж.списка

Составил:Начальник штаба 32 ОСБ 97 сд-капитан 《подпись》 /ТУВСКИЙ/

Читал: Помощник командира сап.роты-мл.лейтенант 《подпись》 /ПОНАМАРЕВ/

Составлено верно:

Вр.Командир 32 ОСБ 97 сд-капитан 《подпись》 /МИКАДЗЕ/

Военный комиссар-старший политрук 《подпись》 /ТАРАНЕНКО/

22-го Июня 1939 года.

1940 март   пом к-ра роты Отд. саперный б-н 49 ск   КОВО-01081.

Примечание. При первичном заполнении личного дела обязательны: личная подпись лица, на кого составлено личное дело, и по.пис, командира части.

О всех последующих изменениях в служебном положении (перемещения, присвоение военных званий) запись производится начальником штаба части, за его личной подписью, с указанием номера приказа округа или НКО, даты записи с приложением печати войсковой части (учреждения, заведения).

Фрагмент из личного дела Пономарёва В. М.

Аттестация за период с мая по октябрь 1940 года, на должность начальника школы 48-го инженерного батальона 4-го мехкорпуса, подписанная командиром батальона капитаном Рыбальченко, характеризует Василия Пономарёва в основном положительно (текст процитирован без изменений; см. Примечание):

"Партии Ленина-Сталина и Социалистической родине предан. Политически и морально устойчив. С массами связан. Пользуется деловым и политическим авторитетом. Избран членом парт. бюро батальона.

Общее развитие недостаточно (4 класса). Военное — окончил 4-месячные курсы младших лейтенантов в 1938 году. В РККА с 1931 года.

Имеет большой практический опыт в работе. Над повышением знаний работает и на практической работе растёт. Наклонность — командно-строевая. Опыта боевых действий не имеет. Дисциплинирован и выдержан. В работе энергичен и инициативен. Волевые качества достаточны. К себе и подчиненным требователен, чуткий, проявляет заботу о людях. Физически здоров.

В тактико-специальном отношении подготовлен вполне удовлетворительно. Стреляет из винтовки отлично, из нагана — удовлетворительно. Школа МКС подготовлена удовлетворительно, на инспекторской поверке по полит. подготовке получила оценку "отлично". За хорошую работу на опытных учениях, лейтенант Пономарёв награждён Военным Советом КОВО ценным подарком. Состояние мат. части и оружия в школе удовлетворительное.

Вывод: должности командира учебной школы соответствует. Нуждается в пополнении своих знаний в общеобразовательном отношении.

Достоен присвоения очередного военного звания "старший лейтенант" в неочередном порядке."

Фрагмент из личного дела Пономарёва В. М.

Фрагмент приказа КОВО № 02759 с назначением лейтенанта Пономарева В. М. (12 сентября 1940 года).

Начало войны Василий Пономарёв встретил на Львовском выступе в составе 48-го отдельного мото-инженерного батальона 4-го мехкорпуса 6-й Армии.

Звание старшего лейтенанта присвоено 16 сентября 1942 года (приказ 37-й Армии) — так записано в УПК, скорее всего, это произошло 16 сентября 1941 года.

В сентябре 1941 года попал в окружение в составе 48-го инжбата 37-й Армии, и 29 сентября 1941 года был ранен, контужен, и оставлен на поле боя (согласно УПК).   По воспоминаниям сержанта 48-го инжбата Александра Жука, оказавшегося в немецком плену после переправы, *очевидно, через Трубеж*, 23 сентября 1941 года, в большой группе пленных он видел Пономарёва:

"Слоняясь в надежде найти хоть что-нибудь пригодное для еды, набрёл на группу наших командиров, они сидели в уединённом уголке и что-то ели. С нескрываемой завистью, заворожённый запахом пищи, я смотрел на них. Видел Шера, Пономарева, Остапчука, но они меня не узнали..." [294]

Согласно сведениям из УПК, а также карточки, хранящейся в РГВА, Пономарёв 1 год и 2 месяца скрывался в Яготинском районе Киевской области.   Вышел с оккупированной территории 27 декабря 1942 года, *вероятно, после побега из плена.*

Проходил проверку с декабря 1942 года по май 1943 года (согласно сведениям из РГВА, 22 февраля 1943 года прибыл в спецлагерь № 174 в городе Подольск, и 8 мая 1943 года "убыл в РВК" — так записано в карточке).

Пройдя проверку, Пономарёв был назначен командиром сапёрной роты 582-го отдельного сапёрного батальона 260-й стрелковой дивизии, в составе которой воевал до сентября 1943 г. (Брянский фронт).   Был ранен и находился в госпитале до января 1944 года.   По возвращении на фронт, был командиром взвода 6-го гвардейского отдельного сапёрного батальона 52-й стрелковой дивизии (с января по март 1944 года; Прибалтийский фронт); командиром сапёрного взвода 657-го отдельного сапёрного батальона 370-й стрелковой дивизии (с марта по август 1944 года); и полковым инженером 1230-го стрелкового полка 370-й стрелковой дивизии (с августа 1944 года; Белорусский фронт).

Фрагмент учётно-послужной карточки капитана Пономарёва В. М.

---

[294] Жук А. В. Начало. — Стройиздат, Санкт-Петербург, 2005, стр. 94.

В послевоенной учётной карточке отмечен как беспартийный.

По окончании войны, 13 июля 1945 года, старший лейтенант Пономарёв был назначен исполняющим должность полкового инженера 1368-го стрелкового полка 416-й стрелковой дивизии, а через месяц вступил в эту должность.

7 августа 1945 года Пономарёву присвоено звание капитана (приказ ГСОВ: Группа Советских Оккупационных Войск в Германии).

19 февраля 1946 года Пономарёв был переведён полковым инженером в 33-й (или 333-й) танковый полк 18-й мехдивизии, а 26 ноября 1946 г. направлен в распоряжение командующими войсками Московского Военного Округа (МВО), на должность командира сапёрной роты. Уволен в запас 14 февраля 1947 года и работал в колхозе "2-я Пятилетка" в селе Брусовка Евсугского (Беловодского) района, Ворошиловградской области Украинской ССР. В апреле 1985 года был награждён Орденом Отечественной войны II степени (к 40-летию Победы). Дальнейшая судьба не установлена.

Награды:

Орден Красной Звезды (сентябрь 1943 г.): командуя ротой 582-го отдельного сапёрного батальона;

Орден Красной Звезды (август 1944 г.): командуя взводом 657-го отдельного сапёрного батальона 370-й стрелковой дивизии;

Орден Красного Знамени (сентябрь 1944 г.): командуя взводом 657-го отдельного сапёрного батальона 370-й стрелковой дивизии;

Орден Отечественной войны I степени (март / май 1945 г.): будучи полковым инженером 1230-го стрелкового полка 370-й стрелковой дивизии;

Орден Отечественной войны II степени (1985 г.).

Примечание. Фотография Василия Мироновича Пономарёва (август 1985 года) предоставлена его родственниками.

Фотография Василия Мироновича Пономарёва (в нижнем ряду); август 1985 года.

Примечание. Местонахождение фильтрационно-проверочного дела Василия Пономарёва не установлено. В фильтрационной картотеке Государственного Архива Луганской области Украины данные отсутствуют. Сведения о наградах получены из Электронного Банка Документов "Подвиг Народа".

Сведения об аттестации (за период с 9 мая по октябрь 1940 года) начальника школы 48-го инжбата 4-го мехкорпуса лейтенанта Пономарёва В. М. получены из его личного дела, хранящегося в ЦАМО.

Фрагмент личного дела старшего лейтенанта Пономарёва В. М.

За Новую работу по опытным учениям Лейтенант Пономарев Награ... Военным советом ЛВО ценным подарком.

Состояние мат. части хорошее вполне

Удовлетворительное

ВЫВОД:

Должности Ком-ра учебной роты соответств... Нуждается в пополнении своих знаний общеобраз... знании. Достоен присвоения очередного воен... звания Старший Лейтенант в неочередн...

Подписи _____ 19 __ г.   *Командир 48 инженерного ба... Капитан ...*

Аттестацию читал _____

II. ЗАКЛЮЧЕНИЕ СТАРШИХ НАЧАЛЬНИКОВ

С аттестацией и выводом командира ба... Согласен

Нач. инж. службы корпуса
Подполковник   *Саховск* /Саховский/

Подписи

18 · ноября 19 40 г.

III. ЗАКЛЮЧЕНИЕ АТТЕСТАЦИОННОЙ КОМИССИИ

с Аттестацией и выводом Ко-ра ба... Согласен

Занимаемой должности ...

Председатель   Генерал Майор   /Мартьянов/
Члены комиссии   Бриг. комиссар   /...уев/
_____ 19 40 г.   Генерал Майор   /Степанов/

IV. ОКОНЧАТЕЛЬНОЕ РЕШЕНИЕ УТВЕРЖДАЮЩЕГО АТТЕСТАЦИЮ

Занимаемой должности соответствует

Подписи   Командир 4 мех. корпуса
Генерал Майор   /Потапов/
30 ноября 19 40 г.

Фрагмент личного дела старшего лейтенанта Пономарёва В. М.

НАГРАДНОЙ ЛИСТ

Все графы заполнять полностью

123

1. Фамилия, имя и отчество Пономарёв Василий Миронович
2. Звание ст. л-т   3. Должность, часть ком роты 582 оеб
Представляется к Правительственной Награде ордену «Красная Звезда»
4. Год рождения 1909 5. Национальность украинец 6. Партийность чл. ВКП(б) с 1940г.
7. Участие в гражданской войне, последующих боевых действиях по защите СССР и отечественной войне (где, когда) Юго-Западный ф-т с 22.06.41 по 29.09.41г.
Брянский ф-т с 16.07.43г.
8. Имеет ли ранения и контузии в отечественной войне Имеет ранения легкие два и один раз контужен.
9. С какого времени в Красной Армии 2.11.1931г.   10. Каким РВК призван
Беловодским РВК Ворошиловградской обл.
11. Чем ранее награжден (за какие отличия) не награждался.
12. Постоянный домашний адрес представляемого к награждению и адрес его семьи

Конкретное изложение личного боевого подвига или заслуг

Тов. Пономарёв В.М. находясь на Брянском фронте в боях за родину не раз показал лучшие своей образцы выполнения боевых приказов командования, так при постройке переправ через р. Болва он под огнём противника, не щадя жизни сумел образцово организовать работу. Будучи контужен продолжая оставаться в строю, где под его командованием приказ был выполнен в срок и с достоинством. Как один из опытных чётких командиров он посылался на выполнение ряда ответственейших задач по штурмовке вражеских заграждений и проведение наших танков.
Под его руководством снято и обезврежено более 700 немецких мин. На всех его участках наши наступающие части успешно без потерь через минные заграждения проходили вперёд.
Под огнём противника он построил 5 наблюдательных пунктов для командира дивизии.
Во всех боевых заданиях тов. Пономарёв отличался исключительным мужеством смелостью и находчивостью выполняя их в срок с честью и достоинством.
За неоднократное чёткое и образцовое выполнение боевых заданий командования, за проявленное при этом упорство в боях тов. Пономарёв В.М. достоин правительственной награды — ордена «Красная звезда».

Командир 582 оеб
Капитан Брид (подпись).

22.09.43г.

194   г.   Командир

Фрагмент наградного листа старшего лейтенанта Пономарёва В. М. (сентябрь 1943 года).

Наградной лист

1. Фамилия, имя и отчество — Пономарёв Василий Миронович

2. Звание — Старший Лейтенант 3. Должность, часть — Ком-р взвода 657 Отдельного Сапёрного б-на 370 стрелковой дивизии

Представляется к Ордену Богдана Хмельницкого 2й ст.

4. Год рожд. — 1909 5. Национальн. — Украинец 6. Партийность — б/п.

7. Участие в гражданской войне, последующих боевых действиях по защите ссср и отечественной войне (где, когда) В гражданской войне не участвовал, на фронтах отечественной войны с Июня 1941г.

8. Имеет ли ранения и контузии в отечеств. войне — Ранен тяжело 8. 1943г.

9. С какого года в Красной Армии с 2.11.1931года

10. Каким РВК призван — Евсугским РВК Ворошиловградской области

11. Чем ранее награждён (за какие отличия) — не награждался

12. Постоянный домашний адрес представляемого к награждению и адрес его семьи

I. Краткое, конкретное изложение личного боевого подвига или заслуг

Выполняя боевое задание командования в ночь с 5 на 6.7.44г. по постройке переправы в р-не г. Турийск через р. Турья несмотря на арт. огонь врага хладнокровно и умело руководил взводом. Переправа была построена хорошо в установленный срок. С 17на 18 июля 1944г. действуя по преодолению заграждений врага в р-не д. Дольск он руководил двумя группами разграждения. Сам непосредственно выдвигался на место работы и руководил. Группы руководимые им проделали 2 прохода через сплошное проволочное заграждение и по всему проходу от наших траншей до немецкой траншеи обследовали на мины, его группа сняла и обезвредила 37 мин врага обеспечив пехоте беспрепят-ственный проход. Выполняя боевые задачи т. Пономарёв действовал отважно и решительно заслуживает правительственной

18 июля 1944г. (Зубов)

достоин награждения орденом Александра Невского

22 июля 1944г. инженер 370сд Крутин (Крылов) майор

Наградной лист старшего лейтенанта Пономарёва В. М. (август 1944 года).

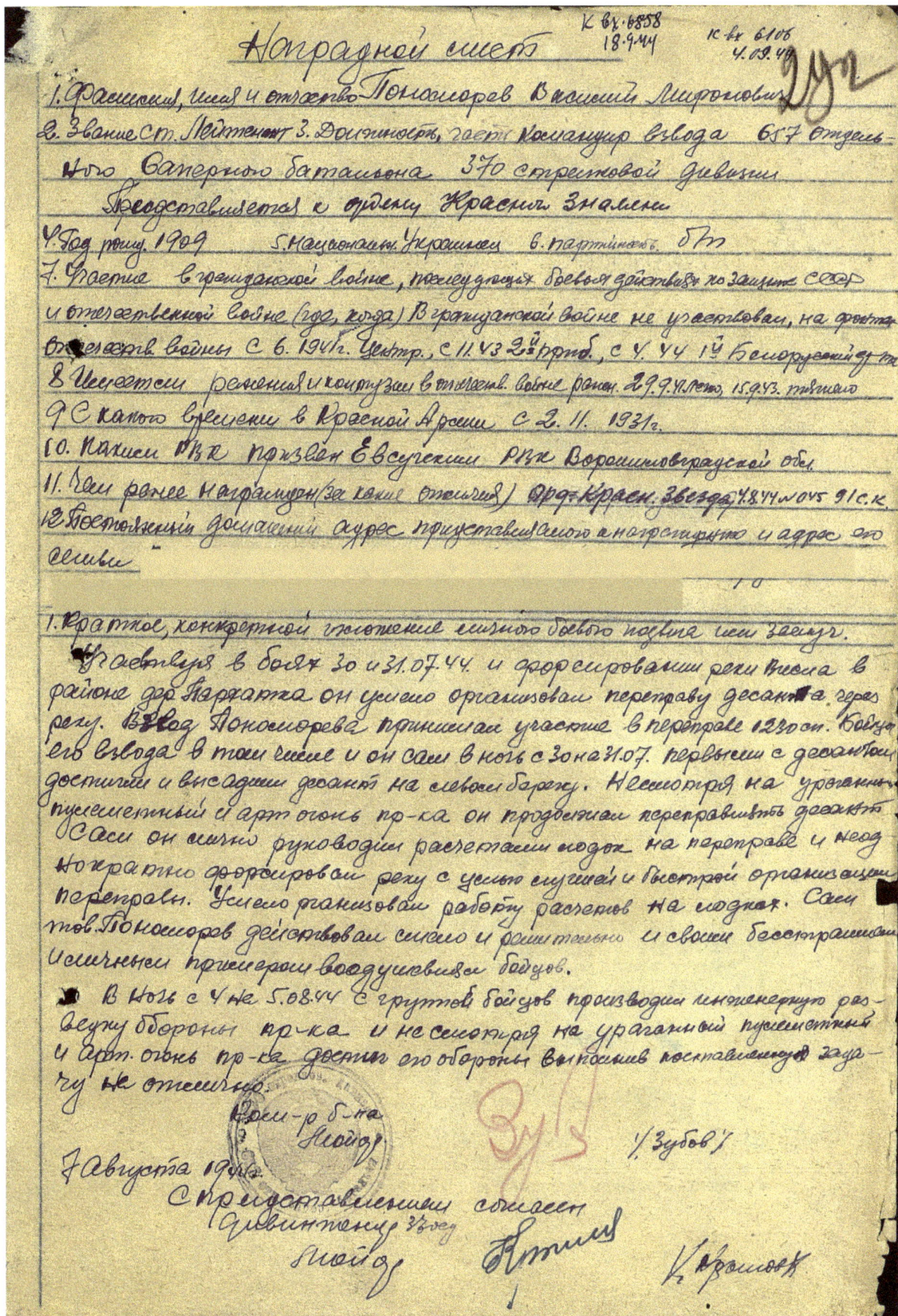

Наградной лист

К вх. 6858
18.9.44

к вх. 6106
4.09.44

242

1. Фамилия, имя и отчество Пономарёв Василий Миронович

2. Звание ст. Лейтенант 3. Должность, часть Командир взвода 657 отдельного Сапёрного батальона 370 стрелковой дивизии

Представляется к ордену Красного Знамени

4. Год рожд. 1909   5. Национальн. Украинец   6. партийность б/п

7. Участие в гражданской войне, последующих боевых действиях по защите СССР и отечественной войне (где, когда) В гражданской войне не участвовал, на фронте отечеств. войны с 6.1941г. Центр., с 11.43 2-й Прибалт., с 4.44 1-й Белорусский фр-т

8. Имеет ли ранения и контузии в отечеств. войне ранен. 29.9.41 легко, 15.943. тяжело

9. С какого времени в Красной Армии с 2.11.1931г.

10. Каким РВК призван Евсугским РВК Ворошиловградской обл

11. Чем ранее награждён (за какие отличия) Орд. Красн. Звезда 7.8.44 № 045 91 с.к.

12. Постоянный домашний адрес представляемого к награждению и адрес его семьи

1. Краткое, конкретное изложение личного боевого подвига или заслуг

В октябре в боях 30 и 31.07.44 и форсировании реки Висла в районе дер. Карфанга он умело организовал переправу десанта через реку. Взвод Пономарёва принимал участие в переправе 1240 сп. Бойцы его взвода в том числе и он сам в ночь с 30 на 31.07. первыми с десантом достигли и высадили десант на левом берегу. Несмотря на ураганный пулемётный и арт огонь пр-ка он продолжал переправлять десант. Сам он лично руководил расчётами лодок на переправе и неоднократно форсировал реку с целью лучшей и быстрой организации переправы. Умело организовал работу расчётов на лодках. Сам тов. Пономарёв действовал смело и решительно и своим бесстрашием личным примером воодушевлял бойцов.

В ночь с 4 на 5.08.44 с группой бойцов производил инженерную разведку обороны пр-ка и несмотря на ураганный пулемётный и арт. огонь пр-ка достиг его обороны выполнив поставленную задачу на отлично.

Ком-р б-на
Майор

7 августа 1944г

С представлением согласен
Дивинженер 370 сд
майор

/Зубов/

НАГРАДНОЙ ЛИСТ

1. Фамилия, имя и отчество. Пономарев Василий Миронович

2. Звание. старший лейтенант   3. Должность, часть. Полковой инженер 1250 стрелкового полка 376 стрелковой Краснознаменной дивизии.

4. Представляется к ордену Отечественной войны I степени.

5. Год рождения. 1909   6. Национальность. Украинец

6. Партийность. чл. ВКП(б) с 1940 года № 277082

7. Участие в гражданской войне, последующих боевых действиях по защите СССР, в Отечественной войне. В Отечественной войне с 22. 06. 1941 года

8. Имеет ли ранения и контузии в Отечественной войне. Ранен легко 29. 09. 1941 года, тяжело 15. 09. 43 года.

9. С какого времени в Красной Армии. С сентября 1931 года.

10. Каким РВК призван. Беловским Ворошиловградской обл.

11. Чем ранее награжден. орд. Красного Знамени пр. 69 ар № 0192/н от 29.9.44г. орд. Красной звезды пр. 2во с.д № 033/н от 28.9. 43 г. орд. Красной звезды пр. ЯСК № 045 от 4. 08. 44 года.

12. Постоянный домашний адрес представляемого к награждению и адрес его семьи.

I. Краткое, конкретное изложение личного боевого подвига или заслуг.

6 февраля 1945 года при форсировании реки Одер в районе гор. Лебус -Германия-, не взирая на явную опасность для жизни, под сильным огнем противника произвел инженерную разведку, выбрал удачное место, умело и четко организовал подручные средства переправы в результате четкой и образцовой работы личный состав и материальную часть полка переправил без потерь, чем способствовал захвату плацдарма на западном берегу р. Одер.

За проявленное мужество и умелые действия по обеспечению форсирования р. Одер, тов. Пономарев заслуживает Правительственной награды орденом "Отечественная война I степени".

Командир 1250 стр. полка
ПОЛКОВНИК   -Степанов-

"20" февраля 1945 г.

Фрагмент наградного листа старшего лейтенанта Пономарёва В. М. (март 1945 года).

22.5.1945г.

38

Все графы заполнять полностью.

Наградной лист

1. Фамилия, имя и отчество *Пономарев Василий Миронович*

2. Звание *старший лейтенант* 3. Должность, часть *Полковой инженер* *1230 стрелкового полка 370 стрелковой Бранденбургской Краснознаменной ордена кутузова дивизии*

Представляется к *ордену "Отечественной войны I степени"*

4. Год рождения *1909* 5. Национальность *Украинец*, Партийность *чл. ВКП(б) с 1940 г.* *№ 277082*

7. Участие в гражданской войне, последующих боевых действиях по защите СССР и в Отечественной войне (где, когда) *В Отечественной войне с 22.6.41 года.*

8. Имеет ли ранение и контузии в Отечественной войне *Ранен легко 29.9.41 года* *— тяжело 15.9.43 года.*

9. С какого времени в Красной Армии *с сентября 1931 года.*

10. Каким РВК призван *Евсугским Ворошиловградской обл.*

11. Чем ранее награжден (за какие отличия) *орд. красного знамени 69 ар 0193/н* *29.9.44 года, орд. Отечественной войны I ст. 69 ар № 097/н 20.3.45 г. орд. Красной звезды 260 с.д 033/н 28.9.43 г., орд. Красной звезды 21 ск 045 от 4.8.44 года.*

12. Постоянный домашний адрес представляемого к награждению и адрес его семьи

I. Краткое конкретное изложение личного боевого подвига.

В период расширения плацдарма на западном берегу реки Одер с овладением станционного поселка и города Лебус и в последующих боевых операциях с овладением дер. Вульков, Треплин и Зельхов с 6.2. 1945 года, тов. Пономарев проявил максимум энергии порученному участку работы. Под непосредственным руководством тов. Пономарева, под огнем противника перед фронтом полка поставлено около 6000 противотанковых и 3400 противопехотных мин. Возведено около 2000 метров проволочного заграждения и около 10000 метров траншей и ходов сообщения полного профиля, построено 6 временных мостов.

Решительные действия тов. Пономарева способствовали выполнению поставленной задачи полку.

Достоин награждения орденом "Отечественной войны I степени"

Командир 1230 сп
Полковник (Степанов)
"12" мая 1945 года.

С представлением согласен

для ниже м.+

Наградной лист старшего лейтенанта Пономарёва В. М. (май 1945 года).

Шуба Василий Евдокимович
(лейтенант, командир сапёрной роты)

Василий Евдокимович Шуба родился 12 августа 1918 года в селе Малые Сорочинцы Миргородского района Полтавской области Украины, украинец.

Закончил 7 классов средней школы и рабфак, работал бухгалтером.

Вступил на службу РККА в феврале 1939 года. Служил в 241-м отдельном сапёрном батальоне Приволжского Военного Округа помощником командира взвода, был курсантом в Черниговском Военно-Инженерном Училище, а с марта 1940 г. — курсантом Московского Военно-Инженерного Училища (МВИУ). Военную присягу курсант Шуба принял 5 декабря 1939 года. В мае 1941 года он окончил ускоренные курсы МВИУ по 1-му разряду с присвоением звания лейтенанта.

В мае 1941 года лейтенант Шуба был назначен командиром взвода 48-го отдельного дорожного (мото-инженерного) батальона 4-го мехкорпуса 6-й Армии (Приказ НКО № 00130). Впоследствии, он стал командиром сапёрной роты 48-го инжбата 37-й Армии.

Учётно-послужная карточка (УПК) от 15 июня 1944 года включает следующую запись, с пометкой о в/ч 4104 (Управление 4-го мехкорпуса КОВО):

> "В сентябре 1941 г. в составе 48 от. дорож. б-н 4 мк бывшего Ю.З.Ф. попал в окружение противника вместе с частью, из окружения на территорию фронта не выходил, сведений на него никаких не поступало.
> Считать без вести пропавшим (по фронту)."

Из последующих записей в УПК от 2 сентября 1944 года следует, что Василий Шуба с 19 сентября 1941 года был в окружении, попал в плен, и жил на оккупированной территории (до августа 1943 года).

Следующие страницы УПК с записями, относящимися к периоду после освобождения в августе 1943 года оккупированной территории, на которой находился Василий Шуба, проясняют его дальнейшую судьбу. *Проверка длилась, очевидно, до 21 июня 1944 года* (так датирован приказ в УПК).

В/ч № 4104 КОВО У команд. взвода 1941 май НКО № 0030
48 отд. дорохз. бн ШК

В сентябре 1941 г. в составе 48-ой дорохз. бн. Уще
бывшего Ю.З.Ф. попал в окружение противника
вместе с частью, из окружения на территории фронта не выходил, сведений на
него никаких не поступало.
Считать без вести пропавшим (по-старому)
Основание: Список б/в потерь 1-2 ...

Шуба Василий Евдокимович   с т
                            1918.
К-р сап. роты 48 инж. б-на   Полтавская обл.
37 армии   Миргородский р-н
с 19.9.44 был в окружении и плену с. М-Сорочинцы Укр
жив не ок. тер.   бп. Разок Киевское
Направлен на одну должность   военно-инженерное
Вх № 0 17684 от 2.9.44   училище - в ч.
                                   б г. о 39 41
Ком № 05018 № 53800

По какой должности

48 Отд. дорожный б-н
4 мех. корп КОВО   ком. взвода   1941 май НКО № 0030
48 инж б-н 37 арм   Ком сап роты
258 инж сап. бн 56 инж Ком. сап. вэд 44, 21.6 бук 053.459
сап.-бр   44 3.10 Февар 0467
99.41 Нах в окруж и плену освоб IX - 43
Восст в офиц звании и напр в войска на одну должн
            ком сап. взвода   Вх 17684 2.9.44
К-р сап. вэд 258 инж - сап бон
              56 инж - сап бри
Убыл в госпиталь Иб Арм. 033 31.1.45

Фрагменты учётно-послужной карточки лейтенанта Шубы В. Е.

Лейтенант Шуба был восстановлен в офицерском звании, направлен в войска на офицерскую должность и назначен командиром сапёрного взвода 258-го инженерно-сапёрного батальона 56-й инженерно-сапёрной бригады (приказ от 3 октября 1944 года).

Согласно записи в УПК, Василий Шуба убыл в госпиталь 4-й Гвардейской Армии (приказ от 31 января 1945 года). 4-я Гвардейская Армия входила в состав 2-го Украинского фронта и участвовала в Ясско-Кишинёвской операции, происходившей 20 — 29 августа 1944 года. Одна из последних записей в УПК гласит: лейтенант Шуба умер от ран 26 августа 1944 года.

Есть ещё и приказ на его исключение из списков, в котором указана последняя войсковая часть лейтенанта Шубы: в/ч 53800, которая соответствует Передвижному Полевому Госпиталю (ППГ) 4339. Госпиталь 4339 в период между 17 и 29 августа 1944 года находился в селе Токсобены Молдавской ССР.

Примечание. Местонахождение или существование фильтрационно-проверочного дела Василия Шубы не установлено. В фильтрационной картотеке Государственного Архива Полтавской области Украины сведения о Василии Шубе отсутствуют.

Левченко Олег Никандрович
(воентехник 2-го ранга, командир технического взвода)

Олег Никандрович Левченко родился 12 (25) сентября 1910 года в городе Юзовка Екатеринославской губернии (позднее город Сталино Сталинской области Украинской ССР; ныне город Донецк Донецкой области Украины), в семье учителя, украинец.

С 1926 года жил в городе Днепропетровск, закончил семилетку, а затем Днепропетровский Транспортный Техникум в 1931 года, получив звание техника-электроэнергетика. Работал техником-электриком в Управлении Сталинской железной дороги, ГипроЗаводТранс'е и Паровозном Депо (Днепропетровск). В 1937 году закончил Электротяговый факультет Днепропетровского Института Инженеров Железнодорожного Транспорта (ДИИТ), получив звание инженера электроподвижного состава, диплом 2-й степени. Был направлен на Ташкентскую железную дорогу, где работал инженером-электриком с февраля 1938 года до призыва в РККА в ноябре 1938 года.

Согласно сведениям из личного дела и учётно-послужной карточки (УПК) Олега Левченко, службу он начал красноармейцем-одногодичником в городе Одесса, в 6-м корпусном отдельном сапёрном батальоне (ОСБ), в/ч 4326. С мая 1939 года работал по обслуживанию Бетонного завода (у бывшей польской границы).

В сентябре 1939 года переведён в 225-й ОСБ 124-й стрелковой дивизии, был временно исполняющим обязанности командира электрвзвода технической роты батальона. В марте 1940 года переведён командиром взвода *97-го* ОСБ 49-го стрелкового корпуса (см. Примечание).

Звание воентехника 2-го ранга присвоено в 1940 году. Характеризовался положительно:

"Политически и морально устойчив. Дисциплинирован. Инженерную технику знает хорошо. Не достаточно инициативен."

12 сентября 1940 года назначен командиром взвода 48-го инженерного батальона 4-го мехкорпуса (Приказ КОВО № 02759).

Сохранилась справка, выданная 7 июня 1941 года жене Олега Левченко, Завгородней Ларисе Васильевне. Справка подписана начальником штаба войсковой части 4255 (48-го отдельного мото-инженерного батальона 4-го мехкорпуса 6-й Армии) старшим лейтенантом Ховановым.

Приказом от 9 июня 1941 года (КОВО № 00276) был переведён командиром роты в 35-й отдельный моторизованный понтонно-мостовой батальон 35-й танковой дивизии, дислоцированный в городе Новоград-Волынский. Однако, судя по всему, как и в случае с младшими лейтенантами Кошелевым, Котляром и Кравченко, *приближающаяся и разразившаяся война помешала этому переводу, и 22 июня 1941 года Олег Левченко встретил в составе 48-го отдельного мото-инженерного батальона 4-го мехкорпуса 6-й Армии.*

По воспоминаниям жены, Ларисы Завгородней, 22 июня 1941 года Олег Левченко ушел по боевой тревоге из квартиры, которую они снимали во Львове.

Фрагмент приказа КОВО № 02759 с назначением воентехника 2 ранга Левченко О. Н. (12 сентября 1940 года).

Справка войсковой части № 4255, выданная 7 июня 1941 года (город Львов) жене воентехника 2-го ранга Олега Левченко, Завгородней Ларисе Васильевне, подписанная старшим лейтенантом нач. штаба в/ч 4255 Ховановым.

Фрагмент учётно-послужной карточки **воентехника** 2-го ранга Левченко О. Н.

Воентехник 2-го ранга Олег Левченко пропал без вести в июне 1941 года. *Скорее всего, он погиб в начале июля 1941 года, во время попыток 48-го инжбата вырваться из окружения у Богдановского леса (у Белой Корчмы на шоссе Тарнополь — Подволочиск), в Тернопольской области.* Сведений о пленении нет.

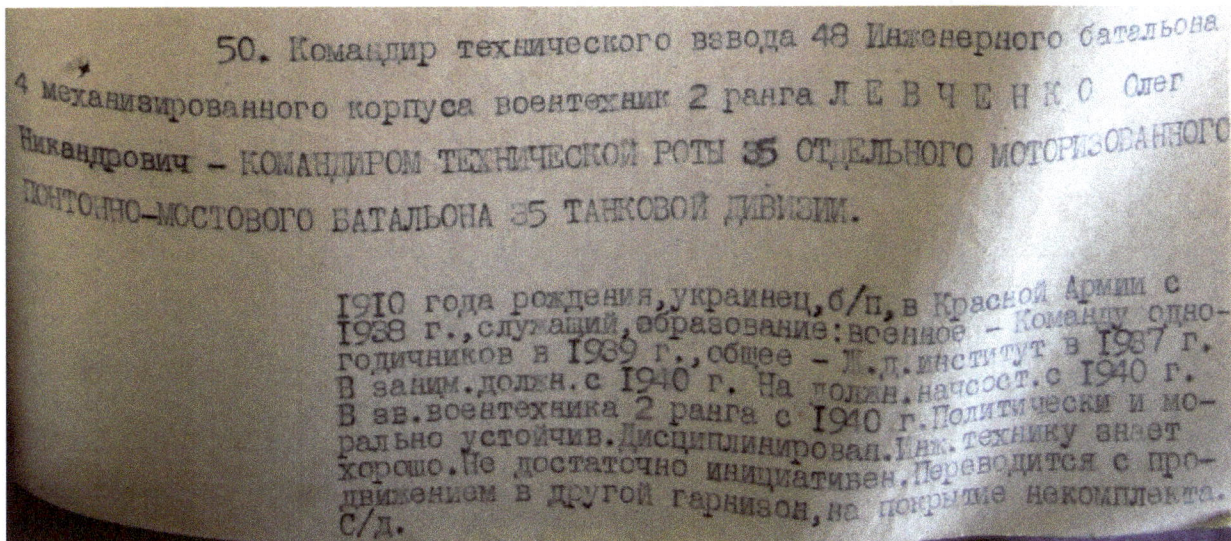

Фрагмент Приказа КОВО № 00276 о переводе воентехника 2-го ранга Левченко О.Н. (9 июня 1941 года); ЦАМО фонд 131, опись 12523, дело 15, лист 577.

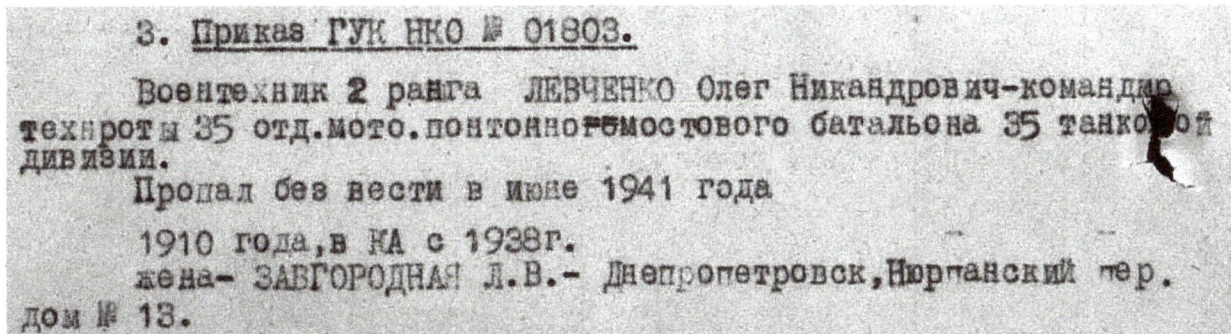

Фрагмент приказа об исключении из списков воентехника 2-го ранга Левченко О. Н.

Сведения о семье

Отец: Никандр Игнатьевич Левченко (? — 1936).
Мать: Глафира Ивановна Левченко (Твердухина) (1885 — 1942).
Жена: Завгородняя Лариса Владимировна (? — ?).
Сестра: Клеопатра Никандровна Левченко (1916 — 1978).
Сестра: Галина Никандровна Левченко (1925 — 2015).
Сын: Игорь Олегович Левченко (1941 г.р.).

Один из авторов этой книги, Алексей Христофоров — племянник Олега Никандровича Левченко, сын Галины Левченко.

Примечания.   В личном деле воентехника 2-го ранга Левченко О. Н. есть его более ранняя учётно-послужная карточка, *с фотографией 1938 года.*

ВСТУПИЛ НА СЛУЖБУ В РККА „18" Ноября 1938 г.						14
Наименование части	Наименование должности	Год	Месяц и число	Чей приказ	№ приказа	
6Норпусной ОСБ	Нрасноарм.-Одногодичн	1938	18/XI			
225 ОСБ 124 СД	Нр-ц-вр.ком. взвода	1939	13/IX			
	Начальник штаба 228 ОСБ-					
ОСБ 49 ск	Ком взвода	1940	25.3	ХВО	0/044	

Фрагмент учётно-послужной карточки воентехника 2-го ранга Левченко О. Н.

Рубцов Илларион Титович
(воентехник 2-го ранга, командир взвода)

Илларион Титович Рубцов родился в 1913 году в селе Старое Ибряйкино Бугурусланского уезда Самарской губернии (позднее Похвистневского района Куйбышевской области; ныне Самарской области), чуваш.

Окончил Московский Автодорожный Институт в 1936 или 1937 году, после чего два года работал инженером в г. Ош Киргизской ССР.

Вступил в РККА в 1938 году одногодичником.

25 марта 1940 года Рубцову присвоено звание военtechника 2-го ранга с назначением командиром взвода *97-го* отдельного сапёрного батальона 49-го стрелкового корпуса (Приказ КОВО № 01044).

12 сентября 1940 года он был назначен командиром паркового взвода 48-го инженерного батальона 4-го мехкорпуса (Приказ КОВО № 02759).

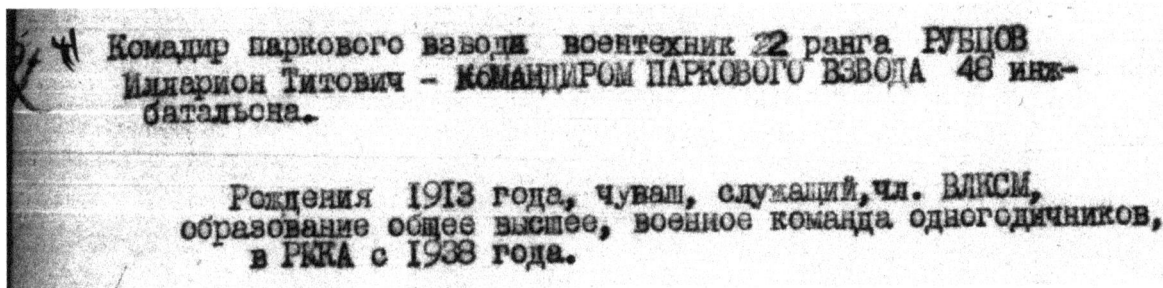

Фрагмент приказа КОВО № 02759 с назначением воентехника 2 ранга Рубцова И. Т. (12 сентября 1940 года).

В документе о наличии и состоянии парков 48-го дорожного батальона, датированным 25 апреля 1941 года, есть подпись воентехника 2-го ранга Рубцова как вр. начальника тех. снабжения 48-го дорожного батальона.

Фрагмент документа о наличии и состоянии парков 48-го дорожного батальона с подписью воентехника 2-го ранга Рубцова (25 апреля 1941 года).

Адресом его довоенных писем был г. Львов, почтовый ящик 180. Этот п/я был у 48-го инжбата. По сведениям жены брата Иллариона Рубцова (см. Примечание), его полевая почта включала литер "С". Известно, что 48-й инжбат использовал полевую почтовую базу № 8 литер "С". Последнее письмо родителям было послано 19 июля 1941 года и, по воспоминаниям Яргуниной, было отправлено "кажется из Чернигова" (*очевидно, из города Прилуки Черниговской области*).

Фрагмент учётно-послужной карточки воентехника 2-го ранга Рубцова И. Т.

Воентехник 2-го ранга Рубцов пропал без вести в августе 1941 года. Указан в списках на исключение по Куйбышевскому Облвоенкомату (август 1946 года).

Фрагмент приказа об исключении из списков воентехника 2-го ранга Рубцова И. Т.

Примечание.   В ЦАМО хранится письмо жены брата Иллариона Титовича Рубцова, с запросом на его розыск.

Фрагмент письма родственницы на розыск воентехника 2-го ранга Рубцова И. Т.

Саливон Григорий Максимович
(воентехник 2-го ранга, начальник технического снабжения)

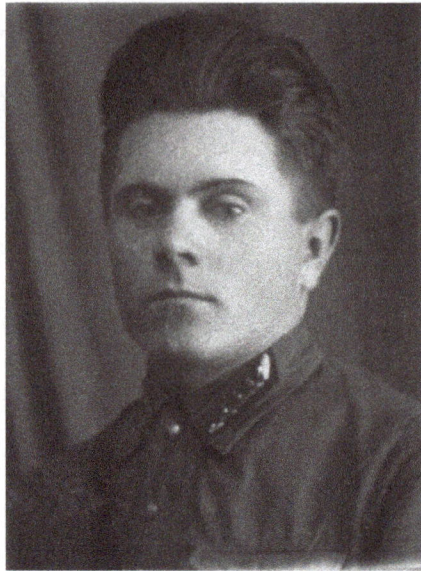

Григорий Максимович Саливон родился 4 июля 1912 года в селе Великие Бубны Великобубновской волости Роменского уезда Полтавской губернии (позднее: Великобубновского района Черниговской области и Талалаевского района Сумской области; ныне: Роменского района Сумской области Украины), в крестьянской семье, украинец.

В 1926 году закончил 4 класса сельской школы, в 1929 году — семилетку, а в 1933 году — два курса педагогического техникума в городе Лохвица Харьковской области. Работал учителем.

Вступил на службу в РККА в апреле 1934 года: красноармеец, курсант отдельного танкового батальона 25-й стрелковой дивизии Украинского Военного Округа (УВО); воинская часть № 2611. В конце 1934 года Григорий Саливон стал механиком-водителем. В октябре 1935 года, оставшись на сверхсрочную службу, он был назначен командиром танка 4-го танкового батальона 72-го стрелкового полка 24-й стрелковой дивизии УВО, а через год — командиром танка отдельного танкового батальона 45-й стрелковой дивизии Киевского Военного Округа (КВО).

Кандидат в члены ВКП(б) с 1938 года. Характеристика положительная: "Предан делу партии Ленина-Сталина и Социалистической родине."

Согласно сведениям из учётно-послужной карточки (УПК), в январе 1938 года Григорий Саливон окончил 4-х месячные курсы младших воентехников при 135-й стрелково-пулемётной бригаде КВО в Киеве, и, получив звание младшего воентехника, в феврале 1938 года был назначен младшим автомобильным техником отдельного сапёрного батальона (ОСБ) 45-й стрелковой дивизии КВО. Через год, в январе 1939 года, стал помощником начальника боевого питания в этом же батальоне Киевского Особого Военного Округа (КОВО). Там же принял военную присягу 23 февраля 1939 года.

С марта по октябрь 1940 года служил помощником командира 155-й отдельной сапёрной роты Новоград-Волынского Укреплённого Района (НВУР).

21 октября 1940 года младший воентехник Саливон был назначен начальником технического снабжения 48-го инженерного батальона 4-го мехкорпуса (Приказ КОВО № 03029). Однако в более позднем документе о наличии и состоянии парков 48-го дорожного батальона, датированным 25 апреля 1941 года, есть подпись воентехника 2-го ранга Рубцова как временного начальника технического снабжения 48-го дорожного батальона. *Возможно, Григорий Саливон был переведён в другую часть ещё до войны.*

НАИМЕНОВАНИЕ ЧАСТИ	НАИМЕНОВАНИЕ ДОЛЖНОСТИ	Год	Месяц и число	Чей приказ	№

ВСТУПИЛ НА СЛУЖБУ В РККА „1" апреля 1934 г.

Фрагмент учётно-послужной карточки младшего воентехника Саливона Г. М.

26. Помощник командира 155 отдельной саперной роты Новоград- Волынского Укрепленного района младший вроентехник

С А Л И В О Н   Григорий Максимович – НАЧАЛЬНИКОМ ТЕХНИЧЕСКОГО СНАБЖЕНИЯ 48 ИНЖЕНЕРНОГО БАТАЛЬОНА 4 МЕХАНИЗИРОВАННОГО КОРПУСА.

1912 г.рождения, украинец, служащий, К/ВКПб.
Образование общее- низшее, военное - курсы мл.воен-техников в 1938 г., в Красной Армии с 1934 года.

Фрагмент приказа КОВО № 03029 с назначением младшего воентехника Саливона Г. М. (21 октября 1940 года).

В послевоенной УПК довоенные назначения, *очевидно, воспроизведены по памяти* и точные данные отсутствуют. В частности, нет записей о назначении в 48-й инжбат, что может указывать как и на *краткосрочное пребывание в 48-м инжбате, так и на немедленный перевод в другую часть в октябре 1940 года.* Есть также и запись о присвоении Григорию Саливону звания воентехника 2-го ранга (лейтенанта) в 1940 году.

Тем не менее стоит обратить внимание на записи о службе *начальником хозяйственной части 155-й отдельной сапёрной роты 7-го НВУР (с мая 1940 по июнь 1941 года); помощником командира ОСБ по материальной части 7-го НВУР (с июня по август 1941 года); а также начальником военно-технического снабжения 153-го отдельного инженерного батальона 153-й стрелковой дивизии ЮЗФ (с августа по сентябрь 1941 года).* Следует отметить, что 153-я стрелковая дивизия не входила в состав ЮЗФ в 1941 году.

Фрагмент послевоенной учётно-послужной карточки младшего воентехника Саливона Г. М.

Фрагмент учётно-послужной карточки младшего воентехника Саливона Г. М.

Хотя все записи о назначениях в послевоенной УПК Саливона, относящиеся к 1941 году, можно подвергнуть сомнению, ясно то, что в сентябре 1941 года воентехник попал в окружение и остался на оккупированной территории, где провёл два года (с 19 сентября 1941 года по 16 сентября 1943 года) — в родном селе Великие Бубны Талалаевского района Сумской области. На это указывают несколько записей в УПК.

Спустя два года, с сентября по декабрь 1943 года, рядовой Григорий Саливон проходил спец. проверку в 180-й стрелковой дивизии 1-го Украинского Фронта (УкрФ). После проверки, до мая 1944 года он находился в резерве в составе 167-й стрелковой дивизии 1-го УкрФ.

В мае 1944 года Саливон был направлен в действующую Красную Армию и командовал взводом технического и хозяйственного обеспечения 447-й походной автотранспортной базы (*167-й стрелковой дивизии*) 107-го стрелкового корпуса 60-й Армии 1-го УкрФ (впоследствии, 1-й Гвардейской Армии 4-го УкрФ).

В УПК есть запись от 30 октября 1944 года о присвоении Григорию Саливону звания техника-лейтенанта.

31 декабря 1945 года Григорий Саливон был уволен в запас (1-й разряд, инженерно-технический состав) по статье 43 "а" — за невозможностью использования в связи с сокращением штатов или реорганизацией), с направлением в Талалаевский (ныне Роменский) РВК, военно-учётная специальность (ВУС) № 173 (автомобильные войска). Работал заведующим складом на плодо-консервном заводе в г. Ромны.

Дальнейшая судьба не установлена.

Награды:

Медаль "За победу над Германией" (май 1945 г.).

Орден Отечественной войны II степени (май 1945 г.): командуя взводом технического и хозяйственного обеспечения 447-й походной автотранспортной базы 107-го стрелкового корпуса 60-й Армии 4-го УкрФ.

Примечание. Местонахождение или существование фильтрационно-проверочного дела Григория Саливона не установлено. Сведения о наградах получены из Электронного Банка Документов "Подвиг Народа".

Наградной лист техника-лейтенанта Саливона Г. М. (май 1945 года).

Шевченко Сергей Андреевич
(техник-интендант 2-го ранга, начальник военно-хозяйственного снабжения)

Сергей Андреевич Шевченко родился 22 сентября 1909 года в селе Большая Виска Елизаветградского уезда Херсонской губернии (ныне село Большая Виска Мало-Висковского района Кировоградской области Украины), в крестьянской семье, украинец. В некоторых записях место рождения указано как село Максимовка Велико-Вещанского района или село Веселовка Б-Висковского района Кировоградской области.

Закончил 6 классов (шахта № 27) в 1928 году и 2 курса Горного Техникума (шахта Киселево) в 1930 году. Член ВКП(б) с 1932 года.

Согласно сведениям из учётно-послужной карточки (УПК), Сергей Шевченко вступил в РККА в марте 1933 года курсантом Полковой Школы 26-го кавалерийского полка 5-й кавалерийской дивизии Киевского Военного Округа, где и продолжил дальнейшую службу: с ноября 1933 года по июнь 1934 года — командиром отделения; с июня 1934 года по ноябрь 1936 года — помощником командира взвода; а с ноября 1936 года по июль 1938 года — старшиной эскадрона. В 1935 году закончил 3-годичные дивизионные партийные курсы.

В июле 1938 года Шевченко назначен агентом по снабжению в Управление начальника строительства № 180, а через два года, в июне 1940 года переведён начальником Обозно-Вещевого Снабжения (ОВС) *98-го* отдельного сапёрного батальона 49-го стрелкового корпуса.

Звание техника-интенданта 2-го ранга присвоено в 1939 году.

В 1941 году закончил 6-месячные курсы Киевской Интендантской школы.

В 1941 году (в послевоенной УПК *ошибочно записано как апрель 1940 года*) назначен начальником военно-хозяйственного снабжения "48-го отд. саперн. батальона 4-го танкового корпуса Юго-Западного фронта".

26 сентября 1941 года при выходе из окружения в составе 48-го инжбата, в районе "Новый Басань" (Новая Басань Черниговской области) был ранен, в правую ногу и левую руку, и попал в плен. Был вывезен в Германию, где находился до освобождения американскими войсками 10 апреля 1945 года.

С апреля по август 1945 года Сергей Шевченко проходил госпроверку в 219-м запасном стрелковом полку (ЗСП), город Дебрицы, а затем, с августа по ноябрь 1945 года — госпроверку в 192-м ЗСП 1-й Горьковской стрелковой дивизии.

Фрагмент учётно-послужной карточки интенданта Шевченко С. А.

Фрагмент послевоенной учётно-послужной карточки интенданта Шевченко С. А.

После войны Сергей Шевченко работал заведующим свеклосовхоза Больше-Висковского района Кировоградской области. В 1948 году выдан военный билет. В послевоенной УПК членство в ВКП(б) не отмечено.

В июне 1954 года присвоено звание лейтенанта интендантской службы.

Награды:

Медаль "За победу над Германией" (1945 г.).

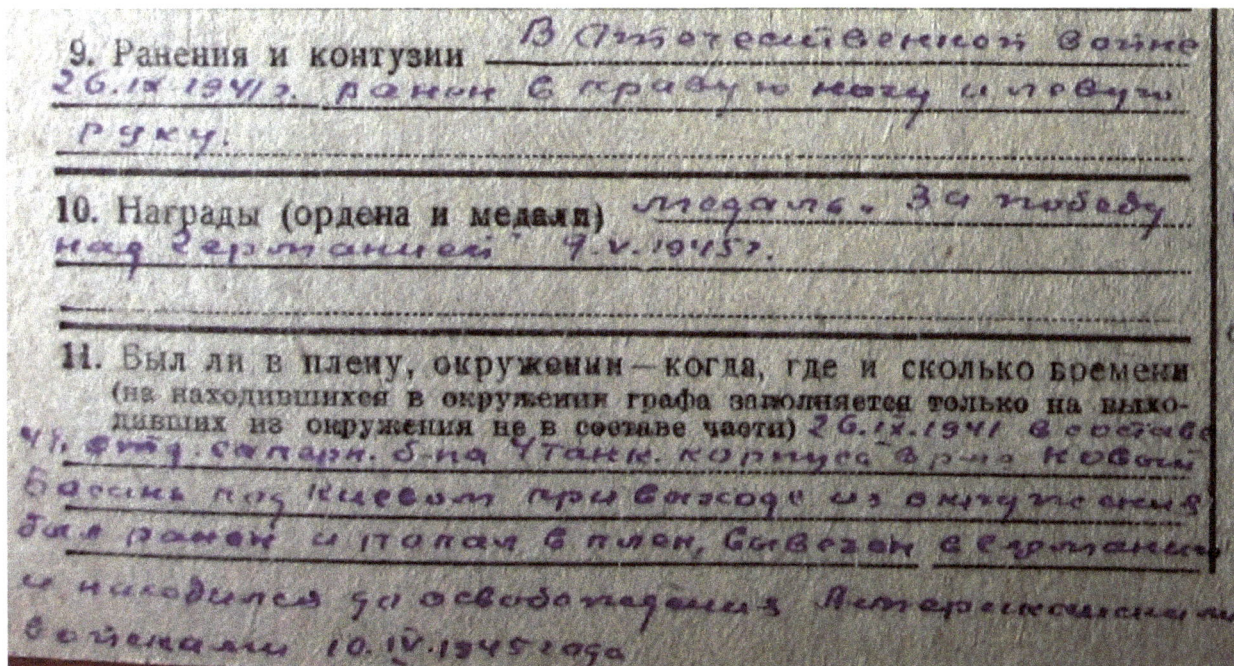

Фрагмент послевоенной учётно-послужной карточки интенданта Шевченко С. А.

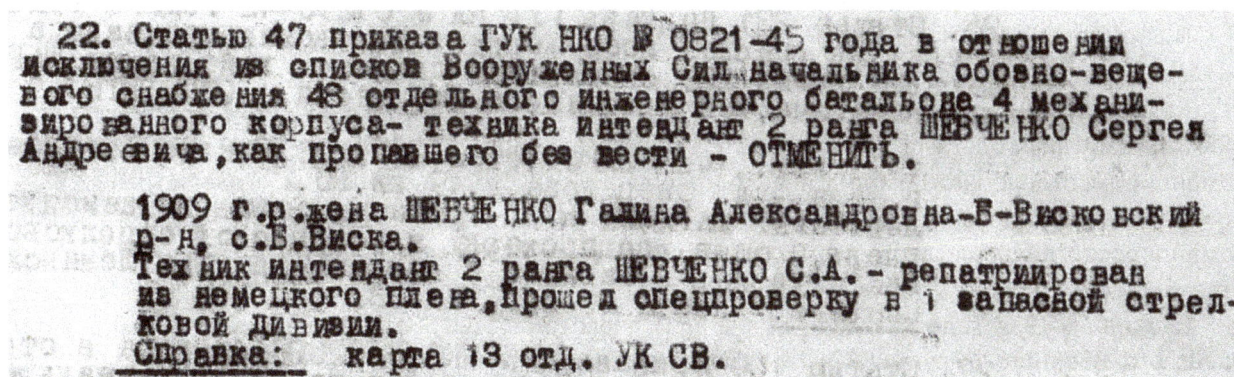

Фрагмент приказа об отмене исключения из списков интенданта Шевченко С. А. (1946 год).

Примечание. Местонахождение или существование фильтрационно-проверочного дела Сергея Шевченко не установлено. В Государственный Архив Кировоградской области Украины фильтрационное дело на хранение не поступало.

Иващенко Никита Корнеевич

(лейтенант, начальник боепитания)

Никита Корнеевич Иващенко родился в 1902 году в селе Халча Ржищевской волости Киевского уезда Киевской губернии (ныне Кагарлыкский район Киевской области).

Кадровый офицер: согласно сведениям из учётно-послужной карточки (УПК), вступил на службу в РККА в мае 1924 года курсантом 6-го отдельного сапёрного батальона; в марте 1925 года назначен командиром отделения. Находился в долгосрочном отпуске с октября 1925 года по май 1932 года. Возобновил службу в 4-м стрелковом полку 2-й Туркестанской Краснознамённой стрелковой дивизии, командиром отделения сверхсрочной службы, а с октября 1932 года — помощником командира взвода отдельной сапёрной роты той же части. С ноября 1934 года провёл три года в долгосрочном отпуске.

В октябре 1937 года назначен старшиной парковой роты 62-го отдельного танкового батальона Киевского Военного Округа (КВО), а в мае 1938 года — старшиной сапёрной роты 14-й отдельной тяжёлой танковой бригады КВО, где с октября 1938 года исполнял должность командира сапёрного взвода, приняв командование взводом в марте 1939 г. Кандидат в члены ВКП(б).

Лейтенант Иващенко принял военную присягу 23 февраля 1939 года.

В марте 1940 года он был переведён командиром взвода в *97-й* отдельный сапёрный батальон (ОСБ) 49-го стрелкового корпуса.

12 сентября 1940 года Иващенко был назначен начальником боепитания 48-го инженерного батальона 4-го мехкорпуса (Приказ КОВО № 02759) и встретил войну в составе батальона.

Во время выхода из Киевского окружения, 24 сентября 1941 года, лейтенант Иващенко попал в плен в районе села Березань (ныне Барышевский район Киевской области).

Согласно фильтрационно-проверочному делу Никиты Иващенко, хранящемуся в Государственном Архиве Киевской области, он пребывал в лагерях военнопленных в городе Борисполь и городе Житомир. 25 октября 1941 года в районе Житомира бежал из вагона во время отправки в Германию. В деле также хранится справка из сельсовета его родного села Халча (Ржищевский район Киевской области), где он проживал в период немецкой оккупации после побега из плена.

В донесении Управления Тыла 27-й Армии об освобождённых из плена указано, что 27 мая 1944 года лейтенант 48-го ИБ Иващенко направлен в спец. лагерь (лагерь НКВД № 174 в городе Подольск). В заключении фильтрационно-проверочного дела записано, что после прохождения проверки 30 июня 1944 года Иващенко направлен в штурмовой батальон.

Фрагмент учётно-послужной карточки лейтенанта Иващенко Н. К.

4. Командир взвода мл лейтенант ИВАЩЕНКО Никита Корнеевич — начальником боевого питания 48 инженерного батальона.

Рождения 1912 года, украинец крестьянин, кан. ВКП/б/, общее образование 7 классов, военное-курсы, в РККА с 1924 года.

Фрагмент приказа КОВО № 02759 с назначением лейтенанта Иващенко Н. К. (12 сентября 1940 года).

Лейтенант Иващенко был убит 20 августа 1944 года, в бою в составе *2-й стрелковой роты* 15-го отдельного штурмового стрелкового батальона (ОШСБ).   Похоронен на опушке леса в 300 метрах от м. Карклини Баускского уезда Латвийской ССР.

Примечание. 15-й ОШСБ, в составе которого 20 августа 1944 года погиб Никита Иващенко, участвовал в боях за Латвию и находился в действующей армии с 9 августа по 30 сентября 1944 года. Офицеры составляли более 95% личного состава штурмового батальона. Как следует из пояснительной записки к движению личного состава, за шесть дней боёв с 19 по 25 августа 1944 года из 929 штурмовиков погибло 228 и было ранено 318 человек — то есть батальон потерял практически 60% состава меньше чем за неделю. 15-й ОШСБ был расформирован через месяц с небольшим, 30 сентября 1944 года.

Пояснительная записка к движению личного состава 15-го ОШСБ с 19 августа 1944 года.

Мехальчук (Михальчук)
(лейтенант)

После отступления 37-й Армии из Киева 19 сентября 1941 года одна из разрозненных групп 48-го инжбата, пытавшихся вырваться из окружения, включала комбата капитана Рыбальченко, комиссара старшего политрука Егора Ермакова, сержанта при штабе Кадыра Муратова, лейтенанта Мехальчука *и, возможно, ещё несколько человек.*

Согласно фильтрационно-проверочному делу комиссара Ермакова, 15 октября 1941 года Рыбальченко и Ермаков попали в плен в районе села Ядловка Ново-Басанского района Черниговской области (ныне село Перемога Барышевского района Киевской области) и были помещены в немецкий лагерь для военнопленных (Гоголево). *Возможно, Мехальчук и Муратов находились с Рыбальченко и Ермаковым незадолго до пленения*, хотя дата и место пленения Муратова указаны в его документах как 1 октября 1941 года, "Новый Басан" ("под Черниговам"). Ермаков не упоминает имя Мехальчука среди тех, кто мог бы подтвердить "обстоятельства и факт пленения, нахождения в лагере, окружении противника, пребывание на оккупированной территории, освобождение из лагеря противника или выход из окружения" (см. биографию Егора Ермакова), *поэтому, возможно, что Ермаков был свидетелем гибели Мехальчука до своего побега из лагеря Гоголево 25 октября 1941 года.*

Имя и отчество лейтенанта Мехальчука установить не удалось. Не ясно также, служил ли он в 48-м инжбате. Мы приводим лишь несколько возможных, но маловероятных вариантов.

В Государственном Архиве Российской Федерации (ГАРФ) хранятся сведения на И. Н. Михальчука, 1917 г. р., погибшего в плену 20 сентября 1941 года (место захоронения: Дарница, Киевская область).

В ЦАМО есть информация о погибшем в плену 25 августа 1943 года Иване Михальчуке (Мехальчуке); дата рождения: 25.02.1913; место рождения: Украинская ССР, Харьковская область.

Ещё один вариант — это младший лейтенант Григорий Михайлович Михальчук, начальник гарнизона 55-го полка войск НКВД 4-й (впоследствии, 25-й) дивизии НКВД по охране железнодорожных сооружений, пропавший без вести в районе Борисполь-Барышевка "при занятии г. Киева противником" (согласно донесениям о безвозвратных потерях по дивизии из РГВА). А согласно протоколу допроса комиссара Ермакова (см. его биографию), во время боя за Скопцы (ныне Веселиновка) 21 сентября 1941 года, Ермаков руководил 2-й ротой "милицейского состава" (*не исключено, что ротой одного из полков НКВД*). *Поэтому возможно, что к группе Рыбальченко-Ермакова мог присоединиться и младший лейтенант Григорий Михальчук из 55-го полка 4-й дивизии НКВД.*

Без дополнительной информации проследить дальнейшую судьбу лейтенанта Мехальчука достаточно сложно...

Фрагмент фильтрационно-проверочного дела комиссара Ермакова Е. С., от 15 апреля 1942 года.

Иванов Павел Прокофьевич
(лейтенант, адъютант батальона)

Павел Прокофьевич Иванов родился 22 июля 1911 года в селе Песковатка Среднеикорецкой волости Коротоякского уезда Воронежской губернии (ныне Бобровского района Воронежской области), в крестьянской семье, русский.

В 1930 году окончил 7 классов неполной средней школы (НСШ) в г. Артёмовск, а в 1933 году строительный техникум в городе Рубежное и 3 курса химического рабфака. В ноябре 1933 года призван в РККА Лисичанским РВК Луганской области Украинской ССР.

Кадровый офицер: согласно сведениям из учётно-послужной карточки (УПК), с ноября 1933 года по декабрь 1934 года проходил службу в 115-й отдельной сапёрной роте 52-го Управления Начальника Работ (УНР) Украинского Военного Округа (УВО): курсант и младший командир; с декабря 1936 г. — младший командир 97-го отдельного сапёрного батальона (ОСБ) Киевского Военного Округа (КВО).

В марте 1938 года окончил 4-месячные курсы младших лейтенантов инженерных войск при Киевском Особом Военном Округе (КОВО). С марта 1938 года служил командиром взвода в 32-м ОСБ 97-й стрелковой дивизии КОВО.

Младший лейтенант Иванов принял военную присягу в феврале 1939 года. Назначен командиром взвода в 49-м стрелковом корпусе 31 марта 1940 года (Приказ КОВО № 01089), а некоторое время спустя — помощником командира парковой роты.

Звание лейтенанта присвоено в 1940 году. Кандидат в члены ВКП(б).

12 сентября 1940 года Павел Иванов был назначен адъютантом 48-го инженерного батальона 4-го мехкорпуса (Приказ КОВО № 02759).

Политхарактеристика положительная:

"Политически развит удовлетворительно. Морально-политически устойчив. Делу партии Ленина-Сталина предан."

Начало войны лейтенант Иванов встретил на Львовском выступе в составе 48-го отдельного мото-инженерного батальона 4-го мехкорпуса 6-й Армии.

Фрагмент учётно-послужной карточки лейтенанта Иванова П. П.

2. Помощник командира роты мл. лейтенант ИВАНОВ Павел Прокофьевич — адъютантом 48 инженерного батальона.

Рождения 1911 года, русский, рабочий, кандидат ВКП/б/ образование среднее, военное-курсы мл.лейтенантов, в РККА с 1933 года

Фрагмент приказа КОВО № 02759 с назначением лейтенанта Иванова П. П. (12 сентября 1940 года).

После отступления 37-й Армии из Киева 19 сентября 1941 года одна из разрозненных групп 48-го инжбата, пытавшихся вырваться из окружения, включала комбата капитана Рыбальченко, комиссара старшего политрука Егора Ермакова, начальника химической службы лейтенанта Юлия Гольдмана, лейтенанта Иванова, старшего сержанта Николая Лазарева, сержанта при штабе Кадыра Муратова, а также лейтенанта Мехальчука (см. Примечание к биографии Егора Ермакова). *Вполне вероятно, что адъютант Иванов и был тем самым лейтенантом Ивановым в этой группе, но в плен в Ядловке не попал. Не исключено, что Гольдман, Лазарев и Иванов выходили отдельной группой, и тоже, попав в плен, оказались в Гоголево, где их и видел Ермаков, а Иванову затем удалось совершить побег.*

В наградном листе 1945 года есть запись о лёгком ранении в сентябре 1941 года на Юго-Западном Фронте (ЮЗФ) — дата ранения записана неразборчиво.

Согласно сведениям из УПК Павла Иванова, он был на ЮЗФ до августа 1942 года (*очевидно выходил из окружения и был на проверке и фильтрации в НКВД*). *После проверки*, в сентябре 1942 года Иванов был назначен полковым инженером 122-го стрелкового полка 41-й гвардейской дивизии Южного Фронта.

9 января 1943 года приказом по Южному Фронту Иванову присвоено звание гвардии капитан. *После контузии, очевидно, в марте 1943 года*, он находился на лечении в госпитале в Тамбове, а с августа (*или октября*) 1943 года по ноябрь 1944 года был начальником штаба 107-го ОСБ 94-й стрелковой дивизии 53-й Армии 2-го Украинского Фронта.

С ноября по декабрь 1944 года Павел Иванов был в резерве инженерного управления 1-го Белорусского Фронта, а с марта по декабрь 1945 года служил начальником инженерной службы 44-го запасного артиллерийского полка 10-й запасной стрелковой дивизии.

Уволен в запас инженерных войск Красной Армии 10 декабря 1945 года (по статье 43 "а" — за невозможностью использования в связи с сокращением штатов или реорганизацией), с направлением в Воронеж; военно-учётная специальность (ВУС) № 52.

Дальнейшая судьба не установлена.

Награда:

Орден Отечественной войны II степени (июнь 1945 г.): будучи начальником инженерной службы 44-го запасного артиллерийского полка 10-й запасной стрелковой дивизии.

Примечание. Местонахождение фильтрационно-проверочного дела Павла Иванова не установлено. Сведения о награде получены из Электронного Банка Документов "Подвиг Народа".

Наградной лист гвардии капитана Иванова П. П. (май 1945 года).

Сплетухов Дмитрий Петрович

(техник-интендант 2-го ранга, зав. делопроизводством)

Дмитрий Петрович Сплетухов родился 12 мая 1918 года в селе Горлово Скопинского уезда Рязанской губернии (позднее Скопинского района Рязанской области и Горловского района Московской области), русский.

В 1935 году окончил 7 классов неполной средней школы (НСШ) в Горлово, и в 1937 году — Сасовский учебно-курсовой комбинат (Рязанская область), 6-месячные курсы бухгалтеров.

Вступил на службу в РККА в октябре 1938 года: красноармеец в 202-м стрелковом полку 4-го корпуса (город Тарнополь Львовской области; ныне Тернополь). Участвовал в "освобождении" Западной Украины с 15 сентября по 23 октября 1939 года. В январе 1940 года окончил ускоренные курсы интендантов (1 год 3 месяца) в городе Тарнополь.

Согласно сведениям из его второй учётно-послужной карточки (УПК), 11 июля 1940 года Сплетухов назначен зав. делопроизводством 97-го отдельного сапёрного батальона 49-го стрелкового корпуса (Приказ КОВО № 02196).

Фрагмент учётно-послужной карточки техника-интенданта 2-го ранга Сплетухова Д. П.

12 сентября 1940 года Дмитрий Сплетухов был назначен зав. делопроизводством 48-го инженерного батальона 4-го мехкорпуса (Приказ КОВО № 02759).

Фрагмент приказа КОВО № 02759 с назначением техника-интенданта 2-го ранга Сплетухова Д. П. (12 сентября 1940 года).

Согласно его довоенной УПК, 28 января 1941 года он был уволен в долгосрочный отпуск по статье 43 "б" (в аттестационном порядке по служебному несоответствию).

Место фотокарточки	ВСТУПИЛ НА СЛУЖБУ В РККА ._____. 19__ г.					
	Наименование части	Наименование должности	Год	Месяц и число	Чей приказ	№ приказа
	Ярмолинецкого *кур. ЗО*	*зав. делопр*	40	27-4	*КОВО*	01419
	48 аинж. б-н	— *"* —	— *"* —	12.9	— *"* —	D2759
	Уволить в запас *по ст. 43 пунк. б*		41	28-1	—	0016

Фрагмент учётно-послужной карточки техника-интенданта 2-го ранга Сплетухова Д. П.

Боевой путь Дмитрия Сплетухова более не пересекался с 48-м инженерным батальоном, и далее описан кратко. Он был вторично призван в октябре 1941 года, находился в резерве Московского Военного Округа (МВО) и был переведён зав. делопроизводством хозяйственной части 192-й танковой бригады 1-го Белорусского Фронта. Сплетухову было присвоено звание лейтенанта интендантской службы в июне 1942 года, приказом по 61-й Армии.

22 февраля 1944 года он пропал без вести в составе 510-го отдельного пулемётного артиллерийского батальона (115-й Укреплённый Район 1-го Белорусского фронта) на дороге Рогачев–Мадоры Рогачевского района Гомельской области Белорусской ССР (во время Рогачевско-Жлобинской наступательной операции): он попал в плен, и впоследствии был освобождён.

Сплетухов проходил по спискам переменного состава 8-го отдельного штрафного батальона: по документам того времени вместо слова "штрафник" использовалось "боец-переменник", так как состав штрафбатов постоянно изменялся. В октябре 1944 года он был восстановлен в правах офицерского состава и казначейства.

В мае 1945 года Дмитрий Сплетухов был назначен зав. делопроизводством хозяйственной части в лагере бывших военнопленных № 237 33-й Армии, и продолжил службу зав. делопроизводством (казначеем) в различных частях Группы Советских Оккупационных Войск в Германии.

В декабре 1946 года уволен в запас по 43 "а" (за невозможностью использования в связи с сокращением штатов или реорганизацией).

В январе 1968 года получил военный билет офицера запаса.

Награда:

Медаль "За победу над Германией в Великой Отечественной войне 1941–1945 гг." (1945 г.)

Ильин Ген(н)адий Сергеевич
(военный фельдшер; впоследствии, лейтенант медицинской службы)

Геннадий Сергеевич Ильин родился 10 сентября 1922 года в селе Ново-Спасское Ново-Спасского района Куйбышевской области (ныне Приволжского района Самарской области), в семье служащих, русский. *Есть небольшая вероятность, что место рождения — Новоспасское Новоспасского района близлежащей Ульяновской области.*

В 1937 году закончил 7 классов Чибирлейской семилетки Кузнецкого района Пензенской области, а затем, в 1940 году — Кузнецкую фельдшерско-акушерскую школу (город Кузнецк Пензенской области).

В армию призван Кузнецким РВК Пензенской области. Вступил на службу в РККА в октябре 1940 года как военный фельдшер *122-го отдельного танкового полка*. 122-й танковый полк входил в состав 239-й механизированной дивизии 30-го механизированного корпуса (1-я Армия, Дальневосточный фронт), дислоцированного в городе Иман (ныне Дальнереченск, Приморский край). С началом Великой Отечественной войны на базе 122-го танкового полка была сформирована 112-я танковая дивизия.

В учётно-послужной карточке (УПК) Ильина указано, что в действующей армии он с июня 1941 года, и последующая запись уточняет, что с 22 июня 1941 года он на Юго-Западном Фронте. Наградной лист 1944 года также указывает, что он начал боевые действия в составе Юго-Западного Фронта в 1941 году.

Однако согласно наградному листу 1945 года, в/фельдшер Ильин в Отечественной Войне с 27 августа 1941 года.

Первая запись в УПК: "48-й инж. дорожн. б-н".
Наиболее вероятно, что Геннадий Ильин присоединился к 48-му инжбату в Киеве, в самом конце августа 1941 года.

Оказавшись в Киевском котле в сентябре 1941 года, Геннадий Ильин сумел выйти из окружения. Согласно УПК, он был ранен 24 сентября 1941 года (мягкие ткани головы и левой лопатки). Запись армейского пересыльного пункта 40-й Армии (*располагавшегося в городе Старый Оскол Белгородской области*) гласит, что мед. фельдшер 48-го инж. дор. бат. Ильин Генадий Сергеевич, 1922 г.р., прибыл на пункт 29 декабря 1941 года "из Переяслова" *(это, скорее всего, город Переяслав-Хмельницкий на восточном берегу Днепра или же, что менее вероятно, село Переясловское/Переяславское к западу от Яготина).*

Фрагмент учётно-послужной карточки фельдшера Ильина Г. С.

Фрагмент донесения об оказавшихся в живых № 4583 армейского пересыльного пункта 40-й Армии.
Ильин указан в строке под номером 4155.

Данных о фильтрационной проверке в УПК нет. Более того, есть запись (графа 11), что в плену и окружении не был. Однако эта графа заполнялась только на выходивших из окружения не в составе части. *Скорее всего, Ильин вышел из окружения через район Переяслава, примкнув в сентябре 1941 года к какой-либо части или группе, состоявшей из бойцов различных подразделений — и поэтому не проходил проверку НКВД.*

Фрагмент послевоенной учётно-послужной карточки фельдшера Ильина Г. С.

Фрагмент послевоенной учётно-послужной карточки фельдшера Ильина Г. С.

Послевоенная запись в УПК не упоминает период службы в 48-м инжбате, "привязывая" 122-й отдельный танковый полк к Юго-Западному Фронту.

С 8 февраля 1942 года Ильин переведён фельдшером в 35-ю школу младших авиаспециалистов (ШМАС) в городе Орск Чкаловской (ныне Оренбургской) области — дата направления в 35-ю ШМАС в послевоенной УПК отличается, ошибочно указывая на более ранний период: сентябрь 1941 года.

В 1942 году Ильин был переведён из 35-й ШМАС в 624-й стрелковый полк 137-й стрелковой дивизии фельдшером сан. роты. Точная дата перевода неизвестна — *это, скорее всего, не март 1942 года, а несколько позднее*. 137-я стрелковая дивизия с 28 апреля 1942 года участвовала в безуспешном штурме Мценска, и держала оборону в том же районе в течение 1942 года (3-я Армия, Брянский фронт). Геннадий Ильин был ранен в ноябре 1942 года.

По возвращении на фронт, с марта по август 1943 года Ильин — на Центральном фронте, *возможно, в той же части (624-й стрелковый полк 137-й стрелковой дивизии, уже 48-й Армии)*.

Звание младшего лейтенанта медслужбы присвоено в апреле 1943 года.

В августе 1943 года он переведён в 1345-й стрелковый полк 399-й стрелковой Новозыбковской дивизии 48-й Армии (Центральный фронт; с ноября 1943 года: Белорусский фронт).

Интересный факт: в ночь на 22 сентября 1943 года, то есть практически спустя ровно два года после отступления 37-й Армии из Киева, 399-я стрелковая дивизия форсировала Днепр в районе города Ржищев Кагарлыкского района Киевской области Украины, а Переяслав, *откуда Ильин возможно начал свой путь из окружения в сентябре 1941 года*, находится на противоположном берегу Днепра.

1 ноября 1943 года младший лейтенант медслужбы Ильин назначен командиром санитарного взвода 2-го батальона 1345-го стрелкового полка 399-й стрелковой Новозыбковской дивизии 48-й Армии (Белорусский фронт).

В апреле 1944 года дивизия кратковременно входила в состав 50-й Армии 1-го Белорусского фронта.

Член ВКП(б) с июня 1944 года.

Звание лейтенанта медслужбы присвоено Ильину в августе 1944 года.

С октября 1944 года и до окончания войны 399-я стрелковая дивизия воевала в составе 48-й Армии 2-го Белорусского фронта, и в 1945 году вела бои в Восточной Пруссии, в частности, при прорыве и ликвидации Хайльсбергского укрепрайона к югу от Кёнигсберга.

Фрагмент послевоенной учётно-послужной карточки фельдшера Ильина Г. С.

По окончании войны, в сентябре 1945 года, Геннадий Ильин был переведён фельдшером в учебный батальон 83-й гвардейской стрелковой дивизии Прибалтийского Военного Округа (ПрибВО). С января 1946 года — фельдшер отдельного учебного артиллерийского дивизиона 288-й артбригады 83-й гвардейской стрелковой дивизии ПрибВО.

Уволен в запас 1-го разряда со званием лейтенант медслужбы в августе 1946 года, после чего работал заведующим Сосновоборского здравпункта Сосновоборского района Пензенской области (домашний адрес указан как село Русское Труево). В УПК есть также и запись о работе фельдшером на фабрике "Творец Рабочий" того же района.

Запись о зачислении в отставку содержит вывод, что Геннадий Ильин "должности командира санитарного взвода соответствует с исправлением слабого отношения к себе и подчиненным."

Фрагмент послевоенной учётно-послужной карточки фельдшера Ильина Г. С.

Награды:

Орден Красной Звезды (апрель 1944 г.): командуя санитарным взводом 1345-го стрелкового полка 399-й стрелковой Новозыбковской дивизии;

Медаль "За боевые заслуги" (февраль 1945 г.): командуя санитарным взводом 1345-го стрелкового полка 399-й стрелковой Новозыбковской ордена Суворова дивизии;

Медаль "За взятие Кёнигсберга" (1945 г.);

Медаль "За победу над Германией" (1945 г.).

Примечание.   Фильтрационно-проверочного дела на Геннадия Ильина, скорее всего, не было заведено. Сведения о наградах получены из Электронного Банка Документов "Подвиг Народа".

Наградный лист.

1. Фамилия, имя и отчество Ильин Геннадий Сергеевич

2. Звание мл. лейтенант м/с 3. Должность, часть командир санитарного взвода стрелкового батальона 1345 в.ж. полка 399 стр. Новозыбк. Дивиз 60 А/м

Представляется к ордену "Красная Звезда"

4. Год рождения 1922   5. Национальность Русский   6. партийность: б/п.

7. Участие в гражданской войне, последующих боевых действиях по защите СССР и отечественной войне (где, когда) юго-запад. фр. с 1941 г. Брянск-Центр-Белорус. с 1942.

8. Имеет ли ранения и контузии в отечественной войне. ранен в 1942 г.

9. С какого времени в Красной Армии с 1940 10 каким РВК призван: Сосновборским РВК Пензенской обл.

11. Чем ранее награждён (за какие отличия) не награждался.

12. Постоянный домашний адрес представляемого к награждению и адрес семьи. Пензенская обл. Сосновборский район, с. Русское Труево

I. Краткое, конкретное изложение личного боевого подвига, засл.

В период наступательных боёв за д. Велиций Бор д. Михайловка Парического района Полесской области 21-22 февраля 1944 года тов. Ильин, проявляя смелость и отвагу, под обстрелом противника сам вынес с поля боя 8 человек тяжело раненых и оказал мед. помощь 70 тяжело раненым бойцам и офицерам.

В период наступательных боёв за д. Александровка Чауского района Могилёвской обл. 29-30 марта 1944 г. т. Ильин лично вынес с поля боя 5 раненых бойцов с их оружием.

Командир 1345
"2" апреля 1944 Полковник (Онегов)

Наградной лист лейтенанта Ильина Г. С. (апрель 1944 года).

Наградной лист

1. Фамилия, имя, отчество Ильин Геннадий Сергеевич

2. Звание Лейтенант м/с Должность, часть Командир Санитарного Взвода, 1345 стрелкового полка, 399 стрелковой Новозыбновской ордена Суворова дивизии

Представляется к награждению орденом Отечественная Война II ст.

4. Год рождения 1922   5. Национальность Русский   6. Партийность чл ВКП(б) с 44

7. Участие в гражданской войне и последующих боевых действиях по защите СССР и Отечественной войны (где и когда) Отечественная Война с 27.08.1941г.

8. Имеет ли ранения, контузии в Отечественной войне Ранен 8.11.1942 года

9. С какого времени в Красной Армии с 1940 года 4.10.

10. Каким РВК призван Соснобарским РВК Пензенская область

11. Чем ранее награжден (за какие отличия) орден "Красная Звезда" пр № 95/н 18.4.44 года. 399 сн о е д.

12. Постоянный домашний адрес представляемого к награждению и адрес его семьи

Краткое, конкретное изложение личного боевого подвига или заслуг.

В боях 26-31 января 1945 года под населенным пунктом - Шлодиен Кенигсбергской провинции (Восточная Пруссия) в тяжелых условиях боя, когда санрота и тылы полка были оторваны от боевых подразделений, тов. Ильин проявил мужество, отвагу и самоотверженность, принял организацию приема раненых, оказание им помощи, и эвакуацию их на себе. Возглавляя эту работу, тов. Ильин принял и эвакуировал более 150 раненых, оказав им квалифицированную фельдшерскую помощь.

Достоин правительственной награды - ордена "Отечественная война" II степени.

Командир 1345 стрелкового полка подполковник   (Абрамов)

11 Февраля 1945г.

Наградной лист лейтенанта Ильина Г. С. (февраль 1945 года).

Куценко Иван Дмитриевич
(младший лейтенант, командир взвода школы)

Иван Дмитриевич Куценко родился 3 апреля 1911 года в деревне Гута-Катюжанская Дымерской волости Киевского уезда Киевской губернии (позднее Дымерского района Киевской области; ныне: Вышгородского района Киевской области Украины), в крестьянской семье, украинец.

Окончил 4 класса неполной средней школы. Работал счетоводом.

Вступил на службу в РККА в 1933 году.

В учётно-послужной карточке (УПК) Куценко есть записи (*скорее всего, довоенные*) о его пребывании, как командира отделения, в запасе командного состава сапёрных войск Киевского Особого Военного Округа (КОВО) по военно-учётной специальности (ВУС) № 34 ("Танкисты средних танков"), и работе старшим инструктором Районного Исполнительного Комитета (райисполкома; РИКа) Дымерского района Киевской области.

Член ВКП(б) с 1938 года.

Окончил 4-месячные курсы младших лейтенантов *инженерных войск при КОВО*. В марте 1940 года назначен командиром взвода *97-го* отдельного сапёрного батальона (ОСБ) 49-го стрелкового корпуса (Приказ КОВО № 0545).

12 сентября 1940 года Иван Куценко был назначен командиром взвода школы 48-го инженерного батальона 4-го мехкорпуса (Приказ КОВО № 02759).

Фрагмент учётно-послужной карточки младшего лейтенанта Куценко И. Д.

8. Командир взвода мл лейтенант КУЦЕНКО ИВАН ДМИТРИЕВИЧ,— КОМАНДИРОМ ВЗВОДА ШКОЛЫ 48 инженерного батальона.

Рождения 1911 года, украинец, служащий, чл. ВКП/б/ общее образование 4 класса, военное — курсы мл. лейтенантов в РККА с 1933 года.

Фрагмент приказа КОВО № 02759 с назначением младшего лейтенанта Куценко И. Д. (12 сентября 1940 года).

Куценко попал в плен (дата и обстоятельства неизвестны), и был впоследствии освобождён. Судя по донесению об освобождённых из плена Одесского Военно-Пересыльного Пункта (ВПП) № 810625 Куценко *был понижен в звании до сержанта (в должности рядового).*

Согласно донесению о безвозвратных потерях 24-й "Бердичевской" стрелковой дивизии 19 января 1944 года рядовой Иван Куценко был убит. Похоронен в братской могиле у ручья, 1 км восточнее к/з Чернички (Комсомольский район, Винницкая область, Украинская ССР). Относится ли это донесение к младшему лейтенанту Ивану Дмитриевичу Куценко — неизвестно.

Сосицин Василий Андреевич

(младший лейтенант, командир взвода)

Василий Андреевич Сосицин родился в 1915 году, русский.

Окончил 5 классов.

Вступил на службу в РККА в 1937 году.

Окончил 4-месячные курсы младших лейтенантов *инженерных войск при Киевском Особом Военном Округе (КОВО)*. Звание младшего лейтенанта присвоено в 1940 году. Кандидат в члены ВКП(б).

Согласно учётно-послужной карточке (УПК) Сосицына, он служил в *308-м отдельном сапёрном батальоне (ОСБ) 49-го стрелкового корпуса (СК)*. До лета 1940 года в 49-м СК был только один ОСБ без номера. *По некоторым сведениям, 11 июля 1940 года 49-му СК был придан 97-й ОСБ (см. биографию Дмитрия Сплетухова).* А в 49-м СК 2-го формирования, созданном в КОВО в марте 1941 года, уже существовал 308-й ОСБ. *Поэтому можно предположить, что Сосицын был назначен в ОСБ (без номера) 49-го СК, и пометка о номере батальона (308-й ОСБ) была добавлена в УПК позже, после переформирования корпуса (см. также биографию Феодосия Филиппенко).*

12 сентября 1940 года Василий Сосицин был назначен командиром взвода 48-го инженерного батальона 4-го мехкорпуса (Приказ КОВО № 02759).

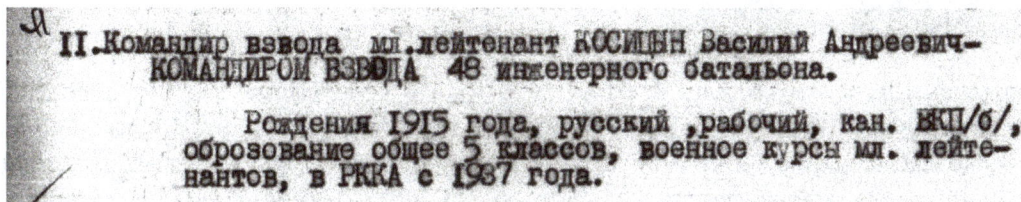

Фрагмент приказа КОВО № 02759 с назначением младшего лейтенанта
Косицина (Сосицина) В. А. (12 сентября 1940 года).

Согласно записи в учётно-послужной карточке (УПК), командир взвода Сосицин пропал без вести в сентябре 1941 года в Киевской области, в составе *49-го СК Юго-Западного Фронта (ЮЗФ)*. Эта запись сделана без учёта перевода Сосицина в 48-й инжбат, *и скорее всего, он погиб в Киевском котле во время попыток прорыва из окружения.*

Фрагмент учётно-послужной карточки младшего лейтенанта Сосицина В. А.

Дальнейшая судьба не установлена.

Шевченко Павел Гурьевич
(младший лейтенант, командир взвода)

Павел Гурьевич Шевченко родился 1 июля 1913 года в селе Сидоровка Шендеровской волости Каневского уезда Киевской губернии (позднее Корсунь-Шевченковского района Киевской области; ныне: Корсунь-Шевченковского района Черкасской области Украины), в крестьянской семье, украинец.

Окончил 7 классов. Работал шофёром.

Вступил на службу в РККА в ноябре 1935 года: согласно сведениям из учётно-послужной карточки (УПК), курсант в 58-й отдельной сапёрной роте 58-й стрелковой дивизии (город Черкассы); командир отделения, старший шофёр и заведующий складом боевого питания / заведующий складом неприкосновенного запаса (НЗ) в 45-м отдельном сапёрном батальоне (ОСБ) 45-й стрелковой дивизии (г. Чуднов-Волынский Житомирской области).

Кандидат в члены ВКП(б) с 1939 года.

С середины сентября 1939 года Павел Шевченко служил зав. складом боевого питания в 155-м ОСБ Новоград-Волынского Укреплённого Района. Затем, в период между 1 февраля и 1 июля 1940 года, прошёл 6-месячные курсы младших лейтенантов при военскладе № 80 в городе Нежин. На этих же курсах одновременно с Павлом Шевченко учились Виктор Петухов, Тихон Кошелев, Григорий Кравченко и Пётр Найденко, а с февраля по март Алексей Котляр и Макар Лапа.

4 сентября 1940 года младший лейтенант Шевченко был назначен командиром *сапёрного* взвода (*97-го*) ОСБ 49-го стрелкового корпуса.

12 сентября 1940 года Павел Шевченко был назначен командиром взвода 48-го инженерного батальона 4-го мехкорпуса (Приказ КОВО № 02759).

В ЦАМО хранится копия приказа ГУК № 1985 от 08 августа 1946 года об исключении младшего лейтенанта командира сапёрного взвода Павла Гурьевича Шевченко из списков, как пропавшего без вести в 1941 году (*308-й отдельный сапёрный батальон, ОСБ, ошибочно указан как 308-й отдельный батальон связи, ОБС*). В 49-м СК 2-го формирования, созданном в КОВО в марте 1941 года, уже существовал 308-й ОСБ *(см. биографии Феодосия Филиппенко и Василия Сосицина).*

Фрагмент учётно-послужной карточки младшего лейтенанта Шевченко П. Г.

Фрагмент приказа КОВО № 02759 с назначением младшего лейтенанта Шевченко П. Г. (12 сентября 1940 года).

Фрагмент приказа об исключении из списков младшего лейтенанта Шевченко П. Г.

Однако запись в его УПК, соответствующая приказу Управления Кадров Красной Армии (УККА) № 002 от 2 июля 1941 года, уточняет, что Павел Шевченко исключён из списков "ввиду смерти". Обстоятельства гибели Шевченко не установлены, *но скорее всего, он погиб во время отхода 48-го инжбата из Тарнополя (ныне Тернополь) в районе города Збараж.*

Слободянник Александр Петрович

(младший лейтенант, командир взвода)

Александр Петрович Слободянник родился в 1913 году, украинец.

Окончил 7 классов.

Вступил на службу в РККА в 1939 году.

Согласно сведениям из учётно-послужной карточки (УПК), окончил академические курсы усовершенствования командного состава (АКУКС) при военно-инженерной школе.

До сентября 1940 года служил в *97-м* отдельном сапёрном батальоне (ОСБ) 49-го стрелкового корпуса.

12 сентября 1940 года Александр Слободянник был назначен командиром взвода 48-го инженерного батальона 4-го мехкорпуса (Приказ КОВО № 02759).

Фрагмент учётно-послужной карточки младшего лейтенанта Слободянника А. П.

Фрагмент приказа КОВО № 02759 с назначением младшего лейтенанта Слободянника А. П. (12 сентября 1940 года).

Дальнейшая судьба не установлена.

В ЦАМО хранятся сведения о военнопленном Александре Злободенюке, родившемся в 1908 году в Запорожской области Украинской ССР, и погибшем в плену 28 июня 1944 года (похоронен в городе Далум, Германия) — *не исключено, что эта запись имеет отношение к младшему лейтенанту 48-го инжбата Александру Петровичу Слободяннику.*

Кошелев Тихон Трофимович
(младший лейтенант, командир сапёрного взвода)

Тихон Трофимович Кошелев родился 8 (12) августа 1915 года в селе Давыдовка Воронежской губернии (позднее Давыдовского района Воронежской области), в крестьянской семье, русский.

Окончил 8 классов средней школы в селе Давыдовка в 1933 году, и Фабрично-Заводское Училище (ФЗУ) в селе Отрожка Воронежской области.

Кадровый офицер: вступил на службу в РККА в ноябре 1936 г. (красноармеец в 9-м отдельном легко-модернизованном инженерном батальоне Киевского Военного Округа). С октября 1938 года по февраль 1940 года проходил службу в городе Изяслав(ль) на компрессорной станции, затем начальником станции АС-1 или АЭС-3; впоследствии, младшим командиром взвода и заведующим вещевым складом (складом ОВС).

Согласно записям в учётно-послужной карточке (УПК), с 17 сентября по 22 октября 1939 года Тихон Кошелев участвовал в "Польской Кампании", т. н. освобождении Западной Украины (Злочев, Тарнополь, Львов).

Звание лейтенанта присвоено в сентябре 1940 года, после прохождения 6-месячных курсов младших лейтенантов и младших воентехников при инженерном складе № 80 в городе Нежин (с 1 февраля по 1 июля 1940 года). 4 сентября 1940 года младший лейтенант Кошелев назначен командиром *сапёрного* взвода *97-го* отдельного сапёрного батальона 49-го стрелкового корпуса (Приказ НКО № 04002 от 4 сентября 1940 г.; Приказ КОВО № 02069 от 26 июня 1940 г.).

12 сентября 1940 года назначен командиром взвода 48-го отдельного инженерного батальона 4-го мехкорпуса (Приказ КОВО № 02759).

Согласно более поздним записям в УПК (восстановленным после войны), перевод в 48-й инжбат *состоялся ещё в июне/июле 1940 года*, включая назначение командиром "автотранспортного" взвода 48-го инжбата 6-й Армии. С октября 1940 года младший лейтенант Кошелев был командиром отдельного взвода школы младшего командного состава 48-го инжбата. Характеризовался положительно:

"Политически и морально устойчив. Дисциплинирован. Волевой. Инициативен. Взвод в 6-не занимает первое место. Инж. технику знает."

Фрагмент учётно-послужной карточки младшего лейтенанта Кошелева Т. Т.

Фрагмент учётно-послужной карточки младшего лейтенанта Кошелева Т. Т.

Фрагмент приказа КОВО № 02759 с назначением младшего лейтенанта Кошелева Т. Т. (12 сентября 1940 года).

Приказом от 9 июня 1941 года (КОВО № 00276) был переведён в 65-й мотоинженерный батальон 15-го мехкорпуса командиром технического взвода школы. Однако приближающаяся и разразившаяся война помешала этому переводу, и 22 июня 1941 года младший лейтенант Кошелев встретил в составе 48-го мото-инженерного (дорожного) батальона 4-го мехкорпуса 6-й Армии, в боях на Львовском выступе. Это подтверждается и данными из УПК Кошелева, и воспоминаниями сержанта 48-го инжбата Александра Жука.

"Это было 23-го июня 1941 года, вблизи местечка Равва-Русская, у новой Государственной границы. Только что, подвязав к опорным узлам моста ящики с толом и протянув от запала к запалу бикфордов шнур, ребята под командой младшего лейтенанта Кошелева вбежали в укрытие. До этого Кошелев выстроил взвод в две шеренги и скомандовав «смирно», взял под козырёк." [295]

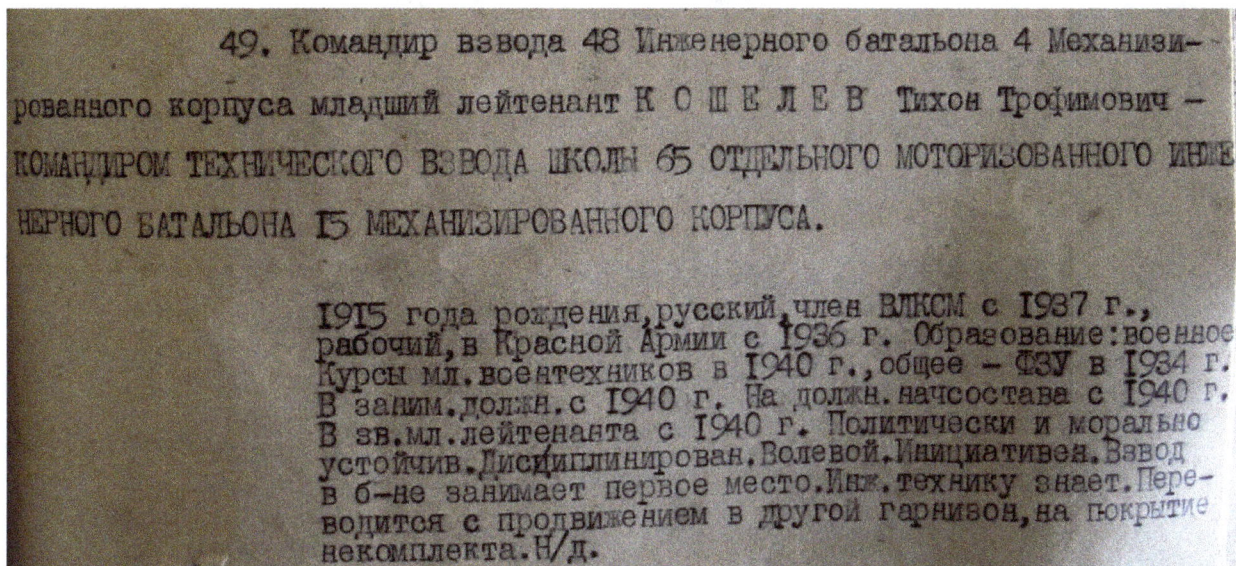

Фрагмент Приказа КОВО № 00276 о переводе младшего лейтенанта Кошелева Т. Т. (9 июня 1941 года);
ЦАМО фонд 131, опись 12523, дело 15, лист 577.

В августе 1941 года Кошелев был назначен командиром сапёрного взвода 48-го отдельного инженерного батальона (ОИБ) 37-й Армии. В период между 1 и 15 сентября 1941 года был делегатом связи при штабе фронта от 48-го ОИБ, а 15 сентября 1941 года вернулся к командованию сапёрным взводом 48-го ОИБ.

23 сентября 1941 года, после отступления 37-й Армии из Киева, Кошелев был ранен и попал в плен (в районе села Березань). Протокол послевоенного допроса в "СМЕРШ" включает следующие детали:

"23-го сентября 1941 года попал в фашистские руки, где был заброшен в немецкие фашистские лагеря то есть был плен.

Я младший лейтенант Кошелев Т.Т. служил в 48 ОИБ 37 Армии в качестве командира саперного взвода

С 18-го сентября 1941 года нашим войскам было приказано делать организованный отход притом с боем, прорвать линию противника, и выйти в Харьковь. А так-же и отдан нашему батальону 48 ОИБ выход из окружения 18.09.41 г. Командиром 48 ОИБ мне было приказано занять оборону на северной стороне аэродрома, который Борисно[ля] был западней и вот 19.09.41 я со своим взводом принял на этом участке первый бой. Отходя на Борисполь все время принимая бой с противником отошел до Хутора Березань Киевской области И вот 23-го утром меня легко ранело в правую ногу при том с подошел к такой местности болото продолжаясь несколько киллометров Я забегаю в Хут. березани забежал в одну хату нету никого Вторая горит Я тогда забежал в убежище сидит одна семья, я прошу дать чтонибудь переодется или возмите меня как за своего сына Мне все это отказали, тогда я стал вылазить в эту минуту фашисты сразу меня схватили и бросили в фашистский лагерь".

Тихон Кошелев находился в плену и на оккупированной территории с 23 сентября 1941 года по апрель 1945 года.

---

[295] Жук А. В. Начало. — Стройиздат, Санкт-Петербург, 2005, стр. 4.

Фрагмент протокола допроса младшего лейтенанта Кошелева Т. Т. в "СМЕРШ" (1 декабря 1945 года).

Опросной лист Главного Управления Контрразведки "СМЕРШ", подписанный 1 декабря 1945 года, а так же УПК Тихона Кошелева содержат сведения о нахождении в плену, включая переходные лагеря: Дарница, Борисполь, Киев (Керосиновка), Васильков, Шепетовка, Славута, а также:

- с октября 1941 г. по май 1942 г. — лагерь в г. Ровно;
- с мая по август 1942 г. — лагерь в г. Корец;
- с 26 августа по 24 октября 1942 г. — в побеге, с 1 сентября 1942 г. проживал в селе Бачмановка Славутского района Каменец-Подольской области у матери и жены, задержан 24 октября 1942 г.;
- с конца октября 1942 г. по апрель 1945 г. — г. Фаллерслебен (ныне Вольфсбург), Германия;
- 11 апреля 1945 г. освобождён союзными (американскими) войсками в г. Фаллерслебен.

Фрагмент учётно-послужной карточки младшего лейтенанта Кошелева Т. Т. (1945 год).

Фрагмент учётно-послужной карточки младшего лейтенанта Кошелева Т. Т. (1946 год).

Фрагмент фильтрационно-проверочного дела младшего лейтенанта Кошелева Т. Т.

После освобождения в апреле 1945 года Тихон Кошелев находился на госповерке (офицерский лагерь № 269) в городе Баутцен, Германия (см. Примечание), а затем, с сентября или октября 1945 года — на фильтрации (спецповерке) в 99-м запасном стрелковом полку 33-й запасной стрелковой дивизии.

После войны Тихон Кошелев работал слесарем на заводе Стандартстрой № 1 (Министерство Путей Сообщения), в городе Славута Каменец-Подольской (ныне Хмельницкой) области Украины.

УПК Кошелева содержит запись о том, что 11 октября 1948 года Славутским РВК Каменец-Подольской области ему был выдан военный билет.

Фрагмент фильтрационно-проверочного дела младшего лейтенанта Кошелева Т. Т.

Примечание. Сведения о пленении и выходе из окружения получены из фильтрационно-проверочного дела № 17606 младшего лейтенанта Кошелева Т. Т., хранящегося в Государственном Архиве Общественно-Политической Истории Воронежской области; опросной лист Главного Управления Контрразведки "СМЕРШ" подписан 1 декабря 1945 г.

Фрагмент фильтрационно-проверочного дела младшего лейтенанта Кошелева Т. Т.

Интересный факт[296]: тюрьма в городе Баутцен, построенная в начале 20-го века, использовалась нацистами в 1933—1945 гг. для содержания политических противников режима (Баутцен-I). В 1945 году в тюрьме Баутцен-I располагался фильтрационно-проверочный лагерь НКВД № 269, а, впоследствии, советский концентрационный лагерь ("Спецлагерь № 4"). В 1950 году тюрьма перешла под контроль Министерства Внутренних Дел ГДР. В 1956 году, когда были освобождены последние заключённые, посаженные Советской Администрацией, там остались преступники-рецидивисты и осуждённые к длительным срокам. С октября 1990 года Баутцен-I находится под управлением Министерства Юстиции Саксонии (тюрьма для осуждённых к длительным срокам заключения). В соседней тюрьме, Баутцен-II, находившейся с 1956 года под неофициальным контролем Министерства Госбезопасности ГДР ("Штази"), содержали обвиняемых в государственных преступлениях: подрывной деятельности, шпионаже, а также диссидентов и т.п. В 1993 году тюрьма Баутцен-II была превращена в мемориал жертвам тоталитаризма.

---

[296] История тюрем Баутцен-I и Батуцен-II: по материалам Андрея Солдатова, Agentura.ru: http://agentura.ru/infrastructure/specprisons/bautzen/

Котляр Алексей Павлович
(младший лейтенант, командир дорожного взвода)

Алексей Павлович Котляр родился 15 марта 1912 года на хуторе Шевчиха, село Орликовка, Семёновской волости Новозыбковского уезда Черниговской губернии (ныне Семёновского района Черниговской области Украины), в крестьянской семье, украинец.

Образование: 7 классов. Работал кузнецом.

Кадровый офицер: Согласно сведениям из учётно-послужной карточки (УПК), вступил в РККА в октябре 1934 года красноармейцем 153-го отдельного сапёрного батальона (ОСБ) в городе Могилев-Подольский, где продолжил службу курсантом школы младших командиров в 1935 году; помощником заведующего техническим складом и ружейного мастера в 1936 году; заведующим техническим складом в 1937 году; начальником станции АЭС-3 и помощником командира технического взвода с ноября 1937 года по май 1939 года.

С мая по сентябрь 1939 года проходил обучение на курсах младших лейтенантов инженерных войск города Киев (в/ч 6258), после чего, 9 сентября 1939 года, вернулся в 153-й ОСБ в город Могилев-Подольский, вр. командира взвода.

С 17 сентября по 15 октября 1939 года Алексей Котляр участвовал в "Польской Кампании", т. н. освобождении Западной Украины, *очевидно, в составе 153-го ОСБ*, в котором он продолжал службу до 24 января 1940 года.

С конца января до начала марта 1940 года проходил обучение на курсах младших лейтенантов при военскладе № 80 в городе Нежин.

Звание младшего лейтенанта присвоено в 1940 году. В том же году назначен командиром взвода *97-го ОСБ 49-го стрелкового корпуса*.

Приказом КОВО № 02759 от 12 сентября 1940 года младший лейтенант Котляр назначен командиром взвода 48-го инженерного батальона.

В УПК это назначение записано как "дорож-мин взв": *возможно имелся в виду "дорожно-минный взвод"* 48-го инженерного батальона "6-го мото-мех корпуса", *означая 4-й мехкорпус 6-й Армии*. Характеризовался положительно:

"Политически и морально устойчив. Энергичный, дисциплинированный и требовательный командир. Спец. подготовка хорошая."

Фрагмент учётно-послужной карточки младшего лейтенанта Котляра А. П.

Фрагмент учётно-послужной карточки младшего лейтенанта Котляра А. П.

17. Командир взвода мл. лейтенант КОТЛЯР Алексей Павлович —
— КОМАНДИРОМ ВЗВОДА 48 инженерного батальона.

Рождения 1912 года, украинец, колхозник, чл. ВЛКСМ,
общее образование 7 классов, военное курсы мл. лейтенантов,
в РККА с 1939 года.

Фрагмент приказа КОВО № 02759 с назначением младшего лейтенанта Котляра А. П. (12 сентября 1940 года).

Приказом от 9 июня 1941 года (КОВО № 00276) Котляр был переведён командиром технического взвода в 89-й отдельный (мото-)инженерный батальон 22-го мехкорпуса. Как и в случаях с воентехником 2-го ранга Левченко и младшими лейтенантами Кошелевым и Кравченко, *приближающаяся и разразившаяся война помешала этому переводу, и войну Алексей Котляр встретил в составе 48-го отдельного мото-инженерного (дорожного) батальона 4-го мехкорпуса 6-й Армии.*

Согласно записям в УПК, младший лейтенант Котляр участвует в войне с 24 июня 1941 года. Согласно наградному листу — с 23 июня 1941 года.

При выходе из Киевского окружения Котляр попал в плен 22 сентября 1941 года (согласно УПК). Однако согласно наградному листу, *в окружении был 17 суток. Скорее всего, 17 суток он был в плену, а потом добрался до родных мест на Черниговщине.*

Так или иначе, Алексей Котляр проживал на оккупированной территории до 19 апреля 1944 года, после чего прошёл через армейский сборно-пересыльный пункт. В период между 19 апреля и 14 сентября 1944 года проходил спецповерку в проверочно-фильтрационном лагере (ПФЛ) НКВД № 258 в городе Харьков.

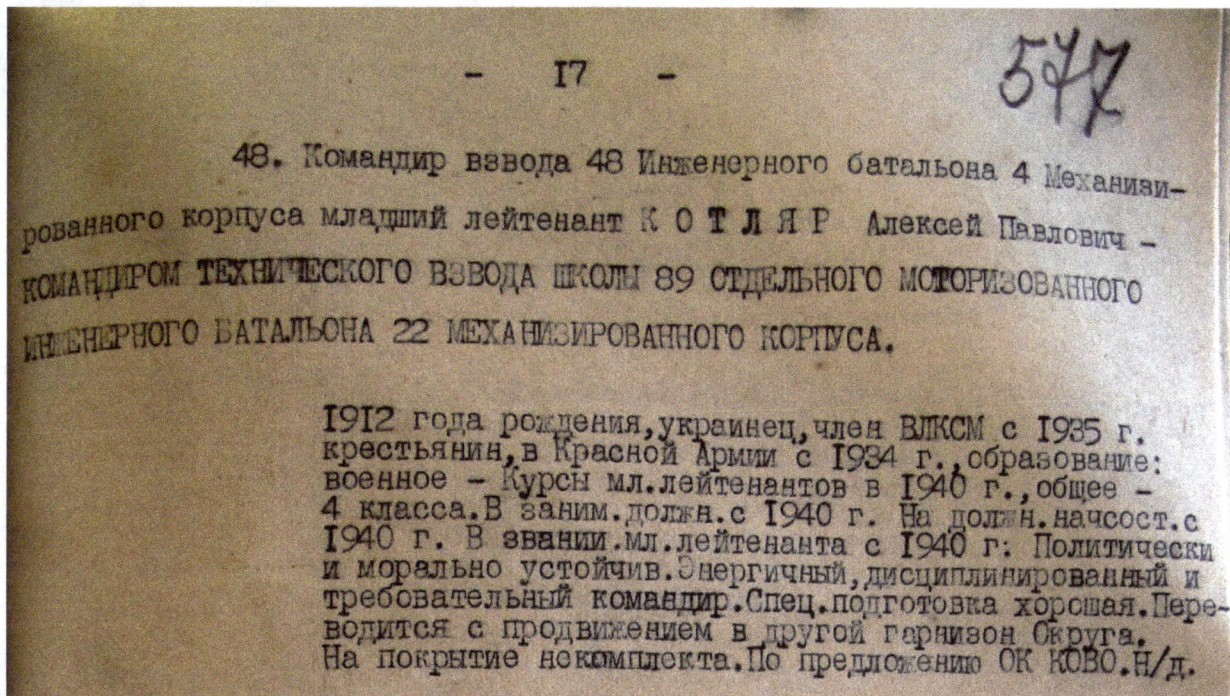

Фрагмент приказа КОВО № 00276 о переводе младшего лейтенанта Котляра А. П. (9 июня 1941 года);
ЦАМО фонд 131, опись 12523, дело 15, лист 577.

После проверки зачислен в 20-й отдельный штурмовой стрелковый батальон (ОШСБ) красноармейцем (полевая почта № 13441, дислокация: город Харьков). В УПК есть запись о том, что с 19 октября 1944 года Котляр входит в состав 20-го ОШСБ как "боец-переменник": по документам того времени слово "штрафник" не использовалось, а официальным обращением к солдату было "боец-переменник" — по той причине, что состав постоянно изменялся (см. Примечание).

20-й ОШСБ включал по штату 924 человека и существовал с 15 октября 1944 года по 10 марта 1945 года, принимая участие в боях в составе 65-й Армии 2-го Белорусского Фронта, в частности в Млавско-Эльбингской и Восточно-Померанской стратегических операциях.

Интересный факт: согласно Приказу Войскам Харьковского Военного Округа № 00653 от 16 августа 1944 года ("О формировании 18, 19 и 20 отдельных штурмовых стрелковых батальонов")

"срок пребывания личного состава и спецконтингента в штурмовых батальонах установить 2 месяца с участием в боях или до награждения орденами за проявленную доблесть в бою, или же до первого ранения, после чего личный состав при наличии хорошей аттестации может быть использован на соответствующих должностях офицерского состава."

Алексей Котляр был ранен 6 января 1945 года, в боях в Пултуском повяте (районе), неподалёку от города Пултуск Варшавского воеводства (Польша), и выбыл в эвакогоспиталь № 2447, расположенный в городе Киев.

Запись в УПК от 30 марта 1945 года уточняет, что боец-переменник 20-го ОШСБ Котляр "восстановлен, как получивший ранение, во всех офицерских правах и воинском звании", и зачислен в резерв офицерского состава.

Фрагмент учётно-послужной карточки младшего лейтенанта Котляра А. П.

Фрагмент учётно-послужной карточки младшего лейтенанта Котляра А. П.

Уволен в отставку по болезни 15 июля 1947 года и поставлен на учёт в Молотовский РВК города Киев.

Дальнейшая судьба неизвестна.

Награда:

Орден Красной Звезды (апрель 1946 г.): в составе 20-го отдельного штурмового стрелкового батальона (ОШСБ).

Примечание. Местонахождение фильтрационно-проверочного дела Алексея Котляра не установлено. Сведения о наградах получены из Электронного Банка Документов "Подвиг Народа".

Цитаты из интервью доктора исторических наук, профессора-историка Виктора Короля:

"...по некоторым данным, через штрафные батальоны и роты, официально созданные приказом № 227 от 28 июля 1942 года, за всю войну прошло до одного миллиона человек.

...

Служба в штрафбате оставляла мало шансов выжить. Солдат посылали на самые опасные участки. Штрафники несли потери примерно вшестеро большие, чем регулярные части. Один офицер-фронтовик рассказывал, что средний солдат переживал 2–3 атаки, после чего погибал.

...

Хуже, чем штрафникам, приходилось, наверное, только мужчинам, мобилизованным с территорий, освобожденных от оккупации. Их вообще бросали в бой без обмундирования и оружия, чтобы они добыли себе оружие в бою, «кровью искупив позор оккупации». Был случай, когда при штурме кирпичного завода в Украине этим людям, многие из которых были еще подростками, вместо оружия выдали кирпичи, чтобы они имитировали бросок гранаты." [297]

---

[297] Андрей Топчий, "Факты", 28 июля 2011 года:
    Источник: http://fakty.ua/137152-istorik-viktor-korol-veteran-zagradotryada-vspominal-chto-za-sutki-rasstrelival-okolo-dvadcati-chelovek

НАГРАДНОЙ ЛИСТ.

1. Фамилия, имя и отчество Котляр Алексей Павлович

2. Звание мл. лейтенант 3. Должность, часть ком. роты разведки
20 отд. штурмового батальона 65 армии 2Белорус. фр.
Представляется к ордену „Красная Звезда".

4. Год рождения 1912. 5. Национальность украинец. 6. Партийность б/п.

7. Участие в гражданской войне, последующих боевых действиях по
защите СССР в Отечественной войне /где, когда/ на фронте
Отечественной войны с 23.VI.41г. по 6.I.45.

8. Имеет ли ранения и контузии в Отечественной войне одно тяжелое
ранение

9. С какого времени в Красной Армии 1934. 10. Каким РВК призван
Семеновским Р.В.К. Черниговской обл.

11. Чем ранее награжден /за какие отличия/ не награжден

12. Постоянный домашний адрес представляемого к награждению и адрес
его семьи

I. Краткое, конкретное изложение личного боевого подвига или заслуг.

т. Котляр А.П. кадровый офицер, в Кр. Армии
с 1934г. На фронте Отечественной войны с
23.VI.41г. Был в окружении 17 суток. Госпроверку прошел в 1944г. направлен в штурмовой батальон. Документы о звании капитана
утеряны, восстановлено только звание мл.
лейтенанта присвоенное в 1940г. Участвовал
в боях за Десну. Получил тяжелое ранение
разрывной пулей й осколком в правый
бок и живот — 6.I.45г. в бою левее г. Пултуск.
По характеру ранение тяжелое, больной
продолжает находиться в тяжелом состоянии.
Достоин правительственной награды — ордена „Красная Звезда". — Командир /начальник/ госпиталя №5967

"3" Апреля 1946 г. Майор мед сл. Бруд /Брудный/.

Наградной лист младшего лейтенанта Котляра А. П. (апрель 1946 года).

Кравченко Григорий Евдокимович
(младший лейтенант, командир технического взвода)

Григорий Евдокимович Кравченко родился 29 декабря 1914 года в селе Малое Перещепино Малоперещепинской волости Константиноградского уезда Полтавской губернии (ныне Новосанжарского района Полтавской области Украины), в крестьянской семье, украинец.   Работал продавцом.

Кадровый офицер: согласно сведениям из учётно-послужной карточки (УПК), вступил в РККА в апреле 1936 года, курсантом школы младших командиров 1-го мото-понтонного полка в городе Киев; командовал отделением первые десять месяцев 1937 года, после чего был назначен старшиной 17-го отдельного мото-инженерного батальона в городе Нововолынск.

С 1 февраля по 1 июля 1940 года проходил обучение на курсах младших лейтенантов при военскладе № 80 в городе Нежин. Кандидат в члены ВКП(б).

Звание младшего лейтенанта присвоено в 1940 году. 4 сентября 1940 года назначен командиром сапёрного взвода *97-го отдельного сапёрного батальона (ОСБ) 49-го стрелкового корпуса* (Приказ НКО № 04002 от 4 сентября 1940 года; Приказ КОВО № 02069 от 26 июня 1940 года).

Приказом КОВО № 02759 от 12 сентября 1940 года младший лейтенант Кравченко назначен командиром взвода 48-го отдельного инженерного батальона 4-го мехкорпуса 6-й Армии. Характеризовался положительно:

"Политически и морально устойчив. Дисциплинирован. Инж. технику знает хорошо."

Приказом от 9 июня 1941 года (КОВО № 00276) Кравченко был переведён командиром технического взвода школы 78-го отдельного моторизованного инженерного батальона 16-го мехкорпуса. Как и в случаях с воентехником 2-го ранга Левченко и младшими лейтенантами Кошелевым и Котляром, *приближающаяся и разразившаяся война помешала этому переводу, и войну Григорий Кравченко встретил в составе 48-го отдельного мото-инженерного (дорожного) батальона 4-го мехкорпуса 6-й Армии.*

Фрагмент учётно-послужной карточки младшего лейтенанта Кравченко Г. Е.

Фрагмент приказа КОВО № 02759 с назначением младшего лейтенанта Кравченко Г. Е. (12 сентября 1940 года).

Фрагмент приказа КОВО № 00276 о переводе младшего лейтенанта Кравченко Г. Е. (9 июня 1941 года); ЦАМО фонд 131, опись 12523, дело 15, лист 576.

Младший лейтенант Кравченко упоминается в докладе начальнику 3-го отдела 4-го мехкорпуса от 18.7.41 года, "о состоянии людского состава, техники и материальной части 48-го дорожного батальона". В частности, описывая окружение в "районе леса Бела Корчма" (имеется в виду Богдановский лес к северу от шоссе между Тернополем и Волочиском, через который 48-й инжбат отходил в начале июля 1941 года от Збаража), доклад отмечает: "... А также большую трусость и растерянность проявлял мл. лейтенант Кравченко, он даже потерял роту, или вернее ушел, бросил ее."

Фрагмент доклада начальнику 3-го отдела 4-го мехкорпуса от 18.7.41 года.

Младший лейтенант Григорий Кравченко пропал без вести в 1941 году.

Фрагмент приказа об исключении из списков младшего лейтенанта Кравченко Г. Е.

Найденко Пётр Игнатьевич
(младший лейтенант, командир взвода)

Пётр Игнатьевич Найденко родился 20 сентября 1914 года в Криворогской волости Херсонского уезда Херсонской губернии, в рабочей семье, украинец. Место рождения в учётно-послужной карточке (УПК) 1940 года обозначено как "Рудник Октября" Криворожского района Днепропетровской области — *это возможно "Рудник Октябрьский"*. Окончил 7 классов

Кадровый офицер: согласно сведениям из учётно-послужной карточки (УПК), вступил в РККА в январе 1936 года, курсантом школы младших командиров 41-го отдельного сапёрного батальона (ОСБ) в городе Кривой Рог; командовал отделением 41-го ОСБ с сентября 1936 года по октябрь 1937 года, после чего был в Добровольно-Спортивном Обществе (ДСО) до июня 1938 года.

С июня 1938 года по февраль 1940 года был младшим командиром взвода 116-го ОСБ в городе Кривой Рог.

С 1 февраля по 1 июля 1940 года проходил обучение на курсах младших лейтенантов при военскладе № 80 в городе Нежин. Кандидат в члены ВКП(б).

Звание младшего лейтенанта присвоено в 1940 году. 4 сентября 1940 года назначен командиром взвода *97-го* ОСБ 49-го стрелкового корпуса (Приказ НКО № 04002 от 4 сентября 1940 года; Приказ КОВО № 02069 от 26 июня 1940 года).

Приказом КОВО № 02759 от 12 сентября 1940 года младший лейтенант Найденко назначен командиром взвода 48-го отдельного инженерного батальона 4-го мехкорпуса 6-й Армии.

Младший лейтенант Найденко упоминается в справке начальника особого отдела 4-го мехкорпуса от 20.7.41 года: "Во время нахождения дорожно-инженерного батальона в окружении в районе Збаража отдельные коммунисты и комсомольцы уничтожили свои партийные и комсомольские документы (младший лейтенант НАЙДЕНКО, старший сержант КАМИНСКИЙ и красноармеец ИСАЕВ)."

Младший лейтенант Пётр Найденко пропал без вести в 1941 году.

Фрагмент учётно-послужной карточки младшего лейтенанта Найденко П. И.

Фрагмент приказа КОВО № 02759 с назначением младшего лейтенанта Найденко П. И. (12 сентября 1940 года).

Фрагмент приказа об исключении из списков младшего лейтенанта Найденко П. И.

Лапа Макар Иванович
(младший лейтенант, командир взвода)

Макар Иванович Лапа родился 5 июля 1910 года в селе Удовка Сосницкого уезда Черниговской губернии (позднее Березнянский район Черниговской области Украины), в крестьянской семье, украинец.

Образование: 7 классов (школу окончил в 1933 году). Работал учителем.

Кадровый офицер: согласно сведениям из учётно-послужной карточки (УПК), вступил в РККА в октябре 1934 года, курсантом школы младших командиров 19-го стрелкового полка в городе Нежин; командовал отделением срочной службы с октября 1935 года по ноябрь 1936 года, после чего был старшим заведующим хранилища военсклада № 80 в городе Нежин до поступления на курсы младших лейтенантов при том же военскладе. Обучение на курсах проходил с 1 февраля по 5 марта 1940 года.

Член ВКП(б) с 1939 года.

Звание младшего лейтенанта присвоено в 1940 году. Тогда же назначен командиром взвода *97-го* ОСБ 49-го стрелкового корпуса (Приказ НКО № 04002 от 4 сентября 1940 года; Приказ КОВО № 0715 1940 года).

Приказом КОВО № 02759 от 12 сентября 1940 года младший лейтенант Лапа назначен командиром взвода 48-го отдельного инженерного батальона 4-го мехкорпуса 6-й Армии.

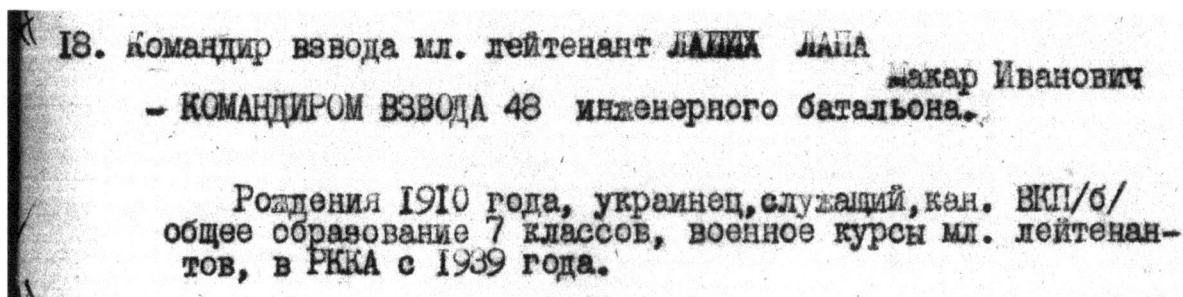

Фрагмент приказа КОВО № 02759 с назначением младшего лейтенанта Лапы М. И. (12 сентября 1940 года).

Фрагмент учётно-послужной карточки младшего лейтенанта Лапы М. И.

По воспоминаниям курсанта (впоследствии, сержанта) 48-го инжбата Александра Жука, в его взводе был "великовозрастный учитель из Нежина". *Возможно, это был Макар Лапа.*

"Наш взвод курсантов был набран из призывников с высшим и средним образованием. Мы с Митькой Дорошенко попали сюда после окончания архитектурного факультета Всероссийской Академии художеств. Среди нас выпускники десятилеток разных украинских городов и сёл. Выделялись великовозрастный учитель из Нежина и шестеро хлопцев, закончивших Харьковский физкультурный институт, — это отчаянные ребята, неутомимые заводилы и верные товарищи." [298]

Младший лейтенант Макар Лапа пропал без вести в 1941 году.

Фрагмент приказа об исключении из списков младшего лейтенанта Лапы М. И.

---

[298] Жук А. В. Начало. — Стройиздат, Санкт-Петербург, 2005, стр. 17.

Кутузов Валентин Васильевич
(младший лейтенант, командир взвода)

Валентин Васильевич Кутузов родился 7 мая 1907 года в городе Радошковичи Радошковской волости Вилейского уезда Виленской губернии (ныне Молодечненского района Минской области Беларуси), в семье служащих, белорус.

Закончил школу-семилетку в 1927 году, и Гжатский строительный техникум в 1933 году (ныне город Гагарин в Смоленской области).

Согласно сведениям из учётно-послужной карточки (УПК), работал техником-строителем; в последствии — техником смотрителем здания Рембазы № 22 Народного Комиссариата Обороны (НКО).

Вступил на службу в РККА в ноябре 1929 года курсантом-одногодичником 6-го Конно-Артиллерийского Дивизиона 6-й Чонгарской кавалерийской дивизии. Назначен командиром взвода в этой же части 28 декабря 1930 года, но уже 29 декабря 1930 года уволен из рядов РККА. В 1933 году прошёл 30-дневные учебные сборы.

Звание младшего лейтенанта запаса 1-го разряда присвоено в 1938 году.

В 1940 году прошёл 80-дневные учебные сборы.

Состоял на учёте в Ленинградском РВК города Москва, в командном составе инженерных войск, по Военно-учётной специальности (ВУС) № 34 (танкист средних танков БТ; механик-водитель, младший моторист) и должности командира (сапёрного) взвода. *Очевидно, был приписан к 9-му мотополку.*

Мобилизован 24 июня 1941 года. Ленинградским РВК г. Москвы, и направлен в распоряжение командира войсковой части 4255. Номер в/ч № 4255 был у 48-го мото-инженерного батальона 4-го мехкорпуса 6-й Армии.

Неизвестно, когда именно Валентин Кутузов покинул Москву после мобилизации и прибыл ли он в расположение 48-го инжбата. *Скорее всего, он оказался в другой части.*

Младший лейтенант Кутузов пропал без вести в августе 1941 года.

Фрагмент учётно-послужной карточки младшего лейтенанта Кутузова В. В.

Фрагмент именного списка погибших и пропавших без вести офицеров по Московскому Горвоенкомату с данными на младшего лейтенанта Кутузова В. В. (1946 год).

Фрагмент приказа об исключении из списков младшего лейтенанта Кутузова В. В.

В мае 2016 года при проведении поисковых работ Археологическим Патриотическо-Поисковым Объединением (АППО) "Днепр-Украина" в районе города Коростень Житомирской области Украины (КоУР, Коростеньский укрепрайон № 5) были обнаружены останки Валентина Васильевича Кутузова (с останками военнослужащих 2-го батальона 201-й воздушно-десантной бригады).

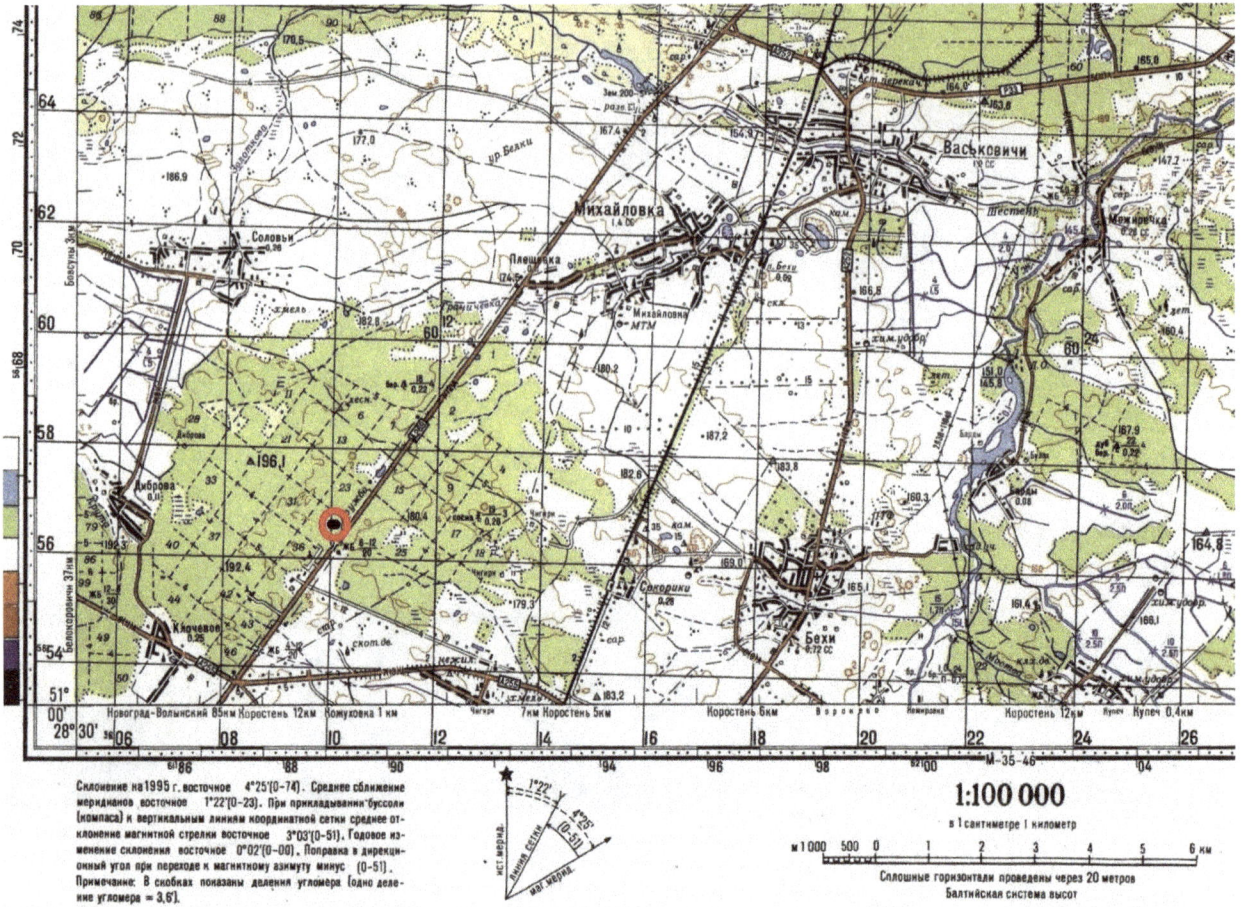

Фрагмент карты M-35-34 — место поисковых работ АППО "Днепр-Украина",
приведших к обнаружению останков Кутузова В. В., отмечено точкой в красном круге.

Примечание. 5 ноября 2016 года состоялось торжественное, с отданием всех воинских и церковных почестей, перезахоронение останков 60 воинов РККА, 20 из которых были идентифицированы. В их числе младший лейтенант Валентин Васильевич Кутузов. Фотография предоставлена Игорем Атаманчуком (АППО "Днепр-Украина").

Перезахоронение останков воинов РККА, в том числе Валентина Кутузова
(на переднем плане, слева). 5 ноября 2016 года. АППО "Днепр-Украина".

Белугин Василий Павлович

(младший лейтенант, командир взвода)

Василий Павлович Белугин родился в 1916 году, русский.

Окончил 6 классов.

Вступил на службу в РККА в 1937 году.

Окончил 4-месячные курсы младших лейтенантов *инженерных войск при Киевском Особом Военном Округе (КОВО).*

12 сентября 1940 года назначен командиром взвода 48-го инженерного батальона 4-го мехкорпуса (Приказ КОВО № 02759), переводом из 97-го отдельного сапёрного батальона 49-го стрелкового корпуса.

Фрагмент приказа КОВО № 02759 с назначением младшего лейтенанта Белугина В. П. (12 сентября 1940 года).

Младший лейтенант Белугин пропал без вести в 1941 г. Указан в списках на исключение по Челябинскому Облвоенкомату (август 1945 г.).

Фрагмент донесения о безвозвратных потерях с данными на младшего лейтенанта Белугина В. П.

Фрагмент приказа об исключении из списков младшего лейтенанта Белугина В. П.

Петухов Виктор Николаевич
(младший лейтенант, командир взвода)

Виктор Николаевич Петухов родился 2 апреля 1915 года в деревне Терпилово (Петропавловское) Писковской волости Мещовского уезда Калужской губернии (позднее: Мещовского района Смоленской области; ныне: Мещовского района Калужской области России), в крестьянской семье, русский.

Окончил 4 класса. Работал "машинистом дизеля".

Согласно сведениям из учётно-послужной карточки (УПК), вступил на службу в РККА в октябре 1936 года. Служил до февраля 1940 года в 50-й отдельном сапёрном батальоне (ОСБ) 17-го стрелкового корпуса (СК) в городе Винница: вначале курсантом школы младших командиров, затем командиром отделения и младшим командиром взвода, а с 1 ноября 1939 года по 1 февраля 1940 года — временным командиром взвода.

Судя по фотографии от 25 января 1940 года, находился в городе Добромиль Львовской области территория бывшей Польши (см. Примечание).

Звание лейтенанта присвоено Виктору Петухову в сентябре 1940 года, после прохождения 6-месячных курсов младших лейтенантов при инженерном складе № 80 в городе Нежин (с 1 февраля по 1 июля 1940 года). На этих же курсах одновременно с Петуховым учились Павел Шевченко, Тихон Кошелев, Григорий Кравченко и Пётр Найденко, а с февраля по март и Алексей Котляр и Макар Лапа. 4 сентября 1940 года он был назначен командиром взвода *97-го* ОСБ 49-го стрелкового корпуса (Приказ НКО № 04002).

12 сентября 1940 года Виктор Петухов был назначен, переводом из 97-го ОСБ 49-го СК, командиром взвода 48-го инженерного батальона 4-го мехкорпуса (Приказ КОВО № 02759).

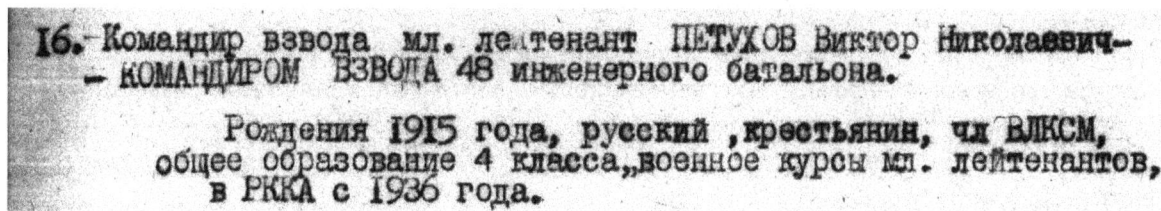

Фрагмент приказа КОВО № 02759 с назначением младшего лейтенанта Петухова В. Н. (12 сентября 1940 года).

Младший лейтенант Петухов упоминается в докладе начальнику 3-го отдела 4-го мехкорпуса от 18.7.41 года, "о состоянии людского состава, техники и материальной части 48-го дорожного батальона". В частности, описывая окружение в "районе леса Бела Корчма" (имеется в виду Богдановский лес к северу от шоссе между Тернополем и Волочиском, через который 48-й инжбат отходил в начале июля 1941 года от Збаража), автор доклада отмечает: "... В этом окружении необходимо отметить нерастерянность, смелость, инициативу таких товарищей: капитан Рыбальченко, политрук Богданов, мл. п-к Андрейченко, старшина Жоронкин, красноармеец-шофер Гольдинов, Рудаков, мл. л-т Петухов."

Фрагмент доклада начальнику 3-го отдела 4-го мехкорпуса от 18.7.41 года.

Фрагмент учётно-послужной карточки младшего лейтенанта Петухова В. Н.

В УПК лейтенанта Петухова есть две записи от 1942 года: о его назначении командиром взвода 103-го ОСБ 53-й стрелковой дивизии, воевавшей в составе 43-й Армии, а также о присвоении ему звания старшего лейтенанта.

Каким образом младшему лейтенанту Петухову удалось избежать Киевского окружения 1941 года, и почему ему было присвоено *внеочередное* звание старшего лейтенанта в 1942 году неизвестно.

Виктор Петухов погиб *под Смоленском в 1943 году*.

Последняя отметка (*скорее всего, от 18 марта 1944 года*) неразборчива; *возможно, это исключение из списков*.

Наименование части	Наименование должности	Год	Месяц ч число	Чей приказ	№ приказа
50 ОСБ 17 с.б. г. Винница	Курсант шк. мл. ком.	1 год	с 26.X.36 по 1.XI.37		
	Отд. командир	1 год	с 1.XI.37 по 1.XI.38		
	П.Л. Ком. взвода	1 год	с 1.XI.38 по 1.XI.39		
	Вр. Ком. взвода	3 мца	с 1.XI.39 по 2.40		
Военсклад НКО г. Нежин	Сержант курсов с-в лейтенантс	4 мца	с 1.2.40 по 7.40		
Начальник Махов В.					
ОСБ-н 49 СК	ком. взв.	40	4.9	НКО	0400?
48 пнт бат		40	15.9	НКО	02757
103 орд. сан. б-н 53 с/д	к-р взв.	42	июнь IX		

Фрагмент учётно-послужной карточки младшего лейтенанта Петухова В. Н.

Примечание. Фотография (25 января 1940 года, город Добромиль, Львовская область), предоставлена племянником Виктора Петухова, Василием Васильевичем Петуховым.

Фотография Виктора Петухова (слева), 25 января 1940 года, Добромиль.

Бойко Григорий Семёнович
(младший лейтенант, командир взвода)

Григорий Семёнович Бойко родился 5 февраля 1914 году, в городе Киев Киевской губернии (ныне Киевской области Украины), в рабочей семье, украинец.

В 1923 году окончил 5 классов неполной средней школы в городе Киев.

Согласно сведениям из учётно-послужной карточки (УПК), вступил на службу в РККА в 1933 году. До увольнения в запас в 1938 году служил в *10-м Терском казачьем* отдельном эскадроне связи Терско-Ставропольской Казачьей Дивизии (красноармеец, впоследствии, командир отделения).

С октября по ноябрь 1939 года участвовал в финской кампании, и затем был назначен командиром взвода отдельного сапёрного батальона (ОСБ) 135-й стрелковой дивизии Киевского Особого Военного Округа (КОВО).

В 1939 году окончил курсы усовершенствования командного состава (КУКС) в Киеве. По другим данным окончил 4-месячные курсы младших лейтенантов *инженерных войск при КОВО* в 1940 году.

12 сентября 1940 года Григорий Бойко был назначен командиром взвода управления 48-го инженерного батальона 4-го мехкорпуса (Приказ КОВО № 02759), *переводом из 97-го ОСБ 49-го стрелкового корпуса.* В послевоенной УПК имеется неточная запись о его назначении командиром взвода управления и разведки *78-го инж. техн. батальона 4-го мехкорпуса 6-й Армии в феврале 1939 года.*

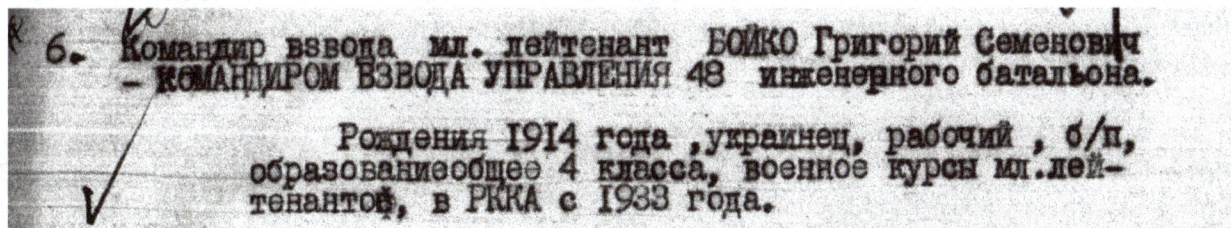

Фрагмент приказа КОВО № 02759 с назначением младшего лейтенанта Бойко Г. С. (12 сентября 1940 года).

Фрагмент учётно-послужной карточки младшего лейтенанта Бойко Г. С.

Григорий Бойко встретил войну на Юго-Западном Фронте, на Львовском выступе, в составе 48-го инжбата.

Младший лейтенант Бойко упоминается в докладе начальнику 3-го отдела 4-го мехкорпуса от 18.7.41 года, "о состоянии людского состава, техники и материальной части 48-го дорожного батальона", который, в частности, описывает окружение в "районе леса Бела Корчма" (имеется в виду Богдановский лес к северу от шоссе между Тернополем и Волочиском, через который 48-й инжбат отходил в начале июля 1941 года от Збаража).

Фрагмент доклада начальнику 3-го отдела 4-го мехкорпуса от 18.7.41 года.

Согласно наградному листу (1945 год), 18 августа 1941 года Бойко был тяжело ранен (контузия), *очевидно в районе Киевского Укреплённого Района (КиУР)*.

До декабря 1941 года Григорий Бойко находился на излечении в эвакуационном госпитале общехирургического профиля № 2119 Южного Фронта. Эвако-госпиталь № 2119 был развёрнут в июле 1941 года в корпусах санатория НКВД № 6 в городе Сочи.

В январе 1942 года, после месячного нахождения в резерве Главного Автобронетанкового Управления (ГАБТУ) Красной Армии, Бойко был назначен командиром транспортного взвода 35-го автотранспортного полка Юго-Западного Фронта (ЮЗФ), а в августе 1942 года — командиром взвода управления и разведки во 2-м инженерном батальоне 15-й танковой бригады.

18. Прохождение службы в Вооруженных Силах СССР

Наименование должности	Наименование части	С какого времени (число, месяц и год)	По какое время (число, месяц и год)	Чей приказ, № и дата приказа
Инструктор-наездник	Отд. эскадрон связи Терско-Ставропольск. казачьей див.	9.36	9.37	
Ком-р Отделения	Отд. эскадрон связи Терск.-Ставр. каза. див.	9.37	11.38	
Уволен	в запас	11.38		
Курсант	КУКС г. Киев	12.38	2.39	
Ком-р взвода упр. и разведки	78 инж.техн. б-он Упр. корпуса, 16-й артш.	2.39	8.41	
На излечении	эв. госп. 2119. юнн. фр.	8.41	12.41	
В резерве	Гл.Упр. Б-т Соедин. Моск.	12.41	1.42	
Ком-р транспорт. взвода	35 авто-транс. полк Юго-Зап. фр.	1.42	8.42	
Ком-р взвода управл. разведки.	15 танк. бриг. 2 инж. б-он. Орловский В.О.	8.42	1.43	
Ком-р танка	2-й учеб. б-он Резерва ком.сост. Москов.В.О. г.Тула	2.43	3.43	
Ком-р танка	21 учеб. Танк. полк. 7-й б-он, 1-я марш. рота	3.43	6.43	
Ком-р танка	1-й б-он, 159 Танк. бриг. 1-й Краснозн. Танк. корп.	7.43	9.44	
На излечении.	Полев. подвиж. госп. 18850. 1-й Кр.Зн. Танк.кор.	9.44	10.44	
Ком-р взвода управл. разведки	183 отд. сап. б-он 1-й Кр.Зн. Танк. корп.	10.44	6.46	

В июне 1946 г. уволен в запас по ст. 43 приказом командующ. Прибалтийского В.О. за № 0795 от 13.6.46г.

Сочинский Гор. Воен. подполковник — (Филиппов)

Нач. 3-й части ГВК майор. — (Голубенко)

Фрагмент послевоенной УПК младшего лейтенанта Бойко Г. С.

Звание лейтенанта присвоено либо в июне 1942 года (ЮЗФ), либо в мае 1943 года (ГАБТУ). Член ВКП(б) с 1943 года.

С февраля 1943 года по сентябрь 1944 года лейтенант Бойко командовал танком во 2-м учебном батальоне резерва ком. состава Московского Военного Округа (город Тула); 1-й маршевой роте 7-го батальона 21-го учебного танкового полка; 1-м батальоне 159-й танковой бригады 1-го Краснознамённого танкового корпуса на Белорусском Фронте.

Получив ещё одно ранение, с сентября по октябрь 1944 года Григорий Бойко был на излечении в полевом подвижном госпитале № 18850 1-го Краснознамённого танкового корпуса (*вероятно, номер госпиталя в УПК указан неточно*).

С октября 1944 года лейтенант Бойко командовал взводом управления и разведки в 183-м ОСБ 1-й танковой дивизии 1-го Краснознамённого танкового корпуса. В июне 1946 года уволен в запас по статье 43 (по возрасту) приказом по Прибалтийскому Военному Округу (ПрибВО), и был приписан к Сочинскому ГВК Северо-Кавказского Военного Округа (СКВО).

По окончании войны лейтенант Бойко находился в запасе 1-го разряда командного состава по военно-учётной специальности (ВУС) бронетанковых и механизированных войск № 38 (водители бронедрезин тяжёлых). Военный билет был выдан в ноябре 1948 года. Запись в послевоенной УПК отмечает, что Бойко "занимаемой должности командира взвода управления и разведки соответствует".

Впоследствии, Григорий Бойко работал поваром в Сочинском санатории Министерства Социального Обеспечения.

Награды:

Орден Отечественной Войны I степени (февраль 1945 г.): командуя взводом управления и разведки 183-го ОСБ 1-го Краснознамённого танкового корпуса;

Медаль "За отвагу" (февраль 1943 г.): командуя взводом в 15-й танковой бригаде;

Медаль "За взятие Кёнигсберга" (1945 г.);

Медаль "За победу над Германией" (1945 г.).

Примечание. Сведения о наградах получены из Электронного Банка Документов "Подвиг Народа".

Наградной лист лейтенанта Бойко Г. С. (январь 1945 года).

Андрейченко Дмитрий Петрович
(младший политрук)

Дмитрий Петрович Андрейченко окончил окружное Военно-Политическое Училище (ВПУ) КОВО. Звание младшего политрука присвоено 31 августа 1940 года Приказом НКО № 03944/п.

4 июня 1941 года Приказом КОВО № 00260 Андрейченко был назначен на должность ответственного секретаря партбюро 48-го отдельного инжбата 4-го мехкорпуса.

Младший политрук Андрейченко упоминается в докладе начальнику 3-го отдела 4-го мехкорпуса от 18.7.41 года, "о состоянии людского состава, техники и материальной части 48-го дорожного батальона". В частности, описывая окружение в "районе леса Бела Корчма" (Богдановский лес к северу от шоссе между Тернополем и Волочиском, через который 48-й инжбат отходил в начале июля 1941 года от Збаража), автор доклад отмечает: "... В этом окружении необходимо отметить нерастерянность, смелость, инициативу таких товарищей: капитан Рыбальченко, политрук Богданов, мл. п-к Андрейченко, старшина Жоронкин, красноармеец-шофер Гольдинов, Рудаков, мл. л-т Петухов."

Фрагмент доклада начальнику 3-го отдела 4-го мехкорпуса от 18.7.41 года.

В фондах ЦАМО хранятся сведения о младшем политруке Дмитрии Петровиче Андрейченко, окончившем окружное военно-политическое училище КОВО, и пропавшем без вести в июне 1941 года. Адрес жены указан как гор. Чернигов.

Фрагмент приказа об исключении из списков младшего политрука Андрейченко Д. П.

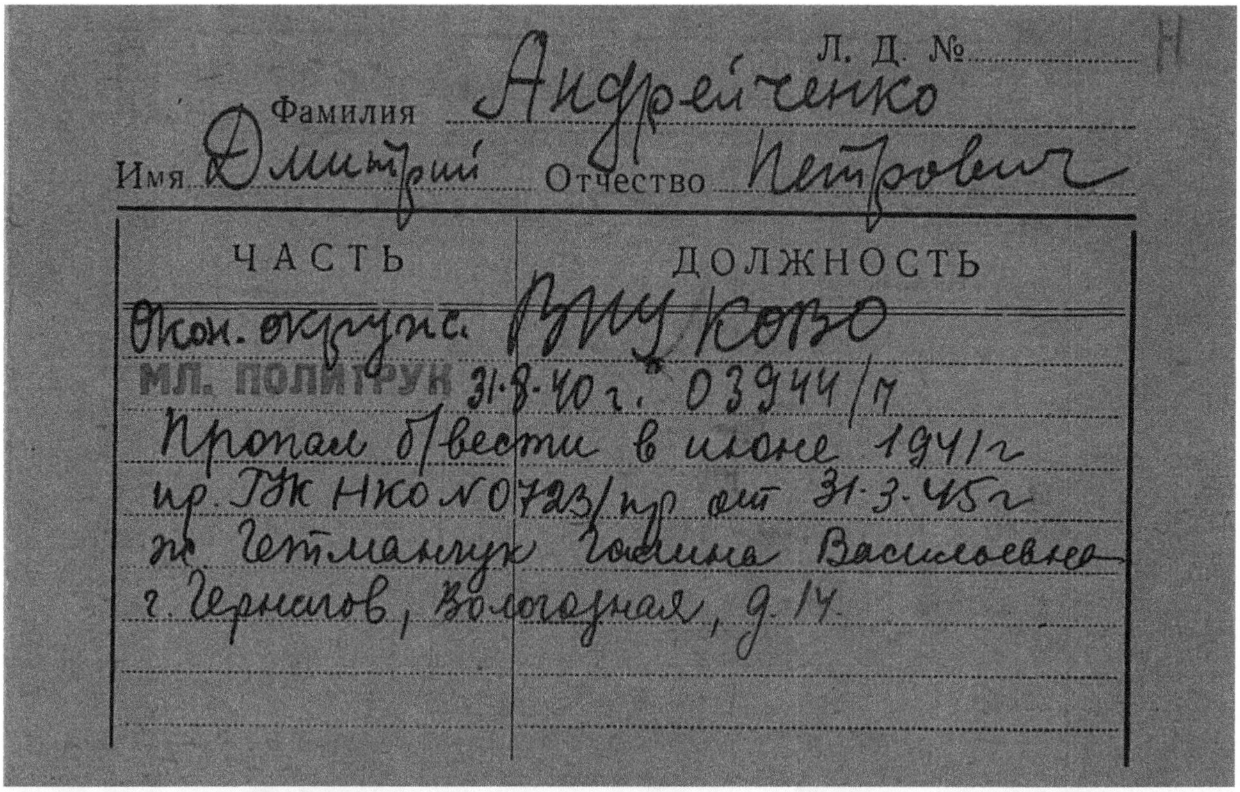

Л. Д. №

Фамилия Андрейченко

Имя Дмитрий Отчество Петрович

ЧАСТЬ	ДОЛЖНОСТЬ
Окон. окружн.	Внуково

МЛ. ПОЛИТРУК 31.8.40 г. 03944/п

Пропал б/вести в июне 1941 г

пр. ГУК НКО № 0723/пр от 31.3.45 г

ж. Гетманчук Галина Васильевна

г. Чернигов, Вологодная, д. 14.

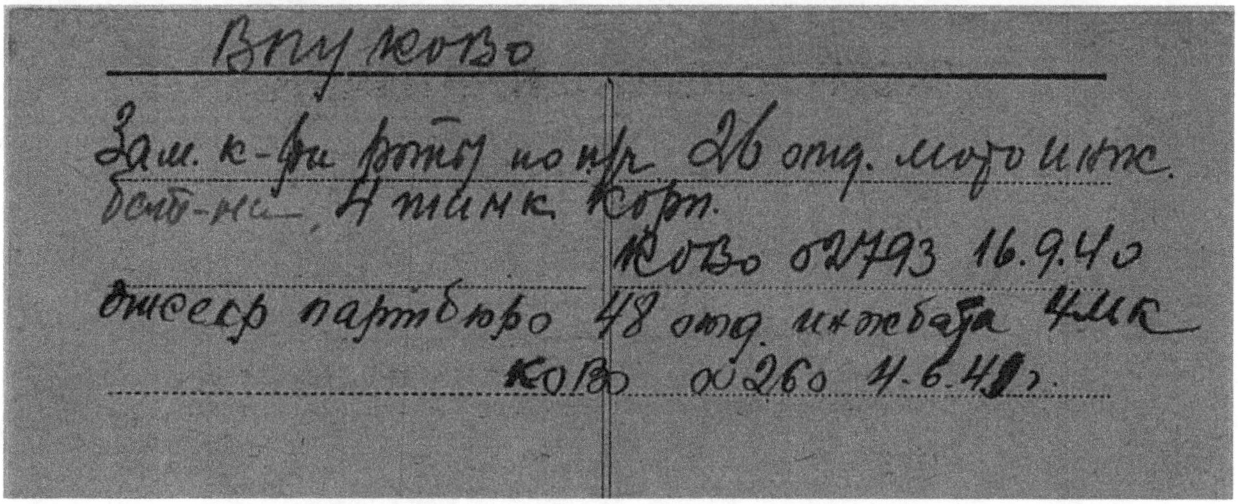

Внуково

Зам. к-ра роты по пр. 26 отд. мото инж. бат-на, 4 танк. корп.

КОВО 02793 16.9.40

ответ. секр. партбюро 48 отд. инжбата 4 МК

КОВО № 260 4.6.41 г.

Фрагменты из карточки младшего политрука Андрейченко Д. П.

Станжур Николай Васильевич

(политрук роты, заместитель командира роты по политической части, *возможно, из другой части 4-го мехкорпуса*)

Николай Васильевич Станжур родился *в 1923 году* в селе Володькова Девица Володьково-девицкой волости Нежинского уезда Черниговской губернии (позднее село Червонопартизанское, так же село Красные Партизаны, Носовского района Черниговской области; с 2016 года селу вернули историческое название), украинец.

В РККА призван в сентябре 1940 года Нежинским РВК Черниговской области.

Связь с родственниками прекратилась в июне 1941 года — в анкете Управления по учёту погибшего и пропавшего без вести рядового и сержантского состава адрес указан как "Львов, Глав почтампт, п/я 180". Как известно, почтовый ящик 180 был у 48-го мото-инженерного батальона 4-го мехкорпуса 6-й Армии. *Не исключено, что и другие части 4-го мехкорпуса, например 3-й отдельный мотоциклетный батальон (ОМБ), использовали этот же почтовый ящик.*

Занимаемая должность в анкете указана как "политрук роты", с пометкой "зам", *и скорее всего, означает "Зам.командира роты по политической части".*

Фрагмент анкеты с данными на замполита Станжура Н. В. (1946 год).

Николай Станжур пропал без вести в первые месяцы войны. Дата выбытия указана как 1944 год. После войны Николая разыскивал товарищ Владимир Петрович Голик...

Жоронкин (Жиронкин)
(старшина)

Гольдинов *Абрам Петрович*
(красноармеец; шофёр)

Рудаков
(*красноармеец*)

Старшина Жоронкин, красноармеец-шофёр Гольдинов и *красноармеец* Рудаков упоминаются в докладе начальнику 3-го отдела 4-го мехкорпуса от 18.7.41 года, "о состоянии людского состава, техники и материальной части 48-го дорожного батальона". В частности, описывая окружение в "районе леса Бела Корчма" (имеется в виду Богдановский лес к северу от шоссе между Тернополем и Волочиском, через который 48-й инжбат отходил в начале июля 1941 года от Збаража), доклад отмечает: "... В этом окружении необходимо отметить нерастерянность, смелость, инициативу таких товарищей: капитан Рыбальченко, политрук Богданов, мл. п-к Андрейченко, старшина Жоронкин, красноармеец-шофер Гольдинов, Рудаков, мл. л-т Петухов."

Фрагмент доклада начальнику 3-го отдела 4-го мехкорпуса от 18.7.41 года.

Сведения о старшине Жоронкине найти не удалось.

В ЦАМО хранятся сведения о красноармейце Фёдоре Михайловиче Рудакове (родился в 1920 году в селе Сидоровка Колыванского района Алтайского края; призван в РККА в 1940 году Кировским РВК Новосибирской области, город Новосибирск), который пропал без вести в июле 1941 года. Последнее письмо от него было получено в июле 1941 из города Гайсин Винницкой области, п/я 48-15. *Но очевидно, что 48 — это номер почтового ящика, а не части.*

Вероятно, что красноармеец-шофёр Гольдинов — это Абрам Петрович Гольдинов, родившийся в 1906 году в Полтавской губернии (ныне Полтавской области Украины). В РККА призван Московским ГВК города Москва.
Абрам Гольдинов пропал без вести в августе 1941 года.

Остапчук
(старшина)

По воспоминаниям курсанта (впоследствии, сержанта) 48-го инжбата Александра Жука, в его взводе служил "старшина Остапчук". *Возможно, это был старшина Пётр Кононович Голяченко-Остапчук, родившийся в 1918 году и призванный в РККА в мае 1938 года Черняховским РВК Житомирской области Украинской ССР.*

"Когда нам выдали шинели, старшина Остапчук, важно прохаживаясь перед строем, строго наказывал:
— Всем крепко наслюнить химкарандаш, а после полностью, безо всяких там сокращениев, вывести на левых бортах внутри шинели своё фамилиё! Вопросы есть? Нету.
На вечерней поверке, рассматривая выполненный наказ, Остапчук рассвирепел, увидя мою короткую надпись:
— Почему только три литеры наведено? — Товарищ старшина, — начал я, желая пояснить, что у меня такая фамилия.
— Молчать! *Сказано было — без сокращениев! Три литера фамилиев не бывае, тильки срам бувае на три литеры!"* [299]

Описывая первые дни после отступления из Киева и Борисполя 20 сентября 1941 года, Александр Жук продолжает: "Наутро нас повели дальше. Теперь взводом командовал старшина Остапчук."

Оказавшись в немецком плену после переправы, *очевидно, через Трубеж*, 23 сентября 1941 года, в большой группе пленных Жук видел Остапчука:

"Слоняясь в надежде найти хоть что-нибудь пригодное для еды, набрёл на группу наших командиров, они сидели в уединённом уголке и что-то ели. С нескрываемой завистью, заворожённый запахом пищи, я смотрел на них. Видел Шера, Пономарева, Остапчука, но они меня не узнали..." [300]

Письменная связь с Петром Голяченко-Остапчук прекратилась в 1941 году. По спискам он прошёл как пропавший без вести в декабре 1943 года. *Служил ли Пётр Голяченко-Остапчук в 48-м инжбате, неизвестно.* Более того, Александр Жук упоминает Остапчука в конце книги ещё раз — выйдя к своим в начале 1943 года, Александр оказался в расположении своей же части. Но это уже был 48-й инженерный батальон нового формирования. Александр Жук продолжает:

"Я оторопел. Такое бывает только в выдуманных романах и сказках. Через 18 месяцев, после ранения, добраться из Березани до Минвод и попасть в свою часть! Этого не может быть! Он явно что-то напутал. Я стал ему перечислять фамилии и должности командиров, многих своих друзей-курсантов нашего взвода, но он никого не знал. Весь состав батальона уже не раз обновлялся. Только нашего старшину Остапчука он застал, когда его недавно направили сюда. Это было месяца три тому назад. Но и Остапчука теперь не осталось. Его, уже в чине капитана, недавно куда-то отправили." [301]

Как уже отмечалось, некоторые фамилии в книге неточны или изменены: например, рядового Георгия Рябцева автор называет "Остапом Охрименко". *Поэтому возможно, что фамилия старшины была не Остапчук.*

---

[299] Жук А. В. Начало. — Стройиздат, Санкт-Петербург, 2005, стр. 27–28.
[300] Жук А. В. Начало. — Стройиздат, Санкт-Петербург, 2005, стр. 94.
[301] Жук А. В. Начало. — Стройиздат, Санкт-Петербург, 2005, стр. 260.

Беда Григорий Минович
(старший сержант)

Григорий Минович Беда родился в 1918 году в селе Семёновка Семёновской волости Новозыбковского уезда Черниговской губернии (ныне Семёновского района Черниговской области Украины).

Старший сержант 48-го дорожного батальона Беда попал в плен *в первые месяцы войны*, и был освобождён 1 февраля 1944 года. Согласно архивной справке, прошёл через сборно-пересыльный пункт (СПП) НКО № 52 при 5-й Гвардейской Армии, и 27 апреля 1944 года был направлен в 214-й Армейский Запасный Стрелковый Полк (АЗСП), который в это время дислоцировался в селе Валегоцулово Одесской области. Место жительства в донесении по 5-й Гвардейской Армии указано как село Федосеевка Фрунзевского района Одесской области. По этому же адресу, спустя 40 лет после победы, Григорий Беда был награждён Орденом Отечественной войны I степени.

АРХИВНАЯ СПРАВКА

214 армейский запасной стрелковый полк 5 гв.армии 2-го Украинского фронта дислоцировался:
- с 21.12.43г. по 12.01.44г. - г. Александрия Кировоградской обл.;
- с 14.01.44г. по 15.03.44г. - с. Мошфино Кировоградской обл.;
- с 16.03.44г. по 19.03.44г. - с. Грузное Кировоградской обл.;
- с 22.03.44г. по 27.03.44г. - с. Злынка Кировоградской обл.;
- с 28.03.44г. по 05.04.44г. - с. Лысая Гора Николаевской обл.;
- с 06.04.44г. по 13.04.44г. - г. Первомайск Николаевской обл.;
- с 15.04.44г. по 13.05.44г. - с. Валегоцулово Одесской обл.;
- с 19.05.44г. по 21.05.44г. - м. Болотино Молдавия (на гр-це с Румынией);
- с 22.05.44г. по 23.05.44г. - с. Сулина Румыния;
- с 24.05.44г. по 30.06.44г. - с. Слэтунас-Марс Румыния;
- 30.06.44г. - м. Липканы Молдавия.

Основание: ЦАМО РФ, опись 183778, дело 1, лист 34,35,116,122;
опись 183778, дело 2, лист 72,75,79,90,91,108, 109,127;
опись 183778, дело 3, лист 29,36,40,151,152.

Зав. архивохранилищем   И. Попилев

исп. Семенова Т.Я.

Фрагмент архивной справки о дислокации 214-го АЗСП.

Награда:

Орден Отечественной войны I степени (апрель 1985 г.).

Лазарев Николай Фёдорович
(старший сержант, старшина роты)

Лазарев на фотографии слева.

Николай Фёдорович Лазарев родился в 1916 году в селе Малый Бурначёк, Васильевской волости Тамбовского уезда Тамбовской губернии (позднее Остроуховского сельсовета Токаревского района Тамбовской области).

В РККА с осени 1937 года. Член ВКП(б).

По сведениям семьи, в 48-м инженерном батальоне был старшиной роты. Последнее письмо со справкой было получено в сентябре 1941 года (см. Примечание).

Старший сержант Лазарев пропал без вести в сентябре 1941 года.

После отступления 37-й Армии из Киева 19 сентября 1941 года Лазарев, судя по всему (см. Примечание к биографии Егора Ермакова), находился в составе одной из разрозненных групп 48-го инжбата, пытавшихся вырваться из Киевского котла.

15 октября 1941 года командир батальона Рыбальченко и комиссар батальона Ермаков попали в плен в районе села Ядловка Ново-Басанского района Черниговской области (ныне село Перемога Барышевского района Киевской области) и были помещены в немецкий лагерь для военнопленных (Гоголево). *В этом лагере (или даже ранее, во время попыток выхода из окружения)* комиссар Ермаков находился вместе со (старшим) сержантом Лазаревым.

Дальнейшая судьба Николая Лазарева неизвестна.

Примечание, Фотография предоставлена племянницей Николая Лазарева.

Примечание. Донесение послевоенного периода (январь 1957 года).

Фрагмент донесения послевоенного периода с данными
на старшего сержанта Лазарева Н. Ф. (январь 1957 года).

Игнатенко

(старший сержант, зав. делопроизводством)

Подпись старшего сержанта и зав. делопроизводством Игнатенко есть на донесении о безвозвратных потерях 48-го "дорожного" батальона 37-й Армии от 10 августа 1941 года и на батальонной справке от 4 сентября 1941 года (см. биографию Менделя Высоцкого).

Имя и отчество Игнатенко установить не удалось. Его дальнейшая судьба неизвестна.

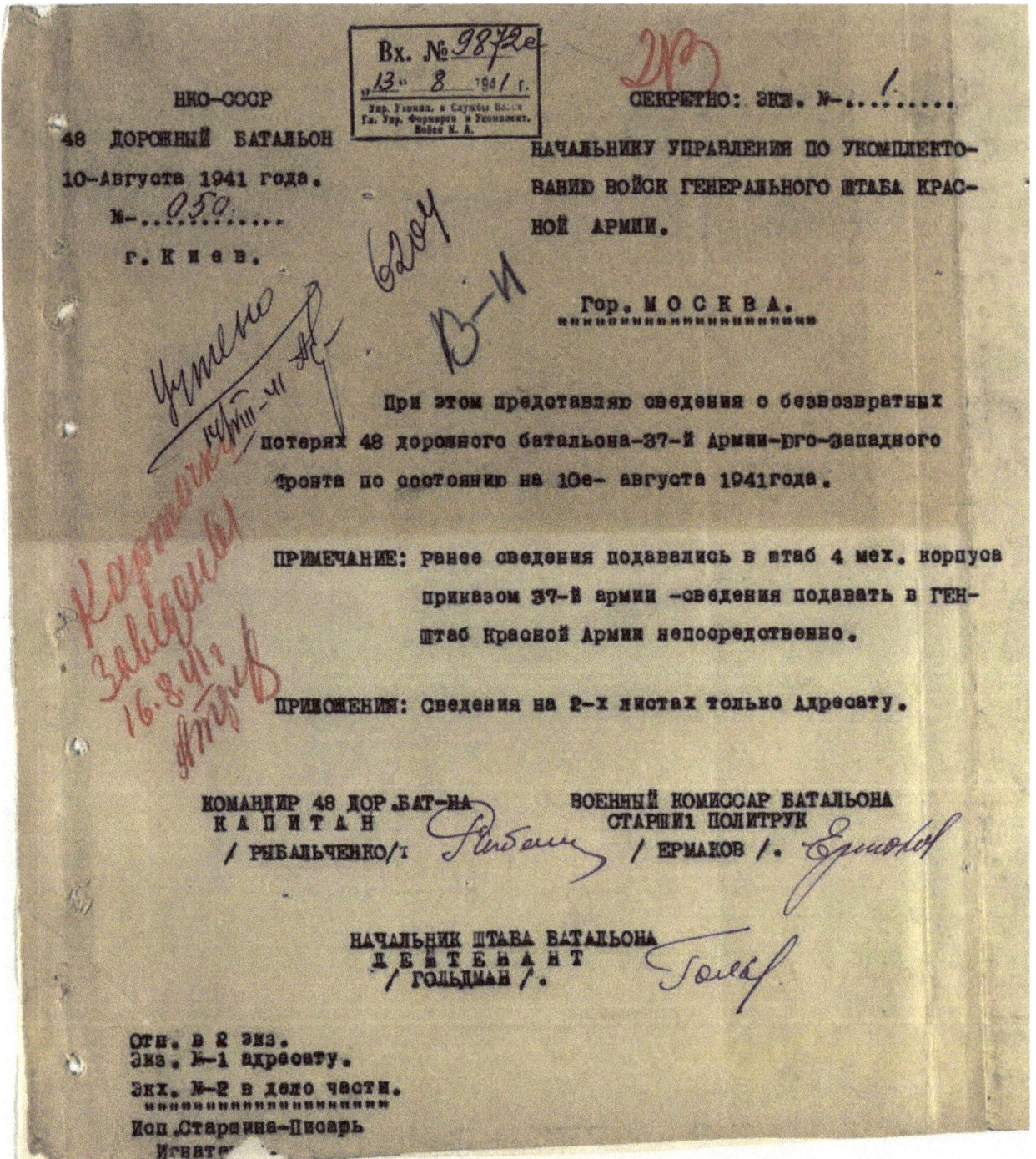

Донесение о безвозвратных потерях 48-го дорожного батальона 37-й Армии с подписью исполняющего старшины-писаря Игнатенко (12 августа 1941 года).

Дмитриев (Дмитриевич) Иван Николаевич
(старший сержант, оружейный мастер сверхсрочной службы)

Иван Николаевич Дмитриев (Дмитриевич) родился в 1913 году в городе Раненбург Раненбургского уезда Рязанской губернии (ныне город Чаплыгин Чаплыгинского района Липецкой области России).

Призван в РККА в 1934 году Раненбургским РВК.

Старший сержант Иван Николаевич Дмитриев был оружейным мастером сверхсрочной службы 48-го отдельного инженерного батальона.

Пропал без вести в сентябре 1941 года.

Фрагмент приказа об исключении из списков старшего сержанта Дмитриева И. Н (от 8 октября 1945 года).

В приказе, от 3 июня 1946 года, на исключение из списков пропавшего без вести старшины 48-го инжбата Ивана Николаевича Дмитриевича указана и полевая почта батальона: пп 36.

Дальнейшая судьба Ивана Дмитриева (Дмитриевича) неизвестна.

Каминский
(старший сержант)

Исаев
(красноармеец)

Старший сержант Каминский и красноармеец Исаев упоминаются в справке начальника особого отдела 4-го мехкорпуса от 20.7.41 года: "Во время нахождения дорожно-инженерного батальона в окружении в районе Збаража отдельные коммунисты и комсомольцы уничтожили свои партийные и комсомольские документы (младший лейтенант НАЙДЕНКО, старший сержант КАМИНСКИЙ и красноармеец ИСАЕВ)."

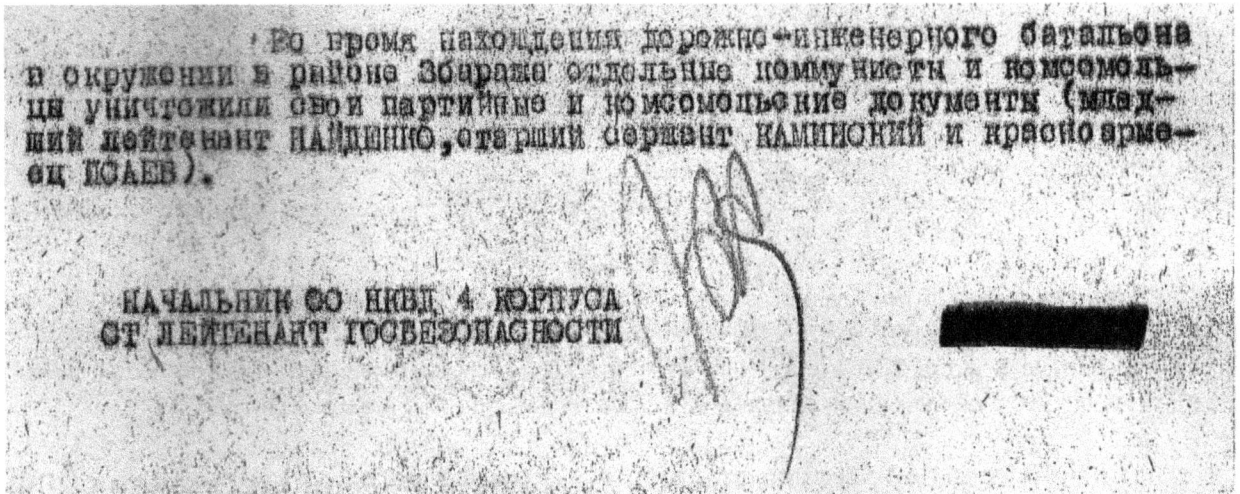

Фрагмент справки начальника особого отдела 4-го мехкорпуса от 20.7.41 года.

Возможно, что старший сержант Каминский — это старший сержант Яков Абрамович Каминский, родившийся в 1918 году, в селе Калигорка Мокро-Калигорской волости Звенигородского уезда Киевской губернии (позднее Звенигородского района Киевской области Украинской ССР). Призван в РККА в сентябре 1939 года Симферопольским ГВК (Крымская АССР, город Симферополь).

Старший сержант Яков Абрамович Каминский пропал без вести в июле 1941 года. В приказе на исключение из списков указан как член ВЛКСМ, "танкист".

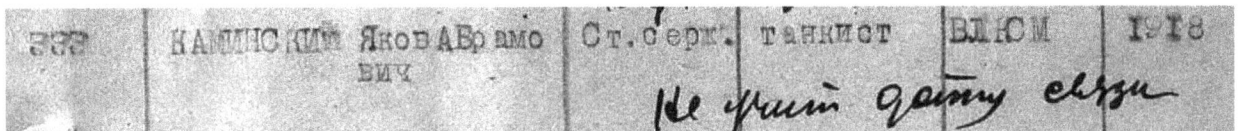

Фрагмент приказа об исключении из списков старшего сержанта Каминского Я. А.

Другой вариант — это сержант Григорий Михайлович Каминский, родившийся в 1913 году, в городе Одесса Одесского уезда Херсонской губернии (позднее Одесской области Украинской ССР). Призван Одесским РВК.

Сержант Григорий Михайлович Каминский пропал без вести в августе 1941 года. По сведениям из послевоенной анкеты в РККА он был шофёром.

Фрагмент послевоенной анкеты на розыск сержанта Каминского Г. М. (1946 год).

Сведения о красноармейце Исаеве найти не удалось.

Лайко
(старший сержант)

Старший сержант Лайко упоминается в докладе начальнику 3-го отдела 4-го мехкорпуса от 18.7.41 года, "о состоянии людского состава, техники и материальной части 48-го дорожного батальона": "...старший сержант Лайко не выполнил приказание капитана Штиня, который приказывал ему привезти горючее. После приказания он не вернулся в батальон по неизвестной для нас причине. Думаю, что батальон задержался в лесу по его вине и попал в засаду пр-ка. До настоящего времени Лайко находится в штабе корпуса."

Фрагмент доклада начальнику 3-го отдела 4-го мехкорпуса от 18.7.41 года.

Возможно, что старший сержант Лайко — это Павел Павлович Лайко, родившийся в 1920 году в селе Сиваш Юзкуйской волости Мелитопольского уезда Таврической губернии (впоследствии, Александровской губернии; позднее Генического района Запорожской области Украинской ССР; ныне Херсонской области Украины). Призван в РККА в 1940 году Геническим РВК Генического района Запорожской области Украинской ССР.

В архиве ЦАМО хранятся сведения по 235-му Армейскому Запасному Стрелковому Полку (АЗСП) 46-й Армии, датированные 15 декабря 1944 года, о том, что рядовой Павел Павлович Лайко попал в плен в 1941 году и был впоследствии освобождён (*очевидно, в 1944 году из лагеря военнопленных в Румынии*).

Дальнейшая судьба Лайко неизвестна.

Новиков Михаил Дмитриевич
(старший сержант, *возможно, из другой части 4-го мехкорпуса*)

Михаил Дмитриевич Новиков родился в 1921 году в селе Октябрьская Готня Октябрьско-Готнянского сельсовета Борисовского района Курской области (до 1918 года — село Монастырская Готня Крюковской волости Грайворонского уезда Курской губернии; ныне село Октябрьская Готня Борисовского района Белгородской области России).

Должность — электромонтёр.

Призван в РККА 14 октября 1940 года Краснозаводским РВК города Харьков.

Связь с родственниками прекратилась в 1941 году — в донесении послевоенного периода в управление по учёту персональных потерь адрес последнего письма, полученного 15 июня 1941 года, указан как г. Львов, почтовый ящик № 180 (см. Примечание). Как известно, п/я 180 был у 48-го мото-инженерного батальона 4-го мехкорпуса 6-й Армии. *Не исключено, что и другие части 4-го мехкорпуса, например 3-й отдельный мотоциклетный батальон (ОМБ), использовали этот же почтовый ящик.*

Михаил Новиков пропал без вести в первые месяцы войны. Дата выбытия указана как декабрь 1943 года.

Примечание. Донесение послевоенного периода (июнь 1950 года).

Фрагмент донесения послевоенного периода в управление по учёту персональных потерь, со сведениями о Новикове М. Д. (23 июня 1950 года).

Муратов Кадыр (Кадир)
(сержант при штабе, командир отделения)

Кадыр Муратов родился в 1919 году в селе Каваля Махмуд Бухарского Эмирата (позднее Бухарского района Бухарской области Узбекской ССР; ныне Узбекистана), узбек. Место рождения в некоторых документах указано как колхоз имени В. В. Куйбышева, Кавала махмутский сельсовет, где он впоследствии работал.

В РККА призван Бухарским РВК в 1939 году.

В 48-м дорожном батальоне 4-го мехкорпуса сержант при штабе ("сержант ПШ", как указано в анкете из картотеки ЦАМО по ФЗСП и АЗСП) Муратов командовал отделением. В этой же анкете военная специальность указана как "сапёр", а в донесении об освобожденных из плена как "шофёр".

После отступления 37-й Армии из Киева 19 сентября 1941 года одна из разрозненных групп 48-го инжбата, пытавшихся вырваться из окружения, включала комбата Рыбальченко, комиссара Ермакова, сержанта при штабе Кадыра Муратова и ещё несколько человек (см. Примечание к биографии Егора Ермакова). 15 октября 1941 года Рыбальченко и Ермаков попали в плен в районе села Ядловка Ново-Басанского района Черниговской области (ныне село Перемога Барышевского района Киевской области) и были помещены в немецкий лагерь для военнопленных (Гоголево). *Возможно, Муратов находился с Рыбальченко и Ермаковым во время пленения.* Дата и место пленения Муратова указаны в его документах как 1 октября 1941 года, "Новый Басан" ("под Черниговам"). Однако эта дата в анкете Муратова вначале была записана двузначным числом, начинавшимся с единицы (не исключено, что и "15"), и переправлена на "01". *Можно предположить, что в плен эта группа попала всё же в Ядловке (Ново-Басанского района) между 1 и 15 октября 1941 года.*

Военнопленный Кадыр Муратов находился в лагерях в городах Житомир (Украина) и Салоники (Греция), работал "чернорабочим при немецкой армии", по октябрь 1944 года.

В конце войны оказался в египетском лагере № 307 в Каире, откуда и был репатриирован на проверочно-фильтрационный пункт НКВД в Баку, по маршруту, проходящему через Иран: порт Басра, гор. Тегеран и пересыльный пункт в гор. Бендер-Шах (ныне г. Бендер-Торкеман). Донесения, хранящиеся в ЦАМО, отмечают, что группа репатриантов, в которую входил Муратов, включала около тысячи человек в двух эшелонах (№ 2931 и № 2932). 23 февраля 1945 года эшелоны прибыли в Тегеран, спустя три дня проследовали в порт Бендер-Шах, откуда были отправлены 10 марта пароходом "Москва", достигнув Баку 12 марта 1945 года.

Анкета из картотеки ЦАМО по ФЗСП и АЗСП с данными на сержанта Кадыра Муратова, подписанная лейтенантом безопасности Бартсиевым.

Следующим проверочно-фильтрационным пунктом для Муратова, с мая 1945 года, был 28-й запасный стрелковый полк (ЗСП) 12-й запасной стрелковой дивизии (ЗСД) Южно-Уральского Военного Округа (воинская часть № 54606), у станции Алкино Башкирского региона Куйбышевской железной дороги (ныне в Чишминском районе Республики Башкортостан). Неподалёку от станции Алкино располагался бывший закрытый военный городок Алкино-2. Из Алкино Кадыр Муратов убыл 12 июля 1945 года, с 18-й ротой 5-го батальона.

Впоследствии, проживал в Бухарском районе Бухарской области Узбекской ССР. В апреле 1985 года был награждён Орденом Отечественной войны II степени (к 40-летию Победы).

Награда:

Орден Отечественной войны II степени (апрель 1985 г.).

Примечание. Сведения о награде получены из Электронного Банка Документов "Подвиг Народа". Фотографии предоставлены внуком Мурата Кадырова, Ботиром.

Послевоенные фотографии Кадыра Муратова.

Федечкин (Федичкин) Андрей Павлович
(сержант, сапёр)

Андрей Павлович Федечкин родился в 1921 году в селе Ружное Руженской волости Карачевского уезда Брянской губернии (до 1920 года — Орловской губернии; ныне Карачевского района Брянской области), в крестьянской семье, русский.

Закончил 6 классов неполной средней школы. С 1939 по 1940 год работал слесарем на заводе имени Сталина в городе Краматорск.

Призван в РККА 23 октября 1940 года Карачевским РВК.

В 48-м отдельном дорожном батальоне сержант Федечкин служил "подрывником".

В донесении № 43080 от 12.07.1944 о безвозвратных потерях отмечено, что связь с младшим командиром Андреем Федечкиным прервалась в июне 1941 года; в донесении указан почтовый ящик № 180 и воинская часть № 4255. Как известно, номер в/ч № 4255 (так же как и п/я 180) был у 48-го мото-инженерного батальона 4-го мехкорпуса 6-й Армии.

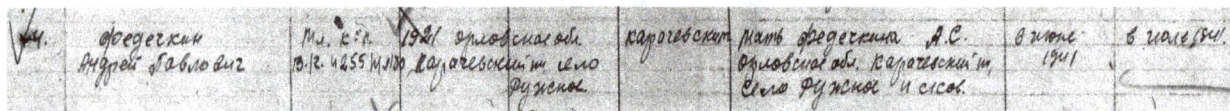

Фрагмент донесения № 43080 от 12.07.1944 о безвозвратных потерях с данными на сержанта Федечкина А. П.

Через полторы недели после начала боевых действий в составе 48-го дорожного батальона, *1 июля 1941 года*, сержант Федечкин попал в плен в районе села Каменки Подволочиского района Тернопольской области. Об обстоятельствах пленения Федечкин рассказал на проверочно-фильтрационном допросе УМГБ СССР в 1946 году (текст приведён без изменений):

"В плен немцам я попал 1.07.1941 года под городом Тарнополь при следующих обстоятельствах: наша часть отходила от города Тарнополь где и попала в окружение в окружении мы находились около недели затем часть была разбита 1.07.1941 года немцы сжали кольцо окружения и стали нас пленить боеприпасов у нас не было. Нам было выдано по 25 патрон которые мы израсходовали в первый день окружения. Тогда немцы стали пускать на нас пехоту но нам уже отбиваться было нечем. Таким путем мы были взяты в плен."

4. Прохождение службы в красной армии с 1939 г.

Даты		Название (номер) части (в состав какого соединения и фронта входила часть)	Должность звание	Местонахождение части
Зачисления	Отчисления			
октябрь 1940 г.	июль 1941 г.	48 отд. дорожный батальон	подрывник сержант	город Львов

15. Где когда и при каких обстоятельствах попал в плен или окружение. 1.07.41 года под городом Тарнополь окружение

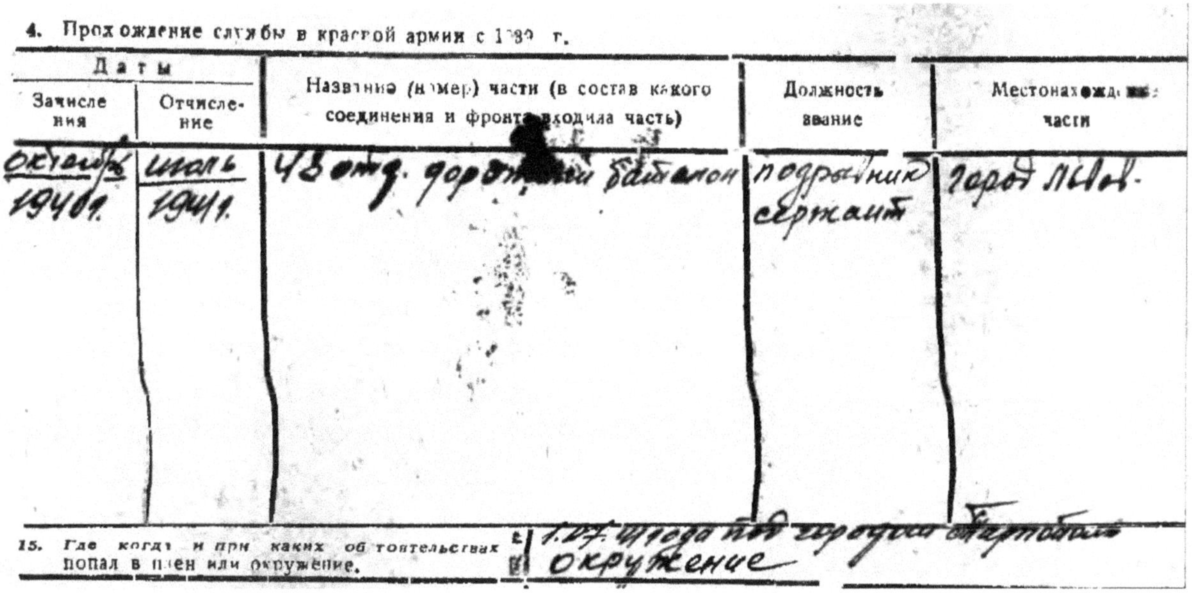

Фрагмент анкеты из фильтрационно-проверочного дела сержанта Федечкина А. П. (1946 год).

ПРОТОКОЛ ДОПРОСА К ДЕЛУ №

Допрос начат 27 Марта 1946 г. в 22 час. 10 мин.
окончен 27 Марта 1946 г. в час. мин.
Я Опер-уполномоченный Опер-группы В-городновского р-на Лейтенант Фоменко (должность, наименование органа, фамилия) допросил в качестве
1. Фамилия, имя и отчество Федечкин Андрей Павлович
2. Год рож. 1921 3. Место рожд. Брянская обл. Кароцевский р-н д. Рутня
4. Адрес В-городковский р-н Быковский МЛП
5. Парт. Б/парт. с года 6. Национ. русск 7. Гражд. СССР
8. Паспорт или др. документы Документов не имеет
9. Образование 6 классов не полной средней школы (когда и где учился, что окончил)
10. Профессия и специальность
11. Род занятий Быковский М.Л.П. навальщик лесоруб. (место службы и должность)
12. Состав семьи холост (указать степень родства, фамилии, имена, отчества и род занятий)

Фрагмент протокола допроса из фильтрационно-проверочного дела сержанта Федечкина А. П. (1946 год).

По сведениям родственников, Андрей Федечкин впоследствии вспоминал, что *окружённые бойцы оказались в каком-то болоте, под авиабомбардировкой, и его контузило. Затем его приволокли в какую-то избушку, куда вскоре пришли немцы: совсем "плохих" убили, а остальных погнали в плен.*

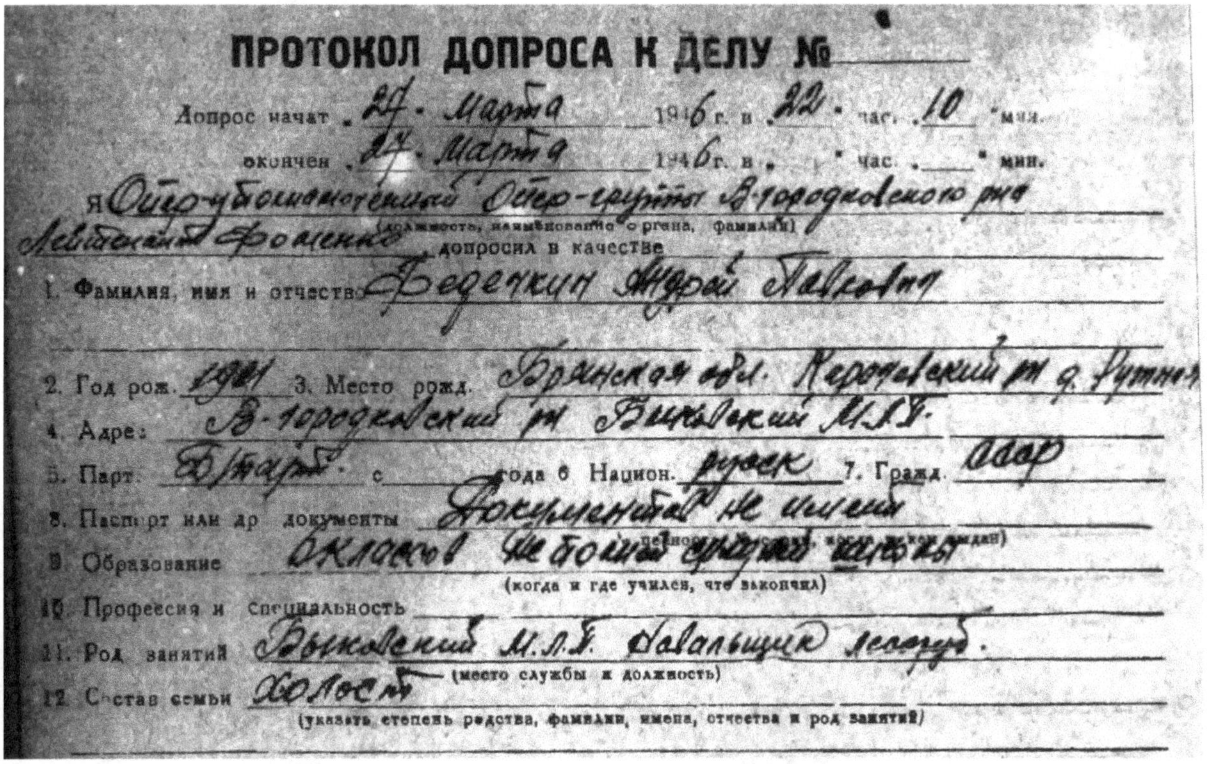

Протокол допроса Федечкина продолжает:

"Как только нас взяли немцы в плен и погнали этапом в город название которого не знаю где мы находились в сборочном лагере около 7 суток. А затем нас погрузили в эшалон и через Польшу повезли в Германию В Германии нас привезли в город Райно в лагерь № 6 "Ц" где и стали водить под охраной на работу."

Показания обвиняемого (свидетеля) Федечкин Андрей Павлович

Вопрос: Где, когда и при каких обстоятельствах попал в плен немцам?

Ответ: В плен немцам я попал 1.07.41 года под городом Тарнополь при следующих обстоятельствах наша часть отходила от города Тарнополь где и попала в окружение в окружении мы находились около недели зашем часть была разбита 1.07.41 года немцы сжали кольцо окружения и стали нас пленить боеприпасов у нас не было. Нам было выдано по 25 патрон которые мы израсходовали в первый день окружения тогда немцы стали пускать на нас пехоту но нам уже...было нечем таким путем мы были взяты в плен.

Как только нас взяли немцы в плен и погнали этапом в город название которого не знаю где мы находились в сборочном лагере около 7 суток. А затем нас погрузили в эшелон и через Польшу повезли в Германию в Германии нас привезли в город Тайно в лагерь № 6 "К" где и стали водить под охраной на работу.

Вопрос: Расскажите где вы работали в Германии и в качестве кого?

Ответ: В Германии я работал на каменном карьере грузчиком. На работу нас водили под охраной так-же и с работы

Вопрос: Где вы проживали в Германии и сколько?

Ответ: В Германии я жил в городе Тайно при лагере № 6 "К" а июля месяца 1941 года по апрель месяц 1945 года 20.04.45 года нас освободили американские войска и передали Красной армии 1.10.45.

Подпись Федечкин

Фрагменты протокола допроса из фильтрационно-проверочного дела сержанта Федечкина А. П. (1946 год).

Как следует из других документов, в первые две недели войны 48-й дорожный батальон понёс серьёзные потери, в том числе и в начале июля под Тарнополем (ныне Тернополь), но полностью часть разбита не была (да и не находилась неделю в окружении), и продолжила отход на восток, *хотя уже не в составе 4-го мехкорпуса, а отдельно. Скорее всего, Федечкин оказался в отсечённой и окружённой группе, например, взводе или роте.*

В немецком Центре Документации (ЦД), научно-исследовательском учреждении при Объединении "Саксонские мемориалы в память жертвам политического террора" (город Дрезден), где хранятся данные на военнопленных РККА, есть запись о военнопленном Андрее Павловиче Федичкине, 1921 г. р., с идентификатором № 674848.

Согласно фильтрационно-проверочному делу сержанта Андрея Федечкина № 14533 и его фильтрационной карточке № 31280, в Германии он находился в лагере военнопленных № 6 "Ц" в городе Райно (*Райне, Rheine*), работал грузчиком на каменном карьере.

После освобождения из плена американскими войсками 20 апреля 1945 года, он "был передан Красной Армии" 15 мая 1945 года и возвратился в СССР через польскую границу. 20 мая 1945 года Федечкин был зачислен в 236-й Армейский Запасный Стрелковый Полк (АЗСП) 69-й Армии. Фильтрационно-проверочное дело содержит анкету, заполненную 27 марта 1946 года в Верхне-Городковском районе Молотовской области и подписанную опер-уполномоченным опер-группы Верхне-Городковского района лейтенантом Фоменко.

После войны Андрей Федечкин работал навальщиком лесорубом.

В апреле 1985 года был награждён Орденом Отечественной войны II степени (к 40-летию Победы).

Фрагмент донесения № 82036 от 31.05.1945 об освобождённых из плена
с данными на сержанта Федечкина А. П.

Фрагмент донесения № 82312 от 01.06.1945 об освобождённых из плена
с данными на сержанта Федичкина А. П.

Награда:

Орден Отечественной войны II степени (апрель 1985 г.).

Примечание.   Сведения о пленении получены из фильтрационно-проверочного дела сержанта Федечкина А. П. № 14533 и его фильтрационной карточки № 31280 (составленной 27 ноября 1952 года), хранящихся в Архиве Управления ФСБ России по Брянской области.

Жук Александр Владимирович
(сержант, командир отделения)

Александр Владимирович Жук родился 5 (18) июня 1917 года в Киеве в семье бухгалтера, еврей.

В 1930 году семья переехала в Ленинград, где Александр Жук окончил Петришуле (1934) и поступил на архитектурный факультет Ленинградского Института Живописи, Скульптуры и Архитектуры (ЛИЖСА) имени И. Е. Репина. В 1940 году он закончил Академию Художеств, получив звание "архитектор-художник".

В ноябре 1940 года Александр Жук был призван на службу в РККА, курсантом-сапёром 48-го мото-инженерного (дорожного) батальона 4-го мехкорпуса 6-й Армии, дислоцированного во Львове.

Фрагмент личного фильтрационного дела сержанта Жука А. В.

Войну встретил в сапёрном взводе под командованием младшего лейтенанта Кошелева. Согласно фильтрационному делу Александра Жука, с июня 1941 года он был сержантом. После первых боёв и отвода батальона в резерв Юго-Западного Фронта в городе Прилуки Черниговской области для доукомплектования во второй половине июля 1941 года, сержант Жук стал батальонным писарем.

После возвращения 48-го инжбата к боевым действиям в Киевском Укреплённом Районе (КиУР), а, впоследствии, для охраны минных полей и фортификационных работ в Киеве, сержант Жук выполнял роль связного.

"Под диктовку Рыбальченко я, ставший батальонным писарем, заполнял стандартный бланк похоронки. «Ваш сын, Остап Охрименко, пал в бою смертью храбрых». Рыбальченко прочитал, подумал м велел дописать: «погиб, совершив героический подвиг, выполняя особое боевое задание».

...

Я выполнял роль связного, развозя между ротами приказы и разные другие поручения. Для более быстрой и оперативной связи мне раздобыли где-то старинный красный велосипед «Дукс». На нём я мотался по всему городу." [302]

Согласно наградному листу 1946 года, сержант Александр Жук был командиром отделения 48-го инженерного батальона 37-й Армии, и после отступления 37-й Армии из Киева "23 сентября 1941 г. при обороне в районе г. Киева был тяжело ранен двумя пулями в правую руку". *Наиболее вероятно, что это произошло к юго-востоку от Борисполя, у села Иваньково (Иванков), во время боя с немецкими заслонами 20 сентября 1941 года. Между 23 и 25 сентября 1941 года, при попытках вырваться из Борщёвского котла, Жук попал в плен, очевидно к югу от Березани после переправы через Трубеж:*

"День был на исходе. Закатное солнце окрасило площадь, мазанки и деревья в густой оранжевый цвет. Всё обширное пространство площади было забито пленными красноармейцами и командирами. Те, кто сумел переправиться сюда со своим оружием, по приказу немцев бросали его в кучу. Гора винтовок и пистолетов быстро росла." [303]

Оказавшись в плену, сержант Жук прошёл через несколько переходных немецких лагерей, включая лагерь в Дарнице, совершив в итоге побег из Житомирского лагеря. После побега он скрывался по глухим деревням оккупированных земель, в частности в Киевской области (село Черняхово Кагарлыцкого района) и Курской области (село Алексеевка Глушковского района).

Жук смог перейти на сторону советских войск только 12 января 1943 года на Северном Кавказе, в районе станицы Бекешевской. Был помещён в спецлагерь НКВД № 261 в городе Георгиевск, проверен, и 2 февраля 1943 года уволен из РККА по ранению, согласно распоряжению начальника сануправления 420-го медсанбата Северо-Кавказского Фронта.

Фрагмент личного фильтрационного дела сержанта Жука А. В.

---

[302] Жук А. В. Начало. — Стройиздат, Санкт-Петербург, 2005, стр. 58 и 59.

[303] Жук А. В. Начало. — Стройиздат, Санкт-Петербург, 2005, стр. 86.

Дальнейшая судьба Александра Жука хорошо известна[304]. После войны А. В. Жук работал в институте «Ленпроект» в мастерской Е. А. Левинсона и И. И. Фомина, а с 1954 года — руководил собственной мастерской. С 1949 года он вёл педагогическую работу: в 1988—2003 годах был заведующим кафедрой архитектуры, с 1973 года — руководителем персональной (учебной) мастерской ЛИЖСА имени И. Е. Репина. Действительный член Академии Художеств СССР с 1988 года, Лауреат Государственной премии СССР (1974), и Народный архитектор СССР (1991). В 1989 году избран народным депутатом СССР (1989—1991) от Ленинградской организации Союза архитекторов СССР.

В апреле 1985 года был награждён Орденом Отечественной войны I степени (к 40-летию Победы).

А. В. Жук скончался 4 января 2008 года в Санкт-Петербурге. Похоронен на Комаровском кладбище.

Награды:

Медаль "За "За победу над Германией" (1945 г.).
Орден Славы III степени (август 1946 г.).
Орден Отечественной войны I степени (апрель 1985 г.).

Примечания. Личное фильтрационное дело Александра Владимировича Жука № 137446 хранится в архивных фондах Управления ФСБ Российской Федерации по Санкт-Петербургу и Ленинградской области. Сведения о наградах получены из Электронного Банка Документов "Подвиг Народа". Фотографии предоставлены сыном Александра Жука, Евгением Александровичем Жуком.

Спустя более полувека после войны, Александр Жук подробно и последовательно описал события тех военных лет в трёх номерах журнала «Нева» за 1995 год, а затем и в книге "Начало" (Стройиздат, Санкт-Петербург, 2005).

Необходимо заметить, что в книге "Начало" автор называет свой батальон исключительно 47-м отдельным инженерным батальоном. *Скорее всего, это не опечатка или намеренная "маскировка", а подсознательная и давняя замена одного числа на другое.* Речь идёт именно о 48-м инжбате: дислокация корпуса во Львове к началу войны — имена комбата капитана Рыбальченко, политрука Шера, комроты Пономарёва, комвзвода Кошелева, и общий боевой путь батальона не оставляют в этом никаких сомнений. Личное фильтрационное дело Александра Жука тоже чётко указывает на его службу в 48-м дорожном батальоне 4-го мехкорпуса 6-й Армии (с ноября 1940 года по июль 1941 года) и в 48-м инженерном батальоне 37-й Армии (после июля 1941 года). К тому же можно легко убедиться, что 47-й инжбат воевал в Прибалтике (8-я Армия, 12-й мехкорпус).

Есть в воспоминаниях и другие неточности, которые можно исправить, имея теперь доступ к рассекреченным архивам и конкретным донесениям. В частности, местонахождением батальона в резерве Юго-Западного Фронта во второй половине июля 1941 года был не Пирятин, а Прилуки Черниговской области; бойцом, погибшим в результате несчастного случая в городе Прилуки, был рядовой Георгий Рябцев, а не Остап Охрименко; селом, в котором скопилось множество частей перед трагической переправой 23 сентября 1941 года был Борщёв, а не Березань; и сама переправа происходила через реку Трубеж, а не реку Березань.

---

[304] Источник: https://ru.wikipedia.org/wiki/Жук,_Александр_Владимирович

НАГРАДНОЙ ЛИСТ

1. Фамилия, имя и отчество ЖУК, Александр Владимирович

2. Звание сержант запаса 3. Должность, часть командир отделения 48 инженерного батальона 37 Армии Южного фронта.

Представляется к ордену СЛАВА ТРЕТЬЕЙ СТЕПЕНИ.

4. Год рождения 1917 5. Национальность еврей 6. Партийность чл.ВКП/б/

7. Участие в гражданской войне, в последующих боевых действиях по защите СССР и в Отечественной войне Южный фронт, с 6-1941 г. по 9-1941 г.
(где и когда)

8. Имеет ли ранения и контузии в Отечественной войне одно тяжелое ранение

9. С какого времени в Красной Армии с 10-1940 г. по 2-1943 года.

10. Место рождения: гор.Киев

11. Чем ранее награжден (за какие отличия) Медалью "За победу над Германией"

12. Постоянный домашний адрес представляемого к награждению и адрес его семьи

I. Краткое, конкретное изложение личного боевого подвига или заслуг

23 Сентября 1941 г. при обороне в районе г.Киева, был тяжело ранен двумя пулями в правую руку. В результате ранения переломлены кости предплечья и парализован локтевой нерв. В результате ранения правая рука в локтевом и лучезапястном суставах не действует. Пальцы рук не сгибаются.

Основание: свидетельство о болезни № 9 от 2-21943 г., выданное ВВК при 420 Медсанбате.

Инвалид Отечественной войны II группы.

Работает, характеристика положительная

Достоин награждения Орденом "СЛАВА III СТЕПЕНИ".

ВРИД. СВЕРДЛОВСКОГО РАЙВОЕНКОМА
КАПИТАН АДМ.СЛУЖБЫ

/ЖУРАВЛЕВ/

"23" Августа 1946 г.

Наградной лист сержанта Жука А. В. (август 1946 г.).

...В этой книге и предшествовавших ей очеркам мы обычно воздерживаемся от личных комментариев, но в данный момент позволим себе краткое исключение из правил. Несмотря на ранение и будучи инвалидом войны, художник-архитектор А. В. Жук сумел достичь поразительных успехов: спроектировал несколько станций метро, Ленинградский аэровокзал (Пулково-1), Большой Концертный Зал "Октябрьский" и множество других общественных зданий. Сколько же других талантов было потеряно в той войне, в частности в инженерных войсках, где служили будущие строители, архитекторы, инженеры, научные сотрудники?! Как могла сложиться послевоенная жизнь, если бы эта потенциальная сила не была израсходована так бездарно в первые месяцы войны?! Но конечно, с другой стороны, если бы они не положили свои жизни тогда, в этих болотах, кто знает, как бы всё закончилось...

И ещё одно отступление: нельзя не упомянуть мнение Жука, вызванное гибелью подводной лодки "Курск", которое он высказывает в письме к своей однокласснице по "Петришуле" Валерии Алексеевне Троицкой (1 сентября 2000 года), цитируемому по книге В. А. Троицкой "Телеграмма Берия":

"Невозможно свыкнуться с гибелью людей, с великодержавным, официальным враньём! Что есть на Руси цена человеческой жизни? Человек, вне зависимости от своего интеллекта, роли и значимости, никогда ничего не стоил. Это пренебрежение к личности чуть ли не наше достоинство! Издревле и при Иване, и ранее, и при Петре, и при Ленине со Сталиным (особенно) установилось как норма. Невозможно смириться с ежедневной гибелью людей в бесконечной войне в Чечне!

Образуется ли когда-нибудь на Руси покой и добро? Как хотелось бы, чтобы наступила, наконец, пора процветающей цивилизации, при которой все усилия и действия властей не декларативно, а на деле были бы направлены на благо человека."

Александр Владимирович Жук

Кирилюк Иван Григорьевич
(сержант, *возможно, из другой части 4-го мехкорпуса*)

Кирилюк Герасим Ильич
(красноармеец, *возможно, из другой части 4-го мехкорпуса*)

Иван Григорьевич Кирилюк родился в 1914 году в селе Стрижаков Ильинецкой волости Липовецкого уезда Киевской губернии (позднее Ильинецкого района Винницкой области, ныне Оратовского района Винницкой области Украины). Призван в РККА Липовецким РВК Винницкой области.

Герасим Ильич Кирилюк родился в 1913 году в селе Летичовка Монастырищенской волости Липовецкого уезда Киевской губернии (позднее Монастырищенского района Винницкой области, ныне Монастырищенского района Черкасской области Украины). Призван в РККА Монастырищенским РВК Винницкой области.

Связь с родственниками прекратилась в 1941 году — в донесении о безвозвратных потерях адрес последних писем, полученных в июне 1941 года (от сержанта Ивана Кирилюка) и 8 июля 1941 года (от красноармейца Герасима Кирилюка), указан как "г. Львов, главпочтамт, п/я 180". Как известно, почтовый ящик 180 был у 48-го мото-инженерного батальона 4-го мехкорпуса 6-й Армии. *Не исключено, что и другие части 4-го мехкорпуса, например 3-й отдельный мотоциклетный батальон (ОМБ), использовали этот же почтовый ящик.*

Оба Кирилюка пропали без вести в первые месяцы войны. Даты выбытия: август 1941 года (Иван Кирилюк) и сентябрь 1941 года (Герасим Кирилюк).

Фрагмент донесения о безвозвратных потерях с данными на сержанта Кирилюка И. Г. и красноармейца Кирилюка Г. И. (1944 г.).

Белоус Исаак (Исак) Феодосьевич
(младший сержант, *возможно, из другой части 4-го мехкорпуса*)

Исаак Феодосьевич Белоус родился 5 мая 1913 года в селе Гродзево Бабанской волости Уманского уезда Киевской губернии (позднее Бабанского района Киевской области; ныне — Уманского района Черкасской области Украины), украинец.   Проживал в соседнем селе Аполянка того же района.

В РККА Иван Белоус был призван Бабанским РВК в 1940 году.

Связь с родственниками прекратилась в 1941 году — в анкете Управления по учёту погибшего и пропавшего без вести рядового и сержантского состава адрес указан как г. Львов, почтовый ящик № 180. Как известно, п/я 180 был у 48-го мото-инженерного батальона 4-го мехкорпуса 6-й Армии. *Не исключено, что и другие части 4-го мехкорпуса, например, 3-й отдельный мотоциклетный батальон (ОМБ), использовали этот же почтовый ящик.*

Исаак Белоус попал в плен 23 сентября 1941 года под Лубнами. Лубны находились на самом краю Киевского котла, в котором оказалась 37-я Армия после отхода из Киева 19 сентября 1941 года: именно в этом районе (Ромны — Лохвица — Лубны) сомкнулось кольцо немецкого окружения 15 сентября 1941 года, когда соединились немецкие ударные группировки Клейста и Гудериана.

Лубны, взятые группировкой Клейста 14 сентября 1941 года, расположены километров на 100–120 восточнее Березани и Яготина, где были последние очаги сопротивления 37-й Армии, прорывавшейся с боями на восток в течение недели 19 – 26 сентября 1941 года.

Поэтому не совсем ясно, как Белоус мог попасть в плен в районе Лубен именно 23 сентября 1941 года. *Возможно, или место, или дата пленения не точны: например, Белоус мог продвигаться на восток в составе небольшой группы и был пленён под Лубнами в конце сентября или даже в октябре; или наоборот, попал в плен 23 сентября, но был зарегистрирован немецкой лагерной службой шталага Stalag III-C вместе с другими пленными из-под Лубен.*

Вполне вероятно также, что Белоус на момент пленения был и в другой части Юго-Западного Фронта, например, в 26-й Армии, окружённой в это время в Оржице, и пытавшейся прорваться к Лубнам.

Мы склоняемся к первой версии — неточная дата пленения — в пользу которой говорит и тот факт, что на немецкой карте военнопленного Белоуса месяц "9" написан неуверенно, отличаясь от девятки в дате "1941". *Не исключено, что писарь колебался между октябрём и сентябрём.* Запись была сделана позже, уже в самом лагере Stalag III-C, который располагался неподалёку от селения Альт-Древитц в предместье Кюстрин (Alt Drewitz bei Küstrin) в штате Бранденбург (ныне район Джевице в городе Костшин-над-Одрой, Польша).

Фрагмент анкеты с данными на младшего сержанта Белоуса И. Ф. (1946 год).

Фрагмент немецкой лагерной карты военнопленного с датой и местом пленения Белоуса И. Ф. (1946 год).

На этой же карте воинская часть рядового Белоуса указана как "Auto Btl 8", что вполне может и соответствовать "дорожному" батальону — номера своих частей, а также звания и возраст, пленные, как правило, изменяли. Профессия указана как "кузнец". Лагерный номер Белоуса записан как 20503.

Цитата из воспоминаний бывшего узника шталага III-C в Альт-Древитце Ильи Зельмановича Эренбурга (12 марта 2008 года, Москва, Россия):

"В декабре 1941 года меня привезли в Германию под город Кюстрин, в лагерь «III-C», где мне повесили нагрудный знак 15624 и направили в так называемый «лазарет», расположенный внутри лагеря и отгороженный от остальных блоков двумя рядами колючей проволоки. В «лазарете» было 8 бараков: 2 барака для службы лазарета и 6 для размещения больных, по 250 человек в каждом. Меня разместили в барак «С», где инфекционные больные и раненные находились вместе. Медицинскую помощь не оказывали. На нас проводили эксперименты. Вводили шприцем в левую грудную мышцу и в вену какие-то препараты. Каждую неделю мы сдавали по 2-3 пробирки крови, а один раз в месяц у нас брали кровь до 1 стакана. За время пребывания в «лазарете» я перенёс сыпной и брюшной тиф. В лазарете царили холод (окна запрещалось закрывать и ежедневно увлажнялся пол), голод (утром давали желудевый кофе, в обед «суп» из неочищенной брюквы на воде). Хлеб выдавался по норме 1 буханка на 12 человек в день. По ночам зверствовали два немецких охранника, которые за надуманные нарушения забивали «штрафников»-больных, а утром санитары выносили мёртвые тела. В целях ещё большего увеличения смертности в «лазарете» оборудовали специальную комнату, где замораживали ещё живых «штрафников». Смертность в «лазарете» была очень высокой. Наконец, в марте 1942 г. началась выписка «выздоровевших» больных, а проще говоря, выживших. Нам на левой руке накололи номер, соответствующий нагрудному знаку и зачислили в рабочие команды лагеря." [305]

---

[305] Форум "Авиация СГВ": http://www.sgvavia.ru/forum/30-157-1

Фрагмент немецкой лагерной карты военнопленного рядового Белоуса И. Ф. (1942 год).

На обороте карты отмечено, что с 10 мая по 12 августа 1942 года Белоус находился на работах (Arbeitskommandos) в городе Эберсвальде (Eberswalde). Этому предшествует запись от 8 мая 1942 года о вакцинации против тифа ("TY").

Фрагмент немецкой лагерной карты военнопленного с данными о вакцинации рядового Белоуса И. Ф. (1942 г.).

Исаак Белоус умер в лагере 15 октября 1942 года. Всего за годы войны в шталаге III-C (Альт-Древитц / Кюстрин) погибло свыше 12 тысяч военнопленных.

В немецком Центре Документации (ЦД), научно-исследовательском учреждении при Объединении "Саксонские мемориалы в память жертвам политического террора" (город Дрезден), где хранятся данные на военнопленных РККА, имеется запись о военнопленном Исааке Феодосиевиче Белоусе с идентификатором № 26099 (05.05.1913 — 15.10.1942).

Мемориал в Джезице (Костшин-над-Одрой, Польша).

Примечание. По материалам Википедии о городе Костшин-над-Одрой:

"На исходе Второй мировой войны старый город был полностью уничтожен бомбардировками Союзников и с тех пор не восстанавливался. Уничтожены были все промышленные предприятия, город обезлюдел, его население до сих пор не вернулось к предвоенной численности.

Войска 8-й гвардейской армии 12 марта 1945 года во взаимодействии с войсками 5-й ударной армии и силами Днепровской военной флотилии овладели городом, а 30 марта — крепостью Кюстрин (Костшин)." [306]

---

[306] Источник: https://ru.wikipedia.org/wiki/Костшин-над-Одрой (9 июня 2015 года).

Косников Иван Иванович

(младший сержант, командир отделения, *возможно, из другой части 4-го мехкорпуса*)

Иван Иванович Косников родился 6 января 1919 года (по старому стилю: 24 декабря 1918 года) в селе Носины Носиновской волости Шацкого уезда Тамбовской губернии (позднее Алгасовского района Тамбовской области, ныне Новотомниковского сельсовета Моршанского района Тамбовской области России).

Призван в РККА 30 ноября 1939 года Алгасовским РВК в артиллерийскую часть. Член ВКП(б).

Связь с родственниками прекратилась в 1941 году — в анкете Управления по учёту погибшего и пропавшего без вести рядового и сержантского состава адрес последнего письма (25 июня 1941 года) указан как "г. Львов, главпочтамт, п/я 180". Как известно, почтовый ящик 180 был у 48-го мото-инженерного батальона 4-го мехкорпуса 6-й Армии. *Не исключено, что и другие части 4-го мехкорпуса, например 3-й отдельный мотоциклетный батальон (ОМБ), использовали этот же почтовый ящик.*

Иван Косников пропал без вести до 19 июля 1941 года. По информации родственников, "товарищ писал что не вернулся с боя".

Фрагмент анкеты с данными на младшего сержанта Косникова И. И. (1946 год).

Кожевников Григорий Николаевич
(младший сержант, командир отделения сапёров)

Котухов Александр Дмитриевич
(младший сержант, командир отделения сапёров)

Новиков Лев Гаврилович
(красноармеец, курсант-сапёр)

Протосеня Владимир Степанович
(красноармеец, курсант-сапёр)

Данько Иван Григорьевич
(красноармеец, курсант-сапёр)

Кливетенко Борис Михайлович
(красноармеец, курсант-сапёр)

Колмыков (Калмыков) Иван Симёнович (Семёнович)
(красноармеец, машинист дорожных машин)

Горбунов Василий Николаевич
(красноармеец, грейдерист)

Писаренко Иван Васильевич
(красноармеец, курсант-сапёр)

Григорий Николаевич Кожевников родился в 1918 году в городе Москва (станция Люберцы, п/п Лыткарино, завод № 233, пожарная охрана). В РККА призван Ремельским РВК Тамбовской области.
В 48-м дорожном батальоне младший сержант Кожевников был командиром отделения сапёров.

Александр Дмитриевич Котухов родился в 1918 году в селе Чернитово Ново-Томниковской волости Моршанского уезда Тамбовской губернии (позднее Алгасовского района Тамбовской области). В РККА призван Алгасовским РВК.
В 48-м дорожном батальоне младший сержант Котухов был командиром отделения сапёров.

Лев Гаврилович Новиков родился в 1920 году в городе Орёл (Советская 17) Орловского уезда Орловской губернии РСФСР (позднее Орловской области), русский. В РККА призван Карачевским РВК Орловской области РСФСР.

Владимир Степанович Протосеня родился в 1921 году в городе Слуцк (Сержский сельсовет, колхоз имени Куйбышева) Слуцкого уезда Минской губернии Советской Социалистической Республики Белоруссия (позднее: Белорусской ССР; ныне: Республики Беларусь). В РККА призван Слуцким РВК Минской области БССР.

Иван Григорьевич Данько родился в 1921 году в городе Гомель (Техническая 39) Советской Социалистической Республики Белоруссия (позднее: Белорусской ССР; ныне: Республики Беларусь). В РККА призван Гомельским РВК Гомельской области БССР.

Борис Михайлович Кливетенко родился в 1918 году в селе Березнеговатское Херсонского уезда Херсонской губернии (позднее: Березнеговатского района Николаевской области Украинской ССР; ныне: Новобугского района Николаевской области Украины). В РККА призван Николаевским РВК Николаевской области УССР.

Иван Семёнович Калмыков родился в 1919 году в селе Вирятино Кулеватовской волости Моршанского уезда Тамбовской губернии (позднее Сосновского района Тамбовской области России). В РККА призван в 1939 году Сосновским РВК.

Василий Николаевич Горбунов родился в 1919 году в *посёлке Окрехин* (*возможно селе Орехово Зуевской волости*) Богородского уезда Московской губернии (позднее Ногинского района Московской области России). В РККА призван Алгасовским РВК Тамбовской области.

Иван Васильевич Писаренко родился в 1921 году в селе Пащенки Куликовской волости Решетиловского уезда Полтавской губернии (позднее Шамраевского сельсовета Решетиловского района Полтавской области Украины). В РККА призван Решетиловским РВК.

Согласно донесению о безвозвратных потерях 48-го дорожного батальона 37-й Армии ЮЗФ по состоянию на 10 августа 1941 года (№ 050, г. Киев), младшие сержанты Котухов и Кожевников, а также курсанты-сапёры Новиков, Протосеня, Данько и Кливетенко были убиты 5 августа 1941 года "от взрыва мин от налета авиации противника", и похоронены "на поле района БОРЩАГОВКИ под Киевом".

В этом же донесении отмечено, что красноармейцы Колмыков и Горбунов были убиты на следующий день, 6 августа 1941 года, "от взрыва мин от налета авиации противника", и похоронены в братской могиле в районе западнее Софиевской-Борщаговки.

Красноармеец Писаренко погиб 7 августа 1941 года "от ураганного Артиллерийского огня пр-ка в м. Святошино", и похоронен там же, на 3-й просеке.

Сёла Борщаговка, Никольская Борщаговка, Софиевская Борщаговка и Петропавловская Борщаговка расположены поблизости от Святошино, в котором в начале августа 1941 находились командный пункт и штаб Киевского Укрепрайона (КиУР). Вторая полоса обороны КиУР проходила как раз через Святошино и район Борщаговки.

В районе Южная Борщаговка (город Киев) находится братская могила и памятник погибшим воинам Великой Отечественной Войны. На восстановленной мемориальной табличке есть имя младшего сержанта Александра Дмитриевича Котухова и курсанта-сапёра Бориса Михайловича Кливетенко, которые, согласно донесению № 050, погибли в тот же день, что и Кожевников, Новиков, Протосеня и Данько, и похоронены в том же месте. *Можно предположить, что сержант Кожевников и красноармейцы Новиков, Протосеня и Данько похоронены в этой же братской могиле.*

№	Ф.И.О.	Звание	Должность	Год рождения, место рождения	РВК	Причина и дата гибели	Место захоронения	Родственники
3.	КОЖЕВНИКОВ Григорий Николаевич	млад.Сержант	Ком.отд. сапер	г.Москва ст.Люберцы, п/в Дзержино завод №233 пожарная охрана рож.1918г.	Ремольский РВК Там.обл.	5.8.41г.от взрыва мин от налета авиации прот-ка. убит на смерть.	на поле района БОРЩАГОВКИ под Киевом.	Брат-Кожевников Василий Николаевич
4.	КОТУХОВ Александр Дмитриевич	—"—	—"—	1918г. Тамбовской обл. Алгасовского р-на с.Чернитово	Алгасовский РВК там.обл.	—"—	—"—	Отец-КОТУХОВ Дмитрий Васильевич
5.	НОВИКОВ Лев Гаврилович	Красноармеец-Курсант	сапер	1920г. г.Орел Советская-17	Карачаевский РВК Орл.обл.			Мать-НОВИКОВА Наталья Ивановна
6.	ПРОТОСЕНЯ Владимир Степанович	—"—	—"—	1921г. БССР г.Слуцк Комлехтехникум Мыниц Серяжский с/с кол-з Куйбышева	Слуцким РВК БССР			Мать-ПРОТОСЕНЯ Дарья Кириловна
7.	ДАНЬКО Иван Григорьевич	—"—	—"—	1921г.БССР г.ГОМЕЛЬ Техническая №30	Гомельским РВК -БССР			Отец-ДАНЬКО Григорий Яковлев
8.	КЛИВЕТЕНКО Борис Михайлович	—"—	—"—	1918г.УССР Николаевская обл. Березнего-ватого р-на с.Березнеговатое	Ник.РВК			Отец-КЛИВЕТЕНКО Михаил Филиппович

215

№	Ф.И.О.	Звание	Должность	Год рождения, место рождения	РВК	Причина и дата гибели	Место захоронения	Родственники
9.	КОЛМЫКОВ Иван Сименович	Красноармеец	Машинист дор.машин	1919 г.Тамбовской обл. Сосновской р-в, с.Верятино	Сосновским РВК	У 6.8.1941г. от взрыва мин от налета авиации противника убит на смерть.	В братской могиле района зап.Софиевской-Борщаговки.	Отец-КОЛМЫКОВ Семен Степанович
10.	ГОРБУНОВ Василий Николаевич	—"—	Грейдерист	1910г.Московская обл. Ногинский район пос.Обрехши Барак №13 ком.1Р. Тамбовская область г.Агасово-Котинникова 12Р.	Алгасовский РВК			Мать-ЗОТОВА Аксения Ивоевна
11.	ПИСАРЕНКО Иван Васильевич	—"—	Курсант Сапёр	1921г.Полтавской обл. Решетиловский р-н с.Шамраевский /сс село Пащенки	Решетиловским РВК	7.8.1941г. убит от урагального Артилерийского огня пр-ка в м.Святошино.	В могиле м.Святошино на 3-й просеке.	Мать-ПИСАРЕНКО Елена Евгеньевна

ПРИМЕЧАНИЕ: Ранее сведения о безвозвратных потерях подавались в штаб 4 мех. корпуса. 37-я Армия Приказала, на этих и впредь сведения подавать вам.

КОМАНДИР 48 ДОР.БАТ-НА
КАПИТАН
/ РЫБАЛЬЧЕНКО/

ВОЕННЫЙ КОМИССАР БАТАЛЬОНА
СТАРШИЙ ПОЛИТРУК
/ ЕРМАКОВ /

НАЧАЛЬНИК ШТАБА БАТАЛЬОНА
ЛЕЙТЕНАНТ
/ ГОЛЬДМАН /.

Исп. в 1 экз.
г. Киев-Ворошилова №3.
Действующая КА Полевая почтовая база №8
Литер " С " полевая почтовая станция
№36 / 48-Командование-Части.

Фрагменты донесения о безвозвратных потерях 48-го дорожного батальона 37-й Армии ЮЗФ по состоянию на 10 августа 1941 года (№ 050, г. Киев).

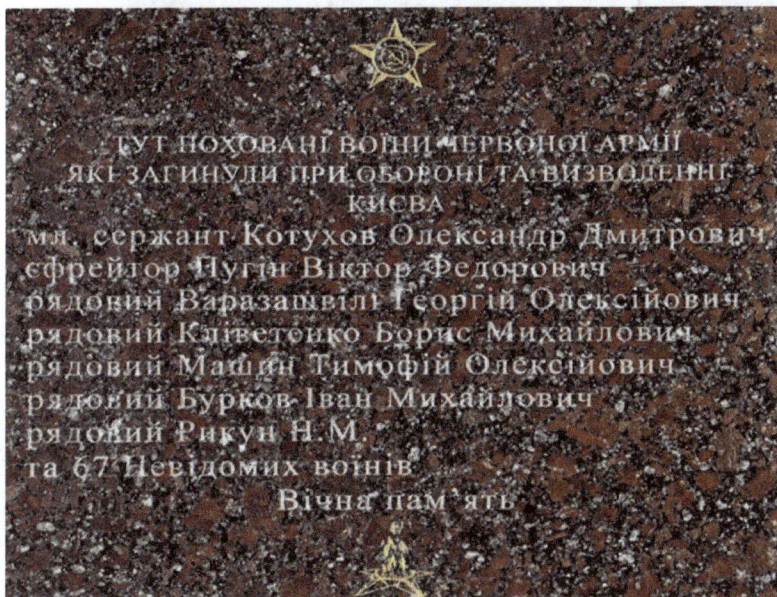

ТУТ ПОХОВАНІ ВОЇНИ ЧЕРВОНОЇ АРМІЇ ЯКІ ЗАГИНУЛИ ПРИ ОБОРОНІ ТА ВИЗВОЛЕННІ КИЄВА
мл. сержант Котухов Олександр Дмитрович
єфрейтор Пугін Віктор Федорович
рядовий Варазашвілі Георгій Олексійович
рядовий Кліветенко Борис Михайлович
рядовий Машин Тимофій Олексійович
рядовий Бурков Іван Михайлович
рядовий Рикун Н.М.
та 67 Невідомих воїнів
Вічна пам'ять

Восстановленная мемориальная табличка с именами погибших воинов, в том числе младшего сержанта Александра Дмитриевича Котухова и курсанта-сапёра Бориса Михайловича Кливетенко.

Примечание. В районе Южная Борщаговка г. Киев, улица Симиренко, находится братская могила и памятник погибшим воинам Великой Отечественной Войны. На восстановленной мемориальной табличке есть имена младшего сержанта Александра Дмитриевича Котухова и курсанта-сапёра Бориса Михайловича Кливетенко из 48-го инжбата.

Южная Борщаговка. Памятник погибшим воинам (фото Андрея Алексеева).

Примечание. Сержант Кожевников несколько раз упомянут в воспоминаниях курсанта (впоследствии, сержанта) 48-го инжбата Александра Жука, например:

"Я до сих пор слышу, как каждое утро, когда за окнами было ещё совсем черно, в казарму, которая раньше была классом львовской гимназии, врывался, зажигая свет, сержант Кожевников, и выпучив глаза, надувался до красноты и орал «ПОДЪЁМ»!!! Он вытаскивал из штанов серебряную луковицу старинных железнодорожных часов «Павел Буре» и строго следил по ним, чтобы все вскочили и оделись в считанное мгновение. Многие хитрецы одевались заранее и прикидывались спящими, но Кожевникова провести не удавалось. Он сдергивал с них одеяло, заставлял раздеться и, уставившись на часы, вновь орал на весь мир: «ПОДЪЁМ!» «Для вас кон-сти-ту-ции не су-ще-ству-ет!», — кричал он до хрипоты. Эту фразу он повторял несколько раз, колотя растопыренной ладонью по дребезжащей фанерной столешнице. Каждое утро начиналось этой отработанной сценой. Всезнающие ребята утверждали, что этому он научился, отбывая срок в тюрьме." [307]

---

[307] Жук А. В. Начало. — Стройиздат, Санкт-Петербург, 2005, стр. 26-27.

Рыбак Поладий Филиппович
(младший сержант, командир отделения сапёров)

Поладий Филиппович Рыбак родился в 1919 году в городе Гайсин Гайсинского уезда Подольской губернии (позднее Липовецкого района Винницкой области Украинской ССР).

В РККА призван Липовецким РВК Винницкой области.

В 48-м инженерном батальоне младший сержант Рыбак был командиром отделения сапёров.

В донесении о безвозвратных потерях 48-го инженерного (дорожного) батальона 37-й Армии ЮЗФ по состоянию на 15 августа 1941 года (№ 075, г. Киев) указано, что младший сержант Рыбак был убит ("от взрыва мины") 12 августа 1941 года, и похоронен в братской могиле "в районе БЕЛГОРОДКА".

Между 8 и 16 августа 1941 года 48-й инжбат в составе 37-й Армии находился в районе Белогородка (Белгородка), работая над устройством заграждений на переднем края обороны Киевского Укрепрайона (КиУР). Инженерная сводка по фронту за этот период уточняет, что "многие саперные части и подразделения участвуют в боях как стрелковые, неся большие потери", и продолжает: "За время боев с 1-го по 12.8. инженерные части 37 А потеряли до 70% своего состава. Основная часть сапер в этих боях участвовала как стрелковые подразделения. ... В настоящее время все саперные части 37 А выведены с боя и выполняют задачи по укреплению захваченных рубежей."

Фрагмент донесения о безвозвратных потерях 48-го "дорожного" (инженерного) батальона 37-й Армии ЮЗФ по состоянию на 15 августа 1941 года (№ 075, г. Киев).

Примечание. В селе Белогородка Киево-Святошинского района Киевской области Украины есть две братских могилы погибшим воинам: на выезде из села в сторону Житомирской трассы и в центре села по дороге из Боярки[308].

---

[308] База данных "Помните Нас": http://pomnite-nas.ru/

Добролежа (Добралежа) Иван Кузьмич
(младший сержант, сапёр)

Басс Василий Петрович
(красноармеец, курсант-сапёр)

Иван Кузьмич Добролежа родился в 1917 году в селе Астаповка Приволянской волости Херсонского уезда Херсонской области (позднее: Приволянского района Николаевской области; ныне: Баштанского района Николаевской области Украины). В донесении о безвозвратных потерях место рождения включает также "Анатоновский с/совет". В РККА призван Приволянским РВК.

Василий Петрович Басс родился в 1920 году в селе Веркиевка (Вертиевка) Веркиевской волости Нежинского уезда Черниговской губернии (Нежинского района Черниговской области Украины). В РККА призван Нежинским РВК.

В донесении о безвозвратных потерях 48-го инженерного (дорожного) батальона 37-й Армии ЮЗФ по состоянию на 25 августа 1941 года (№ 133, г. Киев, 26 августа 1941 года) указано, что красноармеец курсант-сапёр Басс и младший сержант сапёр Добролежа умерли 9 августа и 20 августа 1941 года в военгоспитале города Киев, и похоронены на Киевском городском кладбище.

Фрагмент донесения о безвозвратных потерях 48-го инженерного батальона 37-й Армии ЮЗФ по состоянию на 25 августа 1941 года (№ 133, г. Киев)

Примечание. Послевоенное извещение, выданное сестре Ивана Добролежи, уточняет, что он был ранен и умер 20 августа 1941 года.

Возможно, что сапёры Басс и Добролежа были ранен 7 августа 1941 года во время взрыва склада тола в Святошино, неподалёку от штаба Киевского Укрепрайона (КиУР), описанного в воспоминаниях сержанта 48-го инжбата Александра Жука:

"Покинутые дачи Святошно (*Святошино*) стали нашими домами. Отсюда, из западного предместья Киева, ежедневно увозили ребят минировать южные подступы к городу. В одной из дач был склад тола. Жёлтые бруски, похожие на куски мыла, аккуратными штабелями до потолка заполняли все комнаты и веранду. Красноармейцы целыми днями, двумя отделениями, начиняли бесконечные специальные зелёные фанерные ящики этими брусочками тола. Малый ящик — мина противопехотная, побольше — противотанковая. Перед самой их маскировкой в особое гнездо осторожно закладывали детонатор. Каждый день наш батальон расставлял сотни этих мин в пригородном Голосиевском лесу.

...

Вернувшись, я не узнал места, которое покинул несколько часов назад. Нет аллей, нет заборов, не стало дач. Передо мной лежала большая голая плоскость, аккуратно и тщательно присыпанная слоем чёрной мелкой рыхлой земли. В центре этой пустыни, как приготовленная братская могила, чернела огромная воронка. Днём, когда батальон был на работах, склад тола вместе с ребятами взлетел на воздух. Причина этого взрыва осталась вечной тайной..."[309]

---

[309] Жук А. В. Начало. — Стройиздат, Санкт-Петербург, 2005, стр. 59 и 60.

Высоцкий Мендель Шмуль-Гершкович (Михаил Шмулевич)
(младший сержант; сапёр)

Мендель (Михаил) Шмулевич Высоцкий родился 15 мая 1912 года, в местечке Шаргород Шаргородской волости Могилёвского уезда Подольской губернии (позднее: Шаргородского района Винницкой области Украины), еврей.

В 1939 году закончил Харьковский Индустриальный Техникум, по специальности "холодная обработка металлов резанием", получив квалификацию техник-технолог. С 1939 года работал технологом-нормировщиком на заводе имени Шевченко в городе Харьков.

На довоенной фотографии (декабрь 1939 года) виден нагрудный знак отличия «Готов к труду и обороне».

Призван в РККА 12 октября 1940 года Кагановичским РВК (Украинская ССР, город Харьков, Кагановичский район).

Нагрудный знак «Готов к труду и обороне».

Войну встретил рядовым (сапёром) в составе 48-го отдельного мото-инженерного (дорожного) батальона 4-го мехкорпуса 6-й Армии Юго-Западного Фронта, на Львовском выступе; полевая почтовая станция (ППС) 36.

Последнее письмо от Менделя Высоцкого семья получила в августе/сентябре 1941 года, со станции Гребёнка. Это письмо было написано в июле 1941 года, во время перевода 48-го инжбата на доукомплектование в город Прилуки Черниговской области.

Фрагмент первой страницы трудовой книжки Менделя Высоцкого (27 июля 1939 года).

Фрагмент трудовой книжки Менделя Высоцкого
с записью об увольнении с завода в РККА 12 октября 1939 года.

С начала августа доукомплектованный 48-й отдельный инженерный батальон, уже в составе 37-й Армии, участвовал в обороне Киева, на западном участке Киевского Укрепрайона (КиУР).

Согласно справке, выданной 4 сентября 1941 года (город Киев), на этот момент Михаил Высоцкий был младшим сержантом 48-го инжбата.

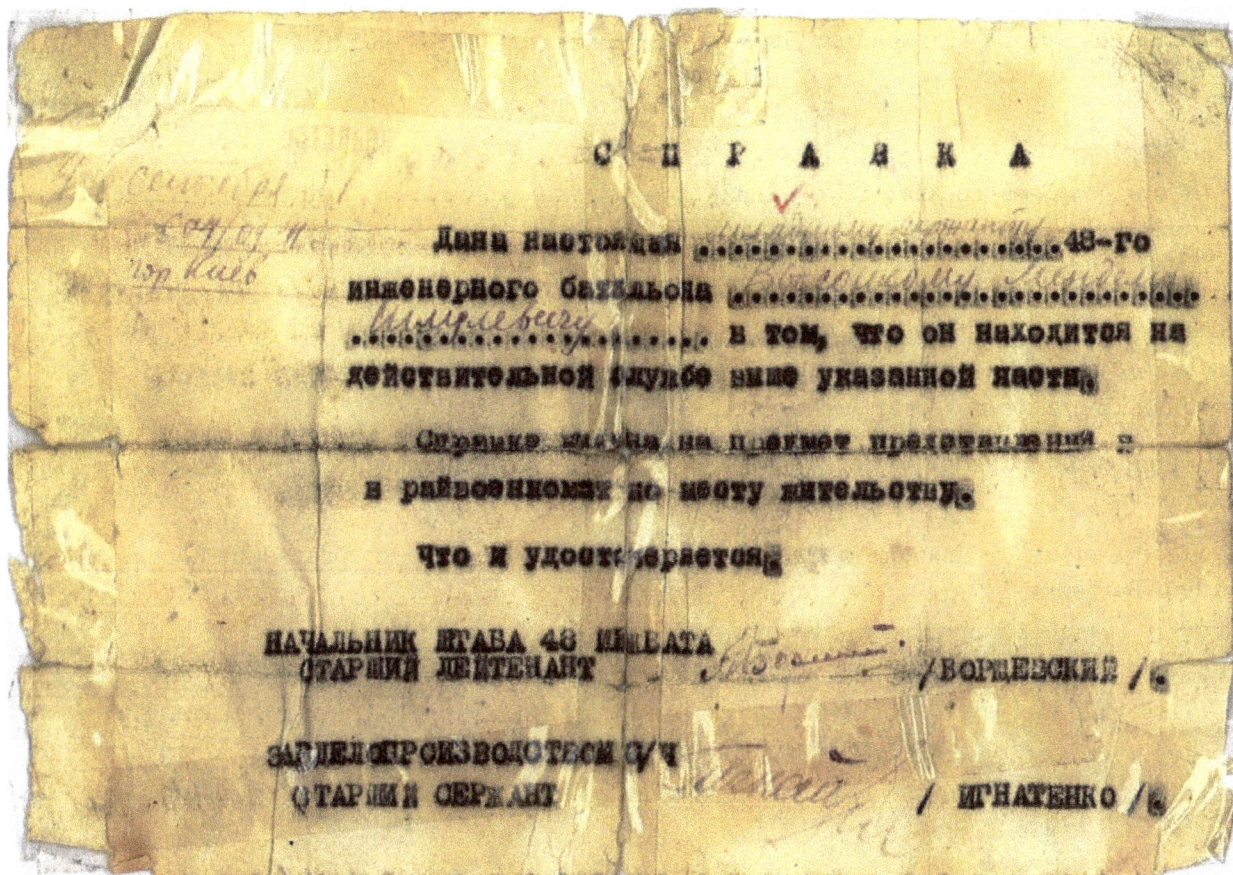

Справка 48-го инженерного батальона, выданная младшему сержанту Михаилу Высоцкому
(4 сентября 1941 года).

19 сентября 1941 года части окружённой 37-й Армии получили приказ оставить Киев, и на следующее утро 48-й инжбат проследовал на юго-восток от Борисполя. По воспоминаниям сапёра Александра Владимировича Жука ("Начало", Стройиздат, 2005), батальон вскоре принял бой с немецкими частями — в районе к югу от Иваньково (Иванков), после которого разрозненными группами пробирался к Березани.

Сапёр Александр Жук, позже попавший в плен к востоку от Борщёва, после переправы через Трубеж, вспоминает, что в конце сентября пленных разделили на сотни по национальному признаку, и еврейские сотни были расстреляны. Вскоре после этого пленные оказались в пересыльном лагере в Дарнице, где расстреляли уцелевших евреев. Несколько бойцов батальона вышли из окружения или, попав в плен, бежали и вышли к своим (как, например, А. В. Жук).

Высоцкий М. Ш. упоминается в ОБД Мемориал дважды. Сержант, сапёр Высоцкий Мендель Шмулевич отмечен как пропавший без вести на декабрь 1943 года (связь прекратилась в августе 1941 года — запись соответствует запросу, сделанному в 1947 году отцом Менделя, Шмуль-Гершем Высоцким). Младший сержант 48-го дорожного батальона, ППС 36, Высоцкий Михаил Шмулевич, указан как пропавший без вести в октябре 1941 года, так как связь с семьёй прекратилась в сентябре 1941 года — запись соответствует запросу, сделанному в 1944 году женой Менделя (Михаила), Елизаветой Кан.

Благодаря справке, можно утверждать, что он был ещё жив в начале сентября 1941 года, *и скорее всего, погиб при отступлении 37-й Армии из Киева во второй половине сентября 1941 года* (сведений о пленении нет).

Несколько строк из последнего письма Менделя Высоцкого: "...и если даже кто из нас погибнет, то это за Родину, за Ваше благополучие... я иду сознательно и без страха, чтоб Вам потом жилось спокойно, и чтоб Вы не знали о фашизме." (см. Примечание).

Сведения о семье

Отец: Шмуль-Герш Высоцкий (1880? — 1967).
Мать: Полина Высоцкая (1890? — 1942).
Брат: Хаим Шмуль-Гершкович Высоцкий (1910 — 1943, пропал без вести).
Брат: Леонид Шмуль-Гершкович Высоцкий (1913 — 1988).
Брат: Соломон Шмуль-Гершкович Высоцкий (1926? — 1942).
Сестра: Хая (Клавдия) Шмуль-Гершковна Кринер (1925 — 1998).
Жена: Елизавета Юдовна Кан (1913 — 2000).
Дочь: Берта Менделеевна Высоцкая (1936 г. р.).

Один из авторов этой книги, Михаил Прокопенко — внук Менделя (Михаила) Высоцкого, сын Берты Высоцкой.

Примечание. Сохранилось одно из писем Менделя Высоцкого, отправленное в июле 1941 года со станции Гребёнка.

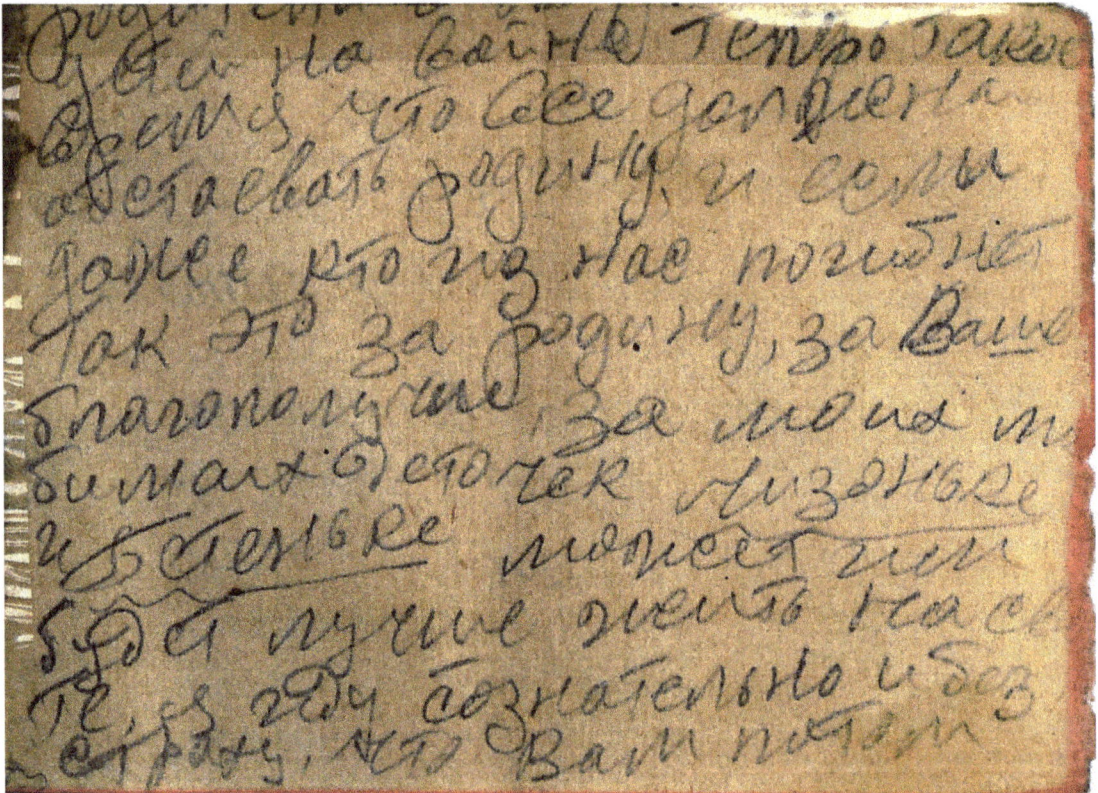

Фрагменты письма Менделя Высоцкого со станции Гребёнка (июль 1941 года).

В селе Борщёв Киевской области Украины установлен памятник на братской могиле погибшим в Борщёвском котле 24–26 сентября 1941 года.

Памятник на братской могиле погибшим в Борщёвском котле 24–26 сентября 1941 года
(село Борщёв Киевской области Украины). Фото: Олег Кирда.

Дьяков Владимир Александрович
(младший сержант; повар-инструктор)

Владимир Александрович Дьяков родился 13 февраля 1920 года в городе (посёлке) Алексеевка Алексеевской волости Корочанского уезда Курской губернии (позднее Шебекинского района Курской области, ныне Корочанского района Белгородской области), в крестьянской семье, русский.

Окончил 7 классов, Шебекинское сельскохозяйственное училище, и работал авто-слесарем в подсобном хозяйстве "Профинтерн", в городе Шебекино.

В РККА призван 13 декабря 1940 года Шебекинским РВК Курской области, в 48-й отдельный инженерный батальон 4-го мехкорпуса 6-й Армии Юго-Западного Фронта. На довоенной фотографии видны нагрудные знаки отличия «Готов к санитарной обороне СССР» и «Ворошиловский стрелок».

Нагрудные знаки «Готов к санитарной обороне СССР» и «Ворошиловский стрелок».

В составе 48-го инжбата встретил войну на Львовском выступе. Связь с родственниками прекратилась в 1941 году — в донесении о безвозвратных потерях адрес указан как г. Львов, почтовый ящик № 180. Как известно, п/я 180 был у 48-го мото-инженерного батальона 4-го мехкорпуса 6-й Армии.

Первое боевое крещение Владимир Дьяков получил 22 июня 1941 года в городе Перемышль, который после присоединения Западной Украины к СССР входил в состав Украинской ССР; ныне это польский городок Пшемысль (Przemyśl) у польско-украинской границы. Город был занят немецкими войсками днем 22 июня, но на следующее утро был освобождён частями Красной Армии и пограничных войск НКВД СССР и удерживался до 27 июня 1941 года.

Согласно воспоминаниям Владимира Дьякова (орфография и пунктуация сохранены без изменений):

"После боя командир части направил меня в г. Львов для формирования госпиталя и отправке жён офицеров в тыл. При отступлении из г. Львов через Тернополь, Волочейск, до г. Проскурова, где был контужен. Санитары меня не подобрали так, как я был без признаков жизни. Похоронная команда хоронила мёртвых в том, числе и меня бросили в яму. Я застонал и меня отправили в госпиталь полевой. Совместно с полевым госпиталем я попал в окружение, а затем в плен."

Подробности окружения и пленения можно найти в фильтрационно-проверочном деле Дьякова (дело № 2332 Управления МГБ Ленинградской области; архивный номер № 14994). В частности, на допросе в контрразведке "СМЕРШ" 23 августа 1945 года (некоторые фрагменты протокола допроса приведены ниже) Дьяков показал, что

"В Красную Армию я призван 14 декабря 1940 г. Шебекинским РВК Курской области добровольно, по своему желанию и зачислен в 48 отдельный саперный батальон в качестве красноармейца Во время боя 6 июля 1941 батальон был разбит и я попал в новый полк не давно сформированный номера я не знаю".

Возможно, что Дьяков примкнул к другой части после боя 3 июля 1941 года у Белой Корчмы (при выходе 48-го инжбата из Богдановского леса на шоссе Тарнополь — Волочиск). Несколько дней спустя, находясь уже в составе вновь сформированного стрелкового полка (номер этой части неизвестен), Владимир Дьяков был контужен во время артобстрела и налёта вражеской авиации. Он попал в плен 10 июля 1941 года под городом Проскуров и несколько недель находился в плену в городах Волочиск и Тарнополь.

Дьяков совершил побег из плена (из госпиталя) 6 августа 1941 года, но был схвачен *на польской территории* (село Богдановка) 5 октября 1941 года. Прошёл через несколько лагерей военнопленных:

- город Львов: октябрь — декабрь 1941 года;

- город Станислав (ныне Ивано-Франковск): январь — февраль 1942 года;

- шталаг II-F № 315 в г. Хаммерштейн (Hammerstein) в Германии; ныне город Чарне (Czarne) в Польше: февраль — апрель 1942 года;

- шталаг № 303 к северо-западу от г. Лиллехаммер (Lillehammer) в Норвегии в городке Йорстадмуен (Jørstadmoen) и его различных отделениях и рабочих командах, в том числе в городах Кристиансанн (Kristiansand), Бодо (Bodø), деревне Потус (Pothus) и районе Серфолд (Sørfold): апрель 1942 года — май 1945 года.

Месяцы, проведённые в немецких лагерях в городах Львов и Станислав, Владимир Дьяков описывает в своём письме в 1999 году, фрагменты которого приведены ниже.

Показания обвиняемого (свидетеля) __Дьяков__ 4

Об Ответственности за Фальч можение показ.
и за Отказ от Показаний я Предупрежден по
Ст Ст 92 и 95 УК РСФСР

Подпись Дьяк

Вопрос расскажите О прохождении Службы в
Красной Армии?

Ответ В Красную Армию я призван 14 Октября 1940г
Шебекинским РВК Курской области добровольно. По своему желанию я зачислен
в 48 отдельный Саперный Батальон в
Качестве Красноармейца Во время Войны
6 Июня 1941 Батальон Был разбит
и я Попал в Новый Полк Не давно

О формировании Номера я не знаю.

Вопрос Когда Где и при Каких Обстоятельствах
попал в Плен?

Ответ В Плен я Попал 10 Июля 1941 года
в Местечке Проскуров К. подольской
области В момент Наступления.
Во время Арт Обстрела и Налета
Вражеской Авиации я Был Контужен
и лежал без Сознания но рано
рано Утром я Пришел в свое Сознание
Но Находился Уже у немцев в Плену.

Фрагменты протокола допроса Дьякова, подписанного оперуполномоченным управления контрразведки "СМЕРШ" Ленинградского Военного Округа (ЛВО) младшим лейтенантом Шипиловым (23 августа 1945 года).

Первое боевое крещение получил 22 июня 1941 в г. Перемышль. После боя командир части направил меня в г. Львов для формирования госпиталя. и отправке всех офицеров в тыл. При отступлении из г. Львова через Тернополь, Волочиск, до г. Проскурова, где был

контужен, санитары меня не подобрали так, как я был без признаков жизни. Похоронная команда хоронила мёртвых в том, числе и меня бросили в яму. Я застонал и меня отправили в госпиталь полевой. Совместно с полевым госпиталем я попал в окружение, а затем в плен. Вот здесь и

Фрагменты из письма Владимира Александровича Дьякова (1999 год).

находился в лагере в г. Львове, где всячески издевались над военнопленными, употребляли их и травили газами. Полковая казарма, где примерно в узкое время одновременно находилось 1200 человек, меняли сделали в этой казарме трёхярусные сплошные нара где размещено примерно около 3500 человек. Январь месяц, мороз. — это помещение заполнили газом "Эприт" который действует и убивает человека. Газ действует как нервнопаралитический. Перед отправкой в казарму военнопленных отправляли в баню, где они находились с утра до вечера. В течении дня пленных голых из бани выгоняли на снег, затем снова баню, а поздним вечером загоняли в казарму. Кто посильнее, те забирались на-

Фрагмент из письма Владимира Александровича Дьякова (1999 год).

верхние нары, слабые на средние, а уцмождённые на полу. Так как я остался возле дверей на полу, был очень слаб, двигаться дальше не мог. Через некоторое время услышал запах чеснока и сильное удушье. Я вполз на улицу, промыл глаза снегом и набрал в рот снега. Фо полз до находившегося не далеко до госпиталя, где мне оказали помощь. По моему мнению из этой казармы больше никто не спасся. Так как я находился возле казармы и никто из неё больше не выползал и не выходил. Затем оставшихся в живых военнопленных отправили в Германию, затем Норвегию, где вторично попал в лагерь смерти как политический. Лагерь 250 - это число никогда не менялось. Если ночью

пригонят 5-10 человек, значит 5-10 расстрелянют. Работали мы на каменоломнях, где чудом и спасся. Ночью подняли нас и спрашивают есть ли среди вас механики

Фрагменты из письма Владимира Александровича Дьякова (1999 год).

В ноябре 1941 года в шталаге № 315 (Хаммерштейн, Германия) началась эпидемия брюшного тифа, длившаяся до марта 1942 года. По разным данным за четыре месяца умерло около 40 тысяч военнопленных, похороненных в 16 братских могилах на оставшемся от лагеря лесном кладбище. Лагерь освободили советские войска в феврале 1945 года[310].

По воспоминаниям Ирины Скреттинг, работавшей переводчицей в шведском Красном Кресте, в 1945 году, когда норвежцы взяли под контроль лагерь пленных в Йорстадмуене (Норвегия), условия содержания там были ужасными[311]:

> *"Я никогда не видела худших условий, чем в Йорстадмуене. То, что мы увидели в этом лагере, невозможно описать. Особенно бараки с больными туберкулёзом. Они были практически изолированы от всех, ведь немцы тоже смертельно боялись заразиться. Узники лежали на нарах вдоль стен. Лежали так скученно, что было почти невозможно выбраться с нар. Санитарные условия тоже невозможно описать. Трудно было представить, что в этих бараках могли жить люди."*

По воспоминаниям бывшего узника концлагеря Серфолд Медведкова Ивана Александровича[312]:

> *"Далеко за Северным полярным кругом, в области Серфолд, фашисты организовали концлагерь, условия пребывания в котором были значительно суровее даже тех лагерей, в которых мы находились ранее... В течении бесконечно долгого дня — каторжные, выматывающие силы и душу работы в загазованном каменном сыром тоннеле, и ночлег — в сырых холодных землянках. А кроме того, избиения и расстрелы за самую ничтожную провинность и голод, голод, голод!"*

По окончании войны, в мае 1945 года, Дьяков совершил побег в Швецию и прибыл в город Выборг (Россия). В Выборге он прошёл первую фильтрацию, и в июне 1945 года был переведён в проверочно-фильтрационный лагерь НКВД № 323, располагавшийся в деревне Котлы Кингисеппского района Ленинградской области. Затем, 5 сентября 1945 года, Дьяков был освобождён по 1-й категории из спецлагеря НКВД № 316 (город Таллин) и отправлен в стройбат.

С оперативно-справочного учёта, на котором он находился как репатриант, возвратившийся из Швеции, Владимир Дьяков был снят 14 октября 1958 года.

Впоследствии, Владимир Александрович Дьяков жил на хуторе Резниково (Алексеевский сельский совет, Корочанский район, Белгородская область, Российская Федерация). В апреле 1985 года был награждён Орденом Отечественной войны II степени (к 40-летию Победы). Умер в 2005 году.

Награда:

Орден Отечественной войны II степени (апрель 1985 г.).

---

[310] "Без вести пропавшие..."; газета Курганинские Известия, 27 января 2014;   Е. Гончарова:
    http://курганинские-известия.рф/index.php/jizn/jizn/istoriya-pamyat/3379-2014-01-27-07-10-04.

[311] Источник: https://ru.wikipedia.org/wiki/Шталаг_303

[312] "Фабричное" клеймо на судьбе: истории судеб "дважды распятых" узников фашистских концлагерей; Кузнецова Светлана, Медведева Татьяна, Лопанова Евгения, Меркушина Татьяна. Пензенское общество "Мемориал". Источник: http://musei.penza.memo.ru/-fabrichnoe-kleimo-na-sudbe-istorii-sudeb-dvadjdi-raspyatih-uznikov-fashistskih-kontslagerei-avtori-kuznetsova-s-medvedeva-t-lopanova-e-rukovoditel-merkushina-t-v-e1419.html

АНКЕТА

проверяемого.

...нина СССР, возвратившегося в СССР через _Финскую_ границу

...имя, отчество	Дьяков
...лия, имя, отчество изменены, ...очему и какую фамилию но-...ения	Владимир Александрович
...и число рождения	1920
...дения (республика, край, обл., ... по новому адм. делению)	Курской обл., Корочанский р-н., д. Алексеевка,
...местожительство и адрес: ...а войны или призыва в армию ...я за границу	г. Шебекино, подсобное хоз. С.К. «Пролетарий», 48 отд. инженер. б-н, 4-го корпуса 6-й арм.
...ость, родной язык, каким ...м языком владеет, в какой	русский
...ь. В какой организации со-...купации (плена)	Бывш. чл. ВЛКСМ 1937 года
...ся парт., комсомольские до-...гда, куда, кому сдал, порвал, ...купантами, где, кем)	Комсомольский билет при окружении
..., когда, где учился, что	7 классов
...специальность	Авто-слесарь
...при Сов. власти (кем, когда,	нет

21/01

---

14. Прохождение службы в Красной Армии с 1939 г.:

Даты Зачисления	Даты Отчисления	Название (номер) части (в состав какого соединения и фронта входила часть)	Должность, звание	Местонахождение части
1940	1941	48 отд. инженер. б-н, 4-го корпуса 6-й армии	нач.ст. инж., мл. ст-й	г. Львов ...

| 15. Где, когда и при каких обстоятельствах попал в плен или окружение | 10.VII.41г. под Проскуровым ... Контузин был пленен один. |

Фрагменты анкеты гражданина СССР, возвратившегося в СССР через финскую границу, заполненной 6 июня 1945 года (из фильтрационно-проверочного дела Владимира Дьякова).

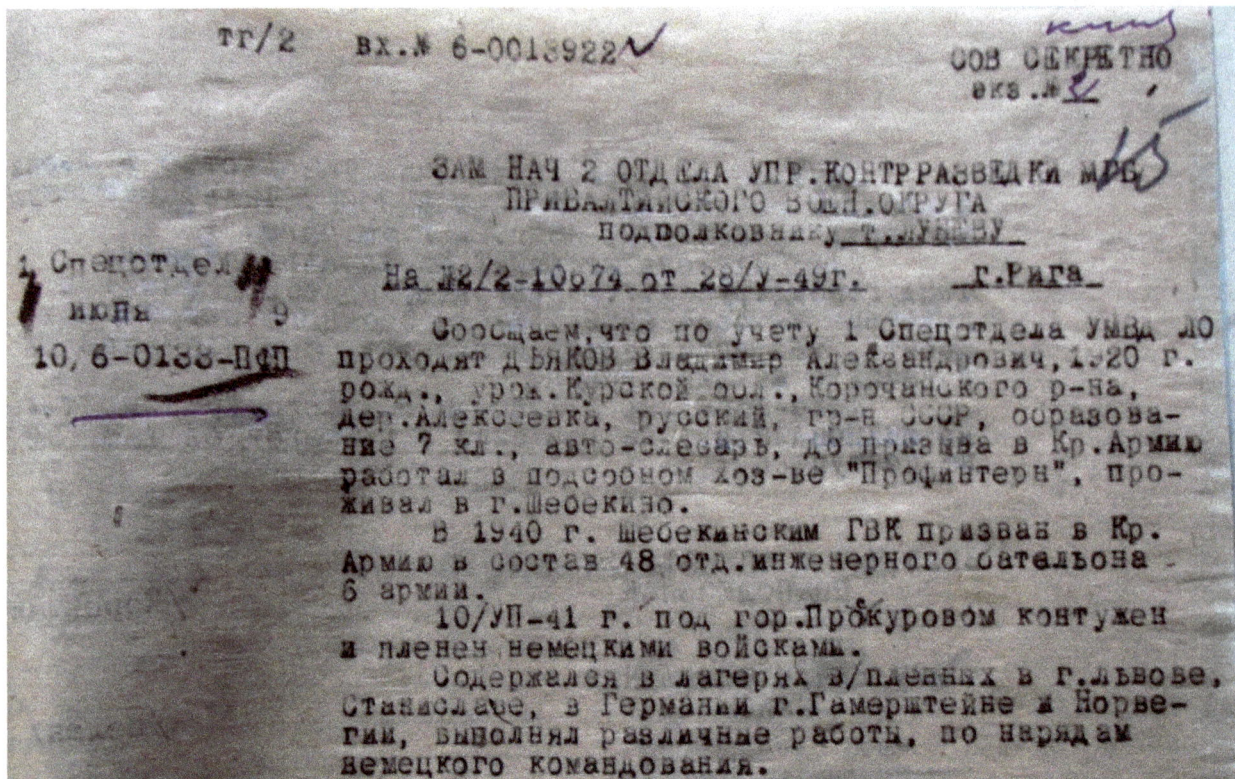

Фрагмент фильтрационно-проверочного дела Владимира Дьякова.

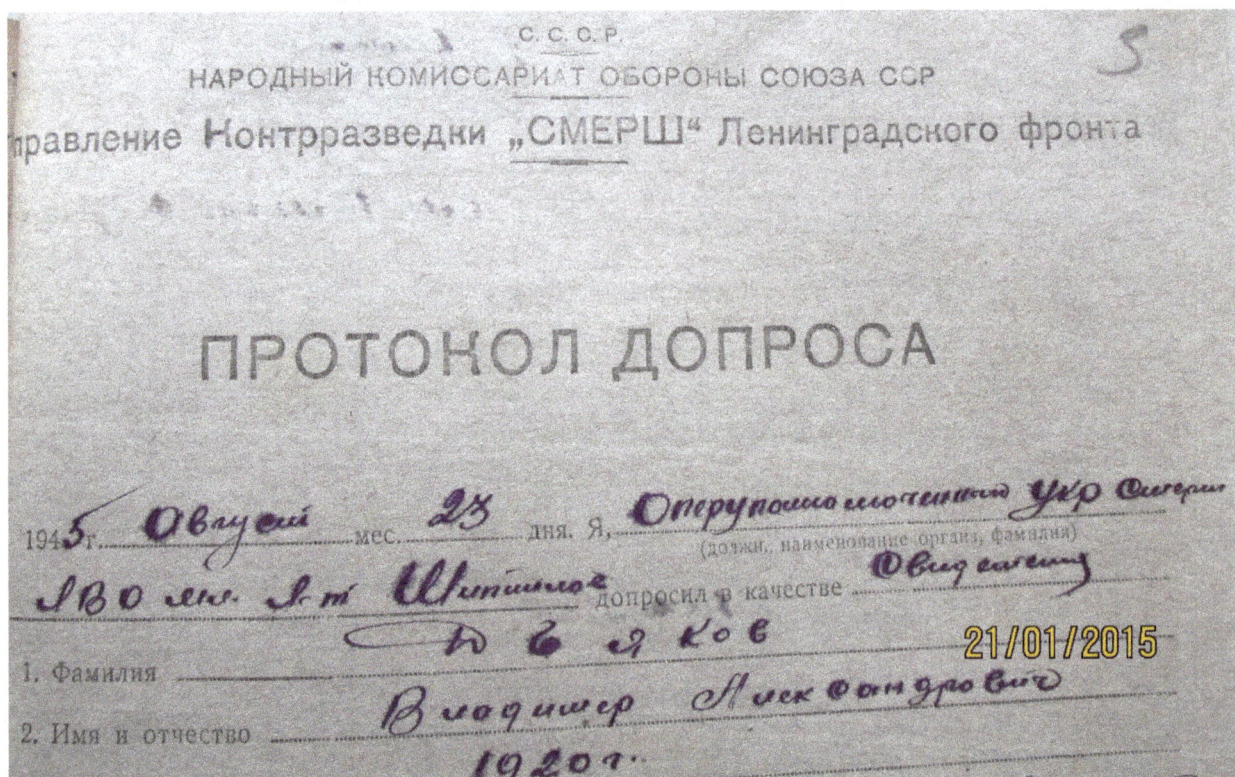

Фрагмент протокола допроса Дьякова, подписанный оперуполномоченным управления контрразведки "СМЕРШ" Ленинградского Военного Округа (ЛВО) младшим лейтенантом Шипиловым (23 августа 1945 года).

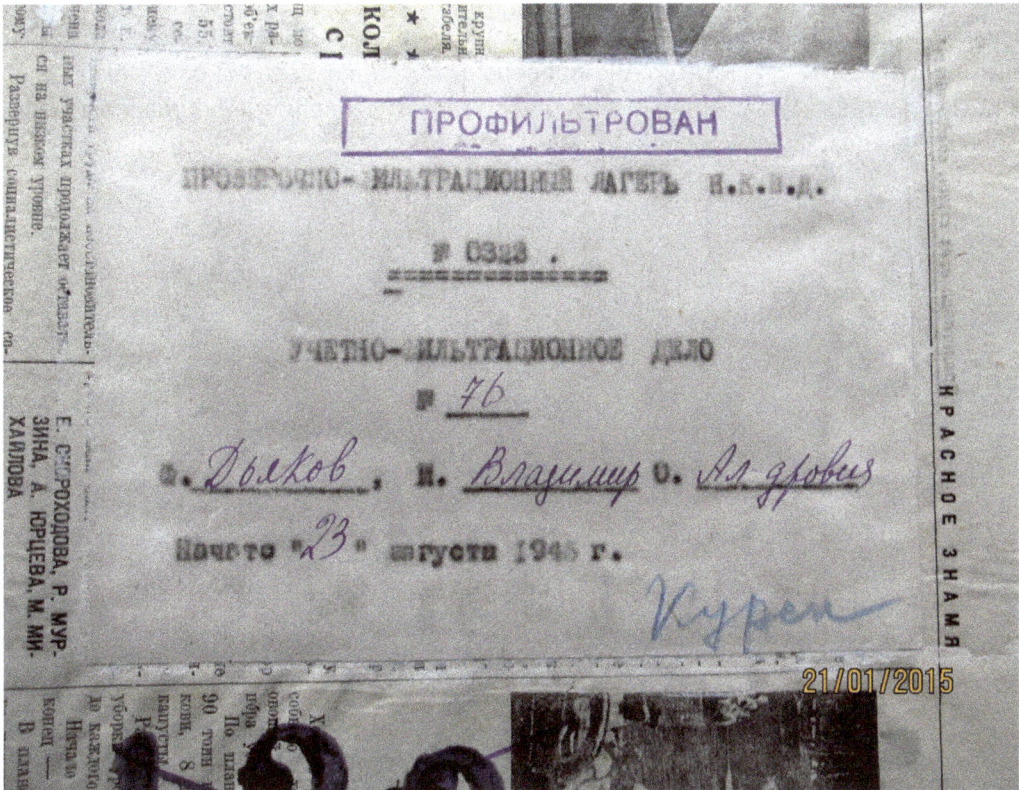

Фрагмент фильтрационно-проверочного дела Владимира Дьякова,
с отметкой проверочно-фильтрационного лагеря НКВД № 323.

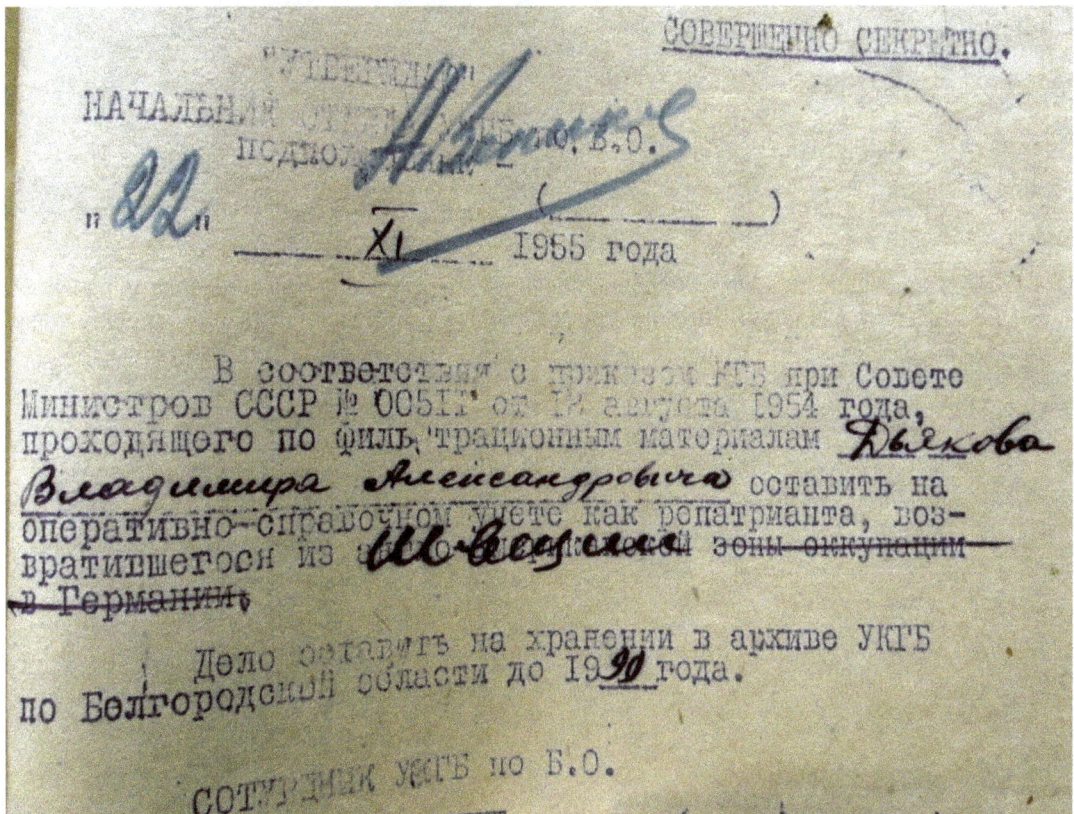

Фрагмент фильтрационно-проверочного дела Владимира Александровича Дьякова,
с отметкой от 22 ноября 1955 года о хранении дела до 1990 года.

Примечание. Сведения о награде получены из Электронного Банка Документов "Подвиг Народа". Фотографии и фрагменты фильтрационно-проверочного дела Владимира Александровича Дьякова (архивный номер № 14994 Управления КГБ по Белгородской области) предоставлены внуком Владимира Александровича Дьякова, Владимиром Дьяковым.

Фотография Владимира Александровича Дьякова (слева), сделанная во Львове 15 июня 1941 года накануне войны, с товарищами: Шохин Иван Иванович (в центре) и Павленко Фёдор Дарианович (справа).

Гомберг Борис Александрович
(зав. делопроизводством штаба)

Борис Александрович Гомберг родился 29 марта 1914 года в местечке Шпола Шполянской волости Звенигородского уезда Киевской губернии (ныне Шполянского района Черкасской области Украины), в семье служащих, еврей.

В 1929 году закончил семилетку. Работал токарем по металлу.

Вступил на службу в РККА в ноябре 1936 года, в в/ч 5184 ("мотомех"). Уволен в ДСО в ноябре 1938 года (Ленинский РВК города Киев).

Фрагмент учётно-послужной карточки Гомберга Б. А.

Военно-учётная специальность (ВУС) в Учётно-Послужной Карточке (УПК) Бориса Гомберга отмечена как № 10: разведчики-артиллеристы (кроме мелкокалиберной и зенитной артиллерии). В графе УПК № 32 ("Где на учёте") записано "48 отд. инж. бат." и дата "23/VI".

Неизвестно, когда именно Борис Гомберг прибыл в расположение 48-го инжбата. *Возможно, он оказался в другой части*. Борис Гомберг пропал без вести в августе 1941 года.

Фрагмент приказа об исключении из списков Гомберга Б. А.

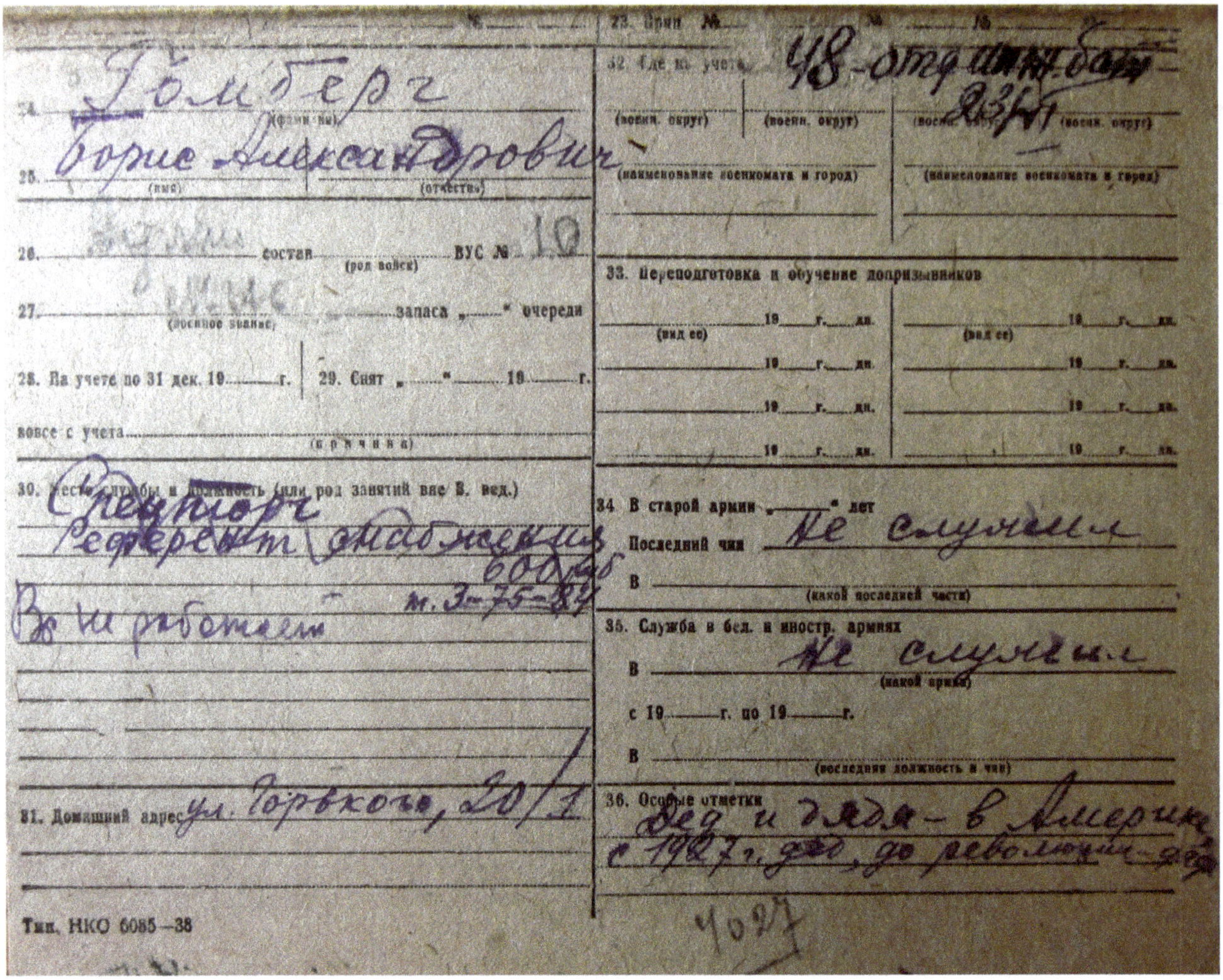

23. Врач №
32. Где на учете 48-отд инж. бат. 23/1
(воен. округ) (воен. округ) (воен. округ) (воен. округ)
(наименование военкомата и город) (наименование военкомата и город)

24. Гомберг (фамилия)
25. Борис Александрович (имя) (отчество)
26. ... состав (род войск) ВУС № 10
27. ... (воинское звание) запаса „ " очереди
28. На учете по 31 дек. 19 г. | 29. Снят „ " 19 г.
вовсе с учета (причина)

33. Переподготовка и обучение допризывников
(вид ее) 19 г. дн. (вид ее) 19 г. дн.

30. Место службы и должность (или род занятий вне В. вед.)
Стенограф
референт снабжения
600/96
т. 3-75-87
Вз не работает

31. Домашний адрес ул. Горького, 20/1

34. В старой армии „ " лет
Последний чин не служил
В (какой последней части)

35. Служба в бел. и иностр. армиях
В не служил (какой армии)
с 19 г. по 19 г.
В (последняя должность и чин)

36. Особые отметки Дед и дядя — в Америке с 1927 г. дед, до революции дядя

Тип. НКО 6085—38
4027

Фрагмент учётно-послужной карточки Гомберга Б. А.

Багдасарян Самвел Аванесович
(рядовой)

Самвел Аванесович Багдасарян родился в 1919 году, в селе Замзур Нагорного Карабаха, на территории бывшего Джебраильского (Карягинского) уезда Елизаветпольской губернии, оспариваемой на тот момент Азербайджанской Демократической Республикой, Республикой Армения и сторонниками независимого Нагорного Карабаха (позднее: Гадрутского района Нагорно-Карабахской Автономной Области Азербайджанской ССР).

В РККА призван в ноябре 1939 года Гадрутским РВК.

Адрес последнего письма (*отправленного 17 августа 1941 года, полученного 7 сентября 1941 года*) включал полевую почтовую базу № 8 литер "С", станцию 36; 48 ДБ — реквизиты 48-го инженерного (дорожного) батальона.

Фрагмент анкеты с данными на рядового Багдасаряна (1946 год).

Рядовой Багдасарян пропал без вести в 1941 году, *и скорее всего, погиб при отступлении 37-й Армии из Киева во второй половине сентября 1941 года* (сведений о пленении нет).

Бженцов (Бжендов) Дмитрий Корнеевич
(красноармеец; шофёр)

Дмитрий Корнеевич Бженцов (Бжендов) родился в 1917 году, в посёлке Носик Починковской волости Лукояновского уезда Нижегородской губернии (позднее: Починковского района Нижегородской / Горьковской области).

В РККА призван в июле 1941 года Лысковским РВК Горьковской области. *Возможно, что в 48-й инжбат он был направлен во время доукомплектования батальона во второй половине июля 1941 года, в городе Прилуки Черниговской области.*

Письменная связь с красноармейцем Бженцовым прекратилась в августе 1941 года; полевая почтовая станция (ППС) 36. По спискам он прошёл как пропавший без вести в октябре 1941 года.

Бринкин (Бринчин) Филипп Павлович
(рядовой)

Филипп Павлович Бринкин (Бринчин) родился 5 ноября 1918 года. Место рождения точно не определено. Работал сапожником.

Сведения получены из карточки военнопленного румынского лагеря № 5 в Тирасполе, где указано, что рядовой 48-го дорожного (*броневого*) батальона Филип Павлович Бринкин (Бринчин) попал в плен 16 июля 1941 года в Проскурове.

Фрагмент карточки военнопленного Бринчина Ф. П.

Дальнейшая судьба не установлена.

Веретьин Фёдор Иванович

(красноармеец)

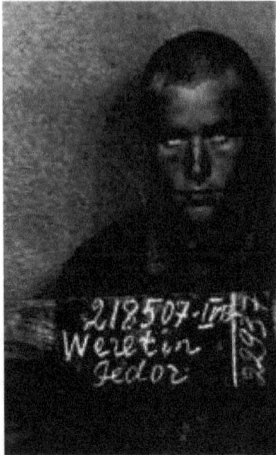

Фёдор Иванович Веретьин родился в 10 июня 1919 года, в деревне Стеньшино Бутырской волости Липецкого уезда Тамбовской губернии (позднее: Избердеевского района Тамбовской области; ныне: Петровского района Тамбовской области), в крестьянской семье, русский.

Сведения получены из карточки военнопленного немецкого лагеря Stalag IV-B в, где указано, что рядовой 48-го сапёрного батальона Фёдор Иванович Веретьин попал в плен 23 сентября 1941 года в Борисполе.

Лагерь военнопленных "Шталаг IV-B" был одним из самых больших лагерей военнопленных в Германии во время Второй мировой войны: он располагался в 8 километрах к северо-востоку от города Мюльберг (Mühlberg), неподалёку от границы земель Бранденбург и Саксония, и содержал до 30 тысяч военнопленных.

На обороте карты отмечено, что Веретьин был вакцинирован в 1943 году, а 27 сентября 1943 года направлен в Шталаг IV-C на работы (Arbeitskommandos), в команду Триабшиц (Triabschitz).

Согласно последней записи в карте военнопленного, 15 октября 1943 года Фёдор Веретьин умер в лагере 12. За годы войны в Шталаге IV-B умерло, в основном от туберкулёза и сыпного тифа, около 3 тысяч пленных, включая 2,350 советских солдат. Они были похоронены на кладбище на границе с Нойбурксдорфом (Neuburxdorf), в 8 километрах от Мюльберга[313].

В немецком Центре Документации (ЦД), научно-исследовательском учреждении при Объединении "Саксонские мемориалы в память жертвам политического террора" (город Дрезден), где хранятся данные на военнопленных РККА, имеется запись о военнопленном Фёдоре Ивановиче Веретьине с идентификатором № 739253 (10.06.1919 г.р.).

---

[313] Источник: https://de.wikipedia.org/wiki/Stammlager_IV_B

Фрагмент немецкой лагерной карты военнопленного Шталага IV-B с данными на рядового Веретьина Ф. И.

Фрагмент немецкой лагерной карты военнопленного Шталага IV-B с данными на рядового Веретьина Ф. И. (оборотная сторона).

Примечание. Лагерь Stalag IV-B был освобождён Красной Армией 23 апреля 1945 года, и в августе 1945 года переоборудован в спецлагерь НКВД № 1.

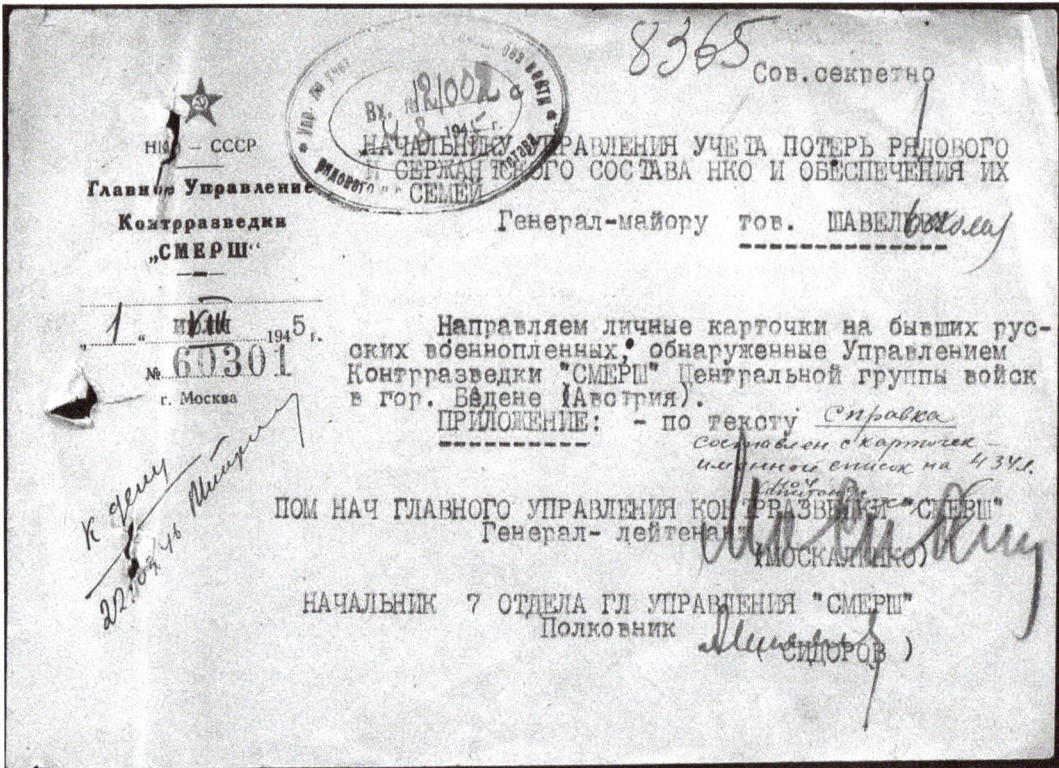

Фрагмент донесения от 1 августа 1945 года о личных карточках на бывших военнопленных, обнаруженных Управлением Контрразведки "СМЕРШ" Центральной группы войск в городе Баден (Австрия), среди которых была карта военнопленного Шталага IV-B Веретьина Ф. И.

Мемориал жертвам Шталага IV-B в Нойбурксдорфе (Германия).

Гассан-Корень Надежда Николаевна
(медсестра)

Надежда Николаевна Гассан-Корень родилась в 1921 году в городе Киев, Украинская ССР. Место проживания до войны: город Харьков.

В РККА призвана в июле 1941 года Вязовским РВК Сталинградской области. *Возможно, что в 48-й инжбат она была направлена во время доукомплектования батальона во второй половине июля 1941 года, в городе Прилуки Черниговской области.*

Письменная связь с Надеждой Гассан-Корень прекратилась в августе 1941 года; полевая почтовая станция (ППС) 36, "48-й ИБ". По спискам она прошла как пропавшая без вести в декабре 1943 года. *Однако, скорее всего, Надежда Гассан-Корень погибла при отступлении 37-й Армии из Киева во второй половине сентября 1941 года* (сведений о пленении нет).

Фрагмент анкеты с данными на медсестру Надежду Гассан-Корень (1946 год).

Горозя Иван Константинович
(рядовой)

Иван Константинович Горозя родился в 1919 году в селе Намиколаво-Меоре (Намиколаво Второе) Гегечкорского района Грузинской Демократической Республики (позднее: Грузинской ССР; ныне: Мартвильского муниципалитета, расположенного в регионе Самегрело — Земо-Сванети в Грузии).

В РККА призван в 1939 году Гегечкорским РВК (по другим данным: Калининдорфским РВК Николаевской области Украинской ССР).

Сведения получены из донесения Управления 34-й Гвардейской Стрелковой Дивизии 46-й Армии об освобождённых из плена от 10 июня 1944 года, где указано, что рядовой 48-го дорожного батальона Иван Константинович Горозя попал в плен 3 сентября 1941 года в Киеве, находился в плену 2 года и 8 месяцев, и 25 марта 1944 года был направлен в 235-й Армейский Запасный Стрелковый Полк (АЗСП) для прохождения дальнейшей службы. Очевидно небольшое несоответствие в датах: даты пленения и направления в АЗСП разделяют 2 года и 7 месяцев. К тому же, трудно представить, что рядовой Горозя мог 3 сентября 1941 года попасть в плен именно в Киеве. *Вероятно, что он был пленён 3 августа 1941 года на линии обороны Киевского Укрепрайона (КиУР) во время штурма Киева, начатого немецкими частями в начале августа 1941 года, и находился в плену 2 года и 8 месяцев до марта 1944 г. Возможно, однако, что Горозя попал в плен 3 октября 1941 года уже в Киевском котле, и соответственно провёл в плену 2 года и 6 месяцев, а ещё 2 месяца проходил проверку до направления в 235-й АЗСП в июне 1944 года.*

Фрагмент донесения № 36508 от 10 июня 1944 года об освобождённых из плена
с данными на рядового Горозя И. К.

Интересный факт: в этот же 235-й АЗСП 46-й Армии был направлен в конце 1944 года и освобождённый из плена рядовой 48-го дорбата Лайко.

Дальнейшая судьба Ивана Горози неизвестна.

Демченко Николай Иосифович

(курсант; радист мобильной связи)

Николай Иосифович Демченко родился 23 марта 1917 года в селе Гора-Подол Грайворонского уезда Курской губернии (ныне Гора-Подольское сельское поселение Грайворонского района Белгородской области Российской Федерации).

В РККА призван 31 октября 1940 года Краснозаводским РВК (Украинская ССР, город Харьков, Краснозаводский район). Войну встретил радистом м/связи в составе 48-го отдельного мото-инженерного (дорожного) батальона 4-го мехкорпуса 6-й Армии Юго-Западного Фронта, на Львовском выступе.

Через полторы недели после начала боевых действий в составе 48-го дорожного батальона, 2 июля 1941 года радист Николай Демченко попал в плен в районе города Тарнополь (ныне Тернополь). Как следует из других документов, в первые две недели войны 48-й дорожный батальон понёс серьёзные потери, в том числе и под Тарнополем в начале июля, когда часть бойцов оказалась в плену.

В Государственном Архиве Российской Федерации (ГАРФ) хранятся сведения о том, что Николай Демченко был освобождён из плена и направлен в 33-ю Запасную Стрелковую Дивизию (донесение датировано 15 сентября 1945 года). Время и место освобождения, так же как и дальнейшая судьба, не известны.

Примечание. В ГАРФ хранится донесение от 15 сентября 1945 года об освобождённых из плена Организационно-Мобилизационного Отдела Штаба Московского Округа (МО) в Управление МО, в котором отмечен Николай Демченко.

Первый лист донесения в Управление МО об освобождённых из плена (15 сентября 1945 года).

Добрусин Меер (Марк) Семёнович
(красноармеец; курсант-сапёр)

Меер (Марк) Семёнович Добрусин родился в 1921 году в местечке Ново-Воронцовка Ново-Воронцовской волости Херсонского уезда Херсонской губернии (ныне посёлок городского типа Нововоронцовка Нововоронцовского района Херсонской области Украины), еврей.

В 1940 году окончил школу-десятилетку в городе Харьков.

В РККА призван 15 октября 1940 года Кагановичским РВК (Украинская ССР, город Харьков, Кагановичский район). Войну встретил курсантом-сапёром в составе 48-го отдельного мото-инженерного (дорожного) батальона 4-го мехкорпуса 6-й Армии Юго-Западного Фронта, на Львовском выступе, в том же сапёрном взводе под командованием младшего лейтенанта Кошелева, что и его друг, автор книги "Начало" Александр Жук:

"В казарме кроватей не хватало. Многие спали «валетом». Все девять месяцев я делил койку с Марком Добрусиным. Это был милый, домашний мальчик, любимый единственный сын заботливых родителей, которые почти каждый день присылали ему письма и посылки. В этом году он окончил харьковскую десятилетку." [314]

Подробности боевого пути в первые месяцы войны и обстоятельства гибели сапёра Добрусина после отступления 37-й Армии из Киева 19 сентября 1941 года описаны в книге "Начало". *Судя по всему, Марк Добрусин погиб у села Иваньково (Иванков), к юго-востоку от Борисполя, во время боя с немецкими заслонами 20 сентября 1941 года:*

"До новой позиции метров 120-150. Сможем ли мы своим пулемётом защитить от немцев всех наших? Не прекращая стрельбы, отползали последними. По пути подобрали у убитых немцев два трофейных автомата. До мостика оставалось не так уж далеко. Огонь ещё больше усилился. Марк полз за мной.

Отстреливаясь, мы спешили доползти за мостик, пока сюда не добежали немцы. Уже оставалось всего метров 35-40.

Внезапно Марк громко вскрикнул и застонал. Осколком разорвавшейся рядом мины ему перебило обе ноги. Он замолк. Я перестал отстреливаться. Надо торопиться. Напрягая все силы, отчаянно цеплялся за землю, впиваясь в нее пальцами, и подтягивался, отталкиваясь ногами. Я тащил Марка, тащил пулемёт, тащил зачем-то привязанные ремнями к пулемёту немецкие автоматы.

---

[314] Жук А. В. Начало. — Стройиздат, Санкт-Петербург, 2005, стр. 31.

Безжизненное тело Марка стало тяжелым. Участившийся яростный огонь заставлял как можно быстрее доползти до оврага. Немцы приближались. До ручья с мостиком — считанные метры.

Сильным ударом с меня сбило каску, и по всему предплечью острая боль прошла правую руку. Кровь горячим фонтаном хлынула в лицо, и я потерял сознание.

Очнулся, лежа лицом в большой луже крови. Повернуться нет сил. Наверно прошло немало времени. Поляна опять у немцев. Они не решаются приблизиться к мостику, за которым закрепились наши. Число немцев заметно больше. Многие пробегали над нами, не обращая на нас никакого внимания. Но вот кто-то над нами остановился. Он повернул нас лицами вверх. Марк хрипло и тихо застонал. Я увидел сквозь полуопущенные, слипшиеся кровавыми сгустками веки, как этот верзила, державший в своей руке нацеленный «вальтер», услышал стон и хладнокровно, почти в упор, несколько раз выстрелил Марку в голову." [315]

Согласно сведениям, хранящимся в архиве ЦАМО, связь с семьёй прекратилась 23 октября 1941 года (*очевидно, это дата последнего полученного письма*), и Меер Добрусин отмечен как пропавший без вести в октябре 1943 года.

Примечание. Фотография предоставлена Марком Зисерсоном, племянником Меера (Марка) Добрусина.

Примечание. Донесение Начальнику Отдела по учёту погибшего и пропавшего без вести сержантского и рядового состава Советской Армии (3 марта 1949 года).

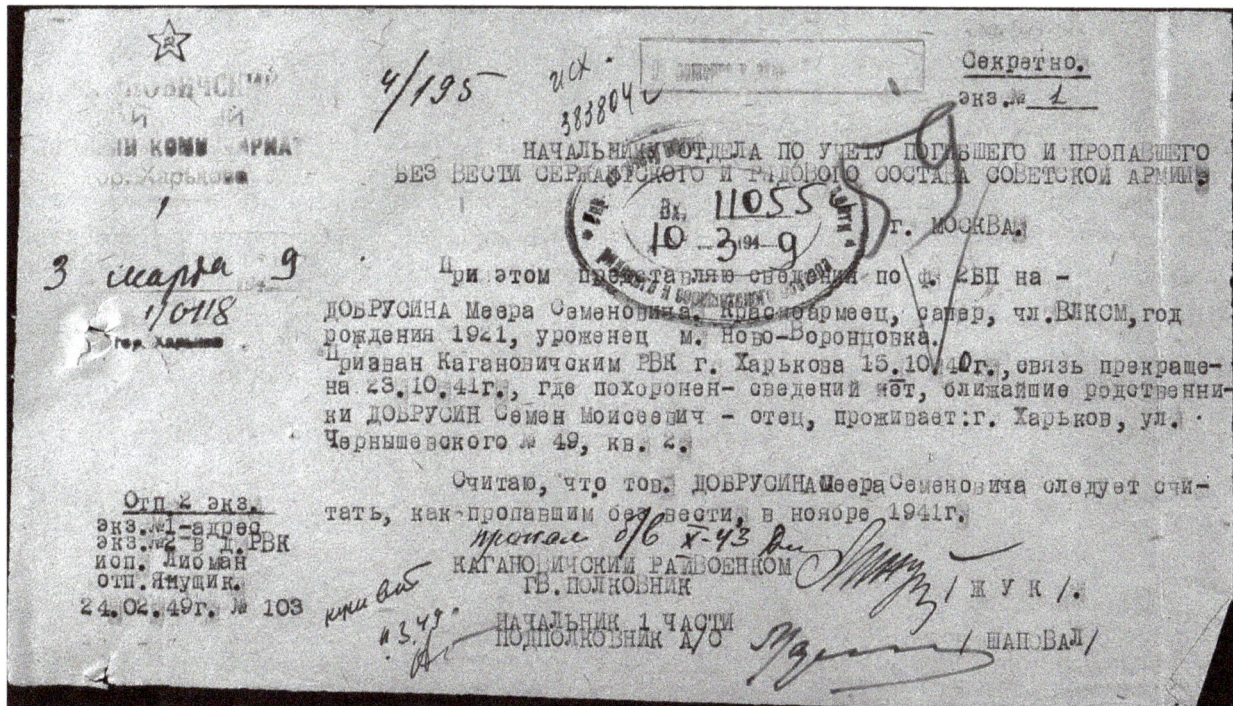

Фрагмент донесения с данными на красноармейца Меера Добрусина (март 1949 года).

---

[315] *Жук А. В. Начало.* — Стройиздат, Санкт-Петербург, 2005, стр. 73–74.

Дорошенко Дмитрий (Димитрий) Семёнович
(курсант-сапёр)

Дмитрий Семёнович Дорошенко родился 2 февраля 1912 года в городе Москва.

В 1921 году семья переехала в город Таганрог (Донецкая губерния Украинской ССР). В 1928 году Дорошенко окончил школу-семилетку в Таганроге, а в 1930 году поступил в Художественный Техникум в городе Ленинград. Закончив два курса, поступил в РабФак ИЗО при Академии Художеств, который окончил в 1933 году. Затем продолжил обучение во Всероссийской Академии Художеств (ВАХ), на архитектурном факультете.

По воспоминаниям курсанта (впоследствии, сержанта) 48-го инжбата Александра Жука, в ноябре 1940 года Дмитрий Дорошенко, одновременно с Александром, был призван на службу в РККА, курсантом-сапёром 48-го мото-инженерного (дорожного) батальона 4-го мехкорпуса 6-й Армии, в составе которого и встретил начало войны на Львовском выступе.

> "Вспоминалось, как в большой и весёлой команде новобранцев нас с Мачеретом и Дорошенко везли из Ленинграда, словно на увеселительную экскурсию. Подумаешь, считали мы, беззаботно отслужим какие-то полтора года и потом займёмся любимым делом.
>
> ...
>
> Наш взвод курсантов был набран из призывников с высшим и средним образованием. Мы с Митькой Дорошенко попали сюда после окончания архитектурного факультета Всероссийской Академии художеств." [316]

Следы Дмитрия Дорошенко теряются в июле 1941 года, когда 48-й инжбат отходил по направлению к Виннице.

> "Мы с Марком и Митькой, в небольшой группе отставших от своих, цепко держались друг друга. На шоссе завалов не стало меньше. Мы приближались к заветной Виннице.

---

[316] Жук А. В. Начало. — Стройиздат, Санкт-Петербург, 2005, стр. 12 и 17.

Наконец показалось предместье Винницы. Налётов больше не было. Мы разошлись по хатам. Они были уже переполнены. Кого-то свалил сон, кто-то распаривал в эмалированных хозяйских тазах натёртые в пути ноги. Ночь.

Митьки среди нас не было. Я видел его несколько часов назад. Он со своими коробками ковылял, едва волоча ноги. Мы с Марком звали его, оглашая ночную темень, окутавшую насторожённые хаты, но никто не отзывался. Мы долго бродили, надежды оставалось всё меньше. Так мы потеряли Дорошенко..." [317]

Неизвестно, попал ли Дмитрий Дорошенко в плен и был впоследствии освобождён, присоединился ли он к другой отходившей части, или же был ранен и оказался в тылу.

Так или иначе, спустя 9 с половиной лет после окончания войны его след появляется в Ленинграде: в сентябре 1954 года им было написано заявление Начальнику Архива Академии Художеств СССР с просьбой выдать диплом (см. Примечание). Адрес Дорошенко на заявлении — такой же, как и его довоенный адрес (Большой проспект Петроградской стороны; до войны: проспект Карла Либкнехта).

Дмитрий Семёнович Дорошенко умер 18 мая 1964 года.

Примечание.   В архиве Всероссийской Академии Художеств (гор. Санкт-Петербург) хранится заявление Димитрия Семёновича Дорошенко Начальнику Архива Академии Художеств СССР (14 сентября 1954 года).

Заявление Д. С. Дорошенко Начальнику Архива Академии Художеств СССР (1954 год).

---

[317] Жук А. В. Начало. — Стройиздат, Санкт-Петербург, 2005, стр. 48 и 50.

Епишкин Василий Алексеевич

(красноармеец)

Василий Алексеевич Епишкин родился в 1917 году в деревне Кулаково Чулковской волости Бронницкого уезда Московской губернии (ныне Раменского района Московской области).

В РККА призван в 1939 году Красногвардейским РВК Красногвардейского района Московской области.

Красноармеец Епишкин *служил и встретил войну в 48-м отдельном мото-инженерном ("дорожном") батальоне 4-го мехкорпуса:* данные Центрального Архива Министерства Обороны (ЦАМО) ошибочно указывают *48-й железно-дорожный батальон.*

Епишкин попал в плен 3 июля 1941 года (данные Российского Государственного Военного Архива, РГВА), *скорее всего, в районе Тарнополя (ныне Тернополь), во время отхода 48-го инжбата в составе 4-го мехкорпуса.*

Василий Епишкин пропал без вести; дата выбытия: июль 1941 года.

Исраилов
(красноармеец)

Кулиев
(красноармеец)

Красноармейцы Исраилов и Кулиев упоминаются в докладе начальнику 3-го отдела 4-го мехкорпуса от 18.7.41 года, "о состоянии людского состава, техники и материальной части 48-го дорожного батальона" (текст процитирован без изменений):

"Батальон морально устойчив. Но отдельные проявления были, они даны вам. Кроме того, 11.7.41 г. дезертировали 2 чел. красноармейцы Кулиев и Исраилов. О которых было доложено в комендатуру г. Винница. С дизертирами из леса, что западнее Винницы 3 км."

Фрагменты доклада начальнику 3-го отдела 4-го мехкорпуса от 18.7.41 года.

Другие сведения о красноармейцах Исраилове и Кулиеве найти не удалось.

Карасёв Пётр Николаевич

(красноармеец)

Пётр Николаевич Карасёв родился 21 декабря 1905 года в городе Вольск Вольского уезда Саратовской губернии (ныне Вольского района Саратовской области России).

Карасёв был призван 24 июня 1941 года и, *очевидно, присоединился к 48-му отдельному мото-инженерному ("дорожному") батальону только в июле 1941 года.*

Согласно сведениям, хранящимся в Центральном Архиве Министерства Обороны (ЦАМО) и Государственном Архиве Российской Федерации (ГАРФ), красноармеец "48 отд. Д Б-н" Карасёв попал в плен 22 сентября 1941 года в Полтавской области, *скорее всего, при попытках вырваться из Киевского котла,* и был освобождён.

Дата освобождения не указана. В ЦАМО, однако, хранятся сведения о красноармейце Петре Николаевиче Карасёве, 1906 г. р., отмеченном в записях от 1–3 октября 1941 года Военно-Пересыльного Пункта (ВПП) приёмо-распределительного батальона (ПРБ) 36-й запасной стрелковой дивизии (ЗСД). В частности, указано, что 1 октября 1941 года он прибыл из 13-го отдельного батальона выздоравливающих (ОБВ), 2 октября был направлен в 124-й танковый батальон, но уже 3 октября место убытия отмечено как 33-й отдельный запасный батальон связи (ОЗБС).

33-й ОЗБС существовал со 2 июля 1941 года по 26 января 1942 года в 36-й запасной стрелковой бригаде (ЗСБ), которая была в ходе войны переименована в 36-ю ЗСД и дислоцировалась в Ленинграде и окрестностях. Вероятнее всего, что Карасёв (дата рождения: 21 декабря 1905), попавший в плен 22 сентября 1941 года в Полтавской области, и Карасёв (1906 г. р.), прошедший в самом начале октября 1941 года через ПРБ 36-й ЗСБ/ЗСД — *это однофамильцы.*

Так или иначе, обстоятельства пленения и освобождения красноармейца Карасёва и его дальнейший боевой путь не установлены.

Однако Пётр Карасёв выжил, и в апреле 1985 года был награждён Орденом Отечественной войны II степени (к 40-летию Победы). На момент награждения он проживал в селе Белогродня Вольского муниципального района Саратовской области.

Награда:

Орден Отечественной войны II степени (апрель 1985 г.).

Примечание. В Государственном Архиве новейшей истории Саратовской области хранилось архивное фильтрационно-проверочное дело ОФ-8860 на Петра Николаевича Карасёва (1905 года рождения), зарегистрированное 22 октября 1958 года. Однако в 1988 году оно было уничтожено в связи с истечением срока хранения (*очевидно 30 лет в данном случае*).

УПРАВЛЕНИЕ ДЕЛАМИ ПРАВИТЕЛЬСТВА
САРАТОВСКОЙ ОБЛАСТИ
Областное государственное учреждение
«Государственный архив новейшей истории
Саратовской области»
(ОГУ ГАНИСО)
им. Сакко и Ванцетти ул., д. 57, Саратов, 410600
Тел. 26-41-49; тел./факс 27-16-77
E-mail: ganiso@san.ru;
http://saratov.rusarchives.ru

05.07.2013   № 74-к
на запрос от 14.06.2013

Христофорову Алексею Евгеньевичу

город Приозерск,
Ленинградская область, 188760.

В Государственном архиве новейшей истории Саратовской области хранится журнал регистрации архивных фильтрационно-проверочных дел, снятых с оперативного учета, который велся в архиве бывшего Управления КГБ СССР по Саратовской области. В данном журнале под номером ОФ-8860 зарегистрировано архивное фильтрационно-проверочное дело на **КАРАСЕВА ПЕТРА НИКОЛАЕВИЧА** 1905 года рождения. Дата регистрации при поступлении в архив указанного Управления (снятия с оперативного учета) данного дела – 22.10.1958.

В 1988 году дело было уничтожено в архиве указанного Управления по акту № 893 от 08.09.1988 в связи с истечением срока хранения.

Основание: ГАНИСО. Ф. Р-6210. Журнал регистрации архивных фильтрационно-проверочных дел, т.4. ОФ-8860.

Фрагмент ответа из Государственного Архива новейшей истории Саратовской области на запрос о Карасёве П. Н. (одному из авторов).

Корнеев
(красноармеец)

Губрило
(красноармеец)

Козинский
(красноармеец)

Музыченко
(красноармеец)

Красноармейцы 48-го инженерного батальона 37-й Армии Губрило, Корнеев, Козинский и Музыченко упоминаются в инженерной сводке Юго-Западного Фронта № 11, составленной за период с 5 по 11 сентября 1941 года:

"Инженерные части армии имели за этот период следующие потери: в 48 Инжбате при обесточивании сети из колпроволоки от оборвавшегося провода высоковольтной передачи убит током красноармеец шофер ГУБРИЛО.

При производстве работ по минированию убит красноармеец КОРНЕЕВ и ранены красноармейцы КОЗИНСКИЙ и МУЗЫЧЕНКО.

По обоим случаям ведется расследование."

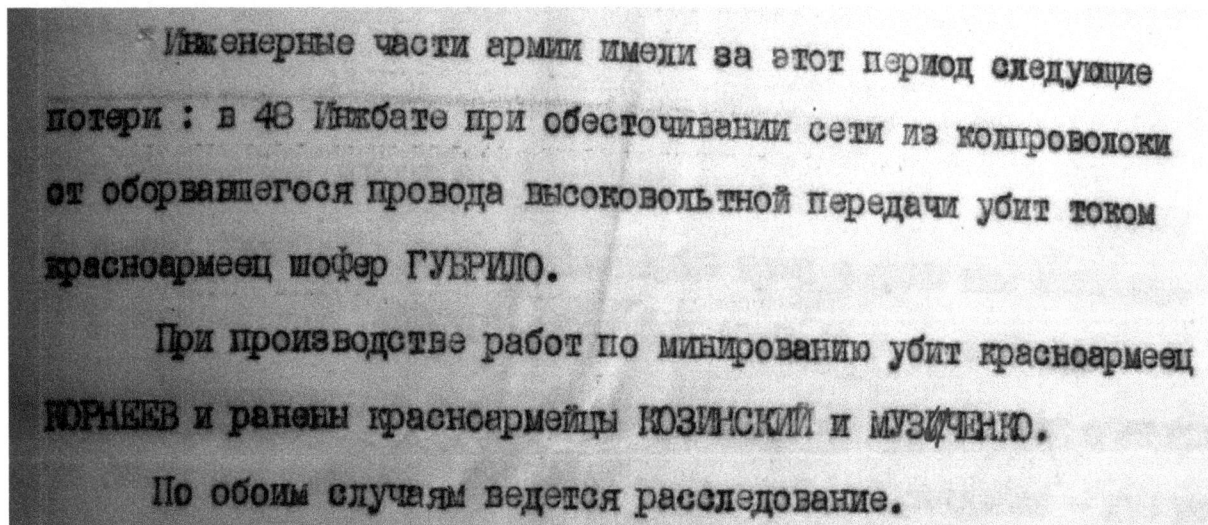

Фрагмент инженерной сводки Юго-Западного Фронта № 11 за период с 5 по 11 сентября 1941 года.

Другие достоверные сведения о погибших и раненых красноармейцах не обнаружены.

Возможно, что Корнеев это — Василий Ефимович Корнеев, 1913 г. р. (место рождения: Тульская область, Белевский район, деревня Зайцево; место призыва: Тетиевский РВК, Украинская ССР, Киевская область, Тетиевский район). Последнее место службы указано как ППС 36 (штаб армии). Известно, что полевая почтовая станция (ППС) 36 была у 48-го инжбата, но не ясно, почему отмечен " штаб армии".

Красноармеец Василий Корнеев пропал без вести в сентябре 1941 года: связь с семьёй прервалась в августе 1941 года.

В воспоминаниях сержанта 48-го инжбата Александра Жука кратко упомянут Валька Корень. Поэтому имеет право на жизнь и другой вариант: *Валентин (Валерий) Корнеев.*

Кречетов Владимир Петрович
(красноармеец)

Владимир Петрович Кречетов родился в 1919 году, русский. До войны работал шофёром.

Красноармеец Кречетов *служил и встретил войну в 48-м отдельном мото-инженерном ("дорожном") батальоне 4-го мехкорпуса*: запись в деле, хранящемся в Государственном Архиве Российской Федерации (ГАРФ), указывает "48 инж ДБ".

По сведениям ГАРФ Кречетов попал в плен 2 июля 1941 года (*на Западном Фронте*), *скорее всего, в районе Тарнополя (ныне Тернополь), во время отхода 48-го инжбата в составе 4-го мехкорпуса*, и был впоследствии освобождён. Донесение (без номера) об освобождённых из плена, в котором упомянут Кречетов, содержит списки советских граждан, подлежащих отправке на Родину из Франции.

Обстоятельства пленения, пребывания в лагерях военнопленных, и освобождения красноармейца Кречетова, а также его дальнейшая судьба не установлены.

Фрагмент донесения об освобождённых из плена, содержащее списки советских граждан, подлежащих отправке на Родину из Франции. Кречетов указан в четвертой строке сверху.

Мещеряков (Мещериков) Павел Филиппович
(красноармеец)

Павел Филиппович Мещеряков родился в 1917 году в селе Волковка (Новоалександровка) Моршанского уезда Тамбовской губернии (ныне Моршанского района Тамбовской области России), русский.

Призван в РККА в 1939 году Ракшинским РВК Ракшинского района Тамбовской области.

Красноармеец Мещеряков служил и встретил войну в 48-м отдельном мото-инженерном ("дорожном") батальоне 4-го мехкорпуса — это следует из записи в деле Центрального Архива Министерства Обороны (ЦАМО), где его место службы указано как "48 дор бат".

По данным армейского пересыльного пункта 40-й Армии *Мещериков* Павел Фил. (48 дор б-н Юго-Западного Фронта) прибыл на пункт из Борисполя, выйдя из окружения *приблизительно 18 ноября 1941 года*. Это был военно-пересыльный пункт (ВПП) 40-й армии, которая в это время вела оборонительные бои на рубежах рек Десна и Тим. В конце 1941 года армейский пересыльный пункт 40-й армии располагался в городе Старый Оскол Белгородской области.

Можно отметить, что 29 декабря 1941 года на этот же пункт прибыл и вышедший из окружения мед. фельдшер батальона Геннадий Ильин.

Скорее всего, Павел Мещеряков вышел из Киевского котла в составе небольшой группы, которая 20 сентября 1941 года отделилась от 48-го инжбата при отходе из Борисполя. Точные обстоятельства окружения и маршрут выхода Мещерякова не установлены. В наградном листе 1945 года указано, что он был ранен в 1941 году.

Фрагменты донесения № 4583 об оказавшихся в живых армейского пересыльного пункта 40-й Армии. Мещериков указан в четвёртой строке сверху.

Дальнейший боевой путь Мещерякова можно проследить по его наградным листам: в частности он был награждён медалями "За оборону Сталинграда" и "За взятие Кёнигсберга".

19 мая 1945 года гвардии красноармеец Павел Мещеряков был представлен к ордену "Красная Звезда", как стрелок комендантского взвода управления 3-го гвардейского стрелкового корпуса 50-й гвардейской стрелковой Сталинской дважды Краснознамённой, орденов Суворова и Кутузова, дивизии 28-й Армии 1-го Украинского Фронта (УкрФ). Согласно сведениям из наградного листа, 27-28 апреля 1945 года, участвуя в наступательных боях по ликвидации окружённой группировки противника юго-восточнее Берлина, Мещеряков "проявил смелость, мужество и отвагу".

Павел Мещеряков был демобилизован в 1946 году. В апреле 1985 года он был награждён Орденом Отечественной войны II степени (к 40-летию Победы). Умер в 1995 году.

Награды:

Медаль "За оборону Сталинграда";

Медаль "За взятие Кёнигсберга" (1945 г.): как гвардии красноармеец (коновод) 3-го гв. СК 50-й гв. СД 28-й Армии 1-го УкрФ;

Орден "Красная Звезда" (май 1945 г.): как стрелок комендантского взвода управления 3-го гв. СК 50-й гв. СД 28-й Армии 1-го УкрФ;

Орден Отечественной войны II степени (апрель 1985 г.).

Примечание. Некоторые сведения получены из архивной справки Государственного Архива Тамбовской области и из Электронного Банка Документов "Подвиг Народа".

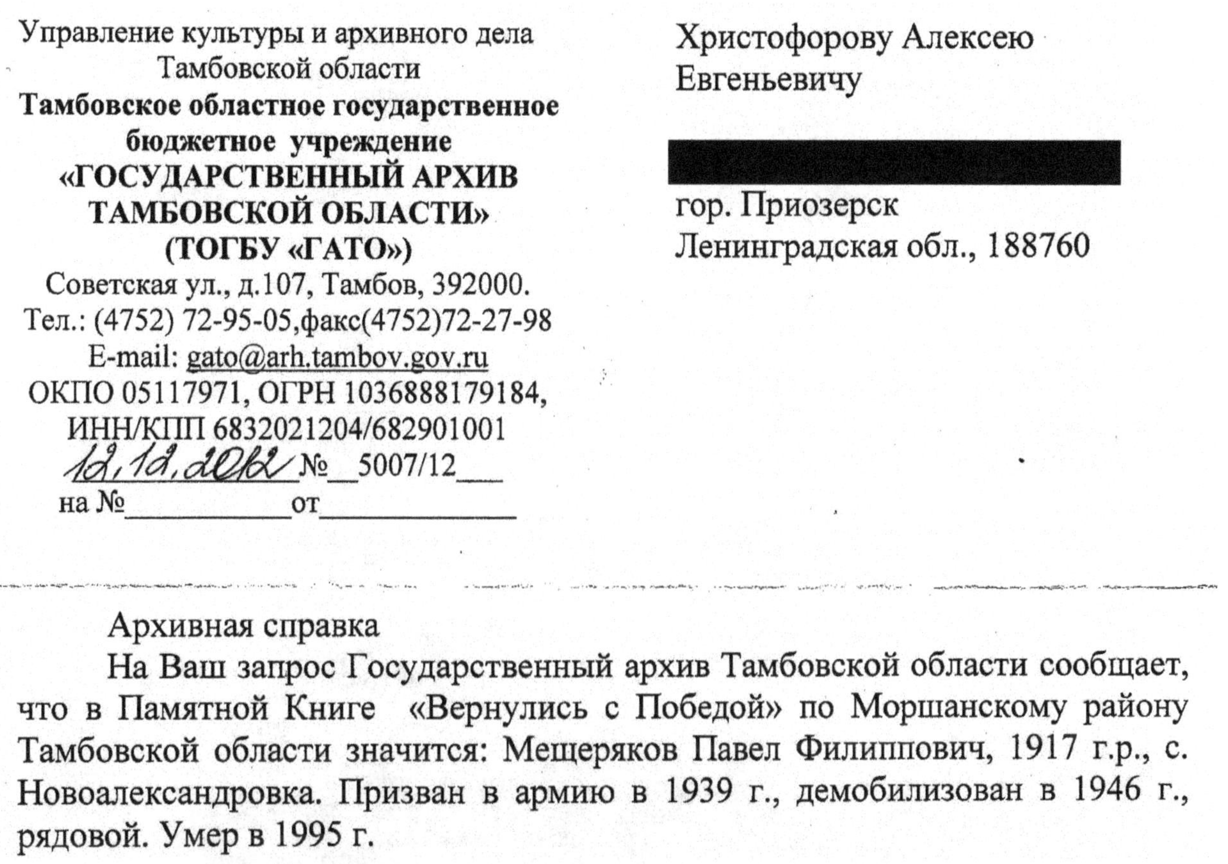

Управление культуры и архивного дела
Тамбовской области
Тамбовское областное государственное бюджетное учреждение «ГОСУДАРСТВЕННЫЙ АРХИВ ТАМБОВСКОЙ ОБЛАСТИ» (ТОГБУ «ГАТО»)
Советская ул., д.107, Тамбов, 392000.
Тел.: (4752) 72-95-05,факс(4752)72-27-98
E-mail: gato@arh.tambov.gov.ru
ОКПО 05117971, ОГРН 1036888179184,
ИНН/КПП 6832021204/682901001
12.12.2012 № 5007/12
на № _____ от _____

Христофорову Алексею Евгеньевичу

████████████

гор. Приозерск
Ленинградская обл., 188760

Архивная справка

На Ваш запрос Государственный архив Тамбовской области сообщает, что в Памятной Книге «Вернулись с Победой» по Моршанскому району Тамбовской области значится: Мещеряков Павел Филиппович, 1917 г.р., с. Новоалександровка. Призван в армию в 1939 г., демобилизован в 1946 г., рядовой. Умер в 1995 г.

Фрагмент архивной справки Государственного Архива Тамбовской области,
выданной по запросу о Мещерякове П. Ф. (одному из авторов).

Все графы заполнять полностью

НАГРАДНОЙ ЛИСТ

1. Фамилия, имя и отчество ___МЕЩЕРЯКОВ Павел Филиппович___

2. Звание __гв.красноармеец__ 3. Должность, часть __стрелок комендантского взвода управления 50 гв.стр.__ Сталинской дважды Краснознаменной ордена Суворова дивизии

Представляется к __ордену "КРАСНАЯ ЗВЕЗДА"__

4. Год и место рождения __1917 г.__

5. Национальность __Русский__ 6. Партийность __Беспартийный__

7. Участие в гражданской войне, в последующих боевых действиях по защите СССР и Отечественной войне (где, когда) __В гражданской войне и в последующих боевых действиях по защите СССР не участвовал. В Отечественной войне с июня 1941 года.__

8. Имеет ли ранения и контузии в Отечественной войне __ранен в 1941 году__

9. С какого времени в Красной Армии __с 1939 года__

10. С какого времени в действующей армии __с 6.1941 г.__ 11. Каким РВК призван __Ракшинским РВК, Тамбовской области__

12. Чем ранее награжден (за какие отличия) __медалью "ЗА ОБОРОНУ СТАЛИНГРАДА"__

13. Постоянный домашний адрес (представляемого к награждению и адрес его семьи)

Краткое, конкретное изложение личного боевого подвига или заслуг

В наступательных боях по ликвидации окруженной вражеской группировки немцев юго-восточнее Берлина 27-28 апреля 1945 года гвардии красноармеец МЕЩЕРЯКОВ проявил смелость, мужество и отвагу.

При отражении контратаки противника 28 апреля 1945 года метким огнем из личного оружия с группой бойцов из 3-х человек уничтожили 12 фашистских солдат и 17 пленили.

Выполняя обязанности стрелка по охране КП и НП дивизии тов. МЕЩЕРЯКОВ проявил исключительную деловитость и бдительность по выполнению порученных ему боевых заданий.

За самоотверженную работу проявленную на фронтах Отечественной войны, за доблесть, мужество и отвагу и уничтожение живой силы противника тов. МЕЩЕРЯКОВ достоин Правительственной награды орден "КРАСНАЯ ЗВЕЗДА"

Начальник штаба 50 гв.сд.
гвардии полковник /ЗОЖИН/

"19" М___ 1945г.

Наградной лист гвардии красноармейца Мещерякова П. Ф. (май 1945 года).

А К Т N175 249/ Вар.В.О.

Вручения награжденным медалей "За ВЗЯТИЕ КЕНИГСБЕРГА" 116

Мною Командиром 50 Гвардейской Стрелковой Сталинской дважды краснознаменной ордена Суворова и ордена Кутузова дивизии 3 Гв. Стрелкового краснознаменного Корпуса 28 Армии гвардии полковником Д Е М И Н Ы М Никитою Ивановичем на основании Указа президиума Верховного Совета Союза ССР от 9 июня 1945 года вручены медали "ЗА ВЗЯТИЕ КЕНИГСБЕРГА" Рядовому, сержантскому и офицерскому составу 50 Гв. Стрелковой дивизии.

№ № п/п	фамилия, имя и отчество	Воинское звание	занимаемая должность	№ Удостоверения

- 5 -   190

84.	МЕЩЕРЯКОВ Павел Филипович	Гв.красноармеец	Коновод 50 Гв.С.Д.	
85.	МИХАЙЛОВ Петр Андреевич	Гв.красноармеец	Повар Б-на 148 ГвСп 50 Гв.С.Д.	
86.	МЫЛЬНИКОВ Афонасий Алексеевич	Гв.лейтенант	Комсорг Б-на 150 Гв.С.п. 50 Гв.С.Д.	
87.	НАЙДЕНОВ Александр Михайлович	Гв.Сержант	Начралии 80 В-наСвязи 50 Гв.Сд	

- 9 -   124

171.	СТЕПАНОВ Андрей Парфирьевич	Гв.майор	Командир 148 ГвСп 50Сд	
172.	БОНДАРЕНКО Иван Алексеевич	Капитан	Комроты Арм Курсов мл. Л-тов 28 Армии	

Командир Гвардейской Стрелковой Сталинской дважды краснознаменной ордена Суворова и ордена Кутузова дивизии Гвардии Полковник ДЕМИН

30 ноября 1945

Фрагменты акта о награждении личного состава 50-й гвардейской стрелковой дивизии (ноябрь 1945 года); гвардии красноармеец Мещеряков П. Ф. в списке под номером 84.

Асташин (Осташин) Дмитрий Корнеевич

(красноармеец, *радиотелеграфист*)

Дмитрий Корнеевич Асташин родился 20 декабря 1920 года в селе Орёл *Орловской волости* Барнаульского уезда Алтайской губернии (позднее Зелено-Рощинского сельсовета Парфеновского района; ныне поселок Орел Ребрихинского района Алтайского края России).

Закончил 7 классов и курсы счетоводов в 1939 году. Работал продавцом в сельпо села Барсуково Тальменского района.

В РККА призван 12 октября 1940 года Тальменским РВК и направлен в Киевский Особый Военный Округ (КОВО).

На фотографии 1941 года видны нагрудные знаки отличия «Готов к противовоздушной и противохимической обороне», «Готов к санитарной обороне СССР» и «Ворошиловский стрелок».

Нагрудные знаки «Готов к противовоздушной и противохимической обороне», «Готов к санитарной обороне СССР» и «Ворошиловский стрелок».

На довоенной фотографии, датированной 8 декабря 1940 года в городе Киев-166, Дмитрий Асташин запечатлён вместе с красноармейцем Василием Малышевым.

В "Фильтрационной карточке Осташина Д. К." за 1945 год и "Регистрационной карточке Осташина Д. К." за 1951 год, хранящимся в архивном фонде Управления ФСБ Российской Федерации по Алтайскому Краю, имеются сведения, что Дмитрий Корнеевич Осташин (так записано в документах) служил в 48-м инженерном батальоне, рядовым во "II-м радиовзводе". В 48-м инжбате был взвод управления с двумя отделениями связи. *Скорее всего, Дмитрий Асташин был радиотелеграфистом во 2-м отделении взвода управления 48-го инжбата. Нельзя исключить, что он служил и в другой части.*

24 сентября 1941 года во время выхода из Киевского котла, Дмитрий Асташин раненым попал в плен у "ст. Барщевка" (см. Примечание): *возможно, что это было село Борщёв или же станция Барышевка.*

В плену Асташин находился на территории Германии, работал у бюргера рядом с концентрационным лагерем. Он был освобождён американскими войсками *в городе Дрезден* 30 апреля 1945 года. 4 мая 1945 года прошёл фильтрационную проверку отделом контрразведки "СМЕРШ" в 34-м сборно-пересыльном пункте (СПП) 49-й армии.

С мая 1945 года по июнь 1946 года проходил военную службу в 525-м стрелковом полку связистом-наблюдателем. Воинское звание младшего сержанта присвоено 7 мая 1946 года при прохождении военной службы в 22-м гвардейском полку. Уволен из армии 20 мая 46 года.

Дальнейшая судьба неизвестна.

Примечание. Некоторые сведения получены со страницы Дмитрия Асташина на сайте "Бессмертный полк" (автор страницы: Виктория Евсеенкова)[318].

Фильтрационно-проверочное дело № 50 на Дмитрия Корнеевича Осташина (Асташина) хранится в архивном фонде Управления ФСБ Российской Федерации по Алтайскому Краю. Все ограничения на доступ к делу, в соответствии с действующим законодательством, будут сняты по истечении 75 лет с момента создания документов, т. е. не ранее 2020 года.

УПРАВЛЕНИЕ
АЛТАЙСКОГО КРАЯ
ПО КУЛЬТУРЕ
И АРХИВНОМУ ДЕЛУ

КРАЕВОЕ ГОСУДАРСТВЕННОЕ
КАЗЕННОЕ УЧРЕЖДЕНИЕ

«ГОСУДАРСТВЕННЫЙ АРХИВ
АЛТАЙСКОГО КРАЯ»
(КГКУ ГААК)
ул. Анатолия, д. 72, г. Барнаул, 656049,
тел./факс: (3852) 63-15-45,
e-mail: gaak@ttb.ru

1 0 ИЮН 2016   № 1259
На № заявление от 26.05.2016

Христофорову А.Е.

г. Приозерск,
Ленинградская область, 188760

Уважаемый Алексей Евгеньевич!

Сообщаем, что в документах архивного фонда Управления ФСБ РФ по Алтайскому краю «Фильтрационная карточка Осташина Д.К.» за 1945 г., «Регистрационная карточка Осташина Д.К.» за 1951 г. имеются сведения о том, что Осташин (так в документе) Дмитрий Корнеевич, 1920 г.р., уроженец Алтайской губернии, проживал в с. Барсуково Тальменского района Алтайского края, был призван в ряды РККА Тальменским РВК 12.10.1940, служил «в 11-ом радиовзводе 48 инженерного б-на рядовым» (так в документе).

Фрагмент ответа из Государственного Архива Алтайского Края на запрос об Асташине Д. К. (одному из авторов).

318 http://moypolk.ru/node/13385/detailinfo

Малышев Василий Митрофанович
(красноармеец)

Василий Митрофанович Малышев родился в 1921 году в селе Большой Кокуй (Кукуй) Тальменской волости Барнаульского уезда Алтайской губернии (позднее Тальменского района Алтайского края России; ныне урочище Большой Кокуй, опустевший населённый пункт), русский.

В РККА призван 13 октября 1940 года Тальменским РВК.

На довоенной фотографии, датированной 8 декабря 1940 года в городе Киев-166, красноармеец Василий Малышев запечатлён вместе с красноармейцем Дмитрием Асташиным, который служил в 48-м инжбате, *поэтому можно предположить, что и Малышев был призван в этот же батальон. Нельзя исключить, что он служил и в другой части.*

Последнее письмо от Василия Малышева было из госпиталя в Киеве в марте 1941 года.

Василий Митрофанович Малышев (в некоторых документах его отчество ошибочно указано как Михайлович) пропал без вести, *скорее всего, между июнем и октябрём 1941 года*. Как и у многих пропавших без вести в первые месяцы войны, дата его выбытия в донесениях послевоенного периода указана как 1943 год.

Примечание. Некоторые сведения получены со страницы Василия Малышева на сайте "Бессмертный полк" (автор страницы: Татьяна Мороз)[319]:

Фотография (8 декабря 1940 года, город Киев-166), предоставлена племянницей Василия Малышева, Татьяной Александровной Мороз.

Фотография Дмитрия Асташина (слева) и Василия Малышева (справа), 8 декабря 1940 года, Киев-166.

Носачев (Носычев) Алексей Иосифович (Осипович)

(красноармеец)

Алексей Иосифович Носачев родился в 1921 году в деревне Верхнее Мачино Берёзовской волости Кунгурского уезда Пермской губернии (позднее Берёзовского сельсовета Молотовской области; ныне Берёзовского сельского поселения Берёзовского района Пермского края России).

До армии работал в райкоме ВЛКСМ.

В ряды РККА призван 14 октября 1940 года Берёзовским РВК Молотовской области.

Адрес последнего письма (полученного в июле 1941 года) включал полевую почтовую базу № 8 литер "С" полевой почтовой станции "36/48 ДБ" Действующей Красной Армии — реквизиты 48-го инженерного (дорожного) батальона.

Алексей Носычев пропал без вести в октябре 1941 года, *и скорее всего, погиб при отступлении 37-й Армии из Киева во второй половине сентября 1941 года* (сведений о пленении нет).

Фрагмент донесения послевоенного периода со сведениями о Носычеве А. И. (13 июня 1951 года).

Примечание. Брат Алексея Носачева, Павел Иосифович Носачев, был призван в ряды Красной Армии в 1941 году. Он служил рядовым в 136-й бригаде и умер от ран 21 марта 1945 года. Похоронен в гор. Наугард, Германия. Сведения предоставлены председателем районного совета ветеранов Березовского района Алексеем Ивановичем Кислых[320].

Фотография Носычева А. И. (справа).

[320] Информационно-аналитическая газета Березовского района "Сельская Новь", 14 июля 2015 года: http://selskayanov.ru/?p=19408

Павленко Фёдор Дарианович
(красноармеец)

Фёдор Дарианович Павленко родился в 1921 году в селе Гопчица Погребищской волости Бердичевского уезда Киевской губернии Российской империи (позднее Винницкой области Погребищенского района Украины), украинец. В РККА призван Погребищенским РВК.

Судя по довоенной фотографии, сделанной во Львове 15 июня 1941 года, Фёдор Павленко служил в 48-м инжбате вместе с Владимиром Дьяковым. Последнее письмо от Павленко было получено в мае 1941 года. Фёдор Павленко пропал без вести в *июне или июле* 1941 года.

Примечание. Фотография предоставлена внуком Владимира Александровича Дьякова, Владимиром Дьяковым.

Фотография Владимира Александровича Дьякова (слева), сделанная во Львове 15 июня 1941 года накануне войны, с товарищами: Шохин Иван Иванович (в центре) и Павленко Фёдор Дарианович (справа).

Шохин Иван Иванович
(красноармеец)

Иван Иванович Шохин родился в 1918 году в селе Носины (Алгасовского района Тамбовской области России). Проживал на территории Вановского сельсовета Моршанского района Тамбовской области.

В РККА призван в 1939 году Алгасовским РВК.

Судя по довоенной фотографии, сделанной во Львове 15 июня 1941 года, Иван Шохин служил в 48-м инжбате вместе с Владимиром Дьяковым. На фотографии видны нагрудные знаки отличия «Готов к противовоздушной и противохимической обороне» и «Ворошиловский стрелок».

Нагрудные знаки «Готов к противовоздушной и противохимической обороне» и «Ворошиловский стрелок».

Иван Шохин пропал без вести в первые месяцы войны 1941 года (дата выбытия указана как декабрь 1941 года).

Примечание. Фотография предоставлена внуком Владимира Александровича Дьякова, Владимиром Дьяковым.

Фотография Владимира Александровича Дьякова (слева), сделанная во Львове 15 июня 1941 года накануне войны, с товарищами: Шохин Иван Иванович (в центре) и Павленко Фёдор Дарианович (справа).

Сайко Пётр Семёнович
(рядовой)

Пётр Семёнович Сайко родился в 1920 году в селе Антоновка Херсонской губернии (позднее Херсонского района Николаевской области Украинской ССР; ныне посёлок Антоновка на восточной окраине города Херсон, Украина).

В РККА призван 9 мая 1940 года Херсонским РВК.

В ЦАМО хранятся сведения о рядовом Петре Семёновиче Сайко, последнее место службы "48 д. бат", попавшем в плен 3 июля 1941 года.

Вполне возможно, что Пётр Сайко служил в 48-м инжбате 4 мехкорпуса 6-й армии ЮЗФ, и попал в плен под Тарнополем (ныне Тернополь) в начале июля 1941 года. Не исключено, что он служил и в совсем другой части. На это указывает пометка, что в плен он попал на "Мариуп. напр." (Мариупольском направлении) — хотя в начале июля боевые действия в районе Мариуполя не велись (город был взят немецкими войсками 8 октября 1941 года). Более вероятно, что "Мариуполь" записано неверно, вместо "Тарнополь".

Так или иначе, Сайко был освобождён из плена 12 апреля 1945 года, прошёл проверку в 20-м сборно-пересыльном пункте (СПП) 3-й армии, и 20 мая 1945 года был направлен в 41-й стрелковый корпус (СК) 3-й армии.

Дальнейшая судьба не установлена.

Семёнов Пётр Сергеевич
(рядовой)

Пётр Сергеевич Семёнов родился в 1914 году в деревне Елисеевка Оржевской волости Кирсановского уезда Тамбовской губернии (позднее Оржевского сельсовета Кирсановского района Тамбовской области; ныне село Елисеевка Умётского района Тамбовской области России).

В некоторых документах место рождения указано как колхоз имени Ленина Екатериновского сельсовета Кирсановского района Тамбовской области, а также как село Ленинское. Село Ленинское, расположенное на другом берегу реки Ворона от села Елисеевка (и неподалёку от села Екатериновка) — это бывшая "Ирская коммуна", реорганизованная в колхоз имени Ленина в 1938 году.

В РККА Пётр Семёнов призван *в 1940 году* Кирсановским РВК. Однако по сведениям родственников, он был призван *ещё в 1939 году* и участвовал в "Зимней войне", то есть Советско-финской войне 1939 — 1940 гг.

В ЦАМО хранятся сведения о рядовом Петре Сергеевиче Семёнове, где его последнее место службы указано как "48 особ. инж. бат.". Согласно записи, он попал в плен или *29 августа или 20 сентября 1941 года. Вторая дата более достоверна; к тому же, нельзя исключить и 29 сентября 1941 года. Можно предположить, что рядовой Семёнов попал в плен при отступлении 37-й Армии из Киева во второй половине сентября 1941 года.*

Спустя три года Пётр Семёнов был освобождён. Согласно донесению 7-го армейского сборно-пересыльного пункта (СПП) 4-й Ударной Армии 1-го Прибалтийского Фронта от 19 октября 1944 года, после фильтрационной проверки в течение сентября 1944 года Семёнов был вновь направлен на фронт.

Пётр Семёнов погиб 30 октября 1944 года в Латвии, в составе 360-й Невельской Краснознамённой стрелковой дивизии, во время наступления против Курляндской группировки немецких войск. Он был похоронен в 200-х метрах южнее деревни (хутора) Яунамуйжа (или Яунмуйжа; Jaunmuiža) Приекульской волости Либавского (Лиепайского) уезда Латвии; перезахоронен в братской могиле № 1 города Приекуле Лиепайского района Латвии.

Примечание. В ЦАМО хранится донесение об освобождённых из плена 7-го СПП 4-й Ударной Армии, в котором упомянут рядовой Пётр Сергеевич Семёнов (19 октября 1944 года).

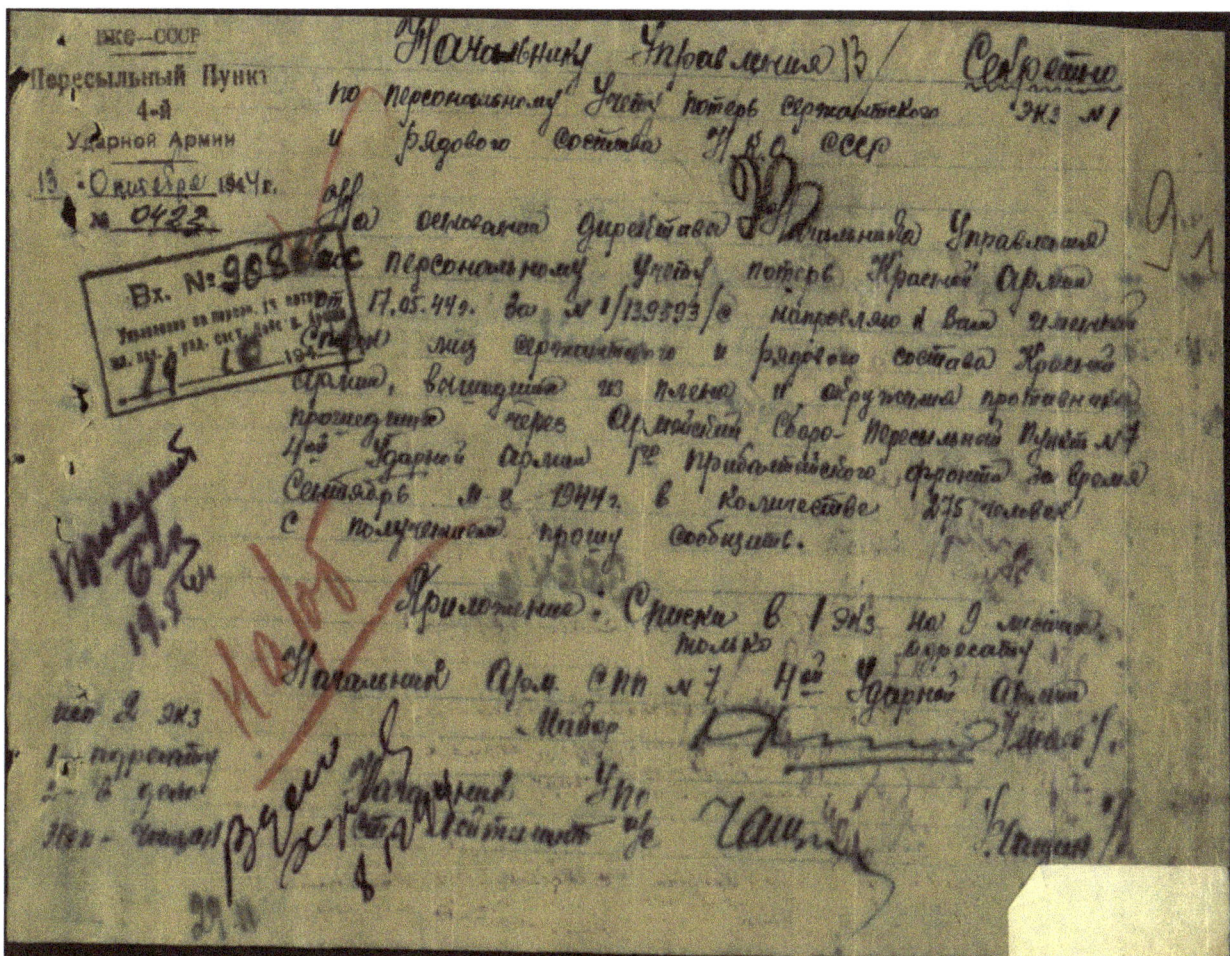

Фрагмент титульной страницы донесения об освобождённых из плена 7-го СПП 4-й Ударной Армии.

Братская могила № 1 в городе Приекуле Лиепайского района Латвии.

Файнберг Ефим Давидович (Давыдович)
(красноармеец, кладовщик или слесарь по ремонту)

Ефим Давидович Файнберг родился в 1914 году в деревне Доманово (Доманова) Брожской волости Бобруйского уезда Минской губернии (ныне посёлок в составе Вишневского сельсовета Бобруйского района Могилёвской области Республики Беларусь), еврей.

В РККА призван Минским ГВК.

"Фимка Файнберг" упомянут в воспоминаниях курсанта (впоследствии, сержанта) 48-го инжбата Александра Жука:

"Длиннорукий, гориллоподобный боксёр Фимка Файнберг вынимал из подушки большой шмат вкусной печёнки, которую он стащил из кухни, где сегодня дневалил. Его гимнастёрка, за пазухой которой он часто таскал из кухни что-нибудь жареное, была просалена до блеска. Кусками вкусной добычи он щедро делился с друзьями." [321]

Ефим Файнберг пропал без вести в первые месяцы войны (дата выбытия — август 1941 года). Со дня войны связи с семьёй не было.

Фрагмент донесения послевоенного периода со сведениями о Ефиме Файнберге (8 июня 1946 года).

---

[321] Жук А. В. Начало. — Стройиздат, Санкт-Петербург, 2005, стр. 32.

Арсенюк Василий Емельянович

(красноармеец, рядовой сапёр)

Василий Емельянович Арсенюк родился в 1917 году в селе Погребище Погребищской волости Бердичевского уезда Киевской губернии Российской империи (позднее Винницкой области Погребищенского района Украины), украинец.

В РККА призван Погребищенским РВК.

Согласно донесению о безвозвратных потерях 48-го дорожного батальона 37-й Армии ЮЗФ по состоянию на 10 августа 1941 года (№ 050, г. Киев), рядовой сапёр Василий Арсенюк был убит 26 июня 1941 года "при сражении с германским фашизмом" в местечке Магерув, и похоронен в братской могиле в Магеруве (ныне Магеров — посёлок городского типа Жолковского района Львовской области Украины).

Фрагмент донесения о безвозвратных потерях 48-го дорожного батальона 37-й Армии ЮЗФ по состоянию на 10 августа 1941 года (№ 050, г. Киев).

Ермаков Алексей Иванович

(красноармеец, связист)

Баранаев Расуль *Насимович*

(красноармеец, сапёр)

Алексей Иванович Ермаков родился в 1918 году в селе Алгасово Алгасовской волости Моршанского уезда Тамбовской губернии (позднее Алгасовского района Тамбовской области). Призван в РККА Алгасовским РВК.

В 48-м инженерном батальоне 4-го мехкорпуса служил связистом.

Расуль *Насимович* Баранаев родился в 1916 году в кишлаке Кульба-Паян Самаркандского уезда Самаркандской области Туркестанского края Российской империи (позднее колхоз им. Горького Кульба-Паянского сельского совета Самаркандского района Узбекской ССР; ныне кишлак Кульба-Паян Самаркандского вилоята республики Узбекистан). Призван в РККА Комсомольским РВК.

В 48-м инженерном батальоне 4-го мехкорпуса служил сапёром.

Алексей Ермаков и Расуль Баранаев упоминаются в донесении от 2 августа 1941 года о безвозвратных потерях 4-го мехкорпуса за период с 29 июня по 15 июля 1941 года. Это донесение, подписанное нач. штаба 4-го мехкорпуса генерал-майором Мартьяновым и нач. стротдела капитаном Кравченко, было составлено уже в пригороде Киева, Святошино, спустя месяц после гибели бойцов. Согласно этому донесению, потери 48-го инженерного батальона включали:

- Алексей Ермаков погиб в лесу Бела Корчма Тарнопольской (ныне Тернопольской) области (похоронен там же в братской могиле) — *скорее всего, он погиб во время прорыва из Богдановского леса 3 июля 1941 года*;
- Расуль Баранаев погиб недалеко от Львова, похоронен в братской могиле у села Бжуховицы (Брюховичи) в 10 км к северо-западу от Львова — *вероятно, он погиб в самом конце июня 1941 года*.

Фрагмент донесения о безвозвратных потерях 4-го мехкорпуса (включая 48-й инженерный батальон) за период с 29 июня по 15 июля 1941 года (2 августа 1941 года).

Бекбулатов Анорбий
(красноармеец, сапёр)

Ястребов Михаил Данилович
(красноармеец, сапёр)

Анорбий Бекбулатов родился в Самаркандском уезде Самаркандской области Туркестанского края Российской империи (позднее колхоз имени Молотова *Халмедского* сельсовета Ургутского района Узбекской ССР; ныне Самаркандского вилоята республики Узбекистан). Призван в РККА Ургутским РВК.

В 48-м инженерном батальоне 4-го мехкорпуса служил сапёром.

Михаил Данилович Ястребов родился в 1920 (или 1921) году в деревне *Пневщина* Дрибинской волости Чаусского уезда Могилёвской губернии (позднее Чуриловского сельсовета Дрибинского района Могилёвской области Белорусской ССР; ныне Республики Беларусь). Призван в РККА в 1940 году Дрибинским РВК.

В 48-м инженерном батальоне 4-го мехкорпуса служил сапёром.

Согласно донесению от 2 августа 1941 года о безвозвратных потерях 4-го мехкорпуса за период с 29 июня по 15 июля 1941 года, сапёры 48-го инженерного батальона Анорбий Бекбулатов и Михаил Ястребов погибли в районе города Збараж Тарнопольской (ныне Тернопольской) области и похоронены там же в братской могиле. *Очевидно, они погибли 2-3 июля 1941 года во время прорыва батальона, отходившего из Тарнополя через Збараж.*

Вышеуказанное донесение, подписанное нач. штаба 4-го мехкорпуса генерал-майором Мартьяновым и нач. стротдела капитаном Кравченко, было составлено уже в пригороде Киева, Святошино спустя месяц после гибели сапёров.

Фрагмент донесения о безвозвратных потерях 4-го мехкорпуса (включая 48-й инженерный батальон) за период с 29 июня по 15 июля 1941 года (2 августа 1941 года).

Рябцев Георгий Васильевич
(красноармеец, разведчик-мотоциклист)

Зайцев
(красноармеец)

Георгий Васильевич Рябцев родился в 1917 году в городе Николаев Херсонской губернии (ныне Николаевской области Украины). В РККА призван Николаевским РВК.

Зайцев, судя по воспоминаниям Александра Жука, был тоже родом из Николаева.
Согласно донесению о безвозвратных потерях 48-го дорожного батальона 37-й Армии ЮЗФ по состоянию на 10 августа 1941 года (№ 050, г. Киев), разведчик-мотоциклист Рябцев Г. В. был 27 июля 1941 года в 7.45 "убит на смрь" дневальным красноармейцем Зайцевым, и похоронен в г. Прилуки Черниговской области в братской могиле городского кладбища. В этот период 48-й инжбат находился в резерве Юго-Западного Фронта.

Фрагмент донесения о безвозвратных потерях 48-го дорожного батальона 37-й Армии ЮЗФ по состоянию на 10 августа 1941 года (№ 050, г. Киев).

Дальнейшая судьба Зайцева не установлена.
Это чрезвычайное происшествие упомянуто в воспоминаниях курсанта (впоследствии, сержанта) 48-го инжбата Александра Жука. Имя Рябцева изменено в книге Жука на "Остап Охрименко":

"Вчера в этот сонный мир ворвалось ЧП.
Проснувшись, все высыпали в наш зелёный двор на зарядку. Стояло летнее солнечное, благоухающее утро. Ничто не предвещало беды. Остап Охрименко выбежал с нами и остановился побалагурить со своим другом и односельчанином, который с ночи стоял дневальным. Вдруг грянул выстрел. Стоящий на посту не знал, что винтовка, которую он принял из рук часового, заряжена; шутя и играя с Остапом, он нажал курок...
Под диктовку Рыбальченко я, ставший батальонным писарем, заполнял стандартный бланк похоронки. «Ваш сын, Остап Охрименко, пал в бою смертью храбрых». Рыбальченко прочитал, подумали велел дописать: «погиб, совершив героический подвиг, выполняя особое боевое задание».
Его друга под конвоем отправили в трибунал..." [322]

---

[322] *Жук А. В. Начало. —* Стройиздат, Санкт-Петербург, 2005, стр. 58.

Храмцов Николай (Иван)

Шевлюга
(кашевар)

"Колька Храмцов" упомянут в воспоминаниях курсанта (впоследствии, сержанта) 48-го инжбата Александра Жука:

> "Умение работать на снарядах было совсем необязательным. Важнее был «подход и отход», твердили отделённые. Только Коля Храмцов выделывал головокружительные каскады, и изумлённые солдаты с командирами восторженно вертели головами вслед его пассажам..." [323]

По воспоминаниям Жука, во время выхода из Киевского котла, Храмцов раненым попал в плен:

> "На другом краю двора встретил Колю Храмцова, державшего на голове большой окровавленный узел, намотанный на вырванную кисть левой руки. Сдерживая слёзы, он еле слышно причитал, что если и выживет — гимнастом ему уже не быть. Бродили вместе. Вместе мечтали найти что-нибудь пригодное для еды. Нашли ещё двух голодных парней из нашего бывшего взвода." [324]

Жук также отмечает, что в батальоне было "шестеро хлопцев, закончивших Харьковский физкультурный институт" — может быть, *Николай Храмцов был одним из них*. В заключительной главе своих воспоминаний Жук называет Храмцова *Иваном*. Так или иначе, достоверно установить личность Храмцова не удалось.

В ЦАМО хранятся сведения о рядовом Николае Титовиче Храмцове, призванном в ноябре 1940 года Кузедеевским РВК Кемеровской области (родился в 1916 году в селе Поповичи Яминской волости Кузнецкого уезда Томской губернии; позднее Солтонского района; ныне Целинного района Алтайского края России) — связь прекратилась в августе 1941 года.

В немецком Центре Документации, научно-исследовательском учреждении при Объединении "Саксонские мемориалы в память жертвам политического террора" (город Дрезден), где хранятся данные на военнопленных РККА, есть запись о военнопленном Николае Титовиче Храмцове, с идентификатором № 658903. Дата рождения: 10 июля 1916. Дата смерти: 12 августа 1942.

Александр Жук также упоминает "Шевлюгу", который встретил войну в батальоне и был жив на момент доукомплектования батальона в городе Прилуки во второй половине июля 1941 года:

> "Начало поступать пополнение. Среди нас появилось много новых парней и мужиков, вырванных только что из домашней мирной жизни. Командование не докучало, мы слонялись без дела, отсыпались и наслаждались отдыхом. Шевлюга, ставший батальонным кашеваром, взял под свою расписку пару коров из стада, угоняемого от немцев, и обильно и вкусно нас откармливал." [325]

Достоверно установить личность Шевлюги не удалось.

---

[323] Жук А. В. Начало. — Стройиздат, Санкт-Петербург, 2005, стр. 31.
[324] Жук А. В. Начало. — Стройиздат, Санкт-Петербург, 2005, стр. 94.
[325] Жук А. В. Начало. — Стройиздат, Санкт-Петербург, 2005, стр. 57.

Пржевальский Евгений Александрович
(красноармеец, санинструктор, *возможно, из другой части 4-го мехкорпуса*)

Евгений Александрович Пржевальский родился в 1917 году в городе Саратов Саратовского уезда Саратовской губернии (ныне Саратовской области России).

Призван в РККА 15 ноября 1938 года Коминтерновским РВК города Москвы.

Связь с родственниками прекратилась в 1941 году — в анкете Управления по учёту погибшего и пропавшего без вести рядового и сержантского состава адрес последнего письма, полученного 20 июня 1941 года, указан как г. Львов, п/я № 180. Как известно, почтовый ящик 180 был у 48-го мото-инженерного батальона 4-го мехкорпуса 6-й Армии. *Не исключено, что и другие части 4-го мехкорпуса, например 3-й отдельный мотоциклетный батальон (ОМБ), использовали этот же почтовый ящик.*

Евгений Пржевальский пропал без вести в первые месяцы войны. Дата выбытия указана как декабрь 1941 года.

Фрагмент анкеты с данными на санинструктора Пржевальского Е. А. (1946 год).

Налчаджян Цолак Степанович
(рядовой)

Цолак Степанович Налчаджян родился в 1920 году в городе Карс, Турция. В РККА призван 18 ноября 1939 года Кировским РВК (*скорее всего, города Ереван Армянской ССР*), и направлен в город Львов Украинской ССР.

Связь с родственниками прекратилась в июле 1941 году — в заключении Кировского РВК адрес последнего письма, "от 9 июля 1941 года", указан как г. Львов, п/я № 180, с уточнением (по письму), что Цолак Налчаджян служил в *80-м инженерно-дорожном батальоне 5-й Армии*. Как известно, почтовый ящик 180 был у 48-го мото-инженерного батальона 4-го мехкорпуса 6-й Армии.

Рядовой Налчаджян пропал без вести в первые месяцы войны. Дата выбытия указана как сентябрь 1941 года.

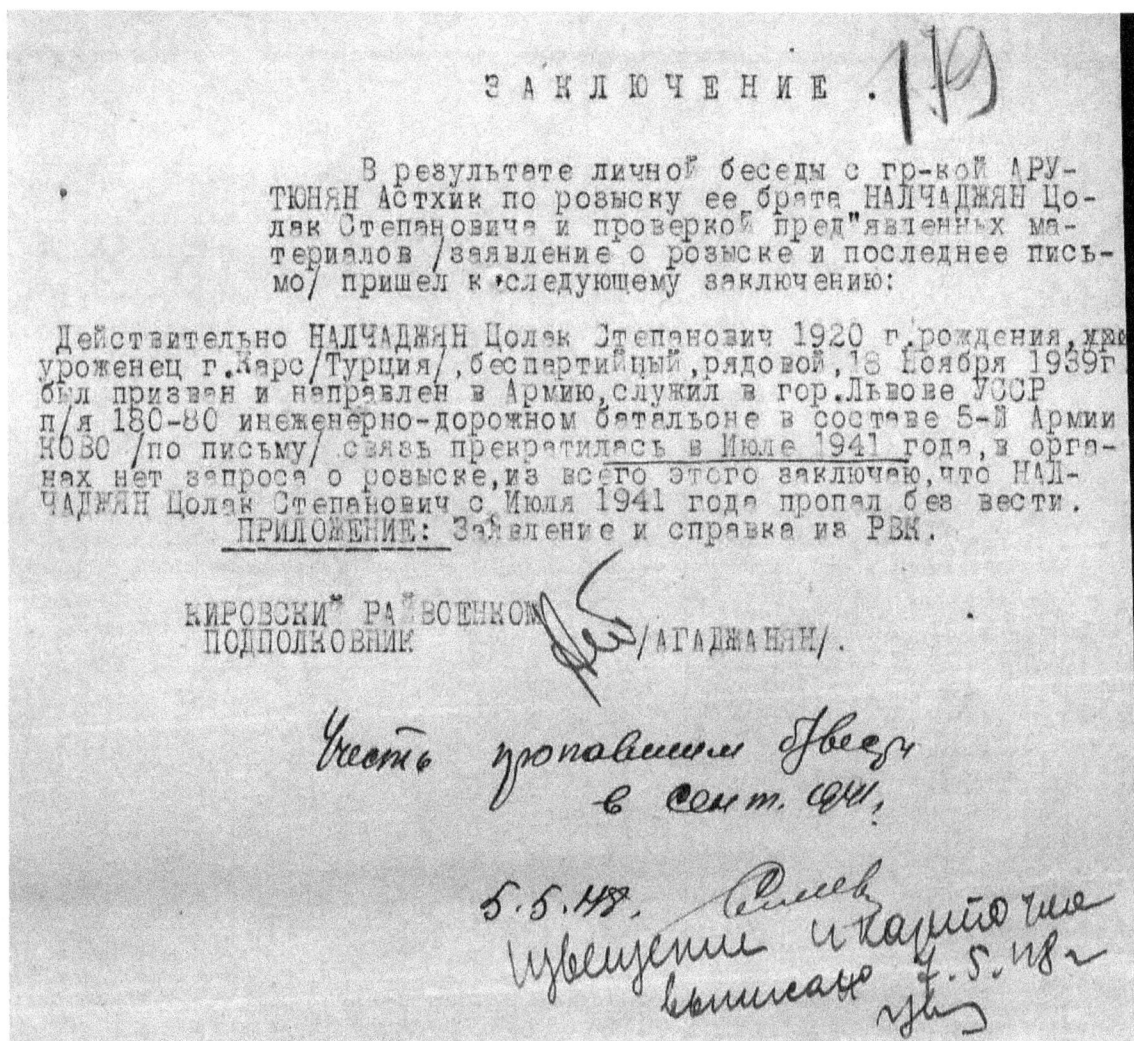

Фрагмент заключения РВК с данными на рядового Налчаджяна Ц. С. (1948 год).

Кашин Михаил Ефимович
(красноармеец, рядовой, *возможно, из другой части 4-го мехкорпуса*)

Полянский Михаил Артёмович
(стрелок, *возможно, из другой части 4-го мехкорпуса*)

Варданян Княз Абрамович (Князь Абраамович)
(красноармеец, стрелок, *возможно, из другой части 4-го мехкорпуса*)

Михаил Ефимович Кашин родился в 1918 году в городе Мурманск Александровского (Мурманского) уезда Архангельской губернии (ныне Мурманской области России). В РККА призван Кировским РВК Мурманской области.

Михаил Артёмович Полянский родился в 1919 году в селе Гороховка Богоявленской волости Александрийского уезда Херсонской губернии (позднее Богоявленского / Октябрьского района Николаевской области Украинской ССР; с 2016 года: посёлок Гороховка Витовского района Николаевской области Украины). В РККА призван Николаевским ГВК в октябре 1940 года.

Княз Абрамович Варданян родился в 1919 году в деревне Неркин Ахта (Демократической) Республики Армения (до 1918 года: Эриванского уезда Эриванской губернии; позднее Ахтинского района Армянской ССР; ныне: город Раздан Котайкской области Республики Армения). В РККА призван 18 сентября 1939 года Ахтинским РВК Армянской ССР, и направлен в город Львов.

Так же как и у политрука Николая Станжура, воентехника 2-го ранга Иллариона Рубцова, старшего сержанта Михаила Новикова, сержанта Ивана Кирилюка, младших сержантов Исаака Белоуса и Ивана Косникова, санинструктора Евгения Пржевальского, повара-инструктора Владимира Дьякова, красноармейцев Андрея Федечкина, Герасима Кирилюка и Цолака Налчаджяна, у троих вышеперечисленных адрес последнего письма использует львовский п/я № 180: у Кашина: "Львов, п/я 180", у Полянского: "г. Львов, Глав. почтамп, п/я. № 180"; и у Варданяна: "Львов, Г. П. п/я № 180". Как известно, почтовый ящик № 180 был у 48-го мото-инженерного батальона 4-го мехкорпуса 6-й Армии. *Не исключено, что и другие части 4-го мехкорпуса, например 3-й отдельный мотоциклетный батальон (ОМБ), использовали этот же почтовый ящик.*

Все трое пропали без вести в первые месяцы войны. Даты выбытия:

- сентябрь 1941 года (Михаил Кашин);
- июнь 1944 года (Михаил Полянский); и
- между 23 июня 1941 года и 11 января 1945 года (Княз Варданян).

Фотография Князя Абраамовича Варданяна (слева). Предоставлена племянником Абраамом Варданяном.

Список сокращений

АБТВ — Автобронетанковые Войска
АЗСП — Армейский Запáсный Стрелковый Полк
АКУКС — Академические Курсы Усовершенствования Командного Состава
АП — Артиллерийский Полк
АППО — Археологическое Патриотическо-Поисковое Объединение
АТБ — Автотранспортный Батальон

БРО — Батальонный Район Обороны

ВВ — Взрывчатое Вещество
ВКВС — Коллегия Верховного Суда СССР
ВКП(б) — Всесоюзная Коммунистическая Партия (большевиков)
ВКСХШ — Высшая Коммунистическая Сельскохозяйственная Школа
ВЛКСМ — Всесоюзный Ленинский Коммунистический Союз Молодёжи
ВПП — Военно-Пересыльный Пункт
ВПО — Военизированная Пожарная Охрана
ВПУ — Военно-Политическое Училище
ВУС — Военно-учётная Специальность

ГАБТУ — Главное Автобронетанковое Управление Красной Армии
ГАРФ — Государственный Архив Российской Федерации
ГАП — Гаубичный Артиллерийский Полк
ГВИУ — Главное Военно-Инженерное Управление
ГИС — Головной Инженерный Склад
ГСМ — Горюче-смазочные Материалы
ГСОВ — Группа Советских Оккупационных Войск в Германии
ГУК МВС — Главное Управление Кадров Министерства Вооружённых Сил СССР
ГУФКА — Главное Управление Формирования Красной Армии

ДЗОТ — Дерево-земляная Огневая Точка
ДИИТ — Днепропетровский Институт Инженеров Железнодорожного Транспорта
ДОТ — Долговременная Огневая Точка
ДСО — Добровольно-Спортивное Общество

ЗСД — Запáсная Стрелковая Дивизия
ЗСП — Запáсный Стрелковый Полк

Инжбат, ИБ — Инженерный батальон
ИУ — ЮЗФ Инженерное Управление Юго-Западного Фронта

КГБ — Комитет Государственной Безопасности СССР
КД — Кавалерийская Дивизия
КиУР — Киевский Укреплённый Район
КОВО — Киевский Особый Военный Округ
Комначсостав — командно-начальствующий состав
КОНР — Комитет Освобождения Народов России
КоУР — Коростеньский Укреплённый Район
КП — Командный Пункт, также: Кавалерийский Полк

ЛИЖСА — Ленинградский Институт Живописи, Скульптуры и Архитектуры

МВИУ — Московское Военно-Инженерное Училище
МЗД — Мина Замедленного Действия
МК — Механизированный Корпус, Мехкорпус
МСД — Мотострелковая Дивизия
МСП — Мотострелковый Полк

Начинж — Начальник Инженерных Войск
НВУР — Новоград-Волынский Укреплённый Район
НЗ — Неприкосновенный Запас
НИС — Начальник Инженерной Службы
НКВД — Народный Комиссариат Внутренних Дел СССР
НКО — Народный Комиссариат Обороны СССР

ОБД "Мемориал" — Обобщённый Электронный Банк Данных "Мемориал"
ОБС — Отдельный Батальон Связи
ОВС — Обозно-вещевой склад, Обозно-вещевое Снабжение
ОЗБС — Отдельный Запасный Батальон Связи
ОИБ — Отдельный Инженерный Батальон
ОМБ — Отдельный Мотоциклетный Батальон
ОМИБ — Отдельный Мото-инженерный Батальон
ОМЦП — Отдельный Мотоциклетный Полк
ОРВБ — Отдельный Ремонтно-восстановительный Батальон
ОСБ — Отдельный Сапёрный Батальон
ОТБ — Отдельный Танковый Батальон
ОШСБ — Отдельный Штурмовой Стрелковый Батальон ("штрафбат")

ПД — Пехотная Дивизия (вермахт)
ПП — Пехотный Полк (вермахт)
ППГ — Передвижной Полевой Госпиталь
ППС — Полевая Почтовая Станция
ПРБ — Приёмо-распределительный Батальон
ПТД — Противотанковый Дивизион
ПТМ — Противотанковая Мина
ПТО — Противотанковая Оборона
ПФЛ — Проверочно-фильтрационный Лагерь НКВД
ПХО — Противохимическая Оборона

РВГК — Резерв Верховного Главнокомандования СССР
РВК — Районный Военный Комиссариат
РГВА — Российский Государственный Военный Архив
РИК — Районный Исполнительный Комитет (райисполком)
РККА — Рабоче-крестьянская Красная Армия
РОА — Русская Освободительная Армия

СБУ — Служба Безопасности Украины
СД — Стрелковая Дивизия
СК — Стрелковый Корпус

СМЕРШ — «Смерть шпионам!»

СНК — Совет Народных Комиссаров СССР, Совнарком

СП — Стрелковый Полк

СПП — Сборно-пересыльный Пункт НКО

СПШ — Советско-Партийная Школа

ТД — Танковая Дивизия

ТП — Танковый Полк

ТТБр — Тяжёлая танковая Бригада

УК — Учётная Карточка

УМГБ — Управление Министерства Государственной Безопасности ССР

УПК — Учётно-послужная Карточка

УР — Укреплённый Район

УФСБ — Управление Федеральной Службы Безопасности Российской Федерации

ФЗСП — Фронтовой Запа́сный Стрелковый Полк

ФЗУ — Фабрично-Заводское Училище

ФПД — Фильтрационно-проверочное Дело

ФСБ — Федеральная Служба Безопасности Российской Федерации

ЦАМО — Центральный Архив Министерства Обороны Российской Федерации

ЦГАИПД СПб — Центральный Государственный Архив Историко-Политических Документов Санкт-Петербурга

ЦГАООУ (ЦДАГО України) — Центральный Государственный Архив Общественных Объединений Украины (Центральний Державний Архів Громадських Об'єднань України)

ШМАС — Школа Младших Авиаспециалистов

Штадив — Штаб Дивизии

Штакор — Штаб Корпуса

Штаполк — Штаб Полка

Штарм — Штаб Армии

ЮЗФ — Юго-Западный Фронт

Литература

На русском языке:

Авто-бронетанковое Управление РККА. Положение о ремонтной летучке типа А на шасси ГАЗ-3А (ПМ-3). — Воениздат, 1940.

Алидин В. И. Опалённая земля. — Военные мемуары. — М.: 1993.

Ананко В. И., Доманк А. С., Романичев Н. М. За каждую пядь — Каменяр — Львов: 1984.

Баграмян И. Х. Город-воин на Днепре. — Издательство политической литературы, 1965.

Баграмян И. Х. Так начиналась война. — М.: Воениздат, 1971.

Басов С. Трагедия Города-Героя. — Слово ветерана, №84 (1071). — 23 октября 2002 г.

Владимирский А. В. На киевском направлении. По опыту ведения боевых действий войсками 5-й армии Юго-Западного фронта в июне – сентябре 1941 г. — М.: Воениздат, 1989.

Волынский, Л. Сквозь ночь. — М.: Терра — 2005.

Горб М. Г. Страну заслоняя собой. — М.: Воениздат, 1976.

Гончарова Е. Без вести пропавшие... — Курганинские Известия. — 27 января 2014 г.

Дриг Е. Механизированные корпуса РККА в бою. История автобронетанковых войск Красной Армии в 1940-1941 годах. Серия Неизвестные войны. — М.: АСТ; Транзиткнига, 2005.

Дудин Л. В. (Градобоев Н.). Материалы к истории Освободительного Движения Народов России (1941–1945). — Союз Борьбы за Освобождение Народов России (С.Б.О.Н.Р.): Лондон, Канада, 1969.

Дудин Л. В. В оккупации. Историко-документальный сборник "Под Немцами. Воспоминания, свидетельства, документы". Составитель Александров К. М. — Санкт-Петербург: Скрипториум, 2011.

Егоров А. В. С верой в победу (Записки командира танкового полка). — М.: Воениздат, 1974.

Ефимьев, А. В., Манжосов, А. Н., Сидоров, П. Ф. Бронепоезда в Великой Отечественной войне 1941–1945. — Транспорт. — М.: 1992.

Жаркой Ф. М. Танковый марш. — ЛЕМА, Санкт-Петербург, 2011.

Жук А. В. Начало. — Стройиздат, Санкт-Петербург, 2005.

Заболоцкий В. По следам забытой флотилии. — Камуфляж, № 10 (58). — 2007.

Задесенец С. Жизнь и смерть комкора Артеменко. — Ваш Шанс, № 18. — 5 мая 2010 г.

Иринархов Р. С. Киевский особый... — Мн.: Харвест, 2006.

Исаев А. В. Котлы 41-го. История ВОВ, которую мы не знали. — М.: Яуза, Эксмо, 2005.

Исаев А. В. От Дубно до Ростова. — М.: АСТ; Транзиткнига, 2004.

Кайнаран А. В. Бронепоезда 41-го. Юго-западное направление. — Житомир: Волынь, 2012.

Кайнаран А. В., Крещанов А. Л., Кузяк А. Г., Ющенко М. В. Киевский укрепленный район 1928 – 1941 — Житомир: Волынь, 2011.

Кайнаран А. В., Муравов Д. С., Ющенко М. В. Киевский укрепленный район, 1941 год. Хроника обороны — Житомир: Волынь, 2017.

Камов Б. Н. Аркадий Гайдар. Мишень для газетных киллеров. — ОлмаМедиаГрупп/Просвещение, 2011.

Коллектив авторов. Борщевский "Котел": Бездарность командования и героизм бойцов. Сборник. — Библиотека Барышевского района Киевской области.

Коллектив авторов. Генеральный Штаб. Военно-научное управление. Сборник боевых документов Великой Отечественной войны. — М.: Воениздат, 1960. — Т. 42.

Коллектив авторов. История Украинской ССР в десяти томах. Том восьмой. Глава 4. Героическая оборона столицы Украины. — Киев: Наукова думка, 1984.

Коллектив авторов. Перечень № 4 управлений корпусов, входивших в состав Действующей армии в годы Великой Отечественной войны 1941–1945 гг. — М.: 1956.

Коллектив авторов. Перечень № 27 инженерных частей (отдельных батальонов, рот, отрядов) со сроками вхождения их в состав Действующей армии в годы Великой Отечественной войны 1941–1945 гг. — М.: 1961.

Коллектив авторов. Перечень. Объединения, соединения, отдельные части и учреждения Юго-Западного фронта, принимавшие участие в обороне г. Киева в июле–сентябре 1941 года — М.: 1961.

Коллектив авторов. Поле боя — Львовский выступ. Июнь 1941-го. 4 механизированный корпус. http://niemirow41.narod.ru/4_mk/4_mk.html, http://niemirow41.narod.ru/1941/24.06.41/24.06.41.html и http://niemirow41.narod.ru/1941/25.06.41/25.06.41.html

Коллектив авторов. Сборник боевых документов Великой Отечественной войны. Вып. 36. – М.: Воениздат, 1958.

Коллектив авторов. Сборник боевых документов Великой Отечественной войны. Вып. 40. – М.: Воениздат, 1960.

Коломиец К. Тяжелый танк КВ-2. «Неуязвимый» колосс Сталина. — Яуза, Эксмо, 2011.

Коняев Н. М. Власов. Два лица генерала — М.: Вече, 2003.

Кравченко Г. В., Лагутин Г. И. История развития средств войсковой энергетики, Системи озброєння і військова техніка, № 4, С. 2-14, 2010.

Кривошеев Г. Ф. (под редакцией). Россия и СССР в войнах XX века: Потери вооружённых сил. — М.: Олма-Пресс, 2001.

Круглов, А. И. Уничтожение еврейского населения Украины в 1941–1944 гг. Хроника событий. — Могилёв–Подольская райтипография, 1997.

Круглов, А. И. К вопросу о количестве евреев, уничтоженных эйнзатцгруппами в 1941-1943 гг. Голокост і сучасність 1(3). — 2008.

Кузнецова С., Медведева Т., Лопанова Е., Меркушина Т. "Фабричное" клеймо на судьбе: истории судеб "дважды распятых" узников фашистских концлагерей. — Пензенское общество "Мемориал". http://musei.penza.memo.ru/-fabrichnoe-kleimo-na-sudbe-istorii-sudeb-dvadjdi-raspyatih-uznikov-fashistskih-kontslagerei-avtori-kuznetsova-s-medvedeva-t-lopanova-e-rukovoditel-merkushina-t-v-e1419.html

Кузяк А. Г. Долговременные сооружения Киевского Укрепрайона. — Сержант, № 13, 1999 и № 15, 2000.

Лукин В. М. Подполье возглавил Васькин: Документальная повесть. — Л.:Лениздат, 1982.

Ляхов К. К., Усеинов В. И., Лукашевич А. Н., Удинцев Д. Н., Рубленко Д. Г. История кафедры боевого применения специального вооружения инженерных войск. — Техника и вооружение, 11. — 2009.

Мажирин Ф. М. В огненном кольце. Сборник "На линии огня". — М.: Юридическая литература, 1976.

Мельтюхов А. И. Начальный период войны в документах военной контрразведки. Сборник "Трагедия 1941 г. Пришны катастрофы". — М.: Яуза, Эксмо, 2008.

Мощанский, И., Абашидзе, Окружение Юго-Западного фронта. Киевская стратегическая оборонительная операция: 7 июля – 26 сентября 1941 года. Часть 2. Издательство — БТВ-МН, 2003.

Муравов Д. Оборона Киевского укреплённого района (1941). http://kiev-1941.narod.ru/first_assault.html.

Надысев Г. С. На службе штабной. — М.: Воениздат, 1976.

Немчинский А. Б. Осторожно, мины! — М.: Воениздат, 1973.

Немчинский А. Б. Жертвы минной войны. — Совершенно секретно, № 2. — 1995.

Никифоров Ю. А. и др. (сост.). 1941. Документы и материалы. К 70-летию начала Великой Отечественной Войны. Вып. 1. Том 2. — Сборники Президентской библиотеки имени Б. Н. Ельцина. Серия Историография и источниковедение. Санкт-Петербург, 2011.

Новобранец В. А. Записки военного разведчика. — Военно-исторический архив, № 7. — 2004.

Одиноков Р. Боевые полуторки. — Фортуна. — 1998.

Прагер А. Инженерные войска Красной Армии. — 2011.

Петрушин А. Киевский Котел. — Тюменский курьер, №172 (3189). — 20 сентября 2011 г.

Рубальский Э. М. Мост через западню. — Киевский Вестник. — 27 октября 2001 г.

Рунов В. А. Вермахт «непобедимый и легендарный». Военное искусство Рейха — Яуза, 2011.

Солдатов А. История тюрем Баутцен-I и Батуцен-II. http://agentura.ru/infrastructure/specprisons/bautzen/

Солонин М. Июнь 41-го. Окончательный диагноз. — Яуза, ЭКСМО, 2013.

Солонин М. Разгром 4-го мехкорпуса в документах советских архивов. ЖБД 81-й моторизованной дивизии. http://www.solonin.org/doc_razgrom-4-go-mehkorpusa-v

Солонин М. Разгром 4-го мехкорпуса в документах советских архивов. Отчеты о боевых действиях 8-й и 32-й танковых дивизий. http://www.solonin.org/http://www.solonin.org/doc_razgrom-4-go-mehkorpusa2

Смыслов О.С. Сталинские генералы в плену — Вече. — М.: 2015.

Статюк И. Оборона Киева 1941. — М.: Цейхгауз, 2006.

Топчий А., Историк Виктор Король: «Ветеран заградотряда вспоминал, что за сутки расстреливал около двадцати человек». — Факты. — 28 июля 2011 г.

Троицкая В. А.. Телеграмма Берия. — М.: Аграф, 2012.

Уланов А. Июнь 1941 года. 4-й мехкорпус на Львовском выступе. http://warspot.ru/6414-iyun-1941-goda-4-y-mehkorpus-na-lvovskom-vystupe

Уманский Р. Г. На боевых рубежах. — М.: Воениздат, 1960.

Феськов, В. Список "Инженерные батальоны всех типов РККА периода 1941–1945 гг.". http://www.soldat.ru/force/sssr/rkka/inj_bat/03_inj.html

Фокин Н. А. (под редакцией). История Великой Отечественной войны Советского Союза 1941–1945 гг. Том 2. Отражение советским народом вероломного нападения фашистской Германии на СССР. Создание условий для коренного перелома в войне (июнь 1941 г. — ноябрь 1942 г.) — М.: Воениздат, 1961.

Фреттер-Пико М. Немецкая пехота. Стратегические ошибки вермахта. Пехотные дивизии в войне против Советского Союза. 1941–1944. — Litres, 2017.

Харченко В. К. ...Специального назначения. — М.: Воениздат, 1973.

Хорошунова, И. Дневник киевлянки. Личный дневник, Киев, 1941–42. http://gordonua.com/specprojects/khoroshunova_main.html

Хрущёв Н. С. Время. Люди. Власть. — М.: ИИК «Московские Новости», 1999.

Худяков Ф. Ф. Прожитое и пережитое. — К.: Издательский дом А.С.С., 2005.

Цирлин А. Д., Бирюков П. И., Истомин В. П., Федосеев Е. Н. Инженерные войска в боях за Советскую Родину. — М.: Воениздат, 1970.

Швачко В. В., Объектная радиоуправляемая мина Ф-10 — 2012. http://shvachko.net/?p=1054

На украинском языке:

Велика Вітчизняна війна. Наш біль, Наша пам'ять. По воспоминаниям учительницы украинского языка и литературы Веселиновской средней школы П. И. Бухало. — 07 мая 2010. http://veselynivka.com.ua/istor/viyna.html

Вронська Т. В., Кентій А. В., Кокін С. А. та ін. (Упоряд.). Київ у дні нацистської навали. За документами радянських спецслужб. До 60-річчя визволення України від гітлерівських загарбників. Науково-документальне видання. Національна академія наук України. Інститут історії України, Київська міська державна адміністрація, Державний архів Служби безпеки України. — Київ-Львів, 2003 — № 47. Витяг зі щоденника німецького офіцера штабу 29-го армійського корпусу про перші дні окупації Києва. [20 вересня 1941 р.].

Зінченко Н. Вшанування захисників Києва. — Хрещатик. — 07 мая 2007 г.

Кабанець Є. П. Загибель Успенського собору: міфи і дійсність. — К.: Національний Києво-Печерський історико-культурний заповідник, 2011.

Костенко М. Хто висадив у повітря Успенський собор? — Літературна Україна, № 36, 5 вересня. — 1991.

Костюк, Н. Т. Важкі сторінки Київської оборони 1941р.: тактика «випаленої землі» і «Баришівський котел». http://anvsu.org.ua/index.files/Articles/Kostjuk_5.htm

Немчинський О. Б. То хто ж висадив у повітря Успенський собор? (публикация Д. Малакова). — Петров С. С. Київ: погляд крізь століття. — Експрес-Поліграф, 2010.

На немецком языке:

Arnold, Klaus Jochen. Die Eroberung und Behandlung der Stadt Kiew durch die Wehrmacht im September 1941: Zur Radikalisierung der Besatzungspolitik. — Militärgeschichtliche Mitteilungen–Potsdam, 1999.

Bundesarchiv-Militärarchiv, Freiburg (Федеральный Архив Германии, Военный Архив, Фрайбург). BAMA, RH 26-168. Auszüge aus den Kriegstagebüchern. 168. Infanterie–Division (идентификатор RH 26-168; 168-я пехотная дивизия).

Bundesarchiv-Militärarchiv (Федеральный Архив Германии, Военный Архив), Pi. Btl. 113 / Ia Nr. 259 / 41geh., Sprengladungen mit Fernzündung, vom 11.10.1941. BAMA, RH 26-113/8 (идентификатор RH 26-113/8; инженерно-сапёрный батальон 113-й пехотной дивизии).

Dettmer, F. Ergänzungen zur Divisionsgeschichte 44. Infanterie–Division Reichsgrenadier Division Hoch– und Deutschmeister Teil I (Gefechtsbericht über die Kesselschlacht um Kiew 20.9.41 – 29.9.41) — angefertigt vom Stab der 44. Inf. Div. — Eigenverlag, 1966.

Gschöpf, R. Mein Weg mit der 45. Infanterie–Division. — Oberesterreichischer Landesverlag, 1955.

Haupt, W. Geschichte der 134. Infanterie–Division. — Werner Goll: Tuttlingen, 1971.

Jacobsen H.-A., Greiner H., Schramm P. E. et al. Kriegstagebuch des Oberkommandos der Wehrmacht (Wehrmachtfuehrungsstab), 1940 – 1945, Band I: 1. August 1940 — 31. Dezember 1941. — Bernard & Graefe, Frankfurt am Main, 1965.

Kameradschaft der 298.Inf.Div. 298.Infanterie–Division Ruhm und Untergang 1940–1943. — Selbstverlag — 1966.

Knoblauch, Karl. Kampf und Untergang der 95. Infanteriedivision: Chronik einer Infanteriedivision von 1939–1945 in Frankreich und an der Ostfront. — Flechsig; Auflage: 1, 26. August 2008.

Mallmann, K.-M., Angrick, A., Matthäus, J., Cüppers, M. (Hrsg.), Die «Ereignismeldungen UdSSR» 1941, Dokumente der Einsatzgruppen in der Sowjetunion. Band I. — WBG, 2011.

Records of the Reich Leader of the SS and Chief of the German Police (Reichsführer SS und Chef der Deutschen Polizei) (Part III). — National Archives and Record Service; Microfilm Publication T175, rolls 233–235 (Национальный Архив США в Вашингтоне, микрофильмы); также: Bundesarchiv, Koblentz (Федеральный Архив Германии, Кобленц).

Schäfer, von Ralf A., Reinicke Adolf, Hermann H. G., Kittel Friedrich. Die Mondschein-Division: Die 62. Infanteriedivision 1938-1944. Die 62. Volksgrenadierdivision 1944–1945. — 2008.

Schimak, A., Lamprecht, K., Dettmer, F. Die 44. Infanterie–Division. Tagebuch der Hoch– und Deutschmeister. — Austria Press, Wien, 1969.

Schramm, Percy E. (Hrsg.) Kriegstagebuch des Oberkommandos der Wehrmacht 1940–1941. — Bernard & Graefe Verlag für Wehrwesen. — Frankfurt am Main, 1965.

Wüster, Wigand. Die 71. Infanterie-Division 1939–1945; Gefechts — und Erlebnisberichte aus den Kaempfen der "Glueckhaften Division" von Verdun bis Stalingrad, vom Monte Cassino bis zum Plattensee. — Eggolsheim, Nebel, 2006.

На английском языке:

Cass F. The initial period of war on the Eastern front. 22 June-August 1941. — London, Portland, OR, 2001.

Индекс

СОДЕРЖАНИЕ

Научно-историческое издание

Михаил Прокопенко и Алексей Христофоров
48-й инжбат: Последний рубеж

Авторы хотели бы выразить свою искреннюю благодарность и признательность за ценные советы, сведения и поддержку родственникам командиров и бойцов 48-го инжбата, работникам архивов, членам поисковых отрядов, историкам и многим другим лицам, оказавших помощь в длительном исследовании и при подготовке рукописи.

В их число входят: Берта Высоцкая (Сидней, Австралия), Ольга Рыбальченко (Львов, Украина), Светлана Бархатова (Львов, Украина), Евгений Жук (Санкт-Петербург, Россия), Владимир Дьяков (Белгородская область, Россия), Андрей Федечкин (Пермь, Россия), Виолетта Левченко (Днепр, Украина), Екатерина Ананьева (Ермакова) (п. Токаревка, Тамбовская область, Россия), Валентин Кошелев (Славута, Украина), Людмила Пономарёва (Луганск, Украина), Василий Петухов (Калуга, Россия), Маргарита Тарусова (п. Токаревка, Тамбовская область, Россия), Татьяна Мороз (Малышева) (Нижневартовск, Россия), Марк Зисерсон (Вормс, Германия), Анатолий Добрусин (Кирьят Бялик, Израиль), Абраам Варданян (Раздан, Армения), Ботир Муратов (Бухара, Узбекистан), Ольга Белая (Киев, Украина), Николай Бородулин (Тамбов, Россия), Сергей Познахирев (Омск, Россия), Игорь Порошин (Киев, Украина), Олег Кирда (Москва, Россия), Андрей Кайнаран (Киев, Украина), Роман Брюховецкий (Москва, Россия), Юрий Моргун (Одесса, Украина), Виталий Кашуба (Киев, Украина), Игорь Атаманчук (Киев, Украина), Сергей Порай-Кошиц, старший (Киев, Украина), Сергей Порай-Кошиц, младший (Киев, Украина), Сергей Егоров (Дно, Псковская область, Россия), Дмитрий Балашов (Москва, Россия), Виктор Плотников (Москва, Россия), Алексей Вайсфельд (Москва, Россия), Татьяна Камаева (Печора, Россия), Нина Голикова (Тамбов, Россия), Иван Фролов (д. Белая, Псковская область, Россия), Ирина Клименок (Светлогорск, Беларусь), Айгуль Мухамбетьярова (Уральск, Казахстан), Алексей Кислых (с. Березовка, Пермский край, Россия), Александр Тараканов (Санкт-Петербург, Россия), Андрей Алексеев (Киев, Украина), Валерий Алексеев (Ростов на Дону, Россия), Александр Заславский (Ашкелон, Израиль), Дмитрий Казаков (Сидней, Австралия), Севда Мурдик (Самедова) (Тусон, США), Алек Самедов (Вашингтон, США), Виола Бездетная (Вашингтон, США) и Наталия Кисигами (Сидней, Австралия).

Родственникам командиров и бойцов 48-го инжбата книга предоставляется бесплатно.

Авторы с благодарностью примут все полезные замечания и пожелания, которые следует направлять по электронному адресу: mikhail@prokopenko.net

По вопросам приобретения книги обращаться по адресу: books@deltaorbis.com

For direct orders, please contact the publisher at: books@deltaorbis.com

Mikhail I. Prokopenko and Alexei E. Hristoforov
48th inzhbat: The last line
(In search of the missing WWII combat engineers)

Обложка: военная карта РККА (M-36-XIII).
Cover: RKKA military map (M-36-XIII).

Publication date: 10 July 2018
POD: IngramSpark
Content type: Standard Color. Paper type: 50lb White.
Cover: Case Laminate (hardcover, gloss).
Trim size: 276 mm x 203 mm (8.00 x 10.88).

Издательство «Delta Orbis»
Sydney, NSW, Australia
www.deltaorbis.com
email: books@deltaorbis.com